CLASSIFICATION OF
NUCLEAR DAMAGE LIABILITY LAW

核损害责任

法律法规汇编

编委会主任	王毅韧
编委会副主任	翟 勇　吴 浩　牟相军　刘永德
	张辉鹏　贾锦蕾　秦志军　赵永康

主 编 陈 刚　**副主编** 赵 威　**总译审** 郑玉辉

法律出版社
LAW PRESS · CHINA

《核损害责任法律法规汇编》编委会

主　编

陈　刚　中广核工程有限公司　国际原子能机构国际核责任专家组成员

副主编

赵　威　中国政法大学

总译审

郑玉辉　中国核能行业协会

副总译审

陈　臻　中国法学会能源法研究会

译审(按姓氏笔画)

王黎明　冉　丹　刘　玮　李　研　汪永平　张国斌　陈　刚　岳树梅　萧黎黎　蔡先凤

翻译(按姓氏笔画)

马伟阳　匡　伟　刘　久　李　赟　陈　刚　陈　熙　陈子强　周剑飞　徐林林　聂舒晴　郭　庆　黄　琳　谢银河　管志鹏

指导单位

全国人民代表大会环境与资源保护委员会

司法部

国家国防科技工业局

国家能源局

国家核安全局

中国核能行业协会

支持单位

中国广核集团有限公司

阳光时代律师事务所

序　言

核工业的健康发展是保障国家安全、推动科技兴国、促进经济发展、保护生态环境、实现高端技术走出去的重要手段。我国是世界上少数拥有完整核产业链体系的国家,历经几代人的奉献,已取得举世瞩目的成果,跻身世界前列,即将成为世界上第二大的核能发电国家。与之配套的核工业发展、核安全监管和核损害责任制度的立法条件愈趋成熟,也顺应了党的十九大依法治国的方针理念。第十二届全国人民代表大会常务委员会第二十九次会议于 2017 年 9 月 1 日通过了《中华人民共和国核安全法》(以下简称《核安全法》),并于 2018 年 1 月 1 日正式实施,高度体现了国家对核安全监管的重视,体现了对人民负责的立法精神,核损害责任制度也在立法中得到了引申和关注。

2014 年 3 月 24 日,习近平主席在世界"第三届核安全峰会"上发表重要讲话,介绍了中国核安全措施和成就,向世界首次提出了"发展和安全并重、权利和义务并重、自主和协作并重、治标和治本并重"的核安全观。加强核工业社会风险防范体系建设的首要任务是对人民安全负责,相关法律制度的建立旨在保护人民生命、财产和环境安全,促进核工业健康发展,明确核损害民事责任划分和权利保障,强调权利和义务的平衡,避免核损害赔偿机制缺失导致公众负面认同,或在事故状态下公共管理体系运作失灵引发社会问题,也是避免核领域发生污染事件和减轻核安全事故后果的制度保障。

核损害责任法律制度的创立是世界各国开展民用核工业事业的必要立法环节,自 1957 年美国《普莱斯 - 安德森法》立法至今六十多年来已积累了丰富的国际法和国内法的立法经验,也在不断完善和面临新的挑战,是国际社会核立法的聚焦点和敏感点。这套制度的建立,是保障核工业健康与可持续发展的需要,是建立全球核责任机制的需要,是明确特殊民事责任的需要,同时也是建立适合中国国情的高效核损害赔偿制度的需要。

在全国人大、司法部、核工业主管部门关注指导下，由国防科技工业局牵头组织专家学者大量收集、博采众引、精心编译的这部《核损害责任法律法规汇编》，第一次系统全面地将全球有关核损害责任的法律法规以中文文本真实完整地展示给读者，体现出新时代科技专业领域立法的一种求真务实新风尚，也是为广大公众、学术界、行政机关、立法部门、有关行业的读者们提供了非常权威有用的工具书，专家们为此付出了极大的劳动和智慧，这种前瞻性工作值得鼓励。

希望广大读者结合中国国情和国际经验，正确理解核损害责任立法原则，并深入进行理论研究，提供更加成熟的研究成果和立法建议，为推动核安全法律体系的进一步完善和核工业法治化进程贡献力量。

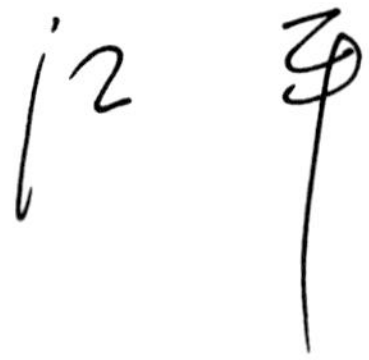

中国政法大学终身教授

前　言

（一）

核损害责任法律制度，是指通过法律归责、财务保障和赔偿程序等一系列独特民事责任规范与民事赔偿安排，以保障当核事故一旦发生时，向受害人提供赔偿的法律制度。

尽管在核工业发展过程中高度重视核能利用的安全风险防范，并建立了完整的预防和应对体系，但由此得出完全排除核事故风险的结论是不科学的。鉴于核损害的特点，预防核损害以及在发生核事故造成核损害时，保证受害人得到及时、充分、合理的赔偿成为发展核工业国家的公众乃至国际社会所关心的问题，也成为影响民用核工业发展的重要因素。由于小概率而又损害巨大的核事故及其后果的不确定性，一旦发生事故，核设施的营运人可能面临破产境地，这种风险会成为各主体进入核工业领域进行商业性开发的主要障碍。为此，在开发利用核能中采取各种技术措施和管理措施提高安全性的同时，也必须从法律角度对这种风险予以特殊的规范，建立各方达成共识的核损害责任法律制度，以确定核损害的责任人、责任范围和责任财务保证方式，既保证对核损害受害人的赔偿，又对民用核工业的投资人、营运人和承包商予以赔偿责任上的限制，鼓励他们进入这一领域。

核事故损害的特点是，当反应堆中的放射性裂变产物泄漏到周围的环境时，会对人类的生命健康、财产安全乃至生态环境造成损害。若基于传统民事侵权归责的原则，核设施的投资方、技术提供方、建设方、设备制造方、服务商、运营方，都需要因自己的过错对核事故承担核损害责任，或需要承担连带责任。但核事故损害潜在的不确定性，以及超常规的赔偿责任，可能使任何一方都难以承担，商业保险公司也无法提供相应的保险。其后果是，民用核工业领域将无法吸引企业和组织加入，并对国家核发展战略与国家安全带来负面的影响。通过立法，免除核事故中除营运人外其他参与方的责任，是核损害法律制度建立的出发点，同时也强化了营运人的严格责任，强制做好赔偿的财务保证，引入国家补偿责任以弥补超出预期的损害部分，以最大可能保护受害人的人身、财产权利，以及对环境修复的财务安排。核损害法律制度引入国家责任，体现在国家补偿财务保证不足部分承诺、非常核损害责任兜底、跨境核损害赔偿的三大特殊义务，超出了民法制度的一般立法原则，需要特别法来调整。跨界核损害责任是核设施国发生核事故对其他国家或在国家管辖范围以外地区造成损害所应承担的法律责任，以法定责任的形式加强这方面的国际管制，可以为有效解决此类争端提供合理有效的法律依据。

美国1957年出台的《普莱斯－安德森法》是世界上第一部建立核损害责任制度的国内法。至2018年，世界上颁布了核损害责任专门法律法规的国家有美国、加拿大、墨西哥、法国、奥地利、比利时、西班牙、瑞典、瑞士、斯洛文尼亚、丹麦、芬兰、罗马尼亚、日本、韩国、印度、阿根廷、巴西等国家；在国家核基本法律制度中专章规定核损害责任制度的国家有俄罗斯、英国、德国、意大利、保加利亚、斯洛伐克、拉脱维亚、立陶宛、克罗地亚、匈牙利、波兰、乌克兰、白俄罗斯、印度尼西亚、马来西亚、菲律宾、哈萨克斯坦和南非等国家。

目前国际上存在两大核损害责任公约体系。一是“巴黎公约”体系，由经济合作与发展组织（以下简称经合组织）主持签订的《1960年7月29日关于核能领域中第三方责任的巴黎公约》《1963年布鲁塞尔补充公约》构成，适用于经合组织缔约国，随后两公约又分别于1964年和1982年以议定书形式进行过修订。2004年2月12日两公约的进一步修订议定书被通过，但至今尚未生效。二是由国际原子能机构主持制定的“维也纳公约”体系，由《1963年关于核损害民事责任的维也纳公约》（《1963年维也纳公约》）和《修订〈关于核损害民事责任的维也纳公约〉的议定书》（《1997年维也纳公约》）构成，适用于联合国所有成员国或所有国家。

为了创建一个连接两大体系的公约，国际原子能机构和经合组织联合制定了《关于适用〈维也纳公约〉和〈巴黎公约〉的联合议定书》，旨在弥合《维也纳公约》和《巴黎公约》之间的差异，将一体系内缔约国领土之上的受害者享有的权利扩展到另一体系缔约国境内。国际原子能机构主持制定的1997年《核损害补充赔偿公约》,不仅是为了在《维也纳公约》缔约国和《巴黎公约》缔约国之间建立起条约上的联系,还要在缔约国和非缔约国之间建立起联系,只要非缔约国的国内法与《核损害补充赔偿公约》附件中确定的核损害责任统一规范相符合。

目前,加入一个或多个核损害国际公约的国家共有67个,自发生切尔诺贝利核事故后,俄罗斯于2005年加入了1963年《维也纳公约》,日本发生福岛核事故后,也于2015年正式加入了《核损害补充赔偿公约》。中国香港特别行政区也因历史原因继承适用《巴黎公约》。

参照国际通行原则,核损害责任立法的主要原则有:一是严格责任原则,也称作绝对责任原则。无论在核损害发生过程有无过失,核设施运营人都负有责任,受害人不需要证明核设施运营人方面的疏忽或任何其他过失。二是唯一责任原则。即核设施营运人是核损害的唯一责任人,其他人不承担责任,而且排除营运人根据其他法律规定承担责任,这个原则是核损害法律的一个特色。三是有限责任原则,国家立法可限制核设施营运人的核损害责任数额。当然,责任数额一直是国际核损害责任讨论中的一个争议问题,需要理性地研究确定。国际上目前仅有德国、奥地利、日本和瑞士等几个国家适用营运人无限责任的概念。四是财务保证原则,核设施营运人应保持对核损害责任的保险或其他财务保证,其数额、类型和期限应符合国家的法律规定,如果核设施营运人财务保证不足以满足赔偿额,国家有义务确保从公共基金支付。除此之外,还有非歧视原则、特殊时效原则、单一法院原则等。

(二)

我国核事业起步于1955年,至今已有60多年的历史。进入21世纪,我国核电加快发展,到2020年,我国在运在建核电装机容量将位居世界第二。但是,我国涉核法律体系建设还有待健全,完善核损害赔偿法律制度,是保障社会和公众合法权益的需要,是维护社会稳定和国家安全的需要,是促进我国核能事业健康发展的需要,既是我国实施核电“走出去”战略的需要,也是进一步完善涉核法律体系的需要。

我国对核损害法律制度的研究相对其他国家较晚。1984年,原国家科委会同原国防科工委、核工业部等部门成立了《原子能法(草案)》编制领导小组和起草工作组,核损害法律制度作为专章列入立法草案,曾被列入第八届全国人大常委会立法计划。此后,由原国防科工委、工业和信息化部、国防科工局先后主持起草的《原子能法(草案)》中都有核损害赔偿专章。

1986年3月29日,为明确中法合作建设大亚湾核电站以及与香港合资事项中涉及的核损害责任问题,国务院向核工业部、国家核安全局、国务院核电领导小组下发了《国务院关于处理第三方核责任问题的批复》(国函〔1986〕44号),基本援用了国际通用的核损害责任制度作为主要内容。2007年6月30日,基于解决中国引进美国和法国核电技术合作谈判中处理核损害责任问题的需要,国务院对国家原子能机构下发了《国务院关于核事故损害赔偿责任问题的批复》(国函〔2007〕64号),再次明确营运者是核损害责任唯一赔偿主体;同时,对核电厂的营运者和乏燃料储存、运输、后处理的营运者提高了责任限额。

日本福岛核事故后,重大核事故赔偿过程的复杂程度、赔偿金额的巨大引起了国际社会的广泛关注。传统核损害法律制度注重营运人有限责任的制度设计受到了质疑,而以往立法中存在的偏重于责任划分而轻于赔偿组织的缺陷,也越发凸显,难以应对实际发生重大核损害的救灾赔偿安排。

2017年9月1日,第十二届全国人民代表大会常务委员会第二十九次会议通过《核安全法》,在《核安全法》经历五年立法过程中,核损害责任立法问题成为争议的焦点,相关制度的设计成为难点,《核安全法》对此作出原则性规定,以期在今后核立法中继承补充完善。

我国是世界上在建核电站规模最大的国家,同时积极推进核电“走出去”战略与维护世界核合作秩序。目前我国已加入除核损害国际公约外的其他核国际公约,有必要加强对国际核责任机制重要性的认识,为适时加入包含了被广为接受的国际准则的核损害国际公约奠定基础。加入核损害国际公约,明晰跨境核损害责任与有效赔偿方式,可增进国际间互信,促进核工业国际合作与适应核电“走出去”的需要。国际原子能机构制定的《核安全行动计划》要求缔约国以提供适当的核损害赔偿为出发点,充分考虑加入国际核责任公约的可能性,努力建立一个全球核责任机制,以解除所有可能受核事故影响的国家的担忧。该机制致力于在各国间建立《巴黎公约》《维也纳公约》和《核损害补充赔偿公约》等条约关系,以适当提高补偿金额为其特点,包括用以增补核损害赔偿额度的国际基金。

(三)

为了贯彻落实习近平总书记关于“完善涉核领域法规体系”的指示,适应我国核工业发展的需要,2017 年 3 月,在国家国防科工局的指导下,中国核能行业协会牵头成立了核事故损害赔偿法律问题研究课题组,对核损害赔偿立法的核心问题进行深入研究。由陈刚博士、赵威教授、郑玉辉等同志牵头,中广核工程有限公司法律事务部团队和课题组专家学者一起,历时一年,完成了对全球 12 部国际公约、35 个国家和地区的 78 部核损害相关法律法规共 70 多万字的收集、翻译、汇编和研读,其广度和深度不仅在国内前所未有,在世界上也是独一无二的。“他山之石,可以攻玉”,衷心希望《核损害责任法律法规汇编》的出版,可以为我国核损害赔偿法律制度体系的研究和立法工作提供有益借鉴,为加快我国核损害赔偿法律的立法进程提供有力支持。

在本汇编的收集、翻译、译审、研究、分类和出版过程中,得到了全国人大环资委、法工委、司法部、国家国防科工局、国家能源局、国家核安全局领导和专家的指导和支持,得到了核能行业相关单位的帮助,在中国政法大学国际法学院、哈尔滨工程大学人文社会科学学院、西南政法大学国际法学院、宁波大学法学院、阳光时代律师事务所全程提供技术服务,法律出版社有关领导和专业人士为本书的编辑、出版付出了大量心血。在此表示衷心的感谢!

由于本汇编所收集的法律文本跨越世界核工业发展 60 年历程,涉及 35 个国家和地区的不同语言,版本也不断修订变化,包含诸多核技术专业术语和民事法律制度,其定义、翻译、译审、统稿和编辑过程中难免有诸多纰漏和不足,恳请读者批评指正,以便进一步修订完善。

核事故损害赔偿法律问题研究课题组

2018 年 8 月 8 日 北京

目　　录

第一部分　国际原子能机构建议

第二部分　国际核损害责任公约

第四部分 美洲主要国家核损害责任法律法规

第五部分　欧洲主要国家核损害责任法律法规

第一部分　国际原子能机构建议

关于努力建立一个全球核责任机制的建议

国际核责任专家组[①](INLEX)

(2012年5月国际核责任专家组第12次会议通过)

背景

《国际原子能机构核安全行动计划》[以下简称《行动计划》,GOV/2011/59-GC(55)/14]要求缔约国以提供适当的核损害赔偿为出发点,努力建立一个全球核责任机制,以解除所有可能受核事故影响国家的担忧。《行动计划》还要求缔约国充分考虑加入国际核责任公约的可能性,作为建立该全球性机制的一个步骤。此外,《行动计划》特别呼吁国际核责任专家组提出行动建议,以促进全球机制的建立。

---

① 2003年9月,国际原子能机构总干事成立国际核责任专家组,同时向理事会及第47次大会例会宣布国际核责任专家组(International Nuclear Liability Expert Group,INLEX)成立。国际核责任专家组主要行使3项职能:(1)创建专业论坛,对核责任相关问题进行探索并提出建议;(2)促进核国家和非核国家在有效的核责任机制框架内遵循国际条约,尤其是对《核损害补充赔偿公约》及其附件《关于核损害民事责任的维也纳公约》《1960年关于核能领域中第三方责任的巴黎公约》《关于适用〈维也纳公约〉和〈巴黎公约〉的联合议定书》及上述国际公约修订案的遵循;(3)要求国际原子能机构缔约国坚持发展和加强国内核责任法律体制,以保护公众和环境、强化核安全。国际核责任专家组成立后,每年定期召开会议。会议期间,国际核责任专家组对现有的核损害国际责任机制相关问题进行探索并提出建议,尤其是针对机构主持制定的国际责任公约。在此前提下,机构1997年主持制定的核责任公约说明文本由国际核责任专家组定稿,该文本是机构核责任机制的全面解析和权威解读,并由机构出版,出版号为STI/PUB/1768。此外,该出版物还涵盖了机构的核责任机制概述,并收录了机构制定的核责任公约文本,甚至列举了不同核责任体系中条款的对比。缔约国可以查看较早版本的说明文本(连同概述),所有官方语言(阿拉伯语、英语、汉语、法语、西班牙语及俄语)版本都已提供。国际核责任专家组还发布了《关于适用〈维也纳公约〉和〈巴黎公约〉的联合议定书》的说明文本。该文本也已由机构出版,出版号为STI/PUB/1593。福岛第一核电厂事故发生后,国际原子能机构2011年行动计划专门请求国际核责任专家组就加快建立全球核责任机制提出行动建议,以解决所有可能受核事故影响国的担忧,着眼于提供适当的核损害赔偿。2012年,国际核责任专家组讨论并确定了行动计划要求其提供的建议。

(一)当前国际核损害民事责任的法律框架

目前存在两大国际核损害民事责任体系。一是所谓的“巴黎公约”体系,有《1960 年 7 月 29 日关于核能领域中第三方责任的巴黎公约》(以下简称《巴黎公约》),为经济合作与发展组织主持制定,适用于经合组织缔约国,其他国家只有经所有缔约国同意才能加入该公约。1963 年《布鲁塞尔补充公约》补充了巴黎公约的不足之处。两公约曾分别于 1964 年和 1982 年以议定书形式进行过修订并生效,2004 年 2 月 12 日两公约的进一步修订议定书被通过,然而,截至 2012 年 8 月,修订的议定书尚未生效。

另一体系被称为“维也纳公约”体系,由 1963 年 5 月 21 日订于维也纳的《关于核损害民事责任的维也纳公约》(以下简称 1963 年《维也纳公约》)和 1997 年《修订〈关于核损害民事责任的维也纳公约〉的议定书》(以下简称 1997 年《维也纳公约》)构成。两公约由国际原子能机构主持制定,适用于联合国所有成员国或所有国家,其专门机构为国际原子能机构。

为创建连接两大体系的公约,制定并颁布了以下两部法律文件:第一部是关于 1988 年《关于适用〈维也纳公约〉及〈巴黎公约〉联合议定书》(以下简称《联合议定书》),由国际原子能机构和经合组织联合制定,旨在弥合《维也纳公约》和《巴黎公约》之间的差异,将一体系内缔约国领土之内的受害人享有的权利扩展到另一体系缔约国境内。第二部是国际原子能机构主持制定的 1997 年《核损害补充赔偿公约》,其目的不仅是在《维也纳公约》缔约国和《巴黎公约》缔约国之间建立起条约上的联系,还要在缔约国和非缔约国之间建立起这种联系,其要求非缔约国的国内法与《核损害补充赔偿公约》附件中确定的核损害民事责任统一规范相符合。《核损害补充赔偿公约》还致力于敦促其缔约国追加资金,以实现核事故发生时提高赔偿额度的目标。

(二)国际核责任专家组和秘书处有关核责任的活动

为促进落实核责任行动计划所规划的特别行动,国际原子能机构总部于 2011 年 12 月 14 日至 16 日召开了国际核责任专家组特别会议。在特别会议上,国际核责任专家组通过了一系列倡议,旨在促进行动计划所设想的全球核责任机制的建立,倡议包括执行国际原子能机构国际核责任专家组的联合任务,目标在于加强对国际核责任机制的认识,鼓励特定目标国尽可能地遵循相关国际条约。国际核责任专家组在2012年专门机构及其他机构的会议上发表关于核责任的演讲,在国际原子能机构总部组织的缔约国外交人员及其专家参加的核责任讨论会上,也就促进建立全球核责任机制的特别建议召开了初步讨论会,希望在2012年第12次常务会议上落实上述建议。

国际核责任专家组于2012年5月30日至6月1日在国际原子能机构总部召开了第12次常务会议,进一步讨论并最终通过以下建议,以促进建立行动计划提出的全球核责任机制。

为促进建立全球核责任机制,缔约国应采取以下步骤:

1. 所有拥有核设施的缔约国应遵守一个或多个相关的、反映国际原子能机构20世纪90年代主持制定的修订议定书精神的,且包含了广为接受的国际准则的国际核责任条约。此外,所有拥有核设施的缔约国应制定符合上述条约精神的国内法,并将下列最佳实践纳入国内立法。

2. 所有拥有核设施的缔约国应努力与尽可能多的国家建立条约关系,以最大限度地实现广泛参与全球核责任机制之目的,该机制致力于在各国间建立条约关系。国际核责任专家组专家指出,《核损害补充赔偿公约》在《巴黎公约》缔约国、《维也纳公约》缔约国或其他非缔约国之间建立了条约关系。然而,《核损害补充赔偿公约》对《联合议定书》鲜有影响,《联合议定书》仅在《巴黎公约》缔约国之间或《维也纳公约》缔约国之间建立起条约关系。除建立条约关系外,《核损害补充赔偿公约》要求各国采纳国际原子能机构主持制定的修订议定书,并以适当提高补偿金额为特点,交纳包括一项用以增补核损害赔偿额度的国际基金。

3. 全球核责任机制将由于大多数拥有核设施的国家加入而得以建立,鉴于它能为受害人带来福祉,无核设施的缔约国应认真考虑加入该全球性机制。

4. 所有拥有核设施的缔约国应确保提供足够的资金且无差别地补偿核事故所有受害人的损失。因此,此类缔约国应建立健全以下制度:

(1)建立补偿机制,提供比现有公约设置的最低保障额度显著提高的财务保证额度;

(2)定期评估补偿额度是否充分,以确保其价值没有贬值,并保证在了解缔约国领土内核设施事故可能造成的影响后,适当调整补偿额度以反映出发展变化，并注意到营运人承担无限责任已成为一种趋势；

(3)定期评估财务保证额度是否充分，以确保该额度能够反映保险市场的承受能力，同时还应对其他财务保证措施进行评估；

(4)为建立适当的基金机制，以便应对损害补偿金超过可用补偿及财务保证额度的情形；

(5)注意到修订后的《维也纳公约》和《巴黎公约》为个人的人身遭受损害设定了30年诉讼时效期间，并对潜在的人身伤害进行补偿；

(6)当符合例外特征的严重自然灾害成为引起核事故的直接原因时，确保赔偿金额可用。

5. 所有缔约国都应：

(1)确保所有因核事故而发生的索赔均通过协商方式，并基于快速、公平、无歧视的原则得到处理，尽量减少诉讼，考虑建立一种索赔处理体系(可由保险公司或其他财务保证人合作建立)，快速、公平地处理所有索赔；

(2)在适用的前提下，参考国际原子能机构建议的立法模式，起草或修订国内核责任法律。

第二部分　国际核损害责任公约

1960年7月29日关于核能领域中第三方责任的巴黎公约

（1960年7月29日订于巴黎　1968年4月1日生效）

德意志联邦共和国、奥地利共和国、比利时王国、丹麦王国、西班牙、法兰西共和国、希腊王国、意大利共和国、卢森堡大公国、挪威王国、荷兰王国、葡萄牙共和国、大不列颠及北爱尔兰联合王国、瑞典王国、瑞士联邦和土耳其共和国政府：

鉴于欧洲经济合作组织（以下简称组织）下设欧洲核能署负责协调促进各缔约国制订和调整核能方面的相关法律法规，特别是关于核能领域的第三方责任和保险的相关法律法规；

保证核损害受害人获得适当和公正赔偿，同时应采取必要的措施，确保不会因此阻碍为和平之目的进行的各项核能生产和利用开发工作；

保证在各国对于前述核损害责任适用的一般基本规则，同时允许各国根据本国的情况制定补充措施，包括本公约中未涉及的电离辐射事故损害；

一致达成如下协定：

第1条

a. 本公约下列用语的定义：

(i)“核事故”是指造成损害的事件，或与造成损害相同起因的一系列继发事件。这种事件或一系列继发性事件，或由此造成的损害，是由核燃料、放射性产物或废物的放射性质引发的，或是由放射性与有毒性、爆炸性或其他危险性质结合在一起，或同它们中的任一性质共同引发的。

(ii)“核设施”是指除组成运输工具的反应堆以外的反应堆；核材料的生产或加工工厂；核燃料的同位素分离厂；受核辐射的核燃料的后处理厂；除因运输需要贮存核材料的仓库以外的其他贮存核材料

设施；以及欧洲核能机构指导委员会（以下简称指导委员会）随时确定的有核燃料、放射性产物或废物的其他设施。

(iii)“核燃料”是指铀金属、合金或化合物（包括天然铀）；钚金属、合金或化合物形式的可裂变材料，或指导委员会随时确定的其他可裂变材料。

(iv)“放射性产物或废物”是指在生产或使用核燃料时产生的放射性物质，或因在上述过程中受到辐射而具有放射性的物质。但不包括：(1)核燃料，或(2)在核设施以外用于或拟用于工业、商业、农业、医学或科学目的的放射性同位素。

(v)“核材料”是指核燃料（除天然铀及贫化铀外）和放射性产物或废物。

(vi)“营运人”就核设施而言，是指由政府主管当局授权的该设施管理人。

b. 如指导委员会认为任何核设施、核燃料或核材料发生前述核损害风险可能较低，可不适用本公约规定。

第 2 条

非缔约国领土范围内发生的核事故或受到的核损害不适用本公约。但是，承担核责任的营运人其核设施所在的缔约国相关法律另有规定，以及符合本公约第 6 条第 e 款中所载之情形的除外。

第 3 条

a. 根据本公约，核设施营运人对下列情况承担责任：

(i)人身伤害或死亡；

(ii)财产损害或损失，但下述各项除外：

(1)核设施本身，以及在现场已用于或将用于该核设施的财产；

(2)除第 4 条另有规定外，在适用下述第 4 条时，核物质运输工具的损害，且有证据表明此类损害或损失（以下简称损害）是由核燃料、放射性材料或废物发生的核事故造成的，或是由相关核设施的核物质导致的。

b. 损害同时由核事故和其他事件造成，如不能合理分离其他事件造成损害部分，则应被定为核事故造成的核损害。如损害由本公约规定的核事故和未规定的电离辐射同时造成，本公约不得限制或影响上述电离辐射的责任承担。

c. 缔约国有权制定法律规定其境内的核设施营运人责任，并应包括该设施内辐射源的电离辐射所导致的核损害责任，本条第 a 款规定除外。

第 4 条

除本公约第 2 条另有规定外，核材料运输过程中（包括运输过程中的临时贮存）发生核事故时：

a. 虽发生在核设施之外，但由于从该核设施对外运输核材料时发生的核事故，符合下列情况的，该核设施营运人应根据本公约承担核损害责任：

(i) 其他核设施营运人根据书面合同约定，对核材料导致的核事故承担责任之前；

(ii) 如无前述合同约定时，在其他核设施营运人接管该核材料之前；或

(iii) 如核材料将用于核动力运输工具的反应堆的，在该核动力运输工具营运人接管核材料之前；但是

(iv) 核材料已运至非缔约国时，则在核材料到达非缔约国且未从运输工具卸下之前。

b. 虽发生在核设施之外，但由于向该核设施运输核材料时，运输过程中发生核事故，符合下列情况的，该核设施营运人应根据本公约承担核损害责任：

(i) 其他营运人的核材料发生核事故，根据书面合同约定，由该核设施营运人承担责任；

(ii) 虽无前述合同约定，自其他营运人处接管所涉核材料之后；或

(iii) 该核设施营运人自核动力运输工具反应堆的授权营运人处接管核材料之后；但是

(iv) 如核材料自非缔约国领土运至缔约国核设施，经该核设施营运人书面同意，自核材料装载至运输工具起。

c. 依本公约之规定承担责任的营运人，应向承运人提供由保险人或依本公约第 10 条提供保证金的其他财务保证人或其授权人出具的证明文件。证明文件上应载有该营运人名称、地址，保证金额、类别和期限，以及证明文件前述签署人的无异议声明。证明文件同时还应载明所保证的核材料和运输工具，并包含政府主管当局声明，以保证相关证明文件所载明的法人均为

本公约规定的营运人。

d. 缔约国有权制定法律,在符合本公约第 10 条规定并经该缔约国核设施营运人同意的情况下,应承运人申请,政府主管当局有权决定由承运人承担依本公约规定的营运人责任。在这种情况下,如核材料的运输过程中发生核事故,根据本公约承运人将被视为法律上该缔约国的核设施营运人。

第 5 条

a. 因核燃料、放射性产物或废物所致的核事故,核燃料、放射性产物或废物曾置放在两个以上的核设施中,由发生核事故时其所在的核设施营运人承担责任,之前的其他营运人均不承担责任。

b. 但是,因运输需要临时贮存在核设施的核材料引发或导致核事故的,该核设施营运人不承担损害责任,根据本公约第 4 条规定应由其他营运人或法人承担损害责任。

c. 因核燃料、放射性产物或废物所致的核事故,曾置于两个以上的核设施的,且造成核损害时核材料并不在核设施中,除造成损害之前其所在的核设施营运人或随后应承担责任的营运人外,其他营运人不承担此类核损害责任。

d. 根据本公约应由两个以上核设施营运人承担损害责任的,所有营运人应共同承担连带责任。在核材料运输过程中发生核事故,不论其发生在同一运输工具上,或发生在因运输临时贮存的同一核设施中,前述营运人所承担赔偿责任不得超过本公约第 7 条规定的营运人责任限额。

第 6 条

a. 受害者有权根据本公约向承担核损害责任的营运人索赔,或当缔约国制定法律规定受害者有权直接向保险人或本公约第 10 条规定财务保证人索赔时,其向保险人或其他财务保证人索赔。

b. 除本条中另有规定外,非营运人不承担核损害责任。但是,此规定不影响本公约开放签字之时已生效或正在开放签字、批准或加入的有关运输国际条文实施。

c. (i) 本公约中的各项规定,不影响:

(1) 由受害人故意或失职导致的核损害,依本公约第 3 条第 a 款第 (ii) 项或本公约第 9 条之规定,应由致害人个人承担核损害责任,营运人不承担责任;或

(2)依本公约第 4 条第 a 款第(iii)项和第 b 款第(iii)项规定,由核动力运输工具的营运人承担核损害责任,核设施营运人不承担责任。

(ii)核设施营运人对本公约规定以外的核损害不承担责任,但未适用本公约第 7 条第 c 款规定时除外,前提是缔约国已制定法律要求在其境内的核设施营运人承担有关运输工具造成的核损害责任。

d. 根据本条第 b 款中提及的任何国际协定或依非缔约国的法律,已承担赔偿责任的人,在其赔偿数额范围内,有权获得依本公约规定的向营运人索赔的权利。

e. 主要营业地设在缔约国的任何个人或其雇员,已就在非缔约国境内发生的核损害或已在该领土内所受的损害进行了赔偿,在赔偿数额内有权代位受害者向核设施营运人的追索,但本公约第 2 条规定除外。

f. 在下列情况下,营运人有权提起索赔:

(i)如果核事故是因个人故意造成损害的行为或失职所产生,有权向该个人索赔;

(ii)根据书面合同约定具有索赔权。

g. 如果营运人依本条第 f 款规定有权向其他方索赔,则在前述范围内相关方不得根据本条第 d 款或第 e 款规定对营运人行使索赔权。

h. 国家公共健康保险、社会保障、工人的赔偿或职业病赔偿等制度涵盖核损害赔偿时,受害者在享有社会福利措施和行使索赔权时,除遵守本公约之规定外,应遵循缔约国法律或上述制度相关政府间条约规定。

第 7 条

a. 营运人的核损害赔偿总额不应超过本条确定的最高赔偿额。

b. 营运人最高核损害赔偿额,为本公约签订日的 1,500 万欧洲货币协定货币单位(以下简称货币单位);考虑到各缔约国的营运人可能获得的保险费或依本公约第 10 条规定的其他保证金,缔约国有权通过制定法律规定更高或更低的赔偿限额,但最低不得少于 500 万货币单位,上述的赔偿数额可折算成各国的货币。

c. 缔约国都有权制定法律以规定本公约第 3 条第 a 款第(ii)项第(1)目不适用的情形,前提是营运人对核损害(对运输工具的核损害除外)的赔偿限额不低于 500 万货币单位。

d. 在缔约国境内的核设施营运人赔偿限额应符合本条第 b 款规定和本条第 c 款提及的缔约国国内法律规定，且无论核事故发生在哪里，均应适用于该营运人。

e. 如果缔约国认为最高责任额不足以覆盖核材料运输途经其境内时发生核事故的风险，作为其同意核材料经过其领土的条件，其有权提高外国营运人的最高赔偿额，但提高后的最高赔偿额不应超过本国核设施营运人的最高赔偿额。

f. 发生以下情况时，本条第 e 款不适用：

(i) 根据国际法，在海运时遇到紧急灾难时，船舶有权进入缔约国港口或无害通过其领海；或

(ii) 根据国际条约或国际法，在空运时飞行器有权飞越缔约国领空或在该国领土着陆。

g. 法院在核损害赔偿诉讼中所裁定的诉讼费和利息，不视为本公约的核损害赔偿，核设施营运人除支付依本条规定的赔偿数额外，还应支付此项费用。

第 8 条

a. 受害者应在核事故发生后 10 年内提起诉讼，否则本公约规定的索赔权利即告丧失。但是如核设施营运人所在的缔约国，已采取措施确保该营运人有能力承担 10 年或超过 10 年以上时效的索赔责任，则该缔约国有权制定法律规定长于 10 年的诉讼时效。但是诉讼时效的延长，不得影响受害者根据本公约，在 10 年时效期满前，因死亡和人身伤害对营运人提起诉讼和获得赔偿的权利。

b. 因核燃料、放射性产物或废物发生核事故造成损害，如核事故发生时前述物质已被盗、丢失、丢弃或抛弃且尚未重新取得，则本条第 a 款规定的诉讼时效自核事故发生之日起算，但不得超过被盗、丢失、丢弃或抛弃之日起 20 年。

c. 国家有权制定核损害的诉讼时效，该期限自受害者知道或应当知道受损和/或营运人责任之日起不得低于两年，同时不得超过本条第 a 款和第 b 款规定的期限。

d. 适用本公约第 13 条第 c 款第(ii)项时，本条第 a 款规定的诉讼时效，在下述情况下不告丧失：

(i)在本公约第 17 条所提及的国际法庭作出判决前,受害者已在可选择的国际法庭提起诉讼;若国际法庭判定其选择的法庭无管辖权,受害者应在国际法庭确认的时间内向有管辖权的法院提起诉讼;或

(ii)向有关缔约国提出要求,就国际法庭管辖权问题根据本公约第 13 条第 c 款第(ii)项规定作出裁定或判决,且在决定后,受害者在国际法庭规定时间内提起诉讼。

e. 除国内法另有规定外,在有管辖权法院未作出判决前,在本条规定期限内提起赔偿诉讼的受害者,有权就该期限终止之后的损害加重情况,修改索赔要求。

第 9 条

对直接由武装冲突、敌对行动、内战、暴乱等行为引起的核损害,核设施营运人不承担责任,其核设施所在缔约国法律另有规定除外。对于直接由异常重大自然灾害引起的核损害,营运人也不承担责任。

第 10 条

a. 为确保营运人有能力承担本公约规定的责任,营运人应提供并维持与本公约第 7 条规定的赔偿数额相当以及符合政府主管当局要求形式和条件的保险或其他财务保证。

b. 暂停或终止保险或其他财务保证的,保险人或财务保证人应至少提前 2 个月书面通知政府主管当局。正在运输中的核材料,在运输期间不得暂停或终止本条第 a 款所规定的保险或其他财务保证。

c. 保险、再保险或其他财务保证提供的款项仅能用于核损害赔偿。

第 11 条

根据本公约规定,由缔约国制定法律明确核损害赔偿的性质、形式和程度以及公平分摊方式。

第 12 条

依本公约所支付的损害赔偿,本公约第 10 条规定的保险、再保险或其他财务保证所提供的款项,以及本公约第 7 条第 g 款中提及的利息和诉讼费,可在各缔约国货币区自由兑换。

第 13 条

a. 除本条另有规定外,在缔约国境内发生核事故的,缔约国法院对根据

本公约第3条、第4条、第6条第a款和第6条第e款提起的诉讼具有管辖权。

b. 发生在缔约国之外的核事故，或不能明确核事故发生地时，应承担责任的营运人其核设施所在的缔约国法院具有管辖权。

c. 当依本条第a款或第b款的规定，一个以上缔约国法院具有管辖权时，根据以下原则确定：

(i) 核事故部分发生在非缔约国领土，部分发生在缔约国领土内时，由缔约国法院行使；

(ii) 应相关缔约国的要求，在确定本公约第17条规定的国际法院管辖权时，与核事故有最密切关系的缔约国法院具有管辖权。

d. 本条规定的具有管辖权法院经庭审或缺席审判作出的判决，根据具有管辖权国家法律该判决可执行时，如符合有关缔约国相关要求的，可在其他缔约国境内直接执行。前述案件的法律依据，无须经其他法律程序审理。本款不适用于临时性判决。

e. 依本公约向缔约国提起诉讼时，除执行措施外，缔约国不得向根据本公约规定具有管辖权的法院主张司法豁免权。

第14条

a. 本公约的适用不受国籍、户籍和住所地限制。

b. "国内法"和"国家制定法"是指依本公约对涉及核事故索赔诉讼具有管辖权法院制定的国内法律法规。前述法律法规包括补充本公约未规定内容的相关实体法和程序法。

c. 前述国内法律法规适用时不受国籍、户籍或住所地限制。

第15条

a. 如认为必要时，缔约国有权采取措施应对超过本公约规定的赔偿额。

b. 需要由公共基金支付的核损害赔偿，且超过了第7条规定的500万货币单位的，采取前述措施时，可不考虑或可违反本公约的规定。

第16条

指导委员会依第1条第a款第(ii)项、第1条第a款第(iii)项和第1条第b款作出的决定，应经缔约国授权代表一致同意通过。

第17条

两个或两个以上缔约国就公约的解释或适用产生的争议，由指导委员会负责审理。经协商无果,根据缔约国申请,可提交至根据 1957 年 12 月 20 日《建立核能领域安全管理公约》设立的法庭审理。

第 18 条

a. 在批准或加入本公约前,或依第 23 条规定的通知发出前,缔约国有权可就本公约若干条款提出保留。但保留条款须经各缔约国书面接受后方可生效。

b. 前款的接受,应自组织秘书长根据第 24 条规定向拟加入公约国发出通知后 12 个月内作出,该国未批准加入本公约的,无须对该保留进行接受。

c. 根据本条接受的保留,缔约国有权向组织秘书长发出撤回保留的通知。

第 19 条

a. 本公约须经批准方能加入。批准书应提交至组织秘书长,并由其负责保存。

b. 本公约自第五个缔约国提交其批准书之日起生效。之后批准加入的缔约国,本公约自批准书交存至组织秘书长时对其生效。

第 20 条

本公约的修订应通过缔约国相互协商。经三分之二缔约国批准或确认时,修订即可生效。此后批准或确认的各缔约国,自批准或确认之日起,修订对其生效。

第 21 条

a. 非缔约国政府,或与组织有其他联系的国家,均有权向组织秘书长发出参加本公约的通知。

b. 非本公约缔约国政府向组织秘书长发出通知,并经缔约国一致同意,方可加入本公约。本公约自一致同意之日起对其生效。

第 22 条

a. 本公约有效期为 10 年。缔约国拟终止适用本公约的,应在有效期满前 12 个月内向组织秘书长发出终止通知。期限届满后,本公约的效力自然终止。

b. 本公约在 10 年期限届满后,对未依本条第 a 款终止公约实施的缔约国继续有效 5 年,在后续 5 年期限结束前,如缔约国未提前 12 个月向组织秘书长发出终止通知,本公约将继续对该国有效 5 年。

c. 自本公约生效 5 年后或在其他任何时候，当缔约国提出修订申请时，自该提出修订申请之日起的 6 个月内，组织秘书长有权召开大会研究修订事宜。

第 23 条

a. 本公约适用于各缔约国的领土范围内。

b. 任何签约国或缔约国，在签署、批准或加入本公约时或在以后任何时候，虽有本条第 a 款规定，其仍有权随时通知组织秘书长本公约不适用其部分领土包括因国际关系负责管理的领土，通知中明确该部分领土范围。任何前述相关领土的通知，可提前 12 个月向组织秘书长发出撤回通知。

c. 不适用本公约的部分缔约国领土（包括因国际关系而承担责任的领土），对于本公约而言，视为非缔约国的领土。

第 24 条

组织秘书长，应向缔约国和加入国通报其收到的所有批准书、加入书、退出书、第 23 条提及通知，和指导委员会依第 1 条第 a 款第（ii）项、第 1 条第 a 款第（iii）项和第 1 条第 b 款作出的决定。秘书长应通知缔约国本公约对其生效日期，后续修订文本的生效日期和根据第 18 条提出的保留条款。

1960年7月29日关于核能领域中第三方责任的巴黎公约的补充公约

(1963年1月31日订于布鲁塞尔　1974年12月4日生效)

德意志联邦共和国、奥地利共和国、比利时王国、丹麦王国、西班牙、法兰西共和国、意大利共和国、卢森堡大公国、挪威王国、荷兰王国、大不列颠及北爱尔兰联合王国、瑞典王国和瑞士联邦是《1960年7月29日关于核能领域中第三方责任的巴黎公约》(以下简称《巴黎公约》)的缔约国。这些缔约国政府在欧洲经济合作组织,现更名为经济合作与发展组织(1964年1月28日在巴黎经附加议定书修订)的机构范围内议定,有必要对《巴黎公约》进行补充,以增加和平利用核能可能造成损害的赔偿数额,经一致协议如下:

第1条

本补充公约系《巴黎公约》的补充,应遵守《巴黎公约》并应遵照下列各条款实施。

第2条

a. 本公约适用于造成核损害的以下事故,但不适用于全部发生在非本公约缔约国领土内的事故:

(i)位于本公约缔约国(以下简称"缔约国")领土之内用于和平目的的核设施营运人,根据《巴黎公约》应承担责任,该设施已列入确定的清单并迄今仍符合第13条之规定;和

(ii)遭受损失是在:

(1)缔约国领土之内;或

(2)位于公海或公海上空的并在缔约国领土内注册的船舶或飞机上;或

(3)位于公海或公海上空的缔约国成员的船舶或飞机受到损害,且此船舶或飞机系在缔约国领土内注册。

条件是依《巴黎公约》,该缔约国法庭拥有审判权。

b. 任何缔约国或成员国政府在签署或加入公约时,或当其批准书交存时,为履行本条 a 款第(ii)项第(3)目规定,可宣布某人或某一类人,依其法律考虑,若在其领土上有经常居所,按缔约国国民同等对待。

c. 在本条中的"缔约国国民"一词包括:一个缔约国或其任何组成部分,合伙公司或在一个缔约国领土内建立的任何组成形式的公司或没有组成公司的私人或公共团体。

第 3 条

a. 在本公约规定的条件下,缔约国承担第 2 条提到的损害赔偿。每起事故为 1.2 亿计算单位的赔偿限额。

b. 此种赔偿:

(i)从保险费或其他财务保证中提供,上限至少为 500 万计算单位的赔偿数额,此赔偿数额将由承担责任的营运人其核设施所在的缔约国以立法规定;

(ii)介于 500 万和 7,000 万计算单位之间的赔偿数额,将由核设施所在缔约国公共基金提供赔偿;

(iii)介于 7,000 万和 1.2 亿计算单位之间的赔偿数额,依第 12 条规定的份额公式,将由缔约国公共基金提供赔偿。

c. 为此目的,各缔约国应:

(i)依《巴黎公约》第 7 条,规定营运人承担的最高赔偿责任为 1.2 亿计算单位,此种责任应包括本条 b 款提到的所有基金;

(ii)规定营运人承担的最高赔偿数额至少等于依本条 b 款第(i)项所规定的赔偿数额。若超过此赔偿数额至 1.2 亿计算单位部分,则本条 b 款第(i)项、第(ii)项和第(iii)项提到的公共基金应由其他方式筹集,不由营运人承担。但本公约的实体和程序性规定不受影响。

d. 营运人在依本条 b 款第(ii)项和第(iii)项、本条 g 款所获得的公共基金,应用以偿付赔款、利息或诉讼费用,仅当前述基金能实际获得时,才对营运人具有强制性。

e. 缔约国在履行本公约时,承诺不通过行使《巴黎公约》第 15 条 b 款规定的权利实施如下特殊条款:

(i)关于用本条b款第(i)项所述的基金对损害提供赔偿;

(ii)关于本条b款第(ii)项和第(iii)项所述的公共基金,并非公约规定的损害赔偿。

f.《巴黎公约》第7条g款所述的利息和诉讼费用,除本条b款提到的赔偿数额之外,应按如下方式予以支付:

(i)根据本条b款第(i)项,由营运人承担的责任;

(ii)根据本条b款第(ii)项,由核设施所在的缔约国承担;

(iii)根据本条b款第(iii)项,由数个缔约国共同承担。

g.本公约的"计算单位"指欧洲金融协定的计算单位,已在订立《巴黎公约》之日予以定义。

第4条

a.如果核事故引起的损害是由一个以上的营运人造成的,则《巴黎公约》第5条第4款所规定的赔偿限额,依本公约第3条b款第(ii)项和第(iii)项规定应获得的公共基金限度,合计不得超过1.2亿计算单位。

b.依第3条b款第(ii)项和第(iii)项,可获得公共基金的限额,不得超过1.2亿计算单位和依第3条b款第(i)项有关对此营运人规定赔偿数额的差额,或营运人的核设施所在缔约国依《巴黎公约》第7条规定,制定国内法所规定的赔偿数额。若存在两个或两个以上缔约国应依第3条b款第(ii)项支付公共基金,基金应由位于其各自领土之内涉及核事故的核设施数目之比例进行分配。

第5条

a.当承担责任的营运人依《巴黎公约》第6条f款享有追索权时,营运人的核设施所在缔约国应采取如下原则制定国内法律:即有必要促进该缔约国及其他缔约国从这种追索中获益,并达到第3条b款第(iii)项、c款和f款的公共基金规定的程度。

b.如果损害是由己方造成,则国内法可规定从该营运人回收第3条b款第(ii)项、第(iii)项和f款提到的公共基金。

第6条

依本公约可利用公共基金的计算,应只包括自核事故发生之日起10年之内履行的追索权。当核损害所涉及的核燃料、放射性产物或废物在事故发生时系遭偷窃、丢失、丢弃或抛弃,且尚未找到,此期限计算自遭偷窃、丢失、丢弃或抛弃之日起不超过 20 年,符合《巴黎公约》第 8 条 d 款规定情形的,也可延长。根据《巴黎公约》第 8 条 e 款规定延长的期限届满后如要求修订,也应予以考虑。

第 7 条

当缔约国行使《巴黎公约》第 8 条 e 款所规定的权利时,其法定追索时效为 3 年,该期限自受害人知道或应当知道受到损害和营运人之日起算。

第 8 条

如损害赔偿数额超过或可能超过:

(i)1.2 亿计算单位;或

(ii)依《巴黎公约》第 5 条 d 款如存在共同承担责任的情形以及由此而产生某一较高赔偿数额。

对于前述超限额的赔偿数额,各缔约国可规定公正的准则进行分配。无论公共基金的来源、依本公约第 2 条规定,对受害人的国籍、户籍和居住地认定,应无歧视地适用此准则。

受害人将依本公约依法享有获得全部赔偿之权利。

第 9 条

a. 第 3 条 b 款第(ii)项、第(iii)项和 f 款要求的公共基金,具有管辖权的缔约国应负责使用公共基金的偿付工作。

b. 各缔约国应保证使受害人有权获得赔偿,而不必根据赔偿基金的来源单独另行诉讼。

c. 如第 3 条 b 款第(i)项所述的公共基金仍可利用,则不得再要求缔约国提供第 3 条 b 款第(ii)项和第(iii)项所述的公共基金。

第 10 条

a. 其法院具有管辖权的缔约国,在核损害将会超过或可能超过 7,000 万计算单位时,应立即将核事故及其情况通知其他缔约国。相关缔约国应迅速作出所有必要的安排和处置。

b. 具有管辖权的缔约国有权要求其他缔约国,保证本公约第 3 条 b 款第(iii)项和 f 款规定的公共基金可利用,并拥有唯一的资格支付此种公共基金。

c. 必要时,前述具有管辖权的缔约国有权代表依第 2 条 b 款第(iii)项和 f 款提供可利用公共基金的其他缔约国,行使第 5 条规定的追索权。

d. 依国家法律规定，由第 3 条 b 款第（ii）项和第（iii）项提及的有关公共基金支出的赔偿款的支付结算，应得到其他缔约国的承认。同时，具有管辖权法院对于该项赔偿的判决，依《巴黎公约》第 13 条第 d 款的规定，在其他缔约国的领土内应强制执行。

第 11 条

a. 如具有管辖权的缔约国，非承担责任的营运人核设施所在的缔约国，则第 3 条 b 款第（ii）项和 f 款规定的公共基金应由排在首位的缔约国保证其公共基金可支付赔偿款，承担责任的营运人核设施所在缔约国应给另一缔约国付款，相关缔约国在支付手续上须一致。

b. 核事故发生后，有关赔偿的性质、形式和程度，本公约第 3 条 b 款规定的公共基金相关支付程序以及，如果必要，该基金的分摊标准等相关立法、管理或行政规定适用时，由具有管辖权缔约国应与承担责任的营运人核设施所在缔约国磋商。相关缔约国应采取一切必要措施协助后一缔约国介入诉讼和参与有关赔偿结算。

第 12 条

a. 缔约国依本公约第 3 条 b 款第（iii）项所述公共基金的分摊份额公式如下：

（i）基金的 50%，根据核事故发生的前一年，经济合作与发展组织官方公布的各缔约国现行价格的国民生产总值及所有缔约国现行价格的国民生产总值的比率确定；

（ii）基金的 50%，根据位于各缔约国领土内反应堆的热功率和位于所有缔约国的领土内反应堆总热功率的比率确定。假定某反应堆自它首次达到临界之日起，仅考虑作为此种计算之目的时，则应依本公约第 2 条 a 款第（i）项提到的清单中核事故日期所标明的反应堆热功率来计算。

b. 本条约内的“热功率”指：

（i）最后运行许可证发布以前的计划热功率；

（ii）在此种许可证发布之后，由具有资格的国家权威机构确定的热功率。

第 13 条

a. 每个缔约国应保证：在其领土内的所有核设施均用于和平用途，符合

《巴黎公约》第 1 条的定义，并符合本公约第 2 条 a 款第(i)项规定。

b. 为此目的，凡签约或参加的政府在交存批准书或加入书时，应向比利时政府告知该设施的全部细节。

c. 此类细节应包括：

(i)在所有设施尚未建议完成时，可能发生核事故危险的预计日期；

(ii)反应堆将首次达到临界的预计日期和其热功率。

d. 各缔约国也应将可能发生核事故危险的准确日期通知比利时政府。对于反应堆，则应通知其首次达到临界的日期。

e. 各缔约国也应将对清单作出的所有修订通知比利时政府。

当该修订包括增加核设施时，则应在预计发生核事故之日前至少提前 3 个月通知。

f. 如果一缔约国认为另一缔约国告知的细节或对清单将要作出的修订没有遵守本公约第 2 条 a 款第(i)项及本条之规定时，自它已接到依本条 f 款的通知之日起 3 个月之内，可书面向比利时政府提出异议。

g. 如果某一缔约国认为，依本条要求的通知未能在本条规定的时间内进行，则自该国知道或应当知道通知之日起 3 个月内，可书面向比利时政府提出异议。

h. 比利时政府应将依本条所收到的通知和异议，立即知会各缔约国。

i. 第 2 条 a 款第(i)项提到的清单，应包括本条 b 款至 e 款所述之所有细节和修订。依本条 f 款和 g 款提出异议，如果异议仍在继续，则应追索至异议提出之日。

j. 比利时政府应按要求向所有缔约国提供本公约所涵盖核设施的最新声明以及根据本条提供全部细节。

第 14 条

a. 除本公约另有规定外，各缔约国可依《巴黎公约》中授予的权力执行，其下所作的规定可在其他缔约国实行，以获得第 3 条 b 款第(ii)项和第(iii)项提到的公共基金。

b. 缔约国依《巴黎公约》第 2 条、第 7 条 c 款和第 9 条所作的国内法律规定，虽落实了本公约第 3 条 b 款第(ii)项和第(iii)项提到的公共基金要求，但除非已取得同意，否则不能请求其他缔约国执行。

c. 本公约并不限制缔约国就《巴黎公约》和本公约范围以外事宜制定国

内法律。但就公共基金而言,其国内法律不得加重其他缔约国的责任。

第 15 条

a. 任何缔约国可与非缔约国就某一核损害使用公共基金赔偿达成协议。

b. 若在该协议下,赔偿付款的程度并不比由缔约国履行《巴黎公约》和本公约采取的措施结果有利时,则由本公约规定的核事故的损害赔偿数额及由此通过此种协议给予赔偿的问题可考虑。在计算由于事故引起的损害赔偿数额时可执行第 8 条的限制性条款。

c. 本条 a 款和 b 款之规定,不得影响没有达成此种协议的缔约国承担依本公约第 3 条 b 款第(ii)项和第(iii)项规定的责任。

d. 任何缔约国拟签署协议时,应将其签约意图通知其他缔约国,达成协议时,应通知比利时政府。

第 16 条

a. 缔约国之间由于执行本公约和《巴黎公约》引起的问题应彼此磋商,特别当涉及《巴黎公约》第 20 条和第 22 条 c 款时。

b. 自本公约生效之日起 5 年后,缔约国应就公约的修订相互协商,并随时讨论缔约国的请求。

第 17 条

两个或两个以上的缔约国在关于本公约的解释或执行中产生争议时,应由有关缔约国将争议提交给核能领域安全控制机构于 1957 年 12 月 20 日会议建立的欧洲核能法庭。

第 18 条

a. 对本公约的一处或多处条款的保留可在批准本公约之前的任何时候作出,但保留条款应为所有缔约国接受;或者保留条款已为所有缔约国或签字国认可,则对本公约所规定的一处或多处条款的保留,应适用第 21 条和第 24 条。

b. 在比利时政府依第 25 条向其通知上述保留条款之日起 12 个月内尚未批准加入本公约的签字国,可不受上述保留条款。

c. 各缔约国依本条第(a)款接受保留条款时,有权随时通知比利时政府撤销。

第 19 条

仅《巴黎公约》的缔约国,才能成为或继续成为本公约的缔约国。

第 20 条

a. 附件是本公约的组成部分。

b. 本公约须经批准,批准书应交存比利时政府。

c. 本公约于第 6 份批准书交存后 3 个月起生效。

d. 对自第 6 份批准书交存后批准本公约的缔约国,在其批准书交存后 3 个月起本公约对其生效。

第 21 条

对本公约的修订应由所有缔约国协商一致通过,修订案应在所有缔约国批准或确认之日起生效。

第 22 条

a. 在本公约生效之后,任何尚未签署本公约的《巴黎公约》缔约国可通知比利时政府请求加入。

b. 加入公约申请应得到缔约国的一致同意。

c. 一致同意后,请求加入的《巴黎公约》的缔约国应将认可的文件交比利时政府保存。

d. 自认可文件交存之日起 3 个月后,认可即生效。

第 23 条

a. 本公约有效期与《巴黎公约》保持一致。

b. 缔约国在期满前至少一年将终止本公约的意愿通知比利时政府后,在《巴黎公约》第 22 条 a 款规定的 10 年期满时,终止本公约对该国的实施。在接到此项通知的 6 个月内,其他缔约国可通知比利时政府,在对发出通知的有关缔约国停止生效之日起,终止本公约对该国的实施。

c. 在本公约期满或一缔约国撤销时,各缔约国应根据本公约规定对由核事故引起的损害应发生在期满和撤销之日以前承担的赔偿责任的核损害。

d. 各缔约国应及时就本公约期满后或一个或多个缔约国退出后应采取的措施进行协商,以确保本公约期满或某以缔约国退出之前发生在该缔约国境内的由核设施营运人承担责任的核事故,得到本公约给予的赔偿等同的赔偿。

第 24 条

a. 本公约应适用于各缔约国的领土。

b. 任何缔约国欲将本公约在一处或多处领土内执行，依《巴黎公约》第 23 条有关规定，已通知该公约的适用，则应向比利时政府提出申请。

c. 对于本公约在该领土内的适用要求应获得缔约国一致认可。

d. 一旦获得认可，缔约国应及时通知比利时政府，认可自通知收到之日起生效。

e. 缔约国的前述通知可撤销，但应提前一年通知比利时政府。

f. 若《巴黎公约》对该领土停止适用，则本公约也应同时停止适用。

第 25 条

比利时收到任何批准、加入或撤销的文件，应通知所有缔约国和参加国政府，并应通知其关于本公约生效日期、修订的全文，以及该修订生效日期，以及依第 18 条作出的任何保留和收到的所有通知。

下列签字的全权代表经正式授权在本公约上签字，以资证明。

1963 年 1 月 31 日订于布鲁塞尔，本公约的正文用英文、荷兰文、法文、德文、意大利文和西班牙文书就，各种文本具有同等效力。正本由比利时政府保存，并由比利时政府向所有其他签字国和成员国政府提供核实无误的副本。

修订的布鲁塞尔补充公约(1963 年、1964 年和 1982 年合并文本)——1960 年 7 月 29 日关于核能领域中第三方责任的巴黎公约的补充公约

(继 1960 年 7 月 29 日《巴黎公约》后,1963 年 1 月 31 日颁布《补充公约》,后经 1964 年 1 月 28 日《附加议定书》和 1982 年 11 月 16 日《议定书》修订的《布鲁塞尔补充公约》,非官方合并文本)

德意志联邦共和国、奥地利共和国、比利时王国、丹麦王国、西班牙、法兰西共和国、意大利共和国、卢森堡大公国、挪威王国、荷兰王国、大不列颠及北爱尔兰联合王国、瑞典王国和瑞士联邦是《1960 年 7 月 29 日关于核能领域中第三方责任的巴黎公约》(以下简称《巴黎公约》)的缔约国。前述缔约国的政府在欧洲经济合作组织,现更名为经济合作与发展组织(1964 年 1 月 28 日在巴黎经《附加议定书》修订)的机构范围内议定,有必要对《巴黎公约》进行补充,以增加和平利用核能可能造成的损害赔偿数额,经一致协议如下:

第 1 条

本公约系《巴黎公约》的补充,应遵守《巴黎公约》以及下列各条款实施。

第 2 条

a. 本公约将适用于造成核损害的事故,但不适用于全部发生在非本公约缔约国领土内的事故:

(i) 位于本公约缔约国(以下简称"缔约国")领土之内用于和平目的之核设施营运人,根据《巴黎公约》应承担责任,该设施已列入清单且迄今仍符合第 13 条之规定;

(ii) 遭受损失是在:

(1)缔约国领土内;

(2)位于公海上或公海上空的且在缔约国领土内注册的船舶或飞机上;

(3)位于公海或公海上空的船舶或飞机受到损害,且此船舶或飞机系在缔约国领土内注册。

前提是依《巴黎公约》,该缔约国法院拥有管辖权。

b. 任一缔约国或政府在签署或加入公约时,或当其批准书交存时,为履行本条第a款第(ii)项第(3)目规定义务,可宣布某人或某一类人,据其法律考虑,如在其领土上有经常居住地,按其缔约国国民给予同等对待。

c. 本公约"缔约国国民"一词包括:一个缔约国或其附属部分、合伙人或在某一缔约国领土内建立法人或非法人的私人或公共团体。

第3条

a. 在本公约规定的条件下,缔约国承担第2条提到的核损害赔偿责任。每次事故赔偿额最高为3亿特别提款权。

b. 该赔偿将按以下方式分配:

(i)从保险或其他财务保证中提供最高为500万特别提款权,此赔偿数额将由承担责任的营运人其核设施所在缔约国以国内法律规定;

(ii)介于500万至1.75亿特别提款权之间的赔偿数额,将由核设施所在缔约国公共基金中拨付;

(iii)介于1.75亿至3亿特别提款权的赔偿数额,依第12条规定的份额公式由缔约国在公共基金中拨付。

c. 为此目的,各缔约国应:

(i)依《巴黎公约》第7条,规定营运人承担的最高赔偿责任为3亿特别提款权,该责任应包括本条第b款提到的所有基金;

(ii)规定营运人承担责任的上限不低于依本条第b款第(i)项所规定的赔偿数额。若超过此赔偿数额直至3亿特别提款权,则本条第b款第(ii)项和第(iii)项提到的公共基金应由其他办法获得,不由营运人承担。但本公约的其他实体和程序性规定不受影响。

d. 营运人依本条第b款第(ii)项、第(iii)项和本条第f款所获之公共基金,应用于偿付赔款、利息或诉讼费用,仅当基金能实际获得时,才对营运人具有约束力。

e. 缔约国在履行本公约时,承诺不通过行使《巴黎公约》第 15 条第 b 款规定的权利实施如下特殊条款:

(i) 关于本条第 b 款第(i)项所述的基金对核损害提供赔偿;

(ii) 关于本条第 b 款第(ii)项和第(iii)项所述的公共基金,并非本公约规定的核损害赔偿。

f.《巴黎公约》第 7 条第 g 款所述的利息和诉讼费用,除本条第 b 款提到的赔偿数额外,应按如下方式予以支付:

(i) 本条第 b 款第(i)项,由营运人承担责任;

(ii) 本条第 b 款第(ii)项,由核设施所在缔约国承担;

(iii) 本条第 b 款第(iii)项,由数个缔约国共同承担。

第 4 条

a. 若核事故引起的核损害是由一个以上的营运人造成,则《巴黎公约》第 5 条第 d 款所规定的赔偿限额,依第 3 条第 b 款第(ii)项和第(iii)项应获得的公共基金,合计不得超过 3 亿特别提款权。

b. 依第 3 条第 b 款第(ii)项和第(iii)项、可获得的公共基金额,在此类事故中不超过 1.2 亿特别提款权,且依第 3 条第 b 款第(i)项有关对此营运人赔偿数额的差额,或当某一营运人所属核设施位于非本公约缔约国领土之内,依《巴黎公约》第 7 条规定的赔偿数额。若存在两个或两个以上缔约国应依第 3 条第 b 款第(ii)项支付公共基金,该基金应按位于其各自领土之内涉及核事故的核设施数目之比例进行分配。

第 5 条

a. 当承担责任的营运人依《巴黎公约》第 6 条第 f 款享有追索权时,营运人之核设施所在缔约国应采取如下原则制定国内法律:即有必要促进该缔约国及其他相关缔约国从这种索赔中获益,并达到依第 3 条第 b 款第(iii)项和第 f 款的公共基金规定的程度。

b. 若损害是由己方造成的,则该立法可规定从该营运人回收第 3 条第 b 款第(ii)项、第(iii)项和第 f 款提到的公共基金。

第 6 条

依本公约可使用公共基金的计算,应仅包括自核事故之日起 10 年之内履行的追索权。当核损害所涉及的核燃料、放射性产物或废物在事故发生时系遭偷窃、丢失、丢弃或抛弃,且尚未找到,此期限计算自遭偷窃、丢失、丢弃或抛弃之日起不超过20年,符合《巴黎公约》第8条第d款规定的,亦可延长。根据《巴黎公约》第8条第e款规定延长的期限届满后如要求修订,也应予以考虑。

第7条

当缔约国使用《巴黎公约》第8条第e款所规定的权利时,其法定追索时效为3年,该期限自受害人知道或应当知道核损害或营运人之日起算。

第8条

如损害赔偿数额超过或可能超过:

(i)3亿特别提款权;或

(ii)依《巴黎公约》第5条第d款如存在共同承担责任的情形以及由此而产生某一较高赔偿数额。

对于前述超限额的赔偿数额,各缔约国可规定公正的准则来进行分配。无论公共基金的来源、以及依第2条规定,对受害人的国籍、户籍和居留地认定应无歧视地适用。

受害人依本公约享有获得全部赔偿的权利。

第9条

a. 第3条第b款第(ii)项、第(iii)项和第f款要求的公共基金,具有管辖权的缔约国应负责公共基金的偿付工作。

b. 缔约国应保证使受害人有权获得赔偿,而不必根据赔偿基金的来源单独另行诉讼。

c. 如第3条第b款第(i)项所述的公共基金仍可利用,则不得再要求缔约国提供第3条第b款第(ii)项和第(iii)项所述的公共基金。

第10条

a. 其法院拥有审判权的具有管辖权的缔约国,在核损害将超过或可能超过1.75亿特别提款权时,应立即将核事故及其情况通知其他缔约国。相关缔约国应迅速作出有必要的安排和处置。

b. 具有管辖权缔约国有权要求其他缔约国,保证第3条第b款第(iii)项和第f款规定的公共基金可利用,并拥有唯一的资格支付此种公共基金。

c. 必要时,前述具有管辖权的缔约国有权代表依第3条第b款第(iii)项和第f款提供可利用公共基金的其他缔约国,行使第5条规定的追索权。

d. 依国家法律规定，由第 3 条第 b 款第(ii)项和第(iii)项规定的公共基金支出的赔偿款的支付结算，应得到其他缔约国的承认。同时，具有管辖权的法院对于该项赔偿的判决，依《巴黎公约》第 13 条第 d 款的规定，在其他缔约国的领土内应强制执行。

第 11 条

a. 如具有管辖权的缔约国，非承担责任营运人其核设施所在缔约国，则第 3 条第 b 款第(ii)项和第 f 款所规定的公共基金应由具有管辖权缔约国保证其可用于支付赔偿，承担责任营运人其核设施所在缔约国应向提供公共基金的缔约国赔偿其所支付的款项，相关缔约国应就赔偿程序达成一致。

b. 核事故发生后，在有关赔偿的性质、形式和程度，使第 3 条第 b 款第(ii)项所要求的公共基金可使用的程序性规定，以及如有必要，该基金的分摊标准的所有法律、管理或行政规定适用时，具有管辖权的缔约国应与承担责任营运人其核设施所在缔约国磋商。相关缔约国应采取必要措施使后一缔约国介入诉讼和参与有关赔偿结算。

第 12 条

a. 缔约国依第 3 条第 b 款第(iii)项所述公共基金分摊份额公式如下：

(i)基金的 50%，根据核事故发生的前一年，经济合作与发展组织官方公布的各缔约国现行价格的国民生产总值及所有缔约国现行价格的国民生产总值的比率；

(ii)基金的 50%，根据位于各缔约国领土内反应堆的热功率和位于所有缔约国的领土内反应堆总热功率的比率确定。假定某反应堆自它首次达到临界之日起，仅考虑作为此计算之目的时，则应依第 2 条第 a 款第(i)项提到的清单中核事故日期所标明的反应堆热功率来计算。

b. 对于本条约内的“热功率”指：

(i)最后运行许可证发布以前的计划热功率；

(ii)在该许可证发布之后，由具有资格的国家机构确定的热功率。

第 13 条

a. 各缔约国应保证：在其领土上所有核设施均用于和平用途，并符合《巴黎公约》第 1 条的定义，并符合本公约第 2 条第 a 款第(i)项规定。

b. 为此目的,凡签约或参加的政府在交存批准书或加入书时,应向比利时政府告知该核设施的全部细节。

c. 该细节应包括:

(i)在所有设施尚未建设完成时,可能核事故危险的预计日期;

(ii)反应堆将首次达到临界的预计日期和其热功率。

d. 缔约国应将可能发生核事故危险的准确日期通知比利时政府。对于核设施,则应通知其首次达到临界的日期。

e. 各缔约国应将对清单作出的所有修订通知比利时政府。

当该修订包括增加核设施时,则应在预计发生核事故之日前至少提前 3 个月通知。

f. 如果一缔约国认为另一缔约国通知的细节或对清单将要作出的修订没有遵照第 2 条第 a 款第(i)项及本条之规定时,自其已接到依本条第 f 款的通知之日起 3 个月内,可书面向比利时政府提出异议。

g. 如果一缔约国认为,依本条要求的通知未能在本条规定的时间内进行,则自其知道或应当知道通知之日起 3 个月内,可书面向比利时政府提出异议。

h. 比利时政府应将收到的通知和异议立即知会各缔约国。

i. 第 2 条第 a 款第(i)项提到的清单,应包括本条第 b 款至第 e 款所述之所有细节和修订。如果异议仍在继续,则依本条第 f 款和第 g 款提出异议应追索至异议提出之日。

j. 比利时政府应按要求向所有缔约国提供本公约所涵盖核设施的最新声明以及根据本条提供全部细节。

第 14 条

a. 除本公约另有规定外,各缔约国可依《巴黎公约》中赋予的权力执行,其下所作规定可在其他缔约国实行,以获得第 3 条第 b 款第(ii)项和第(iii)项所述之公共基金。

b. 缔约国依《巴黎公约》第 2 条和第 9 条所做出的国内法律规定,虽然是落实了本公约第 3 条第 b 款第(ii)项和第(iii)项规定的公共基金要求,但除非已取得同意,否则不能要求其他缔约国执行。

c. 本公约并不限制缔约国就《巴黎公约》和本公约范围以外事宜进行国内立法。但就公共基金而言,其国内法律不得加重其他缔约国的责任。

第 15 条

a. 任一缔约国可与非缔约国就某一核损害使用公共基金赔偿达成协议。

b. 若在该协议下,赔偿付款的程度,并不比由缔约国考虑履行《巴黎公约》和本公约采取的措施结果有利时,则由本公约规定的某一核事故引起的损害赔偿数额及由此通过该协议给予赔偿的问题可以考虑。在计算由于事故引起的损害赔偿数额时,可执行第 8 条的限制性条款。

c. 本条第 a 款和第 b 款之规定,不妨碍未达成该协议的缔约国承担依第 3 条第 b 款第(ii)项和第(iii)项规定的责任。

d. 缔约国拟签署协议时,应将其意图通知其他缔约国,达成协议时应通知比利时政府。

第 16 条

a. 缔约国之间由于执行本公约和《巴黎公约》引起的所有应彼此磋商,特别是《巴黎公约》的第 20 条和第 22 条第 c 款。

b. 自本公约生效之日起 5 年后,缔约国应就公约的修订相互协商,并随时讨论缔约国的请求。

第 17 条

两个或两个以上的缔约国在关于本公约的解释或执行中产生的争议,应由有关缔约国将争议提交给核能领域安全控制机构于 1957 年 12 月 20 日会议建立的欧洲核能法庭。

第 18 条

a. 如果对本公约所规定的一处或多处条款持保留意见时,在加入本公约时或在本公约的批准、接受或核准前的任何时候作出保留。如果缔约国和加入国政府明确接受此类保留的条款,则适用第 21 条和第 24 条的规定。

b. 依第 25 条向比利时政府自其通知保留之日起 12 个月内,未经批准、接受或核准的签字国不得要求接受此保留。

c. 依本条第 a 款接受的保留条款,有权随时通知比利时政府撤回。

第 19 条

仅《巴黎公约》的缔约国,才能成为或继续成为本公约的缔约国。

第 20 条

a. 本附件是本公约的组成部分。

b. 本公约须经批准,批准书应交存比利时政府。

c. 本公约于第6份批准书交存后3个月起生效。

d. 对自第6份批准书交存后批准本公约的各缔约国,在其批准书交存后3个月起本公约对其生效。

第21条

对本公约的修订应由所有缔约国协商一致通过,修订案应在所有缔约国批准或确认之日起生效。

第22条

a. 在本公约生效之后,尚未签署本公约的《巴黎公约》缔约国可通知比利时政府请求加入。

b. 该加入申请应得到缔约国的一致同意。

c. 一致同意后,请求加入的《巴黎公约》缔约国应将认可的文件交比利时政府保存。

d. 自认可文件交存之日起3个月后,认可即生效。

第23条

a. 本公约有效期与《巴黎公约》保持一致。

b. 缔约国在期满前至少一年将终止本公约的意愿通知比利时政府后,在《巴黎公约》第22条第a款规定的10年期满时,终止本公约对该国的实施。在接到该项通知的6个月内,其他缔约国可通知比利时政府,在对首先通知的有关缔约国停止生效之日起,终止本公约对该国的实施。

c. 本公约期满或某一缔约国的退出,不得终止其他缔约国在本公约期满和其他缔约国退出之前所应承担的核损害赔偿义务。

d. 各缔约国应及时就本公约期满后或一个或多个缔约国退出后应采取措施进行协商,以确保本公约期满或某一缔约国退出之前发生在缔约国境内的由核设施营运人承担责任的核事故,得到与本公约给予的赔偿等同的赔偿。

第24条

a. 本公约应适用于各缔约国的领土。

b. 缔约国欲将本公约在一处或多处领土内执行,依《巴黎公约》第23条有关规定,已经通知该公约的适用,则应向比利时政府提出申请。

c. 对于本公约在该领土内的适用,需获得缔约国的一致认可。

d. 一经获得认可，缔约国应通知比利时政府，认可自接到通知之日起即生效。

e. 关于前述缔约国的通知可撤销，但应提前一年通知比利时政府。

f. 若《巴黎公约》对该领土停止适用，则本公约也应同时停止适用。

第 25 条

比利时政府接到批准、加入或撤销的文件，应通知所有缔约国和参加国政府，并应通知其关于本公约生效日期、修订的全文以及该修订生效日期，还有依第 18 条作出的保留，以及接到的所有通知。

下列签字的全权代表经正式授权在本公约上签字，以资证明。

1963 年 1 月 31 日签订于布鲁塞尔，本公约的正文用英文、荷兰文、法文、德文、意大利文和西班牙文书就，各种文本具有同等效力。正本由比利时政府保存，并由比利时政府向所有其他缔约国和成员国政府提供核实无误的副本。

附件

《1960 年 7 月 29 日关于核能领域中第三方责任的巴黎公约》的补充公约，后经 1964 年 1 月 28 日附加议定书和 1982 年 11 月 16 日议定书修订之附件。

缔约国政府声明对仅由于有关核设施其使用而不在第 2 条所述的清单里（包括一个或多个但非全部政府认为此类设施在《巴黎公约》之外的情况）补充公约未涵盖的核损害赔偿：

在补充公约缔约国成员间不受歧视地提供；和

不得少于 3 亿特别提款权。

另，如缔约国尚未依本公约执行，也应参照制定类似赔偿原则或规则，并尽可能与补充公约所述之核事故处置惯例相似。

巴黎公约2004年议定书(未生效)

(2004年2月12日,本公约是对《1960年7月29日关于核能领域中第三方责任的巴黎公约》、1964年1月28日《附加议定书》和1982年11月16日《议定书》的修订和补充)

德意志联邦共和国、比利时王国、丹麦王国、西班牙王国、芬兰共和国、法兰西共和国、希腊共和国、意大利共和国、挪威王国、荷兰、葡萄牙共和国、大不列颠及北爱尔兰联合王国、斯洛文尼亚共和国、瑞典王国、瑞士联邦和土耳其共和国政府:

鉴于欧洲经济合作组织(现为经济合作与发展组织)有意对在巴黎签订的《1960年7月29日关于核能领域中第三方责任的巴黎公约》、1964年1月28日在巴黎签订的《附加议定书》和1982年11月16日在巴黎签订的《议定书》进行修订与调整,

各方现一致达成如下协定:

《1960年7月29日关于核能领域第三方责任的巴黎公约》、1964年1月28日签订的《附加议定书》和1982年11月16日《议定书》修订如下:

A. 第1条a款下的第(i)、(ii)项作如下修订:

(i)核事故是指造成核损害的任何事件或起源相同的一系列事件;

(ii)核设施是指任何运输工具以外的反应堆,核材料制造或加工厂,核燃料同位素分离工厂,核燃料后处理工厂,运输时的核材料贮存设施(临时贮存除外),核材料的处置设施,退役的上述反应堆、工厂、设施或装置,经核能组织指导委员会(以下简称"指导委员会")认定的其他有核燃料或放射性产物或废物的核设施;缔约国有权认定在同一厂址、由同一核设施营运人负责的两个或两个以上核设施及在厂址内存放核燃料、放射性产物或废物的其他建筑物,为单一核设施。

B. 第 1 条 a 款增加下列（vii）、（viii）、（ix）项：

（vii）核损害是指由于核设施内辐射源发射的电离辐射，或核设施中的核燃料或放射性产物或废物发射的电离辐射，或来自于核设施核燃料所造成的，无论是由此类物质的放射性，还是此类物质的放射性与有毒、有害、爆炸物质相结合所造成的损害。

1. 死亡或人身伤害；
2. 财产损失或损害；和

依主管法院适用法律所确定的下列范围内的任一项：

3. 如受害人具有索赔权，上述第 1 目或第 2 目所述的损失或损害所引起的此两目未包含的经济损失；
4. 受损环境（轻微者除外）的恢复措施费，前提是实际采取或被要求采取环境恢复措施，并同时未列入上述第 2 目内容；
5. 由于环境明显损坏所引起的收入损失，且这种收入来自环境利用或享用产生的经济利益，且该损失未被计入上述第 2 目内容；
6. 就上述第 1 目至第 5 目的情况，预防措施费及由此类措施引起的进一步损失或损害。

（viii）预防措施是指经国家法律规定具有审批权限的主管机关同意，任何人对因核事故引起的实际损害和潜在核损害风险，所采取的防止或减少 a 款第（vii）项下的第 1 目至第 5 目相关损害发生的合理措施。

（ix）合理措施是指主管法院考虑所有相关因素后，依法律规定同意采取的适度措施，例如：

1. 核损害的性质和程度或采取预防措施时上述潜在损害风险的性质和程度；
2. 采取相关措施时，此类措施可能有效的程度；
3. 这种措施具有科学性和专业技术性。

C. 第 2 条作如下修订：

a. 本公约适用于发生在依国际法建立的国家领土内、领海、注册船舶或飞行器的核损害，非缔约国境内发生的未包含在本款以下第（ii）项至第（iv）项的除外：

(i)缔约国;

(ii)缔约国在核损害发生时,同时也是1963年5月21日签订的《关于核损害民事责任的维也纳公约》(以下简称《维也纳公约》)和1988年9月21日签订的《关于适用〈维也纳公约〉和〈巴黎公约〉的联合议定书》(以下简称《联合议定书》)的缔约国;应承担赔偿责任的核设施营运人所在国是《巴黎公约》缔约国,同时也是《联合议定书》缔约国;

(iii)非缔约国在核事故发生时,在其领土和领海内无核设施;

(iv)在核事故发生前,非缔约国已制定相关核责任法律,且核责任法律建立了向公约缔约国提供互惠原则、核设施营运人严格责任原则、核设施营运人唯一责任原则或具有相同效力的其他条款、单一法院管辖、平等待遇原则、承认和执行判决和免费转让赔偿、利息和诉讼费用。

b.本公约并不限制缔约国对其国内核设施营运人核损害责任作出其他规定。

D.第3条应做如下修订:

a.依本公约之规定,核设施营运人应承担核损害责任,但不包括:

(i)核设施或其他核设施自身损害,包括上述核设施厂址内的在建核设施;和

(ii)恢复措施是指国家相关主管部门批准的旨在恢复受损害或毁坏环境部分或引入与受毁损部分相当内容所采取的合理措施。受害国应立法明确恢复措施责任人;

(iii)用于及将用于核设施的相关财产损失,且该损害是由于上述核设施发生核事故或源自此类核设施的核材料所引起的,第4条另有规定除外。

b.由核事故和其他事故共同造成的核损害,如不能合理区分由其他事故造成的损害部分,则上述损害应被定为核损害。如果核损害是由本公约未涵盖的核事故和电离辐射排放共同造成的,本公约不得限制或以其他方式影响电离辐射的责任承担。

E.第4条c款和d款修订为d款和e款,新增c款如下:

c.依本条a款第(i)项和第(ii)项、b款第(i)项和第(ii)项规定,如核设

施营运人与运输中的核材料有直接利益关系,则该核设施营运人应承担核损害责任。

F. 第 5 条 b 款和 d 款应做如下修订:

b. 因临时贮存核材料所引起的核损害,依第 4 条规定应由其他核设施营运人或个人承担责任,前述提供临时贮存核设施营运人不承担责任。

d. 依本公约如核损害应由多个核设施营运人共同承担责任,上述核设施营运人应承担连带责任。如因通过一次性的同一运输方式运输或临时贮存核材料核设施的引起的核损害,上述核设施营运人所承担最高责任不得超过本公约第 7 条规定的限额。任何情况下均不得要求核设施营运人承担超过本公约第 7 条规定的责任限额。

G. 第 6 条 c 款、e 款和 g 款,应做如下修订:

c. (i) 本公约不得影响下述责任:

1. 因个人故意作为或不作为造成的核损害,核设施营运人依本公约第 3 条 a 款或第 9 条规定不承担核损害责任,应由该个人承担核责任;
2. 依本公约第 4 条 a 款第(iii)项或 b 款第(iii)项,核设施营运人对因核事故造成运输工具的核损害不承担责任。

(ii) 核设施营运人对由本公约规定以外核事故造成的核损害不承担责任。

e. 如核设施营运人能证明核损害是完全或部分由于受害人的重大过失或故意(作为和不作为)导致的,主管法院应根据其国家法律规定,可全部或部分免除核设施营运人对该等受害人的核损害赔偿责任。

g. 核设施营运人依本条 f 款行使追索权时,被追索人不得依本条 d 款向核设施营运人追索。

H. 第 7 条应做如下修订:

a. 缔约国国内立法对于核设施运营人就单一核事故所承担核损害赔偿责任限额不得低于 7 亿欧元。

b. 尽管本条 a 款和第 21 条 c 款有相关规定,各缔约国应:

(i) 考虑所涉核设施性质及由此产生的核损害后果,缔约国可规定较低的赔偿数额,但最低不得低于 8,000 万欧元;和

(ii) 考虑到所涉核材料性质及由此产生的核损害后果,缔约国可规定

较低的运输核材料的赔偿数额,但所规定的赔偿数额不得低于8,000万欧元;

c. 考虑到赔偿数额低于8,000万欧元或高于其他缔约国立法规定的赔偿数额,发生核事故导致所涉核材料的运输工具赔偿,并不减少核设施营运人在其他核损害方面的赔偿责任。

d. 本条a款、b款或第21条c款规定的缔约国境内核设施营运人赔偿数额和本条c款所述的缔约国国内法律规定,应适用于上述核设施营运人所承担的责任。

e. 核材料运输经过缔约国领土时,如考虑到法定核损害责任额不足以覆盖过境中可能发生的核事故风险,缔约国有权增加该国外核设施营运人应承担的最高责任额。增加后的核损害责任额不得超过外国核设施营运人依其本国法律应承担的最高核损害责任限额。

f. 本条e款之规定,在下述情况不适用:

(i)依国际法,海运遇到紧急情况时,有权进入该缔约国港口或无害通过其领海;

(ii)空运,依国际法或相关协定,有权飞越缔约国领空或在其领土降落。

g. 依第2条a款(iv)项规定,公约适用于非缔约国时,考虑到所涉核损害赔偿数额或依第21条c款规定缔约国与前述非缔约国间的互惠待遇差额,缔约国有权制定国内法律规定的核损害责任限额可低于本条规定。

h. 法院对核损害赔偿诉讼所裁决的诉讼费用和利息,不得视为公约所述的损害赔偿,核设施营运人除支付本条规定所应承担的赔偿额外,还应支付前述的诉讼费用和利息。

i. 本条所述的款项均可整数折合为国家货币。

j. 缔约国应保证核损害受害人有权提出强制执行请求获得赔偿,且无须根据赔偿资金来源单独提起诉讼程序。

I. 第8条应做如下修订:

a. 在下述期限内未提起诉讼,本公约规定的赔偿权利即告丧失,

(i)死亡和人身伤害,自核事故发生之日起30年内;

(ii)其他核损害,自核事故发生之日起10年内。

b. 但是,考虑到赔偿诉讼可能会在前述a款第(i)项或第(ii)项期限后

或更长时间后提起，当缔约国核设施营运人为法定核损害责任人时，设施国法律可规定核设施营运人的赔偿责任诉讼时效长于前述 a 款第(i)项或第(ii)项规定的时间。

c. 如依前述 b 款设立较长的诉讼时效，在该时效内提起的赔偿诉讼不得影响下述受害人依本公约享有的对核设施营运人的索赔权：

(i)就死亡和人身伤害而言，自核事故发生之日起 30 年内；

(ii)就其他核损害而言，自核事故发生之日起 10 年内。

d. 关于受害人的索赔时效，国内法律可规定受害人自知道或应当知道遭受核损害之日或引起核损害的核设施营运人之日起，至迟在 3 年期限内提起诉讼，但不能超过本条 a 款和 b 款规定的期限。

e. 在第 13 条 f 款第(ii)项规定情形下，本条 a 款、b 款和 d 款所规定期限内，索赔权不告丧失：

(i)第 17 条所述的国际法庭裁决前，已向国际法庭选择范围内的法院提起诉讼；如国际法庭裁定主管法院为已提起诉讼法院以外的其他法院，应明确此类诉讼移交至具有管辖权法院的时间期限要求；

(ii)依第 13 条 f 款第(ii)项规定，经缔约国要求，由国际法庭做出主管法院的判决，在前述判决后受害人应在国际法庭要求时间内提起诉讼。

f. 除国内法律另有规定外，受害人在本条规定期限内提出核损害赔偿诉讼，在主管法院做出最终判决前，受害人可就相关时效到期后核损害加重情形修改其索赔要求。

J. 第 9 条应做如下修订：

核设施营运人对直接由武装冲突、敌对行动、内战或起义引起的核事故，不承担责任。

K. 第 10 条应做如下修订：

a. 为确保核设施营运人具备承担公约规定限额的赔付能力，核设施营运人应依第 7 条 a 款、b 款或第 21 条 c 款规定安排保险或其他财务保证，或政府主管部门指定其他形式的风险措施。

b. 为确保核设施营运人的赔付能力，当保险或其他财务保证不足以赔付已提起的核损害赔偿要求时，由缔约国提供其他公共基金进行赔付，最高赔偿数额不得低于第 7 条或第 21 条 c 款所规定的限额。

c. 如本条a款、b款所述的保险合同或其他财务保证是关于运输中核材料的,未提前两个月书面通知主管政府机关,保险人或其他财务保证机构不得暂停或终止保险合同或其他财务保证。

d. 保险、再保险或其他财务保证提供的款项,仅能用于核事故造成的核损害赔偿。

L. 第12条应做如下修订:

依公约应付的赔偿金和第7条h款所述的利息和诉讼费用,由公约第10条规定的保险、再保险或其他财务保证负责支付的,可在货币区域间自由兑换。

M. 第13条应做如下修订:

a. 除另有规定外,公约第3条、第4条和第6条a款规定的诉讼管辖权,只有当核事故发生在缔约国领土时,方由该缔约国法院管辖。

b. 发生在缔约国专属经济区的核事故,或前述区域尚未成立、但不超过专属经济区范围内所发生的核事故,为保证本公约目的实现,应由前述缔约国行使诉讼管辖权,前提是该缔约国在核事故发生前已将前述区域通知经合组织秘书长。

本款不得解释为允许通过违反国际海洋法的方式行使管辖权或划定海域。

c. 核事故发生于缔约国领土之外,或本条b款所述的通知区域,或无法确定为特定区域,此类诉讼由承担核损害责任的营运人其核设施所在缔约国管辖。

d. 本公约第17条d款所述的地区发生核事故时,经相关缔约国要求,由第17条规定的国际法庭根据与核事故关系最密切联系性和受核损害程度决定主管法院。

e. 依本条行使的管辖权,且涉及本条b款所述相关通知区域,并不意味着在该区域设立任何权利、义务或对相邻或相邻海岸国家之间划定海域制定任何先例。

f. 依本条a款、b款或c款,诉讼管辖权由一个以上缔约国行使的,管辖权应按以下原则确定:

(i)如果核事故部分发生在非缔约国境内,部分在某一缔约国领土内,由缔约国法院行使;

（ii）在任何其他情况下，依有关缔约国要求，由第 17 条所述的国际法庭根据核事故最密切联系性和受其影响程度决定主管法院。

g. 具有管辖权的缔约国应保证，法院在赔偿诉讼中：

（i）经该国公民或在该国有居留权或住所的人同意，国家有权代表核损害受害人提起诉讼；和

（ii）通过代位或转让获得索赔权的人，有权依公约提起诉讼。

h. 依公约具有管辖权的缔约国应确保由某一具有法定资格的国内法院负责因单一核事故引起的核损害赔偿诉讼，相关缔约国应就此类国内法院选择原则和方式进行立法。

i. 本条规定的法院通过审理或缺席审判做出的判决，当该判决依主管法院法律可执行时，在履行其他缔约国要求的法定程序后，可在其他缔约国直接执行。上述案件的法律依据，无须经其他诉讼程序审理。上述规定不适用于临时性判决。

j. 依公约向缔约国提起诉讼，除执行措施外，不得向主管法院主张管辖豁免权。

N. 第 14 条 b 款应做如下修订：

b. “国内法”和“国内立法”指除冲突法外，对核事故导致的索赔具有管辖权法院的国内法或国内立法。前述法律或立法适用于公约未特别规定的所有实体性和程序性事项。

O. 第 15 条 b 款应做如下修订：

b. 一旦核损害赔偿超过本公约第 7 条 a 款规定的 7 亿欧元，各缔约国有权采取各种措施，即使该措施可能相悖于公约之规定。

P. 第 16 条后增加以下内容：

本公约对缔约国在相关国际公法方面的义务不构成任何影响。

Q. 第 17 条应做如下修订：

a. 两个或两个以上缔约国对于公约的适用和解释有争议时，争议各方应通过友好协商或磋商等方式解决。

b. 前述 a 款中所述的争议，自缔约国各方产生争议起 6 个月内未解决的，应召集各方进行会谈，协助各方友好解决争议事项。

c. 缔约国各方依前述 b 款举行会谈 3 个月后仍无法达成一致，任何缔约国有权将争议提交欧洲核能法庭（依 1957 年 12 月 20 日《建立核能领域安全

管理公约》成立)。

d. 本公约所述的争议不包括海洋划界争端。

R. 第18条应做如下修订:

a. 在签署、批准、接受、赞同或加入公约前或在第23条所述的国家领土等作书面通知前,可对本公约一项或多项规定作出保留声明;但缔约国有权决定是否接受上述保留。

b. 对于自经合组织秘书长依第24条规定向其发出保留的通知后的12个月内尚未批准该公约的缔约国,可不接受前款所述的保留。

c. 经书面通知经合组织秘书长后,依本条被接受的保留可撤销。

S. 第19条应做如下修订:

a. 加入公约应经过批准、接受或核准。批准书和接受书应提交经合组织秘书长留存。

b. 本公约在不少于5名缔约国提交批准书、接受书留存后生效。对于某一缔约国而言,其批准、接受或同意,在交存批准书、接受书或核准书后对该国生效。

T. 第20条应做如下修订:

公约的修订应经缔约各国协商一致通过。

上述修订案将在三分之二缔约国批准、接受或核准时生效。对于批准、接受或同意的缔约国,应在批准、接受或核准之日起对该国生效。

U. 第21条增加c款,内容如下:

c. 尽管有第7条a款规定,如缔约国于1999年1月1日以后加入本公约,则该缔约国有权通过立法规定核设施营运人对单一核事故造成的核损害责任限制,但该限制自2004年2月12日通过《巴黎公约议定书》之日起最长为5年,该过渡期内所设限制赔偿数额不得少于3.5亿欧元。

V. 第22条c款重新编号为d款,新增c款如下:

c. 在本公约对某一缔约国生效之日起5年期限届满后,为保证本公约执行过程中的共同利益,该缔约国应与其他缔约国协商,在本公约允许范围内增加保险和财务保证相应数额。

W. 第23条b款应做如下修订:

b. 任何签署国或缔约国在签署、批准、接受、核准和加入本公约时,或在此后其他时间,可通知经合组织秘书长,依本条a款规定不适用的该国部分领土(包括因国际关系而负有责任的领土)。前述通知,可提前 12 个月向经合组织秘书长发出撤回通知。

X. 第 24 条应做如下修订:

经合组织秘书长应将收到的任何批准书、加入书、退出书,依第 13 条 b 款和第 23 条规定的通知书,指导委员会依第 1 条 a 款第(ii)项、a 款第(iii)项和 b 款所做的决定,通知所有签署国和缔约国。同时还应就公约生效日期、今后所有修订的生效日期和依第 18 条所作的保留进行通知。

Y. 下列条款中的"损害"应修订为"核损害":

第 4 条 a 款、b 款,第 5 条 a 款、c 款,第 6 条 a 款、b 款、d 款、f 款和 h 款。

Z. 法语版本第 4 条第一句中,"库存"应改为"贮存",在同一条款中,"运输工具"改为"运输过程中的"。

本公约英语版本第 6 条 h 款,"工人们的"改为"工人们"。

AA. 删除本公约附件 2。

25

a. 本议定书,与《1960 年 7 月 29 日关于核能领域中第三方责任的巴黎公约》及 1964 年 1 月 28 日《附加议定书》、1982 年 11 月 16 日《议定书》(以下简称"公约")和 2004 年 2 月 12 日《议定书》一起构成不可分割的整体。

b. 已批准或加入公约、同时签署议定书的缔约国,有权随时要求修订议定书之规定。其他缔约国应批准、接受或核准该修订。

c. 依公约第 21 条规定,议定书可开放加入或签署。只有同意加入本议定书的,才能视为加入。

d. 依公约第 21 条,本议定书生效。

e. 经合组织秘书长有权通知缔约国及其政府,其接受书或批准书已被留存。

布鲁塞尔补充公约2004年议定书(未生效)

(本议定书是对《1960年7月29日关于核能领域中第三方责任的巴黎公约》、1964年1月28日《附加议定书》和1982年11月16日《议定书》的修订和补充)

德意志联邦共和国、比利时王国、丹麦王国、西班牙王国、芬兰共和国、法兰西共和国、希腊共和国、意大利共和国、挪威王国、荷兰、葡萄牙共和国、大不列颠及北爱尔兰联合王国、斯洛文尼亚共和国、瑞典王国、瑞士联邦和土耳其共和国政府:

鉴于经济合作与发展组织有意对在巴黎签订的《1960年7月29日关于核能领域中第三方责任的巴黎公约》、1964年1月28日在巴黎签订的《附加议定书》和1982年11月16日在巴黎签订的《议定书》进行修订与调整;

各方现一致达成如下协定:

对《1960年7月29日关于核能领域中第三方责任的巴黎公约》,1963年1月31日《补充公约》、1964年1月28日《附加议定书》和1982年11月16日《议定书》进行修订,现对上述文本修订如下:

A. 前言第2款修订如下:

在欧洲经济合作组织(现为经济合作与发展组织)的框架内缔结的《1960年7月29日关于核能领域中第三方责任的巴黎公约》,并经1964年1月28日在巴黎缔结的《补充议定书》、1982年11月16日在巴黎签署的《议定书》和2004年2月12日在巴黎缔结的《议定书》(以下简称《巴黎公约》)修订;

B. 第3条修订如下:

a. 本公约的制度适用于在本公约缔约国领土内用于和平目的之核设施发生的核损害,依《巴黎公约》,营运人应对以下情形承担责任:

(i)损害发生在缔约国;或

(ii)在缔约国领海以外的海域内或之上,

1. 在船上或乘坐悬挂缔约国旗帜的船舶时受到损害，或在飞机上或由在缔约国领土上登记的飞机受到损害，或在缔约国管辖下的人造岛、设施或结构上受到损害；或

2. 缔约国国民在不包括非本公约缔约国的领海或以上领土所遭受的损害；或

b. 缔约国或加入的政府在签署或加入本公约或交存其批准书、接受书或核准书时，均可声明为施行本条 a 款第(ii)项，依其法律被认为在其境内经常居住的个人或其他，可视为其本国国民。

c. 在本条中，"缔约国国民"一词应包括缔约国或其组成部分，或在缔约国国境内成立的合伙，或公有或私有企业，无论是否是公司。

C. 第 3 条修订如下：

a. 依本公约规定的条件，适用第 12 条补充条款之规定，缔约国承诺，针对第 2 条所述每起核事故造成的核损害应提供最高 15 亿欧元赔偿数额。

b. 此类赔偿应提供如下：

(i) 依《巴黎公约》第 10 条 c 款所安排之保险或其他财务保证或公共基金提供的资金至少为 7 亿欧元，该赔偿数额依责任人的核设施所在缔约国法规确定；

(ii) 本条 b 款第(i)项所述赔偿数额与 12 亿欧元之间的差额，由其责任人核设施所在缔约国公共基金提供；

(iii) 12 亿欧元和 15 亿欧元之间的差额，由缔约国依第 12 条所述缴款方式提供公共基金，并依第 12 条补充条款所述机制增加。

c. 为此目的，各缔约国应：

(i) 如果依本条 b 款设立的资金已涵盖该赔偿，则依其立法规定，营运人的责任不得低于本条 a 款所述的赔偿数额；或

(ii) 依其立法规定，营运人的赔偿责任至少等于依本条 b 款第(i)项或《巴黎公约》第 7 条 b 款规定的赔偿数额，最高达本条 a 款所称赔偿数额的，本条 b 款第(i)项、第(ii)项和第(iii)项所述的公共基金应以其他方式提供而非作为营运人责任的保障，条件是本公约所规定的实体和程序规则不会受到影响。

d. 只有当资金实际可用时，营运人依本条 b 款第(ii)项和第(iii)项和 g 款提供的公共基金支付赔偿金、利息或诉讼费用的义务才可强制执行。

e. 如果一国利用《巴黎公约》第21条c款规定的方案,只有当该国确保资金可用于支付营运人应付赔偿数额和7亿欧元之间的差额时,才可能成为本公约的缔约国。

f. 除本公约明确规定外,缔约国承诺不使用《巴黎公约》第15条b款规定的权利,对本条a款所述资金提供的核损害赔偿额适用特殊条件。

g.《巴黎公约》第7条h款所述的利息和诉讼费用在该条b款所述赔偿数额支付后补充支付:

(i)就本条第b款第(i)项所述资金支付的赔偿金,由营运人承担赔偿责任;

(ii)就本条b款第(ii)项所述资金支付的赔偿金,由营运人核设施所在地的缔约国在其提供的资金范围内承担赔偿责任;

(iii)就本条b款第(iii)项所述资金支付的赔偿金,由缔约国一并承担赔偿责任;

h. 本公约规定之赔偿数额应由有管辖权的法院所在缔约国按照事故发生之日的汇率转换为缔约国货币,除非缔约国通过协议确定其他日期为该事故发生日。

D. 第4条删除

E. 第5条修订如下:

依《巴黎公约》第6条f款,营运人应享有索赔权,本公约缔约国享有同等索赔权,条件是其依第3条b款和g款提供资金。

F. 第6条修订如下:

在计算依本公约提供的公共基金时,应仅根据生命丧失或人身伤害事故发生之日起30年内,其他核损害发生之日起10年内所提出的赔偿请求计算。可考虑在《巴黎公约》第8条e款规定的条件下,延长这一期限。依《巴黎公约》第8条f款规定的条件,在修订索赔请求的期限届满后也应予以考虑。

G. 第7条修订如下:

凡缔约国适用《巴黎公约》第8条d款规定的权利,其规定的期限应为自受损害人知道或应当知道核损害或核损害赔偿责任人之日起至少3年。

H. 第8条修订如下:

任何有权从本公约规定中受益的人均有权依国家法律对遭受的核损害

要求进行全面赔偿,但如果损害赔偿超过或可能超过 15 亿欧元,则缔约国可就分配本公约可获赔偿制定公平标准。无论资金来源如何,依本公约第 2 条之规定,不得基于受害人的国籍、户籍或居住地实行差别待遇。

I. 第 9 条修订如下:

a. 依本公约提起的赔偿诉讼应由对核损害有管辖权的缔约国法院管辖。

b. 各缔约国应确保受害人可申请强制执行获得赔偿,而不必根据资金的来源,提起单独的诉讼程序。

c. 一旦依本公约的赔偿数额达到第 3 条 b 款第(i)项所述赔偿数额的总额,缔约国应按要求提供第 3 条 b 款第(ii)项和第(iii)项所述的公共基金,无论营运人提供的资金是否可用,或营运人的责任是否受限制。

J. 第 10 条修订如下:

a. 法院有管辖权的缔约国,一旦发现核事故造成的损害超过或可能超过第 3 条 b 款第(i)项和第(ii)项规定的赔偿限额时,应立即向其他缔约国通知核事故及有关情况。所有缔约国应立即作出一切必要的安排,确定解决争议的相关程序。

b. 具有管辖权的缔约国有权要求其他缔约国提供第 3 条 b 款第(iii)项和 g 款规定的公共基金,并有权支付这些资金。

c. 该缔约国应有权代表依第 3 条 b 款第(iii)项和 g 款提供公共基金的其他缔约国行使第 5 条规定的追索权。

d. 依国家立法规定的条件,从第 3 条 b 款第(ii)项和第(iii)项所述的公共基金中支付核损害赔偿金的结算,应由其他缔约国确认缔约国和主管法院就这种赔偿所作的判决,依《巴黎公约》第 13 条 i 款之规定,在缔约另一方的领土内执行。

K. 第 11 条修订如下:

a. 应承担核损害责任的营运人其核设施所在缔约国没有管辖权,而另一缔约国法院享有管辖权的,第 3 条 b 款第(ii)项和 g 款规定的公共基金应由具有法院管辖权的一方提供。应承担责任的核设施营运人所在缔约国应向提供公共基金的缔约国赔偿所支付的款项。这两个缔约国应就偿还程序达成协议。

b. 如果有多个缔约国依第 3 条 b 款第(ii)项和 g 款规定提供公共基金,则应适用本条 a 款之规定。赔付额应以各营运人对核事故影响的程度为依据决定。

c. 在核事故发生后,通过所有立法、监管或行政规定,考虑到赔偿的性质、形式、程度和提供第3条b款第(ii)项和g款规定的公共基金的程序,如有必要,具有管辖权的缔约国应就分配这些资金的标准咨询核设施营运人所属的缔约国。具有管辖权的缔约国应进一步采取一切必要措施,使后者能够参与诉讼和有关赔偿的解决机制。

L. 第12条修订如下:

a. 缔约国提供第3条b款第(iii)项所述公共基金的分摊方式如下:

(i)35%,根据经合组织公布的核事故发生年份前一年官方统计的各缔约国现行价格的国内生产总值与所有缔约国现行价格之间的国内生产总值之比确定;

(ii)65%,基于各缔约国领土内的反应堆的功率与所有缔约国领土内的反应堆总功率的比例来确定。该计算应依第13条所述的清单中核事故发生日期所示的反应堆的功率进行计算,如果是为计算目的,只能自反应堆首次达到临界之日起算,当所有核燃料已自反应堆堆芯中永久移除并依批准的程序安全贮存时,反应堆应不予计算。

b. 为本公约之目的,"功率"是指:

(i)在最终经营许可证发放前的计划功率;

(ii)发证后,经国家主管部门授权的功率。

M. 在第12条之后增加第12条补充条款:

a. 新加入本公约的缔约国,第3条b款第(iii)项所述的公共基金根据上述总和确定的数额:

(i)35%,以现行价格计算加入缔约国的国内生产总值和除加入缔约国外的所有缔约国以国内生产总值的现行价格计算;

(ii)65%,以位于加入缔约国的领土以及位于所有缔约国领土内不包括加入缔约国的反应堆的总功率计算。

b. a款所述增加的数额应舍入到以千欧元表示的最近整数。

c. 新加入缔约国的国内生产总值,经合组织根据本公约对其生效年份前公布的官方统计数字来确定。

d. 新加入缔约国的功率根据该政府依第13条b款向比利时政府通报的

核设施清单确定，前提是为计算 a 款的数额，只能从反应堆首次达到临界之日起算，当所有核燃料已自反应堆堆芯中永久移除并依批准的程序安全贮存时，反应堆应不予计算。

N. 第 13 条 a、b、f、i 款修订如下：

a. 各缔约国应确保位于其领土内并属于《巴黎公约》第 1 条定义的和平目的的所有核设施出现在名单上。

b. 为此目的，各缔约国或加入的政府应交存其批准书、接受书、核准书或加入书时，应向比利时政府通报核设施的详细情况。

f. 如果缔约国认为另一缔约国提交的详细资料或对列表作出的修订不符合本条之规定，依本条 h 款自接到通知之日起 3 个月内通过比利时政府向其提出异议。

i. 本条所述的名单应由本条 b 款至 e 款中所述的所有细节和修订组成，如果依本条 f 款和 g 款提出异议被认可，该异议的生效日期追溯到提起之日。

O. 第 14 条修订如下：

a. 除本公约另有规定外，各缔约国均可依《巴黎公约》行使赋予其的权力，并可依该公约第 3 条 b 款第(ii)项和第(iii)项规定的公共基金条款向其他缔约国提起抗辩。

b. 缔约国依《巴黎公约》第 2 条 b 款作出的第 3 条 b 款第(ii)项和第(iii)项所述的提供公共基金的国内法律规定，除非该缔约国已经同意，否则不得对其他缔约国援引。

c. 本公约的规定均不得妨碍缔约国在《巴黎公约》和本公约范围外作出规定，前提是不涉及缔约国在公共基金方面的其他义务。

d. 凡本公约所有缔约国均批准、接受、核准或加入的在核损害补充赔偿领域的其他国际协定，本公约缔约国可使用依第 3 条 b 款第(iii)项提供的公共基金，以履行依其他国际协定可能对公共基金提供核损害补充赔偿的义务。

P. 第 15 条修订如下：

a. 缔约国可与非公约缔约国缔结核损害的公共基金赔偿协议。拟缔结该协议的缔约国应将其意图通知其他缔约国。订立协议应通知比利时政府。

b. 该等协议项下支付赔偿金的条件与拟适用《巴黎公约》和本议定书的缔约国所采取之措施导致的赔付条件相当的,可考虑通过履行前述协议予以支付本议定书所涉及的核损害赔偿额,并可适用第8条附加条件以计算该事故造成的损失总额。

c. 本条a款和b款之规定不影响尚未同意此类协议的缔约国在第3条b款第(ii)项和第(iii)项下的义务。

Q. 第17条修订为:

a. 如果两个或以上缔约国之间就本公约的解释或适用发生争议,争议各方应以谈判或其他友好方式协商解决争议。

b. 如果本条a款所述的争议在任何一方确认存在该争议之日起6个月内未解决,则缔约国应举行会议以协助各方达成一致意见友好解决争议。

c. 如果在本条b款所述的会议后3个月内没有达成一致,任何一方有权将争议提交给依1957年12月20日《关于建立核能领域安全管制公约》设立的欧洲核能法庭。

d. 如果核事故引起两个或以上缔约国之间关于《巴黎公约》和本公约的解释或适用的争议,解决争议的程序应为《巴黎公约》第17条规定的程序。

R. 第18条修订为:

a. 缔约国对本公约一处或几处规定持保留意见时,在加入本公约时,或在本公约的批准、接受或核准前的任何时候,可在本公约的一项或多项规定下进行保留,如果所有缔约国和加入国政府明确接受这些保留的条款,则适用第21条和第24条之规定。

b. 依第25条向比利时政府通知保留之日起12个月内,本协议本身未经批准、接受或核准的签字国不得要求接受此保留。

c. 依本条a款规定接受的保留,可随时通知比利时政府撤回。

S. 第20条修订如下:

a. 本公约的附件应构成其组成部分。

b. 本公约须经批准、接受或核准。批准书、接受书或核准书应交存比利时政府。

c. 本公约自交存第6份批准书、接受书或核准书3个月后生效。

d. 对于在第6份批准书、接受书或核准书交存之后的各缔约国批准、接受或核准本公约,应在交存批准书、接受书或核准书之日起3个月后本公约对其生效。

T. 第 21 条修订如下：

本公约应通过所有缔约国之间的协商修订。

修订将在所有缔约国批准、接受或核准之日生效。

U. 第 25 条修订如下：

比利时政府应向所有缔约国和加入政府通知接到批准、接受、核准、加入或撤回的文书，并应通知本公约生效日期、其修订案及该修订案生效日期、依第 18 条提出的保留、依第 12 条补充条款适用第 3 条 a 款规定的赔偿费用的增加，以及接到的所有通知。

关于核损害民事责任的维也纳公约

(1963 年 5 月 21 日订于维也纳　1977 年 11 月 12 日生效)

各缔约国,

认识到有必要制定一些最低标准,以对某些和平利用核能所造成的损害,提供财务保证;

确信关于核损害民事责任的公约也将有助于发展国与国之间的友好关系,无论这些国家的宪法和社会制度有何差异;

决定为上述目的缔结本公约,并达成协议如下:

第 1 条

1. 本公约用语的定义:

(a)"人"系指个人、合伙人、法人或非法人的私人或公共团体、依设施国法律享有法人资格的国际组织及国家或其下属部分。

(b)"缔约国成员"包括缔约国或其下属部分、合伙人或在缔约国领土内建立的法人或非法人私人或公共团体。

(c)"营运人"就一核设施而言,系指由设施国授权的管理该设施的人。

(d)"设施国"就一核设施而言,系指其领土内设有该设施的缔约国,或,如果设施未设在缔约国的领土内,则系指运营或在其授权运营核设施的缔约国。

(e)"主管法院国法律"系指本公约规定有管辖权的国家法律,包括该法律中法律冲突的有关规定。

(f)"核燃料"系指通过自持链式核裂变反应可产生能量的材料。

(g)"放射性产物或废物"系指核燃料生产或利用过程中产生的放射性物质或受该过程有关的辐射照射而具有放射性的物质,但不包括达到制造的最后阶段,用于科学、医学、农业、商业或工业目的的放射性同位素。

(h)“核材料”系指：

(i)除天然铀和贫化铀以外的可在核反应堆外单独或同其他某种材料一起通过自持链式核裂变反应产生能量的核燃料；和

(ii)放射性产物或废物。

(i)“核反应堆”系指含有核燃料且其布置方式使在无额外的中子源的条件下能在其中发生自持链式核裂变反应的结构。

(j)“核设施”系指：

(i)除用作动力源供推进或为其他目的而装置在海空运输工具上的核反应堆以外的核反应堆；

(ii)为生产核材料使用核燃料的工厂，或加工核材料的工厂，包括辐照核燃料后处理厂；

(iii)除为运输临时贮存核材料的仓库以外贮存核材料的设施；但设施国有权决定，在同一地点的数个核设施若在同一营运人的管理下应视为单一核设施。

(k)“核损害”系指：

(i)由于来自、产生于一个核设施或运往一个核设施的核材料中的或属于上述核材料的核燃料、放射性产物或废物的放射性性质或放射性性质与有毒性、爆炸性或其他危险性物质的结合而引起或造成的死亡、人身伤害或财产损失或损害；

(ii)由此而引起或造成的在主管法院国法律规定范围之内的其他损失或损害；和

(iii)如设施国法律有规定，还包括由核设施内其他辐射源所发射的电离辐射所引起或造成的死亡、人身伤害或财产损失或损害。

(l)“核事故”系指造成核损害的事件或有同样起因的一系列事件。

2. 如设施国认为发生核事故风险较低，可在实施本公约时，将少量核材料排除在外。

但是，

(a)该项排除数量的最高限值已由国际原子能机构理事会确定。

(b)设施国排除的数量都须在确定的限值之内。

最高的限值应由理事会定期进行复查。

第2条

1. 当证明核损害是由下列核事故造成时,核设施营运人应对此类核损害承担责任:

(a)在其核设施中发生的;或

(b)涉及来自或源于其核设施的核材料的,并且:

(i)发生在另一核设施营运人根据书面合同约定对涉及该核材料的核事故承担责任之前;

(ii)在无书面约定的情况下,发生在另一核设施营运人接管该核材料之前;或

(iii)当拟将该核材料作为一种动力源供推进用或为其他目的装设在某一运输工具上的核反应堆时,发生在正式授权运营该反应堆的营运人接管该核材料之前;而

(iv)当该核材料已运至非缔约国领土内时,在核材料到达该非缔约国领土而尚未自运输工具上卸下之前。

(c)涉及运往其核设施的核材料的,并且

(i)发生在营运人根据书面合同的约定承担原先由另一核设施营运人对涉及该核材料的核事故承担责任之后;

(ii)当无书面约定时,发生在核设施营运人接管核材料之后;或

(iii)发生在营运人从另一反应堆营运人接管这项核材料之后,而该反应堆作为一种动力源供推进或为其他目的而装备在运输工具上;或

(iv)当经营运人书面同意将该核材料自非缔约国领土内营运人处运出时,仅发生在核材料已装入运输工具之后。

核损害是在核设施中发生的并且与为运输而临时贮存在该设施中的核材料有关的核事故所造成,依本款(b)项或(c)项之规定由另一营运人承担全部责任的情况下,本款(a)项之规定不得适用。

2. 设施国可以通过国内立法规定,经核材料承运人或装卸放射性废物的人员要求并得到有关营运人的同意后,可被授权为营运人,以分别代替上述核材料或放射性废物的营运人承担责任。在此情况下,上述承运人或营

运人在本公约范围内的应被视为该缔约国核设施营运人。

3. (a)当核损害的责任涉及多个营运人时,在无法合理地区分各营运人对损害所应承担责任的情况下,应由所有营运人应承担连带责任;

(b)当核事故发生在运输核材料的过程中(无论其发生在同一运输工具上,或在因运送而临时贮存时发生在同一核设施中),造成核损害并涉及多个营运人的责任时,其全部责任不得超过第 5 条中对其中任何一人规定的最高赔偿数额;

(c)在本款上述(a)项和(b)项的情况下,营运人承担的责任都不得超过第 5 条规定的赔偿限额。

4. 在不违反本条第 3 款规定的情况下,当一次核事故涉及属同一营运人负责的多个核设施时,则该营运人对单一核设施承担的责任均应依本公约第 5 条对其所规定的赔偿限额。

5. 除本公约另有规定外,非营运人对核损害不承担责任。但本规定并不影响在本公约开放签字之日生效或开放签字、批准或加入的有关运输方面的国际公约实施。

6. 依本公约第 1 条第 1 款(k)项不属于核损害,但依该项第(ii)目可以列入核损害的任何损失或损害,任何人都不承担责任。

7. 如果主管法院的国内法律有此规定,受害人有权依本公约第 7 条对提供财务保证的人直接提起诉讼。

第 3 条

依本公约承担责任的营运人,应向承运人提供由承保人或依本公约第 7 条要求的提供财务保证或其他财务保证人签发的或以他们的名义签发的证明书。证明书上应载有该营运人的姓名和地址,保证的数额、类别和保证期限,且由其或以其名义颁发证明书的人员对这些事项不得持有异议,证明书还应载明所保证的核材料,并应包括设施国政府主管部门声明,营运人符合本公约保证。

第 4 条

1. 依本公约,营运人承担的核损害责任是严格责任。

2. 如果营运人证明核损害完全或部分是由于受害人的过失或故意造成或不作为所致,主管法院可豁免营运人全部或部分地豁免对其损害赔偿义务,前提是该国法律有此规定。

3. (a)依本公约之规定,营运人对直接由武装冲突、敌对行为、内战或暴乱等行为引起的核事故所造成的核损害一概不承担责任;

(b)营运人对特大自然灾害直接引起的核事故所造成的核损害不承担责任,除非设施国法律另有规定外。

4. 当一次核事故和其他事故同时发生造成核损害和非核损害时,如无法合理区分非核损害责任时,在本公约内应视为由该次核事故造成的核损害。但是,如果损害是由本公约所包括的核事故和没有包括的电离辐射的放射同时造成的,则本公约的任何规定,无论是对待遭受核损害的任何人,或是在索赔权或捐款方面,都不得限制或影响对上述电离辐射的放射或责任人的责任。

5. 依本公约之规定,营运人对下述核损害不承担责任:

(a)核设施本身或在核设施地使用的或拟使用的同该设施有关财产的核损害;或

(b)对运输工具的核损害,且核事故发生时,有关的核材料在此运输工具上。

6. 营运人对单一核事故造成核损害(对运输工具的核损害除外)赔偿不得低于500万美元,任何设施国都可通过立法作出本条第5款(b)项不适用的规定。

7. 本公约的各项规定不影响:

(a)任何个人对核损害应承担的责任,对该核损害,营运人由于依本条第3款或第5款之规定而不承担责任,同时上述损害是由于上述个人故意造成损害的行为或本人失职所产生;或

(b)依本条第5款(b)项之规定,营运人对本公约规定以外的核损害不承担责任。

第5条

1. 营运人对单一核事故的赔偿可由设施国限制为不低于500万美元。

2. 依本条而可能确定核损害限额责任,不包括法院在核损害赔偿诉讼中判定的利息或诉讼费用。

3. 本公约中提到的美元是一种计算单位,其价值指1963年4月29日美元与黄金的比价,即每一盎司纯金折合35美元。

4. 本公约第 4 条第 6 款和本条第 1 款提到的赔偿数额可折合成各国货币。

第 6 条

1. 如受害人在核事故发生后 10 年内不提起诉讼,本公约规定的索赔权即告丧失。但如依设施国法律,营运人的赔偿由保险或其他财务保证和公共基金来偿还,其期限在 10 年以上时,主管法院的法律可规定对营运人索赔权时效超过 10 年,但不得超过依设施国法律所包括责任的期限。上述诉讼时效的延长,不得影响本公约规定的受害人在上述 10 年期满前就死亡或遭受人身伤害对营运人索赔。

2. 当核事故造成核损害所涉及的核材料在核事故发生时系遭偷窃、丢失、丢弃或抛弃时,则本条第 1 款规定的期限应自核事故发生之日算起,但不得超过遭偷窃、丢失、丢弃或抛弃之日起 20 年的期限。

3. 主管法院的国内法律可规定自受害人知道或应当知道受到损害和营运人责任之日起 3 年内行使索赔权,但不得超过本条第 1 款、第 2 款规定的期限。

4. 除非主管法院的国内法律另有规定,在本条规定的期限内提起索赔诉讼的受害人,在出现损害加重的情况下,即使在期限届满之后,在法院作出最终判决前,有权修改索赔请求。

5. 当法院管辖权尚待依本公约第 11 条第 3 款(b)项予以确定,同时受害人依本条规定的期限已向有权作出裁决缔约国提出请求,但裁决以后余下的时间已不足 6 个月时,则可提起诉讼的期限自作出裁决之日算起为 6 个月。

第 7 条

1. 营运人应根据设施国所规定的数目、类别和条件提供保险或其他财务保证,以保证其承担核损害责任。在上述保险或其他财务保证不足以支付对营运人的核损害索赔情况下,设施国应提供必要的款项保证上述索赔的赔偿,但赔偿数额不得超过本公约第 5 条规定的限额。

2. 本条第 1 款之规定并不要求缔约国或其各级政府部门,如各州或各共和国,提供保险或其他财务保证以保证其作为营运人应承担的责任。

3. 由保险或其他财务保证或由设施国依本条第 1 款规定提供的款项只能用于本公约规定的赔偿。

4. 保险人或其他财务保证人,如未在至少两个月前向政府主管机关递交书面通知,或当保险或其他财务保证是适用于核材料的运输时,则运输期间,不得中断或取消依本条第1款提供的保险或其他财务保证。

第8条

在遵照本公约各款规定的条件下,赔偿的性质、形式和赔偿程度及其平均分摊办法,都应受主管法院的法律约束。

第9条

1. 当国家或公共健康保险、社会保险、社会保障、工作人员赔偿或职业病赔偿制度之规定包括核损害赔偿时,前述社会福利制度的受益人依本公约获得赔偿的权利和基于前述制度对应承担责任的营运人的索赔权,应由前述制度的缔约国法律或前述制度的相关政府间组织的条例在不违背本公约规定的条件下确定。

2. (a) 如果营运人外的某一缔约国国民依国际公约或非缔约国的法律已支付核损害赔偿金,该人员应在其已支付数额范围内通过代位获得依本公约享有的赔偿权利。在营运人依本公约对该人员有索赔权的情况下,其他任何人员都不得获得任何权利。

(b) 本公约中的条款都不得限制营运人通过第7条第1款所提供公共基金以外的资金支付核损害赔偿金,从依该款提供财务保证的人员或从设施国收回受偿人员,依本公约应得到的至多为该营运人已支付的数额的赔偿总额。

第10条

营运人只有在下列情况下才有索赔权:

(a) 书面合同有明文约定;或

(b) 核事故是由个人故意造成或重大过失而导致,则对该人有索赔权。

第11条

1. 除本条另有规定外,第2条所规定对诉讼的管辖权应为在其领土内发生核事故的缔约国法院。

2. 当核事故发生在缔约国领土之外,或当核事故地点不能确定时,对该项诉讼的管辖权属于应承担责任的营运人所属设施国法院。

3. 当依本条第1款或第2款,管辖权分属两个或以上缔约国法院时,管辖权的归属应视下列情况而定：

(a)如果核事故有一部分发生在缔约国领土之外，有一部分发生在缔约国领土之内，则管辖权属于后一缔约国的法院；

(b)在其他情况下，管辖权应由依本条第1款或第2款可成为主管法院的各个缔约国之间协商确定。

第12条

1.有管辖权的缔约国法院所作出的无须再经常规审议的判决应得到承认，除非：

(a)判决是通过欺诈取得的；

(b)一方未得到公正的机会来陈述案情；或

(c)判决违背其拟要承认的缔约国公共政策或不符合基本的司法标准。

2.依本条第1款得到承认的判决，在履行缔约国法律规定所要求的手续提交执行时后，应视同该缔约国法院的判决一样予以执行。

3.对已作出判决的赔偿要求，不得再提起诉讼。

第13条

本公约和所适用的国家法律的实施应不分国籍、户籍或居住地。

第14条

除执行措施外，在确定第11条主管法院之前，不得援引国内法或国际法规则下的司法豁免权以对抗本公约的规定。

第15条

缔约国应采取适当措施，保证有关法院裁决的对核损害的赔偿、利息和费用及保险费、再保险费和由保险、再保险或其他财务保证提供的款项，或依本公约由设施国提供的款项，可自由兑换成在其境内遭受损害其他缔约国的货币和索赔人经常居住国的货币；保险费或再保险费和其支付款，可自由兑换成保险或再保险合同中规定的货币。

第16条

受害人依另一关于核能领域或民事责任的国际公约已获得同一核损害赔偿的，无权依本公约得到赔偿。

第17条

本各缔约国之间，本公约不得影响在本公约开放供签署之日有效的或已开放供签署、批准或加入的关于核能领域民事责任的其他国际协定或国际公约的适用。

第 18 条

本公约不得影响缔约国依国际公法规定而享有的权利和应履行的义务。

第 19 条

1. 缔约国依本公约第 11 条第 3 款(b)项签订协议时,应立即将协议的副本提交国际原子能机构总干事参考,并分发给其他缔约国。

2. 各缔约国应将与本公约规定事项有关的国内法律法规的副本提交总干事参考,并分发给其他缔约国。

第 20 条

尽管本公约依第 25 条终止或依第 26 条废止因而对缔约国终止适用,本公约之规定对终止前发生的核损害仍继续适用。

第 21 条

本公约应对派有代表参加 1963 年 4 月 29 日至 5 月 19 日在维也纳举行的关于核损害民事责任国际大会的各国开放签字。

第 22 条

加入本公约须经批准,批准书应交存国际原子能机构总干事处。

第 23 条

本公约于交存第 5 份批准书后的 3 个月起生效,对以后批准的国家,在其交存批准书后 3 个月起本公约对其生效。

第 24 条

1. 没有派代表参加 1963 年 4 月 29 日至 5 月 19 日在维也纳举行的关于核损害民事责任的国际大会的联合国所有会员国,或专门机构或国际原子能机构的所有会员国,都可加入本公约。

2. 加入申请应交存国际原子能机构总干事处。

3. 本公约在加入国交存加入申请后 3 个月起对该国生效,但不得在第 23 条规定的本公约生效日期以前生效。

第 25 条

1. 本公约自生效之日起有效期为 10 年。缔约国在期满前至少 1 年将终止本公约的意愿通知国际原子能机构总干事后,将于 10 年期满时终止本公约对该国的适用。

2. 本公约在10年期限届满后,对未依本条第1款终止适用的缔约国继续有效5年,其后在5年期限结束前,如缔约国未在至少1年前向国际原子能机构总干事发出终止通知,本公约将继续对该国有效5年。

第26条

1. 如果三分之一的缔约国表示愿意修订本公约,国际原子能机构总干事应在本公约生效之日起5年期满后随时召开大会研究修订事宜。

2. 缔约国在本条第1款所述的第一次修订大会举行后的1年内,通过国际原子能机构总干事,即可废止本公约。

3. 国际原子能机构总干事接到废止通知之日起1年后,废止即生效。

第27条

国际原子能机构总干事应将下列事项通知参加1963年4月29日至5月19日在维也纳举行的关于核损害民事责任的国际大会的各国和加入本公约的缔约国:

(a)依本公约第21条、第22条和第24条接到的签字、批准书和加入书;

(b)依本公约第23条的生效日期;

(c)依本公约第25条和第26条接到的终止和废止的通知;

(d)依本公约第26条召开修订大会的要求。

第28条

本公约应由国际原子能机构总干事依《联合国宪章》第102条予以注册。

第29条

本公约的正文用英文、法文、俄文和西班牙文书就,各种文本具有同等效力,存放于国际原子能机构总干事处,由总干事提供核证无误的副本。

下列签字的全权代表经正式授权在本公约上签字,以资证明。

1963年5月21日于维也纳。

修订《关于核损害民事责任的维也纳公约》的议定书

（1997 年 9 月 12 日维也纳）

本议定书各缔约国，希望修订 1963 年 5 月 21 日的《关于核损害民事责任的维也纳公约》，以便对扩大适用范围、增加核设施营运人的赔偿数额及保证充分、合理赔偿的加强措施作出规定，兹协议如下：

第 1 条

本议定书条款所修订的公约是 1963 年 5 月 21 日的《关于核损害民事责任的维也纳公约》（以下简称 1963 年《维也纳公约》）。

第 2 条

1963 年《维也纳公约》第 1 条作如下修订：

1. 第 1 款 j 项作如下修订：

"（a）删去第（ii）目末尾的'和'字，在第（iii）目末尾加上'和'字。

（b）增加下述第（iv）目：

"（iv）国际原子能机构理事会随时确定的含有核燃料或放射性产物或废物的其他此类设施；"

2. 第 1 款（k）项用下述条文代替：

"（k）'核损害'系指：

"（i）死亡或人身伤害；

"（ii）财产的损失或损害；

和在主管法院法律所确定的范围内下列每一项

"（iii）由第（i）或（ii）目中所述损失或损害引起的在此两目中未包括的经济损失，条件是有资格对所述损失或损害索赔的人员遭受了该损失；

"（iv）受损环境的恢复措施费，条件是实际采取或将要采取此类措施并且该损坏未被第（ii）目所包括，但损害轻微者除外；

"(v)由于环境的明显损坏所引起的收入损失,且这种收入来自环境的利用或享用方面的经济利益,并且该损失未被第(ii)目所包括;

"(vi)预防措施费用及由此类措施引起的进一步损失或损害;

"(vii)环境损坏所造成的损失以外的任何其他经济损失,只要此类损失为主管法院根据一般民事责任法认可;

"就上述第(i)目至第(v)目和第(vii)目而言,条件是损失或损害是由于或起因于核设施内辐射源发射的电离辐射,或核设施中的核燃料或放射性产物或废物发射的电离辐射,或来自或源于或送往核设施的核材料所造成的,无论其是由此类物质的放射性质还是由此类物质的放射性质与有毒、有害、爆炸性质相结合所造成的。"

3. 第1条第1款(l)项用下述条文代替:

"(l)核事故,系指造成核损害的事件或有同样起因的一系列事件,或仅就预防措施而言,则指产生造成该损害的严重和紧急威胁的上述事件。"

4. 在第1条第1款之后增加(m)项、(n)项、(o)项和(p)项四个新项如下:

"(m)恢复措施,系指采取措施国家的主管部门已批准的,旨在恢复或修复受损害或毁坏的环境组成部分,或适当时向环境引入与前述受损环境组成部分相当的物品的合理措施。受损害国家的法律应确定何人有权采取此类措施。

"(n)预防措施,系指核事故发生后,根据采取措施的国家法律规定,经其主管部门批准,任何人为防止或最大限度地减小(k)项第(i)至(v)目或第(vii)目中所述损害而采取的任何合理措施。

"(o)合理措施,系指依主管法院的法律考虑了所有情况之后认为适当和相称的措施,例如:

"(i)所造成损害的性质和程度,或就预防措施而言,此类损害的危险的性质和程度;

"(ii)采取措施时,此类措施可能有效的程度;和

"(iii)有关的科学和技术专门知识。

"(p)'特别提款权'(以下简称提款权)系指国际货币基金组织规定并用于自己经营和业务的计算单位。"

5. 第 2 款用下述条文代替：

“2. 如果设施国保证所涉及的危险程度较小，其可将任何核设施或少量核材料排除在本公约的适用以外，条件是：

“(a) 就核设施而言，国际原子能机构理事会已确定了此类排除的标准，并且设施国的排除符合标准；和

“(b) 就少量核材料而言，国际原子能机构理事会已确定了排除的数量最高限额标准，并且设施国的排除系在确定的此类限额以内。

“理事会应定期审议排除核设施的标准和排除少量核材料的最高限额。”

第 3 条

在 1963 年《维也纳公约》第 1 条之后增加下述第 1A 条和第 1B 条两个条款：

“第 1A 条

“1. 本公约适用于任何范围内所遭受的核损害。

“2. 然而，设施国的立法可从本公约适用中排除下述的损害：

“(a) 在非缔约国的领土内；或

“(b) 在非缔约国依国际海洋法建立的海域内。

“3. 本条第 2 款规定的除外情形，只对下述非缔约国才可适用，即在发生事故时：

“(a) 在其领土或在其依国际海洋法建立的海域内有核设施；和

“(b) 不提供对等互惠待遇。

“4. 本条第 2 款规定的任何排除不得影响第 9 条第 2 款(a)项所述的权利。本条第 2 款(b)项规定的任何排除不得扩大到在船上的或对船舶或航空器的损害。

“第 1B 条

“本公约不得适用于非和平目的的核设施。”

第 4 条

1963 年《维也纳公约》第 2 条作如下修订：

1. 在第 3 款(a)项末尾增加下述条文：

“如果由此规定的赔偿数额与依第 5 条第 1 款规定的赔偿数额之间存在差额，设施国就单一核事故提供公共基金的数额为此差额。”

2. 在第4款末尾增加下述条文：

"设施国应提供的公共基金的数额限定为本条第3款(a)项中规定的数额。"

3. 第6款用下列条文替换：

"6. 对于依第1条第1款(k)项不属于核损害但依该项之规定本可确定为核损害的损失或损害，任何人都不承担责任。"

第5条

在1963年《维也纳公约》第3条第一句之后增加下述条文：

"但设施国可不承担完全在其领土内进行的与运输有关的责任。"

第6条

1963年《维也纳公约》第4条作如下修订：

1. 第3款用下述条文代替：

"3. 如果营运人证明核损害直接由军事冲突行为、敌对行动、内战或暴乱所引起，营运人不承担本公约规定的责任。"

2. 第5款用下述条文代替：

"5. 依本公约营运人对下列核损害不承担责任：

"(a)对核设施本身及位于该设施场址的其他核设施，包括建造中的核设施的损害；和

"(b)对同一场址上使用的或将要使用的与此类设施有关财产的损害。"

3. 第6款用下述条文代替：

"6. 对于发生核事故时装有核材料的运输工具所造成损害的赔偿不得使营运人关于其他损害的责任减到少于1.5亿特别提款权赔偿数额或缔约国立法所确定的较高赔偿数额，或依第5条第1款(c)项所确定的赔偿数额。"

4. 第7款用下列条文代替：

"7. 本公约中的条款都不得影响任何个人应承担的责任，营运人依本条第3款或第5款不承担本公约所规定的核损害责任和由该个人有意或不作为所造成核损害的责任。"

第7条

1. 1963年《维也纳公约》第5条用下述条文代替：

“1. 营运人承担单一核事故的责任限额可由设施国限定为：

“(a)不少于3亿特别提款权；或

“(b)不少于1.5亿特别提款权，条件是1.5亿至3亿特别提款权之间的差额，应由设施国提供公共基金赔偿核损害；或

“(c)对于自本议定书生效之日起最多15年内发生的核事故，不少于1亿特别提款权的过渡赔偿数额。如设施国提供公共基金来赔偿该较少赔偿数额与1亿特别提款权之间的核损害可规定少于1亿特别提款权。

“2. 尽管有本条第1款之规定，考虑到所涉核设施或核材料的性质及由此发生的事故的可能后果，设施国可规定一个较低的营运人赔偿数额，但在任何情况下，所规定的赔偿数额均不得少于500万特别提款权，同时设施国要确保提供最高至依第1款确定之赔偿数额的公共基金。

“3. 设施国依本条第1款、第2款及第4条第6款制定的应承担核损害责任营运人赔偿数额适用于无论何处发生的核事故。”

2. 在第5条之后增加下述第5A条、5B条、5C条和5D条四个新条款：

“第5A条

“1. 除第5条规定的赔偿数额外，还应支付法院就核损害赔偿诉讼所裁决的利息和诉讼费用。

“2. 第5条和第4条第6款所述赔偿数额可折合为以整数表示的本国货币。

“第5B条

“每一缔约国应确保受害人均有权申请强制执行并获得赔偿，而无须根据提供该赔偿的资金来源单独提起诉讼。

“第5C条

“1. 如果有管辖权的法院是缔约国的法院而非设施国法院，第5条第1款(b)项和(c)项和第7条第1款所要求的公共基金及法院裁决的利息和诉讼费用可由前述缔约国提供。

“设施国应向前述具有管辖权的缔约国偿还其所支付的此类费用。前述两个缔约国应商定有关偿还程序。

“2. 如果有管辖权的法院是缔约国法院而非设施国法院，具有管辖

权的缔约国应采取一切必要措施使设施国可参与诉讼和赔偿的解决。

“第5D条

“1. 如果三分之一的缔约国表示希望修订本公约第5条中规定的责任限额,国际原子能机构总干事应召集缔约国会议进行该修订。

“2. 修订案应由出席会议并参加表决的缔约国的三分之二多数通过,但表决时至少应有二分之一的缔约国出席。

“3. 当就修订限额的建议采取行动时,缔约国会议应优先考虑核损害的风险、币值的变化和保险市场的能力。

“4. (a)国际原子能机构总干事应将依本条第2款通过的任何修订案通知所有缔约国供接受。在此修订案通知后18个月期限结束时,如果出席通过该修订案会议的至少三分之一的缔约国已通知原子能机构总干事接受该修订案,即可认为该修订案已被接受。

“依本款被接受的修订案应在被接受后12个月对已接受该修订案的缔约国生效;

“(b)如果缔约国自通知接受之日起18个月期限内未能依(a)项接受某项修订案,则应认为拒绝该修订案。

“5. 对于在一项修订案被接受但尚未生效或该修订案已依本条第4款生效之后接受该修订案的缔约国,该项修订案应在由该缔约国接受后12个月对其生效。

“6. 在修订案依本条第4款生效后成为本公约缔约国,如果该国未能提出不同意见则应

“(a)被认为是同意该修订的;和

“(b)就未受该修订案约束的缔约国而言,被认为是未修订公约的缔约国。”

第8条

1963年《维也纳公约》第6条作如下修订:

1. 第1款用下述条文代替:

“1. (a)如果在下述期限内不提起诉讼,本公约规定的索赔权即告丧失:

“(i)就死亡和人身伤害而言,核事故发生之日起30年;

“(ii)就其他损害而言,核事故发生之日起10年。

“(b)但如果依设施国法律,营运人的赔偿责任由保险或包括国家资金在内的其他财务保证提供更长的保证,主管法院的国内法律可规定,向营运人索赔诉讼时效至该期限期满后才告丧失,但不得超过营运人依设施国法律承担责任的期限;

“(c)自核事故发生之日起10年后提出的就死亡和人身伤害或以本款(b)项的延伸为依据的其他有关损害赔偿请求的诉讼,任何情况下,都不影响上述期限届满前对造成核损害的其他人员的追索权。”

2. 删去第2款。

3. 第3款用下述条文代替:

“3. 如果受害人自知道或应当知道受到损害和承担责任营运人之日起3年内未提起诉讼,依本公约规定的索赔权应依主管法院法律的时效规定来判断,但不得超过依本条第1款(a)项和(b)项规定的期限。”

第9条

第7条作如下修订:

1. 在第1款末尾增加下述两项,(a)项规定如下:

“如未规定营运人的责任限额时,设施国可对承担责任营运人的财务保证金规定一个限额,条件是该限额不低于3亿特别提款权。在财务保证不足以满足对营运人确定的核损害赔偿的索赔额时,设施国应确保此类索赔的支付,但不超过依本款提供的财务保证数额。”

2. 第1款增加以下新的(b)项:

“(b)尽管有本款(a)项之规定,如未规定营运人的责任限额时,考虑到所涉核设施和核材料的性质及发生核事故可能的后果,设施国可规定一个较低的营运人财务保证数额,但均不得少于500万特别提款权,及在从保险或其他财务保证不足以支付已对营运人确定的核损害的赔偿时,该设施国确保提供必要的资金来支付该索赔,并且最高至本款(a)项规定的限额。”

3. 第3款中,在“本条第1款”之后加入“或第5条第1款(b)项和(c)项”。

第 10 条

1963 年《维也纳公约》第 8 条作如下修订：

1. 第 8 条条文成为本条第 1 款。

2. 增加第 2 款如下：

“2. 如适用第 6 条第 1 款(c)项规定，就向营运人索赔而言，如果依本公约需赔偿的损害超过或可能超过依第 5 条第 1 款规定的最大赔偿数额，应优先偿付死亡或人身伤害的索赔。”

第 11 条

在 1963 年《维也纳公约》第 10 条的末尾增加一句如下：

“设施国提供了本公约规定的公共基金，本条规定的索赔权可扩大到该设施国的权益。”

第 12 条

1963 年《维也纳公约》第 11 条作如下修订：

1. 增加下述第 1 副款：

“第 1 副款，当核事故发生在一缔约国专属经济区内，如果尚未建立该经济区，在不超过该界限的区域内，对于与该核损害有关诉讼，为本公约之目的应由该缔约国法院行使管辖权。如果该缔约国在核事故以前已将该区域通知保存人，则应适用上述规定。本款不得解释为允许以违反国际海洋法包括《联合国海洋法公约》的方式行使管辖权。”

2. 第 2 款用下列条文代替：

“2. 在核事故没有发生在缔约国的领土内或依第 1 副款通知的区域内时，或在核事故地点不明时，由应承担责任的营运人设施国法院管辖。”

3. 第 3 款第 1 行中和(b)项中，在“第 1 款”之后加上“第 1 副款”。

4. 增加以下第 4 款：

“4. 其缔约国的多个法院均具有管辖权时，应明确单一核事故的主管法院。”

第 13 条

在第 11 条之后增加下述第 11A 条：

“第 11A 条

"法院具有管辖权的缔约国应确保在有关核损害赔偿的诉讼方面

"(a)如该国国民或在该国领土内定居或居住的人员同意,任何国家都可代表受害人提起诉讼;和

"(b)任何人员都可提起诉讼,以行使通过代位或委托获得的本公约规定的权利。"

第 14 条

以下述条文代替 1963 年《维也纳公约》第 12 条的条文:

"第 12 条

"1. 有管辖权的缔约国法院所作出的判决应得到承认,无须经过其他审判程序,除非:

"(a)判决是通过欺诈取得的;

"(b)一方未被给予公平的机会陈述其案情;或

"(c)判决违背拟待承认的缔约国的公共政策或不符合基本的司法标准。

"2. 依本条第 1 款得到承认的判决,在履行承认判决的缔约国法律所规定的程序后,应视同该缔约国法院的判决予以执行。不得就已作出判决的索赔事项再提起诉讼。"

第 15 条

1963 年《维也纳公约》第 13 条作如下修订:

1. 第 13 条条文成为该条的第 1 款。

2. 增加下述第 2 款:

"2. 尽管有本条第 1 款之规定,如核损害赔偿超过 1.5 亿特别提款权,就发生事故时其领土内或其依国际海洋法建立的海域内有核设施的另一国所受损害而言,可在该另一国不提供对等互惠待遇的条件下,设施国国内法律规定可有悖于本公约之规定。"

第 16 条

1963 年《维也纳公约》第 18 条的条文用下述条文代替:

本公约不得影响缔约国依国际公法一般原则所享有的权利和应履行义务。

第 17 条

在 1963 年《维也纳公约》第 20 条之后增加下述第 20A 条:

“第 20A 条

“1. 缔约国之间就本公约的解释和适用发生争端时，争端各方应进行磋商，以便通过谈判或其他和平方式解决。

“2. 如果本条第 1 款所述的争端依本条第 1 款自提出磋商起 6 个月内未能解决，争端方有权将争端提交仲裁或国际法院裁决。争端提交仲裁时，如果在提出仲裁申请之日起 6 个月内争端各方未能就仲裁人员组织达成一致，争端一方可要求国际法院院长或联合国秘书长指定一名或一名以上仲裁员。当争端各方的要求有矛盾时，应把对联合国秘书长的要求放在优先地位。

“3. 国家在批准、接受、核准或加入本公约时，可提出保留不受本条第 2 款规定的一种或两种争端解决程序的约束。对于保留对其有效的缔约国，其他缔约国不受本条第 2 款规定的争端解决程序的约束。

“4. 依本条第 3 款作出声明的缔约国可随时通知保存人撤回声明。”

第 18 条

1. 删去 1963 年《维也纳公约》的第 20 条至第 25 条、第 26 条第 2 款和第 3 款及款号“1. ”、第 27 条和第 29 条。

2. 在本议定书的各缔约国之间，1963 年《维也纳公约》和本议定书应作为被称为《关于核损害民事责任的 1997 年维也纳公约》的单一文书一起理解和解释。

第 19 条

1. 是本议定书缔约国但非 1963 年《维也纳公约》缔约国的国家，在与本议定书的其他缔约国的关系上，应受由本议定书修订的公约有关的条款的约束，并且，如果该国在交存第 20 条所述文书时未提出保留的，在与只是 1963 年《维也纳公约》缔约国的关系上，应受该公约有关条款的约束。

2. 本议定书中的任何规定都不得影响既是 1963 年《维也纳公约》缔约国又是本议定书缔约国对于仅为 1963 年《维也纳公约》缔约国但非本议定书缔约国的义务。

第 20 条

1. 本议定书自 1997 年 9 月 29 日起到其生效为止在维也纳国际原子能机构总部开放供所有国家签署。

2. 本议定书须经已签署的国家批准、接受或核准。

3. 在本议定书生效之后,任何国家可加入本议定书。

4. 国际原子能机构总干事为本议定书的保存人,批准书、接受书、核准书或加入书应交存该总干事。

第 21 条

1. 本议定书自第 5 份批准书、接受书或核准书交存之日后 3 个月生效。

2. 对于在交存第 5 份批准书、接受书或核准书之后批准、接受、核准或加入本议定书的国家,本议定书自此类国家交存文书之日后 3 个月对其生效。

第 22 条

1. 缔约国可书面通知保存人退出本议定书。

2. 退约应自保存人接到退约通知之日后一年生效。

3. 本议定书各缔约国之间,1963 年《维也纳公约》任一缔约国依该公约第 26 条退约,不得以任何方式解释为退出经本议定书修订的 1963 年《维也纳公约》。

4. 尽管缔约国依本条退出本议定书,但本议定书的条款应继续适用于在该退约生效前发生的核事故造成的核损害。

第 23 条

保存人应向各缔约国和所有其他国家及时通知:

(a)本议定书的签署;

(b)批准书、接受书、核准书或加入书的交存;

(c)本议定书的生效;

(d)接到依第 11 条第 1 副款的通知;

(e)依 1963 年《维也纳公约》第 26 条提出的举行修订会议和依经本议定书修订的 1963 年《维也纳公约》第 5D 条举行缔约国会议的要求;

(f)依第 22 条的退约通知和关于本议定书的其他有关通知。

第 24 条

1. 本议定书的原件应交保存人保存,其阿拉伯文、中文、英文、法文、俄文和西班牙文文本具有同等效力。

2. 国际原子能机构应以本议定书附件中规定的阿拉伯文、中文、英文、法文、俄文和西班牙文编制经本议定书修订的 1963 年《维也纳公约》的统一文本。

3. 保存人应把本议定书连同经本议定书修订的 1963 年《维也纳公约》

统一文本的经核证的正确副本分送所有国家。

兹由经正式授权的下列签署人签署本议定书,以昭信守。

1997 年 9 月 12 日于维也纳签署。

附:关于核损害民事责任的 1997 年维也纳公约

(经 1997 年 9 月 12 日《议定书》修订的 1963 年 5 月 21 日《关于核损害民事责任的维也纳公约》的统一文本,由国际原子能机构秘书处建立)

缔约各方,认识到有必要制定一些最低标准,以对核能的某些和平利用造成的损害提供财务保证,相信关于核损害民事责任的公约也将有助于发展国与国之间的友好关系,无论这些国家的宪法和社会制度有何不同,为上述目的决定缔结一项公约,兹协议如下:

第 1 条

1. 就本公约而言:

(a)"人"系指个人、合伙人、法人或非法人的私人或公共团体、依设施国法律享有法人资格的国际组织及国家或其下属部分。

(b)"缔约国国民"包括缔约国或其下属部分、合伙人或在缔约国领土内建立的法人或非法人的私人或公共团体。

(c)"营运人",就一核设施而言,系指由设施国授权的该设施管理人。

(d)"设施国",就一核设施而言,系指该设施设在其领土内的缔约国,或如果该设施未设在国家领土内,系指运营或在其授权下运营该核设施的缔约国。

(e)"主管法院的法律"系指依本公约有管辖权的缔约国国内法律,包括该法律中法律冲突的有关规定。

(f)"核燃料"系指通过自持链式核裂变反应可产生能量的材料。

(g)"放射性产物或废物"系指核燃料生产或利用过程中产生的放射性物质或受该过程有关的辐射照射而具有放射性的物质,但不包括达到制造的最后阶段因而可用于科学、医学、农业、商业或工业目的的放射性同位素。

(h)"核材料"系指:

(i)除天然铀和贫化铀以外的可在核反应堆外单独或同其他某种材料一起通过自持链式核裂变反应产生能量的核燃料;和

(ii)放射性产物或废物。

(i)“核反应堆”系指含有核燃料且其布置方式使在无额外中子源的条件下能在其中发生自持链式核裂变反应的结构。

(j)“核设施”系指：

(i)除用作动力源供推进或为其他目的而装置在海空运输工具上的核反应堆以外的核反应堆；

(ii)为生产核材料使用核燃料的工厂，或加工核材料的工厂，包括进行辐照核燃料后处理厂；

(iii)除为运输临时贮存核材料的仓库以外的贮存核材料设施；和

(iv)国际原子能机构理事会随时确定的含有核燃料或放射性产物或废物的其他此类设施；

但设施国可规定，在同一场址属同一营运人的几个核设施应视为一个核设施。

(k)“核损害”系指：

(i)死亡或人身伤害；

(ii)财产的损失或损害；

和在主管法院法律所确定的下列各项

(iii)由第(i)目或第(ii)目中所述损失或损害引起的在此两项中未包括的经济损失，条件是有资格对所述损失或损害索赔的人员遭受了该损失；

(iv)受损环境的恢复措施费，条件是实际采取或将采取此类措施并且该损坏未被第(ii)目所包括，但损害轻微者除外；

(v)由于环境的明显损坏所引起的收入损失，且这种收入来自环境的利用或享用方面的经济利益，并且该损失未被第(ii)目所包括；

(vi)预防措施费用及由此类措施引起的进一步损失或损害；

(vii)环境损坏所造成的损失以外的任何其他经济损失，只要此类损失为主管法院根据一般民事责任法认可，

就上述第(i)至(v)目和第(vii)目而言，条件是损失或损害是由于或起因于核设施内辐射源发射的电离辐射，或核设

施中的核燃料或放射性产物或废物发射的电离辐射,或来自或源于或送往核设施的核材料所造成的,无论其是由此类物质的放射性质还是由此类物质的放射性质与有毒、有害、爆炸性质相结合所造成的。

(l)核事故,系指造成核损害的事件或有同样起因的一系列事件,或仅就预防措施而言,则指产生该损害的严重和紧急威胁的上述事件。

(m)恢复措施,系指采取措施国家的主管部门已批准的,旨在恢复或修复受损害或毁坏的环境组成部分,或适当时向环境引入与前述受损环境组成部分相当的物质的合理措施。受损害国家的法律应确定何人有权采取此类措施。

(n)预防措施,系指核事故发生后,根据采取措施的国家的法律规定,经主管部门批准,任何人员为防止或最大限度地减小(k)项第(i)至(v)目或第(vii)目中所述损害而采取的合理措施。

(o)合理措施,系指依主管法院的法律考虑了所有情况之后认为适当和相称的措施,例如:

(i)所造成损害的性质和程度,或就预防措施而言,此类损害的危险的性质和程度;

(ii)采取措施时,此类措施可能有效的程度;和

(iii)有关科学和技术的专门知识。

(p)特别提款权(以下简称提款权)系指国际货币基金组织规定并用于其经营和业务的计算单位。

2. 如果设施国保证所涉及的危险程度较小,其可将任何核设施或少量核材料排除在本公约的适用以外,条件是:

(a)就核设施而言,国际原子能机构理事会已确定了此类排除的标准,并且设施国的排除符合标准;和

(b)就少量核材料而言,国际原子能机构理事会已确定了排除的数量最高限额标准,并且设施国的排除系在确定的此类限额以内。

理事会应定期审议排除核设施的标准和排除少量核材料的最高限额。

第1A条

1. 本公约适用于任何范围内所遭受的核损害。

2. 然而,设施国的立法可从本公约适用中排除下述损害:

(a)在非缔约国的领土内;或

(b)在非缔约国依国际海洋法建立的海域内。

3. 本条第2款规定的排除情形,只对下述非缔约国才可适用,即在发生事故时:

(a)在其领土或在其依国际海洋法建立的海域内有核设施;和

(b)不提供对等互惠待遇。

4. 本条第2款规定的任何排除不得影响第9条第2款(a)项所述的权利。本条第2款(b)项规定的任何排除不得扩大到在船上的或对船舶或航空器的损害。

第1B条

本公约不得适用于非和平目的的核设施。

第2条

1. 当证明核损害是由下列核事故造成时,核设施营运人应对损害承担责任:

(a)在其核设施中发生的;或

(b)涉及来自或源于其核设施的核材料的,并且

(i)发生在另一核设施营运人根据书面合同的约定对涉及该核材料的核事故承担责任之前;

(ii)在无书面约定情况下,发生在另一核设施营运人接管该核材料之前;或

(iii)当拟将该核材料作为一种动力源或为其他目的而装设在某一运输工具上的核反应堆时,发生在正式授权运营该反应堆的人员接管该核材料之前;而

(iv)当该核材料已运至非缔约国领土内的人员时,发生在核材料运至该非缔约国领土但尚未自运输工具上卸下之前;

(c)涉及运往其核设施的核材料的,并且

(i)发生在营运人根据书面合同的约定承担原先由另一核设施营运人对涉及该核材料的核事故承担的责任之后;

(ii)当无书面约定时,发生在营运人接管该核材料之后;或

(iii)发生在营运人从另一核反应堆营运人处接管该核材料之

后,而该反应堆作为一种动力源或为其他目的而装设在运输工具上;或

(iv)当经营运人书面同意将该核材料自非缔约国领土内的营运人处运出时,仅发生在该核材料已装入将其自该国运出的运输工具之后;

如核损害是由核设施中发生的并且与为运输临时贮存在该设施中的核材料有关的核事故所造成,在依本款(b)项或(c)项之规定由另一营运人承担全部责任的情况下,本款(a)项之规定不得适用。

2. 设施国可通过国内立法规定,应核材料的承运人或装卸放射性废物的人员要求并经有关营运人的同意后,可被授权为营运人,以分别在上述核材料或放射性废物方面代替该有关营运人承担责任。在此情况下,为本公约所有目的,上述承运人或人员应被视为该国的核设施营运人。

3. (a)当核损害涉及一个以上营运人应承担责任时,在无法合理区分每一营运人对该损害所应承担的责任的情况下,所有营运人应承担连带责任。如果由此规定的赔偿数额与依第 5 条第 1 款规定的赔偿数额之间有差额,设施国可就单一核事故提供公共基金,数额为此差额。

(b)当核事故发生在核材料运输过程中,无论是发生在同一运输工具上还是为运输而临时贮存时发生在同一核设施中,并造成涉及一个以上营运人应承担核损害责任时,前述全部责任不得超过依第 5 条对其中任一营运人可适用的最高赔偿数额。

(c)在本款(a)项和(b)项中所述情况下,任一营运人的责任不得超过依第 5 条规定的赔偿限额。

4. 在不违背本条第 3 款规定的情况下,当同一营运人的多个核设施涉及单一核事故时,该营运人就各核设施应承担的核损害责任,不得超过第 5 条规定的赔偿数额。设施国可就提供的公共基金的数额应限定为本条第 3 款(a)项中规定的限额。

5. 除本公约另有规定外,非营运人对核损害不承担责任。但这不得影响在本公约开放供签署之日前已有效或已开放供签署、批准或加入的关于运输方面国际公约的适用。

6. 对于依第 1 条第 1 款(k)项不属于核损害但依该项之规定本可确定为核损害的损失或损害,任何人都不承担责任。

7. 如主管法院的国内法律有此规定,受害人有权依第 7 条对提供财务保证的人员提起诉讼。

第 3 条

依本公约应承担责任的营运人应向承运人提供由承保人由提供第 7 条所要求的财务保证或其他财务保证人以其名义颁发的证明书。但设施国可不承担完全在其领土内发生的与运输有关的责任。证明书应载明该营运人的姓名和地址,及保证的数额、类别和期限,且由其或以其名义颁发证明书的人员对这些事项不得持异议。证明书还应载明该保证适用的核材料,并应包括设施国政府主管部门发布的本公约含义内的营运人的声明。

第 4 条

1. 依本公约,营运人承担的核损害责任是严格责任。

2. 如果营运人证明核损害全部或部分由受害人的过失或故意造成或不作为所致,主管法院可豁免营运人全部或部分对此类人员的损害赔偿义务,如该国法律有此规定。

3. 如果营运人证明核损害是直接由军事冲突行为、敌对行动、内战或暴乱所引起的,营运人不承担本公约规定的责任。

4. 当由核事故同其他一种或一种以上事故共同造成核损害和核损害以外的损害时,如不能合理地将其他损害与核损害区分开时,为本公约目的,前述其他损害应认为是由该核事故造成的核损害。但在损害是由本公约所涵盖的核事故和由本公约所未涵盖的电离辐射发射共同造成的情况下,本公约中的任何规定都不得限制或影响在电离辐射发射方面可能承担责任的人对受害人的责任或被索赔或承担共同过失的责任。

5. 依本公约营运人对下列核损害不承担责任:

(a)对核设施本身及位于该设施场址的其他核设施,包括建造中的核设施的损害;和

(b)对同一场址上使用的或将要使用的与此类设施有关财产的损害。

6. 对于发生核事故时其装有核材料的运输工具所造成损害的赔偿,不得使营运人关于其他损害的责任减到少于 1.5 亿特别提款权赔偿数额或缔约国立法所确定的较高赔偿数额,或依第 5 条第 1 款(c)项所确定的赔偿

数额。

7. 本公约中的条款都不得影响任何个人对应承担责任，营运人依本条第 3 款或第 5 款不承担本公约所规定核损害责任和由该个人有意或不作为所造成核损害的责任。

第 5 条

1. 营运人承担单一核事故赔偿责任限额可由设施国限定为：

(a) 不少于 3 亿特别提款权；或

(b) 不少于 1.5 亿特别提款权，条件是 1.5 亿至 3 亿特别提款权之间的差额，应由该设施国提供公共基金赔偿核损害；或

(c) 对于自本议定书生效之日起最多为 15 年内发生的核事故，不少于 1 亿特别提款权的过渡赔偿数额。如设施国提供公共基金的赔偿该较少赔偿数额与 1 亿特别提款权之间的差额，可规定少于 1 亿特别提款权。

2. 尽管有本条第 1 款之规定，考虑到所涉核设施或核材料的性质及发生事故的可能后果，设施国可规定一个较低的营运人赔偿数额，但在任何情况下，所规定的赔偿数额均不得少于 500 万特别提款权，同时设施国要确保提供最高至依第 1 款确定之赔偿数额的公共基金。

3. 设施国依本条第 1 款和第 2 款及第 4 条第 6 款制定的，应承担核损害责任的营运人规定的赔偿数额适用于无论何处发生的核事故。

第 5A 条

1. 除第 5 条规定的赔偿数额外，还应支付法院就核损害赔偿诉讼判决的利息和诉讼费用。

2. 第 5 条和第 4 条第 6 款所述赔偿数额可折合为以整数表示的本国货币。

第 5B 条

每一缔约国应确保受害人均有权申请强制执行并获得赔偿，而无须根据提供该赔偿的资金来源单独提起诉讼。

第 5C 条

1. 如果有管辖权的法院是缔约国的法院而非设施国的法院，第 5 条第 1 款(b)项和(c)项和第 7 条第 1 款所要求的公共基金及法院裁决的利息和诉讼费用可由前述缔约国提供。

设施国应向前述具有管辖权的缔约国偿还其所支付的此类费用。前述两个国家应商定有关偿还程序。

2. 如果有管辖权的法院是缔约国法院而非设施国法院,具有管辖权的缔约国法院应采取一切必要措施使得设施国可参与诉讼和赔偿的解决。

第5D条

1. 如果三分之一的缔约国表示希望修订本公约第5条中规定的责任限额,国际原子能机构总干事应召集缔约国会议进行该修订。

2. 修订案应由出席会议并参加表决的缔约国的三分之二多数通过,但表决时至少应有二分之一的缔约国出席。

3. 当就修订限额的建议采取行动时,缔约国会议应优先考虑核损害的风险、币值的变化和保险市场的能力。

4. (a)国际原子能机构总干事应将依本条第2款通过的任何修订案通知所有缔约国供接受。在此修订案通知后18个月期限结束时,如果出席通过该修订案会议的至少三分之一的缔约国已通知国际原子能机构总干事接受该修订案,即可认为该修订案已被接受。依本款被接受的修订案应在被接受后12个月内对已接受该修订案的缔约国生效。

(b)如果缔约国自通知接受之日起18个月期限内缔约国未能依本款(a)项接受某项修订案,则应认为拒绝该修订案。

5. 对于在一项修订案被接受但尚未生效或该修订案已依本条第4款生效之后接受该修订案的缔约国,该项修订案应在由该缔约国接受后12个月对其生效。

6. 在修订案依本条第4款生效后成为本公约缔约国,如果该国未能提出不同意见则应:

(a)被认为是同意该修订;和

(b)就未接受该修订案约束的缔约国而言,被认为是未修订公约的缔约国。

第6条

1. (a)如果在下述期限内不提起诉讼,本公约规定的索赔权即告丧失:

(i)就死亡和人身伤害而言,核事故发生之日起30年;

(ii)就其他损害而言,核事故发生之日起10年。

(b)但如果依设施国法律,营运人的赔偿责任由保险或包括国家资金在内的其他财务保证提供更长的保证,主管法院的国内法律可规定,向营运人索赔的权利至该期限期满后才告丧失,但不得超过营运人依设施国法律承担责任的期限。

(c)自核事故发生之日起 10 年后提出的就死亡和人身伤害或以本款(b)项的延长时效的其他有关损害赔偿请求的诉讼,任何情况下,都不影响上述期限届满前对造成核损害的其他人员的追索权。

2. 删除。

3. 如果受害人自知道或应当知道受到损害和承担责任的营运人之日起 3 年内未提起诉讼,依本公约规定索赔权应依主管法院法律的时效规定来判断,但不得超过依本条第 1 款(a)项和(b)项规定的期限。

4. 除非主管法院法律另有规定,只要尚未作出最后判决,在依本条可适用的期限内声称受到核损害并已为赔偿而起诉的受害人,即使在该期限期满后有核损害加重情况,也有权修订其索赔要求。

5. 如果管辖权有待依第 11 条第 3 款(b)项确定,并已在依本条规定期限内向有权确定管辖权的任一缔约国提出请求,而在该确定后余下的时间不足 6 个月,可提起诉讼的期限应为自该确定之日起计算的 6 个月。

第 7 条

1. (a)为保证营运人有承担核损害责任的能力,应要求营运人提供保险或其他财务保证并符合数额、类别和范围方面要求。在保险或其他财务保证不能充分满足索赔要求时,设施国应提供必要的资金确保支付已确定的向营运人的核损害索赔,但不得超过依第 5 条规定的限额。在营运人的责任没有限定限额时,设施国可对承担核损害责任营运人的财务保证规定限额,条件是该限额不低于 3 亿特别提款权。在财务保证的数额不足以满足对营运人应承担的核损害索赔额时,设施国应确保此类索赔的支付,但不超过依本款提供的财务保证数额。

(b)尽管有本款(a)项之规定,如未规定营运人的责任限额时,考虑到所涉核设施和核材料的性质及源于其发生核事故的可能后果,设施国可规定一个较低的营运人财务保证数额,但均不得少于 500

万特别提款权,及在从保险或其他财务保证不足以支付已对营运人应承担的核损害的赔偿时,该设施国确保提供必要的资金来支付该索赔,并且最高至本款(a)项规定的限额。

2. 本条第1款的规定都不得要求缔约国或诸如州或共和国之类的其下属部分像营运人一样维持保险或其他财务保证来涵盖其责任。

3. 依本条第1款或第5条第1款(b)项和(c)项由保险、其他财务保证或设施国提供的公共基金应专用于依本公约应支付的赔偿。

4. 承保人或其他财务保证人,在未至少提前两个月向政府主管部门书面提出中止或撤销依本条第1款提供的保险或其他财务保证的情况下,或在保险或其他财务保证涉及核材料运输而此类材料正处于运输期间时,不得中止或撤销此类保险或其他财务保证。

第8条

1. 在不违背本公约规定的条件下,应由主管法院根据其国内法律判定赔偿的性质、形式和范围及赔偿金的公平分配。

2. 如适用第6条第1款(c)项规定,就向营运人索赔而言,如果依本公约需赔偿的损害超过或可能超过依第5条第1款规定的最大赔偿数额,应优先分配给死亡或人身伤害的索赔。

第9条

1. 当国家或公共健康保险、社会保险、社会保障、工作人员赔偿或职业病赔偿制度之规定包括核损害赔偿时,前述社会福利制度的受益人依本公约获得赔偿的权利和基于前述制度对有责任的营运人的索赔权,应由前述制度的缔约国法律或前述制度的相关政府间组织的条例在不违背本公约规定的条件下确定。

2. (a) 如果除营运人外的其他缔约国国民依国际公约或非缔约国的法律支付了核损害赔偿金,该人员应在其已支付数额范围内通过代位获得依本公约享有的赔偿权利。在营运人依本公约对该人员有索赔权的情况下,其他任何人员都不得获得任何权利。

(b) 本公约的条款都不得限制依营运人通过第7条第1款所提供公共基金以外的资金支付核损害赔偿金,从依该款提供财务保证的人员或从设施国收回受偿人员,依本公约应得到的至多为该营运人已支付的数额的赔偿总额。

第 10 条

营运人只有在下列情况下才应有索赔权：

(a)书面合同上有相关约定的；或

(b)核事故是由于他人故意或重大过失导致，则对该人有索赔权。

如设施国提供了本公约规定的公共基金，本条下规定的索赔权还可扩大到该设施国的权益。

第 11 条

1. 除本条中另有规定外，第 2 条所规定的核损害相关诉讼的管辖权应由其领土内发生核事故的缔约国法院行使。

第 1 副款，当核事故发生在一缔约国专属经济区内，如果尚未建立该经济区，在不超出该界限的区域内，对于与该核损害有关诉讼权，为本公约之目的应由该缔约国法院行使管辖权。如果该缔约国在核事故以前已将该区域通知保存人，则应适用上述规定。本款不得解释为允许以违反国际海洋法包括《联合国海洋法公约》的方式行使管辖权。

2. 当核事故发生在缔约国领土之外，或发生核事故地不能确定时，该项诉讼的管辖权属于应承担责任的营运人所属设施国的法院。

3. 在依本条第 1 款、第 1 副款或第 2 款管辖权分属两个或两个以上缔约国的时，管辖权的归属视下列情况而定：

(a)如果核事故的部分发生在非缔约国，部分发生在缔约国，管辖权应属后一缔约国的法院；和

(b)在其他情况下，管辖权应属于依本条第 1 款、第 1 副款或第 2 款，2 个以上的缔约国法院具有管辖权，各缔约国之间通过协商一致确定主管法院。

4. 缔约国的多个法院均具有管辖权时，应明确单一核事故的主管法院。

第 11A 条

法院具有管辖权的缔约国应确保在有关核损害赔偿的诉讼方面：

(a)如该国国民或在该国领土内定居或居住的人员同意，任何国家都可代表下述受害人提起诉讼；和

(b)任何人员都可提起诉讼，以行使通过代位或委托获得的本公约规定的权利。

第 12 条

1. 有管辖权的缔约国法院所作出判决应得到承认，且无须经过其他审判程序，除非：

(a)判决是通过欺诈取得的；

(b)一方未被给予公平的机会陈述其案情；或

(c)判决违背该判决拟要求承认的缔约国的公共政策或不符合基本的司法标准。

2. 依本条第 1 款得到承认的判决，履行承认判决的缔约国法律所规定的程序后，应视同该缔约国法院的判决予以执行。不得就已作出判决的索赔事项再提起诉讼。

第 13 条

1. 本公约以及相关国内法律应不分受害者国籍、户籍或居住地予以适用。

2. 尽管有本条第 1 款之规定，如核损害赔偿超过 1.5 亿特别提款权，就发生事故时其领土内或其依国际海洋法建立的海域内有核设施的另一国所受损害而言，在该另一国不提供对等互惠待遇条件下，设施国国内法律规定可有悖于本公约之规定。

第 14 条

依本公约向依第 11 条确定的主管法院提起诉讼时，不得援引国家法律或国际法所规定的管辖豁免，但有关执行的措施除外。

第 15 条

缔约国应采取适当措施，以确保由有关法院判决的核损害赔偿、利息和费用，由保险、转保或其他财务保证提供的保险金和转保金及资金或由设施国依本公约提供的资金，可自由汇兑成在其领土内遭受核损害的缔约国货币和索赔人经常居住地的缔约国货币；就保险金或转保金和付款而言，可自由汇兑成保险或转保合同中规定的货币。

第 16 条

受害人依另一关于核能领域民事责任的国际公约已获得同一核损害的赔偿的，无权再依本公约得到赔偿。

第 17 条

在各缔约国之间，本公约不得影响在本公约开放供签署之日已有效的或已开放供签署、批准或加入的关于核能领域民事责任的任何国际协定或国际公约的适用。

第 18 条

本公约不得影响缔约国依国际公法规定所享有的权利和应履行的义务。

第 19 条

1. 缔约国依本公约第 11 条第 3 款(b)项签订协议时,应立即将协议的副本提交国际原子能机构总干事参考,并分发给其他缔约国。

2. 各缔约国应将与本公约规定事项有关的国内法律法规的副本提交总干事参考,并分发给其他缔约国。

第 20 条

删除

第 20A 条

1. 缔约国之间就本公约的解释和适用发生争端时,争端各方应进行磋商,以便通过谈判或其他和平方式解决争端。

2. 如果本条第 1 款所述争端依本条第 1 款自提出磋商起 6 个月内未能解决,争端方有权将争端提交仲裁或国际法院裁决。争端提交仲裁时,如果在提出仲裁申请之日起 6 个月内争端各方未能就仲裁人员组成达成一致,争端一方可要求国际法院院长或联合国秘书长指定一名或一名以上仲裁员。当争端各方的要求有矛盾时,应把对联合国秘书长的要求放在优先地位。

3. 国家在批准、接受、核准或加入本公约时,可提出保留不受本条第 2 款规定的一种或两种争端解决程序的约束。对于此类保留对其有效的缔约国,其他缔约国不受本条第 2 款规定的争端解决程序的约束。

4. 依本条第 3 款作出保留的缔约国可随时通知保存人撤回声明。

第 21 条

删除

第 22 条

删除

第 23 条

删除

第 24 条

删除

第 25 条

删除

第 26 条

如果三分之一缔约国表示希望修订本公约,国际原子能机构总干事应在本公约生效之日起的 5 年期满后随时召开会议以审议修订本公约。

第 27 条

删除

第 28 条

本公约由国际原子能机构总干事依《联合国宪章》第 102 条予以注册。

第 29 条

删除

注:经 1997 年《议定书》修订的 1963 年《关于核损害民事责任的维也纳公约》的统一文本,是由国际原子能机构秘书处依该议定书的要求建立的。此统一文本没有其本身的最后条款。依经 1997 年《议定书》修订的 1963 年《维也纳公约》的条款,希望加入该公约的国家可通过加入 1997 年《议定书》加入该公约。在此统一文本中提到的“议定书”,系指 1997 年《修订〈关于核损害民事责任的维也纳公约〉的议定书》。

关于强制解决《关于核损害民事责任的维也纳公约》争端的任择议定书

(1963 年 5 月 21 日订于维也纳　1999 年 5 月 13 日生效)

1963 年 4 月 29 日至 5 月 19 日在维也纳举行的国际会议通过的本议定书及《关于核损害民事责任的维也纳公约》(以下简称“公约”)的缔约国,

表示希望在有关该公约的解释和适用引起的争端方面涉及它们的所有问题上诉诸国际法院的强制管辖权,缔约国在一合理时期范围内已商定其他形式的解决办法的除外,

兹协议如下:

第 1 条

因该公约的解释或适用引起的争端应属于国际法院强制管辖权范围,因此,可作为本议定书缔约国的争端当事方有权将争端提交该法院。

第 2 条

争端各方应在一方通知另一方其争端的意见后两个月内商定不诉诸国际法院而诉诸仲裁庭。超过上述期限,任何一方可申请将争端提交国际法院。

第 3 条

1. 在这两个月期间内,各方可商定诉诸国际法院之前采用调解程序。

2. 调解委员会应自其被任命后 5 个月内提出建议。如果争端各方在委员会提出建议后 2 个月内不接受该建议,任何一方可通过申请将争端提交国际法院。

第 4 条

本议定书应开放供所有可能成为该公约缔约国的国家签署。

第 5 条

本议定书须经批准。批准书应提交国际原子能机构总干事保存。

第 6 条

本议定书应始终开放供所有可能成为该公约缔约国的国家加入。加入书应交国际原子能机构总干事保存。

第 7 条

1. 本议定书应自该公约生效的同日或交存第二份批准书或加入书之日后 30 日生效,以较晚者为准。

2. 对于在本议定书依本条第 1 款生效后批准或加入本议定书的各国家,本议定书应自该国交存批准书或加入书后第 30 日对其生效。

第 8 条

国际原子能机构总干事应将下列事项通知所有可能成为该公约缔约国的国家:

(a) 依本议定书第 4 条至第 6 条签署本议定书和交存批准书或加入书的情况;

(b) 依本议定书第 7 条的生效日期。

第 9 条

本议定书原件应提交国际原子能机构总干事保存,其英文、法文、俄文和西班牙文文本具有同等效力;总干事应印发经核证的副本。

经正式授权的下列签字全权大使已签署本议定书,以昭信守。

1963 年 5 月 21 日于维也纳签署。

关于适用《维也纳公约》和《巴黎公约》的联合议定书

（1988 年 9 月 21 日订于维也纳　1992 年 4 月 27 日生效）

缔约国注意到 1963 年 5 月 21 日《关于核损害民事责任的维也纳公约》，

注意到经 1964 年 1 月 28 日《附加议定书》和 1982 年 11 月 16 日《议定书》修订的《1960 年 7 月 29 日关于核能领域中第三方责任的巴黎公约》，

鉴于《维也纳公约》和《巴黎公约》所适用的领域类似，且现在没有一个国家同是这两个公约的当事国，

深信任一公约当事国加入另一公约可能导致对同一起核事故同时适用两个公约而造成冲突，及

希望通过相互扩大各公约所规定的核损害民事责任具体制度的利益，在《维也纳公约》和《巴黎公约》之间建立联系，并消除对同一起核事故同时适用两个公约而引起的冲突，

兹协议如下：

第 1 条

本议定书中：

(a)“《维也纳公约》”系指 1963 年 5 月 21 日《关于核损害民事责任的维也纳公约》及对本议定书缔约国生效的任何修订案；

(b)“《巴黎公约》”系指《1960 年 7 月 29 日关于核能领域中第三方责任的巴黎公约》及对本议定书缔约国生效的任何修订案。

第 2 条

为本议定书之目的：

(a) 在《维也纳公约》缔约国领土内的核设施营运人，对于在既是《巴黎公约》当事国又是本议定书当事国的国家领土内造成的核损害，应依该公约承担责任；

(b) 在《巴黎公约》缔约国领土内的核设施营运人，对在既是《维也纳公约》当事国又是本议定书当事国的领土内造成的核损害，应依该公约承担责任。

第3条

1. 对同一核事故，应适用《维也纳公约》或《巴黎公约》，两者只能适用其一。

2. 在核设施发生核事故的情况下，应适用该设施所在国加入的公约。

3. 在核设施以外发生涉及核材料运输过程中的核事故情况下，应适用该核设施所在国加入的公约，且该核设施营运人依《维也纳公约》第2条第1款(b)项和(c)项或《巴黎公约》第4条a款和b款应承担责任。

第4条

1. 参加《巴黎公约》的本议定书缔约国，应视为《维也纳公约》缔约国，适用《维也纳公约》第1条至第15条。

2. 参加《维也纳公约》的本议定书缔约国，应视为《巴黎公约》缔约国，适用《巴黎公约》第1条至第14条。

第5条

本议定书将自1988年9月21日起至其生效之日止在国际原子能机构总部向所有已签署、批准或加入《维也纳公约》或《巴黎公约》的国家开放签字。

第6条

1. 本议定书须经批准、接受、核准或加入。只接受《维也纳公约》或《巴黎公约》缔约国的批准书、接受书或核准书。尚未签署本议定书的其他国家可加入本议定书。

2. 批准书、接受书、核准书或加入书应交国际原子能机构总干事保存，总干事特此被指定为本议定书的保存人。

第7条

1. 本议定书应在至少5个《维也纳公约》缔约国和5个《巴黎公约》缔约国交存批准书、接受书、核准书或加入书之日起3个月后生效。对于在交存上述文件之后批准、接受、核准或加入本议定书的各国，本议定书应自该国交存批准书、接受书、核准书或加入书之日起3个月后对其生效。

2. 如《维也纳公约》和《巴黎公约》都有效，本议定书应一直有效。

第 8 条

1. 任一缔约国可用书面形式通知保存人退出本议定书。

2. 退约应于保存人接到通知之日起一年后生效。

第 9 条

1. 终止适用《维也纳公约》或《巴黎公约》缔约国应将终止适用有关公约的事宜及其终止生效日期通知保存人。

2. 对于终止适用《维也纳公约》或《巴黎公约》的缔约国,本议定书应自该终止生效之日起停止适用。

第 10 条

保存人应将下列事项及时通知缔约国和应邀参加关于《巴黎公约》与《维也纳公约》关系会议的国家及经济合作与发展组织秘书长:

(a)本议定书的每一签署;

(b)有关本议定书的批准书、接受书、核准书或加入书的交存;

(c)本议定书的生效;

(d)任一退约;和

(e)依第 9 条接到的任何通知。

第 11 条

本议定书的正本应交保存人保存,其阿拉伯文、中文、英文、法文、俄文和西班牙文文本具有同等作准效力;保存人应将核证无误的副本分送各缔约国和应邀参加关于《巴黎公约》与《维也纳公约》关系的会议的国家及经济合作与发展组织秘书长。

为此,下列签署人,各经其政府正式授权,谨签字于本联合议定书,以昭信守。

1988 年 9 月 21 日订于维也纳。

核损害补充赔偿公约

（1997 年 9 月 12 日订于维也纳　2015 年 4 月 15 日生效）

缔约各方，

认识到《关于核损害民事责任的维也纳公约》和《关于核能领域中第三方责任的巴黎公约》及符合这些公约原则的关于核损害赔偿国家立法所规定措施的重要性；

希望建立一个补充和为加强这些措施的全世界范围的责任机制，以便提高核损害赔偿数额；

进一步认识到建立全世界范围的责任机制将能鼓励地区和全球合作，以便依照国际伙伴关系和团结的原则促进更高核安全水平；

兹协议如下：

第一章　一 般 条 款

第 1 条　定义

为本公约之目的：

(a)“《维也纳公约》”系指 1963 年 5 月 21 日订于维也纳的《关于核损害民事责任的维也纳公约》和对本公约缔约国有效的对该公约的任何修订案。

(b)“《巴黎公约》”系指《1960 年 7 月 29 日关于核能领域中第三方责任的巴黎公约》和对本公约缔约国有效的对该公约的任何修订案。

(c)“特别提款权”系指国际货币基金组织规定并用于其经营和业务的计算单位。

(d)“核反应堆”系指任何含有核燃料且其布置方式使得在无额外中子源的条件下能在其中发生自持链式核裂变反应的结构。

(e)“设施国”，就一核设施而言，系指该设施设在其领土内的缔约国，或若该设施未设在任何国家领土内，系指运营或在其授权下运营该核设施的缔约国。

(f)“核损害”系指：

(i)人身伤害或死亡；

(ii)财产损失；

及主管法院法律所确定的下列范围内的每一目：

(iii)由第(i)目或第(ii)目中所述损失或损害引起的在此两分款中未包括的经济损失，条件是有资格对所述损失或损害索赔的人员遭受了该损失；

(iv)受损环境(轻微者除外)的恢复措施费，条件是实际采取或将要采取此类措施并且该损坏未被第(ii)目所包括；

(v)由于环境的明显损坏所引起的收入损失，而这种收入来自环境的任何利用或享用方面的经济利益，并且该损失未被第(ii)目所包括；

(vi)预防措施费用及由此类措施引起的进一步损失或损害；

(vii)环境损坏所造成的损失以外的其他经济损失，只要此类损失为主管法院一般民事责任法所认可，就上述第(i)目至(v)目和第(vii)目而言，条件是损失或损害是由于或起因于核设施内任何辐射源发射的电离辐射，或核设施中的核燃料或放射性产物或废物发射的电离辐射，或源于或送往核设施的核材料所造成的电离辐射，无论其是由此类物质的放射性还是由此类物质的放射性与有毒、有害、爆炸性物质相结合所造成的。

(g)“恢复措施”系指采取措施国家的主管部门已批准的，旨在恢复或修复受损害环境组成部分，或适当时向环境引入与这些组成部分相当的任何合理措施。受损害国家的法律应确定何人有权采取此类措施。

(h)“预防措施”系指核事故发生后，根据采取措施的国家法律规定经主管部门批准，任何人员为防止或最大限度地减小本条(f)项第(i)至(v)目或第(vii)目中所述损害而采取的任何合理措施。

(i)“核事故”系指造成核损害的任何事件或有同样起因的一系列事件，或仅就预防措施而言，则指产生造成该损害的严重和紧急威胁的上述事件。

(j)“核装机容量”系指每一缔约国依本公约第 4 条第 2 款规定方案得到的总单位数；“热功率”系指国家主管部门批准的最大热功率。

(k)“主管法院国法律”系指依本公约具有管辖权的国家法律，包括此类法律中与有关法律冲突的适用规则。

(l)“合理措施”系指依主管法院的法律考虑了所有情况之后认为适当和相称的措施，例如：

(i)所造成损害的性质和程度，或就预防措施而言，此类损害的危险性质和程度；

(ii)采取措施时，此类措施可能有效的程度；及

(iii)有关的科学和技术专门知识。

第 2 条　目的和适用

1. 本公约是对依下述国家法律所规定的赔偿制度的补充：

(a)执行本公约第 1 条第 1 款(a)项和(b)项中所述任一国际公约的；或

(b)符合本公约附件规定的。

2. 本公约的制度适用于缔约国领土内设有用于和平目的的核设施营运人，依第 1 条所述任一公约或本条第 1 款(b)项所述国家法律有责任的核损害。

3. 本条第 1 款(b)项中所述附件构成本公约不可分割的一部分。

第二章　赔　　偿

第 3 条　承诺

1. 对单一核事故核损害赔偿应以下列方式保证：

(a)(i)设施国应提供 3 亿特别提款权，或核事故之前任一时刻已向保存人具体说明的一个更大赔偿数额，或依本项第(ii)目提供过渡性赔偿数额；

(ii)就本公约开放供签署之日起最多 10 年内发生的单一核事故而言，在此期限内，缔约国提供的过渡性赔偿数额不得低于 1.5 亿特别提款权。

(b)当超出依本款(a)项提供的赔偿数额时，各缔约国应依本公约第

4 条规定的方案提供公共基金。

2.(a)依本公约第 1 条第 1 款(a)项支付的核损害赔偿应不分受害人国籍、户籍或居住地公平分配,但设施国法律可依该国在其他核责任公约下的义务免予赔偿非缔约国内所受到的核损害。

(b)依本公约第 1 条第 1 款(b)项支付的核损害赔偿,应依本公约第 5 条和第 11 条第 1 款(b)项不分受害人国籍、户籍或居住地公平分配。

3. 如果核损害赔偿额超过依本公约第 1 条第 1 款(b)项规定的总赔偿数额,应按比例减少分摊赔偿数额。

4. 法院在核损害赔偿诉讼方面作出的利息和诉讼费用判决,在依本公约第 1 条第 1 款(a)项和(b)项所判决的赔偿数额以外支付,并应与承担责任的营运人、该营运人的核设施所在缔约国及各缔约国一起依第 1 条第 1 款(a)和(b)项确定的各自实际分摊比例。

第 4 条　分摊赔偿数额的计算

1. 缔约国间提供第 3 条第 1 款(b)项中所述公共基金的分摊方案,应按下述方式确定:

(a)(i)缔约国核装机容量与每装机容量 3 亿特别提款权乘积;及

(ii)核事故发生的前一年所评定的该缔约国的联合国会费分摊比率与所有缔约国的该比率总和之比值乘以依本项第(i)目为所有缔约国计算得到的赔偿数额之总和的 10%。

(b)在不违背本款(c)项的条件下,各缔约国的分摊赔偿数额应为本款(a)项第(i)目和第(ii)目所述赔偿数额之和,但不得要求其联合国会费分摊比率极少而又没有核反应堆的国家承担分摊额。

(c)单一核事故依本款(b)项可向设施国以外的任何缔约国收取的最高分摊赔偿数额不得超过依本款(b)项确定的合计所有缔约国的分摊赔偿数额的规定比率。具体而言,规定百分数应是以百分数表示的其联合国会费分摊比率加上 8%。在事故发生时如果本公约各缔约国的总装机容量等于或大于 625,000 单位,应增加 1%。当该容量超过 625,000 单位时,每增加 75,000 单位应再增加 1%。

2. 此方案是针对位于该缔约国领土内的核反应堆,每兆瓦热功率为 1 单位。该方案应以依第 8 条确定和不断更新的清单中的核反应堆热功率为基础计算。

3. 为计算分摊赔偿数额之目的,一座核反应堆应自核燃料元件首次装入该核反应堆之日起加以考虑。一座核反应堆,当所有核燃料元件自反应堆堆芯永久性卸出并且已经批准的程序安全贮存时,应从计算中扣除。

第 5 条　地理范围

1. 依第 3 条第 1 款(b)项提供的公共基金应用于偿付以下核损害:

(a)在缔约国领土内;或

(b)在缔约国领海外的海域内或海域上空;

(i)在悬挂缔约国国旗的船上或船舶本身,或在缔约国领土内注册的航空器上或航空器本身,或在受缔约国管辖的人工岛、设施或构筑物上或其本身;或

(ii)缔约国国民;

不包括非本公约缔约国领海内或领海上空所受的损害;或

(c)在与勘探或开发专属经济区或大陆架自然资源有关的缔约国专属经济区内或其上空或缔约国大陆架上;

如果缔约国法院依本公约第 13 条具有管辖权。

2. 任何签署国或加入国可在签署或加入本公约时或在交存其批准书时提出保留,为适用本条第 1 款(b)项第(ii)目之目的,这些条款中所涉的个人或某几类人(依该国法律认定为在其领土上有经常居住地者)应与自己的国民同等对待。

3. 在本条中,"缔约国国民"包括缔约国或任何法定的组成部分,或合伙人,或设立在缔约国领土内的任何公共或私人机构(无论是否为法人)。

第三章　补充资金来源的组织

第 6 条　核损害的通知

在不损害各缔约国依其他国际协定可能承担的义务的情况下,一旦核损害已经超过或可能超过依本公约第 3 条第 1 款(a)项规定的赔偿数额,因而可能需要依本公约第 3 条第 1 款(b)项提供分摊赔偿数额时,有管辖权的缔约国应将该核事故通知其他缔约国。各缔约国应立即作出一切必要安

排,以便为它们在这方面的赔偿关系确定程序。

第7条　要求提供资金

1. 在发出第6条中所述通知后,其具有管辖权的缔约国应以本公约第10条第3款为条件要求其他缔约国按实际上要求的数量和时间提供本公约第3条第1款(b)项所规定的公共基金,该缔约国应负责分配此类资金。

2. 无论现有的或今后的有关货币或转账的条例如何,缔约国均应无任何限制地批准依本公约第3条第1款(b)项所提供的任何分摊赔偿数额的转账和支付。

第8条　核设施清单

1. 各缔约国在交存其批准书、接受书、核准书或加入书时,应向保存人通报一份本公约第4条第3款中所述所有核设施的完整清单。该清单应载有为计算分摊费用目的所必需的详细资料。

2. 各缔约国应及时向保存人通报要对清单作出的所有修订。当该修订包括增加核设施时,应在预计将核材料装入该设施之前至少3个月发出修订通报。

3. 如果某一缔约国认为另一缔约国依本条第1款和第2款提供的该详细资料或修订清单的通报修订不符合本条规定,可在接到依本条第5款规定的通知之日起3个月内向保存人提出异议。保存人应及时将此异议通报被异议的国家。

任何争议应依本公约第16条中所规定的解决争端程序处理。

4. 保存人应维持、更新和每年一次向所有缔约国分发依本条规定编制的核设施清单。

该清单应载有本条中所述的所有详细资料和修订情况,当然,依本条规定提出的异议如果维持不变,该意见应自其提出之日起有效。

5. 保存人应尽快将依本条规定接到的通报情况和异议通知各缔约国。

第9条　索赔权

1. 各缔约国均应立法,以便使其核设施所在缔约国和已支付本公约第1条第1款(b)项中所述分摊赔偿数额的其他各缔约国有权代替该营运人行使追索权,前提是依本公约第1条中所述任一公约或依本公约第2条第1款(b)项中所述国家立法,该营运人具有追索权且这些缔约国中的任何一个已支付分摊赔偿数额。

2. 核设施设所在缔约国国内法律可规定:如果核损害是由营运人方面的过错造成的,可从该营运人处收回依本公约提供的公共基金。

3. 具有管辖权的缔约国可代表已支付分摊赔偿数额的其他缔约国行使第1款和第2款中规定的追索权。

第10条　付款、诉讼

1. 具有管辖权的缔约国负责制定本公约第3条第1款所规定的公共基金赔付制度及其分配制度。

2. 各缔约国应确保受害人获得赔偿的权利,而无须根据提供此类赔偿的资金来源单独提起诉讼,并应确保各缔约国可干预对营运人的诉讼。

3. 如本公约第3条第1款(a)项中规定的公共基金足以支付核损害索赔时,不得要求缔约国提供本公约第3条第1款(b)项中规定的公共基金。

第11条　资金的分配

依本公约第3条第1款(b)项提供的公共基金应作如下分配:

1. (a)资金的50%应用于赔偿设施国内外所受核损害的索赔;

(b)如此类索赔未依(a)项得到赔偿,资金的50%应用于赔偿在设施国领土外所受核损害的索赔。

(c)在依本公约第3条第1款(a)项所提供的赔偿数额少于3亿特别提款权时:

(i)本公约第1条第1款(a)项中的赔偿数额应依第3条第1款(a)项所提供的赔偿数额少于3亿特别提款权相同比例减少;和

(ii)第1条第1款(b)项中的赔偿数额应依第(i)目计算的减少赔偿数额增加。

2. 如果某一缔约国依本公约第3条第1款(a)项之规定,在核事故之前已向保存人具体说明可无区别地利用不少于600万特别提款权,则即使有本条第1款之规定,本公约第3条第1款(a)项和(b)项规定的所有公共基金均应用于赔偿设施国内外受到的核损害。

第四章　方案的实施

第12条

1. 除非本公约另有规定,每一缔约国可行使《维也纳公约》或《巴黎公约》赋予它的权利，并可对其他缔约国援引依《维也纳公约》或《巴黎公约》规定，以便获得本公约第 3 条第 1 款(b)项所述的公共基金。

2. 本公约中条款不得限制缔约国在《维也纳公约》或《巴黎公约》及本公约范围以外事项作出国内法规定，条件是此类规定不得涉及其他缔约国的其他义务，及对其领土内没有核设施的缔约国的核损害不得以未提供互惠措施为由被排除在该进一步赔偿之外。

3. (a)本公约中条款不得妨碍各缔约国缔结旨在履行其本公约第 3 条第 1 款(a)项所规定的义务或为赔偿核损害提供额外资金的地区协定或其他协定，条件是在本公约此类协定不得为其他缔约国议定义务。

(b)拟缔结此类协定的缔约国应将其意向通知所有其他缔约国。应将缔结的协定通知保存人。

第五章　管辖权和可适用法律

第 13 条　管辖权

1. 除本条另有规定外，对于与核事故所造成核损害有关诉讼的管辖权仅属于发生核事故的缔约国法院。

2. 当核事故发生在一缔约国专属经济区内，或如果尚未建立该经济区，缔约国倘若建立该经济区，在不超出该区界限内，对于与该核损害有关诉讼，为实现本公约之目的应属于该缔约国法院。如果该缔约国在核事故以前已将该区域通知保存人，则应适用上述规定。本款不得解释为允许以违反国际海洋法包括《联合国海洋法公约》的方式行使管辖权。然而，如果行使该管辖权不符合《维也纳公约》第 11 条或《巴黎公约》第 13 条规定的该缔约国在与非本公约缔约国关系方面的义务，则应依这些规定确定管辖权。

3. 当核事故未发生在缔约国领土内或依本公约第 2 条通知的区域内，或不能确定发生核事故地时，对于与该核事故所造成核损害的有关诉讼的管辖权仅属于设施国的法院。

4. 在两个或两个以上缔约国法院对有关核损害诉讼有管辖权的情况下，所涉缔约国应通过协商确定管辖权。

5. 有管辖权的缔约国法院作出的判决应得到承认无须再经常规审议程序，除非：

(a)通过欺诈取得判决;

(b)未给予一方公平的机会陈述;或

(c)判决违背拟获得承认的缔约国公共政策或不符合基本的司法标准。

6. 依第5款得到承认的判决,履行承认判决的缔约国法律所要求的程序时,应如同该缔约国法院的判决予以执行。不得就已作出判决的索赔事项再提起诉讼。

7. 依缔约国国家法律规定涉及本公约第3条第1款(b)项中所述公共基金支付赔偿方面的解决办法,应得到其他缔约国承认。

第14条　可适用的法律

1. 在适当情况下,《维也纳公约》或《巴黎公约》或本公约附件均可适用于某一核事故,应选择适用其中之一。

2. 在不违反本公约、《维也纳公约》或《巴黎公约》规定的前提下,在适当条件下,适用法律是主管法院国家法律。

第15条　国际公法

本公约不得影响缔约国依国际公法一般原则所具有的权利和应履行义务。

第六章　争端的解决

第16条

1. 缔约国之间就本公约的解释或适用发生争端时,争端各方应进行磋商,以通过谈判或其他和平方式解决争端。

2. 如果本条第1款中所述争端依本条第1款自要求磋商起6个月内未能解决,争端一方有权将争端提交仲裁或国际法院裁决。争端提交仲裁时,如果提出仲裁申请之日起6个月内争端各方未能就仲裁庭组织达成一致,争端一方可要求国际法院院长或联合国秘书长指定一名或一名以上仲裁员。当争端各方的要求有矛盾时,应把对联合国秘书长的要求放在优先地位。

3. 国家在批准、接受、核准或加入本公约时,可提出保留不受本条第2款中规定的一种或两种争端解决程序的约束。对于此类保留对其有效的缔约国,其他缔约国不受本条第2款中规定的争端解决程序的约束。

4. 依第3款作出保留的缔约国可随时通知保存人撤回声明。

第七章 其他条款

第17条 签署

本公约自1997年9月29日起到其生效为止,在维也纳国际原子能机构总部开放供所有国家签署。

第18条 批准、接受、核准

1. 本公约须经签署国批准、接受或核准。只接受已加入《维也纳公约》或《巴黎公约》缔约国的国家或声明其国家法律符合本公约附件规定的国家的批准书、接受书或核准书,条件是在其领土上设有1994年6月17日《核安全公约》中所规定的核设施且该国是该公约的缔约国。

2. 批准书、接受书或核准书应交存国际原子能机构总干事。总干事为本公约保存人。

3. 缔约国应以联合国一种正式语言向保存人提供第2条第1款中所述国家法律法规及其修订的副本,包括依本公约第3条第1款(a)项或第11条第2款所作的任何具体规定或依本公约第3条第1款(a)项第(ii)目规定的过渡性赔偿数额。保存人应将前述文件的副本分发至所有其他缔约国。

第19条 加入

1. 在本公约生效之后,任何没有签署本公约的国家都可加入。只接受已加入《维也纳公约》或《巴黎公约》缔约国的国家或声明其国家法律符合本公约附件规定的国家的加入书,条件是在其领土上设有1994年6月17日《核安全公约》中所规定的核设施且该国是该公约的缔约国。

2. 加入书应交存国际原子能机构总干事。

3. 缔约国应以联合国一种正式语言向保存人提供本公约第2条第1款中所述国家法律法规及其修订的副本,包括依本公约第3条第1款(a)项或第11条第2款所作的具体规定或依第3条第1款(a)项第(ii)目规定的过渡性赔偿数额。保存人应将前述文件的副本分发至所有其他缔约国。

第20条 生效

1. 本公约应在至少5个共拥有不低于40万核装机容量单位的国家交存第18条中所述的文书之日起第90日后生效。

2. 对于后来批准、接受、核准或加入本公约的国家,本公约在此类国家交存相应文书第90日后生效。

第 21 条　退约

1. 缔约国可书面通知保存人退出本公约。

2. 退约应在保存人接到退约通知之日起一年后生效。

第 22 条　中止

1. 中止其为《维也纳公约》或《巴黎公约》缔约国的国家应将中止和中止日期通知保存人。除非其国家法律符合本公约附件规定并且该缔约国已将此事通知保存人并已将以联合国一种正式语言书就的其国家法律条款的副本交存保存人,该缔约国即在该日中止为本公约的缔约国。保存人应将此类副本分送所有其他缔约国。

2. 其国家法律不再符合本公约附件规定并且非《维也纳公约》或《巴黎公约》缔约国的本公约缔约国,应将此事和此类不再一致的日期通知保存人。该缔约国即在该日期中止为本公约缔约国。

3. 在其领土内有《核安全公约》定义的核设施的缔约国在中止为《核安全公约》缔约国时,应将此事和此类中止的日期通知保存人。虽有本条第 1 款和第 2 款规定,该缔约国仍即在该日期中止为本公约缔约国。

第 23 条　先前权利和义务的继续

虽有依第 21 条退约或依第 22 条中止,但本公约各项规定仍应适用于此类退约或中止前发生的核事故造成的核损害。

第 24 条　修订

1. 保存人经与缔约国磋商后可召集旨在修订本公约的会议。

2. 应不少于全体缔约国三分之一的缔约国的请求,保存人应召集旨在修订本公约的缔约国会议。

第 25 条　用简化程序进行的修订

1. 保存人应召集缔约国会议修订本公约第 3 条第 1 款(a)项和(b)项中所述的赔偿数额或本公约第 4 条第 3 款中所述的设施类别,包括可为其支付的分摊赔偿数额,条件是三分之一的缔约国表达该意愿。

2. 通过建议的修订案应由表决决定。如果无反对票,修订案应通过。

3. 依本条第 2 款通过的修订案应由保存人通知所有缔约国。如果修订案被通知后的 36 个月期限内,修订案通过时的所有缔约国均已将其对修订案的接受通知保存人,则应认为该修订案已被接受。修订案应在其被接受后的 12 个月对所有缔约国生效。

4. 如果自修订案被通知之日起36个月期限内该修订案未依第3款程序被接受，则应认为该修订案被拒绝。

5. 在一项修订案已依本条第2款之规定通过但其36个月的接受期尚未期满时，如果该修订案生效，该接受期中成为本公约缔约国的国家应受该修订案的约束。在接受期以后成为本公约缔约国，应受已依本条第3款被接受的修订案的约束。在本款中所述的情况下，如果一项修订案已经生效或本公约已对一缔约国生效（以较晚的日期为准），该缔约国应受该项修订案的约束。

第26条　保存人的职责

除本公约其他条中规定的职责外，保存人还应将下述事项及时通知各缔约国和其他所有国家及经济合作与发展组织秘书长：

(a)本公约的每一签署；

(b)有关本公约的批准书、接受书、核准书或加入书的每一交存；

(c)本公约的生效；

(d)接到依第16条作出的声明；

(e)接到依第21条提出的退约或接到依第22条作出的通知；

(f)依第13条第2款的通知；

(g)关于本公约的其他有关通知。

第27条　作准文本

本公约的原件交由国际原子能机构总干事保存，其阿拉伯文、中文、英文、法文、俄文和西班牙文文本具有同等效力；总干事应将本公约原件经核证的副本分送所有国家。

兹由经正式授权的下列签字人签署本公约，以昭信守。

1997年9月12日于维也纳签署。

附件

非本公约第1条第1款(a)项或(b)项中所述公约缔约国，当本附件中规定的条款在该缔约国范围内不能直接适用时，应确保其国家立法与这些条款相一致。在其领土上没有核设施的缔约国只需具有能使该缔约国履行本公约赋予它的义务所必要的立法。

第 1 条　定义

1. 除本公约第 1 条定义外，以下定义应适用于本附件之目的：

(a)“核燃料”系指通过自持核裂变链式过程可产生能量的材料。

(b)“核设施”系指：

(i)除用作一种动力源供推进或为任何其他目的而装备在海空运输工具上的核反应堆以外的核反应堆；

(ii)为生产核材料使用核燃料的工厂，或加工核材料的工厂，包括辐照核燃料后处理的工厂；和

(iii)除为运输而临时贮存核材料的仓库以外的贮存核材料的设施；

但设施国可规定，在同一场址属一个营运人的几个核设施应视为一个核设施。

(c)“核材料”系指：

(i)除天然铀和贫化铀外，可在核反应堆外单独或同其他某些材料一起通过自持核裂变链式反应产生能量的核燃料；和

(ii)放射性产物或废物。

(d)“营运人”，就一核设施而言，系指由设施国指定或认可的为该设施营运的人。

(e)“放射性产物或废物”系指核燃料生产或利用过程中产生的放射性物质或伴随该过程的辐射照射产生了放射性的物质，但不包括已达到制造的最后阶段，因而可用于科学、医学、农业、商业或工业目的的放射性同位素。

2. 如果所涉及的危险程度较小，设施国可把核设施或少量核材料排除在公约的适用范围以外，条件是：

(a)就核设施而言，国际原子能机构理事会已确定了这类排除的标准，并且设施国的排除都符合这类标准；和

(b)就少量核材料而言，国际原子能机构理事会已确定了排除这类数量的最高限额，并且设施国的排除系在所确定的此类限额内。

理事会应定期审议排除核设施的标准和排除少量核材料的最高限额。

第 2 条　立法的一致性

1. 如果一缔约国法律在 1995 年 1 月 1 日包含有并在以后继续包含有下

列规定,则认为该国家法律与本公约第3条至第5条和第7条之规定一致:

(a)对于发生事故的核设施场址外具有重要核损害的核事故规定严格责任;

(b)当有责任的营运人以外的其他人在法律上有责任对核损害赔偿时,要求这类人员赔偿;和

(c)确保为此类赔偿可提供:就民用核动力厂而言,至少10亿特别提款权;就其他民用核设施而言,至少3亿特别提款权。

2. 如果依本条第1款,认为缔约国法律与本公约第3条至第5条和第7条之规定一致,则该缔约国

(a)可适用涵盖本公约第1条(f)款规定的所述损失或损害是由于或起因于核设施中的核燃料或放射性产物或废物或来自或源于或送往核设施的核材料的放射性质与毒性、爆炸或其他危险物质的结合,或核设施内辐射源发射的其他电离辐射造成其他损失或损害,条件是此类适用不影响该缔约国依本公约第3条所作的承诺;和

(b)可适用本条第3款中核设施的定义,而不适用本公约第1条第1款(b)项中的定义。

3. 为本条第2款(b)项之目的,"核设施"系指:

(a)除用作动力源供推进或为其他目的而装备在海空运输工具上的民用核反应堆以外的民用核反应堆;和

(b)加工、后处理或贮存下列物项的民用设施:

(i)辐照核燃料;或

(ii)下列放射性产物或废物:

(1)由辐照核燃料后处理所产生并含大量的裂变产物;或

(2)含浓度高于每克10纳居原子序数大于92的元素。

(c)加工、后处理或贮存核材料的其他民用设施,但缔约国确定此类设施所涉危险程度很小有理由排除在本定义之外者除外。

4. 在一缔约国符合本条第1款的国家法律不适用于在该缔约国领土外发生的一起核事故但依本公约第13条该缔约国法院对这起事故有管辖权的情况下,附件第3条至第11条适用,如可适用的国家法律与其有不一致之规定,应以附件第3条至第11条为准。

第3条 营运人的责任

1. 当证明核损害是由下列核事故造成时，核设施营运人应对此类损害承担责任：

(a)在该核设施中发生的；或

(b)涉及来自或源于该核设施的核材料的，并且：

(i)发生在另一核设施营运人根据书面合同的约定，对涉及该核材料的核事故承担责任之前；

(ii)在无此类约定情况下，发生在另一核设施营运人接管该核材料之前；或

(iii)在该核材料拟作为一种动力源供推进用或为其他目的而用于设置在某一运输工具上的核反应堆时，发生在正式授权运营该反应堆的人员接管该核材料之前；但

(iv)在该核材料已运给非缔约国领土内的人员的情况下，发生在核材料运至该非缔约国领土但尚未自运输工具上卸下之前；

(c)涉及运往该核设施的核材料的，并且：

(i)发生在营运人根据书面合同的明文规定，已承担原先由另一核设施营运人对涉及该核材料的核事故承担的责任之后；

(ii)在无此类约定时，发生在营运人接管该核材料之后；或

(iii)发生在营运人自另一运营作为一种动力源供推进用或为其他目的而装设在某一运输工具上的核反应堆的人员处接管该核材料之后；但

(iv)经营运人书面同意已将该核材料自非缔约国领土内的人员那里发运时，仅发生在该核材料已装入将其自该国领土运出的运输工具之后；

条件是，如果核损害是由在核设施中发生的核事故所造成，并且涉及的核材料恰巧是为运输此材料而贮存在该设施中，在依本款(b)项或(c)项之规定由另一营运人或人员负全部责任的情况下，本款(a)项之规定不适用。

2. 设施国可通过立法规定，依据该立法中可能规定的此类条款，核材料的承运人或装卸放射性废物的人员在其提出请求并得到有关营运人的同意后，可被授权分别在上述核材料或放射性废物方面代替该有关营运人。在

此情况下,为本公约之目的,上述承运人或人员应被视为设在该国领土内的核设施营运人。

3. 营运人对核损害的责任应是严格责任。

4. 每当由核事故或由核事故同其他一种或一种以上事件共同造成核损害和核损害以外的损害时,在此类其他损害不能适当地同核损害区分开的情况下,此类其他损害应认为是由该核事故造成的核损害。然而,在损害是由本附件条款所涵盖的核事故和由本附件所未涵盖的电离辐射发射共同造成的情况下,本附件中的规定都不得限制或影响在电离辐射发射方面可能承担责任的任何人员对受到核损害的任何人员的责任或被索赔或承担共同过失的责任。

5. (a)营运人对直接由武装冲突、敌对行动、内战或暴乱等行为引起的核事故所造成的核损害不承担责任。

(b)除非设施国法律作出相反之规定,营运人对直接由异常性质的严重自然灾害引起的核事故所造成的核损害不承担责任。

6. 如果营运人证明核损害全部或部分由受伤害人员的故意或者过失造成,国家法律可全部或部分豁免营运人对此类人员所受核损害的赔偿的责任。

7. 营运人对下述核损害不承担责任:

(a)对核设施本身和设在该设施场址上的任何其他核设施,包括建造中的核设施;和

(b)对同一场址上使用的或将使用的与任何此类设施有关的任何财产的损害;

(c)除国家法律另有规定外,对核事故发生时其上装有有关核材料的运输工具的损害。

如果国家法律规定营运人对此类损害承担责任,则对此类损害的赔偿不得使营运人对其他损害的赔偿数额减小到低于1.5亿特别提款权或缔约国法律规定的更高赔偿数额。

8. 本公约中的条款都不得影响营运人对本公约范围外的依本公约没有责任但依本条第7款(c)项承担的核损害责任。

9. 只能对有责任的营运人行使核损害索赔权,除非国家法律可允许对依国家法律中之规定提供资金的任何提供者有直接诉讼权以确保通过使用

营运人以外来源的资金的赔偿。

10. 营运人对于与本公约相一致的国家法律规定外的核损害不承担任何责任。

第 4 条 赔偿数额

1. 在不违背本公约第 3 条第 1 款(a)项第(ii)目规定的情况下,设施国可将营运人对单次核事故的赔偿数额限定为:

(a)不少于 3 亿特别提款权;或

(b)不少于 1.5 亿特别提款权,条件是该国应提供超过此赔偿数额直到不少于 3 亿特别提款权的核损害赔偿公共基金。

2. 尽管有上述第 1 款规定,设施国考虑到所涉核设施或核材料的性质及由此发生的事故的可能后果,可规定一个较低的营运人赔偿数额,条件是在任何情况下所规定的任何赔偿数额都不得少于 500 万特别提款权,且设施国确保应提供最多达到第 1 款所确定之赔偿数额的公共基金。

3. 有责任的营运人的设施国依第 1 款和第 2 款规定及缔约国以第 3 条第 7 款(c)项为依据的任何立法之规定所确定的赔偿数额,应适用于发生核事故的任何地方。

第 5 条 财务保证

1. (a)应要求营运人安排并维持保险或其他财务保证,以涵盖设施国应规定的营运人对核损害的赔偿数额、类型和期限方面的责任。在保险或其他财务保证不能充分满足索赔时,设施国应提供必要的资金,确保支付已确定的由营运人就核损害赔偿支付的索赔,但不超过依第 4 条所规定(如果有此规定)的限额。在没有限定营运人的责任时,设施国可对有责任的营运人的财务保证规定一个限额,条件是此类限额不低于 3 亿特别提款权。在财务保证不能充分满足此类索赔的情况下,设施国应确保已对营运人确定的有关核损害索赔的支付,但不超过依本款拟提供的财务保证数额。

(b)虽有(a)项之规定,注意到所涉核设施或核材料的性质及源于它们的任一核事故的可能后果的设施国,可为营运人确定一个较低的财务保证数额,条件是所确定的赔偿数额不得少于 500 万特别提款权,及在保险或其他财务保证不能充分满足对核损害的索赔时，设施国应确保提供必要的资金，以支付已确定的由营运人就该损害赔偿支付的索赔，并且最多至(a)项规定的限额。

2. 第1款的任何规定都不得要求缔约国或其下属部分像营运人一样维持保险或其他财务保证来涵盖它们的责任。

3. 由保险、其他财务保证或设施国依本条第1款或本附件第4条第1款(b)项提供的资金只用作本附件规定的赔偿。

4. 任何承保人或其他财务保证人，在未至少提前两个月向政府主管部门提出中止或撤销依本条第1款提供的保险或其他财务保证的书面通知的情况下，或在保险或其他财务保证涉及核材料运输并处于此类材料运输期间时，不得中止或撤销此类保险或其他财务保证。

第6条　运输

1. 关于运输过程中的核事故，营运人的最高赔偿数额由设施国国家法律规定。

2. 缔约国可要求通过其领土的核材料运输符合下列条件：将营运人的赔偿数额增加到不超过在其领土内所设核设施营运人的最高赔偿数额。

3. 第2款之规定不得适用于：

(a)依国际法在紧急事故发生时有权进入缔约国港口或有权无害通过其领土的海运；

(b)依协定或国际法有权飞越缔约国领土或在其领土上着陆的空运。

第7条　一个以上营运人的责任

1. 在核损害涉及两个或两个以上营运人责任时，当不能合理地区分各营运人应承担的损害时，所涉及的营运人应承担连带责任。设施国可把为各事故提供公共基金的数额限定为由此规定的赔偿数额和依本附件第4条第1款确定的赔偿数额之间的差额，前提是有此差额。

2. 当核事故发生在核材料运输的过程中(无论是在同一运输工具中还是在运输过程临时贮存的同一核设施中)并造成涉及一个以上营运人责任的核损害时，合计责任不得超过本附件第4条规定的关于其中任何一个营运人可适用的最高赔偿数额。

3. 在本条第1款和第2款中所述的情况下，任何一个营运人的责任都不得超过依本附件第4条对其可适用的赔偿数额。

4. 在不违背本条第1款至第3款的条件下，当一个核事故涉及同一营运人的几个核设施时,该营运人应对所涉及的每座核设施承担最高至依本附件第4条对其可适用的赔偿数额。设施国可把提供公共基金的数额限制为本条第1款中所规定的数额。

第8条　国家法律规定的赔偿

1. 为本公约目的,利息和诉讼费用不作为在核损害赔偿的诉讼中判定的赔偿数额。

2. 对于在设施国以外所受的损害应提供在各缔约国之间可自由汇出汇入形式的赔偿。

3. 当国家或公共健康保险、社会保险、社会安全、工作人员赔偿或职业病赔偿制度的条款包括核损害的赔偿时,这些制度的受益人的权利和基于这些制度的索赔权应由建立了这些制度的缔约国法律或建立了这些制度的政府间组织的条例确定。

第9条　诉讼时效的期限

1. 如果在核事故发生之日起的10年内不提起诉讼,本公约规定的索赔权即告丧失。但如果依设施国法律,营运人的责任额由保险金或其他财务保证或国家资金赔付,其期限在10年以上时,主管法院的法律可规定,要求营运人赔偿的权利可超过10年但不得超过设施国法律所涵盖营运人责任期的期限,只有超过此期限时,该权利才告丧失。

2. 在核事故造成核损害所涉及的核材料在核事故发生时已被偷窃、丢失、丢弃或抛弃的情况下,依本条第1款规定的期限应自该核事故发生之日算起,但在不违背依本条第1款的立法的条件下,无论如何不得超过被偷窃、丢失、丢弃或抛弃之日起20年的期限。

3. 主管法院的法律可规定一个时效的期限,该期限自受害人知道或应该知道这种损害和营运人之日起不少于3年,但不得超过本条第1款、第2款规定的期限。

4. 如果缔约国法律规定消灭时效的期限或时效的时限超过自核事故发生之日起10年,该国家法律应列有合理和及时满足自核事故发生之日起10年内提出的对生命丧失或人身伤害的索赔条款。

第10条　索赔权

国家法律可规定营运人只有在下列情况下才应有索赔权:

(a)如果书面合同上有该项明文约定;或

(b)如果核事故是由于故意或者不作为行为导致。

第11条　可适用的法律

在不违背本公约规定的条件下，应由主管法院的法律判定核事故所造成核损害赔偿的性质、形式、程度并合理分配。

核动力船舶营运人责任公约

（1962年5月25日订于布鲁塞尔）

各缔约国，

认识到通过协议确定有关核动力船舶营运人责任统一规则的必要性，

决定为此缔结公约，并达成协议如下：

第1条

在本公约中，

1．“核动力船舶”，是指配备有核动力设备的任何船舶。

2．“签发许可证的国家”，是指经营核动力船舶，或授权经营悬挂其国旗的核动力船舶的本公约缔约国。

3．“人”，是指任何个人或合伙，或任何公共或私营的机构，而无论其是否为法人，包括国家或其所属部门。

4．“营运人”，是指经签发许可证的国家授权经营核动力船舶的人员，或，在由某一缔约国经营核动力船舶的情况下，是指该国。

5．“核燃料”，是指可通过自身的核裂变反应产生能量，并且被用于或意图用于核动力船舶的任何物质。

6．“放射性产物或废物”，是指伴随核动力船舶使用核燃料产生的，通过中子撞击而具有放射性的任何物质，包括燃料。

7．“核损害”，是指由于核燃料或放射性产物或废物的放射性，或由于核燃料或放射性产物或废物的放射性与有毒、易爆或其他有害物质相结合，而引起或造成的人身伤亡及财产损失或损害。由上述原因引起或造成的任何其他损失、损害或费用，只有在所适用的国内法有规定的情况下，并在规定的范围内，才包括在内。

8．“核事故”，是指造成核损害的任何事件或起源相同的一系列事件。

9．“核动力设施”，是指使用或将使用核反应堆作为船舶推进或任何其他目的的动力源的任何动力设施。

10.“核反应堆”，是指以不需附加中子源就可发生自持链式核裂变反应的含有核燃料的任何设备。

11.“军舰”，是指属于一国海军，并具有识别其国籍的外部标志，由该国政府正式委任并在海军名册上登记的军官指挥，并且配备服从正规海军纪律的船员的任何船舶。

12.“所适用的国内法”，是指依本公约具有管辖权的法院所在国的法律，包括该国内法中有关法律冲突的任何规则。

第 2 条

1. 如经证明，核损害是由涉及某一核动力船舶的核燃料或该船舶产生的放射性产物或废物的事故所致，则该船舶的营运人应对损害承担严格责任。

2. 除本公约另有规定外，营运人以外的任何人对该核损害不承担责任。

3. 本公约规定的营运人的责任，不包括核动力船舶本身，即不包括其设备、燃料或备用品遭受的核损害。

4. 如果核事故发生在营运人接管核燃料之前，或发生在核燃料或放射性产物或废物已由法律正式授权的另一人接管之后，并且该人应对此类物品可能引起的核损害承担责任，则营运人不承担有关该核事故的责任。

5. 如果营运人证明，核损害全部或部分是由受害人故意或过失造成的，则有管辖权的法院可全部或部分地豁免营运人对该人的责任。

6. 虽有本条第 1 款之规定，在下列情况下，营运人具有索赔权：

(a) 如果核损害是由于某人故意或过失造成的，营运人有权向该人索赔；

(b) 如果核事故是由于任何沉船打捞作业而发生，且这种作业是在未经营运人，或对沉船签发许可证的国家，或沉船所处水域的国家授权的情况下进行的，营运人有权向进行该作业的人索赔。

(c) 如果合同对索赔作了明确约定。

第 3 条

1. 即使核事故可能系营运人的过失或故意所致，营运人就一艘核动力船舶的一次核事故所承担的赔偿责任，以 15 亿法郎为限。该限额不包括依本公约在赔偿诉讼中法院判定的利息或诉讼费用。

2. 营运人应以签发许可证的国家所规定的赔偿数额、种类和条件，就其所承担的核损害赔偿责任维持保险或其他财务保证。签发许可证的国家应通过设立不超过本条第1款规定限额的必要基金,在上述保险或其他财务保证不足以支付对营运人提出的并已认定的核损害赔偿请求时,保证该请求的赔付。

3. 但本条第2款中之规定,并不要求缔约国及其行政组织,如国家、共和国或行政区,承担核动力船舶营运人维持保险或其他财务保证的责任。

4. 本条第1款所述的法郎是一种计算单位,由纯度为千分之九百的黄金65.5毫克构成。

法院判决的赔偿数额可折算成以整数表示的各国货币。在折算成黄金以外的国家货币时,应以支付该货币之日的金价为准。

* 日期是指安放龙骨的日期或该船舶处于相应建造阶段的日期,或指船舶经过较大改建或改装的日期。

附表(略)

海上核材料运输民事责任公约

（1971 年 12 月 17 日订于布鲁塞尔）

各缔约国，

考虑到《1960 年 7 月 29 日关于核能领域中第三方责任的巴黎公约》及其 1964 年 1 月 28 日的《补充议定书》（以下简称《巴黎公约》），及 1963 年 5 月 21 日《关于核损害民事责任的维也纳公约》（以下简称《维也纳公约》）中规定，在上述公约所适用的海上核材料运输过程中出现的核事故造成核损害时，核设施营运人应承担责任，

考虑到一些国家实施的国内法中存在类似之规定，

考虑到以前海上运输领域国际公约仍然适用，

希望确定海上核材料运输过程中引起核损害仅由核设施营运人承担责任，

协议如下：

第 1 条

依海上运输领域适用的国际公约或国内法之规定，对核损害可能承担责任的任何人，在下列情况下，应豁免该责任：

（a）依《巴黎公约》或《维也纳公约》，核设施营运人对该损害承担责任；或

（b）依制定该损害责任的国内法，核设施营运人应对该损害承担责任，条件是该法律在各方面同《巴黎公约》或《维也纳公约》一样有利于受害人。

第 2 条

1. 第 1 条中规定的豁免责任，也应适用于下列核损害：

（a）对核设施本身或在其现场与该设施有关的已使用或将被使用的财产所造成的损害；或

（b）在核事故发生时对载有核材料的运输工具所造成的损害。

依《巴黎公约》或《维也纳公约》之规定，或在本公约第 1 条(b)款的情况下，依该款所述国内法中同样之规定而豁免核设施营运人对该损害的赔偿责任。

2. 但本条第 1 款之规定并不影响任何人故意或过失造成核损害所应承担的责任。

第 3 条

本公约之规定，不影响核动力船舶营运人对运载的核燃料或放射性产物或废物所造成的核损害承担赔偿责任。

第 4 条

本公约将取代在其开放供签字期间，已生效或处于开放供签字、批准或加入状态的海上运输的国际公约，但以与本公约相抵触的为限。但本条之规定不影响本公约缔约国对非缔约国依该国际公约所承担的义务。

第 5 条

1. 本公约于 1972 年 12 月 31 日之前在布鲁塞尔开放供签字，并在政府间海事协商组织(以下简称“本组织”)总部伦敦继续开放供签字。此后继续开放供加入。

2. 联合国或其专门机构或国际原子能机构的成员国，或《国际法院规约》的成员国，可通过下列方式成为本公约缔约国：

(a)签字并对批准、接受或核准不作保留；

(b)签字而有待批准、接受或核准，并随后批准、接受或核准；或

(c)加入。

3. 批准、接受、核准或加入本公约，应向本组织秘书长递交一份相应的正式文件。

第 6 条

1. 本公约自 5 个国家在公约上签字并对批准、接受或核准不作保留，或向本组织秘书长递交批准、接受、核准或加入书之日起 90 天后生效。

2. 对此后签署本公约并对批准、接受或核准不作保留，或递交批准、接受、核准或加入书的国家，本公约应自该签署或文件递交之日起 90 天后生效。

第 7 条

1. 缔约国可在本公约对其生效之日后的任何期间退出本公约。

2. 退出本公约,应向本组织秘书长递交一份相应的书面通知。

3. 退出本公约,应自本组织秘书长接到该通知起一年后,或该通知中规定的更长期限后生效。

4. 尽管某一缔约国依本条规定退出本公约,但对在退出生效以前发生的核事故造成的损害,本公约之规定仍然适用。

第 8 条

1. 联合国对有权管辖的区域,或本公约缔约国对由其负责国际关系的领土,可随时书面通知本组织秘书长,声明本公约扩大适用于该领土。

2. 本公约自本组织秘书长接到该通知之日,或该通知中规定的其他日期起,扩大适用于通知中指明的领土。

3. 联合国或缔约国依本条第 1 款规定作出声明的,可在本公约扩大适用于上述领土之后的任何时候,书面通知组织秘书长,声明本公约终止对通知中指明的领土适用。

第 9 条

1. 修订本公约的会议,可由本组织召开。

2. 经不少于三分之一的缔约国请求,本组织应召开本公约缔约国会议,对本公约进行修订。

第 10 条

缔约国可对《巴黎公约》或《维也纳公约》作出的有效保留相对应的部分作出保留。

保留可在签署、批准、接受、核准或加入时作出。

第 11 条

1. 本公约应由本组织秘书长保管。

2. 本组织秘书长应

(a)将下述情况通知已签署或加入本公约的所有国家:

(i)本公约每一新的签署和每一文件的交存及其日期;

(ii)依本公约作出的保留;

(iii)本公约的生效日期;

(iv)本公约的退出及其生效日期;

(v)依本公约第 8 条第 1 款规定对任何区域的扩大适用区域,和依该条第 4 款规定对上述区域扩大适用的终止,及本公约扩大与扩大终止的日期。

(b)将经核证无误的本公约副本分送所有签字国和已加入本公约的缔约国。

3. 本公约一经生效,本组织秘书长应依《联合国宪章》第102条规定,将一份经核证无误的副本送交联合国秘书处,供登记和颁布。

第12条

本公约正本一份,用英文和法文书就,两种文本具有同等效力。本组织秘书处应备妥俄文和西班牙文正式译本,并同经签署的正本一并保管。

下列署名人,经各自政府正式授权,签署本公约,以昭信守。

1971年12月17日订于布鲁塞尔。

第三部分　亚洲主要国家和地区核损害责任法律法规

一、中　国

中华人民共和国核安全法(节选)

(2017年9月1日第十二届全国人民代表大会常务委员会第二十九次会议通过　中华人民共和国主席令第七十三号公布　自2018年1月1日起施行)

第一章　总　　则

第十一条　任何单位和个人不得危害核设施、核材料安全。

公民、法人和其他组织依法享有获取核安全信息的权利,受到核损害的,有依法获得赔偿的权利。

第二章　核设施安全

第十五条　核设施营运单位应当具备保障核设施安全运行的能力,并符合下列条件:

……

(五)具备应急响应能力和核损害赔偿财务保障能力。

第七章　法律责任

第九十条　因核事故造成他人人身伤亡、财产损失或者环境损害的,核设施营运单位应当按照国家核损害责任制度承担赔偿责任,但能够证明损害是因战争、武装冲突、暴乱等情形造成的除外。

为核设施营运单位提供设备、工程及服务等的单位不承担核损害赔偿责任。核设施营运单位与其有约定的,在承担赔偿责任后,可以按照约定追偿。

核设施营运单位应当通过投保责任保险、参加互助机制等方式，作出适当的财务保证安排，确保能够及时、有效履行核损害赔偿责任。

第八章　附　　则

核事故，是指核设施内的核燃料、放射性产物、放射性废物或者运入运出核设施的核材料所发生的放射性、毒害性、爆炸性或者其他危害性事故，或者一系列事故。

核设施营运单位，是指在中华人民共和国境内，申请或者持有核设施安全许可证，可以经营和运行核设施的单位。

其他涉核损害责任法律条文(节选)

2004 年《中华人民共和国放射性污染防治法》

第五十九条　因放射性污染造成他人损害的,应当依法承担民事责任。

2009 年修订的《中华人民共和国产品质量法》

第七十三条第二款　因核设施、核产品造成损害的赔偿责任,法律、行政法规另有规定的,依照其规定。

2009 年《中华人民共和国侵权责任法》

第二条　侵害民事权益,应当依照本法承担侵权责任。

本法所称民事权益,包括生命权、健康权……所有权、用益物权、担保物权、著作权、专利权、商标专用权、发现权、股权、继承权等人身、财产权益。

第三条　被侵权人有权请求侵权人承担侵权责任。

第四条　侵权人因同一行为应当承担行政责任或者刑事责任的,不影响依法承担侵权责任。

因同一行为应当承担侵权责任和行政责任、刑事责任,侵权人的财产不足以支付的,先承担侵权责任。

第五条　其他法律对侵权责任另有特别规定的,依照其规定。

第七十条　民用核设施发生核事故造成他人损害的,民用核设施的经营者应当承担侵权责任,但能够证明损害是因战争等情形或者受害人故意造成的,不承担责任。

2014 年修订的《中华人民共和国环境保护法》

第六十四条　因污染环境和破坏生态造成损害的,应当依照《中华人民共和国侵权责任法》的有关规定承担侵权责任。

国务院关于处理第三方核责任问题给核工业部、国家核安全局、国务院核电领导小组的批复

（1986年3月29日发布　国函〔1986〕44号）

核工业部、国家核安全局、国务院核电领导小组办公室：

关于处理第三方核责任问题的请示报告收悉。现批复如下：

一、在中华人民共和国境内，经政府指定，经营核电站的单位，或者从事核电站核材料的供应、处理、运输，而拥有其他核设施的单位，为该核电站或者核设施的营运人。

营运人依法取得法人资格。

二、在核电站现场内发生核事故所造成的核损害，或者核设施的核材料于其他人接管之前，以及在接管其他人的核材料之后，在中华人民共和国境内发生核事故所造成的核损害，该营运人对核损害承担绝对责任；其他人不承担任何责任。

三、对于一次核事故所造成的核损害，营运人对全体受害人的最高赔偿额合计为人民币1,800万元。

对核损害的应赔总额如果超过前款规定的最高赔偿额，中华人民共和国政府将提供必要的、有限的财政补偿，其最高限额为人民币3亿元。

四、如果核损害是由致害人故意的作为或者不作为所造成的，有关营运人只对该致害人有追索权。

五、对直接由于武装冲突、敌对行动、暴乱，或者由于特大自然灾害所引起的核事故造成的核损害，任何营运人都不承担责任。

六、核事故的受害人，有权在受害人已知或者应知核事故所造成的核损害之日起的三年内，要求有关营运人予以赔偿；但是，这种要求必须在核事故发生之日起的十年内提出，逾期赔偿要求权即告丧失。

七、由于在中华人民共和国境内发生核事故造成核损害而引起的有关第三方核责任的一切诉讼,都必须遵照中华人民共和国法律规定,提请对该核事故发生地有管辖权的人民法院受理。

国务院

1986年3月29日

国务院关于核事故损害赔偿责任问题的批复

（2007年6月30日发布　国函〔2007〕64号）

国家原子能机构：

现对核事故损害赔偿责任问题批复如下：

一、中华人民共和国境内，依法取得法人资格，营运核电站、民用研究堆、民用工程实验反应堆的单位或者从事民用核燃料生产、运输和乏燃料贮存、运输、后处理且拥有核设施的单位，为该核电站或核设施的营运者。

二、营运者应当对核事故造成的人身伤亡、财产损失或者环境受到的损害承担赔偿责任。营运者以外的其他人不承担赔偿责任。

三、对核事故造成的跨越中华人民共和国边境的核事故损害，依照中华人民共和国与相关国家签订的条约或者协定办理，没有签订条约或者协定的，按照对等原则处理。

四、同一营运者在同一场址所设数个核设施视为一个核设施。

五、核事故损害涉及2个以上营运者，且不能明确区分各营运者所应承担的责任的，相关营运者应当承担连带责任。

六、对直接由于武装冲突、敌对行动、战争或者暴乱所引起的核事故造成的核事故损害，营运者不承担赔偿责任。

七、核电站的营运者和乏燃料贮存、运输、后处理的营运者，对一次核事故所造成的核事故损害的最高赔偿额为3亿元人民币；其他营运者对一次核事故所造成的核事故损害的最高赔偿额为1亿元人民币。核事故损害的应赔总额超过规定的最高赔偿额的，国家提供最高限额为8亿元人民币的财政补偿。

对非常核事故造成的核事故损害赔偿，需要国家增加财政补偿金额的由国务院评估后决定。

八、营运者应当做出适当的财务保证安排，以确保发生核事故损害时能够及时、有效的履行核事故损害赔偿责任。

在核电站运行之前或者乏燃料贮存、运输、后处理之前，营运者必须购买足以履行其责任限额的保险。

九、营运者与他人签订的书面合同对追索权有约定的，营运者向受害人赔偿后，按照合同的约定对他人行使追索权。

核事故损害是由自然人的故意作为或不作为造成的，营运者向受害人赔偿后，对该自然人行使追索权。

十、受到核事故损害的自然人、法人以及其他组织有权请求核事故损害赔偿。

在起草《中华人民共和国原子能法（草案）》时，对上述各项内容以及诉讼时效、法院管辖等应当做出明确规定。

国务院

2007 年 6 月 30 日

就经济合作与发展组织关于香港适用《巴黎公约》的回函

（2000年11月22日）

经济合作与发展组织核能署署长路易·埃沙瓦里先生：

我荣幸地收到您2000年10月18日的来函，内容如下：

“我荣幸地提及中华人民共和国政府1997年6月18日的要求，即订于1960年7月29日，由1964年1月28日附加议定书和1982年11月16日议定书修订的《关于核能领域中第三方责任的巴黎公约》（以下简称《巴黎公约》）继续适用于香港特别行政区。

我高兴地通知您：根据中华人民共和国政府代表和香港特别行政区政府代表及经济合作与发展组织核能署秘书处和《巴黎公约》缔约方的磋商，《巴黎公约》缔约国的政府于2000年10月12日通过了一份声明，同意该公约继续适用于香港特别行政区，这份声明和其所附的条件载于本函附件。

在将此声明转交给您的同时，如蒙您确认您和香港特别行政区主管机构对声明措辞和条件的同意，我将不胜感激。”

我谨代表中华人民共和国政府确认同意声明的措辞及其所附条件。

顺致最崇高的敬意。

中华人民共和国外交部长　唐家璇

2000年11月22日于北京

附录：香港特别行政区适用《关于核能领域中第三方责任的巴黎公约》的声明

经济合作与发展组织成员国政府、各缔约方于1960年7月29日在巴黎订立了《关于核能领域中第三方责任的巴黎公约》（以下简称《巴黎公约》），并经 1964 年 1 月 28 日《附加议定书》和 1982 年 11 月 16 日《议定书》修订。

鉴于：

《巴黎公约》在香港的适用至 1997 年 7 月 1 日，即中华人民共和国正式恢复对香港领土行使主权之日；

中华人民共和国政府已于 1997 年 6 月 18 日递交经济合作与发展组织秘书长的函中要求《巴黎公约》在香港特别行政区（以下简称香港特区）继续适用；

《巴黎公约》缔约方与中华人民共和国政府已达成协议，确立了香港特区继续适用《巴黎公约》的条件；

接受上述协议的声明已通知中华人民共和国政府，中华人民共和国政府已正式确认遵守该协议的意愿。

宣布：

其他缔约方同意《巴黎公约》在香港特区适用，具体如下：

1. 为适用该公约，香港特区视同《巴黎公约》缔约方领土；

2. 因此，若受害人在香港特区内遭受《巴黎公约》缔约方营运人造成的核损害，则该受害人有权获得赔偿；

3. 在香港发生的核损害赔偿适用香港特区法律，即经修订的《核材料运输责任条例》（香港法例第 479 章）。

4. 未来有关修改香港特区适用《巴黎公约》或本公约任何修订案的法律，将通过经济合作与发展组织核能署秘书处通知《巴黎公约》各缔约方；

5. 在香港发生的核损害赔偿案件由香港特区法院管辖；

6. 依据《巴黎公约》，若案件的管辖权不在香港特区法院，而是公约的其他缔约方，则在香港特区法院已进入诉讼程序的案件应终止审理。该情况下，香港特区应当承认和执行其他缔约方法院已经作出的生效判决；

7. 核损害赔偿责任的赔偿限额将根据营运人所在缔约方的法律确定；

8. 在中国大陆发生的核事故导致的责任或造成核损害不适用本规则。

在适用本声明的问题上，香港特区政府同意与立法会及中华人民共和国政府讨论。

台湾地区“核子损害赔偿法”

（1997年5月14日发布　自1997年5月14日起施行）

第一章　总　　则

第1条　“本法”依“原子能法”第29条之规定制定之。

原子能和平用途所发生核子损害之赔偿，依“本法”之规定；“本法”未规定者，依“其他法律”之规定。

第2条　“本法”所称核子燃料，指能由原子核分裂之自续连锁反应而产生能量之物料。

第3条　“本法”所称放射性产物或废料，指在生产或使用核子燃料过程中所产生之放射性物料或在是项过程中因受辐射而变成放射性之物料。但不包括最后制造过程及制造完成可用于科学、医学、农业、商业或工业用途之放射性同位素及其所产生之废料。

第4条　“本法”所称核子反应器，指装填有适当安排之核子燃料，而能发生可控制之原子核分裂自续连锁反应之装制。

第5条　“本法”所称核子物料如下：

一、天然铀及耗乏铀以外之核子燃料，在核子反应器之外单独或合并其他物料，能引起原子核分裂之自续连锁反应而产生能量者。

二、放射性产物或废料。

第6条　“本法”所称核子设施如下：

一、核子反应器。但不包括海上或空中运送工具内生产动力，以供推进或其他用途之核子反应器。

二、生产核子物料之设施，包括用过核子燃料再处理设施。

三、专营处理、贮存或处置核子物料之设施。

同一经营者在同一场地所设数核子设施，视为一核子设施。

第7条　“本法”所称经营者，指经政府指定或核准经营核子设施者。

第 8 条 “本法”所称核子损害,指由核子设施内之核子燃料、放射性产物、废料或运入运出核子设施之核子物料所发生之放射性或放射性并合毒害性、爆炸性或其他危害性,所造成之生命丧失、人体伤害或财产损失。

第 9 条 “本法”所称核子事故,指由同一原因造成核子损害之单一事件或数个同时或先后接续发生之事件。

第 10 条 核子燃料、放射性产物或废料在一定限量内者,应依“其他法律”之规定;其限量由原子能机构公告之。

第二章 损害赔偿责任

第 11 条 核子事故发生后,其经营者对于所造成之核子损害,应负赔偿责任。

第 12 条 核子事故,系由核子设施之核子物料所引起,而有下列情形之一时,原经营者对于所造成之核子损害,应负赔偿责任:

一、其赔偿责任,尚未依书面契约由另一核子设施经营者承担者。

二、无书面契约,其核子物料尚未由另一核子设施经营者接管或占有者。

三、预定用于运送工具内核子反应器生产动力或其他用途之核子物料,尚未经核准使用该核子反应器之人接管者。

第 13 条 核子事故,系由核子物料运往“国外”途中所引起者,该运出之核子设施经营者就其于“国境内”所造成之核子损害,应负赔偿责任。

核子事故,系由核子物料运至“国内”途中所引起者,该受领之核子设施经营者就其于“国境内”所造成之核子损害,应负赔偿责任。

第 14 条 核子物料因运送而暂行贮存于核子设施内引起核子事故而造成损害,其损害依前二条规定,应由他经营者负赔偿责任者,提供暂行贮存之核子设施经营者不负赔偿责任。

第 15 条 核子损害,系由数经营者依本法应负赔偿责任之事故所生,各该经营者应负连带赔偿责任。

第 16 条 核子事故发生于核子物料之运送过程中,而核子物料系在同一运送工具内或因运送而暂行贮存于同一核子设施内,其所造成之核子损害,应由数经营者负赔偿责任。

第 17 条 同一经营者之数核子设施,涉及于一核子事故者,应就每一核子设施负赔偿责任。

第 18 条 核子设施经营者,对于核子损害之发生或扩大,不论有无故意或过失,均应依“本法”之规定负赔偿责任。但核子事故系直接由于国际武装冲突、敌对行为、内乱或重大天然灾害所造成者,不在此限。

第 19 条 核子设施经营者,证明核子损害之发生或扩大,系因被害人之故意或过失所致者,法院得减轻或免除对该被害人之赔偿金额。

第 20 条 核子损害及核子损害以外之损害,系由核子事故所造成或系由核子事故及其他事故所共同造成者,如核子损害以外之损害无法与核子损害完全划分时,应视为系由该核子事故所造成之核子损害。

第 21 条 核子设施经营者,对于下列各款核子损害所应负之赔偿责任,应依其他法律之规定:

一、核子设施或其场地上用于或备用于该核子设施之财产;

二、发生核子事故时,装载引起该事故之核子物料之运送工具。

第 22 条 核子设施经营者,依本法之规定赔偿时,对于核子设施经营者以外之人,仅于下列情形之一有求偿权:

一、依书面契约有明文规定者;

二、核子损害系因个人故意之行为所致者,对于具有故意之该个人。

第三章 赔偿责任限额及保证

第 23 条 核子设施经营者以外之人,对于核子损害,除前条之规定外,不负赔偿责任。

第 24 条 核子设施经营者对于每一核子事故,依“本法”所负之赔偿责任,其最高限额为新台币四十二亿元。

前项赔偿限额,不包括利息及诉讼费用在内。

第 25 条 核子设施经营者,应维持足供履行核子损害赔偿责任限额之责任保险或财务保证,并经原子能机构核定,始得运转核子设施或运送核子物料。

政府及其所属研究机构之核子设施,不适用前项之规定。

核子设施之运转或核子物料之运送,在一定限度内,得申请原子能机构酌减其责任保险或财务保证,其限度由原子能机构核定。

第 26 条 前条责任保险之保险人或财务保证之保证人,在保险或保证期间内,非于两个月前以书面通知原子能机构,并经核可后,不得停止或终止其责任保险或财务保证。

关于运送核子物料之责任保险或财务保证,不得于运送期间内停止或终止。

第四章　损害赔偿请求权

第 27 条　核子设施经营者因责任保险或财务保证所取得之金额,不足履行已确定之核子损害赔偿责任时,“政府”应补足其差额。但以补足至第 24 条所定之赔偿限额为限。

前项“政府”补足之差额,仍应由核子设施经营者负偿还之责任。

第 28 条　核子损害之赔偿请求权,自请求权人知有损害及负赔偿义务之核子设施经营者时起,三年间不行使而消灭;自核子事故发生之时起,逾十年者亦同。

第 29 条　引起核子事故之核子物料系经窃盗、遗失、投弃或抛弃者,其损害赔偿请求权消灭时效依前条之规定。但对该核子物料所属原核子设施经营者请求赔偿时,以不超过自窃盗、遗失、投弃或抛弃之时起 20 年为限。

第 30 条　核子损害被害人,于前二条所定期间请求赔偿者,在诉讼进行中,期间虽已届满,仍得就其加重之损害为诉讼之追加。但以在第二审言词辩论终结前者为限。

第五章　附　　则

第 31 条　核子设施经营者不能履行赔偿责任时,核子损害被害人得径向其责任保险人或财务保证人请求赔偿。

第 32 条　原子能机构于核子事故发生后,得设置核子事故调查评议委员会,其职权如下:

一、核子事故之认定及其原因之调查。

二、核子损害之调查与评估。

三、核子事故赔偿、救济及善后措施之建议。

四、核子设施安全防护改善之建议。

前项之调查、评估及建议应作成报告公告之。

核子事故调查评议委员会之设置办法,由原子能机构定之。

第 33 条 核子损害超过核子设施经营者之赔偿责任限额或有超过之虞时,应优先就生命丧失及人体伤害予以赔偿,并保留十分之一之金额,以备赔偿嗣后发现之核子损害。

核子事故被害人以诉讼请求赔偿时,法院得参酌核子事故调查评议委员会之调查报告及赔偿建议,依损害之大小及被害人数多寡,作适当之分配。

第 34 条 政府于核子事故发生重大灾害时,应采取必要之救济及善后措施。

第 35 条 "本法"于外国人为被害人时,应本互惠原则适用之。

第 36 条 "本法"施行细则,由原子能机构定之。

第 37 条 "本法"自公布日施行。

"本法"修正条文自公布后一年施行。

台湾地区“核子损害赔偿法施行细则”

（1998年3月25日发布　自1998年5月14日起施行）

第1条

“本细则”依“核子损害赔偿法”（以下简称“本法”）第36条规定订定之。

第2条

“本法”第3条但书所称最后制造过程，指放射性同位素于移出核子反应器后之制造及加工过程。

第3条

“本法”第8条所称放射性并合毒害性，指人体由于接触、摄取或吸入放射性物质而引起之辐射伤害及化学毒性伤害，所共同造成之生理症状及其继发性症状。

第4条

“本法”第3章所定之财务保证，指核子设施经营者于银行或公库指定之代理银行设立专户缴存下列之保证金：

一、现金。

二、公债、“国库券”。

三、银行本行支票、银行保付支票或定期存单。

前项之专户，应由核子设施经营者与原子能机构共同设立。

第5条

核子设施经营者缴存前条第一项保证金所产生之孳息，就保证金结算净额超出核定应缴存金额部分，经原子能机构核可后，得予提取。

第6条

核子设施经营者依“本法”第25条第一项规定提报责任保险或财务保证时，应检具下列资料，向原子能机构申请核定：

一、申请人姓名、地址，如系法人者，其名称、地址及其代表人姓名。

二、核子设施之种类。

三、核子设施之名称及所在地地址。

四、核子反应器之运转，应叙明其热输出功率。

五、生产核子物料之设施，应叙明其种类及数量。

六、核子物料之运送，应叙明其种类、用途及数量。

七、处理、贮存或最终处置之设施，应叙明其种类及数量。

八、核子设施运转或核子物料运送之预定开始日期及预定完成日期。

九、履行核子损害赔偿所实行之责任保险或财务保证方式。

前项第九款并应检附证明文件。

第7条

核子设施之运转或核子物料之运送，依“本法”第25条第三项规定酌减后之责任保险或财务保证金额规定如下：

一、核子反应器热功率在一百千瓦以上未达一万千瓦，包括其附随之核子物料在该核子设施场地内之运送、处理、贮存或处置者，为新台币八亿四千万元。

二、核子反应器热功率未达一百千瓦，包括其附随之核子物料在该核子设施场地内之运送、处理、贮存或处置者，为新台币二亿一千万元。

三、生产核子物料之设施者，为新台币八亿四千万元。

四、专营处理、贮存或处置核子物料之设施者，为新台币二亿一千万元。

五、用过核子燃料或其经再处理所产生废料之处置设施者，为新台币八亿四千万元。

六、核子燃料之运送，每运次运送量未达一万公斤者，为新台币二亿一千万元。

七、核子燃料之运送，每运次运送量在一万公斤以上者，为新台币四亿二千万元。

八、放射性产物或废料之运送，每运次运送量未达一定限量一万倍者，为新台币二亿一千万元。

九、放射性产物或废料之运送，每运次运送量在一定限量一万倍以上者，为新台币八亿四千万元。

前项第三款生产核子物料之设施，不包括用过核子燃料再处理设施。

第 8 条

同一核子设施经营者在同一场地设有数核子设施,其责任保险或财务保证以其最高者为其金额。

第 9 条

原子能机构为确保核子设施经营者能维持足供履行核子损害赔偿责任限额之责任保险或财务保证,必要时得随时进行查核。

前项查核结果发现有不足履行责任限额时,得限期命核子设施经营者补足。

第 10 条

责任保险之保险人或财务保证之保证人,依“本法”第 26 条规定以书面通知原子能机构停止或终止其责任保险或财务保证时,应检具下列资料:

一、申请人姓名、地址,如系法人者,其名称、地址及其代表人姓名。

二、责任保险者,其责任保险契约书复印件。

三、财务保证者,其于银行或公库设立专户之账户号码。

四、停止或终止其责任保险或财务保证之理由。

第 11 条

核子设施经营者有下列各款情形之一时,得报经原子能机构核可,停止或终止其依第 4 条规定办理之财务保证:

一、赔偿核子损害完竣且无再发生核子事故或核子损害之可能时。

二、核子物料运送完成时。

三、核子设施除役完毕或免于监管时。

第 12 条

本细则自 1998 年 5 月 14 日施行。

二、日 本

原子能损害赔偿法

（1961年6月17日法律第147号最终修订
2009年4月17日法律第19号）

第一章 总 则

目的

第1条 本法规定了因反应堆运行等造成原子能损害的有关损害赔偿之基本制度，旨在保护受害人，促进原子能事业的健康发展。

定义

第2条 （1）本法所称“反应堆运行等”是指下列事项及其产生的核燃料或核燃料污染物（包括原子核裂变生成物，同见第五项）的运输、贮存或废弃等，以及由政令规定的其他事项。

一、反应堆运行；

二、加工；

三、后处理；

四、核燃料的使用；

四之二、乏燃料的贮存；

五、核燃料或核燃料污染物［本条第（2）款及下一条第（2）款中称“核燃料等”］的废弃。

（2）本法所称“原子能损害”是指由于核燃料原子核裂变反应的作用、核燃料等放射线的作用或毒性作用（指摄取或吸入该等物质造成人体中毒及其并发症）造成的损害。但根据下一条之规定应承担损害赔偿责任的原子能经营者所受的损害除外。

(3)本法所称经营者是指下列各项所述主体(包括曾作为此类主体的人):

一、取得《关于核源料、核燃料及核反应堆规制的法律》(1957 年法律第 166 号,以下简称《规制法》)第 23 条第 1 款许可(包括根据《规制法》第 76 条适用该款规定的关于国家的认可)者(包括依《规制法》第 39 条第 5 款之规定被视为反应堆设置者的主体)。

二、取得《规制法》第 23 条之二第 1 款许可者。

三、取得《规制法》第 13 条第 1 款许可(包括根据《规制法》第 76 条之规定可理解为适用该款规定的对国家的许可)者。

四、取得《规制法》第 43 条之四第 1 款许可(包括根据《规制法》第 76 条之规定可理解为适用该款规定的对国家的许可)者。

五、取得《规制法》第 44 条第 1 款指定(包括根据《规制法》第 76 条之规定可理解为适用该款规定的对国家的许可)者。

六、取得《规制法》第 51 条之二第 1 款许可(包括根据《规制法》第 76 条之规定可理解为适用该款规定的对国家的许可)者。

七、取得《规制法》第 52 条第 1 款许可(包括根据《规制法》第 76 条之规定可理解为适用该款规定的对国家的许可)者。

(4)本法所称"反应堆"是指《原子能基本法》(1955 年法律第 186 号)第 3 条第 4 项规定的反应堆;"核燃料"是指该条第 2 项规定的核燃料(包括《规制法》第 2 条第 8 款规定的乏燃料);"加工"是指《规制法》第 2 条第 7 款规定的加工;"后处理"是指《规制法》第 2 条第 8 款规定的后处理;"乏燃料的贮存"是指根据《规制法》第 43 条之四第 1 款规定的乏燃料贮存;"核燃料或核燃料污染物的废弃"是指《规制法》第 51 条之二第 1 款规定的废弃物埋设或废弃物管理;"放射线"是指《原子能基本法》第 3 条第 5 项规定的放射线;"原子能船"或"外国原子能船"是指《规制法》第 23 条之二第 1 款规定的原子能船或外国原子能船。

第二章　原子能损害赔偿责任

无过失责任、责任的集中等

第 3 条　(1)在反应堆运行等情况下,原子能经营者应对由于该反应堆运行等造成的损害承担赔偿责任,由严重的天灾或社会动乱造成的原子能损害除外。

(2)如前款所指损害是由于原子能经营者之间运输核燃料等造成的,在上述原子能经营者之间无特别约定的情况下,运出该核燃料等的原子能经营者应承担损害赔偿责任。

第4条 (1)对第3条所指原子能损害,除根据该条规定应承担损害赔偿责任的原子能经营者外,其他主体不承担损害赔偿责任。

(2)对第3条第(1)款所指的原子能损害,如果采取第7.2条第(2)款规定的损害赔偿措施,则让外国原子能船进入本国水域的原子能经营者应承担损害赔偿,其数额以该款规定的赔偿数额为限。

(3)因反应堆运行等造成的原子能损害,不适用《商法》(1899年法律第48号)第798条第1款、《船舶所有人等责任限制法》(1975年法律第94号)及《产品责任法》(1994年法律第85号)之规定。

求偿权

第5条 (1)如果第3条所指损害是由第三人故意造成的,则根据该条规定原子能经营者承担赔偿责任后享有对该第三人的求偿权。

(2)前款规定不影响当事人对求偿权进行特别约定。

第三章　损害赔偿措施

第一节　损害赔偿措施

采取损害赔偿措施的义务

第6条 如果原子能经营者不履行原子能损害赔偿措施(以下简称损害赔偿措施),则不得从事反应堆的运行等活动。

损害赔偿措施的内容

第7条 (1)损害赔偿措施是指原子能损害赔偿责任保险合同与原子能损害赔偿补偿协议的签订或提存,适用下一条规定的除外。该等措施或与此相当的措施需经文部科学省大臣批准。各工厂、各运营处或每艘原子能船将获得1200亿日元(政令规定的反应堆运行等应在1200亿日元的限额内获得由政令规定的赔偿数额。以下简称赔偿措施数额)的原子能损害赔偿数额。

(2)原子能经营者根据第 3 条之规定承担原子能损害赔偿责任后,致使应用于原子能损害赔偿的数额低于赔偿措施所规定的数额时,为确保原子能损害赔偿的完全履行,文部科学省大臣可以在必要时命令该原子能经营者在指定期限内补足赔偿措施数额。

(3)对于前款规定的原子能损害赔偿,基于该款规定作出命令前(在该命令指定的期限前已经基于该款规定作出命令),不适用前条之规定。

第 7.2 条 (1)原子能船进入外国水域的损害赔偿措施是指原子能损害赔偿责任保险合同与原子能损害赔偿补偿协议的签订及其他措施。与该原子能船有关的原子能经营者应承担原子能损害赔偿责任,其采取的措施应足以赔偿由政府与该外国政府协商一致的原子能损害赔偿数额并经文部科学省大臣批准。

(2)关于外国原子能船进入本国水域情况下的损害赔偿措施,与该外国原子能船有关的原子能经营者应承担原子能损害赔偿责任,其采取的措施应足以赔偿政府与该外国政府协商一致的原子能损害赔偿数额(导致原子能损害具有不低于 360 亿日元的价值),并取得文部科学省大臣的批准。

第二节 原子能损害赔偿责任保险合同

原子能损害赔偿责任保险合同

第 8 条 原子能损害赔偿责任保险合同(以下简称责任保险合同),是指原子能经营者对发生的原子能损害赔偿责任,约定由保险人[仅限于《保险业法》(1995 年法律第 105 号)第 2 条第 4 款规定的损害保险公司或该条第 9 款规定的外国保险公司等并承办责任保险者]补充赔偿原子能经营者因特定事由导致的原子能损害损失,承保人向保险人支付保险费用的合同。

第 9 条 (1)对于责任保险合同的保险金,受害人享有优先于其他债权人的损害赔偿请求权。

(2)关于给予受害人的损害赔偿数额,被保险人可以在自己支付的限度内或受害人同意的限度内向保险人请求支付保险金。

(3)责任保险合同的保险金请求权不得转让、担保或冻结。但受害人暂不行使损害赔偿请求权的,不在此限。

第三节　原子能损害赔偿补偿协议

原子能损害赔偿补偿协议

第 10 条　(1)原子能损害赔偿补偿协议(以下简称补偿协议),是指原子能经营者对发生的损害承担赔偿责任,交纳补偿费用并约定,当根据责任保险合同及其他原子能损害赔偿措施无法补偿原子能损害时,对于原子能经营者该部分损害的损失,由政府予以补偿的合同。

(2)关于补偿协议的相关事项,由法律另行规定。

第 11 条　第 9 条之规定对基于补偿协议的补偿金适用。

第四节　提　　存

提存

第 12 条　损害赔偿措施的提存,是指将现金或文部科学省令规定的有价证券[包括《公司债、股份等账簿划拨法》(2001 年法律第 75 号)第 278 条第 1 款规定的账簿划拨债,本节皆采用此定义]提存给原子能经营者主要营业机构附近的法务局或地方法务局。

提存物的返还

第 13 条　受害人有权要求使用原子能经营者依前条规定提存的现金或有价证券抵偿其基于损害赔偿请求权而产生的债权。

提存物的收回

第 14 条　(1)经文部科学省大臣批准,原子能经营者可在下列情形中收回依第 12 条之规定提存的现金或有价证券:

一、已赔偿原子能损害的;

二、采取其他损害赔偿措施代替提存的;

三、反应堆运行等终止的。

(2)对基于前款第二项或第三项所作的批准,为确保原子能损害赔偿的履行,文部科学省大臣可以在必要的限度内,指定并批准可收回的日期与可收回的现金或有价证券数额。

文部科学省令、法务省令的委任

第 15 条　除本节规定外,关于提存的事项由文部科学省令、法务省令规定。

第四章　国家措施

国家措施

第16条　(1)在发生原子能损害时,原子能经营者(与外国原子能船有关的原子能经营者除外)依第3条之规定应承担的损害赔偿数额超过赔偿措施数额时,为本法之目的,政府在必要时应在原子能经营者赔偿损害所需的范围内进行援助。

(2)前款援助应经国会表决并在政府权限范围内进行。

第17条　在第3条第(1)款但书的情况下或第7.2条第(2)款规定的原子能损害超过该款规定的赔偿数额的情况下,政府应为救助受害人或防止损害的扩大而采取必要的措施。

第五章　原子能损害赔偿纠纷审查委员会

第18条　(1)为使文部科学省在原子能损害赔偿纠纷发生时进行居间调解、制定有助于当事人自主解决纠纷的一般性导则,依政令之规定设置原子能损害赔偿纠纷审查委员会(以下简称审查会)。

(2)审查会办理下列事项:

一、就原子能损害赔偿纠纷进行居间调解;

二、就原子能损害赔偿纠纷制定原子能损害范围的导则及其他有助于该当事人自主解决纠纷的一般性导则;

三、为办理前两项所列事项,进行必要的原子能损害调查及评估。

3.除前两款规定事项外,关于审查会的组织、运营、居间调解请求及其处理程序所需事项由政令规定。

第六章　杂　　则

向国会提出报告和意见书

第19条　(1)当发生规模以上的原子能损害时,政府应尽快向国会报告损害状况以及政府依照本法采取的措施。

(2)原子能损害发生时,原子能委员会或原子能安全委员会向内阁总理大臣提交关于损害处理与损害防止等意见书后,政府应将意见书提交给国会。

第10条第(1)款和第16条第(1)款规定的适用

第20条 2019年12月31日前,第10条第(1)款和第16条第(1)款之规定适用于与第2条第(1)款各项所列已开始的反应堆运行等有关的原子能损害。

报告提交与进入检查

第21条 (1)为确保第6条的实施,文部科学省大臣可以在必要时要求原子能经营者提交报告,或命令公务人员进入原子能经营者的事务所、工厂、运营处或原子能船,检查该原子能经营者的账簿、资料及其他必要物品,或询问相关人员。

(2)公务人员依前款规定进入相关场所时,应携带身份证件并在相关人员要求时出示。

(3)依第1款规定进入检查的权限,不得基于犯罪搜查之目的使用。

与经济产业省大臣或国土交通省大臣的协商

第22条 文部科学省大臣依第7条第(1)款、第7.2条第(1)款或第(2)款之规定作出处理,或依第7条第(2)款规定作出命令时,应事先就用于发电反应堆的运行、加工、后处理、乏燃料的贮存、核燃料或核燃料污染物的废弃事项与经济产业省大臣进行协商;事先就设置在船舶上的反应堆运行相关事项与国土交通省大臣进行协商。

国家适用的除外

第23条 第三章、第16条和下一章之规定,不适用于国家。

第七章 罚　则

第24条 违反第6条规定者,处一年以下拘役或一百万日元以下罚金,或两者并罚。

第25条 有下列情形之一的,处一百万日元以下罚金:

一、未依第21条第(1)款规定提交报告,或提交虚假报告者;

二、拒绝、妨碍、逃避第21条第(1)款规定进入检查的,或对询问不予答复或进行虚假答复者。

第26条 法人的代表人,法人、个人的代理人或其他工作人员,在该法人或个人的业务方面有违反前两条规定行为的,除处罚行为人外,对该法人或个人依相应条款处以罚金。

原子能损害赔偿法实施令

（1962年3月6日第44号内阁令
由2009年8月7日第201号内阁令修订）

内阁依《原子能损害赔偿法》（1961年第147号法）第2条第1款和第7条第1款颁布本内阁令。

第1条　反应堆运行等

《原子能损害赔偿法》（以下简称《赔偿法》）第2条第（1）款所述内阁令规定的活动是指下列第（1）款至第（5）款活动，包括在开展该等活动的设施或场所内，对（a）项、（b）项和（c）项产生的废物临时进行运输、贮存和处置。对于在原子能船舶上的反应堆设施，前述临时运输、贮存和处置废物的活动应在船舶上进行。本规定适用于以下条款：

（1）反应堆运行；

（2）生产以下核燃料：

（a）铀或其化合物（其中铀－235与铀－235、铀－238总和的比例高于天然铀比例，但低于5%）及含有一种或多种前述核材料的物质（当铀－235的含量在2000克以上时）；

（b）铀或其化合物（其中铀－235与铀－235、铀－238总和的比例高于5%）及含有一种或多种前述核材料的物质（当铀－235的含量在800克以上时）；

（c）钚或其化合物及含有一种或多种前述核材料的物质（当钚的含量在500克以上时）；

（3）后处理；

（4）使用第（2）款（a）项、（b）项和（c）项规定的核燃料；

（4－2）乏燃料的贮存；

（5）《关于核源料、核燃料及核反应堆规制的法律》（1957年第166号法，以下简称《规制法》）第51－2条第1款第（3）项规定对废物的地下处置

和管理(以下简称地下处置废物和废物管理);

(6)在设施或现场以外场所,对构成以下材料的废物进行运输、贮存和处置,并在上述各项所述的活动中:

(a)第(2)款(a)项、(b)项和(c)项所述的核燃料;

(b)《规制法》第2条第8款规定的乏燃料(以下简称乏燃料);

(c)受核燃料污染的材料(包括核裂变产物;本项规定适用于以下条款)。

第2条　财务保证额度

《赔偿法》第7条第(1)款涉及的“反应堆运行类别”及其对应额度规定在下表中。但是,当在同一设施或场所[或船舶上,适用于反应堆设施在船舶上的情形,该情形同样适用于第(1)项]运行的反应堆有以下第(1)项至第(17)项规定两种以上情形的,反应堆运行总体财务保证额适用下表中最高的一项。

(1)最大热功率低于1万千瓦的反应堆,包括第1条第(6)款(a)项、(b)项或(c)项所述在设施或现场内进行的材料的运输、贮存或处置(以下简称核燃料等)及反应堆运行出现问题时附带进行的材料运输、贮存或处置,不包括以下第(2)项或第(3)项规定的操作。	1200亿日元
(2)上述第(1)项所述在设施或现场内进行的核燃料的运输、贮存或处置及反应堆运行出现问题时附带进行的核燃料运输、贮存或处置,仅涉及该反应堆关闭及从反应堆堆芯拆除核燃料等之后的运行。本项规定适用于以下第(3)项及第(5)项,但不包括第(3)项规定的操作。	240亿日元
(3)第(1)项规定的,在设施或现场内进行的及反应堆运行出现问题时附带进行的,对第1条第(2)款(a)项所述之核燃料进行的运输、贮存和处置等,或有第1条第(6)款(c)项规定情形时对受核燃料污染材料进行运输、贮存和处置等。	40亿日元
(4)最大热功率高于1百千瓦但不超过1万千瓦的反应堆,包括在设施或现场内进行的核废料的运输、贮存或处置及反应堆运行出现问题时附带进行的核废料运输、贮存或处置,但不包括第(5)项规定的操作。	240亿日元
(5)第(4)项规定的,在设施或现场内进行的及反应堆运行出现问题时临时进行的,对第1条第(2)款(a)项所述之核燃料进行的运输、贮存或处置等,或有第1条第(6)款(c)项规定情形时对受核燃料污染材料的运输、贮存和处置等。	40亿日元

续表

(6)最大热功率为1百千瓦的反应堆的运行(包括在设施或现场内进行的核燃料运输、贮存或处置及反应堆运行出现问题时临时进行的核燃料运输、贮存或处置)。	40亿日元
(7)第1条第(2)款(a)项所述核燃料的生产(包括在设施或现场内进行的核燃料的运输、贮存或处置及反应堆生产出现问题时临时进行的核燃料运输、贮存或处置)。	40亿日元
(8)第1条第(2)款(b)项和第(2)款(c)项所述核燃料生产(包括在设施或现场内进行的核废物的运输、贮存或处置及反应堆生产出现问题时临时进行的核废物运输、贮存或处置)。	240亿日元
(9)后处理(包括在设施或现场内进行的核燃料的运输、贮存或处置及后处理出现问题时临时进行的核燃料运输、贮存或处置)。	1,200亿日元
(10)第1条第(2)款(a)项所述的使用核燃料等,包括在设施或现场内进行的核燃料运输、贮存或处置及核燃料使用出现问题时临时进行的核燃料运输、贮存或处置,不包括第(1)项、(4)项、(6)项、(7)项、(9)项规定的操作。	40亿日元
(11)第1条第(2)款(b)项或(c)项所述的使用核燃料等,包括在设施或现场内进行的核燃料运输、贮存或处置及核燃料使用出现问题时临时进行的核燃料运输、贮存或处置。本项规定适用于以下第(12)项,但不包括第(1)项、(4)项、(6)项、第(8)项规定的操作。	240亿日元
(12)第(11)项规定的,在设施或现场内进行的及对核燃料使用附带进行的,第1条第(2)款(a)项规定的核燃料运输、贮存和处置,或有第(6)款(c)项规定情形对受核燃料污染材料进行运输、贮存和处置等。	40亿日元
(13)乏燃料贮存,包括在现场进行的乏燃料运输、贮存或处置及乏燃料贮存出现问题时临时进行的运输、贮存或处置,不包括第(1)项、(2)项、(4)项、(6)项、第(9)项至第(11)项规定的操作。	240亿日元
(14)地下处置废物,包括在现场进行废物运输或处置,及地下处置乏燃料出现问题时临时进行的废物运输或处置,不包括前述各项及第(15)项规定的操作。	40亿日元
(15)从第1条第(6)款(b)项规定的乏燃料溶液中分离出核燃料及其他有用物质后,对由剩余的液体流出物中获得的玻璃化材料构成的废物进行地下处置,包括在现场进行的废物运输或处置及地下处置核燃料废物出现问题时临时进行的废物运输或处置,不包括第(9)项规定的操作。	240亿日元
(16)废物管理,包括在现场进行的核燃料废物运输或处置及废物管理出现问题时临时进行的核燃料废物运输或处置,不包括第(9)项规定的运行,且不包括前述各项及第(17)项规定的操作。	40亿日元

续表

(17)从第1条第(6)款(b)项规定的乏燃料溶液中分离出核燃料及其他有用物质后,对由剩余的液体流出物中获得的玻璃化材料构成的废物进行管理,包括在现场进行的废物运输或处置及地下处置乏燃料出现问题时临时进行的废物运输或处置,不包括第(4)项及第(15)项规定的操作。	240亿日元
(18)核反应堆运行,核燃料生产、后处理、使用,乏燃料贮存及地下处置或废物管理等活动临时进行的核燃料等运输,不包括前述各项、第(19)项、以下各项及第(22)项规定的操作。	40亿日元
(19)第1条第(2)款(b)项和(c)项规定的,核反应堆运行,核燃料生产、后处理、使用,乏燃料贮存及地下处置或乏燃料或废物管理等活动临时进行的核燃料运输,及从第1条第(6)款(b)项规定的乏燃料溶液中分离出核燃料及其他有用物质后,对由剩余的液体流出物中获得的玻璃化材料构成的废物进行管理而临时进行的核燃料运输,不包括第(1)项、(2)项、(4)项、(6)项、第(8)项至第(11)项、第(13)项、(15)项或第(17)项中规定的操作。	240亿日元
(20)核反应堆运行,核燃料生产、后处理、使用,乏燃料贮存临时进行的核燃料贮存,不包括第(1)项至第(13)项规定的操作,也不包括以下第(22)项规定的操作。	40亿日元
(21)核反应堆运行,核燃料生产、后处理、使用或第1条(6)款(b)项规定的乏燃料贮存等活动临时进行的核燃料贮存[见第1条第(2)款(b)项和(c)项之规定],及从第1条第(6)款(b)项规定的乏燃料溶液中分离出核燃料及其他有用物质后对剩余的液体流出物中获得的玻璃化材料构成的废物进行管理临时进行的核燃料贮存,不包括第(1)项、(2)项、(4)项、(6)项、第(8)项至第(11)项中规定的操作。	240亿日元
(22)核反应堆运行,核燃料生产、后处理、使用,乏燃料贮存及地下处置或废物管理等活动临时进行的核燃料废物处置,包括废物处置出现问题时临时进行的核燃料运输,不包括第(1)项至(17)项规定的操作。	40亿日元

第3条　工伤事故赔偿

依以下法律附则第4条第1款,内阁令对工伤事故赔偿规定如下:

(1)《政府公务员工伤事故赔偿法》(1951年第191号法)规定的赔偿责任;

(2)《海员保险法》(1939年第73号法)规定的赔偿责任,且受专业条件的限制。

附则(略)

1. 本"内阁令"自本法生效之日(1962年3月15日)起实施。

2. 附则(2009年8月7日第201号令)

本法于2010年1月1日起实施。

原子能损害赔偿补偿协议法

（1961 年 6 月 17 日第 148 号法律最终修订
2009 年 4 月 17 日法律第 19 号）

定义

第 1 条 本法所称“反应堆运行等”，是指《原子能损害赔偿法》（1961 年第 147 号法律，以下简称《赔偿法》）第 2 条第（1）款规定的反应堆运行等；“原子能损害”，是指《赔偿法》第 2 条第（2）款规定的原子能损害；“经营者”，是指《赔偿法》第 2 条第（3）款中规定的原子能经营者（该款第 2 项所列除外）；“原子能船”，是指《赔偿法》第 2 条第（4）款规定的原子能船；“损害赔偿措施”，是指《赔偿法》第 6 条规定的损害赔偿措施；“赔偿措施数额”，是指《赔偿法》第 7 条第（1）款规定的赔偿措施数额；“责任保险合同”，是指《赔偿法》第 8 条规定的责任保险合同。

原子能损害赔偿补偿协议

第 2 条 政府可与原子能经营者签订协议，约定在原子能经营者需要承担原子能损害赔偿责任时，如果该经营者通过交纳补偿金补充责任保险合同及其他损害赔偿措施无法覆盖的，由政府补偿原子能经营者。

补偿损失

第 3 条 政府依前条协议（以下简称补偿协议）补偿的损失，是指原子能经营者因赔偿下列原子能损害而造成的损失（以下简称损失）：

（1）地震或火山爆发导致的原子能损害；

（2）正常运行（是指在政令规定状态下的反应堆运行等）情况下发生的原子能损害；

（3）可依据责任保险合同弥补损失，且自导致其发生的事由发生之日起经过 10 年，受害人未索赔的原子能损害（对于该期间内发生的原子能损害，受害人未索赔仅限于有迫不得已的理由时）；

（4）原子能船进入外国水域时发生的，且通过《赔偿法》第 7 条第（1）款规定的损害赔偿措施和其他原子能损害赔偿措施[仅限于被认定为《赔偿法》第7.2条第(1)款规定的损害赔偿措施的一部分]无法弥补的原子能损害；

(5)上述各项所列情况外由政令规定的原子能损害。

补偿协议数额

第4条 (1)前条第(1)项至第(3)项和第(5)项所列原子能损害所涉补偿协议数额(以下简称补偿协议数额),包括了签订该补偿协议在内的损害赔偿措施数额(当损害赔偿措施包含了签订责任保险合同和补偿协议外的措施时,如果根据该措施签订了其他补偿协议,则扣除其他补偿协议中包含的原子能损害赔偿数额)。

(2)前条第(4)项所列的有关原子能损害的补偿协议数额,与《赔偿法》第7.2条第(1)款规定的损害赔偿措施数额相等[当《赔偿法》第7条第(1)款规定的损害赔偿措施和其他原子能损害赔偿措施被认为是《赔偿法》第7.2条第(1)款规定的损害赔偿措施的一部分时,须扣除该原子能损害赔偿措施数额]。

补偿协议的期限

第5条 (1)第3条第(1)项至第(3)项和第(5)项所列原子能损害补偿协议的有效期限自签订该协议之日起至该补偿协议对应反应堆的运行等停止之日止。

(2)第3条第(4)项所列有关原子能损害所涉补偿协议的有效期限自原子能船驶离本国水域之日起至返回本国水域之日止。

补偿费

第6条 补偿费的计算应当以补偿协议的数额为基础,考虑每年可能发生的损失和国家用于补偿协议的行政费用等,再乘以政令所规定的百分比。

补偿金

第7条 (1)根据补偿协议,政府发放的补偿金最多不超过在该协议期间因反应堆运行等造成损害所涉损失的补偿协议数额。

(2)政府在补偿第3条第(1)项至第(3)项和第(5)项所列原子能损害所涉损失时,对于因与该补偿所涉原子能损害相同原因发生的原子能损害,存在可用责任保险合同补偿数额时,通过补偿协议对该补偿损失支付的补偿金总额,不超过与签订该补偿协议所含的损害赔偿措施的赔偿措施数额相当的数额（当该损害赔偿措施中包含签订责任保险合同和补偿协议外的措施时，为扣除能够通过该措施弥补原子能损害赔偿数额的数额）。

签订补偿协议的额度限制

第8条 政府在一个会计年度内签订的补偿协议数额合计不超过各会计年度经国会表决的数额。

报告

第9条 原子能经营者在签订补偿协议时，应依政令规定，将有关反应堆运行等重要事实报告政府。报告的事实发生变更时，应再次报告。

政令规定事项

第10条 补偿协议的签订及补偿费的交纳时间、补偿金的支付时间和其他有关补偿费交纳及补偿金支付的必要事项，由政令规定。

时效

第11条 接受补偿金的权利，经过3年后失效。

代位等

第12条 （1）政府根据补偿协议进行补偿时，如该补偿协议当事方原子能经营者对第三方拥有求偿权的，政府取得该求偿权并且以下列赔偿数额中任何一个较小的赔偿数额为限：

一、政府补偿数额；

二、该求偿权对应的数额（前项所列数额根据该补偿协议不足以补偿损失数额时，为从该求偿权的赔偿数额中扣除的不足数额）；

（2）作为补偿协议一当事方的原子能经营者通过行使求偿权而获得支付时，政府豁免补偿义务并且以下列赔偿数额中任何一个较小的赔偿数额为限：

一、该原子能经营者通过行使求偿权而接受支付的数额；

二、依第7条之规定，对于根据该补偿协议补偿的损失，政府承担的补偿义务数额（前项所列数额少于该赔偿数额时，应为从政府承担补偿义务的数额中扣除不足赔偿数额后的数额）。

补偿金的返还

第13条 应依政令之规定，政府对下述各项所列原子能损害所涉补偿损失支付了补偿金的，要求原子能经营者予以返还：

一、作为补偿协议对方的原子能经营者怠于提交第9条规定的报告或作出虚假通知，且由于怠于通知或虚假通知造成原子能损害；

二、政府依第 15 条之规定解除补偿协议时，在原子能经营者接到该解除通知之日起至解除生效之日前一天止的期间，由于反应堆运行等造成原子能损害。

补偿协议的解除

第 14 条 （1）当原子能经营者采取了包括签订补偿协议在内的损害赔偿措施以外的损害赔偿措施时，政府可接受解除该补偿协议的申请，或解除该补偿协议。

（2）基于前款规定解除补偿协议的，自解除之日起生效。

第 15 条 （1）原子能经营者有下述各项之一的，政府可解除与之签订的补偿协议：

一、违反《赔偿法》第 6 条之规定；

二、怠于交纳补偿费；

三、怠于办理第 9 条规定的报告，或作出虚假通知；

四、怠于依《关于核源料、核燃料及核反应堆规制的法律》（1957 年法律第 166 号，在第 17 条第 2 款称《规制法》）第 21 条之二、第 35 条、第 43 条之十八、第 48 条、第 51 条之十六、第 57 条第 1 款或第 2 款、第 57 条之四、第 57 条之五、第 58 条第 1 款或第 59 条第 1 款之规定采取应采取的措施；

五、违反补偿协议条款中政令规定的事项。

（2）依前款规定解除补偿协议的，自作为该补偿协议当事方的原子能经营者接到解除通知之日起 90 日后生效。

过失金

第 16 条 作为补偿协议当事方的原子能经营者违反补偿协议条款中政令规定的事项时，政府可依政令规定征收过失金。

业务管理

第 17 条 （1）本法规定的政府业务，由文部科学省大臣管理。

（2）关于依第 15 条规定解除补偿协议，文部科学省大臣应事先就用于发电的反应堆［指《原子能基本法》（1955 年法律第 186 号）第 3 条第 4 款规定的反应堆］的运行、加工（指《规制法》第 2 条第 7 款规定的加工）、再处理（指《规制法》第 2 条第 8 款规定的再处理），乏燃料的贮存［指《规制法》第 43 条之四第 1 款规定的乏燃料的贮存］或核燃料又或核燃料导致的污染物的废弃(指《规制法》第51条之二第1款规定的废弃物的填埋或废弃物的管理)相关事项听取经济产业省大臣的意见;就设置于船舶的反应堆运行相关事项,听取国土交通省大臣的意见。

业务的委托

第18条 (1)依政令规定,政府可将基于补偿协议的部分业务委托给《保险业法》(1995年法律第105号)第2条第4款规定的损害保险公司或该条第9款规定的外国损害保险公司等(其中仅限于责任保险合同的保险人)。

(2)文部科学省大臣依前款规定进行委托时,应公布受托者的名称及其他文部科学省令规定的事项。

附则

本法自《原子能损害赔偿法》实施之日起施行。

原子能损害赔偿补偿协议法实施令

（由 2009 年 8 月 7 日第 201 号内阁令修订）

内阁依《原子能损害赔偿补偿协议法》（1961 年第 148 号法）制定本内阁令。

赔偿损失

第 1 条

依《原子能损害赔偿补偿协议法》（以下简称法律）第 3 条第（2）款，本内阁令规定的条件应符合下列法律条款：

（1）引发核损害的事故应符合《关于核源料、核燃料及核反应堆规制的法律》（1957 年第 166 号法）的下列条款：有第 12－2（4）情形的，不得违反第 21－2、第 22（4）、第 22－6（2）、第 35、第 37（4），第 43－2（2）、第 43－18、第 43－20（4）、第 43－25（2）、第 48、第 50（4）、第 50－3（2）、第 51－16、第 51－18（4）、第 51－23（2）、第 56－3（4）、第 57（1）或第 57（2）、第 57－2（2）等条款规定，还不得违反第 57－4、第 57－5、第 58（1）、第 59（1）和第 60（1）或第 60（2）条规定；

（2）核损害不能归因于反应堆运行设施所受损害；

（3）核损害不能归因于自然灾害或第三方的行为。

第 2 条

海啸可引起法律第 3 条第 5 款及内阁令规定的核损害。

第 3 条　赔偿率

（1）法律第 6 条及内阁令规定的赔偿率（以下简称赔偿率）为万分之三（对于与操作等有关的赔偿协议为 1 万日元）。大学和技术学院运行反应堆的，其赔偿协议中赔偿率为万分之一点五。

（2）支付赔偿费时，根据赔偿协议可获得的核损害赔偿款的额度不足以补偿该等协议约定的赔偿数额的，该等协议的赔偿率应为，协议约定的赔偿额除以根据协议可获得的赔偿额之商，乘以前款规定赔偿率。

第4条　通知责任

依法律第9条规定，核设施经营者应就下列事项向政府部门发出通知：

(1)与反应堆运行有关的赔偿协议：

a)核反应堆的用途；

b)核反应堆的类型、热功率和数量；

c)安装有核反应堆设施或场所的名称和地址(船舶上安装核反应堆的，船舶建造地和船东的主要营业地)；

d)安装有核反应堆建筑物的位置、结构和设备；

e)核反应堆运行开始和计划结束的日期；

f)用于核反应堆核材料的类型和数量；

g)乏燃料处置方法；

h)有关责任保险合同的信息。

(2)与生产有关的赔偿协议：

a)建立了生产工厂设施或场所的名称和地址；

b)生产工厂的位置、结构、设备和生产程序；

c)生产活动开始和计划结束的日期；

d)待生产的核材料类型和数量；

e)有关责任保险合同的信息。

(3)与后处理有关的赔偿协议：

a)安装有后处理设施或场所的名称和地址；

b)后处理设施的位置、结构、设备和后处理程序；

c)后处理活动开始和计划结束的日期；

d)后处理乏燃料的类型和数量；

e)有关责任保险合同的信息。

(4)与核燃料使用有关的赔偿协议：

a)使用目的和方法；

b)使用地；

c)使用、贮存和处置废物设施的位置、结构和设备；

d)使用活动开始和计划结束的日期；

e)待使用核燃料的类型和数量；

f)乏燃料处置的方法；

g)有关责任保险合同的信息。

(5)与乏燃料贮存有关的赔偿协议：

a)乏燃料贮存设施场所的名称和地址；

b)乏燃料贮存设施的位置、结构、设备和程序；

c)核燃料贮存活动开始和计划结束的日期；

d)待贮存乏燃料的类型和数量；

e)贮存后转移乏燃料的方法；

f)有关责任保险合同的信息。

(6)与废物的地下处置或管理有关的赔偿协议：

a)安装有废物地下处置或管理设施的场所名称和地址；

b)废物地下处置或管理设施的位置、结构、设备和程序；

c)废物地下处置或管理设施开始和计划结束的日期；

d)待掩埋于地下或待作为废物管理处置的核燃料或受核燃料污染的材料的类型和数量(包括核裂变产物,适用于本条剩余部分)；

e)有关责任保险合同的信息。

(7)与运输[《原子能损害赔偿法实施令》(1962 年第 44 号)第 1 条第 6 款规定的运输活动]有关的赔偿协议：

a)运输路线和运输方式；

b)运输活动开始和计划结束的日期；

c)待运输的核燃料或被核燃料污染物质的类型和数量；

d)有关责任保险合同的信息。

(8)与贮存[《原子能损害赔偿法实施令》(1962 年第 44 号)第 1 条第 6 款规定的贮存活动]有关的赔偿协议：

a)存放地点和方法；

b)贮存活动开始和计划结束的日期；

c)待贮存的核燃料或被核燃料污染物质的类型和数量；

d)有关责任保险合同的信息。

(9)与废物处置[《原子能损害赔偿法实施令》(1962 年第 44 号)第 1 条第 6 款规定的废物处置活动]有关的赔偿协议：

a)废物处置的场所和方法；

b)废物处置活动开始和计划结束的日期；

c)废物(核燃料或被核燃料污染的物质)的运输路线和运输方式,及运输活动开始和计划结束的日期;

d)废物(核燃料或被核燃料污染的物质)类型和数量;

e)有关责任保险合同的信息。

第5条　赔偿费用

赔偿协议签订之日及此后每年签订日(若当年不存在该日期的,应在前一日支付),核设施经营者应向政府支付赔偿费。赔偿费的支付自事故发生之日起按年计算(赔偿协议有效期不满一年的,赔偿费仅在该有效期内支付)。

第6条　根据赔偿协议支付

核设施经营者要求赔偿的,文部科学省应自提出申请30天内支付赔偿费。但是,发生不可预测和不可避免情形的,本条不适用。

第7条　退回赔偿协议项下款项

依第13条规定,文部科学省应自赔偿费支付之日起一年内,有权要求偿还与该赔偿费相当的费用。

第8条　(废止)

第9条　取消赔偿协议

在核损害发生或可能发生时,违反法律第15条第1款第5项及本内阁令之规定,不采取必要措施防止或减轻该等损害发生的,政府可取消赔偿协议。

第10条　罚款

发生违法情形的,法律第16条第1款第5项及本内阁令规定:

(1)核损害发生或可能发生的,采取一切必要措施防止或减轻该等损害;

(2)核设施经营者全部或部分承担核损害赔偿责任的,获得文部科学省事先许可;

(3)发生核损害后,立即向文部科学省通知核事故发生的日期、时间和地点,并报告损害的程度;

(4)经营者起诉或作为诉讼主体的,就有关事实应立即通知文部科学省。

第11条　依法律第16条,文部科学省可自核设施经营者获得赔偿之日

起,依以下各款规定判处罚款:

(1)违反上条第(1)款和第(2)款关于赔偿协议要求的,处赔偿费 1/10 的罚款;

(2)违反上条第(3)款和第(4)款关于赔偿协议要求的,处 10 万日元罚款。

第 12 条　任务

(1)依法律第 18 条第 1 款,政府可授权:

①接收赔偿申请;

②调查损失对应的赔偿额;

③除前两款规定的情形外,与赔偿费支付和文部科学省部门令要求有关的工作。

(2)除上款规定外,法律第 18 条第 1 款与授权相关之规定,由文部科学省以部门令形式制定。

附则

本内阁令自法律生效之日(1962 年 3 月 15 日)起施行。

附则(2009 年 8 月 7 日第 201 号令)

本法自 2010 年 1 月 1 日起施行。

原子能规制委员会设置法(节选)

(2012年6月27日特别政府公报颁布第47号法　2013年11月22日第82号法最终版本　2014年3月1日起实施)

目的

第1条　为消除垂直划分管理政策对核能研究、发展和利用(以下简称核能利用)的不利影响(因2011年3月11号东北部地区太平洋沿岸地震造成的核电厂事故而充分暴露的不足),同时为解决同一政府机构既担任核能利用推广机构,又担任核能利用监管机构的弊端,并基于社会各界对核能利用过程中应牢记核事故风险并竭力避免核事故发生的共识,本法旨在建立原子能规制委员会。该机构应依现有国际标准,对核能利用过程中为确保核安全所必需的发展及实施措施相关的事务进行全面监管(包括与核能利用相关的提纯、加工、浓缩、临时贮存、后处理及废物处理活动,以及反应堆监管、建立在国际承诺之上的安全保护管理及其他确保和平利用核能的监管活动)。该机构的主席和委员将独立行使权利,致力于保护公民的生命、健康和财产,保护环境及日本的国家安全。

设立

第2条　依本法第3条及《国家政府组织法》(1948年第120号法)第2条,原子能规制委员会应由环境省组建,并作为环境省的外派机构。

任务

第3条　原子能规制委员会的任务(包括与核能利用相关的提纯、加工、浓缩、临时贮存、后处理及废物处理活动,以及反应堆监管、建立在国际承诺之上的安全保护管理及其他确保和平利用核能的监管活动)是确保核能利用安全,旨在保护公民的生命、健康和财产,保护环境及日本的国家安全。

职责

第4条　为完成上述任务,原子能规制委员会的工作包括:

(1)确保核能利用安全;

(2)与核能利用相关的提纯、加工、浓缩、临时贮存、后处理及废物处理行为,以及反应堆监管及其他与核能利用相关的安全保障活动;

(3)核源料、核燃料监管及其他确保和平利用核能的监管活动;

(4)建立在国际承诺之上的安全保护管理及其他确保和平利用核能的监管活动;

(5)辐射危害的预防;

(6)就监管、检测核材料或辐射水平制订基本计划,分配用于各监管机构之间计划的开支;

(7)监管和检测以确定辐射水平;

(8)为确保和平利用核能培养研究人员和工程师;

(9)对开展核燃料和放射性材料实物保护的行政机构进行职能调整;

(10)对反应堆运行等活动[指《原子能损害赔偿法》(1961年第147号法)第2条第1款定义的反应堆运行等活动]造成的事故(以下简称核事故)原因及核损害的原因进行调查;

(11)职责范围内的国际合作;

(12)为执行前述职能而开展的必要调查和研究;

(13)上述职能以外法律(包括依法律制定的法规)要求原子能规制委员会开展的其他工作;

(14)原子能规制委员会认为需要在其监管职责范围内开展工作的,应向有关行政管理机构长官提出建议,并要求该机构对根据建议所采取的措施提交报告。

权利行使

第5条 原子能规制委员会的主席及委员应有权独立行使权力。

组织机构

第6条

(1)原子能规制委员会应由一名主席及四名委员构成;

(2)主席应对原子能规制委员会的工作负责并代表该机构行使权力;

(3)主席因故不能行使权力或主席职位空缺的,应指定上述委员中的一人代替主席行使权力。

原子能规制委员会主席及委员的任命

第7条

(1)在保障安全使用核能领域具有扎实学识和丰富经验并且品质高尚者,可经国会参众两议院同意并由首相任命为主席和委员。

(2)应由天皇通过颁发或撤回证书对主席进行任命或解聘。

(3)依《核应急准备特别措施法》(1999年第156号法)第15条第(2)款宣布进入核应急状态或发生其他特别紧急情形的,尤其是指在国会开会期间,发生主席或上述第6条第(3)款代替主席的委员同时缺位情形的(在本款此处以下指需要紧急任命的情形),并且发生国会参众两议院或其中一议院不能在10天内(不含国会休会时间)同意主席人选的,从国会依第(1)款任命主席并出具紧急任命的文件(或发生国会依有关法律认可主席人选且随后证明需要进行紧急任命的情形,自国会接到证明发生紧急情况的通知)之日起,首相可在符合法律规定的合格人选中任命主席,无须考虑相关法律规定的其他情形。

(4)有前款规定情形,在根据《核应急准备特别措施法》第15条第(4)款的规定,撤销核应急状态或其他引发特别紧急状态的情形已不存在时,应及时获得参、众两议院的事后同意。如果在国会开会审议该等事项期间不能获得两议院事后同意的,首相应立即免除主席职务。

(5)主席或委员任期届满或职位空缺,且由于国会终止会议或国会代表解散而无法获得两议院同意情形的,首相可从第(1)款规定的合格人员中任命主席或委员,无须考虑法律规定的其他情形。

(6)发生上述情形的,应对第(4)款之规定加以变更。将第(4)款中的"前项"替换为"以下段落";将"在依《核应急准备特别措施法》第15条第(4)款的规定,撤销核应急状态或其他引发特别紧急状态的情形已不再存在时,应及时获得参、众两议院的事后同意"替换为"在任命后的第一次会议上,两议院应表示事后同意[或替换为依《核应急准备特别措施法》(1999年第126号法)第15条第(2)款宣布进入核应急状态或发生其他特别紧急情形,且国会接到证明发生紧急情况的通知时,在引发特别紧急状态的情形不复存在后,两议院应表示事后同意]";将"主席"替换为"主席或委员"。

(7)存在以下情形的人员,不得任命为主席或委员:

①已进入破产执行阶段,未恢复其权利的人;

②被判监禁失去工作或较重处罚的人；

③从事与核能相关的提纯、加工、浓缩、临时贮存、后处理及废物处理工作的人，或国家批准的反应堆经营者，在日本水域停泊的外国原子能船舶上人员，或使用核源料或核燃料的人员，或当前述人员是法人时，其主管人员（包括其权限或控制权的实际范围等于或大于公务员职权的人员），或雇员或其他从业人员；

④上述涉及组织的主管人员（包括其权限或控制权的实际范围等于或大于公务员职权的人员）、雇员或其他从业人员。

任期

第8条

（1）主席和委员的任期为5年，但是其继任者的任期是前任的余下任期；

（2）主席及委员可获连任；

（3）主席和委员任期届满时，应继续履行职责，直至其继任者上任。

免职

第9条

（1）如果主席或委员发生本法第7条第（7）款情形，首相应免除主席或委员的职务；

（2）首相听取核监管机构的意见并得到国会两议院同意后，可因主席或委员罹患精神或身体疾病，或因执行公务中违反职责，或因从事与核监管机构主席或委员身份不相称的行为，免除主席或委员的职务。

委员会会议

第10条

（1）原子能规制委员会的委员会会议由主席召集。

（2）除非主席及两名或两名以上委员出席委员会会议，否则核监管委员会不得召集委员会会议，也不得作出决议。

（3）原子能规制委员会的决议由出席会议的过半数人员作出，如果会议出现僵局，主席应作出裁断。

（4）尽管有前两款规定，因特别紧急需要而没有时间召集委员会会议，或在未达到召开委员会会议的法定人数或未达到作出决议的法定人数时，主席可就下列事项代表原子能规制委员会作出临时决定：

①有《核应急准备特别措施法》第15条第（1）款规定的情形，同意宣

布进入核应急状态,并依该规定向首相报告,依该条第(2)款发布公告,并依该条第(3)款提交指挥草案。

②根据《核应急准备特别措施法》第15条第(2)款宣布进入核应急状态之日起,根据第15条第(4)款宣布撤销核应急状态之日止,采取该法第2条第(5)款规定的有关应急措施事项。

③根据《关于武装袭击期间保护日本公民的措施法》(2004年第112号法,以下简称《民众保护法》)第105条第(1)款第1句及其他法律发布通告,向总部总干事[是指《日本和平独立与武装袭击中保卫国家和民众安全法》(2003年第79号法,以下简称《武装袭击反抗法》,该简称同样适用于第⑥项)第11条第1款规定的总部总干事]汇报,并依该条第(2)款通知有关指定的公共机构。

④具有《民众保护法》第105条第(1)款规定情形的,认定该条第(4)款规定情形的发生。

⑤根据《民众保护法》第105条第(3)款发布通告的,向总部总干事汇报,并依该条第(2)款(该条第(4)项可比照适用)通知有关指定的公共机构,并通知地方政府长官、市政府主管市长、邻近地区政府长官,并根据《民众保护法》第105条第(4)款第2项通知核设施经营者[是指《核应急准备特别措施法》第2条第(3)款规定的核设施经营者,以下均指核设施经营者]。

⑥出现武装袭击情况等(指《武装袭击反抗法》第1条规定的武装袭击情况等),根据《民众保护法》第106条发布采取必要措施的指令。

(5)根据前款规定由主席暂时代表原子能规制委员会的,主席应根据原子能规制委员会条例规定(以下简称原子能规制委员会条例),在下次委员会会议上就此事作出报告。

(6)适用本条第(2)款和条(4)款规定,及适用前款关于主席发生意外或职位空缺规定的,根据第6条第(3)款代替主席行使职务的委员应被认定为主席。

履职纪律等

第11条

(1)主席和委员不得泄露在履行职责时了解的秘密。离职后他们仍应遵守前述规定。

(2)主席和委员不得是任何政党或其他政治组织的主管人员,也不得在任职时从事任何政治活动。

(3)主席和委员在任职期间,不得从事以获利为目的的商业活动,不得进行盈利性商务活动或其他获取利益的活动,获得首相的许可的除外。

(4)为避免主席和委员的行为使民众对其履职的中立性及公正性产生怀疑或不信任,原子能规制委员会应制定并公开内部规范,主席和委员应遵守。该等规范包括披露核设施经营者捐款信息、调查主席或委员,及限制以主席或委员身份接受核运营人的捐赠等事宜。原子能规制委员会修订内部规则时也应公开。

(5)为确保在发生核事故时能采取及时、适当的措施,原子能规制委员会应对可能出现的各种情况进行模拟,并制定内部规范,其中包括主席和委员的行为准则、委员会会议召集方式及形成决议的方式,并妥善执行。

报酬

第12条 主席和委员的报酬由其他法律另行规定。

委员会等

第13条

(1)原子能规制委员会设立以下委员会:反应堆安全检查委员会和核燃料安全检查委员会。

(2)除前款规定外,在原子能规制委员会下设置辐射委员会。由其他法律另行规定。

反应堆安全检查委员会

第14条 原子能规制委员会发出指令的,反应堆安全检查委员会应对核反应堆的安全情况进行审议。

第15条

(1)反应堆安全检查委员会由审查员组成,人数以内阁令规定的人数为限。

(2)审查员由原子能规制委员会从具有相关知识和经验的人员中任命。

(3)审查员的工作为兼职。

(4)审查员的任期为两年。

(5)审查员可连任。

第 16 条

(1)反应堆安全检查委员会设委员会主任,由审查员自行选举产生。

(2)委员会主任主持委员会事务。

(3)委员会主任发生意外的,由此前指定的审查员代替委员会主任行使职权。

第 17 条 除前三条规定外,内阁令应对反应堆安全检查委员会的其他必要事项做出规定。

核燃料安全检查委员会

第 18 条 原子能规制委员会发出指令的,核燃料安全检查委员会应对核燃料的安全性进行审议和讨论。

第 19 条

(1)核燃料安全检查委员会由审查员组成,人数以内阁令规定为限。

(2)第 15 条第(2)款至第(5)款规定,第 16 条、第 17 条之规定,比照适用于核燃料安全检查委员会。

辐射委员会

第 20 条 辐射委员会应适用《防止辐射危害技术标准法》(1958 年第 162 号法,包括依该法制定的其他法律法规)之规定。

紧急应变措施委员会成员

第 22 条

(1)原子能规制委员会发出指令的,应向紧急应变措施委员会配备成员(以下简称应急响应成员),人数以内阁令规定的人数为限。该委员会依原子能规制委员会指令,在发生《核应急准备特别措施法》第 2 条第(2)款规定的核紧急情况时,审议和讨论有关应急措施的事项。

(2)应急响应成员由原子能规制委员会从具有相关知识和经验的人员中任命。

(3)应急响应成员的工作为兼职,任期两年。

(4)应急响应成员可连任。

核事故调查

第 23 条

(1)原子能规制委员会认为有必要履行第 4 条第(10)款规定时,可作出以下安排:

①对于采取措施防止核损害扩大的核设施经营者、雇员及涉及核事故的其他有关人员(以下简称有关人员),向其收集有关报告。

②进入相关核场所及其他核事故现场、有关核设施经营者办公室及其他必要地点,核查与核事故有关的书籍、文件和其他必要物品(以下简称有关物品),询问有关人员,或要求提交核源料、核燃料材料或任何其他必要样本,审查对象宜精简。

③要求有关人员接受质询。

④要求有关物品的所有人、持有人或保管人提交上述物品或没收所提交的物品。

⑤要求有关物品的所有人、持有人或保管人保存物品,或禁止他们转移物品。

⑥禁止人员进入相关核场所及其他核事故现场,执行公务人员及原子能规制委员会认为不会造成影响的人员除外。

(2)原子能规制委员会认为必要时,可要求主席、委员或秘书处依前款规定进行调查。

(3)本条第(1)款或第(2)款规定进行调查的人员,应携带能证明其职位的身份证明,并应有关人士的要求出示。

(4)本条第(1)款或第(2)款规定进行调查不视为刑事调查。

向国会报告

第24条 原子能规制委员会每年应通过首相向国会报告,报告内容为其处理的事务,并公布工作简报。

信息披露

第25条 为保障公众知情权,原子能规制委员会应全面披露其掌握的信息以确保其运行的透明性。

设立条例

第26条 原子能规制委员会为实施法律或内阁令,或经法律或内阁令授权,可就其监管的事务制定原子能规制委员会条例。

原子能规制委员会秘书处

第27条

(1)原子能规制委员会设秘书处管理原子能规制委员会事务。

(2)前款规定的秘书处称原子能规制委员会秘书处。

(3)原子能规制委员会秘书处应设主管秘书和其他文员。

(4)前款规定的主管秘书称原子能规制委员会秘书处主管秘书。

(5)原子能规制委员会秘书处主管秘书应根据主席指令对秘书处的事务进行管理。

(6)尽管有本法第7条第(7)款之规定,第7条第(3)款、第(4)款、第(6)款和第21条第(1)款和第(5)款之规定,应比照适用于原子能规制委员会秘书处的内部组织。有上述情形的,本法第7条第(6)款和第21条第(5)款中的"部门条例"应替换为"原子能规制委员会条例"。

原子能规制委员会的运作

第28条 本条例规定以外的其他与原子能规制委员会运作相关的必要事项,由原子能规制委员会决定。

刑事条款

第29条 违反本法第11条第(1)款规定的,处1年以下监禁或50万日元以下罚款。

第30条 有下列情形的,处30万日元以下罚款:

①本法第23条第(1)款第①项或第(2)款进行调查,在收集报告中弄虚作假的。

②本法第23条第(1)款第②项或第(2)款接受调查,拒绝、阻挠或质疑审查或提交样品的,或在接受质询中做虚假陈述的。

③本法第23条第(1)款第③项或第(2)款接受调查,在接受质询中做虚假陈述的。

④违反本法第23条第(1)款第④项或第(2)款,未能提交有关物品的。

⑤违反本法第23条第(1)款第⑤项或第(2)款,不保存或转移有关物品的。

第31条 法人或自然人的代表、代理人、雇员或其他工作人员在履行工作中违反前条规定的,其代表的法人或自然人均应被追究责任。

附则(摘录)

任命第一任主席和委员

第2条

(1)本法实施后第一次任命的四名委员中,两名的任期为2年,其余两名的任期为 3 年。

(2)前款规定关于委员的不同任期由首相决定。

(3)本法实施日在国会开会期间,根据《核应急准备特别措施法》第 15 条第(2)款宣布进入核应急状态的,且发生国会两议院或其中一议院不能在 10 天内(不含国会休会时间)认可主席人选的,自国会根据本法第 7 条第(1)款以出具文件形式声明已进入紧急状态的形式任命主席之日起,或有国会依同一条法律认可主席人选后宣布进入紧急状态的情形的(排除国会任一院拒绝认可主席人选的情形),自国会接到证明发生紧急情况的通知之日起,首相可在本法实施后从符合法律规定的合格人选中任命第一任主席和委员,无须考虑该款法律规定的其他情形。

(4)本法第 7 条第(4)款之规定应比照适用于上款规定的情形。比照适用的,第 7 条第(4)款中"前款"应替换为"附则第 2 条第(3)款",删除"或其他引发特别紧急状态的情形已不复存在时","主席"应替换为"主席或委员"。

(5)本法实施后,国会因休会或代表解散而不能通过第一任主席或委员的任命的,首相可从符合法律规定的合格人选中任命第一任主席和委员,无须考虑该款法律规定的其他情形。

(6)本法第 7 条第(4)款之规定应比照适用于上款规定之情形。比照适用的,第 7 条第(4)款中"前款"应替换为"附则第 2 条第(5)款";"根据《核应急准备特别措施法》第 15 条第(4)款的规定,撤销核应急状态或其他引发特别紧急状态的情形已不复存在时,应及时获得两议院事后同意"应替换为"两议院应在任命后第一次国会会议上表示事后同意(或根据《核应急准备特别措施法》第 15 条第(2)款宣布进入核应急状态且两议会接到证明发生紧急情况的通知的,在根据《核应急准备特别措施法》第 15 条第(4)款规定撤销核应急状态后,两议院应表示事后同意)";"主席"应替换为"主席或委员"。

关于程序的过渡措施等

第 3 条

(1)本法实施前已生效的,由国家政府机构(以下简称前机构)根据本法修订前各种法律条款[包括依该等法律条款发布的命令,在本条以下位置及下一条第(1)款中称原法律法规]作出的处分、通知或其他行为,如许可、授权、批准和指令,在本法实施后,应视为由有关国家政府机构(以下简称新机构)依本法修订后各种法律条款(包括依该等法律条款发布的命令,以下简称新法律法规)作出的处分、通知或其他行为,其他法律法规有相反规定的除外。

(2)本法实施前依原法律法规的条款已向前机构提出的申请、发出通知或其他行为,在本法实施时,应被视为依新法律法规有关条款向新机构提出申请、发出通知,其他法律法规有相反规定的除外。

(3)本法实施前依原法律法规的条款应向前机构提交报告、发出通知、呈交材料或办理其他需要的手续(不包括本法实施前未办理完的手续),在本法实施后,应被视为依新法律法规有关条款向新机构提交报告、发出通知、呈交材料或办理其他需要的手续(不包括未办理完的手续),该等法律法规应予以适用,其他法律法规有相反规定的除外。

关于法令效力的过渡措施

第 4 条 (1)本法实施时,根据已生效的法律法规颁布的《内阁办事室设置法》(1999 年第 89 号法)第 7 条第(3)款规定的内阁办公室法令或《国家政府组织法》第 12 条第(1)款规定之部门法令(以下简称前内阁办公室法令和部门法令)与根据新法律法规颁布的《原子能规制委员会条例》就同一事项做出之规定效力相同。

(2)根据新法律法规颁布的《内阁办事室设置法》第 7 条第(3)款规定的内阁办公室法令或《国家政府组织法》第 12 条第(1)款规定的部门法令与前内阁办公室法令和部门法令效力相同,其他法律法规有相反规定的除外。

关于对确保安全使用核能具有监管职能的政府机构的审查

第 5 条 对于确保安全使用核能具有监管职能的政府机构,政府应在本法实施起 3 年内对其进行审查,包括在内阁办公室下设置独立监管委员会的可能性,以使该等机构因本法实施而更符合国际标准,审查对象还包括由日本福岛核事故独立调查委员会全国会议提交的报告细则,及最新国际标准等为确保安全使用核能的系列事项。鉴于放射性物质的实物保护和其他确保安全使用核能的事项与日本国家安全密切相关,政府应根据上述审查结果采取必要措施。

政府措施等

第 6 条

(1)考虑到东日本大地震后发生的核电厂事故,迫切需要对确保安全使用核能进行监管，政府应就下列事项及有关原子能规制委员会秘书处工作人员的其他必要事项及时采取必要措施，以始终保证优秀的高素质员工熟悉国际监管规制：

①根据工作人员资历制定薪酬制度，并根据要求工作人员具备特殊专业知识和经验的职责改善其待遇；

②首先保证为新员工预留充足的岗位，并积极从国内大学、研究机构、私有企业经营者等机构或人员中招聘具有专业知识和经验的人员，同时积极从外国大学、研究机构、私有企业经营者等机构或人员中招聘具有专业知识和经验的人员，要求他们以第三方身份就日本核能管理提出意见，以便积极采纳国外在确保安全使用核能方面的最新经验；

③向工作人员提供赴海外学习的机会，如派往国际组织或外国政府机构，或到国外的外交使团工作，并与国内外大学和研究机构进行人员往来交流；

④组建培训机构，提高工作人员的专业能力，建立培训体系；

⑤保证原子能规制委员会扩充人员（包括新员工和其他人员），保证实体系统资金充裕，完善培养人员的方式，并引入一个分类账目的制度。

(2)为保证对安全使用核能所进行的监管具有独立性，原子能规制委员会秘书处的工作人员，包括行政人员和其他人员，不能调任到其他推广核能使用的政府机构；但是，发生不可避免的情形的，尤其是考虑到有关人员的积极性、能力等，可在本法实施5年内不适用该规定。

(3)为保证对安全使用核能所进行的监管具有独立性，对原子能规制委员会秘书处的工作人员再次聘用可能引起民众对该工作人员职责公平性产生怀疑或不信任的，不得再次聘用该工作人员。

(4)为使原子能规制委员会接管日本核能安全组织的业务，政府应尽快撤销日本核能安全组织，并应及时采取必要的法律措施，如将日本核能安全组织的工作人员调往原子能规制委员会秘书处工作。

(5)除前款规定，政府应对独立行政法人和其他有关组织的结构和业务进行审查，确保对安全使用核能管理的监管更高效，并根据审查结果采取必要措施。

(6)政府应审查《核源料、核燃料和反应堆监管法》第66条第(1)款下的各种方式,以提高系统效率,并根据审查结果采取必要措施。

(7)鉴于东日本大地震造成巨大损失,政府将对其结构进行根本性检查以应对大规模灾害,以期能够更灵活有效地应对核应急及其他大型灾害,并根据检查结果采取必要措施。

(8)根据东日本大地震后核电厂事故的经验,政府应及时审查向地方政府披露核事故相关现场和核事故灾害的情况,并根据审查结果采取必要措施,同时鉴于与相关方面发展更密切合作制度的重要性,政府应采取措施,在中央政府、地方政府、居民、有关核设施经营者及有关行政机关之间共享信息,并应采取其他必要措施。

(9)核设施经营者应深刻认识到,确保核设施安全及安全解决事故是其首要职责,并应在《核源料、核燃料和反应堆监管法》及其他法律法规规定的措施外,努力完善志愿措施,以建立针对每一座核设施的全面危机管理制度,从而防止该设施发生事故并在事故发生时防止灾害扩大。

设立委员会的特别规定等

第6.2条 原子能规制委员会下设前日本核能安全组织评估委员会,直至《日本核能安全组织解散法》(2013年第82号法)"附则"第16条第(1)款规定之内阁令作出决定为止,依同一法律之规定。

审查

第97条 依"附则"对第17条和第18条的修订,鉴于附则的实施,政府应及时审查,并在有需要的情况下根据审查结果采取必要措施。

2011年核损害紧急措施法

（2011年第91号法）

第1条　目的

2011年3月11日，东北地区海岸外太平洋沿岸的海洋地震引发了核电厂事故。此次事故，无论其规模还是持续时间，造成的损失都是空前的。鉴于对遭受损害当事人提供及时救济的需要，和对一些特殊情况的考虑，例如向这些当事人支付特定核损害赔偿所需的时间、应对核事故的紧急措施等，制定本法，旨在发挥国家采取有关损害减轻措施方面的作用，通过规定国家及时适当支付临时款项的必要事项，弥补2011年核损害，同时支持建立核损害应急基金的当地机构。

第2条　定义

在本法中，"特定核损害"是指核设施经营者［"核设施经营者"，参照《原子能损害赔偿法》（1961年第147号法令）第2条第3款之定义］依本法第3条第1款之规定所应承担的核损害赔偿责任。

第3条　临时补偿

1. 依本法之规定，国家将向内阁令界定的特定核损害当事人进行临时补偿，以弥补上述特定核损害造成的损失。

2. 依前款之规定，国家应从公众负担的角度判断该等救济的适当时机，及时进行临时补偿，以便向遭受特定核损害的当事人提供救济。

第4条　临时赔偿数额

1. 依第3条第1款规定，内阁令规定根据当事人提交的材料来计算当事人承受的特定损害，使用简易计算方法，即不少于本款规定之特定核损害近似值的50%。根据当事人提交的材料难以按上述方法计算赔偿数额的，应根据所述比例乘以特定核损害赔偿数额计算，此处赔偿数额须根据遭受特定核损害当事人居住或开展业务的地区和/或遭受核损害的类型来进行评估。

2. 本条前款所述的内阁令规定，核损害赔偿纠纷调解委员会应依《核损害赔偿法》第 18 条第 2 款第(2)项的准则中的定义事项，对遭受特定核损害的当事人提供及时的救济。

3. 本法第 3 条第 1 款和前款所述的内阁令在本法第 18 条规定之准则中进行了明确定义。

第 5 条　临时补偿索赔

1. 申请获取临时补偿的当事人应依内阁令之规定向主管部门索赔。

2. 有权获取临时补偿的当事人发生继承、合并、分立(有该当事人转移与第 3 条第 1 款规定之特定核损害相关业务的情形)，且该当事人在其死亡、解散和分立前没有申请过临时补偿的，该当事人为自然人的，其继承人，或因合并、分立而继承该业务的法人可以以自己的名义申请临时补偿。

3. 依前款规定，如果存在两名或两名以上同一顺序的继承人有权领取同一笔临时补偿，则其中一名继承人的索赔应被视为全部继承人的索赔，向其中一名继承人支付款项应被视为对所有继承人支付。

第 6 条　协助准备文件等

直接或间接参与核电运营的经营组织，包括地方公共机构和农业合作社、渔业合作社、商会和工商业协会在内的成员，都应提供必要的协助，准备所需的索赔文件，以方便当事人申请临时补偿。

第 7 条　提供材料和对其他组织的要求

如果认为有必要及时和适当地支付临时补偿，主管部门可要求当地公众组织，包括核设施经营者或其他公共或私人组织提供材料，或以其他方式进行合作，或根据需要确认需求。

第 8 条　行政事务

1. 依内阁令，与临时补偿有关的行政事务可由县级政府执行。

2. 依前款规定，在制定相关内阁令时，应适当权衡，以免县级政府负担过重。

3. 依本条第 1 款规定，主管部门或县级政府，在执行与临时补偿项目有关的行政工作时，可依内阁令之规定安排有关业务，以对当事人进行部分支付[不包括依《公共账户法》(1947 年第 35 号法令)确定和发放支出]。

4. 主管部门或县级政府，依第 1 款规定开展临时补偿的行政工作时，可依前款规定中所提及的内阁令，申请必要经费。

5. 依前款规定领取资金的当事人，应视为依《公共决策法》第 17 条规定获得资金的职工，并适用该法、《预算执行雇员责任法》和其他相关法律规定。在这种情况下，解释中的任何必要变化应在内阁令中明确。

6. 尽管有其他法律规定，内阁令中规定之农业合作社、渔业合作社和其他组织依然可依第 3 款之规定承接管理工作，并开展上述行政工作。

7. 依第 3 款规定接受委托管理的一方，其董事或雇员或一方当事人，无正当理由不得泄露委托方的秘密。

8. 县政府依第 3 款规定办理与临时补偿相关的行政工作或委托办理行政工作的，国家应在内阁令规定之预算范围内承担全部行政工作和委托行政工作所需的费用。

9. 适用前款规定的，国家应对适用的地区提供必要协助，并采取配套措施，确保顺利实施。

10. 关于临时补偿，有关政府机关负责人应与主管部门进行合作，由县政府依本法第 3 款之规定履行部分行政工作。

第 9 条　与损害赔偿的关系

1. 依本法第 3 条第 1 款规定遭受特定核损害的一方，或依第 5 条第 2 款规定可以自己名义要求获得临时补偿的当事人，已获取特定核损害补偿金的(包括由内阁令规定之相当于货币支付的情况)，不得申请获取这种临时补偿。

2. 国家进行临时补偿时，在补偿的数额范围内，取得接受临时补偿当事人对特定核损害索赔的权利。

3. 出现前款规定之情形时，国家可立即行使该项权利，要求获得赔偿。

第 10 条　临时补偿的退款

如果已接到临时补偿的当事人的特定核损害赔偿数额已经确定，有赔偿数额少于临时补偿数额情形的，当事人应退还差额。

第 11 条　骗取临时补偿的情形

1. 如果当事人通过欺骗手段或其他方式骗取临时补偿的全部或部分款项，主管部门可比照征收国家税收之规定，向当事人征收相当于其所获得的临时补偿的全部或部分数额。

2. 关于依本法前款规定授权留置费用，应在征收国税和地税后再收取该费用。

第 12 条　获得临时补偿权益的保护

获得临时补偿的权益不得转让、质押、抵押或扣押。

第 13 条　税收措施

国家和地方公共机构，在适当考虑遭受特定核损害当事人的情况后，应对接受临时补偿的当事人采取必要的税收措施。

第 14 条　核事故应急基金

1. 如果地方公共机构依《地方政府法规》（1947 年第 67 号法）第 241 条设立核损害应急基金，全部或部分用于支付当地公共机构基于《核应急准备特别措施法》（1999 年第 156 号法律）或其他相关法律而采取的紧急措施（仅限于为防止或减轻 2011 年核事故对影响区域内居民生活或经济产生影响或从影响中恢复而采取的紧急措施）所发生的费用，可依《特别账户法》（2007 年第 23 号法令）第 85 条第 4 款采取财务措施的，国家可在预算范围内，为地方公共机构提供全部或部分资金支持。

2. 如果地方公共机构制定与损害有关的措施，从核损害应急基金中支付费用，则前款规定不影响国家依本款规定，在提供经济补偿数额范围内，向适用的核电经营者行使索赔权。

3. 国家在执行本条第 1 款规定时应适当考虑当地公共机构的意见。

第 15 条　主管部门

本法规定之主管部门是指文部科学省，承担特定核损害责任的核电经营者主管部门，以及其他内阁令中规定之主管部门。

第 16 条　内阁令委托

除本法规定外，执行本法的程序和其他必要事项应在内阁令中规定。

第 17 条　处罚条款

违反本法第 7 条、第 8 条规定的，处 1 年以下有期徒刑或 1 百万日元以下的罚款。

附则

1. 执行日期

本法自内阁令确定之日起施行，但不得迟于本法令颁布之日起 45 天。

2. 法律适用

本法第 3 条第 1 款之规定也适用于在遭受特定核损害后，在本法实施前死亡、合并或分立的主体。

3. 财务资源保障

为支持地方公共主体设立核损害应急基金，国家应努力利用其资产、盈余和储备，审查处置和采取其他措施，确保用于临时补偿的财务资源充足。

4. 复核

在本法生效两年或两年以内，国家应根据 2011 年核事故相关核设施经营者损害赔偿金的支付状况和本法实施情况，对本法之规定进行复核，并根据复核结果制定必要的措施。

关于核损害赔偿制度，应及时进行审查，以便对遭受核损害的当事人提供及时的救助，并根据实施结果制定必要的措施。

核损害赔偿促进公司法

（2011 年第 94 号法案）

第一章　一般规定

立法目的

第 1 条　《核损害赔偿促进公司法》适用于发生核损害[《原子能损害赔偿法》(1961 年第 147 号法令)第 2 条第(2)款规定之“核损害”]后，核设施经营者(本法第 38 条第(1)款规定之“核设施经营者”)根据现行法律赔偿能力不足以赔偿所有核损害[超出了《原子能损害赔偿法》第三部分第 7 条第(1)款规定之财务保证数额]，或给业务用户造成极大的负担，从而导致民众生活、国民经济受到意外冲击的风险，本法规定由核损害赔偿促进公司办理相应的核损害赔偿事宜。

国家责任

第 2 条　考虑到国家在推动核能政策时应承担的责任，为达到前款之目的，国家应采取必要措施以实现核损害赔偿工作。

法人资格

第 3 条　核损害赔偿促进公司(以下简称公司)具有法人资格。

成员

第 4 条　只设立一个公司。

注册资本

第 5 条　(1)公司的注册资本为政府和非政府股东认缴的总额。

(2)必要时，公司可在监管部长授权的情形下增加其注册资本。

名称

第 6 条　(1)本公司应以“核损害赔偿促进公司”作为名称。

(2)公司以外的他人不得使用任何带有“核损害赔偿促进公司”字样的名称。

注册

第7条 (1)公司应根据内阁令之规定完成注册登记程序。

(2)根据前款需要注册登记的事项,在注册登记前不得向第三方披露。

《一般法人团体法》在公司合并与设立时的适用

第8条 《一般法人团体法》第4条和《一般社团基金法》(2006年第48号法)第78条之规定应比照适用于公司。

第二章 设 立

发起人

第9条 设立公司需要三个以上的发起人,发起人需具备电力业务专业知识和经验。

编制公司章程

第10条 (1)发起人应及时制定公司章程,并向公众募集公司资本。

(2)公司章程应规定如下事项:

(i)目的;

(ii)名称;

(iii)办公地点;

(iv)注册资本及认购;

(v)管理委员会;

(vi)人员任免;

(vii)企业经营范围;

(viii)财务会计制度;

(ix)修订公司章程;

(x)公示方法。

授权设立

第11条 到前条第(1)款规定之资金募集的截止日时,发起人应及时将公司章程报监管部长并申请授权。

事务的继承

第12条 (1)授权获批后,发起人应立即将事务移交给公司董事长。

(2)根据前款规定办理事务的,公司董事长应及时向政府及非政府股东请求支付股本。

营业场所登记

第 13 条 (1)根据前条第(2)款缴足认购股本后,公司董事长应立即完成营业场所的登记。

(2)登记完成后,公司正式设立。

第三章 管理委员会

设立

第 14 条 公司设立管理委员会。

权限

第 15 条 除本法另有规定外,下列事项须经管理委员会决议。

(i)修订公司章程;

(ii)编制或修订业务程序声明;

(iii)编制或修订预算和财务计划;

(iv)结算账户;或

(v)其他需经管理委员会决议的事项。

组织

第 16 条 (1)管理委员会组成人员不超过八名,包括公司董事长和委员。

(2)管理委员会设主任委员一名,主任委员在委员会成员中选举产生。

(3)管理委员会主任全面主持管理委员会的工作。

(4)管理委员会应指定一名主任委员备选人员,在主任委员不能履行职务时,该候选人暂代主任职务。

任命委员

第 17 条 委员会成员应在监管部长的授权下,由电力、经济、金融、法律或会计方面具有专业知识和经验的人员组成,并由董事长任命。

委员的任期

第 18 条 (1)委员任期两年,但委员在任期内无法履行职务时,其剩余任期由替补委员接任。

(2)委员可连选连任。

解雇委员

第 19 条 委员会成员发生下列任何一种情形的,公司董事长可在监管部长的授权下解除该委员职务:

(i)接到破产程序启动令;

(ii)被判处无期徒刑或其他严重刑罚;

(iii)因精神或身体问题而被视为不能执行职务;和

(iv)履行职责时违反义务。

解雇程序

第 20 条 (1)未经多数委员出席,管理委员会不得召开会议,不得作出决议,公司董事长、董事应依第 16 条第(4)款履行相应的职责。

(2)管理委员会的决议应根据参与投票的委员过半数表决通过。当选票相等时,由主任委员作出最终决定。

保密义务

第 21 条 委员会成员对他们在履行职务过程中知悉的秘密承担保密义务,该等义务不因离职而终止。

委员的职位

第 22 条 在适用《刑法典》(1907 年第 45 号法)和任何其他刑罚条款时,委员会成员应被视为依法律规定从事公务的人员。

第四章 董 事 会

董事会

第 23 条 公司设董事长一名,董事四名,并设一名审计师,前述人员共同组成董事会。

管理机构的职责和权力

第 24 条 (1)董事长全面主持公司工作。

(2)根据董事长的决定,董事协助董事长管理公司事务,并在董事长职位空缺时履行董事长职责。

(3)审计师应对公司业务进行审计。

(4)必要时,审计师可向管理委员会、董事长或监管部长提交意见。

任命董事

第 25 条 (1)董事长和审计师由监管部长任命。

(2)董事会成员由董事长任命。

任期

第 26 条 (1)董事会成员任期两年;但成员在任期内无法履行职务时,

其剩余任期由替补董事接任。

(2)董事会成员可再次任命。

董事资格

第27条 政府官员(不包括兼职官员)不得成为董事会成员。

董事的免职

第28条 (1)如董事会成员有前条规定之情形,监管部长或董事长应解除该人的职务。

(2)当董事会成员去世或因本法第19条规定不适合履行职务时,监管部长或董事长可依本法第25条第(1)款之规定解除董事会成员的职务。

禁止董事兼职

第29条 董事会成员(不包括兼职人员)不得成为其他营利性组织的董事会成员,也不得从事商业经营活动;但获得监管部门批准的除外。

禁止审计人员兼职

第30条 审计师不得兼任董事长、高级职员、管理委员会成员或公司雇员。

限制代表权

第31条 对于公司与董事长之间存在利益冲突的事项,该董事长无权进行表决,在这一情况下,由审计师代表公司进行决策。

任命代理人

第32条 董事长可委任一名代理人从事与公司业务有关的所有司法或非司法行为。

任命员工

第33条 公司的雇员由董事长任命。

保密义务等

第34条 第21条和第22条规定的保密义务同样适用于普通雇员。

第五章 经 营

第一节 经营范围

业务范围

第35条 为实现本法第1条之目的,公司应开展以下业务活动:

(i)根据下节之规定收取缴费;

(ii)根据第三节及其他相似条款之规定提供财务援助;

(iii)根据第四节及其他相似条款之规定进行咨询;及

(iv)前三项所列业务的附带业务。

操作程序声明

第36条 (1)公司开业时,应编制业务程序说明书并经监管部门批准。修订业务时同样适用前述程序。

(2)前款规定之业务程序说明,应包括监管部门规定之缴款事项和其他事项。

收集报告等

第37条 (1)必要时,公司可以要求核设施经营者提交运营报告或资料。

(2)核设施经营者应及时提交前款规定之报告或资料。

第二节 缴费义务

缴费

第38条 (1)核设施经营者应向公司缴纳费用,以支付公司各营业年度所需的费用。

(2)前款规定之费用应在营业年度结束后的3个月之内缴纳完毕,但上述费用的半数可在营业年度结束后的6个月内缴纳完毕。

(3)核设施经营者未能在截止日期前缴纳费用的,公司应立即向监管部长报告。

(4)监管部长依本条规定接到报告时应予以公布。

缴费数额

第39条 (1)前条第(1)款规定之缴费数额应是年度总额,即公司在取得管理委员会决议后在各营业年度应缴纳的费用总额[不含第52条第(1)款规定之特别缴费额,下文同样适用],适用于本出资额税率(公司取得管理委员会对各核设施经营者的决议后所指定的费率,即各核设施经营者应支付的总额与全部年度总额的比率;下文同样适用)。

(2)每年总缴款额应依监管部门规定之标准确定,并满足下列条件:

(i)根据对公司业务所需费用的长期预算,年度总额应满足执行上述业务的要求;和

(ii)根据核设施经营者的收支状况，一般性收费的年度总额不应构成风险而阻碍反应堆业务活动的顺利运行，如稳定的电力供应和其他业务，也没有给业务用户造成极大的负担。

(3)考虑到反应堆的业务活动差别，不同核设施经营者的费率由监管部门依条例规定之标准制定。

(4)公司修订年度总缴款额或缴费比例，或对每一项缴款进行修订时，应事先征得监管部门的同意。

(5)监管部门核准前款所列年度总额时，应事先征求财务省的意见。

(6)公司在获得本条第(4)款所述的授权后，应立即通知核设施经营者年度缴费总额及相应的缴费费率。

(7)监管部长可命令公司修订年度缴款总额。

逾期付款

第40条 (1)核设施经营者逾期付款的，应支付滞纳金。

(2)计算滞纳金为自逾期之日起至实际付款之日止，根据未付款额乘以年息14.5%计算。

第三节 财务援助

提供财务援助

第41条 (1)在实际需要由核设施经营者依《原子能损害赔偿法》第3条赔偿时，若核设施经营者的赔偿数额超过本法第43条第(1)款规定之财务保证数额，则该经营者可向公司申请提供财务援助，以确保核损害赔偿顺利实施和反应堆正常运行，如稳定的电力供应和其他业务等：

(i)向核设施经营者提供资金，用于在从赔偿总额中扣除财务保证后获得的限额内进行赔偿；

(ii)由该核设施经营者发行股份认购；

(iii)向该核设施经营者提供资金；

(iv)根据监管部门之规定，收购核设施经营者发行的债券或股票；或

(v)确保核设施经营者顺利实现融资。

(2)依前款提出申请的核设施经营者应向公司提交一份载有以下事项的文件：

(i)核损害的情况；

(ii)预测赔偿总额及拟采取的赔偿措施；

(iii)财务援助必要性及其内容和数额；及

(iv)中期计划及收支情况。

财务援助决定

第42条 (1)依前条第(1)款之规定提出申请的，公司应在得到管理委员会的决议后，决定是否提供财务援助，并确定援助内容和数额。

(2)公司依本条作出决定时应及时通知申请人，并上报监管部长。

(3)监管部长接到前款规定之报告后，认为有必要确保已接到上述报告的核设施经营者就核损害提供迅速合理的赔偿，以保证反应堆商业运行顺利进行，例如保证稳定的电力供应和其他运行等，监管部长可指令公司更改决定。

财务援助的内容变更

第43条 (1)依前条第(1)款规定提供财务援助的核设施经营者，由于补偿总额或其他情况发生变化，可申请变更经济援助内容或数额。

(2)依前款规定提出变更申请的核设施经营者，应向公司提交说明第41条第(2)款所列事项的文件。

(3)前款规定之申请已经提出的，公司应在获得管理层的决议后立即作出是否修订的决定。

(4)前条第(2)款、第(3)款之规定应重复适用于违反前款的决定。

归还资金

第44条 根据核设施经营者的赔偿情况，当公司发现已分配资金的全部或部分不再用于执行赔偿，公司应要求该核设施经营者归还该笔费用。

特殊业务计划认证

第45条 (1)若公司计划依第42条第(1)款之规定作出财务援助的决定，则依第48条第(2)款之规定，公司依第41条第(2)款之规定领取国债时，须在获得管理决议后，由委员会会同申请财务援助的核设施经营者，制定有关核电经营企业实施损害赔偿和其他经营管理的计划(以下简称特殊业务计划)，对上述核设施经营者提供财政援助，并取得监管部长的同意。

(2)特别经营计划应包括下列事项：

(i)第41条第(2)款第(i)项、第(ii)项和第(iv)项所列事项；

(ii)核设施经营者合理化的管理措施；

(iii)其他确保核损害赔偿金合理分配的措施;

(iv)核设施经营者资产评估事宜及收支情况;

(v)明确核设施经营者管理责任的措施;

(vi)核设施经营者财务援助的内容和数额;

(vii)涉及申请授予国债数额的财务援助事项及财务援助所需的其他资金;和

(viii)监管条例规定之其他事项。

(3)制订专项业务计划时,公司应严格、客观地评估核设施经营者的资产状况,对其业务情况进行严格审查,并确认核设施经营者对有关人员的合作要求是否适当和充分。

(4)监管部长只有在特殊业务计划符合下列条件的情况下方可给予第(1)款的认证:

(i)"特别经营计划"应及时和适当地执行,以处理核损害赔偿和保证反应堆良好运行,以提供稳定电力供应和办理其他业务;

(ii)第(2)款第(ii)项表明,上述核设施经营者尽其最大努力确保资金分配用于执行核损害赔偿;和

(iii)"特别经营计划"有望顺利实施。

(5)监管部长决定授予第(1)款所述的认证前,应事先与财务省和有关行政部门的负责人进行协商。

(6)监管部长决定授予第(1)款所述的认证前,应及时发布有关特殊经营活动的认证通知(以下简称特殊经营计划);但这一规定不适用于核设施经营者的贸易伙伴可能违反的事项,及在执行上述业务时可能遭受的不利风险。

特殊业务计划认证的变更

第46条 (1)若公司与核设施经营者拟改变经认证的特殊业务计划(不包括由监管条例规定的微小修订),应再次取得监管部长的认证。

(2)公司拟申请前款所列认证时,应获得管理委员会的决议。

(3)第(1)款规定之认证申请已经提交的,在满足下列条件的情况下,监管部长可给予同样的证明:

(i)变更后的特殊业务计划符合前条第(4)款所列的全部要求;和

(ii)考虑到损害赔偿的实施情况和其他情况后,有变更经认证的特殊

业务计划的正当理由。

(4)前条第(5)款、第(6)款之规定应重复适用第(1)款所列的证明。

确保经认证的特殊业务计划的执行

第47条 (1)在本条第(3)款所指的"特殊时期"和第52条第(1)款,自第45条规定之授权之日起,第(1)款至监管部长认定的以下全部的日期要求已得到满足并已公告,监管部长认为有必要确保执行经认证的特殊业务计划,可责令核设施经营者接受第45条第(1)款规定之认证:

(i)根据认证的损害赔偿进展情况,在为有关的核设施经营者提供特别财务援助时,无须给予额外的国债;

(ii)在本条第(2)款规定给予本公司的国债中,依第49条第(2)款之规定尚未赎回的国债已退还给政府;和

(iii)公司依该条向财务省支付第49条第(4)款规定款项时,应是已经扣除依第49条第(2)款规定赎回的国债总额。

(2)监管部长依前款规定发布报告时可对报告内容进行公示。

(3)根据该认证,若获得许可的核设施经营者在特殊期限内不具备营运资格,则该核设施经营者在特殊期间应被视为持续的核设施经营者,本章规定(包括刑罚规定)仍然适用于该核设施经营者。

发行国债

第48条 (1)政府可发行国债,以获得公司所需的特别财务援助资金。

(2)政府应在预算规定之数额内发行国债,并依前款规定向公司提供债券。

(3)根据第(1)款之规定发行的债券不产生利息。

(4)根据第(1)款之规定发行的债券不得转让、赠与或进行其他处置。

(5)除前3款规定外,根据第(1)款规定发行的必要事项,由财务省条例规定。

债券回购

第49条 (1)公司可根据前条第(2)款之规定要求政府回购国债,并应给予有关特别财务援助的资金。

(2)公司要求政府赎回根据前条第(2)款规定给予的全部或部分国债时,应及时赎回。

(3)前款规定之赎回,应在能源政策专项账户中结算。

(4)前款规定之账户应设立专项资金,以及其他必要的措施来保证账户资金的安全。

(5)除前款所列事项外,其他涉及政府所发行的国债赎回依第 48 条第(2)款之规定,依财务省条例执行。

国债赎回

第 50 条 (1)若第 48 条第(2)款规定之国债没有赎回,则根据核设施经营者的损害赔偿进展和特殊经营计划执行情况,当公司根据前条第(1)款之规定申请重新赎回国债时,应将未兑付的国债返还政府。

(2)根据前款规定返还国债的应立即注销。

(3)除前两款规定外,其他涉及国债的返还和注销事宜依第 48 条第(2)款规定,依财务省条例执行。

拨款

第 51 条 在给予特殊财务援助资金的情况下,只有发生政府发现拨款后的资金可能不能补足国债的情形,才可在预算规定之数额内向公司提供必要的补充资金。

第 52 条 (1)尽管有第 39 条第(1)款之规定,当全部或部分属于上述认证的特殊期限内时,核设施经营者在公司营业年度支付其认缴的费用(公司之后各营业年度指定的数额在取得管理委员会决议后由核设施经营者额外承担;以下同样适用于本条)。

(2)核设施经营者的收支情况、存款数额应在不妨碍专项缴款的限度内满足反应堆运行业务的要求,如电力供应稳定和其他业务。

(3)公司确定或变更特别出资额时,应取得监管部门的授权。

(4)监管部长决定授权前款事项的,应事先征求财务省的意见。

(5)当公司接到本条第(3)款规定之授权时,应立即通知与授权有关的特别出资者。

第四节 实现核损害赔偿的咨询和其他业务

咨询和信息提供

第 53 条 公司向核设施经营者提供财务援助的,应与所遭受损害的核设施经营者进行协商,提供必要的资料和咨询意见。公司也可将这些业务委托给第三方。

购买资产

第 54 条 (1)根据核设施经营者的申请,公司可购买上述核设施经营者持有的资产,以便获得与财政援助有关的核损害赔偿。

(2)公司接到前款所列资产申请的,应在管理委员会决议后立即决定是否购买该资产。

(3)本法第 42 条第(2)款、第(3)款同样适用前款规定。

支付公司核损害赔偿金

第 55 条 (1)受核设施经营者的委托,公司可代表该核设施经营者支付全部或部分核损害赔偿金。

(2)公司认为有必要依前款进行支付时,可咨询或要求政府机关、公共机构等有关人员配合。

(3)2011 年《核事故相关紧急措施法》(2011 年第 91 号法令)规定,监管部长依该法第 15 条之规定或由一个执行部分临时事务的主管部长依第 8 条第(1)款之规定代表核设施经营者处理部分事务。

第六章 财 会

财会年度

第 56 条 公司的财会年度将自当年 4 月 1 日起至次年的 3 月 31 日止。

预算授权

第 57 条 (1)公司各财会年度内都应编制预算和财务资料,并在该年度开始前获得监管部门的批准。修订预算同样需事先获得批准。

(2)监管部长决定授权前,应事先征求财务省的意见。

财务报表

第 58 条 (1)公司应在每一个财会年度内编制资产负债表、损益表、有关处置利润和损失的文件以及监管部门条例规定之其他文件,并附上详细的说明(以下简称财务报表),上述文件应在财会年度结束后的 3 个月内提交并获得批准。

(2)依前款规定提交的财务报表,应附上经营报告、财务报表以及审计师对财务报表的书面意见。

(3)公司依法获得第(1)款的批准后,应立即在官方公报上公布财务报表,保留审计师对财务报表的意见,并在监管条例规定之时间内提供这些信息供公众查阅。

(4)公司应管理核设施经营者的缴款数额。

处理利润和损失

第59条 (1)当利润已计入损益计算时,公司应在每一个会计年度抵销上一年度结转的亏损,若抵销亏损后仍有结余,则结余款项作为储备金储存。

(2)按损益计算时,公司应在各会计年度依前款规定减少准备金,若减少准备金后仍有不足,公司应将不足部分作为结转损失预留。

(3)公司可依第(1)款在规定之限度内进行分配,储备金用于第35条第(2)款、第(3)款所列的必要费用。

(4)在公司提供有关特别财务援助资金的情况下,当有第(1)款所述储备的情况,公司应在各营业年度内向库务署支付最高限额的资金,依第49条第(2)款之规定从总额中扣除已向库务署缴纳的数额。在这种情况下,“有任何储备”这个词应被视为“依第(4)款规定扣除应向库务署缴纳的款项后剩余储备金”。

(5)前款规定之付款程序和其他必要事项依内阁令执行。

融资和债券

第60条 (1)在监管部门的授权下,公司可向金融机构和其他人员融资(包括再融资)或发行债券(包括发行再融资公司债券),并向投资人颁发债券证书。

(2)监管部长授权前,应事先与财务省商议。

(3)依本条第(1)款发行的公司债券总数不得超过行政令规定之数额。

(4)依第(1)款之规定,公司债券的债权人优先于其他债权人。

(5)前款规定之留置权优先于《民法典》(1896年第89号法)规定之一般法定留置权。

(6)公司可在监管部门的授权下,将发行公司债券的全部或部分事项委托给银行或信托公司。

(7)《公司法》(2005年第86号法)第705条第(1)款、第(2)款和第709条之规定,适用于依前款已获得委托的银行或信托公司。

(8)除第(1)款、第(2)款、第(4)款、第(5)款、第(6)款、第(7)款外,公司发行债券的其他事项应由内阁令来规定。

政府担保

第61条 尽管《限制法》(1946年第24号法令)第3条规定政府机构的财务援助数额,政府可担保公司债券的数额由国会决议批准。

投资盈余资金

第62条 公司不得将业务过程中产生的盈余进行任何投资,如下方式除外:

(i)保留国债或由监管机关指定的其他证券;

(ii)存入监管部长指定的金融机构;或

(iii)监管条例规定之其他方法。

监管条例

第63条 除本法另有规定外,有关公司财务和会计的必要事项应由监管条例规定。

第七章 监 督

监督

第64条 (1)公司由监管部长监督。

(2)监管部长认为有必要执行本法时,可向公司下达监督令。

报告和检查

第65条 (1)监管部长认为有必要执行本法时,可要求公司提交业务报告,可让下属工作人员进入公司的办公室检查其书本、文件或其他物品;

(2)依前款规定进入检查的人员应携带身份证件,并向被检查人员出示;

(3)第(1)款规范的现场检查不属于刑事调查的范围。

第八章 其他规定

公司章程的修订

第66条 对公司章程的修订,未经监管部门的授权不得生效。

公司解散

第67条 (1)在公司解散期间,若公司偿还所有债务后仍有结余,则应根据投资比例分配给各投资人。

(2)除前款规定之内容外,公司解散事宜另行规定。

政府拨款

第68条 发生重大核损害后,当政府认为公司资产不足以支付全部业务(如提供稳定的电力供应和其他业务)开支时,或给用户造成极大的负担,从而导致国民经济生活受到意外损害的风险,政府可向公司提供必要的财务拨款。

公司税的特别规定

第69条 (1)核设施经营者根据本法第38条支付的公司业务活动所必需的费用,应计入该经营者营业年度收入数额中的可抵扣费用数额[营业年度是指《公司税法》(1965年第34号法)第13条和第14条界定的营业年度,本规定同样适用于下款];该公司营业年度最后一天的收入由所属公司或合并公司合并所得,即同一法令第2条第(18)款所定义的公司合并收入;以下同样适用于合并营业年度(同一法令第15-2条定义的合并营业年度,下款同样适用);

(2)当核设施经营者接到第45条规定之证明第(1)款有关特别财务援助[限于第41条第(1)款所列措施]的数额时,则公司的资金数额应包括计算其所属营业年度的收入数额或合并营业年度的合并所得额时计算的毛利;

(3)适用前两款规定之其他必要事项由内阁令规定。

特别注册和执照税之规定

第70条 在委员会从认证机构购买资产的情况下,依第54条第(1)款之规定,接受特别财务援助基金的核设施经营者在购买不动产时,其权利的转让不受登记程序和许可税的限制,只要在购买后的3个月内依该条例完成登记即可。

监管条例

第71条 除本法规定之内容,本法的执行由监管条例规定。

监管部门和监管部长

第72条 监管部长和监管条例由内阁令规定。

第九章 刑罚条款

第73条 任何人违反第21条之规定泄露在履职过程中获悉的秘密,应处1年以下监禁或50万日元以下的罚款。

第 74 条 任何人未依本法之规定提交或虚假提交第 47 条第(1)款规定之报告,处 50 万日元以下罚款。

第 75 条 公司高级管理人员有下列情形之一的,处 50 万日元以下罚款:

(i)未根据第 42 条第(2)款之规定报告或提供虚假报告[包括依第 43 条第(4)款和第 54 条第(3)款比照适用的情况];或

(ii)未根据第 65 条第(1)款之规定接受检查的。

第 76 条 任何未作报告或虚假报告、未提交材料或提交虚假材料的行为,将处 30 万日元以下的罚款。

第 77 条 任何法人从事第 74 条所述违法行为的,除追究直接责任人的刑事责任外,还应追究该法人的刑事责任。

第 78 条 有下列情形之一的,处 20 万日元以下罚款:

(i)应取得而未取得监管部门授权或批准;

(ii)违反内阁令,而未能依第 7 条第(1)款之规定完成登记的;

(iii)从事第 35 条规定以外的其他业务;

(iv)未依第 38 条第(3)款规定提交报告或提交虚假报告的;

(v)违反第 38 条第(7)款,第 42 条第(3)款,第 64 条第(2)款规定的;

(vi)违反第 58 条第(3)款之规定未保存文件或未能提供给公众查阅;或

(vii)违反第 62 条规定,在业务过程中投入盈余资金的。

参考:核损害赔偿促进公司法大纲(内阁秘书处 2011 年 8 月)

第 1 条 公司法目的

针对东京电力公司福岛第一和第二核电厂发生核事故导致的大规模核损害,政府将遵照尽可能减轻公众负担的基本政策,采取任何必要措施,支持核损害赔偿以确保:

(i)采取任何必要措施快速并适当地进行核损害赔偿;

(ii)稳定东京电力公司福岛核电厂的状况,避免对相关经营者处理事故造成不良影响;和

(iii)提供稳定的居民生活用电。

承担作为实施至今的核政策推动者的社会责任。

第2条　公司法概述

考虑到可能支付与核电运营有关的巨额核损害赔偿,政府应基于核设施经营者之间相互支持的理念,搭建一个框架来建立一个支持组织(核损害赔偿促进公司),有利于核设施经营者处理核事故后续的赔偿支付和相关交易。

(1)建立核损害赔偿促进公司和接收核设施经营者的特殊缴纳金

作为在发生核事故时处理核损害赔偿和相关交易的支持组织,应建立核损害赔偿促进公司,该公司应储备资金以备进行核损害赔偿。

公司应接收核设施经营者的缴纳金作为公司运营的必要经费。

公司应由一个第三方委员会(管理委员会)就公司运营做出决议,包括对核设施经营者提供财务援助的决议。

(2)公司提供的正常财务援助

如果一核设施经营者需要公司的援助来赔偿核损害,公司应在取得管理委员会的决议后给予财务援助(如提供资金、股票认购、资金贷款和收购债券等)。

为筹集财务援助所需资金,公司可发行政府担保债券和从财务机构借款。

(3)公司提供的特殊财务援助

(i)特殊营运计划审查

当公司需要接收政府特殊帮助用来提供财务援助给核设施经营者时,公司应联合核设施经营者准备一份特殊营运计划书,并向主管部门申请审查。

特殊营运计划应包括赔偿总额的预测、快速并适当地执行损害赔偿的措施、财务援助的内容和数额、管理合理化措施、为获得核损害赔偿所需的资金而与股东合作的请求以及明确管理责任的措施。

一旦开始准备特殊营运计划书,公司应严格客观地评估核设施经营者的资产和全面审查经营者的营运管理,还应确认核设施经营者提出的与相关人员(股东)合作的请求是否恰当和充分。

主管部门应与相关行政机关领导协商一致后批准特殊营运计划。

(ii)基于特殊营运计划书对核设施经营者进行援助

为在特殊营运计划书下提供财务援助(特殊财务援助),在主管部门的审查批准后,政府应提供政府债券给公司,然后公司申请偿还政府债券(通过债券募集),并提供必要的资金给核设施经营者。

政府发现即使提供了政府债券后分配的赔偿数额仍不足的,政府可在预算数额内向公司提供额外的必要资金。

公司可通过发行政府担保债券等进行集资以援助核设施经营者。

(4)公司缴纳给国库

已接到公司财务援助的核设施经营者应支付一笔特殊缴纳金。

公司应付款给国库直到偿还政府债券的数额。

但是,政府发现规定过高的缴纳金会给该业务用户造成过重负担的,并会导致妨碍电力稳定供应和其他运营风险,或导致民众生活、国民经济受到意外冲击的,政府可提供公司必要的资金。

(5)促进核损害赔偿顺利执行

为促进核损害赔偿支付,公司可:

(i)提供必要的信息和建议回应受害人咨询;

(ii)收购核设施经营者拥有的资产;和

(iii)受核设施经营者委托代表核设施经营者执行与赔偿支付有关的事务,以及临时补偿的事务。

(6)会计

公司应管理每一个核设施经营者的缴纳金。

第3条　公司法生效日期

公司法自发布之日起生效。政府应:

(1)审查国家核损害赔偿责任和参与程度,并基于审查结果采取必要措施,包括修订《原子能损害赔偿法》等;

(2)审查本法实施情况,包括东京电力公司、政府和其他核设施经营者之间的责任,股东的责任以及东京电力公司其他相关人员的责任,并基于审查结果采取必要措施;和

(3)审查国家的能源政策及核能政策,包括改善与电力供应有关的系统,并采取必要措施,包括审查与核能相关的法律。

核损害赔偿促进公司法实施令

（2011年第257号内阁令）

本执行令由内阁依《核损害赔偿促进公司法》（2011年第29号法，以下简称本法）第7条第（1）款、第13条第（1）款、第38条第（1）款第（ii）项、第59条第（5）款、第60条第（3）款和第（8）款、第69条第（3）款以及第72条制定。

商业后处理设施

第1条 本法第38条第（1）款第（ii）项所指内阁令规定之事项为商业后处理设施，即《关于核源料、核燃料及核反应堆规制的法律》（1957年第166号法，以下简称《动力核反应堆管理法》）第44条第（2）款第（ii）项规定之后处理设施，是指对作为商用动力堆的核燃料，即《动力核反应堆管理法》第23条第（1）款第（i）项所述的商业动力堆进行后处理［《原子能基本法》（1955年第186号令）第二节规定之后处理］，用于提供研究和试验以外的其他用途。

支付程序

第2条 （1）核损害赔偿促进公司（以下简称公司）依本法第59条第（4）款之规定进行支付时，应在下一个营业年度的7月31日前向库务署完成支付。

（2）公司依本法第59条第（4）款之规定进行支付时，应遵循主管部门规定，除计算财政报表的数额外，还应附上该年度资产负债表、损益表和其他指定文件，并在下一营业年度的7月21日前提交给主管大臣。

收款账户

第3条 依本法第59条第（4）款之规定，核损害赔偿促进款项应支付到经济产业省特别账户。

限制融资和发行公司债券

第4条 本法第60条第（3）款规定之融资限额为两万亿日元。

公司债券凭证

第5条 (1)公司依本法第60条第(1)款发行公司债券时,除遵守《公司债券股票簿记转让法》(2001年第75号法案)第8条第(1)款第(6)项和第(2)款第(3)项的相关规定外,还应向投资人发放公司债券凭证。

(2)公司债券形式为不记名债券。

公司债券发行方式

第6条 公司债券通过公开募集方式发行。

确定公司债券的认购情况

第7条 招募债券认购人(公司债券将被分配给认购人以响应募集公告的要求,该定义适用于下文)之前,公司确定以下事项:

(i)债券认购总额;

(ii)每笔债券的可认购额;

(iii)认购债券的利率;

(iv)债券的赎回方式和期限;

(v)利息支付方式和期限;

(vi)债券证书发行时的声明;

(vii)公司对每笔认购债券需要支付的对价[指公司对每笔认购债券需要支付的数额,同样适用于第13条第(2)款第(iii)项];

(viii)公司支付对价的截止时间;

(ix)公司发行债券时不应全额发行,但发行人在特定日期将债券总额分配给所有认购人且就此发表相应声明的除外;和

(x)主管部门规定之其他事项。

债券认购报价

第8条 (1)公司就以下事项告知前条所述意向认购人:

(i)公司债券名称;

(ii)前条所列事项;

(iii)债券证书发行时声明为不记名债券;

(iv)超出认购数的债券处置措施;

(v)如为受托询价和管理,受托人名称或字号;

(vi)当适用《公司债券股票簿记转让法》时,应对此声明并明确簿记转入登记机构名称[指《公司债券股票簿记转让法》第2条第(2)

款规定之登记机构]；

(vii)由主管部门条例规定之其他事项。

(2)前述条款所列公司债券的认购意向人，应向公司提供相关文件说明以下事项：

(i)认购人的姓名和地址；

(ii)认购债券的面值和面值总额；

(iii)认购人对适用《公司债券股票簿记转让法》债券[此债券为第10条第(2)款所称可转移债券]做出响应，为其自身利益开立账户，以便进行所认购公司债券的转移。

(3)前款规定之认购人可依主管部门条例规定，经发行公司同意后以电文方式(指使用电子数据处理系统等方法或主管部门规定之其他信息和通信技术)提供载明有关事项的文件，以替代同一条款所要求的文件。在此情况下，视认购人已根据该条款规定提交相关文件。

(4)第(1)款清单所列事项发生任何改变或因其他变化而受到影响，公司应立即通知第(2)款规定之认购申请人(报价人)。

(5)公司应依认购人在第(2)款第(i)项提供的地址(或认购人通知的其他地址)向其发送通知或要求；

(6)前款所述通知或要求的到达时间视为实际送达时间。

债券认购配置

第9条 (1)公司在认购人中选择债券分配对象，并确定供认购债券的面值和数量。在此情形之下，公司可减少分配给认购人的债券面值，并减少上条第(2)款第(ii)项各认购人认购公司债券的数量。

(2)公司在不迟于第7条第(8)款规定日期的前一天通知认购人拟分配给各认购人的债券面值和数量。

公司债券认购与分配的特别规定

第10条 (1)地方政府或受托人认购债券不适用前两条之规定；

(2)地方政府转让公司债券或受托人转让公司债券，应向该公司出示第8条第(2)款第(iii)项规定之文件。

认购人的权利

第11条 以下主体均可成为所涉公司债券的权利人：

(i)认购人，通过被分配的公司债券；

(ii)认购公司债券的地方政府,通过地方政府认购的公司债券;或

(iii)被委托参加公司债券认购的人,通过自行认购的公司债券。

发行公司债券的信用证

第12条 (1)公司债券发行后,对附有公司债券发行规定之债券,应及时发放债券证明。

(2)公司应说明第7条第(2)款至第(5)款及第8条第(1)款第(i)项、第(iii)项、第(v)项所列事项以及各债权证书的编号,并加盖公司总裁的签名。

核损害赔偿促进公司债券登记

第13条 (1)公司的债券登记处应为公司的主要办公地址;

(2)债券登记处应说明或记录下列事项:

(i)第(iii)项至第(vi)项所列事项及主管部门条例规定之公司债券所具其他事项;

(ii)各认购人所认购的公司债券总额和公司债券的数量;

(iii)每笔公司债券的支付数额和付款日期;

(iv)公司债券证书的编号、发行日期以及债券号码;

(v)第8条第(1)款第(i)项、第(v)项、第(vi)项;

(vi)有关支付本金和利息的事宜;

(vii)主管部门规定之其他事项。

已发行债券的转让

第14条 公司债券的转让以交付债券证书为生效要件。

权利推定

第15条 (1)公司债券证书的持有人被推定为合法权利人。

(2)转让公司债券应取得公司债券的权利证书,但转让人不知情或有重大过失的除外。

公司债券的质押

第16条 公司债券的质押以债权证书的交付为生效要件。

公司债券的质押

第17条 公司债券的质押权人不得对抗公司和第三人,除非该质押权人持续拥有债券证书。

公司债券的遗失

第18条 (1)根据《非诉案件程序法》(1898年第14号令)第142条无

效宣告程序之规定,可以宣告债券证书失效;

(2)根据《非诉案件程序法》第148条第(1)款规定宣告债券证书无效前,遗失人不得就遗失的债券证书申请重新发行。

遗失债券证书的赎回

第19条 (1)在公司债券到期前赎回该债券的,若拟赎回的债券已被宣布失效,则公司应扣除该债券面值的本金和利息,但在被宣告失效前已发起赎回的债券不适用本规定;

(2)前款规定之债券持有人可随时要求公司依规定用扣除的款项换取同样面值的债券。

公司债券重新申请权的期限

第20条 (1)遗失公司债券的,应在遗失后的10年内申请重新发行;

(2)前条第(2)款规定之公司债券相关权利,应在5年内行使。

公司债券的授权发行

第21条 (1)公司拟根据本法第60条第(1)款之规定申请取得授权以进行发行公司债券的活动时,应在公告前20日向主管大臣提交书面申请以获得公司债券证书,申请书应包括如下内容:

(i)公司债券发行的必要性;

(ii)第7条第(i)项、第(v)项至第(vii)项及第8条第(1)款第(i)项、第(v)项、第(vi)项列举的事项;

(iii)公司债券的募集方式;

(iv)发行公司债券所需的预计费用;和

(v)其他应在公司债券证书上注明事项。

(2)前款规定之书面申请应附以下文件:

(i)载有第8条第(1)款各项所列文件清单;

(ii)发行公司债券募集资金文件;及

(iii)公司债券认购预期文件。

主管部门规定

第22条 除第5条至第21条规定事项外,有关公司债券的任何必要事项均由国家相关部门的法律法规规定。

公司税的特别规定

第23条 本法第69条第(1)款或第(2)款之规定,适用于本法第1条第(1)款和第(2)款规定之营业年度内的核设施经营者,在依《公司税法》(1965年第34号法令)第18条至第81条计算盈亏时,应依本法第69条第(1)款规定扣除相应费用,在依《公司税法》第18条至第81条计算毛利时,应依本法第69条第(2)项之规定扣除相应费用。

主管大臣及主管部门规定

第24条 (1)依本执行令,主管大臣应根据下列管理事项行使权力:

(i)首相、文部科学省大臣负责本法第5条第(2)款,第11条,第17条,第19条,第24条第(4)款,第25条第(1)款、第(2)款,第28条,第64条第(1)款(不包括执行该法第五章和第六章之规定之监督),第29条(不包括执行该法第五章和第六章之规定之命令),第65条第(1)款(不包括收集报告和现场检查)及第66条之规定之事项;

(ii)首相、文部科学省大臣负责本法第36条第(1)款,第38条第(3)款、第(4)款,第39条第(4)款、第(5)款、第(7)款,第42条第(2)款,第43条第(4)款,第54条第(3)款,第42条第(3)款,第45条第(1)款、第(5)款、第(6)款,第46条第(1)款,第47条第(1)款、第(2)款,第52条第(3)款、第(4)款,第64条第(1)款,第65条第(1)款之规定之事项;

(iii)首相、文部科学省大臣、经济产业省大臣负责本法第57条第(1)款、第(2)款,第58条第(1)款,第60条第(1)款、第(2)款、第(6)款,第62条,第64条第(1)款第(i)项、第(ii)项(限于适用第六章的情况),第64条第(2)款(限于适用第六章的情况),第65条第(1)款(限于执行本法第六章之规定)规定之事项;

(2)本法第65条第(1)款规定之权力并不妨碍主管大臣在各自权限内单独行使权力;

(3)依本执行令,主管部门应根据上述各项所列事项的分类,在下列法律法规中列明:

(i)首相、经济产业省大臣负责本法第36条第(ii)项,第29条第(ii)项、第(iii)项,第41条第(i)项、(iv)项,第45条第(ii)项、第(viii)项,第46条第(i)项,第52条第(2)款及该法第71条规定之事项;

(ii)首相、文部科学省大臣、经济产业省大臣负责本法第58条第(1)

款、第(3)款,第62条第(iii)项,第63条,第71条,第64第(1)款、第(2)款,第65条第(1)款、第(2)款,并负责主管部门条例第2条第(2)款,第7条第(x)项,第8条第(1)款第(vii)项、第(3)款,第13条第(2)款第(i)项至第(vii)项及第22条规定之事项;

(iii)首相、文部科学省大臣、经济产业省大臣负责主管部门条例第71条(限于该条前两款)规定之事项。

补充条文(摘录)(2011年内阁令第257号)

生效日期

第1条 本内阁令自颁布之日起施行。

核损害赔偿促进公司法实施条例

（经济产业省 2011 年第 1 号令）

为正确适用《核损害赔偿促进公司法》(以下简称《公司法》)(2011 年第 94 号法)和《核损害赔偿促进公司法实施令》(2011 年第 257 号内阁令)，特制定本实施条例：

定义

第 1 条 本条例所用的术语与《公司法》一致。

申请修订操作程序声明

第 2 条 若公司拟依《公司法》第 36 条第(1)款后半部分申请授权，应向首相和经济产业省大臣提交有下列内容的书面申请：

(i)拟修订的事项和内容；

(ii)修订的必要性；和

(iii)其他参考事项。

操作程序声明中列出的事项

第 3 条 《公司法》第 36 条第(2)款所指的主管部门规定之事项如下：

(i)《公司法》第五章第三节规定之提供财务援助事项及其他事项；

(ii)《公司法》第五章第四节规定之咨询事项及其他事项；及

(iii)《公司法》第 35 条规定之其他经营方式。

设定年度缴费总额

第 4 条 《公司法》第 39 条第(2)款规定之主管部门规定之标准如下：

(i)根据公司业务所需费用的长期预测，公司应确保所需数额充足。

(ii)依《公司法》第 39 条第(1)款之规定，各核设施经营者的出资额应满足下列(a)至(c)的要求：

(a)确保反应堆稳定运行的资金；

(b)无正当理由，不得妨碍核设施经营者正常的资金融资、分红等活动；和

(c)不会对经济活动产生重大影响等。

(iii)可稳定地维持在一定的水平。

设定费率

第5条 《公司法》第39条第(3)款所指的主管部门条例规定之标准如下:

(i)根据反应堆运行等业务活动的规模、内容等情况,适当设置费率;和

(ii)对于特定的核设施经营者不应歧视对待。

期票

第6条 《公司法》第41条第(1)款第(iv)项所指的主管部门条例规定之本票应视为商业票据。

特别业务计划

第7条 (1)《公司法》第45条第(2)款第(viii)项所指的主管部门规定之事项如下:

(i)确保核设施经营者顺利开展业务的措施;

(ii)公司的财务状况;和

(iii)有关处理商用动力堆后处理措施(包括受伤害人员的治疗)的核损害事宜。

(2)特殊业务计划的参考资料应附上特殊项目的商业计划。

非实质性变更

第8条 《公司法》第46条第(1)款所指的主管部门规定之非实质性变更包括如下内容:

(i)商业名称的变更,总公司或主要办事处的位置变更,或协调代表或核设施经营者代表名称提交认证的特别商业计划的变更;

(ii)财务援助类型的变更(不包括发行基金,下同)(限于不增加财务援助总额的修订);

(iii)财务援助时间的变更(限于不超过一年的修订);

(iv)财务援助数额的变化(限于减少数额的修订);

(v)由于前述各项规定之变更而产生的必要变更(限于不改变特别业务计划目的的变更);

(vi)第7条第(1)款第(ii)项所列事项的变更;和

(vii)其他不改变特殊业务计划目的的变更。

国债登记

第9条 公司收到依《公司法》第48条第(2)款发行的国债后,应及时依《政府债券条例》(1922年财务省条例第31号)第28条之规定进行登记。

设定特别缴款的标准

第10条 《公司法》第52条第(2)款所指的主管部门规定之标准如下:

(i)确保反应堆运行活动顺利进行所需的资金等,如核设施经营者稳定的供电;和

(ii)根据核设施经营者的财务情况,在不影响财务基础的情况下,应要求核设施经营者尽可能承担其缴费限额。

检查人员的个人身份证明

第11条 依《公司法》第56条第(1)款之规定进行现场检查的人员携带的身份证件,应采用附表形式。

补充规定

本条例自颁布之日起施行。

核损害赔偿促进公司组建令

（2011年内阁办公室和文部科学省第1号令）

为实施《核损害赔偿促进公司法》之规定，现制定《核损害赔偿促进公司组建令》如下：

定义

第1条 本法令中所用条款与《核损害赔偿促进公司法》（以下简称《公司法》）中所用条款含义一致。

第2条 管理委员会委员任命和解聘的授权申请

公司董事长计划依《公司法》第17条或第19条规定申请获得授权时，应向首相和文部科学省提交书面授权申请，并附上含以下内容的文件：

(i) 公司董事长拟任命或解聘的委员姓名、地址和履历；

(ii) 有以下情形的人员，不得任命为委员：

(a) 已进入破产执行阶段且权利受限的人员；和

(b) 被判监禁而失业，或被判处的刑罚较监禁更为严厉的人员，或判决未执行完毕或判决仍在有效期的人员；

(iii) 拟任命或解聘的原因。

第3条 董事的任命和解聘授权申请

当公司董事长计划依《公司法》第25条第(2)款或第28条第(2)款申请获得授权时，应向首相和文部科学省提交书面授权申请，并附上含有以下内容的文件：

(i) 拟任命或解聘的董事姓名、地址和履历；

(ii) 有以下情形的人员，不得被任命为董事：

(a) 有《公司法》第27条和第29条所述情形的；和

(b) 有以上第(ii)款第(a)项或第(b)项所述的情况；

(iii) 拟任命或解聘的原因。

修订公司章程的授权申请

第 4 条　当公司拟依《公司法》第 66 条规定申请获得批准时,应向首相和文部科学省提交书面授权申请,并附上含有以下内容的文件:

(i)计划修订的事项和修订的内容;

(ii)需要修订的原因;

(iii)管理委员会决定修订的议程记录;

(iv)其他用于参考的事项。

第 5 条　检查人员的个人身份识别文件

依《公司法》第 65 条第(1)款规定,进行现场检查的人员携带的个人身份识别文件应用以下附加表格说明。

补充规定

本法令自颁布之日起生效。

附加表格(第 5 条所述的)

表格正面

核损害赔偿促进公司法摘录

第 65 条　(1)监管部长认为有必要执行本法时,可要求公司提交业务报告,可让其下属人员进入公司的办公室检查其书本、文件或其他物品。

(2)依前款规定进入检查的人员应携带身份证件,并向被检查人员出示。

(3)第(1)款规范的现场检查不属于刑事调查的范围。

第 57 条　如有以下情形的,对公司管理人员或雇员将处不超过 500,000 日元的罚款:

……

(ii)当上述人员未能按照第 65 条第(1)款做出报告或做了虚假报告,或拒绝、妨碍或逃避规定的检查时。

表格背面

备注:表格的尺寸为 JIS B7。

核损害赔偿促进公司财务会计令

（2011年内阁办公室和文部科学省、经贸工省第1号法令）

出于对《核损害赔偿促进公司法》（2011第94号法，以下简称《公司法》）和《核损害赔偿促进公司法实施令》（2011内阁第257号令）的考虑，为统一执行《公司法》，现制定《核损害赔偿促进公司财务会计令》如下：

定义

第1条 本法令中所用条款与《公司法》所用条款含义一致。

会计原则

第2条 为核实公司的财务状况和管理运作，公司应对财产进行增加、减少或变更工作，以及对这些工作所产生收入和支出的核算。

账户建立

第3条 （1）在公司会计账簿中，公司应建立资产负债表和损益账户，如有必要，还应建立账户的明细计算过程。

（2）当公司实施上述会计工作时，应写明收到的每一笔特别缴纳数额和特别财政援助的执行情况以及其他必要数据，以便就特别财政援助进行清晰的核算。

预算内容

第4条 公司的预算应包含一般预算拨款和收支预算。

一般预算拨款

第5条 一般预算拨款应包括与收支预算有关的综合性拨款和与下列情况有关的拨款：

（i）对于依第9条视为债务的行为，与每一事项相关联的债务限额，满足基于以上所述行为的债务条款，以及所要求的理由；

（ii）依第10条第（2）款规定费用的指定；和

（iii）除以上两项，其他与预算执行有关的必要事项。

收支预算

第6条 收支预算应根据收入的性质和支出之目的分开。

预算附带材料

第7条 (1)当公司计划依《公司法》第57条第(1)款第(i)项之规定申请预算授权时,应将以下材料同预算一起提交首相和文部科学省及经贸工省:

(i)上一年的预计资产负债表和预计损益表;

(ii)当年的预计资产负债表和预计损益表;和

(iii)除以上所列两项,其他对计算预算有帮助的文件。

(2)当公司计划依《公司法》第57条第(2)款第(i)项之规定申请授权变更预算时,公司应附带上款第(i)项和第(ii)项所列文件材料随同一份说明公司计划变更预算及变更理由的文件一起提交首相和文部科学省、经贸工省。

应急基金

第8条 为弥补支出预算中由于无法预测造成的差额,公司可提供与收支预算有关的应急基金。

承担债务

第9条 除在支出预算范畴内的债务,公司每一工作年在获得首相和文部科学省、经贸工省的授权后,可承担预算数额范围内的债务以便开展业务。

预算资金的转用

第10条 (1)公司不能基于任何支出预算中未写明之目的而使用支出预算中的资金,但如果其使用是为适当和必要地执行预算,则可依第6条规定转用预算资金。

(2)公司不应将一般预算拨款指定的费用转为任何其他费用或其他未指定的费用,或在没有得到首相和文部科学省、经贸工省的授权情况下,使用应急基金。

(3)当公司计划取得上述授权时,应向首相和文部科学省、经贸工省提交说明转用理由、转用数额和预估依据的相关文件。

集资计划

第11条 (1)《公司法》第57条第(1)款阐述的财务计划应包括以下事项:

(i)集资的来源和方法;

(ii)资金的使用;和

(iii)其他必要事项。

(2)当公司拟依《公司法》第57条第(1)款之规定取得变更财务计划的授权时,应向首相和文部科学省、经贸工省提交书面申请,说明公司的计划变更以及变更理由。

财务报表

第12条 《公司法》第58条第(1)款规定由主管部门法令规定的文件是指净资产的变更报表、资金流报表和与各核设施经营者有关的文件。

附带的详细报表

第13条 《公司法》第58条第(1)款规定附带的详细报表应说明以下事项:

(i)公司认购资本有关的事项:

(a)资本认购人、资本认购数额的详细报表(包括针对各资本认购人自上一年年底开始的增减项);

(b)法律依据;和

(c)与政府的资本认购有关的单独报表账户;

(ii)与主要资产和负债详细报表有关的事项:

(a)长期借款的详细报表(包括贷款人、针对各贷款人自上一年年底开始的增减项);

(b)公司债券的详细报表[包括问题点(政府担保债券已发行时进行说明)和针对各问题点自上一年开始的增减项];

(c)津贴的详细报表(包括针对每一种津贴自上一年年底开始的增减项);

(d)公司进行的资本认购数额的详细报表;和

(e)现金和存款、应计收入和其他主要资产和债务的详细报表。

(iii)固定资产的收购和处置、折旧费用的详细报表;

(iv)关联公司份额的详细报表[是指总公司持有过半数投票权(以下简称公司;在总公司和一个关联公司持有或一个子公司持有另一公司超半数投票权的情况下,另一个公司也应被视为总公司的关联公司)和总公司持有超过20%但少于50%投票权,并能通过资本认购、人事、基金、技术、交易或其他事情对公司财务和业务政策产生重大影响的公司;下文同样适用]:

(a)关联公司名称;

(b)每股金额;

(c)持股数;

(d)收购价;和

(e)资产负债表上的贷款数额(包括自上一年年底开始的增减项);

(v)资本化组织的资本认购的详细报表;

(vi)对附属公司的要求和责任的详细报告;和

(vii)与主要费用和利润相关的事项:

(a)已被接受的今年和上一年国家补贴的详细报告,或其他相等的补贴(以下简称国家补贴;包括国家补贴的名称、独立的国家会计以及国家补贴和资产负债表和损益表里相关主题关系的解释说明);

(b)官员和员工酬金的详细报告;

(c)收到的特殊贡献金额,执行特殊财务协助的进度的详细报告以及其他与特殊财务协助会计有关的详细报告;和

(d)其他基于公司业务特征的重要费用和利润的详细报告。

收支报告

第 14 条 公司应在每季度通过总额和余额的试算表来报告收支情况,并应自第 9 条规定的每一季度后的一个月内,向首相和文部科学省、经贸工省报告每一事项里陈述的债务数额。

业务报告

第 15 条 《公司法》第 58 条第(2)款所阐述的业务报告应包含以下内容:

(i)公司一般情况:

(a)业务内容;

(b)办公地点(包括第二办公地点);

(c)列明的资本数额和政府资本认购的数额(包括自上一年年底开始的各自的增减项);

(d)职员的固定数量、姓名、任职、工作年限和背景;

(e)公司的历史(包括一份按《公司法》要求所做公司建立的声明);

(f)首相和文部科学省、经贸工省的声明;和

(g)与管理委员会和其他公司大纲有关的事项；

(ii)今年和上一年业务执行状况；

(iii)财务计划执行的结果；

(iv)借款人、借款之目的、今年和上一年借款的数额；

(v)国家补偿的名称、目的、数额等；

(vi)与关联公司相关的事项：

(a)关联公司的大致情况(包括能展示其与总公司关系的图表)；

(b)与关联公司相关的事项：

①名称；

②业务内容；

③办公地点(包括第二办公地点)；

④声明的资本金；

⑤代表人的姓名；

⑥职员数；

⑦员工数；和

⑧公司持股比例和其他与总公司之间关系的详细情况；和

(vii)总公司处理的问题。

决算报告

第 16 条 (1)《公司法》第 58 条第(2)款所阐述的决算报告应为与财务报表和债务有关的报告。

(2)上一款中阐述的决算报告应依第 5 条规定，写明与一般预算规定中的事项有关的预算管理的实际结果。

财务报表等

第 17 条 (1)上一条第(1)款所阐述的财务报表应根据同样的收支预算范畴进行准备，并且根据下列每一项列出的范畴写明每一项中所述的事项：

(i)收入：

(a)预算收入额；

(b)确定收入额；和

(c)预算收入额和确定收入额之间的差额；

(ii)支出：

(a)预算支出额；

(b)申请的应急资金数额和申请的理由；

(c)转用的数额和转用的理由；

(d)实际预算支出额；

(e)确定支出额；和

(f)未使用的预算支出资金数额。

(2)上一条第(1)款所阐述的财务报告应依第9条规定，写明每一事项下所承担的债务数额。

检查期

第18条 主管部门规定，《公司法》第58条第(3)款涉及的检查期应为5年。

公司提交的文件

第19条 主管部门规定《公司法》第2条第(2)款中涉及的文件应为《公司法》第59条第(4)款规定之澄清公司支付给国库的数额计算的基础文件。

借款授权申请

第20条 当公司拟依《公司法》第60条第(1)款规定申请借款授权时，公司应向首相和文部科学省、经贸工省大臣提交授权申请，写明以下事项：

(i)借款理由；

(ii)借款数额；

(iii)贷款人；

(iv)借款利息率；

(v)偿还借款的方式和期限；

(vi)利息支付的方式和期限；和

(vii)除以上所列事项外，其他与借款有关的必要事项。

盈余资金投资的方式

第21条 主管部门规定，《公司法》第62条第(3)款涉及的方式应为托管的资金(仅限于以信托方式持有的资金，并有协议赔偿任何本金损失)。

会计规则

第22条 (1)公司应规定财务事项和会计规则。

(2)当公司打算澄清上一款所指会计规则时，应取得首相和文部科学省、经贸工省的批准。同样，在公司打算变更上一款所指会计规则时，也应取得批准。

检查人员的身份识别文件

第 23 条 进行现场检查的人员携带的身份识别文件应按下面附带表格准备。

补充规则

本条例自发布之日起生效。

附带表格(第 23 条)

表格正面

工号

依照《核损害赔偿促进公司法》第 65 条第 2 款检查身份证明

职位和姓名

照片

出生日期:年 月 日

发行日期:年 月 日

(盖章)

主管部长印章

表格背面

《核损害赔偿促进公司法》摘录

第 65 条 (1)监管部长认为有必要执行本法时,可要求公司提交业务报告,可让他/她的下属人员进入公司的办公室检查其书本、文件或其他物品。

(2)依前款规定进入检查的人员应携带身份证件,并向被检查人员出示。

(3)第 1 款规范的现场检查不属于刑事调查的范围。

第 57 条 如有以下情形的,对公司管理人员或雇员将处不超过 500,000 日元的罚款:

……

(ii)当上述人员未能按照第 65 条第 1 款做出报告或做了虚假报告,或拒绝、妨碍或逃避规定的检查时。

备注:表格的尺寸为 JIS B7。

关于确定东京电力公司福岛第一、第二核电厂引发核损害范围的初步导则

（2011年4月28日　核损害赔偿争议调解委员会）

第一部分　概　　述

1. 2011年3月11日，东京电力公司福岛第一、第二核电厂发生核事故，造成广泛区域内的放射性物质排放并严重影响了当地的环境。大批当地居民被迫疏散，或根据政府的疏散导则采取其他保护性措施，在室内避难或被迫结束生产、制造或销售业务。该核事故不仅影响了福岛县，同时还影响其他邻近地区，即以福岛第一核电厂为中心周围30公里为半径的区域。核事故给周边居民造成了前所未有的损失。尽管事故已过去一个多月，但其损害和影响还未见消弭。在尚不能确定该核损害的影响范围前，无法对受此影响的数以万计的疏散人员和大量暂停营业的企业采取任何措施。上述受害人急需得到及时、公正和适当的救济。

因此，依《原子能损害赔偿法》（以下称《赔偿法》）相关规定[《赔偿法》第18条第(2)款第(ii)项]制定《确定核损害规模导则》和《协助核设施经营者自愿解决争议的导则》（以下简称导则），通过该导则提供核损害赔偿，以期尽快向受害人提供救济，并在考虑上述情况的基础上，根据优先顺序从核损害发生可能性最高的地区开始执行。

2. 基于此，针对由于执行政府相关指令所致一定范围内的核损害，上述导则（初步导则）规定了进行赔偿的指导性方法。

具体来说，应考虑如下因素：(1)与政府疏散导则有关的核损害赔偿，如疏散费、商业损失、停工损失、财产损失、检测费（针对人身）、检测费（针对物件）、人身伤亡赔偿、精神损失赔偿等；(2)与政府指定海洋危险区有关的损失赔偿，如商业损失、停工损失等；(3)与政府颁布的航运禁令相关的损失赔偿，如商业损失、停工损失等。

在合理范围内应进一步考虑初步导则未涵盖的损失类型和范围，即非因政府指令导致且不属于损害赔偿豁免情况的核损害。例如，初步导则未规定的由个人承担的疏散费和商业损失（含所谓的“与传闻有关的损害”），核电厂工人、自卫队官员、消防员、警察或其他因职务原因被放射性辐射损害的个人，供应商因不能提供备品备件遭受的间接损失，地方政府部门遭受的财产损失以及因遵循政府指令所造成的损失等。

关于受害人遭受的损失，存在若干《赔偿法》之外的措施，正在为受害人提供救济或在将来付诸实施。这些措施是否会相互影响（如抵销利润/损失的可能性等）在将来也会作为考虑因素。

3. 希望本初步导则的制定有助于受害人和东京电力公司进行协商并就损失处理方法达成共识，同时也希望东京电力公司能及时、公平、公正地执行紧急赔偿措施，给予受害人适当的救济。

第二部分 损失类型

1. 依《赔偿法》规定，核反应堆运行导致的核损害应由其核设施经营者承担，如第 3 条。关于核损害范围，不宜认为此类损失的范围与有关侵权法规定之损害赔偿范围有明显区别。因此，在起草本导则时，委员会认为只要损害事实与核事故之间存在因果关系，即以社会约定为基础，从逻辑上可合理推出该损害是由于核事故原因导致的，由此认定为核损害。

对于部分损害结果持续发生的损失类型，例如疏散费、商业损失或因停工造成的损失，较难界定损失结束日期，委员会也应当考虑。

2. 在制定导则时，委员会参考了以下报告：《核损害研究组的临时确认——关于业务损失的意见》（核损害调查研究组：1999 年 12 月 15 日）和《东海村核燃料转化工厂临界事故的核损害调查研究报告》（2000 年 3 月 29 日）。

但是，本次事故无论在严重性上还是其周边受损情况、范围和持续时间上，均远超过东海村临界事故。且由于受害人众多、损失类型各异，因此在制定本导则时，应充分考虑此次核事故的特殊性。

3. 另在计算损失时，例如疏散费赔偿，原则上是对经确认的实际发生费用进行赔偿。但由于本次事故的受害人人数众多且需要紧急救济，也可考虑采取合理固定赔偿数额等方法。如能证明疏散费远超过前述固定数额，赔偿数额可根据具体情况合理增加。关于商业损失赔偿，可适当降低举证责任,并在必要、合理范围内进行赔偿,例如在因疏散导致收集证据困难时,根据客观统计数据采用合理方法计算,将有利于快速处理大量索赔案件。

考虑到受害人需要紧急救济,东京电力公司应采取合理、灵活方式支付赔偿。如对于损失结果持续发生的损失类型,在最终确定损失的所有赔偿额前,可按固定数额或一定比例的赔偿数额定时向受害人支付。

第三部分　与政府疏散指令有关的损失赔偿

(一)受影响区域

根据政府指令疏散的区域应适用如下规定:

1. 疏散区域

依《核应急准备特别措施法》,日本政府向以下相关地区政府机构负责人发出居民疏散指令:

(1)福岛第一核电厂20公里半径范围内的区域,自2011年4月22日被指定为禁区,即原则上禁止进入该地区;和

(2)福岛第二核电厂方圆10公里内的区域,自2011年4月21日,这个数字减少到8公里范围内。

2. 室内避难区域

依《核应急准备特别措施法》,日本政府向以下相关地区政府机构负责人发出室内避难区域指令:

(1)距离福岛第一核电厂半径20至30公里半径的地区。

(2)位于福岛第一核电厂20公里半径和30公里半径之间的地区。

注意事项

因室内避难将造成居民难以维持日常生活,2011年3月25日内阁秘书提议当地居民自愿疏散。此区域于2011年4月22日被解禁,在紧急情况下,应适用下述第3项和第4项的规定。

3. 计划疏散区域

依《核应急准备特别措施法》,日本政府向以下相关地区政府机构负责人发出计划性疏散区域指令:

福岛第一核电厂20公里范围外的周边地区,因年累计辐射量可达20毫西弗的,要求人员在一个月内有计划地疏散至独立区域。

4. 应急情况下的预备疏散区域

依《核应急准备特别措施法》，日本政府向以下相关地区政府机构负责人发出应急情况下的预备疏散指令：

福岛第一核电厂范围内 20 至 30 公里的区域，不含计划性疏散区域内的人员，在应急情况下，应做好随时从计划性疏散区域疏散的准备；要求该等人员自愿疏散时，不包括需要护理的儿童、孕妇、住院病人等。

（二）疏散人员

疏散人员指依下述政府指令要求疏散的居民或采取其他必要行动的人员：

1. 事故发生后被迫离开受影响区域（“疏散”）的，并持续在前述区域外停留的人员（“受影响区域外居住”）；

2. 虽然事故发生时在受影响区域外，但其主要居住地在受影响区域，并应继续居住在受影响区域外的人员；

3. 在受影响区域被迫采取室内避难措施的人员（“室内避难疏散”）。

注意事项

1. 前述“疏散”“在受影响区域外居留”“室内避难疏散”统称“疏散等”。

疏散人员还应包括疏散后返回家中并在室内避难的人员（但在计算赔偿金时有所区别）。

2. 居住在受影响区域的人员，根据政府指令疏散（疏散区域和计划性疏散区域），或被要求自行疏散（应急情况下，室内避难区域和预备疏散区域）。应考虑依政府指令疏散并住在受影响区域外的人员、自愿疏散居住在受影响区域外的人员，在疏散至相关受影响区域外后，不得再返回自己原来在受影响区域的住所等，符合“根据政府指令”和“必要”疏散或临时居住在受影响区区域外的人员。另外，对于在政府相关疏散指令或动员自愿疏散前，已疏散至或暂时居住于受影响区域外的人员，从政府的角度来看，上述行为从客观/事后结果看是合理的，也符合政府相关指令的目的，因此上述人员也应被视为“根据政府指令”或“必要”疏散或临时居住在受影响区域外的人员。

（三）损失类型

1. 检查费用（人身）

导则

在事故发生后的任何时间，对室内避难人员和疏散至受影响区域外的人员应安排相关检查以确定受放射性辐射程度，其相关检查费用和其他相关费用（如前往检查的差旅费）应予以赔偿。

注意事项

（1）根据放射性物质的数量，放射性物质可能会对人体造成极大伤害且难以为人体所察觉。因此，在受影响区域进行室内避难的疏散人员和疏散至受影响区域外的人员，如认为他们受到核辐射并进行检查是非常合理的。

（2）对于免费检查，因受害人并没有损失，无须赔偿。

（3）此外，如果部分费用发生在政府疏散指令前且无合理理由排除的，应按事故发生后的检查费用进行赔偿。

2. 疏散费

导则

下述疏散人员的相关费用应予以赔偿：

（1）因疏散至受影响区域外所发生的家庭财务搬迁费、差旅费；

（2）在受影响区域外临时居留所发生的住宿费用及其他必要费用；

（3）疏散人员因疏散导致生活费用增加时，其增加部分。

注意事项

（1）住在受影响区域外的人员，其疏散费包括差旅费、搬家费、住宿费和杂费等（以下简称住宿费），对该类费用应予以赔偿。

原则上采取室内避难措施的人员不能主张疏散费，但有权获得与导则第（3）项相应的费用赔偿，计算赔偿金时应同时考虑采取上述措施造成的生活困难和精神损失。

室内避难区域解禁后，自解禁之日起一段合理时间后，相关人员不得主张疏散费赔偿，对合理的持续时间应予以考虑。

（2）总之，疏散费中所涉及的家庭财物搬迁费、差旅费，其赔偿数额应根据受影响地区居民实际发生的费用，并经确认后进行计算。但实际上，因核损害的受害人人数众多，无法对受害人的实际发生费用进行一一核实，且可能影响受害人获得及时救济。因此，采用固定平均损失额的方法，并统一支付给所有受害人。紧急程度将会是拟定上述平均损失额时考虑的因素之一。

（3）在疏散费中，前述导则第（3）项所规定之生活费用增加，指如室内避难的人员到距离非常远的地方采购食物，或是不能用或极难使用自己种植的农产品等,由此导致的食品成本上涨。

(4)在疏散费中,前述导则第(2)项规定之住宿费等,在适用于疏散人员时可能存在许多可变因素。例如,可能有自费住在旅馆或其他类似地方或免费住在体育馆、市民大厅、疏散中心等各种情况。在前述的无住宿费情况下,因实际上未产生住宿费,严格意义上不应予以赔偿。但如果受害人在相当长时间内可能因核事故而生活不便,其所获得赔偿金不足以弥补其损失的情况是显失公平的。因此,赔偿方法可做相应调整:(1)无论是否实际发生住宿费,向所有疏散人员支付固定的住宿赔偿金;(2)在前述的无住宿费情况下,将增加因此所遭受的精神损失赔偿。另外,紧急程度将会是考虑因素之一。

3. 人身伤亡

导则

对于疏散人员而言,以下情况将视为核损害:

(1)核事故导致相关人员疏散至未受影响地区,疏散人员的人身伤害或其健康情况恶化、因被迫疏散造成的疾病或死亡等原因导致的收入损失、医疗费、药费、精神损失费。

(2)核事故导致相关人员疏散至未受影响区域,为防止病情恶化等所增加的检查费、医疗费、药费等。

注意事项

(1)核事故导致相关人员疏散至未受影响区域,疏散导致相关人员身体残疾或死亡等伤害,因此所造成的收入损失、医疗费、药物费和精神损失等费用,应予以赔偿。与人身伤亡相关的精神损失赔偿额,应根据人身损害或死亡事件进行个案衡量,不同于下述“4. 精神损失”的注意事项第(4)项内容。

(2)另外,即使疏散措施并未实质上导致疏散人员健康恶化,为防止老年人或慢性病患者的健康恶化,其相比之前更高的治疗费用也在合理范围之内,因此而增加的费用应作为核损害予以赔偿。

(3)另外,在可能的情况下,今后将就创伤后应激障碍是否相当于“身体残疾”进行探讨。

4. 精神损失

导则

事故发生后(主要指人身伤害或导致死亡的事故),相关疏散人员受到精神创伤等,难以确定哪种程度的损失与核事故有着充分因果关系。但是由于精神创伤导致较长时间内不能正常生活的情形,应在一定范围内被纳入核损害赔偿的范围。紧急程度将作为考虑因素之一,包括评估标准和计算因素等。

注意事项

(1)如上所述,核事故与损失结果间具有充分因果关系的,因人身伤亡导致的精神创伤(精神损失)应按核损害予以赔偿。

(2)基于受害人的年龄、性别、职业、性格、生活条件和家庭组成等因素,因人身伤亡导致的精神创伤在性质、形式和程度等方面差异较大。因此,客观认识或评价精神损失存在及其程度会因为受到上述因素影响,遇到较大限制。

本次核事故的放射性辐射范围广,受影响地区的民众依政府指令采取疏散和室内避难等措施,实质上影响了当地民众的日常生活。因此,在本次核事故中,由于受害人必须疏散,且在较长期间内都不能恢复原本的正常生活秩序,受到一定程度的精神创伤是可能的。

(3)精确地计算精神损失并进行赔偿难度很大,但是对疏散人员按一定标准进行分类,并建立精神损失等级,按等级确定相应的赔偿数额是相对可行的。其等级划分可基于以下因素:疏散的必要性(根据政府的疏散指令或室内避难指令等)、疏散的类型(疏散、临时居住在受影响区域外、室内避难)、疏散时间、疏散后的生活环境等。

另外,如以上疏散费所述,总体来说,在健身房、市民大厅和疏散中心居住的人员虽无须住宿费,但其受到的精神损失要高于自费居住在宾馆或其他类似地点的人员。因此,在不考虑住宿情况差异性的情况下,以固定赔偿数额对两种住宿情况都予以赔偿,更符合现实情况,也应被考虑。

(4)尽管上文已讨论因人身伤亡导致的精神损失和致残所引起的精神损失,但实际上,仍有其他类型的精神损失,如暴露在一定剂量辐射造成的精神损失。对于核事故关注、焦虑放射性物质的放射性并不能被视为精神创伤,但如果其关注和焦虑超过一定程度,也应考虑是否应认定为精神损失,并确定其程度。

5. 商业损失

导则

(1)如果个人曾在受影响的地区开展全部或部分商业行为，因遵循政府疏散指令使其不可能开展业务，包括销售、贸易等，其实际收入持续减少，则减少部分应按核损害予以赔偿。

在计算前述的收入减少时，应以核事故未发生将获得的销售收入扣除核事故发生前进行销售的成本（避免将其认为是核事故造成的收入损失）。

(2)此外，前述阻碍商业业务开展的其他费用（如处置产品和资产所产生的成本）、为避免业务受阻或由于变更而发生的额外费用（如业务重组成本、业务转移/储存成本等），在合理范围内应按核损害予以赔偿。

注意事项

(1)在受影响地区部分或全部开展农业或其他业务的个人，因核事故导致其本身或雇员依政府指令疏散至未受影响区域，或相关产品运输或上班通勤因此受到影响的，其与业务相关的商业损失按核损害予以赔偿。

适用的商业业务包括农业、林业、渔业、制造业、建设、零售、服务、运输和其他业务，且不限于营利性业务，只要部分业务是在受影响地区开展即可。

额外费用将根据其必要和合理程度确定是否按核损害予以赔偿，例如因受上述影响导致产品或业务资产的处置或返还成本，或为避免前述情形，在未受影响区域重新开展业务的成本或运输业务所需相关资产的成本（包括费用），对业务进行重组或调整等所发生的费用。

(2)为将来销售所发生的销售费用或是基于连续发生基础上产生的销售费用的收入损失（亏损）计入损失予以赔偿是适当的，但不应将其视为未采取措施避免核事故的结果。

(3)此外，如果部分费用是由于核事故导致的，但发生在政府发出疏散指令前，如无合理理由排除，在核事故发生后造成的业务损失均应按核损害予以赔偿。

(4)对因此造成的企业解散或破产应如何进行核损害赔偿的问题过于复杂，该问题将在以后讨论。

6. 停工损失

导则

在受影响区域工作的劳动者,因依政府指令进行疏散导致无法工作的,其工资收入的减少部分将按核损害予以赔偿。

注意事项

(1)如果在受影响区域工作的劳动者必须疏散,致其无法工作的,如在受影响地区的工厂因核事故关闭或疏散地距离现工作场所很远,均可推断为劳动者的工资收入减少与核事故间有充分的因果关系。

此外,停工还包括解雇或其他因核事故导致其劳动关系终止的情形。

(2)但是,自营职业者或务农人员等不能以停工为由获得损失赔偿,但上述人员可能获得独立商业损失赔偿。

(3)此外,如果在停工期间雇主向劳动者支付工资,雇主因此而受到的损失应视为雇主商业损失,并按核损害予以赔偿。

另外,对于已完成的应支付工资的工作,如雇主因核事故原因无力支付工资的,则前述受影响部分应认定为劳动者损失。

(4)由核事故导致停工损失,如发生在核事故之后及政府指令疏散前,在无其他合理理由时,产生的上述损失应视为核损害予以赔偿。

(5)拟雇佣的人员,其是否有权获得因无法工作而造成的损失赔偿,取决于其就业的确定性。

7. 检查费(物)

导则

位于受影响区域的财产,如根据前述财产的性质,通过检查确认财产的安全性是必要和合理的,或应相对方要求进行检查,则受害人的检查费将按核损害予以赔偿。

注意事项

(1)因目前整体损失程度尚未确定,无法确定受放射性辐射将会造成的个人财产损失或价值降低。

(2)然而,财产的价值或价格明显受心理影响或其他主观因素影响,如交易相对方对相关财产的印象、认识和认可程度等。此外在许多情况下,为避免被交易相对方拒绝交易或终止或降价等,对相关财产进行检查是必要的,同时有利于降低受害人的商业损失。

因此,符合下列要求的检查费可按核损害予以赔偿:①按相关财产类型、性质和对其安全性的顾虑程度,通过检查以消除该种顾虑,且根据普通人认知能力,认为该种程度的赔偿对核设施经营者来说也是合理的;或②根据交易方要求所进行的检查等。

另外,如果部分检查是由于核事故引起的,但发生在政府发出疏散指令之前,无其他合理理由排除时,则核事故后产生的上述损失应按核损害予以赔偿。

8. 财产损失

导则

关于财产,以下实际发生的损失将按核损害予以赔偿,财产指不动产和动产。

(1)如依政府指令必须疏散的情况下,位于受影响地区的财产,因受害人无法管理而导致其全部或部分价值丧失,减少的价值或增加的相关附加费用(如处置财产费用),将根据受损程度按核损害予以赔偿。

(2)除上述规定外,财产位于受核事故影响的区域,且符合以下规定:

①因受到一定程度的放射性辐射导致财产损失;或

②虽然不符合前述①分项情形,但根据普通人认知程度,以该财产的类型、性质和交易形式,可认为因核事故原因导致所有或部分财产损失,则因核事故导致的损失或价值减少或其他附加费用如排除污染费等将按核损害予以赔偿。

注意事项

(1)关于前述导则第(1)项,如果确认因必须从受影响区域疏散,如无法继续管理农产品或畜牧产品等,从而不得不将农产品作为废物处置,或可认为因家畜死亡导致前述农产品的全部或部分价值损失时,则可以按照因核事故导致的损失或价值减少予以赔偿。

但是,前述财产为产品时,是作为财产还是商业损失(收入损失)进行赔偿,应按具体个案进行分析。

如果因无法进入相关区域导致无法确定具体财产损失或价值降低额度的,则财产损失或其价值降低额度将按最高可能性进行估值,对该可能性无法预估的情形,具体计算方法有待进一步考虑。

(2)关于前述导则第(2)项下第①分项,因核事故所释放的放射性污染导致相关财产价值损失或降低,此类损失应按核损害予以赔偿。

(3)关于前述导则第(2)项下第②分项,即使无法确认因核事故所释放的放射性污染导致相关财产价值损失或降低,也应适当考虑该财产的价值或价格明显受心理和主观因素的影响,如印象、意识和认可程度等。如果根据普通人认知,从相关财产的类型、性质和交易形式看,该财产的价值不可避免地因受核事故影响而价值丧失或减损的,则对财产有权按核损害予以赔偿。

(4)另外,关于前述导则第(2)项下的第①分项和第②分项,可能需采取如去污等措施恢复财产价值或降低损失。在这种情况下的损失或价值降低,或去污措施费用等如何确定,有待进一步的考虑。

(5)关于购房合同或采购合同终止所造成的损失、房地产融资担保被拒、预计销售价格下降的损失或租金下降或因核事故发生终止租赁合同等造成的损失,只有与核事故有充分因果关系时才能按核损害予以赔偿。

第四部分　政府设立海洋禁区的相关损失

(一)受影响的区域

日本海岸警卫队指定以福岛第一核电厂为中心的30公里范围内的圆形海洋区域为海洋禁区。

(二)损失类型

1. 商业损失

导则

在建立海洋禁区后,允许在合理范围内按核损害赔偿以下两者的损失:

(1)如果渔业经营者被迫放弃在受影响地区的渔业活动,并因此实际收入减少;

(2)从事沿海航运或客运业务中,因绕开海洋禁区所造成的成本增加或收入减少。

注意事项

(1)在海岸警卫队建立海洋禁区后,如果渔业经营者由于危险而在合理范围内放弃在受影响区域捕鱼,因此导致的收入减少按核损害予以赔偿。

计算收入减少的方法与第三部分(三)损失类型第5条(商业损失)相同。

(2)同样,如果沿海航运或客运经营者由于航行危险,不得不行驶其他路线以避开受影响的区域,因此导致的额外成本或收入减少,在必要和合理的范围内按核损害予以赔偿。

计算收入减少的方法与第三部分(三)损失类型第5条(商业损失)相同。

(3)另外,如果损失是由于核事故引起的,但发生在政府划定海洋禁区前疏散指令后,如无合理理由排除,只要是在核事故后发生的业务损失均按核损害应予以赔偿。

2. 停工损失

导则

如果建立海洋禁区后,渔业经营者或沿海运输经营者等由于无法继续在禁区工作导致业务减少,因此相关劳动者不得不停工,对包括工资在内的收入减少有权按核损害予以赔偿。

注意事项

与第三部分(三)损失类型第6条(停工损失)的注意事项第(1)项至第(5)项相同(不包括上下班困难部分)。

第五部分　与政府航运禁止令有关的损失

(一)受影响地区和商品清单

目前,初步导则暂时适用于与政府颁布航运禁止令相关的区域和受影响相关商品清单的损失,或基于与核事故相关的理性考虑,地方政府部门要求自愿限制相关航运或经营活动所采取的措施,包括由与核事故有关的厂商团体组织的且日本政府和地方政府部门配合的措施(以下简称政府航运禁止令)。

但是,政府航运禁止令以外的区域和前述商品清单之外的商品,其由于相关货物退运、停运和价格下跌造成的损失在合理范围内予以考虑并进行相应赔偿。

(二)损失类型

1. 商业损失

导则

(1)如农业、林业或渔业经营者因政府航运禁止令不得不放弃航运、相关商品经营等活动,则其持续的收入减少应按核损害予以赔偿。

(2)由于前述放弃航运或经营活动所引起的其他费用,在合理范围内也按核损害予以赔偿。

(3)因政府航运禁止令不得不放弃相关商品销售的经销商,其收入降低部分按核损害予以赔偿。

注意事项

(1)因政府航运禁止令被迫放弃相关区域内航运和商品经营的,其收入降低按核损害予以赔偿。

计算收入降低的方法与第三部分(三)损失类型第5条(商业损失)规定相同。

其他费用,包括由于前述放弃航运或经营活动所引起的产品处置成本,在合理和必要范围内按核损害予以赔偿。

(2)关于地方政府所要求的自愿限制航运或经营,例如在检测到特定商品的放射性超过临时安全限制的情形下,如果该自愿限制措施与核事故相关,依前述注意事项第(1)项,相关的收入减少和额外费用应按核损害予以赔偿。

(3)由航运或经营等相关厂商团体所组织的自愿限制措施,要充分证明其所有损失均与核事故有因果关系在实践中是非常困难的。但至少福岛渔业协会根据与当地政府的协商所组织的自愿限制措施,及其导致的收入减少和额外费用,依前述注意事项第(1)项,基于在福岛海岸建立航运禁区和污水排放等情况,应按核损害予以赔偿。

(4)在政府航运禁止令颁布前所采取的航运或经营方面的自愿限制措施,也可认为是在核事故发生后,根据理性判断所做出的决定,在无合理理由排除的情况下,核事故发生后的损失按核损害予以赔偿。

(5)对于相关生产厂商、经销商的收入减少按核损害予以赔偿,包括因政府航运禁止令,相关经销商不得不放弃销售部分商品等。具体计算方法与第三部分(三)损失类型第5条(商业损失)相同。

2. 停工损失

导则

从事农业、林业或渔业的经营者生产的相关商品,如因政府航运禁止令致其业务情况恶化导致其所雇用的劳动者不得不停工,对包括工资在内的收入减少应按核损害予以赔偿。

注意事项

适用第三部分(三)损失类型第6条(停工损失)的注意事项第(1)项至第(5)项(不包括因疏散导致的上下班困难)。

关于确定东京电力公司福岛第一、第二核电厂引发核损害范围的进一步导则

（2011 年 5 月 31 日　核损害赔偿争议调解委员会）

第一部分　概　　述

1. 2011 年 4 月 28 日发布《关于确定东京电力公司福岛第一、第二核电厂引发核损害范围的初步导则》（以下简称《初步导则》）。

《初步导则》规定核损害类型及其范围，对于《初步导则》中未规定之特殊核损害及其具体损失计算方法将进行进一步研究。

2. 因此，对于《初步导则》中暂未涉及而此时可能出现的损失类型和范围，本导则（《进一步导则》）规定了基本处理方法，且规定了《初步导则》中所述特殊损失类型的计算方法。

具体来说，赔偿将考虑如下因素：

（1）与政府疏散指令有关的损失，如临时返回费用、返家费、精神损失（作为必须被疏散人员所遭受的精神损失）、疏散费等；（2）与政府航运禁止令相关的损失，涉及因政府航运禁止令要求放弃所种植的经济性作物的损失、在政府航运禁止令解除后发生的损失；（3）关于政府种植限制令造成的损失；（4）所谓“与传闻有关的损失”。

3. 此外，《初步导则》和《进一步导则》中未涉及的损害类型并非一定被排除在核损害赔偿之外，如本《进一步导则》第 2 段所述，对此还将进一步研究并完善。

第二部分　与政府疏散指令等有关的损失

（一）损失类型

1. 临时返回费

导则

依政府指令进行疏散的人员，如果在限制区域内有住所（也可以是避难区，下同），因疏散所发生的差旅费、家庭财物搬迁费和清洁费等（包括之前或之后一晚的住宿费，下同），在合理和必要程度内按核损害予以赔偿。

注意事项

（1）自2011年5月10日起，依政府指令要求必须疏散至受影响区域外的人员，其住所如位于限制性区域，一般禁止返回其住所（以东京电力公司福岛第一核电厂为中心20公里范围内；排除在该核电厂3公里内的住所），但疏散人员通过参加当地镇或村政府主持的“临时通行”活动，可返回其原住所收拾日常生活所需物品。

参与“临时通行”活动的与会者在“临时通行”会合点（转接点）集合，按其住所所在地划分的不同区域，各自乘坐专区巴士前往。

（2）前述疏散人员从受影响区域外前往会合点，必将发生如下费用：来回差旅费和其他自行承担的费用、从会合点至其住所地区的差旅费、相关人员和物品的清洁费、家庭财物搬迁费（包括汽车）。

相关人员因核事故原因必须疏散，且作为核事故后果之一的放射性辐射导致疏散人员无法再进入其住所，为了疏散人员日常生活需要返回原住所收拾日常生活用品是必需的，由此可推断参与“临时通行”活动产生的费用与核事故之间具有充分的因果关系。

因此，家庭财物搬迁费、差旅费和清洁费用等，以及疏散人员自费参加前述“临时通行”活动所发生的费用，在合理和必要范围内按核损害予以赔偿。

（3）上述差旅费等赔偿计算方法，与下述“损害赔偿计算方法”相同。

2. 家庭财物搬迁费

导则

因核事故被疏散的人员，其返回位于受影响区域的住所产生的差旅费和家庭财物搬迁费等，应在合理和必要范围内按核损害予以赔偿。

注意事项

(1)自2011年4月22日起解除室内避难要求后,居留在受影响区域外的部分人员可返回受影响区域内的住所。

以这种方式返回原住所产生的家庭财物的搬迁费和差旅费等,在合理和必要的范围内按核损害予以赔偿,与《初步导则》第三部分(三)损失类型第2条(疏散费)相同。

(2)差旅费和家庭财物搬迁费的赔偿计算方法,见下述"(二)损失赔偿计算方法"第1条。

3. 精神损失(必须疏散人员因此受到的精神损失)

导则

(1)对于疏散人员而言,因核事故导致必须在相当长时间内居住于受影响区域外,远离其原住所,正常生活秩序遭到破坏,因此而产生的精神创伤将按核损害予以赔偿。

(2)同样,对于必须采取室内避难的疏散人员,在相当长时间内行动自由受到限制,正常生活秩序被严重破坏,因而受到精神上的损失,按核损害予以赔偿。

注意事项

(1)依《初步导则》第三部分(三)损失类型第4条(精神损失)的注意事项第(2)项所述,由于核事故造成的相关疏散人员精神损失,虽然涉及人员情况各有不同,但至少可认为以下疏散人员按核损害予以赔偿:(1)必须疏散的,且长期居住于受影响区域外的;或(2)必须在室内避难的,长期行动自由受限和因疏散原因而长期承受精神痛苦的人员(以下简称必须疏散人员所受到的精神损失)。

因此,上述精神损失在合理范围内按核损害予以赔偿。

上述精神损失的赔偿计算方法,详见下文"(二)损失赔偿计算方法"第2条(必须疏散所导致的精神损失赔偿的计算方法)规定。

(2)除上述以外,也可能存在其他形式的精神损失,如由于受到相当剂量的核辐射,对自己的健康状况特别关注进而引起的精神损失等。对于其他形式的精神损失是否按核损害予以赔偿,将在未来进一步研讨。

(二)损失赔偿计算方法

1. 疏散费的赔偿计算方法

导则

(1)对疏散费中的家庭财物搬迁费、差旅费和住宿费等实际发生的费用,按实际发生费用的数额计算其损失是合理的。

但如果难以通过收据等确认实际损失,则可通过客观数据估算损失赔偿额。

(2)另外,关于疏散费中的"生活费增加",一般而言这部分费用是将固定数额与精神损失(因必须疏散导致的精神损失)相加计算其赔偿额。

具体计算方法,详见"(二)损失赔偿计算方法"第2条(必须疏散所导致的精神损失赔偿的计算方法)。

注意事项

(1)依《初步导则》关于疏散费中家庭财物搬迁费、差旅费的规定,实际发生费用均认定为核损害予以赔偿。但为及时救济受害人,将根据折算的平均损失赔偿额支付所有相关疏散人员。同时《初步导则》中明确规定将在下一步考虑如何拟定平均损失额[详见《初步导则》第三部分(三)损失类型第2条(疏散费)的注意事项第(2)项]。

另外,关于疏散之"住宿费"可采取部分调整措施,以避免仅按住宿地决定是否赔偿而导致不公平情况的出现。例如,(1)无论疏散人员是否实际支付住宿费,统一向其支付平均住宿赔偿金;或(2)对居留在体育馆、市民大厅和避难中心的疏散人员,增加其因为受到精神创伤而导致的精神损失赔偿。《初步导则》另表示在处理此类赔偿时,将紧急程度作为考虑因素[见《初步导则》第三部分(三)损失类型第2条(疏散费)的注意事项第(4)项]。

(2)但在对疏散状况及其支出等进行的后续调查中发现,对于相当数量人员,并未发生家庭财物搬迁费、差旅费等上述费用,且自政府发出疏散指令后,疏散目的地遍布全国各地,交通出行方式也不尽相同,由此导致的费用数额相差甚远,即使比较已产生部分上述费用的疏散人员也是如此。另外,在很多情况下,住宿费由当地政府承担,据了解只有较少的人员还在持续地自费支付住宿费,即之前对住宿地和自费支付住宿费的设想与现实情况出现较大偏差。因此,对于上述类型的损失,按固定数额对所有疏散人员都进行赔偿的方法并不符合实际情况，也未达到公平目的。

另外，赔付实际发生费用时，按一般原则来确认费用是个棘手问题。如果不能通过收据等确认核损害赔偿额，计算时可以考虑使用客观数据。例如，疏散人员通过自有车辆疏散时所发生的差旅费，可根据到达目的地的距离估算所需的汽油成本；至于住宿费，可按在周边地区平均住宿成本估算赔偿数额。该计算方法可保证受害人获得大部分赔偿，但很难说该计算方法有利于受害人。

根据上述论述，对于家庭财物搬迁费、差旅费和住宿费，按实际发生费用对其给予赔偿显得更为公平合理，而非假定所有疏散人员均发生相关费用并按平均数额予以赔偿。

(3)与此同时，关于疏散费中的“生活费增加”，如《初步导则》所述，因疏散原因导致的生活成本增加，应按核损害赔偿予以赔偿[见《初步导则》第三部分(三)损失类型第2条(疏散费)注意事项第(3)项]。

大多数疏散人员都会经历因疏散导致的生活费增加，且通常个体差异小。当然，精确计算实际发生的费用是非常困难的，且要求受害人对此进行举证也会过于严苛。

同时，对必须居住于受影响地区外和在室内避难的疏散人员而言，上述生活费的增加与其生活条件息息相关，因此将该项赔偿与必须疏散所导致的精神损失放在一起计算，并一次性支付是相对公平合理的办法。

如上所述，在相关费用处于正常范围内时，可以将生活费增加项与必须疏散所导致的精神损失一起计算赔偿。如果在特殊情况下，个别疏散人员生活费大幅增加，可在合理范围内按实际发生费用进行单独赔偿。

2. 必须疏散所导致的精神损失赔偿的计算方法

导则

(1)如损失赔偿计算方法第1条所述，疏散所导致的精神损失赔偿，在计算时按相对固定数额与生活费用一起赔付是合理的。

(2)但在衡量精神损失时，具体的损害程度、痛苦程度因人而异，应考虑住宿地的居住环境、便利程度和隐私保护水平等因素。因此，在计算赔偿额时可设置相应的累进层级。我们将继续研究该问题。累进层级如下：

①疏散中心、体育馆、市政厅等；

②公寓、出租屋、市政房屋、紧急住房、自置居所、亲友住所等；

③宾馆、旅馆等。

(3)在必要时,长期在室内避难的人员可以认定为与上述第(1)项至第(3)项的情况一样,其所遭受的精神痛苦是难以想象的,考虑到室内避难人员在自己家中,行动自由受限,无法外出,在计算赔偿数额时可参照但不宜超过前述第(3)项的人员。我们会继续研究该问题。

注意事项

(1)依《初步导则》关于必须疏散而导致的精神损失的赔偿数额的规定,本导则规定如下:①对疏散人员进行分类,按精神损失级别给予不同的经济赔偿,分类时可考虑疏散人员的生活环境等因素;或②不考虑住宿地的差异性,对所有疏散人员一视同仁,按固定赔偿数额进行赔偿。对于此问题,将在后续进一步讨论。[《初步导则》第三部分(三)损失类型第 4 条(精神损失)注意事项第(3)项]

但是,关于“(一)损失类型”第 2 条(家庭财物搬迁费)中注意事项第(2)项所述的住宿费,对实际发生费用进行赔偿并不一定会阻碍受害人获得及时救济,且考虑相关人员的疏散情况和开支,该方法是较为公平合理的。

因此,我们认为依照疏散的赔偿计算方法导则(1)的方法计算损失赔偿是比较合理的。

(2)如本导则第二部分损失赔偿计算方法第 1 条注意事项第(3)项所述,一般认为,将生活费增加和因必须疏散导致的精神损失合计起来计算疏散费是公平合理的。

关于必须疏散导致的精神损失赔偿,如获得赔偿的前提条件为必须居住在受影响区域外,或在室内避难至少持续一定时间,则赔偿数额可按每月费用计算。我们将继续研究该问题。

第三部分　政府航运禁止令导致的损失赔偿

1. 弃置与政府航运禁止令相关清单下的种植物造成的损失

导则

(1)因政府航运禁止令规定之商品清单,从事农业或林业的经营者被迫全部或部分放弃相关种植物的(以下简称弃置与政府航运禁止令相关清单下的种植物损失,见《初步导则》第五部分与政府航运禁止令有关的损失),

其持续性的收入减少按核损害予以赔偿(以下简称商业损失)。

由于前述弃置相关种植物所产生的额外费用(包括幼苗处置费),在合理范围内按核损害(商业损失)予以赔偿。

(2)因政府航运禁止令规定之商品清单,农业或林业的经营者被迫全部或部分放弃其种植物导致经营业务恶化,所雇用的劳动者无法工作收入减少的,此类收入减少(包括工资)均按核损害予以赔偿。

注意事项

(1)因政府航运禁止令,从事农业、林业、渔业的经营者被迫放弃与相关商品清单下商品的运输或经营活动,且收入持续减少的,可在合理范围内按核损害赔偿此类费用,参照《初步导则》第五部分第1条规定进行。

同时,农产品或林业产品从种植到装运需要一段时间,虽然政府航运禁止令本身并不限制种植本身,但如果此类指令短时期内不取消,相关农业或林业经营者将不可避免地全部或部分放弃种植物,从而造成收入减少、额外费用以及与停工等相关的损失,这些都应按核损害予以赔偿,但不合理地放弃种植物的情况除外。

(2)计算收入减少的方法与《初步导则》第三部分(三)损失类型第5条(商业损失)之规定相同。停工损失的计算方法,参照《初步导则》第三部分(三)损失类型第6条(停工损失)注意事项第(1)项至第(5)项规定(不包括因疏散造成的通勤困难相关部分)。

2. 解除政府航运禁止令的损失

导则

(1)因政府航运禁止令,农业、林业或渔业经营者必须放弃商品清单项下相关运输、经营或种植等的,如果在政府航运禁止令解除后收入仍持续减少,则上述收入减少按核损害予以赔偿。

(2)此外,重新开始上述运输、经营或种植业务所需的额外费用(包括翻地或相关设备成本),都在合理范围内按核损害予以赔偿。

注意事项

计算收入减少的方法按《初步导则》第三部分(三)损失类型第5条(商业损失)之规定进行。

第四部分　与政府种植限制令有关的损失

受影响区域和商品清单

对于政府发布限制种植的命令或限制放牧的指导措施，或在当地政府机构提出自愿限制种植或其他农业行为倡议后，在合理范围内采取的相关限制性措施，包括涉及核事故的相关生产经营团体，在当地政府或管理当局支持下，在合理范围内所采取的措施（以下简称政府种植限制令），如其所涉及的区域及其相关的商品清单因该等措施遭受损失，则对此损失应当按核损害予以赔偿。

损失类型

1. 商业损失

导则

（1）因政府种植限制令原因，农民被迫全部或部分放弃种植商品清单下的农产品或放弃其他相关种植行为，例如提供放牧场所和牧草（以下简称种植），由此导致的持续性收入减少按核损害予以赔偿。

（2）因放弃种植导致的额外费用（包括采购替代饲料的费用）等，在合理范围内按核损害予以赔偿。

注意事项

（1）收入减少的计算方法与《初步导则》第三部分（三）损失类型第 5 条（商业损失）相同。

（2）依政府种植限制令，暂停种植相关商品清单下农产品的，可认为该行为是基于核事故所采取的合理性控制措施，如无合理理由排除，在核事故发生后的损失按核损害予以赔偿。

2. 停工损失

导则

当农业经营者种植的是相关商品清单下的农产品，且因政府种植限制令导致其经营状况恶化时，其所雇用的工人无法工作所造成的收入损失（包括工资减少），按核损害予以赔偿。

注意事项

计算方法与《初步导则》第三部分（三）损失类型第 6 条（停工损失）注意事项第（1）项至第（5）项相同（不包括与因疏散造成的通勤困难部分等）。

第五部分　与传闻有关的损失

1. 一般标准

导则

(1)虽然与传闻有关的损失并没有明确的定义，但在本导则中，与传闻有关的损失是指核事故经媒体报道并广为人知，消费者或交易相对方基于对相关产品或服务受放射性辐射风险的担忧或焦虑，尽量避免购买相关产品或服务，或是停止相关服务或产品交易所导致的损失。

(2)如果与传闻有关的损失和核事故之间有充分因果关系，则应按核损害予以赔偿。基本标准如下：消费者或交易相对方基于对相关产品或服务受放射性辐射风险的担忧或焦虑避免购买相关产品或服务的心理状态，从普通人的角度来看是合理的。

(3)特殊类型的与传闻有关的损失，如果损失与核事故间有充分因果关系，则应根据相关产品或服务的性质、地区、损坏类型等分成若干类型。因果关系应按照以下规则认定：

①核事故发生后，由于消费者不愿购买而在一定范围内造成的损失[对应本条导则第(4)项]，应认为与核事故有充分的因果关系；

②除上述第①分项以外的损失，核事故发生后由于不愿购买造成的损失，是否有充分因果关系还需逐个确认，同时还应考虑前述第(2)项中的基本标准。判断因果关系时需考虑的因素，详见此类问题的相关导则和即将出版的相关导则。

(4)损失类型包括下述消费者或交易相对方拒绝购买、停止交易相关产品或服务造成的损害：

①业务损失

因交易量或价格下降导致的收入减少和合理的额外费用(如退货或处置产品成本)；

②停工损失

如本项第①分项所述的经营情况恶化，导致相关雇员不得不停止工作，由此所致工资或其他收入减少；

③检查费(物)

应交易相对方要求所做的检查费用。

注意事项

(1)与传闻有关的损失,因其表达方式各有不同,有时指消费者或交易相对方因担心相关交易或产品被放射性辐射污染的风险避免购买相关产品或服务所造成的损失,即使实质上并没有放射性辐射等。但当发生核事故时,即使不一定有确切的科学依据,市场也会对其做出负面反应。因此,为避免放射性物质污染风险而尽量避免相关产品或服务的交易是合理的,由此导致的损失按核损害予以赔偿。

从上述分析可知,"与传闻有关的损失"的表述并不精确,但依现有法律程序,尚没有更恰当的替代性表述。与疏散后放弃经营活动所造成的商业损失不同,此类型损失的特点在于存在第三方的介入,如媒体、消费者、交易相对方的思维方式、判断和行动等,因此应认定该损失是一种特殊类型损失。

因此,本导则中所使用"与传闻有关的损失"的定义就如本部分第(1)项定义所述,可能引致一定程度的误解或歧义。

(2)与传闻有关的损失包括农业、林业或渔业产品和其他食品,还包括一般意义上的产品和服务(如旅游业提供的各种服务)。

(3)从本质上讲,与传闻有关的损失外延并不清晰,相关损失是否与核事故有充分的因果关系需要具体个案分析。对于与传闻有关的损失类型,认定与核事故具有充分因果关系的概率较高,因此在判断时还应考虑是否有利于高效解决与核事故相关的纠纷。

关于前述第(3)项第①分项所规定之损失,由于核事故原因引起不愿购买的损失,总体来说应推断为与核事故具有充分因果关系。

目前在《进一步导则》中,只有符合第(3)项第①分项的损失被认为与核事故具有充分的因果关系,后续将考虑其他类型的损失是否与核事故具有充分因果关系。

做出此类判断时,市场趋势如相关产品和服务价格、被处置数量和各种制止与传闻有关损失的措施等都是重要的因素(如2011年4月22日,经贸工省大臣要求,制造业在进行商业经营时应考虑妥善处理与中小企业的分包业务关系)。

(4)关于前述第(3)项第①分项所述的赔偿,可能因损失类型而有差异。

(5)如上所述,在《进一步导则》和后续导则中均认为本条第(3)项第①

分项所述损失类型，与核事故之间具有充分的因果关系，但是与核事故具有充分因果关系的“与传闻有关的损失”并不在该损失类型之内。不属于第(3)项第①分项所述类型的与传闻有关的损失，如能证明与核事故具有充分因果关系，也可按核损害予以赔偿。

(6)如果相关损失是由核事故之外的其他原因造成的(例如，由于日本大地震导致的消费者信心低迷)，此类损失在与核事故具有合理的因果关系时，也按核损害予以赔偿。

(7)此外，与传闻有关的损失是基于消费者和交易相对方希望尽量避免相关产品放射性辐射风险的心理状态，因此有一定的时间限制。

目前，核事故还未结束，较难确认具体终结日期。此类问题我们将在后续研究中持续关注。

(8)由于与传闻有关的损失导致收入减少，其计算方法与《初步导则》第三部分第 5 项(商业损失赔偿)规定相同。

(9)关于停工损失，计算方法与《初步导则》第三部分(三)损失类型第 6 条(停工损失)注意事项第(1)项至第(5)项相同(不包括与因疏散造成的通勤困难部分等)。

2. 农业、林业和渔业的与传闻有关的损失

导则

(1)核事故发生后，对于农业、林业和渔业中由于不愿购买造成的损失，一般应认定为与核事故具有充分的因果关系，归类进入本部分第 1 条第(3)项第①分项所指损失类型。其主要涉及以下产品：

①在发布政府航运禁止令(仅限于 2011 年 4 月发布的命令)的相关区域，生产禁止令限制的所有农业、林业产品(仅限用于食品，牲畜产品除外)。

②在发布政府航运禁止令(仅限于 2011 年 4 月发布的命令)的相关区域，生产禁止令限制的所有畜产品(用于食品)。

③在发布政府航运禁止令(仅限于 2011 年 4 月发布的命令)的相关区域，生产禁止令限制的所有渔产品(用于食品)。

(2)关于上述第(1)项所述的产品，如果农业、林业或渔业经营者因担心消费者不愿购买可能造成损失，全部或部分放弃渔业、经营或种植，由此产生的损失一般可以被认为与核事故具有充分因果关系。作出此判断的前提是在当时情况下，经营者不可避免地应作出此类决定。

注意事项

(1)作为食品的农业、林业和渔业产品,具有以下特征:

①消费者往往特别希望避开此类产品,因为食品将进入体内,导致消费者害怕人体内部器官受到放射性辐射影响。

②由于动物、植物生长需要土地和水,对放射性辐射污染相关土地或水的担心,将直接转化成消费者对此类农业、林业和渔业产品的安全的担心。

③在部分地区已检测到某些商品清单项下的商品放射性辐射超过安全限量,因此当发布政府航运禁止令后,较易导致放射性物质可能附着在其他相同类型商品的担心。

④由于食品包括的农、林、渔业产品均为日常生活不可或缺的产品,而且通常价格低廉,因此很难想象不愿购买或停止交易等是由于东日本大地震本身造成的消费者信心低迷。同时,食品可相对容易地被来自其他地区的食品代替,即很容易发生不愿购买或停止交易的情况。

(2)由于食品包括的农、林、渔业产品具有前述特点,在已发布政府航运禁止令的地区,从普通人观点看来,消费者或交易相对方会在一定时期内,由于担心放射性物质附着和食用后身体内部受到辐射等原因避免交易,即使政府航运禁止令已被解除。这不仅适用于商品清单项的问题商品,同样适用于同一地区生产或种植的相似类型产品(包括农/林业产品、畜产品、渔业产品)。

(3)由于与传闻有关的损失对农业、林业和渔业造成的实际影响目前还未确定,因此暂时归类为与核事故具有充分因果关系的损失类型。关于前述类型以外的产品,我们将继续监测市场趋势,并在适当地分析后进一步考虑。

3.旅游业与传闻有关的损失

导则

核事故发生后,就旅游业而言主要损失在于消费者取消旅游,不愿预订旅游产品等。消费者由于担心在相当广泛的区域内存在放射性辐射,取消旅游的概率很高。至少,在核事故发生地设有办公机构的旅游业经营者,自事故发生后会因取消和不愿意预订造成收入减少。此类损失因属于本条第(3)项第①分项的损失类型,认定为与核事故间有充分因果关系。

但是,关于旅游业的收入减少,还需考虑由于东日本大地震导致的消费者信心低迷,因此在认定上述损失和计算赔偿数额时必须考虑此因素。

注意事项

(1)所谓"旅游业",包括提供住宿的酒店和旅馆、提供旅游服务的休闲设施和观光船、提供交通服务的公共汽车和出租车,以及旅游景点的餐厅和零售店。但是,上述行业对于游客消费的依赖程度不同,在计算具体个案赔偿时应充分考虑相关因素。

(2)总体来说,旅游业具有以下特征:

①旅游业发展的前提是旅游者来到旅游区,因此对于放射性物质污染相关土地或水域的担心,将造成对相关区域旅游的担心。

②与日常消费的食品等不同,旅游业的服务不需要日常消费,因此一旦发生与传言有关的损失,将导致此类服务需求突然降低。此外,旅游行业围绕游客提供的各种类型服务包括食品和旅游地区的其他相关资源,因此一旦发生与传言有关的损失,不仅导致某类服务需求下降,同时会对服务业整体造成影响。换言之,即导致该地区整体旅游业受到影响。

③由于旅游业具有上述特点,从普通人角度,消费者因担心放射性辐射,避免前往相关地区尤其是核事故发生地所在区域旅游是合理的,也因此将对相关区域的旅游业整体造成影响。

在核事故发生地设有办事机构的旅游业经营者,在核事故发生后由于取消、不愿预订都将导致收入减少。如果非基于其他因素,通常情况下应认为收入减少和额外费用(处置费等)与核事故具有充分因果关系,并按核损害予以赔偿。

此外,因核事故取消和不愿预订旅游产品对旅游业造成的影响,旅游业经营者的收入减少,不仅限于在核事故发生地所在县设有办事机构的旅游业经营者,其同样影响核事故发生地临近县的旅游业。而且与传闻有关的损失对核事故发生地所在县设有办事机构的旅游业造成的实际影响目前还未确定。至于其他类型的旅游业方面,我们会继续观察市场趋势,并在适当分析后进一步考虑该问题。

尽管如此,根据旅游业自身的特点,取消或不愿意预订旅游产品,也很可能是由于东日本大地震导致的消费者信心低迷造成的。

因此,因核事故发生地设有办事机构的旅游业经营者,在发生取消或不愿预订情况时,可推断是与传闻有关的损失而造成的,与核事故间具有充分因果关系。但是,同时应认识到其他因素对此产生的影响(例如,由于东日本大地震灾害而造成的交通基础设施毁坏、因消费者信心低迷而取消、不愿意预订旅游产品等)。与其他地区相比,在确认核损害和计算赔偿数额时均应考虑其他因素造成的影响。

关于确定东京电力公司福岛第一、第二核电厂引发核损害范围的进一步导则之补充

（2011 年 6 月 20 日　核损害赔偿争议调解委员会）

第一部分　介　　绍

1. 2011 年 5 月 31 日颁布的《关于确定东京电力公司福岛第一、第二核电厂引发核损害范围的进一步导则》，确立必须疏散人员所受精神损失的计算方法（该《导则》第二部分），我们列出对具体损失赔偿的临时计算方法，其中包括“因必须疏散而遭受的精神损失”和“增加的生活费用”（以下简称损失赔偿）之和。换言之，在计算损失赔偿数额时，考虑到居住环境、便利性和隐私水平等差异，人们之间的精神损失程度可能会有所不同。因此分为：（1）避难中心、体育馆、市政厅；（2）公寓、出租屋、市政住宅、临时住房、自置居住地、亲友住宅等；（3）旅馆、酒店等；（4）必须在室内避难的分别计算损失数额，且（4）的计算不超过（3）所计算的数额。根据声明，我们将继续研究损失赔偿的计算问题。

2. 鉴于以上情况，我们使用如《进一步导则之补充》等澄清损失赔偿的计算方法。

特别是，我们基于对“适用人士”“基本方法”“计算损失赔偿额和计算期限”“损失赔偿计算方法”“损害发生的开始和终止”的思考对其进行澄清。

第二部分　因必须疏散而造成精神损失的赔偿计算方法

1. 适用人员

导则

（1）适用人员是指由于实际疏散等原因正常生活被长期阻碍的人员，包括：①必须长期疏散或居住在受影响地区外的人，被迫远离家乡长期居住，

或②必要时疏散的人员，以及行动自由长期受到限制的人员。

（2）若某人符合上述①或②的情况，则该人有资格获得赔偿，而不论年龄或家庭人数等因素。

注意事项

（1）依导则（1）①或②的人员是指从受影响区域（疏散区域、禁区、室内避难区、预备疏散区、应急疏散区）实际疏散之后，已经（或将要）长期驻留受灾地区，及在事故发生时在受影响区域外的人员。尽管在本区域内有主要住所，但已经（或将要）在受影响区域外居住很长一段时间，或必要时必须在室内避难区长时间避难，直到撤销室内避难指令为止的人员都归入此类。

但（1）①不适用于在紧急情况下在预备疏散区有主要住所，并在导则制定之后从该地区疏散的人员（儿童、孕妇、需要护理人员、住院病人等除外）。

②损害赔偿权以个人为单位，而非以家庭为单位，赔偿也应支付给个人。

（2）虽不能否认由于年龄、家庭成员和其他情况，每位疏散者实际经历精神损失的程度存在差异，但由于导则确认所有适用人员均具有精神损失赔偿资格，且个人之间的精神损失差异很小，所以精神损失的赔偿数额不考虑年龄和家庭成员之间的差异。

2. 损失和期限的计算方法和基本原则

导则

在计算赔偿数额时，计算周期暂分为以下三个阶段，对各阶段的赔偿金是否合理进行判断：

（1）事故发生后 6 个月（第一阶段）；

（2）第一阶段结束起 6 个月（第二阶段）；

但在审查禁区等情况下，将根据需要进行修订。

（3）第二阶段结束到赔偿终止（第三阶段）。

注意事项

（1）如第一部分所述，在《进一步导则》中，我们将继续根据住宿类型等四个类别来审查损失赔偿的计算方法。

（2）由于长期处于非正常日常生活状态，且考虑到住在临时住所或旅馆等生活条件的不同，很难明确疏散人员长期以来经历的精神损失之间的差异。因此，不能仅仅按住宿类型进行分类，而需根据疏散的时间等因素进行计算，并根据事故发生后停留的时间适当增加赔偿金。

(3)事故发生后6个月(第一阶段),在疏散地建立长期稳定的生活基础设施之前,例如疏散人员进入临时生活区期间,可以说是精神损失最严重的期间。突然间疏散到陌生地区,人们被剥夺以前宁静的日常生活和基础设施,必然导致离开家园的生活不便,以及对返回家乡的担忧。

(4)从第一阶段结束开始的6个月(第二阶段),精神损失仍持续存在,人们仍然必须离开家乡,过着不方便的生活,并继续担心什么时候能够返回。另外,日常生活基础设施的突然丧失导致的混乱等因素基本消弭。在此期间,已建立起长期疏散的基础设施,包括大部分人进入了临时住房等,人们逐渐适应疏散区的新环境,与第一阶段相比,不便之处在于疏散。但是,这段时间的开始和结束需要根据事故后具体的情况进行修订。

(5)在第二阶段结束起至实际返回家乡之前(第三阶段),因人们有可能树立向前看的心态,也可采取积极的做法,比如准备返回、建立生活基础设施等。但在这一点上,很难具体明确何时会发生上述描绘的情形,因此根据各种情况,包括事故结束的状况,再考虑第三阶段的损失计算较为合理。

(6)对于在室内避难的人员,除非解除室内避难区,否则计算赔偿数额不得超过其他被疏散人员的损失赔偿数额或必须居住在受影响地区外的损失赔偿金。

3.赔偿金的计算方法

导则

在计算损失赔偿数额时,根据上文第2条所述的第一阶段至第三阶段,可采用以下方法:

(1)对于第一阶段,指导数额为每人每月10万日元。但对于必须在避难区居住的人员,在此期间的指导数额为每人每月12万日元。此外,对于在室内避难区内避难的人员,除非从室内避难区搬离(不包括从疏散区撤离的人员或紧急情况下从疏散区撤离的人员),否则指导数额为每人每月10万日元;

(2)对于第二阶段,指导数额为每人每月5万日元;

(3)对于第三阶段,根据包括事故结束状况在内的各种情况,再次考虑损失赔偿金。

注意事项

(1)如第二部分2中的注意事项(3)所述,第一阶段是精神损失特别严重的时期。因此,在计算此期间的损失赔偿金时,我们以强制性汽车责任保险(每日4,200日元或126,000日元)为依据提供精神损失的赔偿金。考虑到事故发生后,人们日常生活改变,生活基础设施日渐丧失,必然导致离开家园的不便生活,同时又担心什么时候能够返回。基于人们的重大损失和生活费用的增加,每人每月10万日元的指导数额是合理的。

但是,难以否认疏散这一事实造成的长期损失等。特别是在疏散之初,与其他居住环境相比,早期建立的疏散中心居住环境、居住便利性和隐私保护等较差,对于仅在避难区居住的疏散人员每人12万日元的指导数额也是合理的。

(2)如第二部分(4)所述,第一阶段中突然出现的混乱等情况已经过去,人们建立了长期居住的基础设施,包括大多数人可能进入临时住房等。与第一阶段相比,疏散生活的困难程度也降低很多。因此,在参考随着时间推移后的强制性汽车责任保险精神损失赔偿后,第二阶段每人每月5万日元的指导数额是合理的。

(3)如第二部分(5)所述,关于第三阶段,因人们有可能树立向前看的心态,可采取积极的措施,比如准备返回家园、建立生活基础设施等。此时难以具体确定上述情况的发生时间,因此根据今后发生的具体情况来考虑损失赔偿的计算是合理的。

(4)尽管按月计算损失的方案是合理的,但这只是一个指导方案,并不排除在作出具体赔偿时采取更为灵活的做法。

(5)对于在室内避难区避难的人员,除非室内避难区被解除,否则损失赔偿数额不得超过其他被疏散人员的损失赔偿数额或必须居住在受影响地区外的损失赔偿金,因此每人每月10万日元的指导数额也是合理的。

4. 损失的发生和终止

导则

(1)原则上,2011年3月11日为事故发生的开始日期,而不论个别人员疏散的实际日期如何。

(2)关于损失的终止,基本上可把疏散人员能返回受影响地区的日期确定为终止日期,但由于该日期难以预测,我们会继续考虑这个问题。

注意事项

(1)关于适用人员发生损失的情况,可以实际疏散的日期确定。

尽管适用人员的实际疏散日期各不相同,但在疏散之前,事故的发生已经破坏他们的正常生活,他们在疏散之前也经历了精神损失,其在实际上相当于疏散后经历的精神损失,因此将 2011 年 3 月 11 日定为损害发生的日期是合理的。

但对于紧急情况下在预备疏散区设有主要住所的适用人员(儿童、孕妇、需要看护的人及住院的病人等),在导则确立之后疏散的,实际疏散的日期即损害发生的日期。

(2)此外,关于损害发生的终止日期,定为可能返回到受影响地区的日期也是合理的。然而,由于目前很难预测适用人员返回家园的确切时间,所以根据包括事故发生时间在内的各种情况,未来再考虑终止的具体时间是合理的。

政府援助东京电力公司赔偿福岛核电厂核事故造成的核损害的框架

（2011 年 6 月 14 日　内阁决议）

关于东京电力公司福岛第一核电厂的核事故，东京电力公司在 4 月 17 日发布事故恢复路线图。政府要求东京电力公司确保此路线图尽快执行，并将定期跟踪和监督工作进度，以及进行必要的安全检查。为使冷却反应堆芯尽快达到一个稳定状态，政府将汇集来自日本和国外的知识、技术和其他可用资源，并采取一切可行措施。

对于居民和经营者因此次事故受到的严重损害，东京电力公司最近已声明将依照《原子能损害赔偿法》公平快速地赔偿损失，东京电力公司也已请求政府援助东日本大地震后事故等造成的财务困境。

政府回应该请求，要求东京电力公司确定其是否会执行以下政策，并已得到东京电力公司的确认：(1)不应对赔偿数额提前设置限制，并且快速适当地实施救济；(2)应尽最大努力稳定东京电力公司福岛第一核电厂的状况，工人在第一核电厂的安全和生活环境应得到改善，并应充分重视工人的经济诉求；(3)应确保留有一定的资金用于稳定的供电和设备的安全等；(4)除以上措施，应最大限度地寻求合理化管理和降低成本；(5)由政府成立的第三方委员会对管理和财务的实际状况进行检查，实施严格的资产评估和完成成本的重新审查等；(6)应寻求所有股东间的合作，特别是对于来自金融机构的合作状态，应报告政府。

政府应确保：(1)采取一切可行措施，快速恰当地赔偿损失；(2)稳定东京电力公司福岛第一核电厂的状况，避免给相关经营者处理事故带来负面影响；(3)提供居民生活所必需的用电。

政府与核设施经营者之间已经通过合作落实政府在核能政策上的社会责任。政府将在《原子能损害赔偿法》的框架下援助东京电力公司，以尽量减轻对公众的负担。

在当前情况下,政府将建立一个框架,让核设施经营者能够处理核损害赔偿以后的支付,该框架将要求东京电力公司以外的其他核设施经营者参与进来。

政府将通过检查政策,包括日本电力运营的未来,实施必要的改革。政府应创建一个框架,此框架不会影响政策检查和改革,并在一段期间后可以进一步检查受害人是否得到充分的救济,政府是否确保稳定的供电及确保金融市场的稳定等,以及在必要的情况下将采取的额外措施。

具体的援助框架

作为政府援助东京电力公司的框架,政府将为核设施经营者建立一个大致的援助框架,描述如下:

1. 将建立一个援助组织(公司)来处理发生核损害赔偿的支付等。

2. 原则上运营核电厂的电力设施单位(核设施经营者)有义务参与公司经营,参与者须为公司提供缴纳金以使公司获得足够的资金,经营者提供的缴纳金将作为运营资金。

3. 公司应给任何需要资金支付核损害赔偿的核设施经营者提供援助(包括拨款、维持资金等)。援助不设上限,并尽可能多次提供援助以覆盖核损害赔偿、投资设施等所需的数额,以防止核设施经营者欠下过多的债务。

4. 政府或公司将给核损害的受害人提供咨询服务,公司将采取合理的措施以促进赔偿的顺利支付,包括购买核设施经营者的资产。

5. 政府将向公司提供必要的帮助,包括提供政府债券和政府担保等。

6. 在开始援助前,为了回应来自核设施经营者的请求,政府将检查必要援助的细节、管理的合理化等,并在一段期间内就合理化管理等方面对核设施经营者进行监管(如对授权等的监管)。

7. 如果核设施经营者接受了公司的援助,其将根据每年的营业收入以及其他因素缴纳特别费用。

8. 公司将从核设施经营者提供的缴纳金中提取一定数额上缴国库。

9. 政府将制定一项法律,在特殊情况下,如果核设施经营者由于提供缴纳金而难以维持稳定的电力供应,则政府将向公司提供补助。

关于确定东京电力公司福岛第一、第二核电厂引发核损害范围的临时导则

（2011 年 8 月 5 日　核损害赔偿争议调解委员会）

前　言

2011 年 3 月 11 日东京电力公司福岛第一、第二核电厂发生核事故（以下简称核事故）后，随着放射性物质在日本东北部的广阔地区释放，情况不可避免地变得愈加严重。结果显示，不仅在福岛县，周边地区也受到广泛影响，仅接到日本政府发出疏散或在室内避难指令的居民就在 10 万人以上，许多经营者被迫放弃部分甚至全部的经营业务。

核电厂周围居民和经营者遭受的损失在规模和范围上都是空前的。此外，即使在今天，核事故发生 5 个月之后，仍在控制持续释放的放射性物质，以期解决核事故造成的种种问题。尽管核事故发生后政府立刻发出的疏散指令已部分终止，4 月 22 日，转移到新地区的灾民仍接到政府基于审慎而发出的疏散指令。6 月 30 日，鉴于该等特定地区存在的高辐射，其被列为建议疏散区。7 月 8 日以来，我们收到新的报告显示，就这次核事故造成的与辐射有关的损失目前尚未达成一项解决方案，特别是关于对几个地区的牛肉和稻草检测中发现铯 - 137 的解决方案。

虽然中央政府和地方政府一直在采取支持措施，但受灾形势依然严峻，如对于被迫疏散的居民和经营者，以及因位于受影响地区受到货物运输限制等措施的经营者和其他人，应以公平和迅速的方式为他们提供适当的救济。

为此，核损害赔偿纠纷调解委员会（以下简称委员会）决定，依调整核损害赔偿问题的《原子能损害赔偿法》（以下简称称《赔偿法》）紧急起草“确定核损害范围的导则和其他一般导则”，以协助各方自愿解决争议（《赔偿法》第 18 条第 2 款第 2 项）。鉴于上述情况，委员会决定起草各类导则，并决定

从最可能与核损害有因果关系的损害着手,以尽早向受害人提供救济。

上述导则(《临时导则》)将全面描述核事故造成的核损害。委员会希望,《临时导则》确定损失范围的尝试将有助于促进协商,并促进受害人与东京电力公司之间达成协议。此处还应说明,委员会不认为《临时导则》中未明确的特殊形式损失将被排除在赔偿之外。委员会希望东京电力公司以处理紧急事项的态度建立一个程序,迅速公平地为大多数受害人提供适当的赔偿,包括《临时导则》中明确规定或未明确规定的核损害。

第一部分 关于《临时导则》

1. 委员会已通过并颁布以下文件:(1)2011 年 4 月 28 日,《关于确定东京电力公司福岛第一、第二核电厂引发核损害范围的初步导则》(以下简称《初步导则》);(2)2011 年 5 月 31 日,《关于确定东京电力公司福岛第一、第二核电厂引发核损害范围的进一步导则》(以下简称《进一步导则》);(3)2011 年6 月 20 日,《关于确定东京电力公司福岛第一、第二核电厂引发核损害范围的进一步导则之补充》(以下简称《进一步导则之补充》)。委员会将在今后审查文件未涵盖的损害类型及范围。

2. 本《临时导则》现增加部分事项,该等事项已由《初步导则》和《进一步导则》(包括《进一步导则之补充》)涵盖,且经委员会在决定和宣布前述导则后审查。本《临时导则》在一定程度上也列出已确认为可赔偿的损失类型。

具体而言,已确定本《临时导则》将尽可能详细地描述以下类型的损失:(1)与政府疏散指令有关的损失;(2)与政府划定的海洋禁区和禁飞区有关的损失;(3)与政府或政府机构限制农业、林业或渔业产品运输有关的损失;(4)与政府其他指令有关的损失;(5)与传闻有关的损失;(6)间接损失;(7)辐射损害;(8)对受害人给予的政府福利和受害人所得到的补偿之间的调整措施;(9)当地政府的财产及其他损失等。

3. 根据需要,此前已通过并颁布的《初步导则》和《进一步导则》所确定的损失类型及范围等事项将纳入本《临时导则》中。本《临时导则》将就未来要确定的损失范围等事宜取代《初步导则》和《进一步导则》。

4. 鉴于核事故没有得到解决,现状表明损害还会增加。尽管本《临时导则》规定了损失类型及范围等事项,使导则中所含事项在某种程度上可予以赔偿,但《临时导则》中未包括的损失类型不会因该导则的颁布而自动失去受偿资格。根据损害发生的具体环境,损害仍可能被认定为与核事故之间具有充分的因果关系。最后,随着现场情况的不断变化,例如核事故最终得到解决、目前疏散地区得到重新评估,未来出台的导则规定之事项将由委员会根据需要重新审查。

第二部分　损失类型的共同概念

1. 依《赔偿法》的规定,核设施经营者的责任延伸到"经营者反应堆运行等造成的核损害问题"(第3条),对于损失范围,较之常规侵权损害索赔,没有理由认为二者有本质上的不同。因此在起草这些导则时,委员会认为,只要损失类型与核事故之间存在充分因果关系,即基于社会惯例,一场核事故引发某一范围内的损失,则这种损失就可列为核损害。

具体而言,并非核事故造成的所有损失都可按核损害予以赔偿,下列类型的损害只能在一定程度内予以赔偿:政府为保护公民生命或健康免受核事故影响而发出的合理指令等造成的损失,因合理的市场回避行为而造成的损失,以及因上述两种事由造成的其他类型损失必然引发的第三方间接损失。

与普通侵权索赔相同,《赔偿法》所规定核损害赔偿方案之目的是通过赔偿为核事故受害人提供救济。但是,受害人也应尽可能采取措施避免或减轻核事故所造成的损失。这意味着,还应关注当受害人无正当理由而疏于采取事实上可采取的减轻措施时,所获赔偿额可能会受到限制。

2. 对于可能持续出现的诸如疏散费、商业补偿或无法工作等造成的损失类型,确定损失结束日期的标准比较困难。在这一点上,委员会决定明确目前可给出意见的损失类型。委员会将根据核事故的进展情况审查该等类型的损失,但在未来或可不必进行该类审查。

3. 起草本《临时导则》的过程中,委员会参考了核损害调查研究组就1999年9月30日JCO公司东海工厂事故编写的下列报告:1999年12月15日出具的"核损害研究组的临时确认——关于业务损失的意见",以及2000年3月2日出具的"JCO公司东海工厂核燃料设施临界事故造成的核损害调查研究报告"。

但本次核事故在性质、严重性及诸如对周边地区造成的损失规模、程度和持续时间等其他方面远远超过东海村核事故。鉴于上述情况及受害人和损失类型的多样性,委员会对本事故的特殊性进行了充分考虑。

4. 核事故原因是东北地区沿岸太平洋海域发生水下地震,地震(以下简称东日本大地震)及其所引发的海啸造成了系列灾难。但如上文第 1 段所述,依《赔偿法》,核设施经营者的赔偿责任可简单解释为"因运行期间反应堆运行等造成的核损害"(第 3 条)。这意味着依《赔偿法》,由地震或海啸造成的损失不能根据《赔偿法》规定予以赔偿。

然而,对于《临时导则》涵盖的某些类型的损失,例如"与传闻相关的损失",有时难以与核事故、海啸或地震造成的损害做出明确区分。此时,要求受害人举证证明二者之间存在确切差异显失公平。对此,一种选择是在合理范围内推定某项具体损害是否在性质及程度上构成"核损害",例如通过与同属受东日本大地震损害但受核损害影响显著较小的地区进行比较。对此东京电力公司应以切合实际和符合常理的方式做出回应。

5. 关于计算赔偿数额的问题,通常应基于个案中是否存在损害及损失数额的依据在合理范围内做出赔偿。但事实上,仅因政府疏散指令而成为事故受害人的居民数量达 10 万人以上,且受害人目前需要及时救济,对于某些类型的损害,若合理计算出预估赔偿额,可考虑批准该等预估赔偿额。一旦实施该措施,如果受害人又提供证据证明实际损失数额超过设定额度,则该数额应得到必要合理的增加。

若疏散使受害人难以搜集证据,提供赔偿时所需的证明标准可降低到必要和合理的程度。为迅速处理大额索赔,可基于客观统计数据等切合实际的方法进行计算。

6. 关于赔偿的方法,因为受害人目前需要及时救济,东京电力公司应以灵活的方式予以回应。如对于损害结果持续发生的损失类型,在最终确定损失的赔偿额前,可按固定数额或是一定比例的赔偿数额定时向受害人支付。

第三部分　与政府疏散指令有关的损失

(一)受影响的地区

日本政府发出的疏散[参阅本部分疏散人员条款项下注意事项(1)]指令包含以下区域[参阅本部分疏散人员条款项下注意事项(2)](该等区域包括以下第 5 条疏散推荐点所述的地点,下同)。

1. 疏散区域

本条所指区域为日本政府依《核应急准备特别措施法》(以下简称《核准备法》)向当地政府机构负责人发布疏散居民指令涉及的区域:

(1)东京电力公司福岛第一核电厂 20 公里半径范围内的地区(2011 年 4 月 22 日起这个地区被指定为禁区,即原则上禁止公众进入该地区);和

(2)东京电力公司福岛第二核电厂 10 公里半径范围内的地区(2011 年 4 月 21 日起降低到 8 公里范围)。

2. 室内避难区

本条所指区域为日本政府依《核准备法》向当地政府机构负责人发布居民避难指令涉及的区域:

(3)距离东京电力公司福岛第一核电厂半径 20 至 30 公里范围的地区。

注意事项

2011 年 3 月 25 日,内阁官房长官声明政府希望推动社区民众自愿从室内避难区疏散,该声明使室内避难区难以继续正常运作。然而室内避难区指令于 2011 年 4 月 22 日终止,原因是设立下文第 3 项所述的计划疏散区域和下文第 4 项所述的预备疏散区。

3. 计划疏散区域

本条所指区域为日本政府依《核准备法》向当地政府机构负责人发布计划疏散指令涉及的区域:

(4)自核事故发生之日起一年内,距离东京电力公司福岛第一核电厂 20 公里范围以外的,存在累积辐射水平风险将达到 20 毫希弗的周边区域。要求附近居民在一个月内进行有计划的疏散。

4. 应急情况下的预备疏散区

本条所指区域为日本政府依《核准备法》向当地政府机构负责人发布计划疏散居民或采取避难措施等指令涉及的区域:

(5)距离东京电力公司福岛第一核电厂半径 20 至 30 公里范围的地区,不包括任何“计划疏散区”(要求当地居民做好随时疏散准备以便在该地区进行疏散或采取避难措施,从而实现紧急疏散之目的),也不包括正在进行自愿疏散的地区;特别要求儿童、孕妇、需要护理的人及住院的病人等不能进入该等区域。

注意事项

疏散区域的外部边界、室内避难区、计划疏散区域以及应急情况下的预备疏散区不一定正好位于以东京电力公司福岛第一或第二核电厂为圆心、以上述距离为半径的范围内,各有关地方政府机构根据边界穿过的具体区域(如行政区和农村街区的特点)确定各外围边界。

5. 疏散推荐点

本条所指区域为日本政府指定的特殊单独居住区,作为政府应急安置居民的场址,以支持和推动自愿疏散:

(6)政府在计划疏散区域或隔离区以外指定的特殊单独居住区,预计自事故发生之日起一年内,该区域累积空气辐射水平持续超过20毫希弗,希望该地区的辐射不会蔓延到其他地方。为此政府会紧急安置居民,以支持和推动自愿疏散。

6. 当地政府机构要求居民临时疏散的地区

南相马市自行要求居民临时疏散(不包括上述第1条至第4条的地区),情况如下:

(7)南相马市要求居民临时疏散,但不包括上述第1条至第4条地区的居民临时疏散。

注意事项

2011年3月16日,南相马市为确保居民安全,要求临时疏散并为此提供支持。2011年4月22日,当内部避难区指令被终止时,南相马市向已从上述第6条规定区域疏散的居民发出通知,在自有房屋里可继续居住的居民可以返回家园。

(二)疏散人员

疏散(指根据必须疏散指令进行的疏散)人员的范围如下:

1. 为疏散该地区或在该地区以外避难("疏散"),在事故发生后必须从受影响地区疏散的人员,以及需要离开该地区临时居住在外的人员("临时居住在受影响地区外"),但不包括儿童、孕妇、需要护理的人员、住院的病人等和在2011年6月20当天或之后因紧急情况从预备疏散区(不包括疏散推荐点)向外疏散的个人以外的人;

2. 核事故发生时在受影响地区以外的人员且主要居住地在受影响地区内,但出于必要继续在受影响的地区以外临时居住的人员;

3. 出于必要而在室内避难的人员(“避难”)。

注意事项

(1)上文所述的“疏散”“临时居住在受影响地区外”及“避难”统称为“疏散”。

疏散人员还包括那些在某个阶段疏散后又返回他们避难居住地的人员(但为计算该等人员的损失数额,他们与其他人员的差异可能会被考虑在内)。

(2)“疏散指令”是指日本政府的指令、要求、支持或鼓励的总称,或指事故发生后地方政府在受影响地区基于合理判断立即进行的居民疏散等。尽管已向上述受影响地区居民发出各类疏散指令(视地区而定),日本政府疏散指令涉及的人员或政府鼓励疏散地区的人员[但不包括儿童、孕妇、需要护理的人员、住院的病人等和在2011年6月20当天或之后因紧急情况从预备疏散区(不包括疏散推荐点)向外疏散的个人以外的人员],根据某项决定疏散出受影响地区,或身处受影响地区外而根据某项决定放弃返回在受影响地区的居住地而自愿疏散的,应将上述居民根据某项决定采取行动作为判断的依据,则该等居民属于依疏散指令进行必要的疏散或临时居住在受影响地区外。地方政府根据作出的要求居民临时疏散的,参考指令作出时的指令实际情况(即是在事故发生后立即作出要求居民从当地某行政区域撤出的指令),虽然指令缺乏合理性,因其中大部分区域决定逐渐转化为疏散区或室内避难区指令,但根据前述要求进行的临时疏散同样应视为依疏散指令进行的必要疏散。最后,对于那些在疏散等指令发出前居民的个人疏散行为,考虑到后续发布的疏散指令,该等个人行动需要在事后根据客观情况进行评判。考察该类问题的基础是该等个人疏散行为为依疏散指令进行的必要疏散。

(3)下述损失类型主要列出被疏散人员遭受损害的范围和其他细节。但是,某些类型的损失(如因支付检查费用所致损失,业务损失或丧失工作能力等原因造成的损失),还包括核事故发生后没有疏散位于受影响地区居住地的居民所受损失(“受影响地区临时居民”)尚未包括。

(三)损失类型

1. 检查费用(人身)

导则

在核事故发生后的任何时间,疏散人员、避难人员、或受影响地区的临时居民,被安排接受必要适当的检查以确定受到的放射性辐射等情况,由该居民支付的检查费用,包括附带费用成本,例如为接受检查而支付的差旅费,该费用同样适用于下面的注意事项(3)按核损害予以赔偿。

注意事项

(1)辐射具有危险,会对人体产生重大的负面影响,影响严重程度取决于受到的辐射量。而且,人类无法依靠自身的五种感官检测出辐射量。因此,通常合理的做法是让因核事故从受影响区域向外疏散的人员、在受影响区域室内避难的人员或临时居住于受影响区域的人员关注其曾受到辐射的事实,并至少安排他们体检以消除其担忧。

(2)应免费为疏散人员、避难人员或临时居住在受影响地区的人员进行体检,因为此类居民体检可能不会产生实际费用,该项费用不按核损害予以赔偿。

(3)在日本政府发出疏散指令前产生检查费用的,可推测是因为事故而根据合理判断进行检查;缺乏合理证据而不能证明该等检查费可获赔偿的,可在必要合理的范围内确认该等检查费按核损害予以赔偿。

2. 疏散费

导则

(1)疏散人员支出的下列费用应在必要合理的范围内按核损害予以赔偿:

①从受影响地区疏散发生的家庭财产搬迁费和差旅费;

②因临时居住于受影响地区外而发生的必要住宿费以及因此附带发生的其他费用(以下简称住宿费);

③因疏散等行为导致疏散人员增加的生活费。

(2)疏散费的计算方法如下:

①疏散费为疏散人员实际发生的家庭财产搬迁费、差旅费和住宿费的,疏散费可获得赔偿。将实际发生的费用视为赔偿额度是合理的。

但是难以通过收据或其他方式证实受损数额,通过估算平均损失数额证实相关损失也应被视为合理的。

②疏散费通常包括生活费增加的部分,我们认为将增加的生活费添加到第6条“精神损失”项下导则之下的第①项或第②项确定的数额中,并将该等费用同时列为增加的生活费和精神损失赔偿额,具体计算方法的示例

见以下第6条。

(3)在疏散指令解除(不仅包括指令或要求被解除,也包括诸如允许返回家园一类的指令,下同)后的一段合理时间内增加的疏散费不能获得赔偿,特殊情况除外。

注意事项

(1)导则(1)涉及的费用应理解为第①项和第②项下规定之合理必要费用,即疏散人员的疏散费(特指家庭财产搬迁费、差旅费和住宿费)可获得赔偿。

另外,第③项涉及的费用,即增加的生活费用,有以下情形的,其生活费用增加部分可获得赔偿,如避难人员需前往较远地点采购食物,或避难人员因不能或很难利用自家农产品而导致食物成本增加的(能力丧失)。

(2)根据我们对具体疏散情况和疏散人员个人开支进行的有限调查,导则(2)①涉及的费用中,运输费用是疏散人员首先可能支出的费用,但是许多疏散人员并没有发生实际差旅费,而是利用多样化的运输服务最终到达全国各地的疏散区,因此可认为疏散人员之间支出的费用会有相当大的差异,即使是疏散人员支付的运输费用之间也会存在差异。住宿费用方面也是如此,多数情况下地方政府机构和类似机构支付该项费用,需要持续支付住宿费用的人数相对较少,而疏散人员自行支付的住宿费用之间也会有相当大的差异。同样,疏散人员自行支付的家庭财产搬迁费之间也会有相当大的差异。因此,对于上述类型的损失,确定某一固定数值作为平均损失额并以此作为各疏散人员的赔偿额,不一定能反映受害人的实际情况,而且也会被认为是不公平的。

此外,为填补实际发生的损失而支付赔偿费的,提供损害证据通常会成为一个问题,但是,如果无法通过收据来证实损失数额,例如,利用客观统计数据预估损失数额予以证实的方法应被认可。以差旅费为例,疏散人员驾驶自有车辆疏散的,汽油成本等可根据行驶至疏散目的地的距离来计算。至于住宿费用,特定疏散人员寄宿区域的平均住宿费用可用于估算赔偿数额。如果采取上述计算方法,与通常根据疏散人员的实际开支进行计算相比,受害人不会处于特别不利的地位。

也就是说,对于家庭财产搬迁费、差旅费和住宿费三项疏散费,以疏散人员实际发生的上述三项疏散费数额,根据惯例在必要合理范围内提供赔偿是公平合理的。

(3)导则(2)①涉及的费用中,鉴于大部分疏散人员都会因疏散而导致生活费用增加,但是,该等费用通常不是特别明显,且疏散人员之间该等费用的差异也不明显。实践中难以精确计算这些实际发生的疏散费,而迫使疏散人员证实其实际发生的疏散费也不公平。

另外,考虑到生活费用的增加与疏散人员的生活条件息息相关,公平合理的做法是,在第6条(精神损失)项下导则之下的第①项或第②项中规定一个固定数额以赔偿生活费用增加部分,并将其同时列为增加的生活费和精神损失赔偿额。

但是,估计以上述方式处理该等费用的方法,即在第6条(精神损失)项下导则(1)之下的第①项或第②项中添加一个额外元素作为精神损失赔偿,涵盖范围最多只能是普通费用。因此,疏散人员生活费用特别显著增加且伴有特殊情况的,即该等人员除支付高额生活费用外别无选择的,则实际发生的费用应在必要合理范围内获得赔偿。

(4)就导则(3)涉及的费用而言,2011年4月22日室内避难区指令被解除后,对于不再受疏散指令约束的区域以及上述第6条规定之受影响区域(自解除之日起,疏散人员可返回其位于上述受影响区域内的居住地),在解除之日起经过的合理时间段内发生的费用不能获得赔偿。考虑到该地区公共设施恢复使用的情况以及发布解除指令后疏散居民通常所需返回居住地的准备期,2011年7月底可视为合理期限的基准起点。而对于中小学生,在必要疏散后返回位于该等区域的学校的,则应以2011年8月底为合理期限的基准起点。

(5)就导则(3)涉及的费用而言,特殊情况是指诸如疏散人员不能返回居住地是因为疏散导致健康受损,而需要在疏散目的地而非居住地接受持续治疗。

3. 临时通行费用

导则

国家和县级政府协助地方政府建立临时通道(包括疏散人员在通道建立前后必要的过夜住宿费,下同),在限制区域有居住地的疏散人员利用该通道而发生的家庭财产搬迁费、差旅费和辐射去污费等可在必要合理范围内获得赔偿。

注意事项

(1)在禁止公众进入的限制区域内有住所的疏散人员(在东京电力公司福岛第一核电厂3公里半径范围内有住所的居民),自2011年5月10日起为取回日常生活必需品,可利用国家和县级政府协助地方政府建立的临时通道返回其居住地。利用临时通道的疏散人员应在一个指定集合点(同时作为疏散点和集结待命区)集合前往有关临时通道。疏散人员从该集合点乘坐安排到该地区的公交车回到其居住区。

(2)然而,临时居住在受影响地区外的疏散人员到达集合点必然发生差旅费(临时通行之后返回临时居住区亦然),有些疏散人员从集合点到达其居住区域也会发生差旅费,以及辐射去污费用、家庭财产(含车辆等)搬迁费、差旅费及其他类似费用。

从保证居民安全角度出发,采取全面禁入限制区(包括禁止居住在内)措施是事故的结果,因为采取禁入措施,继而为居民建立"临时通道"以取回住所的日常生活必需品。因此居民利用临时通道发生的必要费用在与事故具有充分因果关系的前提下,可获得赔偿。

家庭财产搬迁费、差旅费和辐射去污费用等临时通行人员发生的费用应在必要合理范围内获得赔偿。

(3)上述第2条注意事项(2)中考虑的因素同样适用于临时通行差旅费的计算方法。

4. 返乡费用

导则

在疏散受影响区域的指令解除后,疏散人员为最终返回其位于受影响区域的居住地,疏散人员发生的家庭财产搬迁费(包括疏散人员在通道建立前后必要的过夜住宿费,下同)、差旅费等应在必要合理范围内作为核损害予以赔偿。

注意事项

(1)疏散指令终止后经过一段合理时间(做好准备所需时间),居民就能返回他们位于受影响区域的居住地。

上述第2条所规定之疏散费,如家庭财产搬迁费、差旅费等为最终返回居住地而发生的费用,应在必要合理范围内予以赔偿。

(2)上述第2条注意事项(2)中考虑的因素同样适用于差旅费的计算

方法。

5. 受伤或死亡

导则

疏散人员遭受以下损害可按核损害予以赔偿。

(1)因为核事故引发必要疏散的人员,由此受到伤害、健康状况恶化(包括心理疾病,下同)需要就医、患病或死亡而导致的收入损失、医疗费用、药品费用、精神创伤等。

(2)对于因核事故引发必要疏散的人员,为防止诸如健康恶化以致就医等情况发生而增加的诊断费用、医疗费用、药品费用等。

注意事项

(1)因核事故引发必要疏散而发生疏散人员受伤或死亡的,除疏散等造成的收入损失外,医疗费用、药品费用、精神损失等也可予以赔偿。不同于以下第6条规定,在受伤或死亡等其他因素中,受伤或死亡引起精神损失的赔偿数额应另外按比例计算。

(2)即使疏散人员的健康没有真正因疏散等原因而恶化,老人或患有慢性病的人接受治疗也属于正常现象,因此导致其现有开支在必要范围内增加以避免其健康状况由于疏散等原因而恶化。这意味着由此产生的费用增加可获得赔偿。

6. 精神损害

导则

(1)疏散人员因核事故造成的心理创伤至少有以下几种形式(仅限于不会导致“伤害或死亡”的心理创伤,该解释同样适用于本段以下的“心理创伤”)可获得赔偿。

①对于实际疏散出受影响区域后在较长时间内必须持续或暂时居住在受影响区域外的疏散人员,或对于事故发生时不在受影响区域而在该区域内有住所却在较长时间内持续或暂时居住在受影响区域外的疏散人员,由于严重损害延续时间较长,他们必须长时间在自己居住地以外的地方维持正常的日常生活,因此造成的心理创伤。

②对于必须在较长时间内采取室内避难措施的疏散人员,由于严重损害持续时间较长,他们仅享有有限的行动自由以维持正常的生活,由此造成的心理创伤。

(2)对于导则(1)项下①和②涉及的精神损失赔偿数额,我们认为有效的计算方法是将生活费用增加部分(规定在上述第2条疏散费项下)与该赔偿数额之和计算为一个固定数值,以包括这两项的总和。

每位疏散人员发生的费用属于导则(1)项下①或②所规定之费用的,可按核损害予以赔偿,而不用考虑其年龄或家庭成员人数等因素。

(3)为计算导则(1)项下①涉及的具体赔偿数额,目前按以下三个时段计算:

①核事故发生之日起的6个月(第一阶段)

第一阶段的标准是每人每月10万日元。但是对于在此期间必须疏散的人员,例如居住在疏散中心、体育馆或社区中心(以下简称疏散中心)等的人员,其标准是在疏散中心居住期间每人每月12万日元。

②自第一阶段结束起的6个月(第二阶段)

但是,有限制区域等被重新评估情形的,这个阶段将视需要重新进行评估。第二阶段标准为每人每月5万日元。

③自第二阶段结束直到终止之日(第三阶段)

对于第三阶段,我们认为合适的做法是基于未来事故的进程(如事故的解决)重新检查损失额度的计算方法

(4)导则(1)项下①涉及的损害开始日期和结束日期按下列方式计算:

①通常起始日期为2011年3月11日,即核事故发生日期,无须考虑疏散人员疏散的具体日期。但是,对于儿童、孕妇、需要护理的人、住院的病人及在预备疏散区有住所但迫于情况紧急的人,以及在2011年6月20日当天或之后疏散的人、从疏散推荐点向外疏散的人等,应以他们实际疏散的日期为起始日期。

②就终止日期而言,除特殊情况外,在疏散指令解除后经过一段合理时间才出现的精神损害不能获得赔偿。

(5)对于在室内避难区躲避直至室内避难指令解除的人(不包括在2011年6月19日当天或之前从预备疏散区因紧急情况疏散的人,也不包括从计划疏散区疏散的人),标准为每人每月10万日元。

注意事项

(1)关于导则(1),如上所述,只要其项下的损失与事故有充分的因果关系,则该等损失可列为“核损害”。因此即使精神损失并非来自“受伤或死

亡”,但只要能够确认存在上述充分的因果关系等,我们就认为可按核损害予以赔偿。

然而,极端的事实也有差异,可体现在没有引起伤害或死亡的心理创伤上。也就是说,对于是否引起痛苦,以什么形式引起痛苦以及在多大程度上会引起痛苦,取决于诸如年龄、性别、职业、个性、日常生活环境,同时是否存在损失以及能否在损害程度方面做出客观结论,受到家庭结构的限制。

然而事实上,在核事故中放射性物质在广泛地区释放出来,疏散指令用于应对这种情况。因此很明显,受影响区域居民的日常生活被打乱,例如他们不得不从居住地疏散,或采取室内避难措施。应该承认,疏散持续时间一般都很长,而且很多人生活在极端条件下。

因此有可能会认为,至少对疏散人员在下述方面因事故疏散遭受的长时间损害,应根据他们的情况给予相应的赔偿:(i)进行必要疏散并随后长时间临时居住在受影响区域外;(ii)事故发生时不在受影响区域而在该区域内有住所,却在较长时间内必须持续临时居住在受影响区域外,且必须长时间在自己居住地以外的地方维持正常生活;(iii)因必须采取室内避难措施而在较长时间内仅享有有限的行动自由。

因此上述精神损失可在合理范围内予以赔偿。

(2)关于导则(2),为计算导则(1)中第①项和第②项下的损失赔偿额,如上述第2条项下导则(2)所述,我们认为公平合理的基本规则是在疏散费用中包括生活费用增加的部分中以包括这两项的总和,由此计算出一个固定数值。

另外,由于只有个人享有索赔权,损失赔偿不向家庭支付,而仅向个人支付;此外,诸如年龄、家庭规模等因素将导致各疏散人员实际产生的心理创伤程度存在个体差异。我们认为恰当的做法是,各疏散人员都应获得赔偿;且由于我们认为生活费用增加部分的个体差异不大,决定不在本《临时导则》中基于诸如年龄差别而设置差异化的赔偿额度。

(3)对于长时间疏散的人员,他们共同的心理创伤是他们的正常生活长期受到极大伤害。而且就疏散人员的个人生活条件而言,也不太可能对在临时居住地、酒店或旅店等类似地方居住的疏散人员之间生活条件的清晰差异等情况做出概括性陈述。这意味着与其根据住宿条件做区分,更合适的做法是依据疏散时间等建立合理分类并得以为每位疏散人员进行类似的计算,然后为留在疏散中心的人员增加固定时限。而对比于临时居留在外,留在疏散中心可认定为条件相对恶劣。

(4)关于导则(3)①在核事故发生后的6个月(第一阶段)正在采取措施,以便安置长时间留在疏散中心的人员,例如,安排大部分疏散人员进入临时住所等居住已成为可能。最严重的心理创伤发生在这6个月期间,当地社区突然大面积散落,人们宁静的日常生活在那一刻被夺走,生活基础崩塌,随之人们不得不舍弃家园,过上颠沛流离的疏散生活,更严重的是,还要遭受返乡无望的焦虑煎熬。

因此,在计算这段时间的损失额时,我们认为,并非人身伤害引起精神损失,比照机动车责任损害保险的可支付赔偿数额度(每日4,200日元,或每月126,000日元),把上述疏散人员遭受到的重大心理创伤及增加部分的生活费用考虑在内。最终我们决定以每人每月10万日元作为合理标准。

但不得不承认,长期生活在疏散状态,尤其是居住在早期建立的疏散中心,较之于住在其他住宿设施内,生活环境、舒适度和隐私权方面都更缺乏保障。因此,以这点作为增加赔偿额度的一项考虑因素,我们仅将居住在疏散中心阶段的赔偿额度设定为每人每月12万日元。

(5)关于导则(3)①在第一阶段结束起的6个月内(第二阶段),疏散人员遭受的心理创伤来自于不得不持续地生活在自有住所以外的住所中,并来自于对何时能重返家园无望而持续产生的焦虑感。另外,早期因素(如突然失去原有生活及生活基础的动荡感)在该阶段已不复存在,这一阶段已做好长时间疏散准备(如大部分人可在临时住所等地居住),人们慢慢在疏散目的地适应新环境。这意味着相较于第一阶段,伴随诸如疏散生活的不适感等因素正在减少,而这一阶段会维持多久还需要重新评估。

在计算这一阶段的赔偿额度时,因有上述因素,鉴于已做好长时间疏散准备,如大部分疏散人员出于自愿进入临时住所等场所居住已成为可能,因此可认为,相较于第一阶段,疏散生活产生的艰苦感逐渐减少。

委员会也比照《交通事故诉讼中损害计算标准》(日本律师联合会东京分会交通事故咨询中心制定)规定之根据时间推移调整赔偿金的机制,最终确定可行的基准是每人每月5万日元。

(6)关于导则(3)项下③在第二阶段结束直至终止之日,如人们可实际返乡之日(第三阶段),因人们有可能树立向前看的心态(如对未来许下愿望、确实结束疏散生活、做好返乡准备以及为生活做好准备),目前很难清晰预测什么时候这一天会来到。因此合适的做法是,基于未来事故的进程(包括事故的解决),将重新检查损害额度计算方法的工作留待第三阶段;但是在终止日期已确定的区域不必采取这种做法。

(7)关于导则(4)项下①以赔偿权利人实际疏散日作为导则(1)项下①损害的起始日期是可行的。

但是,尽管上述赔偿权利人因个人具体情况而在不同的日期疏散,在核事故发生后疏散进行前的相当长时间内,因正常的日常生活被严重损害,可认为他们经受的心理创伤已达到疏散后心理创伤的程度。委员会因此确定,将 2011 年 3 月 11 日事故发生之日,作为疏散人员受到损害的起始日期。

但是,对于儿童、孕妇、需要护理的人、住院的病人、其他在预备疏散区有住所但迫于情况紧急而在 2011 年 6 月 20 日当天或之后疏散的人以及对于从疏散推荐点向外疏散的人,应以他们实际疏散的日期为起始日期。

(8)上述第 2 条中注意事项(4)和(5)考虑的因素同样适用于导则(4)②。

(9)关于导则(5),符合导则(1)②规定之个人,即采取室内避难措施直至该区域解除室内避难指令的人,该等人员滞留在家中,无法体验导则(1)①所规定疏散人员(接受疏散及临时居住在受影响区域的疏散人员)经历的心理创伤。但是,考虑到室内避难者有限的活动自由,如冒险进行户外活动,并且鉴于已明确导则(1)②项下的赔偿额度不能超过导则(1)①项下的赔偿额度,因此确定符合导则(1)②规定之个人可获赔偿额度的合适标准为每人每月 10 万日元。

(10)委员会认为按月计算赔偿数额是合理的,且导则(3)①和②以及导则(5)规定之赔偿数额仅作为赔偿标准,因此并不排除存在灵活计算特殊赔偿金的方法。

(11)根据所涉及的个人情况,事故造成的其他心理创伤也可按核损害予以赔偿。

7. 业务损失

导则

(1)受影响区域内的人员因受疏散指令影响,导致其正在或曾经经营的全部或部分业务事实上出现收入下降、业务受损,如因该人员不能开展其业务,或因失去顾客而导致业务受损、收入下降部分可获得赔偿。

通常，该等收入下降（收入损失）是指事故未发生情况下经营者本可获得的利润及其实际获得的利润之差，扣除事故未发生情况下经营者本应发生的支出及其实际支出之差（经营者可避免的支出）。

（2）此外，因为经营者业务受到上述损失（如雇用员工的额外费用、处理货物或资产的费用、辐射净化费用），导则（1）所涉经营者发生的额外费用，或为避免业务受损而产生的额外费用，或经营者业务变化（如迁移业务基地的费用、转移或储存资产）而产生的额外费用等，都可在必要合理的范围内获得赔偿。

（3）并且，疏散指令解除后，导则（1）所涉经营者因该等指令导致其业务收入下降，减少的收入可在必要合理的范围内获得赔偿。疏散指令解除后，为恢复或部分恢复经营而产生的额外支出（如辐射净化费用及机器设备储存费用）可在必要合理的范围内获得赔偿。

注意事项

（1）在受影响区域经营全部或部分业务的个人，因本人或其雇员从该区域向外进行必要疏散，或因其本人或货物在该区域内外由于疏散指令而无法搭乘运输工具，由此造成的业务损失可获得赔偿。

可获得赔偿的行业包括农业、林业、渔业、制造业、建造业、零售业、服务业、交通运输业、医疗服务业、学校教育等行业。可获得赔偿的行业不仅限于盈利性行业，只要该行业有部分业务在受影响区域开展的，就属于可获得赔偿的行业。

处理或退回货物或资产的费用，如因业务受损所导致采购货物增加的费用、雇佣员工的额外费用，或为避免业务受损而产生的额外费用，诸如将业务基地从受影响区域内向外迁移的费用，或转移业务所必需的费用（包括家畜等）可在必要合理的范围内获得赔偿。

（2）除销售业务外，导则（1）所涉“收入”还包括经营者因开展业务本可收到补贴的相应部分（诸如农业家庭收入补贴、医疗服务业的医疗补贴及私立大学对等捐款补贴等）。

（3）有诸如经营者没有从损失的收入中扣除租金及员工薪金（经营者因事故而没有发生的费用）情形的，鉴于政府疏忽大意就销售费用及管理费用向经营者支付赔偿费，而经营者因未发生的费用而获得赔偿也不合适，因此除货物成本外，导则（1）所涉“收入”还包括销售费用及管理费用。

(4)对于经营者已发生的费用以及预期的销售费用,或经营者为继续经营而必须发生的费用,在计算经营者丧失的收入(属于损失)时应保留这部分费用,因为事故导致经营者无法避免上述费用。

(5)若本条导则(1)所涉“收入下降”和第三部分(三)损失类型第5条导则(1)所涉“收入减少”含义不同,则本条对此概念之界定更为清晰,二者之间没有实质性的区别。

(6)在疏散指令发布前就因核事故导致经营者业务受损的,因缺乏不予赔偿的依据,该等在核事故发生之日或之后产生的损失可获得赔偿。

(7)尽管应以符合受偿条件的经营者能够如灾前一样开展业务或类似业务之日为业务损失赔偿结束日期,但除非等到赔付之日,否则当前难以就具体业务预测结束日期(包括因事故导致发生收入下降的日期),未来应就前述问题重新调查。若重新调查的,鉴于通常赋予经营者对营业场所重新安置或改变经营业务的选择权,应规定在特定时间段内发生上述情形的才可获得赔偿,并且存在赔偿发放前先行做出特别努力改变业务范围的经营者。

(8)如果经营者已经破产或关闭其经营的业务,则赔偿范围可能包括业务资产贬值部分、特定时间段内收入减少部分、破产或业务取消导致的额外费用等。

(9)如果经营者已受影响区域内营业场所的业务,重新安置营业场所或改变经营业务(包括临时的安置或改变),则赔偿范围可能包括业务资产贬值部分、重新安置营业场所或改变经营业务前的时段内减少的收入、重新安置营业场所或改变经营业务后当前特定时间段内营业收入与过去营业收入之差及因导则(2)规定之重新安置营业场所导致的费用。

(10)在研究“特定时间段”[上述注意事项(8)规定在该时间段内经营者可就破产或业务撤销申请赔偿,同时上述注意事项(9)规定在该时间段内经营者可就重新安置营业场所或改变经营业务申请赔偿]这一定义时,应特别关注两种情形:部分从业者(如年长者或农业、林业、渔业工作从业者)很难更换工作,及经营者已付出特别努力。

8. 丧失工作能力造成的损失

导则

工作地或居住地在核事故影响区的工人受疏散指令的影响,或受雇于经营者的工人遭受上文第 7 项(业务损失)所描述的商业损失,丧失继续工作的能力,导致工资等收入的减少,在必要且合理的范围内,工人的额外成本,可按核损害予以赔偿。

注意事项

(1)需要疏散的工人等丧失工作能力,例如,由于工作业务开展在核事故影响区,但受事故的影响而被迫关闭,或疏散目的地离工作地点很远,导致工资等收入的减少,在必要且合理的范围内,工人的额外成本,可被确认为损失赔偿。丧失工作能力,还包括与事故有足够关联的雇佣合同终止和其他形式的裁员。

(2)由于个体经营者和家庭农场员工的收入损失可能被单独视为商业损失,因此他们不作为因丧失工作能力而造成的损失。

(3)劳动者的雇主支付劳动者工资等,在劳动者丧失工作能力期间的任何部分的支付,构成雇主损失,应将其作为雇主的商业损失予以考虑。另外,就已经完成但未付工资的工作而言,雇主应支付这些工资,若认定雇主无力支付工资是由核事故造成的,则未付的工资也按核损害予以赔偿[参见下面第 10 条(财产损失或贬阈值等)的注意事项(1),但应注意的是,若某个工人得到补偿,则该人的工资要求将被取代到补偿的范围]。

(4)若工人在强制疏散指令之前因工伤而丧失工作能力,由于没有合理的理由取消补偿资格,核事故发生之日或之后的损害也可按核损害予以赔偿。

(5)对于那些核事故发生时没有工作但已经准备工作的人来说,该工作有可能属于工作能力丧失造成的损失,根据工作的可确定程度,可按核损害予以赔偿。

(6)总的来说,减少的工资仅包括个人的工资部分。在劳动能力丧失之前减少的工资,丧失劳动能力后,这些"工资"还包括工人的各种津贴、奖金和类似的福利等。

(7)这些额外的成本,在必要且合理的范围内,包括改变居住地、增加通勤费用,以及工人被重新安排或改变就业等所需的类似费用。因为在受核事故影响的地区,他们的工作地点因核事故而搬迁,工作内容因核事故而中止。

(8)一个合格的工人自核事故发生日起丧失工作能力,直到能够从事与以前基本相同或同等的工作之日,这一时间产生的损失受到补偿是合理的。由于结束的日期难以预测,包括由于核事故原因减少的时间,这一问题将被重新审议。然而,在这次检测中,由于可预见的选择,个人没有能力继续履行工作,例如替换雇员等,在此需注意对于下述情形考虑赔偿时间的长短,比如一些人通过努力换工作,或提早应聘临时工。

9. 检测费用(财产)

导则

对于包括货物在内的财产,货物处于受核事故影响地区,经确认有必要安排合理的检测以确定该财产的安全性,如财产所有人基于财产的性质发生的合理范围内的检测费用(包括附带费用、为检测发生的转移所产生的费用,以下同样适用)应按核损害予以赔偿。

注意事项

(1)核事故造成的全面损失还未全部查清,尚不清楚是否有特定财产被放射性辐射影响,导致其价值完全丧失或减少。

然而,财产的价值或价格受心理和主观因素(如买方或卖方的印象、想法和意识)的影响很大。并且,往往需要进行财产性能检测,例如采取预防措施防止相对方退出交易、取消交易、压低价格,将业务损失可能性降到最低限度。

因此,根据普通人的判断标准,基于有问题财产的类型、性质等,发生财产所有人深切担忧财产安全情形,并且所有人有合理必要的依据认定安排前述性能测试能消除其担忧的,则可合理确认该等检测费用为损失。

(2)如果疏散指令发出之前因核事故发生检测费用,可推定进行检测是根据核事故做出的合理判断。该等检测费用可在必要且合理的范围内予以赔偿,而缺乏合理判断进行检测发生的费用不能予以赔偿。

10. 财产损失或贬值等

导则

以下财产的实际损失可予以赔偿。“财产”在这里包括个人财产和不动产。

(1)可确定因疏散指令规定之必要疏散而导致受影响区域的财产无法利用进而损失部分或全部价值的,在价值实际损失或减少且在必要合理的范围内,因价值损失或减少发生的额外费用(如对该等财产的处置或维修费用)可获得赔偿。

(2)除导则(1)之规定外,受影响区域的财产

①受到放射性辐射,致使其价值损失或减少;或

②没有上述①规定情形的,但是从财产类型、性质、交易状态等角度,根据普通人的判断标准,断定该财产已因核事故导致价值损失或减少。在价值实际损失或减少且必要合理的范围内,因价值损失或减少发生的额外费用(如辐射去污费用)可获得赔偿。

(3)受影响区域的财产可能因无法利用而损失部分或全部价值,也可能因受到放射性辐射而损失部分或全部价值,该等财产的所有人为防止上述结果发生而支出的费用在必要且合理的范围内可获得赔偿。

注意事项

(1)关于导则(1)因疏散导致财产无法利用进而损失部分或全部价值的,在价值实际损失或减少且在必要合理的范围内,因价值损失或减少发生的额外费用(如对该等财产的处置或维修费用)可获得赔偿。

但是,如果财产涉及货物,对该等货物是作为完全或部分损失价值的财产进行评估,还是作为业务损失的收入下降部分进行评估,应根据案件具体情况做出判断。

因无法接近财产而不能实际确认该财产价值是损失还是减少的,可选择根据该财产最可能发生的现状,计算出其损失或减少的价值。

(2)关于导则(1)①接触到核事故释放出的放射性物质而导致财产价值完全损失或减少的,损失或减少的部分以及因价值损失或减少发生的额外费用(如对该等财产的处置费用或财产的辐射净化费用)可获得赔偿。

(3)关于导则(1)②即使不能依上述导则(2)①确认财产因接触到核事故释放出的放射性物质而导致财产价值完全损失或减少,考虑到财产的价值或价格受心理和主观因素(如买方或卖方的印象、想法和意识)的影响很大,如果别无选择而要基于财产类型、性质、交易状态等,根据普通人的判断标准,判断该财产价值损失或减少的,在必要且合理范围内可获得赔偿额外费用。

(4)关于导则(1)和(2),通常对于有问题的财产,其合理的修理、去污和类似费用会受到其客观价值限制。但是,对于文化财产、农业用地和其他财产具有的不可替代性,可能会就有问题的财产超过其客观价值的部分在

合理范围内获得赔偿。

(5)通常,判断某类财产损失的依据是其价值,即该类财产在核事故发生时的市场价值。但是,发生难以计算市场价值情形的,可选择根据财产的账面价值进行计算,采用通常被认为公平合适的企业会计惯例。

(6)关于不动产销售或不动产租赁协议(不动产合同)价格下跌有关的损失,可确认若非因为发生核事故则该等合同的初始价格将会被履行的,该初始价格和实际合同价格之间的差异可在合理范围内予以赔偿。

关于在不动产合同存续期间因诸如不履行或不全面履行合同等因素而造成的损失,可确认若非因为发生核事故则该等合同可履行或继续履行的,该等损失可在合理范围内予以赔偿。

因不动产担保存在风险而拒绝融资造成的损失,以及因不动产租金下降造成的损失,可确认若非因为发生核事故则该等融资不会被拒绝或租金不会下降的,该等损失可在合理范围内予以赔偿。

第四部分　与政府海洋禁区和禁飞区有关的损失

(一)受影响的区域

1. 2011年3月15日,以东京电力公司福岛第一核电厂为中心半径30公里的圆形海域,被政府划定为海洋禁区(该海域内半径20公里范围内的圆形海域在2011年4月22日被划定为"禁区",稍后在4月25日,在该整个海域划定的"海洋禁区"被撤销,同时划定半径20至30公里的圆形区域为"紧急情况下预备疏散区",但不包括"禁区"。上述变化发生前后划定的圆形海洋区域,以下称"海洋禁区")。

2. 2011年3月15日,以东京电力公司福岛第一核电厂为中心半径30公里的圆形空域,被政府划定为禁飞区(2011年5月31日,该禁飞区缩减到半径20公里范围内的圆形空域)。

(二)损失类型

1. 商业损失

导则

(1)因划定海洋禁区导致①渔民无法在受影响区域作业、航行,或②沿海航运业或游轮经营者必须绕过该海域行驶并实际造成的收入下降或与绕行有关的成本增加,在必要且合理的范围内按核损害予以赔偿。

(2)因划定禁飞区,航空运输业经营者必须绕过该空域飞行造成的费用增加部分,在必要且合理的范围内按核损害予以赔偿。

注意事项

(1)计算收入下降的方法与上述第三部分第7条(业务损失)涉及的计算方法相同(不包括与疏散等有关的部分)。

(2)注意,如果在政府划定海洋禁区和禁飞区之前自愿实行限行措施,可推定实行该等措施是根据核事故做出的合理判断。因实行限行措施导致的收入下降按核损害予以赔偿,而缺乏合理判断实行限行措施导致的收入下降不能按核损害予以赔偿。

2. 不能工作导致的损失

导则

因划定海事禁区及禁飞区而导致商业环境恶化,渔民、沿海航运业经营者、游轮经营者、航空运输业经营者及其他有关行业经营者无法在该等区域作业、航行,工资减少部分及额外支出部分可在必要且合理范围内按核损害予以赔偿。

注意事项

计算收入下降的方法与上述第三部分(三)损失类型第8条(丧失工作能力造成的损失)涉及的计算方法相同(不包括与疏散等有关的部分)。

第五部分　政府限制运输农业、林业、渔业产品造成的损失

(一)受影响的事项

与核事故相关的农、林、渔业产品、食物及食物检测的航运、种植及其他生产、制造和配送活动,因政府发布的指令等(包括地方政府机构基于有关核事故的合理事由发布的指令,以及生产者协会在政府或地方政府机构参与下基于有关核事故的合理事由发布的指令)造成损失。

注意事项

(1)"政府就核事故发布的"指令包括但不限于下列指令:依《核准备法》由中央政府向地方政府负责人就限制货运发出的指令、限制消费和种植的指令、限制放牧的导则、销售禁令、依《食品卫生法》(1947年12月24日第233号法令,有修订)发布的食品检验令。

(2)"地方政府机构基于有关核事故的合理事由发布的指令"包括但不

限于下列指令:因某项产品检验结果暂时超过法定标准,县级政府因此要求该产品生产者自行放弃运输或经营该产品。

(3)"生产者协会在政府或地方政府机构参与下基于有关核事故的合理事由发布的指令"包括但不限于下列指令:宣布核事故涉及各县的沿海水域为海洋禁区的指令,前述县级地区渔民协会咨询县政府后基于某些情形(如排放污染水源)而自愿放弃作业的决定。

(二)损失类型

1. 商业损失

导则

(1)农、林、渔或其他行业的经营者因受指令影响,不得不放弃指令规定之经营活动,因该等指令损害其业务而实际发生的收入下降,可按核损害予以赔偿。

(2)另外,农、林、渔业或其他行业的经营者因受指令影响造成业务受到上述损害而发生的额外费用(如产品召回和处置的费用),或因避免业务受损或变更经营范围发生的额外费用(如采购替代性饲料或更换受污染的生产材料支出的费用),可在必要且合理的范围内按核损害予以赔偿。

(3)因制造者、配送者已制造或配送指令规定之产品,并不得不放弃销售该产品或放弃销售以该产品为原料的制成品,且受该行业困境影响,造成的收入实际下降部分和额外费用在必要合理范围内按核损害予以赔偿。

(4)并且在指令解除后,如果受指令影响的经营者或导则(3)规定之制造者、配送者因指令所致困境造成收入下降,可按核损害予以赔偿。同样,在指令解除后,因恢复经营部分或全部业务(如准备农用地或机器以备重新使用)发生的额外费用,可在必要且合理的范围内按核损害予以赔偿。

注意事项

(1)关于导则(1),例如,如果一项指令限制农业或林业产品运输但实际没有限制种植,考虑从种植到运输之间所需时间等情形,以及种植进行的时间段内指令不会暂停执行等事实,则放弃全部或部分种植被认为是不可避免的,因此造成的收入下降等也可认定为符合指令规定之损失,按核损害予以赔偿。

(2)关于指令发布前自愿实施的限制措施,可推定实行该等措施是根据事故做出的合理判断。因实行限制措施导致的收入下降可按核损害予以赔偿,而缺乏合理判断实行限制措施导致的收入下降不能按核损害予以赔偿。

(3)计算收入下降的方法与上述第三部分(三)损失类型第7条(业务损失)涉及的计算方法相同(不包括与疏散等有关的部分)。

2. 不能工作导致的损失

导则

如果受指令影响的经营者或上述导则(3)规定之制造者、配送者因指令导致的经营环境恶化,造成上述行业从业者无法进行必要工作的,工资减少部分及额外支出部分可在必要且合理范围内按核损害予以赔偿。

注意事项

计算收入下降的方法与上述第三部分(三)损失类型第8条(丧失工作能力造成的损失)涉及的计算方法相同(不包括与疏散等有关的部分)。

3. 检查费用(财产)

导则

农、林、渔业和其他行业经营者依指令不得不承担的检查费用按核损害予以赔偿。

注意事项

贸易伙伴要求进行必要检查的,该项损害属于下述第七部分规定之损害(与传闻有关的损失)。

第六部分　与政府其他指令有关的损失

(一)受影响的活动

在上述第三部分至第五部分规定之政府指令外,政府就核事故发布的指令等造成的损失。

注意事项

指令是指,关于限制用水、水质检查、检测出放射性物质时供排水副产品处理及学校建筑物和操场利用决定的指令。

(二)损失类型

1. 商业损失

导则

(1)如果核设施经营者的经营活动由于受到政令的阻碍,从而导致经营收入的实际下降,则该下降可按核损害予以赔偿。

(2)此外,受政令阻碍的核设施经营者,由于该阻碍所导致的额外费用(如产品召回、储存或处理),或为避免对经营阻碍或转变经营所产生的额外费用(如为减少在校园或花园的辐射量而花费的成本),在必要且合理的范围内可按核损害予以赔偿。

(3)再者,即便在政令终止后,如果核设施经营者由于该政令的影响而导致经营收入的下降,则下降也可按核损害予以赔偿。此外,在政令终止后由于重开全部或部分经营活动而增加的成本,在必要且合理的范围内可按核损害予以赔偿。

注意事项

(1)如果在政令发布之前,人们已经自发地采取自我约束措施且这些措施被认为是基于事发后的合理判断,则由于采取这些措施所导致的收入下降可按核损害予以赔偿,但存在可合理免责的情形除外。

(2)计算收入减少的方法与前文第三部分(三)损失类型第7条(业务损失)的方法相同(但扣除与疏散相关的部分等)。

(3)当中小学生和他人受到校园和花园土壤中的辐射影响时,为减少这些辐射量所采取的措施应至少与政府当局或当地政府部门的调查结论相符。如果政府认为减少辐射量而采取的某些措施所产生的费用合理,则已由学校或其他行政机关所承担的相关额外费用,在必要且合理的范围内可按核损害予以赔偿。

2. 由于无法工作导致的损失

导则

如果由于政令的影响,使核设施经营者的经营环境恶化,从而不可避免地导致其员工无法工作,则员工工资收入的减少以及增加其他的额外消费,在必要且合理的范围内可按核损害予以赔偿。

注意事项

计算收入减少的方法与前文第三部分(三)损失类型第8条(丧失工作能力造成的损失)的方法相同(但扣除与疏散相关的部分等)。

3. 检验费用(针对财产)

导则

依政令需要开展的检验,其产生的费用须由核设施经营者承担的,可按核损害予以赔偿。

注意事项

(1)如果在政令发布之前,相关检验已经自发地开展且这些检验被认为是基于事发后的合理判断,则这些检验费用可按核损害予以赔偿,但前提是不存在可合理免责的情形。

(2)如果检验是因应贸易伙伴的要求而必须开展,则可构成下文第七部分(与传闻有关的损失)所述之损失类型。

第七部分　与传闻有关的损失

1. 基本标准

导则

(1)虽然对与传闻有关的损失没有一个明确的定义,但是在导则中,与传闻有关的损失是指主要的消费者或贸易伙伴,由于媒体的广泛报道,出于担心相关产品或服务存在放射性物质污染的风险,从而避免购买相关产品或服务,或停止相关产品或服务的交易,由此导致的损失。

(2)如果与传闻有关的损失与核事故之间存在充分的因果关系,则可予以赔偿。用以判断的基本标准如下:当某一消费者或贸易伙伴,担心相关产品或服务因核事故而存在放射性物质污染的风险时,出于这种担心而避开相关产品或服务的心态,从一个普通人的角度来看是合理的。

(3)至于哪种具体的与传闻有关的损失可被认为是与核事故有充分的因果关系,我们的看法是:应基于各行业的特性,然后根据类似销售额、项目的性质、区域及损害项目等因素进行分类。

①关于在某种程度上普适于各行业的与传闻有关的损失的类型,在实践中,对于自事发之日起已实际出现的不愿购买等情况而导则的损害[对应于导则(4)下的损害,下同],在原则上将被视为与核事故之间存在充分的因果关系,从而可按核损害予以赔偿。

②除上述①所述的其他类型,对于自事发之日起实际出现的类似不愿购买的情况而导致的损害,需要根据基本标准下导则(2)就个案进行评估,以认定与核事故之间是否存在充分的因果关系。

(4)由于消费者或贸易伙伴不愿购买或中止货物或服务的交易而导致的损害类型如以下所示:

①营业损失

由于交易量减少或交易价格下跌所导致的经营收入下降，以及在必要且合理限度内的成本增加（包括货物返厂、处理及清污的费用）。

②由于无法工作导致的损失

如果由于上述①的营业损失导致核设施经营者的经营状况恶化，从而不可避免地导致其员工无法工作，则员工工资收入的减少等在必要且合理的范围内可视为能获赔的损失类型。

③检验费用（针对财产）

因应贸易伙伴的要求而必须开展的检验所产生的费用。

注意事项

（1）与传闻有关的损失可理解为取决于人为因素的多种情形，有时是指感觉到受到损害，而这种感觉是由于消费者或贸易伙伴担忧放射性物质的风险而避免购买相关产品或服务，即使这种风险是绝对不存在的。然而，当讨论核事故时，应至少考虑市场为避免放射性物质污染风险而进行抵制所导致的与传闻有关的损失，而这种抵制行为并非必须有非常严谨的专业定义，只要其被认为是合理的，即可按核损害予以赔偿。

对于“传闻相关”应作如下理解：虽然自开始就避免使用“传闻相关”这一表述，但无论是在法律还是其他实践中，目前都没有可取代的更合适表述。此外，该类型的损失有别于营业损失，后者是因为疏散等原因所导致的营业中断，而前者的特征是媒体的报道及第三方（消费者和贸易伙伴）的看法、判断和行为都掺杂其中。因此，不可否认这是一种比较特别的损失类型。

因此，最终决定使用导则（1）中所定义之“传闻相关”这一表述，但同时也清楚认识到这将引起如上文所述的在理解上的一些困惑。

（2）与传闻有关的损失并不仅限于农林渔业的产品或食品，还包括普通商品，即动产和不动产或除商品以外的无形服务（如旅游业提供的各种服务等）。

（3）与传闻有关的损失的限额并不需要详细约定，但在最终判定时需要逐案确认与核事故之间存在充分的因果关系。在临时性导则当中，将针对此类型的损失，说明哪些损失最有可能被认定为与核事故存在充分的因果关系以及在确认该因果关系时需考虑的事项，以期解决与核事故相关的争议。

当某一损失属于导则(3)①中所指的类型,即由于核事故发生后不愿购买等所导致,则凭此推定便可认为与核事故存在充分的因果关系,相应的损害在原则上应按核损害予以赔偿。

但是,这并不意味着可赔偿的与传闻有关的损失仅限于这些类型,同时不属于导则(3)①的与传闻有关的损失(导则(3)②所指情况)如果被认为与核事故之间存在充分因果关系便足以获得赔偿。在这些情况下,将可能需要采用如基于客观统计数据以及与导则(3)①项下的损害做比较等方法进行实证分析。

(4)当损失被认定既由核事故又由其他原因(如因日本东部大地震所引起的消费者情绪低落等)所造成的,则与核事故存在充分因果关系的损失部分可按核损害予以赔偿。

(5)需要关注的是,假设与传闻有关的损失如上所述,是基于消费者及贸易伙伴担心产品风险而对其进行规避的精神状态,则这种损害可获赔偿的期限是受到一定限制的。

概括而言,当"以普通人的标准来合理衡量,不愿购买及中止交易的状况应已结束"时,则该赔偿期限也已结束。但是,在存在一些因素包括核事故仍未解决的情况下,目前要明确指出何时可结束是非常困难的。现阶段,适合就各个案的具体情况,结合客观的统计数据进行分析,同时考虑例如交易量及价格、不愿购买是如何出现的、相关商品和服务的特性等因素。

(6)营业损失或由于无法工作所导致损害的计算方法与上文第三部分(三)损失类型第7条(业务损失)或第三部分(三)损失类型第8条(丧失工作能力造成的损失)中的相同(但需要扣除与疏散相关的部分等)。

2. 相关传闻的农、林、渔业以及粮食生产造成的损失

导则

(1)原则上,以下所列损害情形,可依第1条导则(3)中第①项获得赔偿:

①事故发生时,农、林、渔业的下列产品无法销售造成的损失:

i)在福岛县、茨城县、栃木县、群马县、千叶县和琦玉县境内生产的农林产品(仅限于人类消费,不包括茶叶和畜产品);

ii)在i)所列举的县市内或神奈川、静冈县任意一个县境内生产的

茶叶；

iii）在福岛县、茨城县和枥木县任一境内生产的畜产品（限于人类消费）；

iv）在福岛县、茨城县、群马县或千叶县境内生产的渔业产品（仅限于用于人类消费和作为饲料的产品）；

v）在福岛县、茨城县或枥木县境内生产的花卉；

vi）在福岛县生产的其他农、林、渔业产品；

vii）以i）到v）中所列举的农、林、渔业产品为原料的加工品。

②2011年7月8日及以后，在北海道、青森县、岩手县、宫城县、秋天县、新泻县、岐阜县、静冈县、三重县境内饲养的牛或生产的以牛肉为主要原料的加工品因无法销售而导致的损失。

③由于农、渔、林业产品加工业和食品生产行业在事故发生后由于无法销售而导致的损失，涉及下列产品和食品：

i）在福岛县设有办事处或工厂的加工或制造经营者生产的产品；

ii）以①中i）至vi）中的农、林、渔业产品或②中的牛肉为主要原材料的加工品；

iii）以限制人类（包括针对婴幼儿的措施）使用的水为主要成分的食物。

④因农、林、渔业产品的分销行业不愿意购买，事故发生时已生产的食品，以及操作人员处理①至③中所列举的库存产品，而导致的损失。

（2）农、林、渔业，农、林、渔业的食品和生产加工行业，农、林、渔业产品和食品流通行业，出现第1条导则（3）所列举的情形，而不可避免地自愿放弃全部或部分运输、加工、种植等业务而造成的损害。

（3）在事故发生时，根据贸易伙伴的要求以及政府指令，事故发生地的农林渔业，农林渔业的产品加工和食品生产行业，农林渔业产品和食品运输行业以及其他食品生产行业所生产的产品（包括加工产品）或食品（包括加工或制造过程中使用的水）所产生的检测费用，应认定为可获得赔偿的损害。

（4）在事故发生时，由于无法销售而造成的实际损失，除在导则（1）和导则（2）所列举的农林渔业的损害情形外，还包括农林渔业的产品加工和食品生产行业的分销行业的损失。这一损失将根据交易量和价格趋势的具体情况进行评估,即考虑产品的特殊性(例如,产品生产和销售的情况)和生产区域的特殊性(例如,距离事故发生地的位置和距离),计划进行检查和检查的结果,政府其他限制发货的细则和指令(包括自愿不发货的请求,以下同样适用),以及因为产品生产或制造过程中所使用的材料受到污染,导致消费者或贸易伙伴根据普通人的标准担心产品因放射性事故而造成放射性污染并拒绝使用该产品,如果上述情形与事故间具有充分的因果关系,则由此产生的损害有权要求予以赔偿。

注意事项

(1)对于农、林、渔业产品和食物

①农、林、渔业产品必须由产自于农业土地和渔场等地的动植物加工而成,对水土放射性污染的担忧往往会直接与动植物关联;

②特别是消费者摄入体内的食物,消费者尤其敏感,往往倾向于避开这些内照辐射;

③由于食物对人们日常生活必不可少且价格也不高,很难相信消费者信心受东日本大地震影响下降会导致其对食物没有购买意愿;

④考虑到鲜花等采摘之后未经清洗,消费者近距离使用,往往担心与之接触;

⑤通常情况下,由于从其他产地获得替代的农、林、渔业产品和食品相对容易,因此有顾虑的消费者也相对容易将此作为另一种选择。

因此,在一定程度上,我们也相信,根据普通人的判断标准,消费者和贸易伙伴对放射性物质污染风险的担心是合理的,因此不愿意购买。

(2)根据对事故发生至今交易量和交易价格的变化趋势、不愿意购买的具体例子对农、林、渔业和食品生产行业的影响等问题的研究,我们确信由于不愿购买而造成损失的现象,在许多项目和地区已经出现。其中,受政府或其他指令限制物资外运地区,检测的结果是某些项目放射性物质超过临时标准。我们发现根据常人的一般标准,消费者或贸易伙伴即便抱有避免进行买卖的心态也是可以理解的,不仅是对受影响的产品,还包括源于该地区的农、林、渔业产品(如农业和林业产品、畜牧产品、渔业产品)。因为担心接触放射性物质会遭受内照辐射,所以即使这些指令终止,在相当长一段时间内这种心态依然存在。我们发现指令限制以外的地方,某些区域由于受地理位置特点(特别是与事故地的距离、与指令限制区的地理上的联系)、产品分布情况(特别是原产地的名称)等因素的影响,消费者或贸易伙伴抱有同样的心态将是不可避免的。

(3)自2011年7月8日起,在对相关产品中使用的牛肉和稻草检测中发现,放射性物质超过临时监管水平,并确认这是许多地区不愿意购买牛肉等造成损失的原因。在这种情况下,考虑到生产牛肉的环境,如稻草或其他物质受到放射性污染(具体指检测到超过临时允许水平的放射性物质),根据普通人理解,认为消费者和交易相对方因担心放射性污染而不愿购买牛肉等也是合理的。最后,本导则(1)第②项具体列出17个县地区,上述清单制定时参考2011年7月29日报告指出的问题稻草和其他物料分配和使用、相关县地区生产牛肉的交易价格趋势等因素。如果经确认,在其他县或地区有相关因素符合本导则(1)第②项描述的,则对其他的县或地区产品也应采取相同措施。

(4)关于农、林、渔业产品的加工食品行业,即使消费者和交易相对方对食品等加工商品的担心主要来自于农、林、渔业产品主要原料(作为基准,相关农、林、渔业产品其原材料占重量50%或更多),也应认为是合理的。此外,消费者和贸易相对方因主要办公场所所在地、种植地或用做原料的水等原因而拒绝购买或交易也是合理的。

(5)关于农、林、渔业产品和食品经销行业,由于较难避免消费者不愿意购买的风险、经销商处理存货造成的损害等,此类与传闻有关的损害将按与农业、林业、渔业经营者、加工食品经营者和食品生产者采取相同措施处理。

(6)注意,由于加工经营者和经销商无法库存商品,应依本导则第八部分规定,认定是否构成与传闻相关损害并作为间接损害予以赔偿。

(7)依导则(2),要点在于,为避免或减少因不愿购买而造成的损失等,经营者自愿放弃部分或全部的货物运输、经营、种植和加工或类似工作是合理的,因为此类活动涉及成本,将被视为符合核损害赔偿条件。

(8)依导则(3),获得核损害赔偿的检查费用包括,例如应交易相对方要求,在由政府指导下进行城市供水的,对其食品制造过程中使用的水进行检测的费用。

(9)依本导则(4)指出在确定第1条本导则(3)第②项中提到的类型,是否与核事故有足够的因果关系时需要考虑的事项,如不符合本导则(1)至导则(4)规定的,还应逐个认定。

3. 旅游业方面与传闻相关的损害

导则

(1)在衡量核事故造成全国范围内旅游业损害时,因核事故及放射性辐射影响,消费者取消或不愿预订旅游产品是否构成核损害,极有可能按普通人标准来判断。但至少在事故发生地福岛县及茨城县、枥木县和群马县等地区,事故发生后取消或不愿预订导致旅游收入下降,影响当地旅游业,基于第 1 条本导则(3)第①项规定之类型,原则上可认定其与核事故具有充分因果关系,应按核损害予以赔偿。

(2)除与外国游客有关的导则(1)外,对于日本国内的旅游业来说,如果在事故发生前已经预订,由于在 2011 年 5 月底之前取消预订而导致的收入下降,原则上可作为第 1 条导则(3)第①项的损害类型从而认定与事故具有充分的因果关系。

(3)然而,由于东日本大地震造成的消费者信心下滑,导致旅游业收入下降的可能性很大,所以在确定损失和计算赔偿金时,还需要对这个问题进行评估。例如,这种评估将比较在事故相对不受影响的地区取消预订和不愿意预订的情况等,以便更合理地对是否产生损害作出假设。

注意事项

(1)"旅游业"的范围

①"旅游业"包括旅馆、酒店和旅游中介等住宿相关行业、休闲设施和客船等观光产业,公共汽车和出租车等交通运输业,以及餐馆和旅游景点的零售业,但这些行业对游客的销售贡献程度各不相同。

②"与传闻有关"的损害对旅游地区的影响各不相同,因此其对销售额的影响程度也各不相同。

在评估"与传闻有关"的损害时,应充分考虑这些情况。但事故发生后旅游人数的变化情况、取消住宿情况以及取消预订造成的损失和不愿预订的情况等,在福岛县为中心的地区已经得到确认。

游客的到来是旅游业的先决条件。根据包括上述调查和旅游相关报告在内的信息,除发生事故的福岛县外,在茨城县、枥木县和群马县,旅行者因放射性物质泄漏而避免旅游的担心已经减少到最低程度。可以说一旦"与传闻相关"的损害出现,往往会影响整个旅游区,因此游客的缺失可能会对该地区整个旅游业产生一系列的影响。

(2)此外,从调查结果来看,迄今为止,由于外来游客在事故发生后取消预订而造成的损害,就外国游客而言,尽管国际机构和其他机构在事故发生后立即提供有关日本作为目的地的安全信息,日本人和日本以外的普通外国人所收到的信息是有差别的。有些国家发布旅游忠告,这意味着,对于外国游客来说,使用普通人的标准来考虑避免到日本旅游,至少对于取消事故发生时及事故发生后一段时间内的预订是合理的。自发布公告至2011 年5 月底的这段时期,各国发布的旅游咨询意见都有所放松是合理的。值得注意的是,即使在正常情况下,旅游业的取消预订情况也是不可避免的,原则上只有在取消率超过正常水平的部分才能确认与事故具有充分的因果关系。

(3)注意事项(1)①和②确定一系列对旅游业造成的"与传闻有关"的损害后,除对损害进行拆分外别无选择。特别是特定区域旅游业特有的经营模式等,各行业的情况也各不相同。这意味着,上述"与传闻有关"的损害是指属于第1 条导则(3)第①项类型的损害,但即使不属于这些类型的损害,若根据旅游经营者的具体情况,也可认为与事故具有充分的因果关系,因消除影响而造成的损害,即使不考虑该地区的具体情况,也可根据平均标准来认定,由于取消预订或不愿意预订而造成的损害,可使用普通人的认识标准来看待,普通时期达到他们因避免辐射而取消预订或不愿意预订的情况,就可认为与事故有充分的因果关系。例如,即使对于导则(1)以外地区的旅游业,如果由于该旅游业所使用的旅游资源与福岛县的地理位置接近或特殊特征等情况,导致取消预订或不愿预订而收入减少等损害事实,可被认定为与事故有充分的因果关系。

4."与传闻有关"的损害对制造业和服务业的影响

导则

(1)除上述第2 条和第3 条所列的损害外,由于不愿购买和暂停交易等原因导致的对制造业和服务业造成的如下损害原则上可作为第1 条导则(3)第①项的损害类型被认定为与事故具有充分的因果关系。

①在福岛县内生产或销售货物或提供服务有关的损害。

②由于服务提供商无法进入福岛县的原因而产生的损害。

③关于检测到放射性物质的地区供水、污水副产品处理等方面的损害:

i)经营者依导则要求避免接受副产品而产生的损害。

ii)以副产品为原料制造制成品的经营者所受的损害。

④事故发生后，经营者因贸易伙伴的要求对水源进行辐射检测所造成的损害（但制造过程中使用的一些水被摄入的情况除外，例如在食品添加剂、药品和医疗设备中，这仅限于消费者和贸易伙伴对于避免特别敏感产品的检查成本）。

（2）值得指出的是，在由外国人提供或向外国人提供的服务等方面，由于日本事故而导致的收入下降和产生额外费用（包括外国船舶拒绝在日本港口停靠或在福岛水域通航而对日本经营者造成的损害），对于事故发生前已经签约，并且在 2011 年 5 月底之前已经解除合约而产生的损害（包括拒绝在港口停靠或通航），原则上可作为第 1 条导则（3）第①项的损害类型被认定与事故具有充分因果关系。

（3）然而在评估导则（1）和（2）时，例如考虑到东日本大地震的影响，服务提供商因无法进入福岛县而可能受到的损害，那么在确定是否发生损害及计算损害赔偿数额时，还需要对这个问题重新进行评估。

注意事项

（1）对于制造业和服务业不愿意采购的具体调查结果已经确认对制造货物或提供服务的损害，并且是由于服务提供商无法进入福岛县的原因造成的。根据事故的情况，用消费者和贸易伙伴的平均标准或普通人的标准来看待事故的情况是合理的，即担心放射性物质污染的风险而不愿意购买这些货物和服务，并拒绝进入福岛县。此外，上述第 3 条的注意事项（2）同样适用于外国人。

（2）在制造业和服务业中也可看到“转包”的现象。但需要注意的是，当分包商处于福岛县境内的情况下，母公司拒绝接受分包商在福岛县内交付的货物，短期交货只是让分包商取回货物，该做法可能违反《防止拖延支付分包费用法》，并应于 2011 年 4 月 22 日向经济产业省大臣提出关于分包中小企业交易的审议要求。

（3）（2）中的“外国船舶拒绝在日本港口停靠”，包括外国船舶拒绝在某个日本港口停靠或停靠在另一个日本港口。

5.“与传闻有关”的出口损害

导则

（1）检测费用［包括伴随检测的附带费用，如去污和处理费用，以下同样适用于注意事项（3）］是必要且合理的，由于出口目的地国家的要求（包括这些国家的进口法规和贸易伙伴的要求),在事故发生后,对于从日本出口的货物和装运集装箱的船舶发放各种证书的费用,原则上可作为第1条导则(3)第①项的损害类型被认定与事故具有充分因果关系。

(2)当出口地国家拒绝接受出口货物时(包括这些国家的进口法规和贸易伙伴的要求),实际处置、出售或放弃这批货物而产生的额外成本,可作为第1条导则(3)第①项的损害类型被认定与核事故具有充分因果关系。但仅限于已经出口到目的国或为目的国生产或制造的货物(包括正在生产或制造的货物)。

注意事项

(1)自核事故发生之日起,出口产品所造成的损害,总体来说,包括涉及外国政府相关的进口条例,可被认为是一种"与传闻有关的损害"。

(2)"与传闻有关"的出口损失也引起普通人判断合理性的问题,从根本上说,这种"与传闻有关"的损失与日本消费者或贸易伙伴的设想是相符的。但是,由于日本人了解到的信息与日本以外的普通外国人了解的信息有所不同,因此与出口有关的损失比国内交易更广泛地认为应得到赔偿,仅限于特定时期发生的特定损害。

(3)考虑到日本人和日本以外的外国人所了解的信息有所不同,避免因拒绝进口而造成的损失,我们可以承认从日本出口货物的审查思路和各种认证(包括产地来源认证)的总体合理性。由此可见,目前事故尚未解决,检查费用等问题仍然存在。对于所有从日本出口的这种性质证书的发行,原则上可按核损害予以赔偿。

(4)另外,通常很难认识到比严格检测各种证书更进一步的思维方式的合理性,并且由于信息的不同而普遍拒绝所有来自日本的出口产品。此外,出口产品被拒绝的日本经营者也可采取其他措施避免或减少损失,例如向另一国或日本国内销售。因此,原则上,拒绝进口在与核事故的因果关系中可被认定为"与传闻有关"的损失,其程度与日本消费者或贸易伙伴所理解的程度相同。但是,由于日本经营者难以避免由于拒绝进口而导致的损失,在出口之前就已经生产、制造并准备出口的货物,可认定与"与传闻有关"的损失之间具有充分的因果关系,原则上这种因果关系的认定仅限于该情况。此外,即使在这种情况下,若日本经营者明知出口国会拒绝进口仍生产或出口该货物,即使经营者也希望采取措施避免损失,则发生的损失不能认定为

“与传闻有关”的出口损失。

(5)导则(2)所述已经出口或为出口生产的货物(包括制造过程中的货物)的损失,是指由于以下情况而产生的损失:由于该货物的类型、质量、标准、包装、加工和制造方法等,出口货物特别为出口目的国量身定制,难以出售给其他国家(或货物可以出售,收入将下降或将产生额外的成本)。

第八部分 间接损害

导则

(1)在这些《临时导则》中,“间接损害”是指与受事故影响且符合本法第三部分或第七部分(“直接损害”和“直接受害人”)的赔偿条件的个人存在经济关系的第三方遭受的损失。

(2)间接受害人与直接受害人之间的业务往来根据业务性质是不可替代的,则此间接损失可认定与事故存在充分的因果关系。此类间接损失包括如下情形:

①由于业务性质的原因,经营者的目标客户集中在特定区域内,因为其客户为直接受害人,导致经营者的业务疏散或停止营业造成的损失。

②由于业务性质的原因,经营者的原材料供货商或所需服务的提供者在特定区域内,因为其供货商或服务提供者为直接受害人,导致经营者的业务疏散或停止营业造成的损失。

③由于业务性质的原因,经营者的供货商集中在特定区域内,因为其供货商为直接受害人,由于他们的疏散或停止营业造成经营者的损失。

(3)损失类型如下:

①经营损失

在必要且合理的范围内,由于直接损失而导致间接受害人收入遭受损失并且承担额外的费用。

②无法工作的损失

在必要且合理的范围内,由于①中所述的经营损失,导致作为间接受害人的雇主和雇员营业环境恶化,雇员无法继续工作而造成的损失。

注意事项

(1)导则(2)②规定以外的损害类型,其由事故造成的损失将进行单独评价,而且由于间接受害人业务性质原因,其与直接受害人间的业务往来不可替代,可确认其损失与事故之间的因果关系。例如,如果间接受害人有法定义务与直接受害人进行商业交易,则其由于与直接受害人之间的商业交易而必然产生的损失可被认为与事故有充分的因果关系。

(2)关于导则(2)③,由于企业经营者通常会预先采取措施使交易中的风险分散和减小,但出现“供应商……受服务及原材料性质的限制”的情况,经营者采取事先减少风险的措施要么不可能,要么极其困难。例如,包括某些产品所需的原材料是利用直接受害人特殊工艺生产的等情况,以及从另一个供应商那里获得相同类型的原材料是不可能的或非常困难的。但是,在某些情况下,鉴于一段时间后有可能通过修改材料或服务来弥补损失,我们认为应对损害赔偿的时间加以限制。

(3)此外,如果应由直接受害人或侵权人承担的费用由其他第三方代为承担,则尽管不一定符合导则(1)关于间接损害的定义,但第三方可就承担的此类费用申请核损害赔偿。

第九部分　辐射造成的损害

导则

参与维修工作的核电厂工作人员、自卫队成员、消防员、警务人员、居民或其他人员由于核事故原因遭受的收入损失、医疗费、药品费和精神创伤以及由其他伤害而引起的经济损失等,由于在核事故中遭受辐射照射而产生的急性或迟发性放射性疾病导致健康恶化需要治疗以及感染疾病或死亡,应按核损害予以赔偿。

注意事项

(1)这里所指的“因伤害或死亡造成的精神损失费”不同于上文第三部分第6节所述的情况,是根据伤害或死亡的程度来衡量的。

(2)因辐射照射造成的伤害或死亡可以是迟发性放射疾病,如果是由核事故中的辐射引起的疾病,应被认定为属于损害赔偿的范围。

第十部分　其　　他

1. 受害人所享受的福利待遇与损害赔偿间的调整

导则

如果发现核事故中遭受核损害赔偿的个人已经获得与核事故有关的损

害赔偿,则应从本法所述的损害赔偿额中扣除这些已获赔偿数额。

注意事项

(1)如果受害人在同一时间因同一原因既遭受损失又获得利益,普通侵权法确认侵权人在进行损害赔偿时应扣除受害人基于相同原因收益的数额(抵销的法律原则)。

(2)应评估每一项获利是否与损害具有同等性质,以便确认在损害赔偿金中扣除获利的具体数额。而且,至少应从所述的损害赔偿金中扣除以下款项。此外,在这种情形下,可在损害赔偿金中扣除基于同一原因产生的获利仅限于受害人已经获益的数额,或确定可获利数额将被视为已经支付,政府不能扣除将来产生的利益:

①依《工伤事故赔偿保险法》和《福利养老金保险法》(第一法案,不包括作为附带项目支付的特殊福利金)所获得的各种保险福利金,以及《国民年金法》下的各种福利金的支付(不包括针对死亡的一次性付款)。

从各种收益损失中扣除基于相同原因造成的损失。

②依《政府雇员事故赔偿法》和《地方政府雇员灾害赔偿法》中规定之赔偿情形,以及《国家公共服务互助委员法》和《地方公共服务互助协会法》规定之各种长期付款。

从各种收益损失中扣除基于相同原因造成的损失。

(3)此外,虽然不予抵销,但应从下列列举的情形中扣除损害赔偿数额:

①地方政府已向受害人支付过住宿或租金等援助款项,将在疏散费中扣除。

②依《工资保障法》支付未付的工资,从无法继续工作导致的损失中扣除。

③意外保险赔偿金,这些费用将从全部或部分损毁造成的损失费中扣除。

(4)另外,不应从损失费中扣减以下费用:

①人寿保险赔偿金;

②依《工伤事故保险赔偿法》,作为附带项目支付的特殊费用;

③《国民养老金法》规定之死亡情形的一次性付款;

④《就业保险法》规定之失业救济金;

⑤《慰问金付款法》规定的灾害慰问金、救济金(损害补偿费除外);

⑥各种捐款。

(5)请注意,在受害人具备资格的情况下,有权首先提出要求东京电力公司提供损害赔偿。

2. 地方政府遭受的财产损失等

导则

对于当地政府机构或国家政府部门所拥有的财产所遭受的损失,这些损失与私人经营者都是基于同样的原因产生,只要这些损失与核事故间存在足够的因果关系,则可确认同样适用于对私人经营者的补偿标准获得补偿。地方政府代表侵权人向受害人提供协助等产生的实际支出,也应受到补偿。

注意事项

(1)地方政府组织遭受的损失,是指地方政府与私人经营者基于相同原因遭受的财产损害或财产损害造成的损失(包括供水企业、排污企业和地方政府运营的医院等营利性质企业等),应依本法中《临时导则》中所述的经营者适用的补偿标准与遭受损害的受害人或私人组织同等对待,获得补偿。另外,如果地方政府机构为帮助受害人而代表侵权人先行承担部分费用,这些费用也将依上文第 8 部分注意事项(3)所述的方式获得补偿。此外,其他类型的地方政府机构遭受的损失,根据实际情况获得损害补偿。

(2)另外,因核事故造成的地方政府的税收减少,不能等同于地方政府的财产损失享受与私营经营者同等的受偿权力,因为税收只是预期的权力,而且税收具有公法的特点应依法征收。另外,因核事故的原因,地方政府实际拥有的税收权力不再存在,而且作为纳税人的居民和经营者原则上也会受影响,在没有特别规定的情况下,税收的减少不能获得赔偿。

关于确定东京电力公司福岛第一、第二核电厂引发核损害范围的临时导则之补充(涉及自愿疏散的损害)

(2011 年 12 月 6 日　核损害赔偿争议调解委员会)

第一部分　导　　言

1. 自愿疏散的情况

根据 2011 年 8 月 5 日颁布的《关于确定东京电力公司福岛第一、第二核电厂引发核损害范围的临时导则》,核损害赔偿争议调解委员会(以下简称调解委员会)确定了政府强制疏散所涉及的赔偿范围,并表示将进一步考虑强制疏散以外其他疏散(以下简称自愿疏散)造成的损害。

通过调查和走访,调解委员会确认在强制疏散区周围有相当多的人依《临时导则》第三部分的指令进行自愿疏散。

自愿疏散的情况包括:(1)当东京电力公司福岛第一、第二核电厂发生事故时,在信息缺失的情况下,人们对东京电力公司福岛第一核电厂反应堆厂房中的氢爆炸等造成的大量放射性物质感到恐惧和不安,从而选择疏散以逃避这种风险;(2)人们基于日常生活经验获得的有关辐射水平知识,对暴露于该种辐射环境中感到恐惧和不安,选择在事故发生后的某个时间段疏散以逃避这种危险。

与此同时,大部分居住在受影响地区的人们仍然停留在其居住区,我们不能忽视这些没有疏散人员所受到的恐惧和不安(以下对自愿疏散和停留在受影响地区的人员统称为自愿疏散者)。

2. 基本方法

根据上述自愿疏散的情况,除《临时导则之补充》规定的自愿疏散等有关的损害赔偿外,其他损害赔偿均包含在《临时导则》中。

事故、损害与自愿疏散之间的因果关系,应根据个案的情况具体认定。

但《临时导则之补充》确定赔偿的范围区间,解决与事故有关的核损害赔偿。

此外,对于《临时导则之补充》中未包含的事项,仍可根据个案的具体情况确定损害与自愿疏散之间的因果关系,不应立即拒绝赔偿。

第二部分 自愿疏散的损害赔偿

自愿疏散地区

以下列出的福岛县市镇地区属于不需要强制疏散的地区(自愿疏散地区):

北部地区

福岛町、二本松町、日奇町、本宫町、古里町、国见町、川俣町、大玉村。

中部地区

郡山町、须贺川町、田村町、镜石町、天荣村、石川町、玉川村、平田村、浅川町、古殿町、三春町、大野町。

搜索地区

相马町、新地町。

磐城地区

磐城町。

注意事项

(1)如第一部分(导言)所述,事故发生后,在东京电力公司福岛第一核电厂运行不稳定的情况下,一般会考虑两种主要的情况:一般认为恐惧和不安是由于与核电厂及强制疏散区的距离、有关政府和地方当局公布的辐射水平、以及本市自愿疏散的情况(自愿疏散人数等)等因素共同造成的。如果综合以上因素认为当地住户有足够理由感到恐惧和不安,则至少在自愿疏散区,依《临时导则之补充》之规定,自愿疏散以避免这种风险是合理的。

(2)自愿疏散的情况因人而异,损害的性质也有所不同,但《临时导则之补充》确定了自愿疏散的范围,并给予该地区居民共同的损害赔偿,以公平地补偿"适格人员",并尽可能广泛且迅速地提供救济。

(3)关于上述自愿疏散区以外的地区,可对非下述"适格人员"予以赔偿,赔偿金将根据个案具体情况确定。

适格人员

在自愿疏散区有主要居住地(以下简称住所),且在事故后继续居住在该地区外或居住在该地区的人员(以下简称自愿疏散人员),无论其是否自愿疏散或停留在自愿疏散区外皆为适格人员。

此外,对于强制疏散区的居民,当发生事故后,若不符合《临时导则》第三部分第6条"儿童和孕妇"的"损害类型"下规定的精神损失赔偿范围,则至强制疏散区疏散之后(不包括事故最初发生的时间),也可按"自愿疏散人员"的方式获得同样的赔偿。

注意事项

(1)赔偿权是个人权利,因此,赔偿金也应支付给个人。

(2)对于强制疏散区内的其他居民,若在事故中被认定受到与自愿疏散人员类似的损害,同样可予以赔偿。在该情况下,依《临时导则之补充》之规定,予以赔偿的前提是申请赔偿的事项不与《临时导则》的内容重叠,即不符合《临时导则》第三部分第6条关于"精神损失"适用的条件(例如,未依2011年4月22日《紧急情况下预备疏散法》要求疏散而停留在强制疏散区的期间,或在指定疏散区被解除后返回家园的期间)。同时,对于强制疏散区的居民,若由于事故的原因导致疏散到自愿疏散区且不得不在此区域内长期生活,则依《临时导则》之规定有权利获得精神损失赔偿。然而,作为一名长期疏散者,其遭受的精神痛苦往往与在自愿疏散区继续停留在家中的居民所遭受的精神痛苦相同,因此该赔偿权利也应包含在《临时导则之补充》中(具体来说,这对应于疏散并居住在自愿疏散区的儿童和孕妇等)。[见下文(3)及"损害类型"]。

(3)上述"适格人员"以外的人员也可根据个人的具体情况获得赔偿。

损害类型

导则

(1)对自愿疏散人员遭受的下列损害应在一定范围内予以赔偿。

①对出于暴露在辐射环境的恐惧和不安而离开家园的自愿疏散人员来说:

i)因自愿疏散造成生活成本的增加;

ii)因自愿疏散而损害正常生活引起的精神痛苦;

iii)疏散和返回所需的搬迁费用。

②若继续居住在自愿疏散区内,但对暴露在辐射环境中感到恐惧和不安的人来说:

i)精神痛苦来自于对暴露在辐射环境中的恐惧及对行动自由的限制;

ii)生活成本的增加来自于对暴露在辐射环境中的恐惧及对行动自由的限制。

(2)关于导则(1)①i)至iii)和②i)和ii)项在这两种情况下,计算损害赔偿数额是公平合理的。

(3)在计算导则(2)项下的具体损害赔偿数额时,指导数额为:

①自事故发生到2011年12月31日期间,自愿疏散人员中的儿童和孕妇为每人40万日元;

②在事故发生初期,其他自愿疏散人员为每人8万日元。

(4)对于在自愿疏散区内居住的人员,在发生事故时,应根据自愿疏散人员的情况等进行赔偿,具体赔偿数额的计算如下所示:

①对于不符合《临时导则》第三部分第6条"损害类型"下的精神损失赔偿范围的,依上文导则(3)①和②规定的方式计算损害赔偿金。

②对于儿童和孕妇在自愿疏散区的疏散和停留,依《临时导则之补充》的规定,自事故发生至2011年12月31日,指导赔偿数额为每人20万日元。

注意事项

(1)核事故造成的直接经济损失(包括疏散费、生活成本的增加及搬迁费用等)应得到补偿。此外,居民不可避免地会因为对辐射以及对行动自由的限制而感到恐惧和不安,并在某些情况下由于这种不安增加生活费用。这些不可避免地会导致精神上的痛苦,因此这种损害也应得到补偿。

(2)关于补偿数额,自愿疏散与指令疏散不同,因此,采用指令疏散的原则处理自愿疏散的赔偿费用并不合理。

同时,虽不能否认自愿疏散者和本地住户在实际经历的精神痛苦及发生的生活费用方面存在差异,但若要详细区分各人的具体情况,则有可能会阻碍救济的实现。此处需考虑到以下因素:这两种情况都是由于对暴露在辐射环境中的恐惧和不安所致,而与此相关的精神痛苦等则通过自愿疏散而得到缓解,即两者之间存在相关性,生活费用增加与疏散后新的生活方式相关;对自愿疏散区的居民来说,也有可能因为各种原因而必须停留在该地区;对于自愿疏散区的广大居民来说,实际上很难区分自愿疏散者和本地居民，并证明自愿疏散的持续时间等。

鉴于该情况，计算一个合并了精神损失和增加的生活费用等的固定数额，并将其设定为自愿疏散者和当地居民的固定赔偿数额是合理的。

（3）在考虑自愿疏散者个人的情况时，无论其年龄或其他因素，对暴露在辐射环境中的恐惧和不安是难以避免的，这尤其适用于事故最初发生的阶段。其次，考虑到儿童和孕妇等可能对辐射极度敏感，因此虽然辐射水平相对较低，但对于从人口迁移推断出的自愿疏散也可以确认该类人群中存在对暴露于远高于正常水平的辐射剂量的恐惧和不安。

因此，计算自事故发生到 2011 年 12 月 31 日期间自愿疏散人员中儿童和孕妇的补偿期限以及其他自愿疏散人员的补偿期限是合理的。此外，自 2012 年 1 月起，还应当在必要时考虑补偿范围等。

（4）在计算注意事项（3）中规定了期限的损害赔偿金时，精神损失方面应当考虑一定的物质损失，即生活费用的增加，包括一部分儿童和孕妇的陪同人员和护理人员，并参考法院的判例等。精神损失的支付不以生命和健康的损害为条件。

（5）事故发生时，若有人在强制疏散区内居住，且根据《临时导则》第三部分（三）损失类型第 6 条（精神损失）规定之疏散期间已获得精神损失赔偿，则在计算儿童和孕妇疏散到自愿疏散区停留期间的损害赔偿金时，应考虑各自损害的重叠部分。

（6）关于导则（1）至导则（4），其他类型的损害也可能予以赔偿，不同的赔偿额可根据具体情况计算。

关于确定东京电力公司福岛第一、第二核电厂引发核损害范围的临时导则之再次补充之纲要（涉及复查政府指令疏散区域的损害）

（2012年3月16日　核损害赔偿争议调解委员会）

《临时导则》和《临时导则之补充》在目前涉及与政府疏散指令以及与自愿疏散有关的损害赔偿的可能范围内提出建议。同时，也对审查疏散区等未来考虑事项提出了建议。

1. 精神损失的鉴定费及影响因素分析（《临时导则》延续至对其进行审查）

（1）确定继续疏散与寻求搬迁的人之间不存在分歧；

（2）总的来说，疏散费仍应计为实际发生的必要且合理的费用；

（3）精神损失的赔偿指导数额如下：

（i）预备疏散区为每人每月10万日元；

（ii）限制生活区为每人每月10万日元，也可一次性支付240万日元作为2年的损失赔偿金；

（iii）返回家园困难的地区为每人600万日元的一次性赔偿。

（4）解除疏散指令后的补偿资格范围视未来情况而定，无论个别疏散人员在何时返回家园，补偿标准都是统一的。

2. 紧急情况下原疏散地区的精神损失赔偿金和疏散费

（1）事故发生后一年内的赔偿数额为每人每月10万日元；

（2）补偿发放的期限至2012年8月底（根据个人情况、医疗福利制度、学校情况等具体情况灵活决定），不管个别疏散人员在事故发生一年后何时返回，赔偿标准是统一的；

（3）已经返回或继续在疏散区居留的人员，应根据个人具体情况确定是否有资格获得赔偿。

3. 避难地的精神损失赔偿金和疏散费

(1)疏散一年后的损害赔偿金为每人每月10万日元;

(2)补偿的指导期限暂定为解除疏散指令后的3个月,不管个别疏散人员在此期间何时返回,赔偿标准是统一的。

4. 不动产价值的减损

依《临时导则》之规定:"对于不动产价值的实际损失或减少以及相关的必要且合理的额外费用(包括维修和净化费用),可按核损害予以赔偿。"

(1)对于"难以返回地区"的房地产,价值的减少推定为100%(税前);

(2)对于"生活限制区"和"预备疏散区"的房地产,考虑到疏散指令解除的时间等因素,推定其价值有所降低;

(3)考虑住宅房地产的重新收购价格等因素进行合理评估。

5. 经济损失和失业损失

依《临时导则》之规定:"考虑到有可能搬迁或改变职业或临时工作等因素,终止点从本质上来说是指:从事与之前从事的活动相同或相当的业务或就业活动。"进一步定义:"作为一般原则,在丧失劳动能力之前或之后,薪水等收入的减少是通过扣除工资来计算的。"

(1)终止点应根据个人具体情况作出合理的决定;

(2)若事业/职业或临时商业经营/就业被当做特殊措施而予以认定,则需要采取合理且灵活的办法,如不在损害赔偿额中扣除由此产生的收入。

6. 与自愿疏散有关的损害

《临时导则之补充》涉及直至2011年12月底前自愿疏散等有关的损害。以市政单位为参考,对受影响地区的所有居民实行统一赔偿。

自2012年1月开始,对于未建立长久稳定生活区的人群,须针对儿童和孕妇依具体情况作出赔偿决定(参考普通人的平均合理标准)。

7. 与排除环境污染有关的损害

(1)依《放射性物质处理环境污染专项措施法》之规定,对与去污有关的必要且合理的费用应予以赔偿,包括财产和业务损失;

(2)地方当局为缓解居民不安,在辐射环境进行测试产生的必要且合理的费用,应予以赔偿。

8. 东京电力的反馈

对于《临时导则》中没有明确规定之损害赔偿事项，如果依《临时导则》之一般目的、损害的性质，认为对个别情况或类型作出损害赔偿是合理的，则需要制定一个合理且灵活的方法。

关于确定东京电力公司福岛第一、第二核电厂事故造成的核损害范围的临时导则的进一步导则之补充(关于与政府指令审查疏散区有关的损害赔偿等)

(2012 年 3 月 16 日　核损害赔偿争议调解委员会)

第一部分　导　言

疏散区的审查状况

《关于确定东京电力公司福岛第一、二核电厂事故核损害范围的临时导则》于 2011 年 8 月 5 日制定并发布,核损害赔偿调解委员会(以下简称调解委员会)提到了对涉及政府疏散指令损害范围的考虑,并声明随着情况的变化(包括对疏散区等的评估),在必要时会进一步考虑《临时导则》中需要细化的事项。

随后,同年 9 月 30 日,政府(核应急指挥总部)在紧急指定情况下解除预备疏散区,并就此发布指令和公告。此外,政府(上又提到的核应急指挥总部)根据同年 12 月 26 日制定的"关于在第二阶段后审查受限制地区和需要疏散指令地区的基本方法以及未来的审议议题",政府(上文提到的核应急指挥总部)审查了目前依疏散指令确立的区域,计划在 2012 年 3 月底前达成设立新疏散指令区域的目标。

同时,调解委员会就自愿疏散等问题,在《东京电力公司福岛第一、二核电厂事故核损害范围确定临时导则之补充(涉及自愿疏散的损害等)》中提到损害范围,并于 2011 年 12 月 6 日通过并颁布(《临时导则之补充》)。

基于上述关于疏散区等审查,在目前的可行范围内,我们在现行《临时导则》补充文件(《临时导则的进一步导则之补充》)中表明了我们的想法,涉及的有与政府疏散指令相关的损害范围、与自愿疏散相关的损害范围等,以及已声明未来考虑的相关事情,其均涵盖在《临时导则》和《临时导则的进一步导则》中。

东京电力公司福岛第一、二核电厂事故之间存在的充分因果关系(事故)及其各自的损害赔偿最终应根据具体情况来确定,但《进一步导则》说明须在一定的范围内赔偿,以促进解决相关事故造成的损害赔偿争议。

此外,相较于立即拒绝对《临时导则》《进一步导则》《进一步导则之补充》中未包括的内容进行补偿,可能更偏向于采取根据个人具体情况确认损害是否具有充分的因果关系。在这方面,东京电力公司需要一个合理且灵活的方法,对包括本导则中没有明确规定之损害赔偿进行规定,例如,依这些导则的一般目的和损害的性质,允许对个别情况或类型的所有损害或一定范围的损害进行赔偿。

第二部分　与政府疏散指令相关的损害赔偿

(一)疏散费和精神损失

除《临时导则》外,"《临时导则》第三部分(三)损失类型 2. 疏散费和 6. 精神损害"的内容如下:

1. 指令疏散区域

《临时导则》第三部分"(一)受影响地区"中 1. 疏散区域关于(1)东京电力公司福岛第一核电厂(于2011 年4 月22 日设立为禁止进入的限制区域),4. 应急情况下的预备疏散地区,建立下列指令疏散新的区域[下面第(i)项至第(iii)项中的描述代表各区域的基本思路](以下简称指令疏散区域审查),以 2012 年 3 月底为目标:

(i)准备解除指令疏散的区域(年累计照射剂量低于 20 毫希弗的区域);

(ii)受到生活限制的地区(年累计暴露剂量可能超过 20 毫希弗的地区,为降低居民的辐射水平,需要继续疏散);

(iii)返回困难的地区(目前年累计暴露剂量超过 50 毫希弗,且即使经过较长时间,特别是 5 年时间,预计年累计辐射量也不会低于 20 毫希弗的地区)。

在此基础上,事故发生时,其主要居住地(以下简称住所)在受指令疏散区域之一的人员疏散费和精神损失(指令疏散区域)如下:

导则

(1)对于在指令疏散区域有住所的人,《临时导则》第三部分"(三)损害类型”中的“2. 疏散费”和“6. 精神损害”延长至“指令疏散区域”的审查时间，自该点时间直到终止的这段时间属于第三阶段。

（2）一般情况下，导则（1）中规定之第三阶段的精神痛苦损害赔偿的疏散费及其损害赔偿数额的计算方法会继续在《临时导则》第三部分的“（三）损害类型”下“2. 疏散费”和“6. 精神损失”中提到。但是，需要注意的是，关于“住宿费用”等，导则（1）第②条“住宿费用”等依《临时导则》第三部分“（三）损害类型 2. 疏散费”同样在下文中），对有资格予以赔偿数额和期限是有限制的。

（3）在计算导则（1）规定之第三阶段精神损失的具体赔偿数额时（包括疏散费，正常范围内生活费用的增长），根据疏散人员的定居区域，适用下列条款：

（i）对于作为准备解除疏散指令的区域而设置的区域，经“指令疏散区域”审查，《临时导则》的赔偿数额为每人每月 10 万日元。

（ii）对于生活受限制的地区，经“指令疏散区域”审查，赔偿数额为每人每月 10 万日元，每人可以总共获取 240 万日元，大致相当于两年的损失。但是，如果延长解除疏散指令的期限，则根据有资格予以赔偿的期限增加赔偿额度。

（iii）对于确定无法返回的区域，经“指令疏散区域审查”，赔偿数额为每人 600 万日元。

（iv）对于“指令疏散等解除相当一段时间后”中的“相当一段时间”，《临时导则》规定无法予以赔偿，除非存在疏散费和精神损失的特殊情况，其应根据指令疏散区域的未来情况决定。

注意事项

（1）关于上述导则（1），在《临时导则》第三部分“（三）损害类型”下的“6. 精神损害”，第二阶段精神痛苦的具体损害的计算期是“6 个月期限——自第一阶段结束（事故发生后的 6 个月）开始的阶段，并指出这个阶段将根据需要进行审查，例如在限制区域等被重新评估，因此，对需要指令疏散区域，到刚提到的审查时刻为止的时间段为第二阶段，同时对指令疏散区域进行审查，第三阶段是自此点至终止。

（2）关于上述导则（2），依《临时导则》第三部分的“（三）损害类型”：

①为疏散受影响地区而发生的家庭财产搬迁费、差旅费；

②因临时需要在受影响区域外居住而发生的住宿费用以及附带发生的费用;

③因疏散等原因导致疏散人员的生活费用增加时,增加的部分应确认为疏散费,进行必要且合理的补偿。

此外,在《临时导则》第三部分“(三)损害类型”第6条(精神损害)中提到的人员因疏散带来的精神痛苦造成的损害等,至少包括由于不得不必须离家而长时间远离正常的生活造成的精神痛苦,以及由于处于不确定的状态,不知道什么时候能够回家而造成的心理上的痛苦,都允许作为损害补偿。

在这种情况下,合理的计算方法如下:对于上述①和②,实际发生的成本构成损害赔偿数额;上述③中,总体来说,损害赔偿数额是通过将上述精神损失的赔偿数额加上生活费的增加额计算出来的固定数额。

(3)关于导则(2),对住宿费用等在必要且合理的范围内给予补偿,例如,对于原来是出租房屋的人,若这个人在过了一段时间之后需支付的租金有增加的话,则可以给予补偿。临时补偿数额可能是全部住宿费用等,或是增加后的租金。

此外,总体来说,在解除疏散指令后相当一段时间内,相对人有资格申请住宿费用补偿。例如,如果一个人的旧住宅是他们拥有的住房,并且房屋的房地产价值遭受全部损失,那么作为指导,赔偿资格的期限可持续到获得全额赔偿的损失。

(4)关于导则(2),如果一个人的住所在回迁困难地区,他放弃回迁并寻求搬迁,相关的搬迁费用、生活费用的增加等,将依《临时导则》第三部分“(三)损害类型”第2条(疏散费)和第4条的返乡费用条款,按核损害予以赔偿。

另外,在回迁困难的地区,由于需要放弃熟悉多年的住所和地区而引起的精神上的痛苦应当得到认定,甚至在其他需要疏散指令的地区,都可能出现依《临时导则》第三部分“(三)损害类型”第6条(精神损害)所述的精神痛苦,并由此造成损害。此外,继续疏散的人员和寻求搬迁人员的损害数额和支付方式等方面不应存在差异。

(5)关于导则(3),在计算具体损害赔偿数额时,由于疏散指令延长,个人不知道何时能够返回,其心理不确定的状态导致了心理痛苦的增加,因此如前所述按月计算损害赔偿。

在回迁困难的地区,不能回迁的情况会持续至少5年,因此赔偿如前述按月计算。另外,对于此类地区,预计至少在未来5年内将不能返家,因此,无论实际解除疏散指令的期限如何,均统一计算因长期不能回迁造成的一次性损失。这只是一个导则数额,根据个人的具体情况,比如不能回迁的时间延长等,可以允许更高的赔偿数额。此外,在生活受限制的地区,虽然目前疏散指令解除之前的具体时间不明确,但在假定解除指令延长的前提下,基本按月进行计算。目前为向受害人提供救济,在一定期限内为预期损害进行一次性赔偿是合适的。而且,如果疏散指令的撤销时间延长,则该地区的损害赔偿额将根据有资格予以赔偿的时间成比例地增加,其中赔偿额最多的是回迁困难的地区。

(6)关于导则(4),由于目前未发布疏散指令地区实际上已经出现疏散指令的解除,所以至少在目前很难确定一个特定的时期。

(7)关于导则(4),规定之相当一段时间之后的“特殊情况”,根据个人的具体情况,采取灵活的做法是合理的,例如,考虑到某一区域的医保和福利系统,如果出现在指令解除后相关个人需要某些医疗/护理,或孩子将要就读学校的情况。

此外,为及时公平地赔偿大量的疏散人员,作为一般规则,即使在疏散指令解除后相当长的一段时间之前有人回迁,而且不论个别疏散人员实际返回的地点,计算赔偿额是合理的,也将刚才提到的已过去的时间段作为统一的终止点。

2. 紧急情况下的原预备疏散区域

《临时导则》第三部分“(一)受影响的地区”中,对于第4条(应急情况下的预备疏散区),依2011年9月30日解除这些地区(以下简称紧急情况下的原预备疏散地)的疏散禁令,疏散费和由于居住在该地区居民的精神痛苦造成的赔偿按如下导则计算:

导则

(1)根据《临时导则》第三部分关于疏散费和精神损失赔偿的规定,损害赔偿额的计算方法继续参照《临时导则》第三部分“(三)损害类型”第2条(疏散费)和第6条(精神损害)的条款进行。

(2)依《临时导则》(包括疏散费,在正常范围内生活费用的增加)计算第三阶段精神痛苦的固定数额时,指导数字为每人每月10万日元。

(3)关于在《临时导则》中规定之“疏散指令等解除相当一段时间后”的

“相当长时间”期间,不能获得赔偿,特殊情况除外。对于应急情况下的预备疏散区,解除的预计时间为2012年8月底。然而,对位于该地区内的楢葉町镇区,预计期限一直持续到上文第1节的(导则(3)中的(iv)指令解除之后“相当长的一段时间”。

注意事项

(1)关于导则(1),紧急状态下前预备疏散区的第二阶段为期6个月,是自第一阶段(事故发生起6个月)结束起计算,如《临时导则》第三部分“(三)损害类型”第6(精神损害)所述;第三阶段自2012年3月11日起至疏散结束。

(2)关于导则(2),根据受到疏散指令影响地区的实际情况进行计算。

(3)关于导则(3),以下事项被纳入考虑:

(i)预计将于2012年3月底恢复这一地区的基础设施;

(ii)尽管还需要一些时间建设生活环境,但预计到2012年9月,即2012年第二学年开始之前,相关市镇将建设并恢复上学环境;

(iii)目前仍需要一段时间才能为疏散者回迁做好准备。但是,目前时间的计算是根据在当前情况基础上的指导性原则作出,如果将来这些情况出现变化,则需根据实际情况灵活决策。对于“有特殊情况存在的地方”在经过“相当长的一段时间后”的解除疏散,其计算方法与上文第1条注意事项(7)所述相同。

(4)关于奈良镇,需要考虑其特殊情况,如该镇所辖整个地区都覆盖在疏散指令之下。

(5)关于导则(3)规定的第三阶段,总的来说,在疏散指令解除后的一段时间内的人员回迁(经过相当长的一段时间),而不管个别疏散人员实际返回地点如何,按统一的终止点(按之前提到的经过的时间)来计算赔偿额是合理的,方式与指令疏散的地区一样。

如果人员在第一阶段或第二阶段回迁,或在事故发生后的一段时间内继续居住在这个地区,则他们有资格根据个人具体情况获得特定赔偿。

3. 疏散推荐点

《临时导则》第三部分“(一)受影响地区”中的“5. 疏散推荐点”,考虑到目前正在进行的调查,对这些地方解除疏散指令,疏散费和居住在这个地点的人的精神痛苦损害赔偿,应计算如下:

导则

(1)依《临时导则》第三阶段的精神痛苦及其疏散费赔偿，赔偿数额的计算方法继续依《临时导则》第三部分“(三)损害类型”第2条(疏散费)和第6条(精神损害)计算。

(2)在计算《临时导则》第三阶段因精神痛苦导致的固定数额时(包括疏散费和在正常范围内增加的生活费用)，指导数字为每人每月10万日元。

(3)关于《临时导则》中规定之“疏散指令等解除相当一段时间后”的“相当一段时间”，特殊情况费用和精神痛苦赔偿期限应为疏散推荐点临时指导期的3个月。

(4)对《临时导则》中规定之“疏散指令等解除相当一段时间后，经过相当长时间”的“相当长时间”，不能予以赔偿，除非疏散费和精神痛苦存在特殊情况。

注意事项

(1)关于导则(1)，第二阶段的疏散推荐点为期6个月，自第一阶段结束起算(发生事故后的6个月)，如在《临时导则》第三部分“(三)损害类型”第6条(精神损害)提到；第三阶段是自2012年3月11日起直到终止。

(2)关于导则(2)，根据“疏散指令区”的具体情况进行计算。

(3)关于导则(3)，应考虑以下因素：

(i)在撤销疏散推荐点之前，应与地方政府进行充分的讨论；

(ii)这些场地是以住宅为单位建造的，因为它们包括相对狭窄的区域、公共设施等，在广阔的范围内不受阻碍；

(iii)需要一段时间为疏散者回迁做准备。但是，由于目前还没有任何实际场地解除疏散指令，因此该期限只作为临时指导。对于关于经过相当长的一段时间之后存在的特殊情况，计算方法与上面第一部分中注意事项(7)所述相同。

(4)关于导则(3)，上文第2条(紧急情况下的原预备疏散区)注意事项(5)中所述的同样适用。如果在《临时导则》第三阶段，个人在具体地址解除疏散指令后，经过很长一段时间才返回到疏散推荐点的家中，或如果他们自第一阶段或第二阶段返回，或自事故发生时起他们继续居住在这个地点没有疏散。

(二)商业损害

《临时导则》第三部分“(三)的损害类型”第7条(业务损失),还包括以下内容:

导则

(1)关于《临时导则》第三部分“(三)损害类型7.业务损失”的终止点,暂无任何说明,应根据具体情况作出合理的决定。

(2)应确认遭受经营损失的经营者通过如职业/业务转变或临时经营/就业等方面的所做的特殊努力,采取合理灵活的方式,保证不从损害赔偿中扣除这些通过努力而获得的利润或收益。

注意事项

(1)暂不指定导则(1)规定之商业损害终止点。事实上,至少目前来说,鉴于事故造成突然、大范围的损害,对于不同业务经营者承受的经营损失等很难给出具体的、统一的指导,需根据具体情况作出合理的决定。

此外,商业损害的终止点仅基于导则(1)确定的,事实上商业损害的终止点并不会单独因为疏散指令的解除,或在解除后相当长的一段时期,或在返回疏散指令的地区等而终止。

(2)在确定具体终止点时,需考虑以下因素:

(i)确定具体终止点日期是合理的,从实质上让受害人有可能从事与之前从事的同样或相当的商业活动;

(ii)另外,受害人也应尽可能采取措施避免或减轻事故造成的损失,如通过搬迁营业场所或改变职业等。另外,可参考损失赔偿标准,如征收土地的损害赔偿标准。但应指出,由于事故涉及突然和大范围内的损害,具有不同于征用土地的特征,且疏散指令解除后疏散者是可以返回家园的。

(3)关于导则(2),对于经营者遭受的经营损失(包括职务/职业或临时营业/就业的变更),如通过业务经营/就业所获得的利润或有报酬等,一般原则是从业务损失的数额中扣除,但仅当如果事故没有发生,那么业务经营和就业就会恢复至之前的商业活动。

但是,由于事故的特点,即对大量人员的生命和经营活动等造成突然而且大面积的损害,在某些情况下,受害人可能比原来正常情况下更难从事经营活动/就业。另外,在从业务经营/就业中获得的利润、支付等统一扣除时,不从事这种经营/就业的人的赔偿数额不减少,而补偿损失的数额实际上减少从事这种经营/就业的人数。出于这个原因,对于这样的利润、工资等,需要采取“合理而灵活的方法”,例如“特殊努力”基础上固定期限或数额内的赔偿数额不扣除。

(三)因丧失工作能力而造成的损失

《临时导则》第三部分“(三)损失类型”第8条(丧失工作能力造成的损失),应如下计算:

导则

(1)关于《临时导则》第三部分“损害类型”中第8条(丧失工作能力造成的损失)的终止点,暂无任何指令,应基于个人情况作出合理的决定。

(2)如果因工作能力丧失、职业变化或临时工作等原因而遭受损失的工作人员在事故后作出了特别的努力,则需要采取合理灵活的方式,如不从赔偿数额中扣除工资等,以作为通过这些努力获得结果的补偿。

注意事项

(1)关于导则(1),无法工作的损害终止点计算方法基本上与第2条中注意事项(1)和(2)相同。但我们也考虑到这样一个事实,即通常这个终止点可比商业损害的终止点更早。

(2)关于导则(2),与“特殊努力”相关的“合理和灵活”的做法基本上与上文注意事项(3)相同。

(四)财产价值的损失或减少

《临时导则》第三部分中的“(三)损害类型”第10条(财产价值损失或贬值等)列出计算方法。

导则

(1)关于回迁困难地区的房地产,可推定以事故发生前的价值为基础,事故导致房产价值降低了100%(全部损失)。

(2)关于生活限制地区的房地产和准备解除疏散指令地区的房地产,可推定以事故发生前的价值为依据,事故导致房产价值有所减少。此处应考虑疏散指令解除的时间等因素。

注意事项

(1)导则(1)关于财产价值的减免等,依《临时导则》第三部分“(三)损害类型”第10条之规定计算,“价值降低或实际损失”可作为依据进行赔偿。

对在归家困难地区的房地产存在特殊情况,如由于限制进入该地区以及在5年内不能使用该房产,所以可以假设该房地产已经没有任何市场价值。出于这个原因,可假设以事故发生前当时的市场价值作为基础,事故导致房产价值贬值100%。因此应当在事故发生后立即全额赔偿,以便及时救助受害人。

(2)导则(2),对于受限制区域内的房地产以及准备解除指令疏散区域的房地产,依据客观价值减少进行推断,按照回迁困难地区房产的标准,依据房产一段时期不能使用的情况,就其财产价值的减少予以赔偿。

(3)"事故发生前的价值"应根据具体情况进行合理评估,以住宅用房为例,设定为可取得同等收益的价格。

(4)如果因为污染清理和修复,使房产价值有所恢复,对于东京电力公司(以下简称东京电力)所承担的费用,可以对已经恢复的那部分价值由双方协议分担。

(5)如《临时导则》第二部分第4条所述,不赔偿由地震和海啸引起的损害,但在某些情况下,因为很难确定损害是由事故还是由地震或海啸引起的,此时东京电力需要一个合理而灵活的办法来推断损害赔偿金是否在合理的范围内。

第三部分　自愿疏散相关的损害

第一补充条款中提到的自愿疏散相关的损害,自2012年1月起,适用下面的条款。

导则

(1)如果可以确定由于对辐射的恐惧和不安,一般公众会为避免辐射而寻求避难,则在相应情况下的儿童和孕妇可获得赔偿。在计算时,应当客观考虑辐射水平和与指令疏散区的距离,个案单独确定金额。

(2)对于依导则(1)之规定可赔偿的情况,原则上损害赔偿和计算方法如第一补充条款第二部分"损害类型"所示,损害赔偿的固定数额应根据损害的性质依第一补充条款进行合理计算。

注意事项

(1)《进一步导则》规定与自愿疏散相关的损害等相关特定区域,并指出至少在该地区居住人普遍认为受到损害。本次计算的适用期限是自事故发生时至2011年12月底，在东京电力福岛第一核电厂等未稳定的情况下。就此而言，自2012年1月开始，有必要考虑将来赔偿的范围等。

（2）依《进一步导则之补充》中关于2012年1月的情况：

（i）申请期间的情况通常不同于第一附录的情况；

（ii）同时，至少对儿童和孕妇来说，人们普遍认为对辐射极度敏感的可能性，所以第一附件的内容非"按原样"申请的。但是，如果这些人对辐射有恐惧和不安，并且认为普通人为避免这种风险而寻求自愿疏散的可能性是合理的，那么可根据个人情况或类型予以赔偿。

第四部分　污染清除相关损害

除《临时导则》规定之内容外，还包括污染清除等损害赔偿，如下所述：

导则

（1）对于事故中的放射性物质，在必要且合理的范围内，进行污染清除等活动发生的相关额外费用（包括污染土壤等的清除，防止扩散，污染物的收集、运输、储存和处理被污染的土壤及其废弃物的处理等），收入的减少和财产损失允许作为损害予以赔偿。

（2）为减轻居民对辐射照射的不安和恐惧，允许地方政府及教育机构进行必要合理的检测等，其费用可按核损害予以赔偿。

注意事项

（1）关于导则（1），在《特殊措施法》第44条第1款关于处理因2011年3月11日太平洋东部沿海地区地震引发的核电厂事故放射性物质排放的环境污染中有规定，"依本法制定的处理事故中放射性物质引起的环境污染的措施，涉及核设施堆经营者承担赔偿责任的"。依《原子能损害赔偿法》（1961年第147号法）第3条第1款之规定，执行这些措施的责任应由相关经营者承担。

除依《特别措施法》采取措施直接支付的费用外，无论与导则（1）相对应的项目是否包含在《特别措施法》第44条第1款内（包括财产损失和商业损失等），都可伴随上述措施按核损害予以赔偿。

（2）关于导则（2），考虑现有的辐射情况以及疏散居民对辐射危害的严重不安和恐惧下，为消除这种不安和恐惧，地方政府和教育机构不得不采取措施，如检测儿童的外部辐射、测试日常食品的放射性等。

三、韩　国

核损害赔偿法

（1969年1月24日第2094号法发布　2013年4月23日第11714号法修订　及其他法律修订　2013年4月23日生效）

第1条　目的

本法旨在通过建立核反应堆运营过程中产生核损害责任的赔偿机制，以保护受害人，并促进核工业的健康有序发展。

第2条　定义

1. 相关术语定义如下：

(1)"反应堆的运营"是指属于以下任何一种的行为，包括运输、贮存和处置核燃料或受核燃料污染的其他物质（包括核裂变产物）：

①反应堆运行；

②符合总统令规定的核燃料提取；

③符合总统令规定的核燃料加工；

④符合总统令规定的乏燃料处理；

⑤符合总统令规定的核燃料使用；

⑥符合总统令规定的放射性废物的贮存、处理或处置。

(2)"核损害"是指核燃料裂变（包括重大环境污染造成的经济损失）、核燃料或核废料的放射性或毒性造成的各种损害和损失，但有关核设施营运人受到损害或其雇员履行职责所受损害除外：

①根据《灾害管理法》或其他相关法律法规已采取的或将采取的恢复受损环境措施所产生的费用；

②依《灾害管理法》或其他相关法律法规，为尽量阻止、降低或减轻因核损害、核事故造成的重大威胁，以及采取预防措施的费用（包括因预防措施造成的进一步损失或损害）。

（3）“核设施营运人”是指符合以下情况的人：

①获得核反应堆及相关设施的建造许可或运营许可的人；

②已事先通知进入或离开韩国港口的外国核船舶营运人；

③取得核燃料制造许可的企业（包括许可转换的企业）；

④负责处理乏燃料的法人；

⑤获得使用核燃料许可的法人；

⑥获得处置核设施和核废料许可的法人；

⑦核能研究机构、核安全研究机构或生产或提供与核能相关的服务的任何实体。

（4）“核事故”是指造成核损害或形成重大核损害风险的任何事件或系列事件。

2. 本法所用术语的定义应遵循《源子能法》，但本条第 1 款规定除外。

第 2.2 条　适用范围

1. 本法适用于在韩国领土（包括领海）和专属经济区发生核事故造成的核损害。

2. 本法适用于所有互惠国，不适用于禁止或限制韩国个人、法人、实体或政府遭受核损害赔偿的国家。

第 3 条　严格责任与责任追究等

1. 核设施营运人应对核反应堆因运营造成的核损害承担责任，但对因武装冲突、敌对行动、内战、暴乱等行为引起核事故所造成的损失不承担责任。

2. 作为核燃料托运人的核设施营运人应对因核燃料或受其污染的其他物质运输过程中造成的核损害承担责任，但是如果核设施营运人之间就责任承担已经达成特殊协议，应适用特殊协议。

3. 核设施营运人依本条第 1 款或第 2 款规定承担核损害责任的，第三方不承担核损害责任。

4.《商法》第 746 条至第 748 条、第 842 条和第 848 条之规定不适用于核动力船舶运行造成的核损害。

5.《产品责任法》不适用于核反应堆运行造成的核损害。

第 3.2 条　责任限额

1. 核设施营运人单项核事故造成的最高损害金额不得少于 3 亿特别提款权。但如果核损害是由于核设施营运人故意作为或不作为造成的，则不适用该限额规定。

2. 本条第 1 款所述的特别提款权是指国际货币基金组织界定的记账单位。

第 4 条　索赔权

1. 因第三方的故意或重大过失造成的核损害，核设施营运人依本法第 3 条规定进行赔偿后，核设施运营人有权向第三方索赔。但如果核损害是为核反应堆运营提供材料或服务（包括劳务）的核供应商（以下简称材料供应方）导致的，核设施营运人仅对核材料供应商或其雇员的故意和重大过失有索赔权。

2. 符合本条第 1 款规定的情形，如有特别协议则适用特别协议。

第 5 条　财务保证义务

未提供核损害赔偿的财务保证（以下简称财务保证），核设施营运人不得运营核反应堆。

第 6 条　财务保证数额

1. 考虑到利用核设施类型、需处理的核燃料特点以及在该设施发生核事故的风险，损失赔偿协议或依第 5 条第 2 款规定提交保证数额中的核损害责任保险数额，不应超过总统令第 31 条规定的责任限额（以下简称财务保证数额）。

2. 支付核损害赔偿金后，如果核损害赔偿的财务保证低于法定财务保证数额，如必要，科技部部长有权要求核设施营运人在指定时间内补足财务保证至法定限额。

3. 在本条第 2 款规定的情况下，第 5 条第 1 款的规定不适用。

第 7 条　核损害责任保险合同

1. 核损害责任保险合同是指核设施营运人与保险人（依《保险法》规定，有权经营核损害责任险的人）签订合同，当核设施营运人依本法第 3 条承担核损害赔偿责任时，保险人向核设施营运人赔付因特定原因造成核损害赔偿导致的损失，核设施营运人向保险人支付保险费。

2. 核设施运营人签订的核损害责任保险合同,其合同条款须由科技部部长审批同意。

第 8 条　核损害索赔的优先权

1. 根据核损害责任保险合同规定,受害人的核损害索赔权优先于其他债权人。

2. 被保险人在向受害人支付赔偿金或与受害人就赔偿事宜达成一致后,有权向保险人索赔。

3. 根据核责任保险合同获得的保险索赔权不得转让、抵押和扣押,但如果受害人对核损害赔偿提出额外要求的,则本要求不适用。

第 9 条　核损害赔偿的补偿协议

1. 第 5 条第 2 款规定之核损害赔偿的补偿协议(以下简称补偿协议)是指,核设施运营人依本法第 3 条规定应承担核损害赔偿责任,而政府代替核设施营运人补偿核营运人责任保险合同未涵盖的核损害赔偿部分,核设施营运人须与政府签订并执行向政府支付费用的协议。

2. 补偿协议应遵守其他法律规定。

第 10 条　补偿要求的优先权

第 8 条之规定应比照适用于补偿索赔。

第 11 条　保证金

保证金作为财务保证方式之一,应由对核设施营运人营业所在地的地区法院决定,依总统令规定包括现金或证券形式。

第 12 条　保证金的赔付

受害人索赔,可获得现金或证券的赔偿。

第 13 条　退还保证金

1. 在下列情况下,经科技部部长批准,核设施营运人可撤回现金或证券保证金:

(1)已经提供其他财务保证以替代保证金;

(2)核反应堆终止运营。

2. 科技部部长依本条第 1 款之规定批准退还保证金,在确保不影响核损害责任赔偿前提下,指定退还时间和数额。

第 13.2 条　失效和时效

1. 受害人或其法定代理人自知道或应当知道损害事实及具体致害人之

日起3年内不行使核损害索赔权的，则本法规定之索赔权即告失效。

2. 如果核事故发生之日起10年内未行使核损害索赔权，则本法规定之索赔权即告灭失。因核事故造成的人身伤害、疾病或死亡索赔权，应在核事故发生之日起30年内行使，否则即告灭失。

第14条　政府支持

1. 在发生核损害时，如果核设施营运人承担的核损害赔偿数额超过财务保证数额，政府应向核设施营运人提供必要的支持，且为实现本法目的，这种支持是必要的。

2. 基于本法第3条第1款之规定，政府应采取必要措施救助核损害的受害人，防止损害影响扩大。

3. 本条第1款规定的政府支持应在国民议会授权的限度内进行。

第15条　核损害赔偿审议委员会

1. 科技部设立核损害赔偿审议委员会（以下简称审议委员会），以调解核损害赔偿引起的争议。

2. 审议委员会负责以下事项：

（1）调解争议；

（2）调查和评估核损害，以开展第（1）项所述活动。

3. 审议委员会组织和运作的事务，及调解争议必须符合总统令规定。

第16条　报告和检查

1. 如科技部部长认为必要，有权要求核设施营运人提交报告，或派遣政府人员进入核设施营运人的办公场所、工厂或场地（或核动力船舶），检查书册、文件和其他必要的物品，或问询相关人员。

2. 如被问询人员要求，依本条第1款规定负责调查或问询的政府人员，应出示身份证件。

第17条　政府部门协商机制

科技部部长依本法第6条第2款规定作出相关决定，如科技部部长认为必要，有权发起部门间协商要求。

第18条　政府除外

第5条至第13条之规定不适用于政府投资的核设施营运人的情形。

第19条　刑罚

违反本法第5条规定的，处3年以下有期徒刑或不超过300万韩元罚款,或二者并罚。

第 20 条　过失罚款

1. 有下列行为之一者,处不超过 50 万韩元的过失罚款:

(1)未依第 16 条规定提交报告,或错报;

(2)拒绝、阻挠或逃避检查,对于第 16 条规定的问询拒不回答,或提供虚假陈述。

2. 本条第 1 款规定的过失罚款,由科技部部长依总统令征收。

3. 被处过失罚款的人如对处理决定有异议,应在知道罚款之日起 30 日内,向科技部部长提出。

4. 被处过失罚款的人依本条第 2 款提出异议,科技部部长应立即通知法院,并依《非诉案件程序法》将异议提交法院审理。

5. 如当事人未在本条第 3 款规定之期限内提出异议,也未支付过失罚款的,欠缴罚款应按拖欠国家税收行为收取。

第 21 条　联合处罚

经营相关业务的法人或实体的法定代表人、代理人、雇员、法人的雇员有违反本法第 19 条行为的,除处罚相关法人或实体外,同时也处罚相关实际致害人。

第 22 条　国民议会报告

在发生大规模核损害的情况下,政府应立即向国民议会报告损害情况及政府依本法所采取的措施。

第 23 条　删除

附录(略)

核损害赔偿法实施条例

(1970 年 12 月 3 日总统令第 5396 号颁布　1973 年 5 月 23 日、1975 年 8 月 22 日、1987 年 3 月 19 日、2001 年 7 月 30 日、2004 年 3 月 17 日、2006 年 10 月 23 日、2008 年 2 月 29 日、2008 年 7 月 29 日、2008 年 12 月 31 日、2011 年 10 月 25 日、2011 年 10 月 25 日修订)

第 1 条　目的

本法旨在进一步明确《核损害赔偿法》中核损害赔偿的必要事项。

第 2 条　转换范围

《核损害赔偿法》第 2 条第 1 款第(1)项第②目至第⑤目规定之"核燃料提取""核燃料加工""乏燃料处理""核燃料使用""放射性废物贮存、处理或处置"分别定义如下：

1. 核燃料提取

(1) 铀转化(含铀－235 和铀－238 的铀)指转化的铀其铀－235 的含量在高于铀－235 自然比例至最高额之间,但低于 5% 的铀或其化合物;或提取核燃料中包括一种或多种上述材料,其中铀－235 的质量不小于 2 千克;

(2) 铀转化(含铀－235 和铀－238 的铀)指转化的铀其铀－235 含量低于 5% 的铀或其化合物;或核燃料提取中包括一种或多种上述材料,其中铀－235的质量不小于 800 克;

(3) 钚或其化合物或任何核燃料材料的提取,其中包括一种或多种材料,钚的质量不少于 500 克。

2. 核燃料加工

核燃料加工含义详见本条第 1 款第①项至第③项规定中。

3. 乏燃料处置

(1) 为研究或实验目的,处理发生核裂变反应的核燃料,包括核反应堆的核燃料;

(2)按物理或化学处理方式分类为核燃料和其他材料,处理经核裂变反应的核燃料,包括在核反应堆中用作燃料的核燃料。

4. 使用核燃料

使用核燃料适用于本条第1款第(1)目至第(3)项规定。

5. 放射性废物贮存、处置应遵守《核损害赔偿法》第68条第1款第(2)项之规定。

第3条　财务保证

《核损害赔偿法》第6条第1款财务保证数额具体规定见附件1。

第4条　依《核损害赔偿法》第11条规定,核设施营运人应提交的保证金,应符合《资本市场和金融投资法》相关规定:

(1)向国家提交的保证金应符合《资本市场和金融投资服务法》第4条第3款规定;

(2)向地方政府提交的保证金应符合《资本市场和金融投资服务法》第4条第3款规定。

第5条　保险合同的审批

(1)核设施营运人依《核损害赔偿法》第7条第2款和第11条规定,申请保险合同审批和提交保证金,应依《核安全和安保委员会组织和运作法》第3条规定提交书面申请,申请材料中应包含以下内容:

①名称(公司申请人提供公司名称和代表名称)和地址;

②运营的类型,如核反应堆等;

③工厂名称和地址或反应堆实际运营地址(船舶上的核反应堆,提供船舶名称和船舶注册国);

④运行中的核反应堆的热功率参数;

⑤核燃料提取的类型和数量;

⑥核燃料加工的类型和数量;

⑦乏燃料处置的类型和数量;

⑧使用核燃料的类型和数量;

⑨核燃料运输的类型和数量;

⑩核反应堆的运营开始日期和终止日期;

⑪基于《核损害赔偿法》第7条第1款规定提供财务保证,或依该法第9条第(1)款的赔偿协议,应提供保险合同或赔偿协议涉及的数额;

⑫将存款作为财务保证时，提供当地主管法院的名称和地点，以及存款的数额；以证券为担保时，提供名称、账面总价值、面值、标记、编号及证券相关单证和孳息。

(2)依第1款提出的申请和报告事项应附有以下文件：

①营运中核反应堆区域的工厂或实际营运地的地图；

②存款证明文件(仅适用于应提供存款作为财务保证的情况)；

③依《核损害赔偿法》第7条第1款规定，保险合同的主保单(限于通过保险合同提供财务保证的情况)。

第6条　存款返还审批

(1)核设施营运人依《核损害赔偿法》第13条第1款向核安全和安保委员会提出申请时，应包含以下内容：

①名称(公司申请人，提供公司名称及代表名称)；

②返还现金的数量或返还证券的名称、账面总价值、数量及证券单证和孳息；

③申请返还存款的原因。

(2)本条第(1)款所述的申请，应附有以其他方式替代存款财务保证的证明文件，或是核反应堆的运营等已经终止。

第7条　审议委员会的组成

(1)《核损害赔偿法》第15条第1款规定之核损害赔偿审议委员会(以下简称审议委员会)，含主席在内由11名成员组成；

(2)审议委员会主席由核安全与安保委员会副主席担任，成员由核安全与安保委员会主席从核安全与安保委员会工作人员中指定或委任，成员应具有法官、检察官、律师资格，或是具有核知识和经验的核电行业、农业、渔业的专业人士。

第8条　主席的职责

(1)审议委员会主席代表审议委员会处理审议委员会的一切事务；

(2)审议委员会主席因正当理由无法履行职务时，由审议委员会主席指定的审议委员会成员代为履行职责。

第9条　审议委员会运行

(1)审议委员会主席召集委员会会议并担任委员会会议主持人；

(2)审议会议应由过半数以上审议委员会成员参加，审议事项应由出席审议委员会会议的成员过半数通过。

第10条　调解争议申请

(1)核损害赔偿争议当事方向审议委员会提交调解申请时,应包含以下内容:

①申请人及被申请人名称、地址和出生日期(如为公司则提供法定代表人相关信息);

②申请调解的理由;

③争议事项的摘要和谈判进展情况;

④申请日期(月/日/年);

⑤其他申请调解文件。

(2)审议委员会接到申请后,应将副本发给被申请人。

第11条　代表任命

(1)申请调解核损害赔偿争议的当事人众多,可推选出三位以内代表,提出调解申请;

(2)依本条第(1)款推选代表应以书面形式,调解申请应附有证明代表资格的材料。

第12条　申请争议调解建议权

核安全与安保委员会主席可建议相关核损害赔偿的当事人申请调解。

第13条　调解案件的分立和合并

(1)如认为必要,审议委员会有权分立或合并调解案件;

(2)当调解案件依第(1)款分立或合并时,审议委员会应立即以书面形式通知各方当事人。

第14条　第三方参与

(1)对核损害赔偿争议的调解结果有利害关系的第三方,经审议委员会许可可参加调解;

(2)依本条第(1)款规定申请参加调解的第三方,向审议委员会提交的申请文件应包含以下内容:

①申请人姓名、地址和出生日期(如申请人为法人,则提供法定代表人上述信息);

②申请参加理由;

③申请时间(月/日/年);

④其他法律法规规定之文件。

(3)当依本条第(1)款同意追加第三方时,审议委员会应事先听取申请人和被申请人双方意见。

(4)审议委员会同意追加第三方的,应将其申请参加调解争议文件的副本提供给各方当事人。

第 15 条　调解的中止和终止

(1)审议委员会如有正当理由认为,因争议的性质原因调解不利于解决争议或一方为不公正之目的申请调解的,或确定调解不成的,可中止或终止争议的调解。

(2)依本条第(1)款中止或终止调解的,审议委员会应及时书面通知各方当事人。

第 16 条　执行秘书

审议委员会设置执行秘书一名负责处理行政事务,执行秘书由核安全与安保委员会主席从其委员会工作人员中任命。

第 17 条　津贴

审议委员会成员参加会议的,可在预算范围内向其支付津贴。

第 18 条　运作细则

除本法另有规定外,审议委员会的运作和调解争议申请事项及处理程序应由审议委员会决定。

第 19 条　过失罚款的征收

(1)依《核损害赔偿法》第 20 条第 1 款规定征收罚款时,应事先调查并确认过失行为,并向当事人发出书面罚款通知,通知中应说明处罚原因、过失罚款金额、异议程序和期限。

(2)当核安全与安保委员会依本条第(1)款作出过失罚款决定时,应保证当事人有 10 天以上期限,能通过口头或书面形式陈述和辩解(包含电子形式)。在规定期限内当事人未陈述意见的,将被视为其对处罚决定没有异议。

(3)确定过失罚款金额时,核安全与安保委员会应考虑到有关过失行为的动机和后果等。过失罚款的具体标准详见附件 2。

(4)关于征收过失罚款的程序性事宜,应依《财政法实施条例》规定之财政性征收程序进行,但可适当调整。

附表:赔偿数额

类　别	赔偿数额
1. 在役的 10 兆瓦或以上的核反应堆(包括运行核电厂区或商运核反应堆所在地的核燃料或其他核污染物质的运输、贮存和处置;本部分同样适用于下列第 2 条至第 4 条) a. 核反应堆 b. 研究型核反应堆	500 亿韩元 6 亿韩元
2. 在役的 100 千瓦 ~ 10 兆瓦核反应堆	10 亿韩元
3. 在役的 1 千瓦、高于或低于 100 千瓦的核反应堆	2 亿韩元
4. 在役的小于 1 千瓦的核反应堆	2,000 万韩元
5. 转换(包括运行核电厂区或商运核反应堆所在地的核燃料或其他核污染物质运输、贮存和处置时,发生的转换;) a. 商业目的 b. 科研目的	2,000 万韩元 1,000 万韩元
6. 核燃料加工(包括运行核电厂区或商运核反应堆所在地的核燃料或其他核污染物质运输、贮存和处置时,发生的燃料加工行为) a. 商业目的 b. 科研目的	2,000 万韩元 1,000 万韩元
7. 乏燃料处置(包括运行核电厂区或商运核反应堆所在地的核燃料或其他核污染物质运输、贮存和处置时,发生的处置行为) a. 商业目的 b. 科研目的	20 亿韩元 10 亿韩元
8. 核燃料的使用(包含运行中核电厂区范围或商运核反应堆所在地,在核燃料或其他核污染物质运输、贮存和处置时发生的使用行为)	2,000 万韩元
9. 在核反应堆运行、转换、燃料加工和处理乏燃料或是使用核燃料时,相关核燃料或其他核污染物的运输和贮存(排除核电厂厂区或商用核反应堆运行所在地内,因转换、燃料加工、乏燃料处置或是核燃料使用等目的所需要的运输和贮存)	2,000 万韩元
10. 运行中的核反应堆或是处理乏燃料相关的乏燃料运输(排除核电厂厂区内和商业运行堆所在地范围内,因核反应堆运行或处置乏燃料所涉及的运输)	2,000 万韩元
11. 事先获得韩国政府许可,停靠在韩国港口的外国核动力船舶	2 亿韩元
12. 同意下列处置设施的建造和运营的法人: a. 贮存设施 b. 处置设施 c. 乏燃料临时贮存和处置设施	2,000 万韩元 2 亿韩元 20 亿韩元

注意事项:同一核电厂厂区或商业运营核反应堆在其运营过程中,涉及上述表格中两项或以上风险,则其应提供的财务保证数额应高于相关的财务保证数额。

核损害赔偿协议法实施条例

（1975 年 2 月 22 日总统令 7755 号颁布　1987 年 3 月 19 日总统令 12093 号修订　2006 年 10 月 23 日总统令 19706 号修订　2008 年 2 月 29 日总统令 20740 号修订　2011 年 10 月 25 日总统令 23237 号修订　2011 年 10 月 25 日总统令 23238 号修订）

第 1 条　目的

本条例旨在明确相关规定，以促进《核损害赔偿协议法》（以下简称《赔偿法》）的实施。

第 2 条　正常运营和范围

1.《赔偿法》第 4 条第 1 款所述的"正常运营"指：

（1）在不违反《核安全法》第 26 条（包括参照适用《核安全法》第 34 条的情况）、第 36 条第 2 款、第 40 条、第 46 条第 2 款和第 50 条第 1 款第（1）项规定之情况下的核反应堆运营；

（2）核反应堆在核设施未受损的条件下的运营；

（3）核反应堆在不受自然灾害或第三方行为造成的核损害情况下的运营。

2.《赔偿法》第 4 条第 2 款规定的"核损害"是指下列情形：

（1）海啸、洪水、风暴、雷电或地震造成的核损害。

（2）核损害受害人应在核损害保险索赔时效内，及时向核营运人提交索赔文件，以便核营运人依核损害保险合同（以下简称保险合同）索赔。但核损害受害人因不可避免的原因无法提交索赔文件的情况除外。

第 3 条　协议赔偿数额

依《赔偿法》第 5 条规定之核损害赔偿协议（以下简称赔偿协议）的赔偿数额（以下简称赔偿金），应等同于《核损害赔偿法实施条例》第 3 条规定的财务保证数额。

第 4 条　赔偿费率

1.《赔偿法》第 7 条规定之赔偿费率为赔偿协议约定赔偿数额的万分之五(科研机构或教育机构用于研究教育或核反应堆相关赔偿协议费率为万分之二点五)。

2. 如预计不足以支付赔偿协议约定的赔偿数额,赔偿费率的计算方法为本条第 1 款规定之赔偿费率乘以约定赔偿数额除以按比率赔偿数额。

第 5 条　赔偿费率的支付

1. 核营运人应在订立赔偿协议之日向国库支付赔偿费,且应每年在该日期前(特定年份如无该日期,则提前一天)向国库支付(如果赔偿协议约定的期限短于一年的除外)。

2. 核安全和安保委员会接到核营运人依《赔偿法》第 8 条规定之赔偿请求后,应依《核安全和安保委员会组织和运作法》规定,在接到赔偿请求之日起 60 日内进行审批并支付赔偿款。如果因自然灾害或其他不可避免的情况不能付款时,核安全和安保委员会应自上述原因消失之日起 60 日内完成付款。

第 6 条　报告

核营运人签订赔偿协议,应依《赔偿法》第 11 条规定,事先向核安全和安保委员会报告下列事项:

1. 关于核反应堆运营的赔偿协议,应包含以下事项:

(1)核反应堆使用目的;

(2)核反应堆机组的类型、输出功率和数量;

(3)核电厂名称和地址或商用核反应堆营业地(位于船舶上的核反应堆,建造船舶的造船厂厂址或营业地);

(4)核反应堆相关设施的位置、结构和设备;

(5)核反应堆的计划商运日期或停运日期(包括与核反应堆运营相关的核燃料或核燃料污染物的贮存或处置);

(6)核反应堆使用的核燃料类型及其年消耗量;

(7)乏燃料处理方法;

(8)相关保险合同事宜。

2. 关于核转换设施的赔偿协议,应包含以下内容:

(1)核转换设施所在核电厂的名称和地址或营业地;

(2)核转换设施的位置、结构和设备及转换方法;

(3)转换方法;

(4)计划开始或终止转换日期(包括与核转换相关的核燃料或核燃料污染物的贮存或处置);

(5)转换核燃料类型及其计划年转换量;

(6)相关保险合同事宜。

3. 与燃料加工相关的赔偿协议,应包含以下内容:

(1)燃料加工设施所在核电厂的名称和地址或营业地;

(2)燃料加工设施的位置、结构和设备及制造方法;

(3)计划开始或终止制造日期(包括贮存或处置核燃料材料或被核燃料材料污染的材料,与制造有关);

(4)加工核燃料类型及其计划年产量;

(5)相关保险合同事宜。

4. 关于乏燃料处置相关的赔偿协议,应包含以下内容:

(1)乏燃料处置设施所在核电厂的名称和地址或营业地;

(2)乏燃料处置设施的位置、结构和设备及乏燃料处置方法;

(3)计划开始或终止乏燃料处置日期(包括与乏燃料处置相关的核燃料或核燃料污染物的贮存或处置);

(4)乏燃料类型及其计划年处置量;

(5)相关保险合同事宜。

5. 与核燃料使用相关的赔偿协议,应包含以下内容:

(1)使用目的和方法;

(2)核燃料使用设施所在核电厂的名称和地址或营业地;

(3)核燃料使用设施的位置、结构和设备(如适用,也包括贮存或处置设施);

(4)计划使用或终止燃料使用日期(包括与核燃料使用相关的核燃料或核燃料污染物的贮存或处置);

(5)核燃料类型及其计划年使用量;

(6)处理乏燃料的方法;

(7)相关保险合同事宜。

6. 与核燃料或核燃料污染物的贮存或运输相关的赔偿协议,应包含以下内容：

(1)运输途径和方式(包括运输时所需的临时贮存、贮存位置和方法)；

(2)贮存位置和方法；

(3)计划运输或贮存开始和终止日期；

(4)拟运输或贮存的核燃料或核燃料污染物的类型和数量；

(5)相关保险合同事宜。

第7条　退还赔偿金

当核安全和安保委员会要求核营运人依《赔偿法》第14条规定退还赔偿金时，应向核营运人发出书面通知，明确原因、赔偿数额、利息和时间限制。

第8条　提交资料

核营运人应于每年4月30日之前，向核安全和安保委员会提交拟签订的赔偿协议资料：

1. 核反应堆商运日期相关资料；

2. 与赔偿协议相关的核电厂或营业地相关核设施使用情况(如核反应堆位于船舶，则指船舶信息)；

3. 预估赔偿数额的支持性数据和资料。

第9条　批准等

1. 依《赔偿法》第16条第1款规定，确认核营运人应全部或部分对核损害负责的，应向核安全和安保委员会报告以下事项：

(1)核事故发生的时间和地点；

(2)导致核事故的原因；

(3)核事故造成的损失；

(4)核事故的现场状况；

(5)减轻核损害的计划和安排；

(6)其他与核损害赔偿相关的必要事项。

2. 核营运人因核损害的赔偿被诉时，应依《赔偿法》第16条第2款规定向核安全和安保委员会报告以下情况：

(1)核损害赔偿诉讼的管辖法院及案件编号；

(2)核损害索赔数额和诉讼请求等。

附录(1975 年 8 月 22 日总统令 7755 号)

本法自颁布之日起实施。

附录(1987 年 3 月 19 日总统令 12093 号)

(1)(生效日期)本法自颁布之日起实施。

(2)(关于核损害赔偿数额调整的过渡措施)核营运人在本法执行日期之前依前述规定缔结赔偿协议的,应自本法生效之日起 30 日内,依修订后《核损害赔偿协议法实施条例》第 3 条规定调整赔偿数额。

附录(2006 年 10 月 23 日,总统令 19706 号)

本法自颁布之日起实施。

附录《教育科技部及其附属机构组织和运作条例》(2008 年 2 月 29 日,总统令 20740 号)

第 1 条　生效日

本法自颁布之日起实施。

第 2 条至第 6 条　省略。

第 7 条　修订内容

第(1)项至第(94)项省略。

(95)部分与核损害赔偿协议相关实施条例应做如下修订:

第 5 条　第 2 款、第 6 条所述的科技部部长除第 7 条、第 8 条第 1 款、第 9 条第 1 款和第 2 款外,均应修订为“教育科技部部长”。

第(96)项至第(102)项省略。

附录《核安全和安保委员会组织和运作法》(2011 年 10 月 25 日,总统令 23237 号)

第 1 条　生效日

本法将于 2011 年 10 月 26 日生效。

第 2 条　省略。

第 3 条　修订内容

(1)省略。

(2)部分与核损害赔偿协议相关实施条例应做如下修订:

第 5 条　第 2 款所述的“教育科技部部长”应依《核安全和安保委员会组织和运作法》第 3 条规定,修订为“核安全和安保委员会”。

除第 6 条外,“向教育科技部部长”应修订为“向核安全和安保委员会”。

第 7 条 所述的“教育科技部部长”应修订为“核安全和安保委员会”。

除第 8 条、第 9 条第 1 款和第 2 款,“向教育科技部部长”应修订为“向核安全和安保委员会”。

第 3 款和第 4 款省略。

附录《核安全法实施条例》(2011 年 10 月 25 日,总统令第 23248 号)

第 1 条　生效日

本法将于 2011 年 10 月 26 日生效。

第 2 条　省略。

第 3 条　修订内容

第 1 款至第 13 款省略。

(14)《核损害赔偿协议法实施条例》应做如下修订:

《原子能法》第 2 条第 2 款第 1 项、第 29 条(包括依该法第 34 条参照适用的情形),第 44 条第 3 款、第 53 条、第 58 条第 3 款和第 62 条第 1 款第 1 项条第 2 项应修订为《原子能法》第 26 条、第 40 条、第 46 条第 2 款和第 50 条第 1 款第 1 项(包括依该法第 36 条参照适用的情形)。

第 15 款至第 21 款省略。

第 4 条　省略。

四、印　度

2010年核损害民事责任法

（2010年9月21日　2010年第38号）

本法规定核损害的民事责任，并通过无过错责任制度迅速确定由营运人向核事故受害人承担赔偿责任，任命索赔专员，设立核损害索赔委员会及与之相关的附带事项。

印度共和国第六十一年由议会颁布如下：

第一章　前　　言

1. 标题、范围、适用和生效日期

（1）本法名称为《2010年核损害民事责任法》。

（2）本法适用于整个印度。

（3）本法也适用于以下区域发生的核损害：

（a）在印度领海的海域内或海面上；

（b）《1976年领海水域、大陆架、专属经济区和其他海域法》第7条所述的印度专属经济区上方或之内的区域；

（c）依《1958年商船法》第22条或依当时有效的任何其他法律在印度注册的船舶上；

（d）依《1934年航空器法》第5条第（2）款（d）项或当时有效的任何其他法律在印度注册的航空器上；

（e）在印度管辖的人造岛、人工设施或人工建筑范围内。

（4）仅适用于中央政府、其他政府机构或由其设立的公司或国有公司拥有或控制的核设施。

(5)本法在中央政府以通知、命令的方式确定之日起实施,并且可为本法的不同条款规定不同的生效日期。此类规定对本法生效的引用应解释为对该条款生效的一种依据。

2. 定义

除非文意另有所指,本法中:

(a)"主席"指依第 20 条第 1 款任命的委员会主席。

(b)"索赔专员"指依第 9 条第 2 款指定的索赔专员。

(c)"索赔委员会"指依第 19 条设立的核损害索赔委员会。

(d)"环境"的含义与《1986 年环境(保护)法》第 2(a)条中规定之相同。

(e)"委员"指依第 20 条第 1 款委任的委员会委员。

(f)"通知"指在"官方公报"上公布的通知。

(g)"核损害"指:

(i)造成生命丧失或人身伤害(包括直接和长期的健康影响);

(ii)由核事故引起或导致的财产损失或损害,并在中央政府通知的范围内包括以下各项:

(iii)由于第(i)项或第(ii)项所述的损失或损害而造成的任何经济损失,如果索赔是由有权索赔的人申请的,则不包括在依这些子条款索赔中;

(iv)对核事故造成的环境受损进行环境修复所需的费用,除非已经实质上采取措施或将要采取措施修复环境,且不包括在依第(ii)项索赔中;

(v)由于核事故造成的环境严重损害而导致不能使用或享有环境的经济利益所得而造成收入损失,并且该损失不包括在第(ii)项所述的索赔中;

(vi)预防措施费用,及此类措施造成的进一步损失或损害;

(vii)除第(iv)项和第(v)项所述的环境损害造成的其他经济损失,在印度现行的一般民事责任法规允许索赔但不能依该法规索赔的情况下,在上述子条款(i)至(v)和(vii)的范围内,如在由核设施内辐射源发射或由其发射范围内产生的电离辐射,或来源于运输到核设施的核材料、核燃料或放射性物质、废物,无论是由该物质的放射性产生的,或放射性物质与有毒性、爆炸性或其他危险性质物质等造成的损失或损害。

(h)“核燃料”指可通过原子的自持连锁核裂变反应产生能量的任何材料。

(i)“核事故”指造成核损害的同一起源的一个或一系列事件,但针对预防措施而言,只有在造成此类损害的风险非常严重和迫在眉睫时才能采用。

(j)“核设施”指:

(i)除以此作为运载工具动力源的以外的所有核反应堆,无论是用于动力或任何其他目的;

(ii)使用核燃料生产核材料的设施,或核材料加工、辐照核燃料后处理设施;和

(iii)贮存核材料的设施(除临时存放运输这些材料的设施)外。

说明:就本条而言,位于同一地点的一个营运人的几个核设施应视为单一核设施。

(k)“核材料”指:

(i)可通过核反应堆外的原子之自持链式核裂变反应,与自身或与其他材料结合而产生能量的核燃料(天然铀或贫化铀除外);和

(ii)放射性产物或废物。

(l)“核反应堆”指在没有其他中子源的情况下,可使核燃料进行原子核裂变之自持链式反应的结构。

(m)“营运人”就核设施而言,指中央政府或其设立的机构或法人,或依《1962 年原子能法》获得许可证的政府公司,以营运该核设施。

(n)“规定”指依本法的规则。

(o)“预防措施”指在核事故发生后,为防止或尽量减少(g)项第(i)目、(v)目和第(vii)目所述的损害,经中央政府批准而采取的措施。

(p)“放射性产物或废物”指通过暴露于核燃料生产或使用的辐射中而产生的放射性物质,但不包括已经达到最终制造阶段的可用于科学、医疗、农业、商业或工业用途的放射性同位素。

(q)“特别提款权”指国际货币基金组织确定的特别提款权。

第二章　核损害责任

3. 原子能监管局通告核事故

(1)依《1962 年原子能法》组建的原子能管理委员会应在核事故发生之日起 15 天内通告此类核事故;

但原子能管理委员会认定核事故的威胁和风险较低,则不需要通告此类核事故。

(2)原子能监管局应依第 1 款发出通知后,立即以其认为合适的方式向公众广泛宣传此类核事故。

4. 营运人的责任

(1)核设施营运人应对核事故造成的核损害承担责任:

(a)由该核设施造成的损害;或

(b)所涉及的核材料来源于该核设施,在发生以下事故之前,

(i)根据书面协议,由另一营运人承担涉及此类核材料的核事故责任;或

(ii)另一营运人负责此类核材料;或

(iii)正式授权核反应堆营运人负责将拟在该反应堆内使用的核材料作为运输工具动力源,无论是用于动力或任何其他目的;或

(iv)这种核材料已自运输工具卸下,并将其运往外国境内的人;或

(c)将核材料运往该核设施,在发生以下事故之后:

(i)涉及此类核材料核事故的责任已经由另一核设施营运人根据书面协议转移给该营运人;或

(ii)该营运人负责此类核材料;或

(iii)该营运人负责核动力设施运输工具的核材料,不论是用于动力还是用于其他目的;或

(iv)在营运人书面同意下,这种核材料已经通过相关交通工具从外国领土运入。

(2)如果有多个营运人对核损害承担责任,在各营运人所造成的损害不可分割的情况下,各营运人对核损害承担连带责任。

营运人的责任总额不得超过第 6 条第 2 款规定之责任范围。

(3) 如果同一营运人涉及多个核设施引起的核事故，则该营运人应就该等核设施依第 6 条第 2 款所指明的范围承担责任。

(4) 核设施营运人承担严格、无过错责任。

为本节之目的做如下说明：

(a) 由于在核设施中发生的核事故是由此类设施中临时存放材料过境造成的，核材料的过境责任人应视为营运人；

(b) 发生核材料运输过程中造成核损害的，托运人应视为营运人；

(c) 如发货人与收货人之间或(视情况而定)核材料的托运人和承运人订立书面协议，则根据该协议对核损害责任人应视为营运人；

(d) 核事故或核事故和其他一次以上事故共同造成的核损害和核损害外的其他损害，该类事故均不得与核损害分开，并且应该被认为是同一核事故造成的核损害。

5. 营运人在以下情况下不承担责任

(1) 如果因以下事故直接引起的核损害，营运人不承担核损害：

(i) 不常见的严重自然灾害；或

(ii) 武装冲突、敌对、内战、暴动或恐怖主义行为。

(2) 营运人不对由以下原因造成的核损害承担责任：

(i) 由于核设施本身和任何其他核设施，包括在该设施所在地正在建造的核设施；和

(ii) 在核设施所在地使用或将使用与核设施相关的财产；或

(iii) 在核事故发生时所涉及核材料运输的运输工具。

但就营运人因核损害而可能支付的补偿，不得因当时生效的其他法律规定之其他损害赔偿而要求减免其赔偿数额。

6. 责任限额

(1) 每次核事故的最高赔偿责任是等值于 3 亿特别提款权的卢比或中央政府特别规定之较高赔偿数额。

但如果依本法规定之赔偿数额超过本款规定之赔偿数额，中央政府可采取其他措施。

(2) 营运人对每次核事故的责任限额应为：

(a) 核反应堆热功率等于或高于 10 兆瓦的，1,500 亿卢比；

(b)乏燃料后处理厂,300 亿卢比;

(c)热功率低于 10 兆瓦的研究堆,除乏燃料处理厂和核材料运输外的核燃料循环设施,100 亿卢比。

中央政府可不定时审查营运人的赔偿数额,并以通知方式确定较高的赔偿数额。

赔偿数额不包括诉讼相关利息或费用。

7. 中央政府责任

(1)中央政府在以下情况下对核损害承担责任:

(a)如该责任超过第 6 条第 2 款确定的营运人责任限额;

(b)在其拥有的核设施中发生;和

(c)因第 5 条第 1 款第(i)项及第(ii)项所指明的原因导致。但如果中央政府基于公共利益、生命的考虑,可对非其营运的核设施所引起的损害承担全部责任。

(2)为承担本条第(1)款(a)项或(c)项中的部分责任,中央政府可依规定向营运人征收一定数额的费用以设立一个核责任基金。

8. 营运人提供保险或财务保证

(1)营运人在开始营运核设施前,应以必要方式取得保单、其他财务保证或两者的组合,以涵盖其依第 6 条第(2)款可能被要求承担的责任。

(2)营运人在有效期届满前,不定期更新本条第(1)款中所述保单或其他财务保证。

(3)本条第(1)款和第(2)款之规定不适用于中央政府拥有的核设施。

说明:为本条之目的,"财务保证"是指赔偿或担保协议、股份或债券及规定之其他担保或其组合。

第三章　索赔专员

9. 核损害赔偿及其裁决

(1)受到核损害的人依法有权索赔。

(2)为审理核损害索赔,中央政府应以通告或其他规定方式任命一名或多名该地区的索赔专员。

10. 索赔专员的任职资格

担任索赔专员需满足以下条件：

(1)区域法院法官履历；或

(2)为中央政府服务，并担任不低于印度政府部长助理职位或中央政府其他同等职位。

11. 索赔专员的薪金、津贴和其他服务条款

须订明应付索赔专员的薪金和津贴及其他服务条款。

12. 索赔专员的裁决程序和权力

(1)依本法要求作出裁决，索赔专员应遵循规定之程序。

(2)索赔专员可与其有关核领域专业知识人员或其他人员联系以进行调查。

(3)任何与本条第(2)款关联的人，应依规定支付报酬、费用或津贴。

(4)索赔专员为履行本法的职能，就以下事项提起诉讼时，享有依《1908年民事诉讼法》授予民事法庭的同等权力，即：

(a)召集和强制任何人出席并以誓言的方式对其进行审查；

(b)文件的收集和制作；

(c)收集口头证据；

(d)从法院或办公室收集公开记录或副本；

(e)为提供查证的证人发放经费；

(f)其他。

(5)为履行《1973 年刑事诉讼法》第 195 条和第 26 章规定之职能，索赔专员应为民事法庭管辖。

第四章　索赔与赔偿

13. 向索赔专员申请索赔

依第 3 条第(1)款核事故通知后，该地区具有管辖权的索赔专员应以其认为合适的方式进行广泛宣传，以提醒相关人就核损害向索赔专员申请索赔。

14. 有权申请核损害赔偿的人

就核损害而言，以下人员有权向索赔专员或索赔委员会就核损害提出赔偿申请，具体包括：

(1)受伤的人；或

(2)受损害财产的所有权人；或

(3)死者的法定代理人;或

(4)由当事人或其他所有受害人或法定代理人正式授权的代理人。

15. 索赔专员索赔申请的前置程序

(1)在索赔专员处理核损害索赔申请之前,针对每一项申请,均应依规定之形式提供相关资料并附有相应的文件。

(2)除第 18 条另有规定外,本条第 1 款下的每项申请均应在受害人知道该核损害之日起 3 年内提出。

16. 索赔专员的裁决

(1)索赔专员在接到依第 15 条第(1)款提出的申请后,将该申请通知营运人,并经双方当事人听证之后,应在自接到该申请之日起 3 个月内处理该申请并作出相应的裁决。

(2)索赔专员在依本条作出裁决之时,不得考虑申请人或其家属根据保险合同获得的赔偿、补偿或收益。

(3)如果营运人为逃避赔偿,有可能转移或处置其财产,索赔专员可依第 39 号命令,以及 1908 年《民事诉讼法》第 1 条至第 4 条之规定发出临时禁令以制止这种行为。

17. 营运人的索赔权

核设施营运人在依第 6 条支付核损害赔偿金后,在下列情形下,有权进行索赔:

(1)在书面合同中明确规定此类权利。

(2)核事故是由于供应商或其雇员的行为造成的,其中包括提供的设备或材料具有专利上的或潜在缺陷或相关服务不达标等情况。

(3)核事故是由于个人故意或不作为造成的。

18. 索赔权除斥期间

要求核损害赔偿的权利应在以下期间内提出:

(1)财产损失,10 年;

(2)人身伤害,20 年。

自第 3 条第(1)款事故通知日起计算;

但如果涉及核材料的核事故造成核损害的,若在核事故发生前核材料被盗、丢失、弃用或放弃的,该期间应自核事故发生之日起算 10 年,但在任何情况下,不得超过自盗窃、丢失、弃用或放弃之日起 20 年。

第五章　核损害索赔委员会

19. 建立核损害索赔委员会

如果考虑到核损害的情况,中央政府为公共利益,认为这种损害索赔应由委员会而非索赔专员裁定,中央政府可通过通知,依本法设立索赔委员会。

20. 委员会的组成

(1)委员会由主席及其他不超过 6 名委员组成,由中央政府以通知方式委任。

(2)委员会主席和其他成员应根据推选委员会的建议进行任命,该推选委员会由 3 名具有至少 30 年核科学经验的人员和一名退休的最高法院法官组成。

(3)除非年满 55 周岁并已或曾经是高等法院法官,否则不得委任为委员会主席;

(4)除非与印度首席大法官协商一致,否则不得委任在职法官。

(5)除非年满 55 周岁,且满足以下条件,否则不得委任为委员:

(a)曾任或正任或有资格担任印度政府的部长助理职位或中央政府其他同等职位,并拥有与核事故有关的核责任法律方面的专门知识;或

(b)已经担任索赔专员超过 5 年。

21. 任期

主席或委员(视属何情况而定)自任职之日起任期为 3 年,若符合资格可再连任一届,任期 3 年:

但在年满 67 周岁后不得担任主席或委员。

22. 主席和委员的薪金、津贴和其他服务条款

主席和其他成员的应付薪酬和津贴及其他服务条款,包括退休金、恩恤金和其他退休福利须订明,但主席或其他委员的薪金、津贴和其他服务条件不得在任用后降低。

23. 填补空缺

如果由于暂时缺席以外的原因导致主席或委员办公室(视情况而定)发生空缺,中央政府应依本法任命另一人填补空缺,诉讼程序会从空缺填补之

前的阶段继续进行。

24. 辞职与撤职

(1)主席或委员可通过将书面通知送达中央政府的方式辞职。

但除非得到中央政府许可,否则直至该主席或委员接到该通知之日起3个月或直至获得正式委任的继任人进入他的办公室或直到任职期届满方可离职,以较早者为准。

(2)中央政府应撤销下列主席或委员的职务:

(a)已被裁定破产;或

(b)被中央政府认为不道德而定罪的;或

(c)身体或精神上不能担任委员;或

(d)已收取可能会妨碍其作为委员职能的财物或其他利益;或

(e)滥用职权,其继续履职不利于公共利益。

但除非就该事宜获得听证的机会,否则不得依(d)项或(e)项免去任何委员职务。

25. 主席或委员退休的认定

在担任主席或委员之前,任何为政府服务的人,在其任职当日应被视为已退休,但其随后作为主席或委员的服务应按其所属服务年限连续计算退休金。

26. 暂停养老金

在担任主席或委员之前,如果因为其在中央政府以前的任何服务而可选择退休金、养老金、残疾或伤残养恤金的人员,其作为主席或委员的服务工资应减少:

(a)该笔退休金的数额应全额减去;和

(b)如该人在上任之前,因之前的中央政府服务事项已收取该部分退休金的款项,则代以该部分的退休金应相应减去。

27. 禁止担任仲裁员

任何人在担任主席或委员时均不得担任任何事项的仲裁员。

28. 执业禁止

在不再担任职务的情况下,该前任主席或委员不得在委员会前出庭、执行或进行申请。

29. 主席的权力

主席应具有监督该委员会总行政管理的权力,行使该权力需遵守相关之规定。

30. 委员会的职员和其他雇员

(1)中央政府应向委员会提供其认为合适的职员和其他雇员。

(2)可对委员会的职员和其他雇员的薪酬和津贴、条件及服务条款进行规定。

31. 委员会申请赔偿

(1)向委员会提出的每一项关于损害赔偿的申请,应以表格的形式提出,并附有可能要求的资料和附件。

(2)除第18条另有规定外,本条第(1)款下的每一项申请均应在受害人知情之日起3年内提出。

32. 委员会的裁决程序和权力

(1)针对依第31条第(1)款提交的及第33条(视属何情况而定)转交的每一项申请,委员会均有司法管辖权进行裁决。

(2)依第33条将案件移交给委员会时,委员会应自移交前的阶段审理此类申请。

(3)针对索赔申请,主席可组成听证会,听证会由委员会中的不超过三名成员组成,以听取索赔的意见,而有关的决定则在经聆讯后由该等听证会成员的过半数作出。

(4)委员会不受《1908年民事诉讼法》规定之程序的约束,但应以自然公正原则为指导,并遵守本法其他规定及其制定的规则,委员会有权规定自己的程序,包括会议地点和时间。

(5)索赔委员会为履行本法职能就以下事项提起诉讼时,享有依《1908年民事诉讼法》授予民事法庭的相同权力,即:

(a)召集和强制任何人的出席并以誓言的方式对其进行审查;

(b)文件的收集和制作;

(c)收集口头证据;

(d)从法院或办公室收集公开纪录或副本;

(e)为进行查证的证人提供经费;

(f)其他。

(6)委员会在接到申请后,应通知营运人,并在双方当事人经过听证之后,在自接到该申请之日起3个月内处理并作出相应的裁决。

(7)委员会在依本条作出裁决的同时,不得考虑申请人或其家属依保险合同获得的赔偿、补偿或收益。

(8)如果营运人为逃避赔偿,有可能转移或处置其财产,则委员会可依第39号命令和《1908年民事诉讼法》第1条至第4条之规定发出临时禁令以制止这种行为。

(9)委员会应在作出裁决之日起15天内将有关裁决的副本交付有关各方。

(10)依本条第(6)款作出的每项裁决均为最终裁决。

33. 将未决案件移交给委员会

依第19条,在委员会成立之日前向索赔专员提出的每一项申请,均应在委员会成立当日立即移交。

34. 索赔专员或委员会司法程序之前的程序

依本法律之规定,索赔专员或索赔委员会之前的每一项程序均应被视为《印度刑法典》第193条、第219条、第228条及第196条所指的司法程序。

35. 排除民事法庭的管辖权

除第46条另有规定外,民事法庭(除最高法院和依《宪法》第226条和第227条行使管辖权的高等法院除外)均不具有管辖权,索赔专员或委员会(视属何情况而定)有权依本法作出裁决,法院或其他当局不得依本法采取或准备采取强制措施。

36. 赔偿执行

(1)凡依第16条第(1)款或第32条第(6)款作出裁决:

(a)保险人或任何人(视属何情况而定)根据保险合同约定需承担相应的责任或第8条项下的财务保证而要求就该项裁决缴付款项的情况下,需在索赔专员或索赔委员会(视情况而定)指定的时间,以其指定的方式支付该款额;和

(b)营运人应在依第6条第(2)款规定之最高责任的情况下,支付的款项超过依第(a)项确定的存放款项。

(2)第(1)款中所述的人未能在裁决规定期限内存放赔偿数额的,该等款项可向欠缴土地收入人追讨。

(3)依第(1)款存放的款项,应自该项存款存入之日起15日内向判决所确定的人支付。

37. 年度报告

委员会应依规定,在每个财政年度的时间内以法律规定之形式编制年度报告,充分说明该财政年度的活动情况,并将副本提交给中央政府及上下两院。

38. 委员会在特定情况下的解散

(1)如中央政府确认依第 19 条设立的委员会已完成其设立目的,或该委员目前待决的案件太少,以至于不能负担继续运营所需费用,或认为行为有必要或有利,中央政府即可通知解散委员会。

(2)依第 1 款发出的解散委员会的通知自通知之日起生效:

(a)若在向索赔委员会发出解散通知之日起还有诉讼,需转交给由中央政府依第 9 条第(2)款任命的索赔专员。

(b)委员会主席及全体委员应视为已离职,不得因提前终止职务而获得补偿。

(c)委员会高级职员和其他雇员应依规定之方式调动给中央政府的其他当局或机构。

调动的高级职员和其他雇员有权享有与他们在索赔委员会所享有的同等待遇和条件。

另外,如果委员会高级职员或雇员拒绝加入其他当局或办事处服务,则视为已辞职,不享有任何提前终止服务合同的补偿。

(d)委员会的所有资产和负债均归属中央政府。

(3)尽管依第(1)款已解散委员会,委员会在解散之前已作出或已采取或视为已作出或已采取的行动包括发出的命令或通知,或作出的委任、确认或声明或文件的执行或指令,均应视为已有效地完成或实施。

(4)本条不得解释为禁止中央政府依本法解散委员会后再设立委员会。

第六章　罪行及罚则

39. 罪行及罚则

(1)任何满足以下条件人:

(a)违反依本法所作的任何规则或指令;或是

(b)不遵守第 8 条规定;或是

(c)没有依第 36 条支付赔偿款项,应处监禁,监禁期限可达 5 年以上或罚款或并处监禁和罚款。

(2)任何人不遵守依第43条发出的任何指令或妨碍权力机关或有关个人依本法行使其权力的,应处监禁,监禁期限可延长至一年或罚款或同时并处。

40. 公司罪行

(1)如果公司犯有本法所规定的犯罪行为,每一个实施该犯罪行为并主导公司业务、对公司业务直接负责的人,均应视为犯有该罪行,并可据此处以相应的处罚。

如果有人能够证明该罪行是在不知情的情况下进行的,或他已尽力进行调查以防止犯有此类罪行,那么本条内容均不得使此类人士受到本法规定之处罚。

(2)尽管依本条第1款中之规定,所犯的任何罪行应由公司承担,但如果能够证明该罪行是在本公司董事、经理、秘书或其他高级管理人员的同意、纵容、疏忽下导致的,则该董事、经理、秘书或其他高级管理人员也应被视为犯有该罪行,并可据此予以处理和处罚。

说明:为本条之目的:

(a)“公司”是指任何法人团体,并包括公司或其他个人协会;

(b)“董事”,就公司而言,指公司的董事合伙人。

41. 政府部门的罪行

凡政府部门犯有本法规定之犯罪行为,则该部门主管将被指控并承担责任。

但如该部门主管能够证明对该罪行的发生不知情,或已尽力进行调查防止罪行发生,则豁免对该部门主管的惩罚。

42. 认罪

任何级别低于市级治安法院或一级司法法院的法院,不得审理本法下的任何罪行。

除非经中央政府或该政府授权的主管机关或人员申诉,否则不得接受认罪。

第七章　其他规定

43. 指导的权力

中央政府行使其依本法所赋予的职权和履行其职能时,可为本法之目的适当指导营运人、工作人员、官员、权力机构或其他机构,营运人、工作人员、官员、权力机构或其他机构应予遵循。

44. 收集信息的权力

中央政府可要求营运人提供必要的信息。

45. 本法适用豁免

在考虑到核材料数量较少情况下,认为涉及的风险微不足道,中央政府可通过通知豁免相应的核设施适用本法。

46. 除本法外的任何其他法律

本法与其他现行法律存在冲突时,则不得根据本法之规定,减免相应责任和义务,但可根据本法补充相应责任与义务。本协议任何内容均不得豁免营运人依其他法律而对该营运人提起的诉讼。

47. 对善意行为的保护

不得就中央政府或人员、官员或当局出于善意而依本法或其他规则或命令作出的行为提起法律诉讼。

48. 制定规则的权力

(1)中央政府可以通知的形式制定执行本法的实施细则。

(2)特别是在不损害上述权力的一般性原则下,该等细则可规定:

(a)依第8条第(1)款的其他财务保证及其方式;

(b)依第11条须支付的薪金、津贴及索赔专员的其他服务条款;

(c)依第12条第(1)款,索赔专员所需遵循的程序;

(d)依第12条第(2)款,应由索赔专员联系的人及其方式;

(e)依第12条第(3)款,有关人士的酬金、费用或津贴;

(f)依第12条第(4)款(f)项下的任何其他事项;

(g)依第15条第(1)款,提出的申请表格,其须载有的详细文件及其附件;

(h)依第22条,主席及其他委员的薪酬、津贴及其他服务条款;

(i)依第29条主席的权力;

(j)依第30条第(2)款支付的薪金和津贴,以及委员会高级职员和其他雇员的条款和其他服务条件;

(k)依第31条第(1)款之规定,申请的形式,须载有的文件详情及其附件;

(l)依第32条第(5)款(f)项的任何其他事宜;

(m)依第37条委员会拟准备的年度报告的格式及时间;

(n)依第38条第(2)款(c)项转移委员会的高级职员和其他雇员的方式。

(3)中央政府依本法制定的规则,应在制定完毕后立即提交至上下两院,可能在一届会议期间(为期30天)或在两个或更多个连续会议期间丧失。如果在上述会议届满之前,两个议院均同意在规则中进行修订,或双方均同意不应制定该规则,那么该规则只可根据修订后的形式生效或失效(视情况而定),但是,此类修订或废止均不影响以前依该规则裁决的有效性。

49. 消除争议的权力

(1)如果实施本法规定有争议,中央政府可通过"官方公报"发布命令作出与本法不一致但是对消除争议有利且必要之规定。

在本法生效3年后,不得依本条作出命令。

(2)依本条作出的每项命令,须在作出之后尽快提交议会各议院。

V. K. BHASIN

印度政府秘书

2011年核损害民事责任条例

[2011年11月11日　印度公报第11号(i)分段,特刊]

印度政府原子能部门为行使《2010年核损害民事责任法》第48条赋予的权力(中央政府2010年第38号),特规定如下:

第一章　准　　备

1. 简短标题和生效

(1)本条例称为《2011年核损害民事责任条例》。

(2)本条例自官方公报刊登之日起生效。

2. 定义

(1)本条例除上下文另有规定外:

(a)"法律"是指《2010年核损害民事责任法》(2010年第38号,或称"本法");

(b)"表格"是指附于本条例的表格;

(c)"保险人"是指在保险事故发生时承保涉案核设施的保险公司,包括依法律提供财务保证以履行营运人责任的人;

(d)"法定代理人"与《1908年民事诉讼法》(1908年5月)第二章第11条项下的"法定代理人"同义;

(e)"索赔裁决当局"是指依法对核事故有管辖权的索赔委员或委员会。

(2)为本法所用,且其他未定义但在本法中定义的词语,具有本法中专门赋予的含义。本条例中出现但未定义的词语应与法律中该等词语的定义相同。

第二章　保险和财务保证

3. 保单和财务保证

(1)营运人应依法律第八章规定,获取保单或财务保证,或两者的结合。

(2)分则(I)中提到的财务保证不可撤销,并应继续至将核设施的所有乏燃料从乏燃料贮存池中取出或将所有乏燃料从反应堆堆芯中取出为止。

(3)在核电厂退役之前应向中央政府承诺安排股票、债券或金融工具作为财务保证并确保依此落实。在此期间,应按 1:1.33 的比例来维持该财务保证的额度,如有不足,营运人应立即通过保险或其他财务保证手段予以补足。

(4)本条例不禁止若干营运人按各自装机容量的比例联合安排财务保证。

(5)本条例不适用于中央政府拥有的核设施。

第三章　核事故报告

4. 核事故报告

(1)营运人应在核设施或运输途中的核材料发生核事故后立即向下列机构报告:

(i)中央政府;

(ii)依本法第 8 条对承保核设施的保险人;和

(iii)对该等核设施具有管辖权的原子能管理委员会,该委员会可以指令形式明确对报告的要求;

(iv)中央政府依分则(1)接到来自营运人关于核设施的报告时,发现对该等核设施无管辖权的,应审查该报告并将审查意见和报告转发给原子能管理委员会。

(2)原子能管理委员会应审查依本条例提交的报告,并依法律第三章规定对核事故进行通告。

5. 许可机关报告

(1)根据第(3)款通知的核事件提出的索赔要求一旦提出,则主管机构应适用《1962 年原子能法》(1962 年第 33 号令)第 14 条、第 16 条和第 17 条规定向许可机关以 A 表格的形式发出指令。

(2)依分则(1)发出指令的许可机关,应在接到指令的 10 天内,向索赔当事人以 B 表格的形式提交关于许可操作详细报告。

第四章　索赔裁定

6. 赔偿申请

(1)申请核损害赔偿,应符合表格 C 之规定:

(a)受伤人员;或

(b)财产损失的所有者;或

(c)死者代表;或

(d)以上人员或财产所有人正式授权的代理人或法定代理人。

如赔偿申请非死者全部法定代理人提出,则该申请视为全部法定代理人提出或代表所有法定代理人的利益,未提出该申请的法定继承人则应追加为第三人参加诉讼。

(2)在向有裁决权的索赔裁决当局申请索赔时,索赔裁决当局可要求每份核损害赔偿申请书应附有与代理人人数相等的复印件。

(3)各申请应附加:

(a)申请人的誓词,应声明在该申请所附的事实陈述真实,尽其所知或所信,如果申请人此前对同一诉讼请求的索赔申请提出申诉;若此,将导致结果不确定;

(b)所有的证明文件和誓词及为证明其申请依据的宣誓、誓词以及所有文件均以此为准,索赔裁决当局不得接受申请人根据其递交申请书时未提供文件或誓词来证明其诉求,除非有充分理由证明他早期无法递交;

(c)申请人需提供身份证明以满足索赔裁决当局的要求,除非因以书面形式记录的特殊理由获得豁免;

(d)经律师正式证实申请人护照像尺寸大小的照片;

(e)医疗伤害或影响证明。

(4)索赔裁决当局也可要求申请人提供以下信息,以排除虚假或串通索赔:

(a)所有早先的核事故详情,其中申请人或死者(视情况而定)与该事故有关;

(b)早先的核事故中受害人的姓名和详情,以及支付损害赔偿人所支付的赔偿数额;和

(c)本款第(b)项所述人士与申请人之间的关系。

(5)经仔细核查后,索赔裁决当局可将发现有错误的申请退回;申请人在修订错误后重新递交申请,重新提交的期限不得超过15天。

(6)索赔裁决当局应在登记册上妥善记载每项索赔申请。

7. 通知回复

索赔裁决当局接到根据第6条的索赔申请,除非依本条例第6条第(5)款发现有误外,应回复告知申请人索赔申请的聆讯日期,并要求签字确认。

8. 提供文件副本

索赔裁决当局应连同通知书向申请人免费提供以下副本:

(i)赔偿申请;

(ii)申请人依第6条提交的文件和誓词;和

(iii)申请人所依据的文件。但如果索赔裁决当局认为此类文件庞大,则可不向申请人提供副本。同时在通知书注明,只允许申请人本人或通过授权人查阅。

9. 审查申请人

索赔裁决当局可在接获依第6条提出的申请后,申请人以口头方式提出的,而该等审查的内容(如有的话)应以书面形式记录下来。

10. 各方的出现和审查

(1)对方应在第一次聆讯时或之前,或在索赔裁决当局允许的充分时间内,提出书面声明,对申请中提出的申请进行答复。此类书面陈述应构成记录的一部分。

(2)对方应附上书面陈述、所有证明文件和誓词,以及支持陈述的所有事实的材料,将其列入交给申请人的书面陈述、文件及誓词清单。

(3)索赔裁决当局不得允许对方依据未随附书面陈述一并提交的文件或誓词来支持其答辩意见,除非有充分理由,且之前提交文件或誓词被拒绝。

(4)如果对方提出异议,或没有书面声明,索赔裁决当局应根据以下方式进行审查:

(5)索赔裁决当局可要求对方提供以下信息:

(a)所有早先核事故的全部详情,该等事故可能涉及该方,而该等赔偿已全部或部分获得;

(b)早先核事故中支付的赔偿数额,受害人的姓名和地址及支付损害赔偿的人;及

(c)上述(b)项所述人士与对方的关系(如有的话)。

11. 索赔裁决权的简易程序

在正在审理的案件中,索赔裁决当局可通过《1908 年民事诉讼法》第 37 号命令的一审审判程序,要求裁决赔偿。

12. 有权直接指令医疗检查

如果认为必要,索赔裁决当局可通过 P 表格直接指令政府或市立医院的医务人员或医务委员会对受害人进行检查和发放证明,说明由于核事故而导致的残疾等级和程度(如果有的话),医务人员或医务委员会有义务在接到指令后 7 天内提交报告。

13. 问题构成

索赔裁决当局在审议申请书、书面陈述、各方审查(如果有的话)及地方检查的结果后(如果有的话),在即将作出裁决的第一次听证会上,应形成问题,并记录下来。

14. 确定问题

(1)索赔裁决当局在形成问题后,审理并允许双方互相查证,宣誓人已依《1908 年民事诉讼法》第 37 号命令之规定附随申请及书面陈述提交誓词,索赔裁决当局应进行审理。

(2)索赔裁决当局为了对案件作出公正裁决,可允许各方提交他们可能希望获取的进一步证据,除非证明在此阶段应审查的证人誓词不能早日获得和提交,否则不能允许双方提交可能获取的进一步证据,尽管已经进行的尽职调查或证据不为当事人所知。

15. 出席证人的费用

索赔裁决当局应指令营运人承担召集证人的费用。

16. 记录证据的方法

索赔裁决当局对证人进行审查,针对各证人的证言的实质内容制作简短备忘录,该备忘录应由索赔裁决当局书面签字,并形成证据。专家证人的证言应逐字记录。

17. 获得补充资料和文件

索赔裁决当局应取得并发现必要的补充信息和文件,如可从医疗机构

和其他当局发现的必要证据,并在索赔中作出裁定,指定当事人在指定的日期出庭。

18. 赔偿

(1)索赔裁决当局应按顺序简明扼要地记录每一个问题的调查结果及得出这些调查结果的理由,并裁决当事人应支付给对方的赔偿数额。

(2)赔偿责任和裁决赔偿的程序可与在死亡案件中对法定继承人支付赔偿金的程序分开,如果索赔裁决当局认为向索赔人实际付款因确定身份和确定死者的合法继承人而耗时较长,索赔裁决当局可要求先将赔偿数额存入其中,然后在合法继承人确定后继续对各法定继承人公平地分配赔偿金。

19. 确保索赔人的利益

(1)凡向索赔裁决当局存放一笔应支付给女性总额的款项,对于应向该女性支付的该笔款项,可在该等水平内为该女性的利益而进行投资或进行其他处理,索赔裁决当局可直接向认为最适合为该女性或该女性的继承人提供福利的受抚养人或继承人支付该笔款项。

(2)凡向索赔裁决当局存放一笔应支付给残疾人总额的款项,对于应向该残疾人支付该笔款项,而该等款项可在该等水平内为该残疾人的利益而进行投资或进行其他处理,索赔裁决当局可直接向被认为最适合为残疾人或该残疾人的继承人提供福利的受抚养人或继承人支付该笔款项。

(3)对索赔裁决当局已作出裁决的申请,由于父母对子女的疏忽或由于受抚养人的情况的变化或其他充分的理由,索赔裁决当局就作出赔偿的款项的分配及应付给此类受抚养人的款项投资,适用或以其他方式处理的裁决应改变,在考虑案件背景后,索赔裁决当局在认为公正的情况下可作出进一步裁决,以改变原有裁决。

(4)对于未成年人,索赔裁决当局应命令将此类未成年人的赔偿数额投资于固定存款,直至未成年人成年;如果是由于监护人或继承人所产生的费用,在进行存款之前,该等费用可由该等监护人或继承人予以取回。

(5)对于文盲索赔人,索赔裁决当局应命令将赔偿数额投资于定期存款至少3年,但如果需要购买动产或不动产以提高索赔人收入,索赔裁决当局在确认该申请赔偿数额将实际用于上述目的后,可考虑该请求。

(6)对于半文盲人员,除非相应条件得到满足,否则应遵守第(4)款规定之程序存放赔偿数额,索赔裁决当事人以书面申请该笔款项的全部或部分来扩大现有业务或购买该分项规定的某些财产时,索赔裁决当局应确保该赔偿数额将用于该目的并支付。

(7)如果有非文盲人员作为索赔申请人,考虑到年龄、财务背景和社会状况及其他相关因素,索赔裁决当局为索赔人的更大的利益及出于确保赔偿金安全的考虑,可在其认为必要的情况下要求依第(4)款、第(5)款规定程序处置相应的赔偿数额。

(8)将来书面形式确定需进一步治疗,可发放对这种治疗费用裁定的赔偿数额。

(9)索赔裁决当局在投资方面应考虑到通过定期收入向索赔人作出最大限度的回报,并将其交给提供较高利率的国家或中央政府的公共部门进行。

(10)索赔裁决当局应以投资方式,将存款利息直接通过受索赔裁决当局指派的存款机构支付给索赔裁决当事人或未成年当事人的监护人。

20. 有权要求裁定的"有关人士"

(1)索赔裁决当局为裁决索赔申请,可选择在核领域具有专门知识的一人或多人,或拥有专门知识的其他人;

(2)索赔裁决当局应向分则第(1)项下的有关人员支付确定的报酬。

21. 法律执业者的参与

索赔裁决当局可自行决定允许一方通过法律执业者出席。

22. 延期聆讯

如果索赔裁决当局认定在一次听证会上不能完成申请处理,则应记录延期理由,并将延期聆讯日期告知在场的当事人。

23. 收到赔偿

索赔裁决当局应要求索赔人提供一式两份的收据,一份提供给付款人,而另一份则在进行付款时保留在记录中。

第五章　索　赔　权

24. 索赔权

(1)本法第 17 条(a)项所指的合同应包括索赔权之规定,赔偿数额不得低于本法第 6 条第(2)款的责任范围或合同本身的价值,以较小者为准。

(2)分则(1)中所述的索赔权期限规定应为《2004年原子能(辐射防护)条例》签发的初始许可证的有效期或“产品责任期”,以较长者为准。

说明1.为本法之目的:

(a)“产品责任期”是指供应商根据合同承担专利侵权、潜在缺陷或不满足服务标准责任的期间;

(b)“供应商”应包括以下人员:

(i)直接或通过代理人制造、设计、供应系统、设备或部件者;

(ii)为供应商提供构想或详细设计以制造系统、设备、组件或构建结构,向营运人负责质量保证者;

(iii)提供质量保证或设计服务咨询服务者。

说明2.为消除疑虑,在此澄清,营运人依本条例索赔在任何情况下均不得超过他在索赔之日所支付的实际赔偿数额。

第六章 其他规定

25.登记册

(1)索赔裁决当局应保留以下登记册:

(a)核损害索赔申请登记册;

(b)索赔裁决当局向当事人发出的通知登记册;

(c)临时裁决申请登记册;

(d)索赔裁决当局支付款项登记册;和

(e)被称为“日志”的每日程序日志。

(2)以死亡、永久性残疾、伤害和财产损失为理由的申请,应登记在单独的登记册中,称为“死亡、残疾等补偿申请登记册”。

26.保管和保存记录

与赔偿案件申请有关的文件和记录,自核事故发生之日起,应在档案室保存35年。

27.工作人员

索赔裁决当局应提供类似于提供给附属区域法院法官的工作人员。

28.工作人员及索赔裁决当局其他雇员的服务条件和薪酬、津贴

(1)依本法第20条第(2)款任命的委员会主席有权获得在任期内与高等法院法官薪酬相当的薪酬和津贴。

(2)依本法第 20 条第(2)款任命的委员会成员有权获得在任期内与印度政府部长助理薪酬相当的薪酬和津贴。

(3)依本法第 9 条第(2)款指定的索赔专员,有权获得与印度政府部长助理同等薪酬和津贴。

(4)其他职员和雇员,有权获得与相当的中央政府职员和雇员及本人在索赔裁决当局之前所在职位所获得的同等薪酬和津贴。

(5)索赔裁决当局的雇员及其他工作人员的退休年龄、退休福利、待遇和纪律处分事项,应与当时适用于中央政府雇员之规定相同。

(6)索赔裁决当局的雇员和其他工作人员有权获得中央政府不时提供的其他待遇、津贴或福利。

29. 解散委员会时工作人员和其他雇员的离职或调派

(1)中央政府依本法第 38 条解散委员会时,中央政府或州政府机关或职能机构的高级职员和其他工作人员被委派至委员会履职的,在委员会被解除的情况下被视为履职终止,并需调回到原来机关。

(2)本条第(1)款所述以外的职员和其他工作人员,可依中央政府的命令决定调派至中央政府办公室或其他机关。

30. 年报

索赔裁决当局应在各财政年度结束时,通过 E 表格向中央政府编制并提交关于其履职情况的年度报告,该报告需充分考虑到该财政年度内的活动情况,其中包含账目细节、索赔申请、报告年度和年度结束时的索赔情况。

五、菲律宾

原子能监管与责任法(节选)

(1968年6月15日批准　共和国第5207号法)

为批准原子能设施和材料的使用,并对其进行监管、追究核损害赔偿责任以及其他目的有法可依,制定本法。

第一章　基本原则

第1条　名称

本法称为《1968年原子能监管与责任法》。

第2条　政策宣言

菲律宾政府现宣布鼓励、促进、协助和平利用和发展原子能,以改善菲律宾人民健康状况,促进繁荣,提高基本福利,加快科技、农业、商业和工业的进步。

为实现上述目的,核设施和核材料的生产和利用应由国家控制,确保国家履行国际义务,保护工人和民众的健康和安全,并防止未经授权而使用前述设施和材料。

鼓励原子能和平发展和利用,为公众提供适当保护,制定核损害赔偿责任规则,确保提供资金履行赔偿责任以符合国家利益。

第3条　本法用语的定义

(a)"委员会"是指菲律宾原子能委员会。

(b)"核设施"是指委员会随时通过法规确定,可批量或以某种方式生产或利用核材料的设备或装置,并对国家利益或公众健康安全意义重大。

(c)“核材料”是指“源材料”“特种可裂变材料”或其他放射性材料。

(d)“独立操作员”是指操纵原子能控制设施的个人。

(e)“设施操作员”是指由委员会批准的某设施操作员。如果委员会没有批准任何人作为该设施操作员且由委员会操作该设施,委员会应视为“设施操作员”。

(f)“核损害”是指来自于送往核设施的核材料所含的核燃料、放射性产物和废物,或来自于其他核设施辐射源发射的电离辐射,具有放射性、毒害性、爆炸性或其他危害性,或由前述几种危害性互相结合,而造成的死亡、人身伤害或财产损害、财产丧失使用功能。“人身伤害”是指直接由于身体或其他创伤引起的身体、精神损失(包括死亡)及疾病。

(g)“核燃料”是指通过核裂变自持链式反应可产生能量的材料。

(h)“核事故”是指造成核损害的单一事件或起因相同的一系列事件。

(i)“核设施”是指(1)核反应堆,但不包括安装在海上或空中交通工具上提供动力(无论是用于推进还是其他目的)的反应堆;(2)使用核燃料生产核材料的工厂,或处理核材料的工厂,包括对辐射过的核燃料进行后处理的工厂;(3)贮存核材料的设施,不包括运输该等材料过程中的临时贮存设施。

(j)“核材料”是指(1)核反应堆之外单独或与其他材料结合通过核裂变自持链式反应可产生能量的核燃料,不包括天然铀和贫化铀;(2)放射性产物或废物。

(k)“核反应堆”是指含有核燃料的任何结构,其堆芯裂变的自持链式过程可能发生在其中,而无需额外的中子源。

(l)“人”是指个人、合伙、组成法人或未组成法人的私人或公共组织、政府机构,但不包括“委员会”、依核设施所在国法律享有法人人格的国际组织、国家或地方政府,也指前述“人”的合法继承人、代表、代理人或代理处。

(m)“放射性产物或废物”是指生产或使用核燃料过程中产生的放射性物质,或指生产或使用核燃料时受到附带辐射而产生的放射性物质。但不包括出于科学、医疗、农业、商业或工业目的即将完成生产可投入使用的核燃料或放射性同位素。

(n)“源材料”是指含有天然同位素混合物的铀，贫化铀-235、钍；以金属、合金、化合物或浓缩物形式存在含有上述物质的材料以及其他材料，其中含有一种或多种上述委员会可随时确定其浓度的物质。

(o)“特种可裂变材料”是指钚-239、钚-241、铀-233、铀-235、含有上述一种或多种委员会能随时确定同位素的材料以及其他可裂变材料，但是不包括源材料。

(p)“个人”是指自然人。

第七章　核损害责任

第37条　营运人责任

有证据证明核事故引起损害的，核设施营运人应对有下列情形的核损害承担责任：

(a)在其核设施内发生；

(b)涉及源于其核设施核材料的，并发生：

(1)就核材料涉及的核事故承担责任前，其他营运人根据书面合同明确条款已承担责任；

(2)没有前项明确条款的，在其他营运人管理核材料之前；

(c)涉及运往核设施的核材料的，并发生：

(1)营运人就核材料涉及的核事故承担责任后，其他营运人根据书面合同明确条款已发送核材料；

(2)没有前项明确条款的，该营运人管理核材料之后。

但是，如果核损害由核设施内发生之核事故所引起并涉及运输过程中临时贮存在其中的核材料的，依本条(b)款或(c)款规定，发生其他核设施营运人或个人单独承担核损害赔偿责任的，则本条(a)项规定不适用。

(d)尽管本条有相反规定，但有证据证明核损害是因核材料在运输过程

(1)从菲律宾外的核设施前往营运人营运的核设施途中；或

(2)从营运人营运的核设施前往菲律宾外的核设施途中发生核事故引起的，核设施营运人应对核损害承担责任。

菲律宾及前述菲律宾外核设施所在国共同缔约的有效国际条约没有对上述情况作出相反规定的，适用本条规定。

第 38 条　绝对及唯一责任

(a)核设施营运人承担绝对核损害责任;

(b)对于具有特殊性质的严重自然灾害直接或间接造成的核损害,营运人不得免责;

(c)除本法第七章另有规定外,营运人以外的任何人均不承担核损害责任。

第 39 条　索赔

有下列情形的,营运人可行使索赔权:

(a)与其他营运人签订书面合同约定享有该等权利的;

(b)如果核事故是由于他人造成损害的作为或不作为所引起,则对有此作为或不作为的个人有索赔权。但是,该营运人或包括委员会在内的其他可能代位行使营运人索赔权的人,不得依任何法律向可能为前述作为或不作为承担责任的自然人,包括但不限于雇主、家长和教师提起诉讼。

第 40 条　索赔人的重大过失或故意行为

如果核损害完全或部分是由受害人的重大过失或故意不作为造成的,法院可豁免营运人对该受害人承担的赔偿责任。

第 41 条　除外责任

由于武装冲突、敌对行动、内战或暴动行为直接造成核损害,营运人不承担责任。

第 42 条　责任限制

本法规定,营运人对每一起核事故承担的损害赔偿责任最高限额,为相当于 500 万美元的菲律宾比索,不包括利息及诉讼费用。

第 43 条　营运人财产免责

依本法规定,营运人对下述核损害不承担责任:

(a)对核设施本身的核损害或对在核设施所在地使用的或拟使用的同该设施有关财产的核损害;或

(b)对运输工具的核损害,而在核事故发生时,有关的核材料在此运输工具上。

第 44 条　不受本法影响的责任

本法的各项规定不影响:

(a)任何个人对核损害应承担的责任,对该等核损害,营运人依第 41 条及第 43 条规定不承担责任,同时上述损害是由于上述个人故意造成损害的作为或不作为所产生;或

(b)依本法第 43 条第(b)款规定,营运人对本法规定以外的核损害不应承担责任。

第 45 条　除外情形

委员会判断少量核材料所涉风险程度极低的,则可规定使用少量核材料不需适用本法律。但前提是:

(a)前述排除本法适用的情形,已由国际原子能机构理事会设定最高限额;和

(b)除外情形应满足最高限额规定。

第 46 条　财务保证要求

除非营运人依本法安排保险或其他财务保证以覆盖其依本法应承担的核损害责任,否则不得颁发运营核设施许可证。委员会应以立法规定本法所要求之财务保证的类型和期限,包括私人保险、私人合同赔偿、自保或本法要求的其他保证或前述几种财务保证的组合,以证明营运人具有财务能力承担核损害责任。但是,在确定该等财务保证的类型和期限时,委员会应根据被担保的目标以确保核事故潜在受害人得到充分有效赔偿的同时,而不给营运人强加不合理的负担。

第 47 条　承运人证明

根据委员会可能颁发之规定,营运人应向核材料运输的承运人提供证明,该证明由依第 46 条安排财务保证的保险人或其他财务保证人或他们的代表签发。该证明的格式和内容由委员会立法规定,载明营运人的名称、地址、财务保证的数额、类型和期限,并载明接受证明的一方或其代表不得对证明所载信息提出异议。该证明应明确被担保的核材料,并表明委员会已查明,证明所指令的营运人符合本部分对营运人之规定。

第 48 条　非核损害视为核损害

发生核事故造成核损害和非核损害的,或发生核事故及其他事故共同造成核损害和非核损害的,有前述非核损害不能与核损害合理分离情形的,为实施本部分规定,应认定核事故造成前述非核损害。但是,若损害由本部分所涉及之核事故及本部分未涉及之电离辐射排放所共同造成,则本法各

项规定不得对损害责任的承担(如受害人或对电离辐射排放责任的索赔)加以限制或造成影响。

第 49 条　多个营运人的责任承担

如果核损害涉及多个营运人的责任,则适用以下规则:

(a)归责于多个营运人的损害不能合理分割的,涉事的多个营运人应承担连带责任;

(b)核材料运输过程中发生核事故的,无论其发生在同一运输工具上,或发生在因运输而加以贮存时,还是发生在同一核设施中,并造成多个营运人承担核损害责任的,则这些营运人所承担责任总额不超过本法第 42 条规定之责任限额;

(c)有上述(a)款或(b)款情形的,任何营运人的责任不得超过第 42 条规定之限额。

第 50 条　多个核设施营运人

依第 49 条规定,当一次核事故涉及属同一营运人负责的多个核设施时,则该营运人对每一有关的核设施承担的责任均应依第 42 条对其规定的赔偿数额办理。

第 51 条　作为营运人的核材料承运人或处理人

委员会可依其制定的法规或命令规定之条款和条件要求并经营运人同意,指定核材料承运人或处理放射性废物的人员,分别代替前述核材料营运人或放射性废物营运人,作为该等设施的营运人。为履行本第七章之目的,该承运人或该处理人应视为核设施营运人。

第 52 条　政府补偿

政府通过委员会补偿承担责任的营运人,并应提供必要的资金,用于支付针对核损害索赔,且该等核损害针对营运人提出但超过保险或其他财务保证所担保的范围。但是,政府依本条所承担的义务连同保险或其他财务保证担保的额度不得超过第 42 条规定之限额。

总统可指定人员代表国家与服务或货物(政府或其代表、政府机构或国有公司、国家控股公司所有或运营的核设施采购的服务或货物)的承包商、供应商签订赔偿协议。根据该等协议,政府同意赔偿或豁免前述承包商、供应商的责任,该等责任由菲律宾境内发生之核事故引起,且超过本法规定之保险或其他财务保证所担保之范围。但是,该等赔偿不得超过相当于 1.2 亿美元的菲律宾比索。

第 53 条　索赔超过最高限额

(a)承担责任营运人或委员会提起诉讼时,或有迹象表明核事故造成的核损害可能超过第 42 条设定的责任限额时,有管辖权的法院应视情况所需而发布命令以确保公平分配赔偿金,包括就拟向索赔人支付款项进行分配的命令,允许在最终确定索赔总额之前部分付款的命令,以及为将来可能发现的潜在伤害预留部分资金的命令。

(b)核事故造成的核损害超过或可能超过第 42 条规定之责任限额的,委员会应向国会提交附有其建议的报告,包括为核损害受害人提供额外拨款的建议。

第 54 条　具有管辖权的法院

核事故发生地的初审法院对本法规定之核损害赔偿之诉具有专属管辖权。

第 55 条　委员会参加诉讼

核事故发生后,有迹象表明政府可能依第 42 条规定支付赔偿金的,对于核事故造成核损害索赔之诉有管辖权的法院应允许委员会在呈请之后最终判决之前的任何时间参加诉讼。

第 56 条　强制检查

核事故发生后,有迹象表明依本法第七章规定可能需要支付赔偿金的,委员会可采取适当措施以确定涉事人员已遭受或可能遭受该等核事故引起的核辐射。该等措施可能包括要求前述人员在委员会提出要求之日起 3 个月到指定的机关或机构接受检查。为确定赔偿数额或损害赔偿索赔权时,法院可酌情考虑索赔人在履行上述义务过程中不可原谅的错误。

第 57 条　核事故调查

有迹象表明依本法规定可能需要支付赔偿金的,委员会应调查核事故的原因和影响,并向公众、有关各方和法院公布调查结果。

第 58 条　同一厂址的多个设施

为实施本法第七章,委员会可认定在同一厂址、由同一核营运人负责的多个核设施为单一核设施。

第 59 条　豁免政府财务保证责任

本法不要求运营核设施的政府、政府机构做出财务保证安排以承担其作为营运人的责任。

第 60 条　取消或暂停财务保证

保险人或其他财务保证人未事先依委员会立法规定做出书面通知,而径行暂停或取消其依本法安排的保险或其他财务保证的,为违法行为。

第 61 条　索赔诉讼之被告

依本法有权获得核损害赔偿的人,可自行选择对营运人、保险人或本法规定之其他财务保证人索赔之诉。

第 62 条　权利灭失

本法规定之赔偿请求权自核事故发生之日起 10 年内不行使即灭失。此外,自请求权人知道有损害及承担赔偿责任之核设施营运人时起 3 年内不提起本法规定赔偿之诉的,其诉权即告消灭。但是,核损害受害人及前述依本法规定期间提出赔偿之诉者,即使期间已届满,仍得就其加重之损害追加诉讼请求,但以在终审判决作出前为限。

第 63 条　核材料丢失、被盗的诉讼时效

引起核事故之核材料系经盗窃、遗失、投弃或抛弃者,其依第 62 条之损害赔偿请求权从核事故发生之日起算,但该等请求权自核材料被盗窃、遗失、投弃或抛弃之时起 20 年内不行使即灭失。

第八章　刑 罚 条 款

第 64 条　违反特殊条款的法律责任

任何人故意、企图或共谋违反本法第 6 条或第 16 条规定的,一经定罪,处 5 年以下有期徒刑,并处或单处 10,000 比索以下罚金。

第 65 条　违反普通条款的法律责任

任何人故意、企图或共谋违反本法条款且该等条款未明确规定法律责任的,或违反依本法规定、命令或依本法颁发许可证的,一经定罪,处 2 年以下有期徒刑,并处或单处 5,000 比索以下罚金。

第九章　最 终 规 定

第 66 条　条款可分性

本法部分条款无效,或该等条款适用于个人或个案无效的,本法其他条款及适用性效力不受影响。

第 67 条　条款废止

对违反本法规定之所有法律、行政命令、公告、规章等应予以废止或修订。

第 68 条　生效期

本法自政府公报上刊登后第 10 天起生效。

六、马来西亚

原子能许可法(节选)

(1984 年 6 月 27 日　304 号)

第 42 条　核设施营运人的定义

“核设施营运人”指

(a)依本法许可并获政府批准作为核设施营运人;或

(b)依本法若未撤销或暂停许可,将继续视为此类许可证的持有人。

第 43 条　核设施营运人责任

(1)核设施营运人在被证明核损害系由核事故造成的若干情形,应承担责任。具体情形包括:

(a)核设施营运人的核设施内;

(b)核材料来源或产生于核设施营运人的核设施,并且

(i)在核事故责任被推定之前,根据合同条款被假定为另一方核设施营运人;

(ii)在无明文条款的情况下,在另一方核设施营运人接管核材料之前。

(2)如证据表明核损害系核材料运输过程中引起核事故,营运人应承担:

(a)运输核材料的运输工具自马来西亚境外运至马来西亚的核设施之日起;

(b)运输核材料的运输工具自马来西亚的核设施离境之日起。

(3)本条第(2)款规定不适用于:

(a)马来西亚政府和相关国政府相互之间有双边或多边协议,其中

关于核材料运输的适用协定与本法有抵触；

(b)国际公约中关于核材料运输的适用条款与本法相抵触，且马来西亚政府和相关国政府均为缔约方。

以上情形下核设施营运人和所有其他相关人员的责任应依国际公约确定。

第 44 条　核材料运输途中的核损害责任

(1)运输核材料自马来西亚离境前往马来西亚以外之目的地途中所发生的核事故，应由核材料输出国政府授权运输的核设施营运人对所造成的核损害承担责任。

(2)任何人不得运输核材料从马来西亚离境前往马来西亚境外目的地，除非核设施营运人：

(a)提供委员会可能要求的财务保证；

(b)提供委员会满意的证明，证明被授权运输核材料离境。

第 45 条　绝对和排他责任

核设施营运人对核损害承担绝对责任。

第 51 条　核材料承运人或处理放射性废物的营运人被指定为核设施营运人

政府依本法，应核材料承运人或处理放射性废物营运人的请求，并经核设施营运人的同意后，指定其替代作为核设施营运人承运核材料或处理放射性废物。此承运人或营运人的指定在本法中即被视为核设施营运人。

第 59 条　责任限额

(1)关于责任限额，若有与本法相抵触之法律，依本法之规定。核设施营运人应对任一核事故造成的核损害承担 5,000 万马来西亚林吉特的责任限额。

(2)委员会可考虑核设施的规模和性质，以及所涉及损害的程度或任何其他情况，规定不同于以上第(1)款的责任限额，但此额度在任何情况下仍不得少于 1,200 万马来西亚林吉特。

(3)第(1)款和第(2)款所述的额度不得包括法庭判定的核损害赔偿的利息或费用。

第 60 条　财务保证

(1)依本法，政府不得许可核设施营运人或其他营运人运营核设施或进出口核材料,除非有满足核损害责任的财务保证。

(2)委员会应规定核设施营运人或其他营运人的保险或其他财务保证的类型和条款。此保险或其他财务保证包括私人保险、私人合同赔偿险、自我保险、组合险、其他支付赔偿的财务能力信用/保证。

第63条　权利和诉讼时效

(1)除以下第(2)款另有规定外,本法规定之求偿权应自核事故发生之日起20年内有效。

(2)如果有以下情形,受害人应自知道或应当知道损害之日起20年内提起诉讼,否则不予支持:

(a)任何声称遭受核损害并依本款规定在时效期内已提出赔偿诉讼的人可修改其索赔请求,以考虑到期之后损害的增加;

(b)未进行最终判决。

第65条　索赔超过最高限额

当核事故造成的核损害索赔可能超过第59条规定之责任限额,马来西亚政府依本法第61条作出申请时,法庭应颁布一些必要的法庭裁定来保证赔偿的平均分配,包括赔付索赔人款项的分配以及允许其在总赔偿数额确定前予以部分支付。

七、印度尼西亚

1997年第10号核能法(节选)

(印度尼西亚共和国1997年第23号政府公报　1998年印度尼西亚共和国第3676号补充政府公报)

第一章　一般规定

第1条　定义:

(12)核设施包括:

(a)核反应堆;

(b)用于提取、转化浓缩铀,生产核燃料及加工乏燃料的设施;和

(c)用于贮存核燃料和乏燃料的设施。

(16)核损害,是指人身伤亡、疾病或财产损失,辐射造成的环境污染和损失,或核燃料在核设施内或运输过程中达到临界状态产生的辐射、有毒、爆炸及其他危险结果,包括采取预防措施的费用及修复受损环境而产生的费用。

(18)第三方,是指受到核损害的自然人和法人,核设施营运人及其雇员除外。

第七章　核损害责任

第32条　因国际或国内武装冲突、超过安全设计标准的严重自然灾害造成的核损害,核设施营运人不承担赔偿责任。

第33条　(1)若核设施营运人已经依本法第28条支付赔偿金且能够证明核损害是由第三人故意造成的,则营运人可免于承担全部或部分的赔

偿责任;

(2)前款条件下,核设施营运人有权就其已经支付的赔偿金向故意造成核损害的第三人追偿。

第 34 条 (1)无论核损害是发生在核设施内还是核燃料或乏燃料的运输过程中,核设施营运人对每一个核损害事故承担的赔偿最高额均不超过 9,000 亿卢比;

(2)前款确定的赔偿最高额由总统令颁布;

(3)本条第 1 款和第 2 款规定之赔偿最高额限于核损害,不包括利息和诉讼费用;

(4)本条第 1 款规定之赔偿最高额可通过政府法规进行修订。

八、孟加拉

原子能监管法(节选)

(2012 年 6 月 19 日批准　2012 年第 19 号法)

第七章　核责任及范围

营运人或外国营运人责任

第 43 条　(1)依本法,发生核损害的,只有核营运人或外国营运人应承担核损害责任,有前述情形的,应证明核营运人或外国营运人所承担之损害由已发生的核事故造成。

(2)如果核材料被盗、遗弃或丢弃,最近任一拥有该等核材料持有许可证的核营运人或外国营运人承担由此引起的核损害责任。

(3)发生核损害的,应承担核损害赔偿责任。

运输责任

第 44 条　(1)运输核材料的,发送核材料的核营运人或外国营运人应承担核损害赔偿责任,除非核营运人或外国营运人接管核材料,或接收人和营运人在运输期间就责任转移签订书面合同。承运人请求将该责任分配给自己,则本法项下的承运人可视为营运人。

(2)核材料运往孟加拉国境内之收货人的,发送核材料(已被装载到孟加拉境内的运输工具上)的营运人或外国营运人将承担核损害责任。

(3)孟加拉国境内人员运输核材料的,核材料装载到运往孟加拉境外的运输工具上后,营运人或外国营运人将承担核损害责任。

责任限额

第 45 条　每次核事故的最高责任限额应相当于 3 亿特别提款权,或由政府通知确定。每一起核事故对应的具体责任限额应依核营运人或外国营运人责任法律确定。

财务保证

第 46 条 (1)核营运人或外国营运人应为核损害安排保险,并且应维持保单有效或安排其他财务保证。

(2)核营运人或外国营运人应依本条第(1)款向主管部门提交财务保证资料以获批准。

(3)如果核营运人或外国营运人安排的保险或财务保证额度不足以支付依第本条(1)款对其就核损害索赔额,孟加拉国政府应确保将支付赔偿款。但是,超出第 45 条规定之责任限额以外的赔偿数额将不会得到支付。

赔偿请求权消灭

第 47 条 (1)如果依本法之规定在核损害存在期间没有提起诉讼,则赔偿请求权经过下列期间而消灭:

(a)发生死亡或人身伤害的,在核事故发生之日起 50 年内;

(b)发生其他核损害的,在核事故发生之日起 25 年内。

(2)受害人、核营运人或外国营运人在核事故发生之日起 10 年内不行使追偿请求权的,本条第(1)款规定之核损害赔偿请求权消灭。

(3)管辖法院没有不同决定的,即使诉讼时效已届满,受害人及赔偿请求权行使人可在终审判决作出前,得就其加重之损害追加诉讼请求。

赔偿

第 48 条 (1)依本法做出赔偿的性质、类型、数量和额度依法律规定。

(2)依第 45 条确定最高责任限额时,需赔偿的损害超过或可能超过最高赔偿数额的,赔偿应优先分配给就死亡或人身伤害提出的索赔。

(3)民事法院对核损害赔偿的裁定,可裁定为受害人提供的福利和费用,第 45 条规定之最低责任除外。

管辖权

第 49 条 (1)依本法之规定,对在国境线或孟加拉专属经济区发生的核事故引起的核损害提起的赔偿之诉应依本法向有管辖权的法院提起。

(2)依本法之规定,有权获得核损害赔偿的人员,可依第 46 条规定向核营运人、外国营运人、保险人或其他财务保证人提起诉讼。

豁免

第 50 条 （1）如果证明以下原因直接引起核损害的，则豁免核营运人或外国营运人责任：

（a）特别严重的自然灾害；

（b）直接武装战争、敌对行动、内战或大规模内乱。

（2）核损害完全或部分是由受害人的重大过失或故意不作为造成的。

（3）核事故是由于个人故意造成损害的行为或不作为所引起的。

九、哈萨克斯坦

原子能利用法(节选)

(2016 年 1 月 12 日　442 - V 3PK)

第 28 条　因原子能利用设施使用不当造成损害的赔偿

1. 因原子能利用设施使用不当给自然人和法人造成的损害应根据哈萨克斯坦共和国立法承担赔偿责任。

2. 自然人和法人因不当使用原子能利用设施的,应根据哈萨克斯坦共和国立法规定之程序赔偿给土地、水、自然界与动物界造成的损失,包括修复土地和恢复土壤肥沃的费用。

第四部分　美洲主要国家核损害责任法律法规

一、美　国

原子能法(节选)

(1954 年 8 月 30 日)

42 USC 2210.

第 170 条　赔偿及责任限制

a. 对被许可人的财务保证要求——为实现第 2i 条规定的公共利益,根据第 103 条、第 104 条获得许可证及根据第 185 条获得建设许可证的前提条件是,前述被许可人应当安排符合核能管理委员会(在本条简称为"委员会")要求的类型及额度的财务保证。此外,根据第 53 条、第 63 条或第 81 条获得许可证的前提条件是,被许可人能够安排符合委员会要求的类型及额度的财务保证。该等要求系委员会在实施许可证颁发、履行其监管权及承担监管责任过程中根据 b 款所提出,目的在于承担赔偿公众的责任。需要启用前述财务保证时,许可证还规定被许可人可以根据第 c 款签订赔偿合同并保持该等合同有效。为颁发许可证,委员会可能进一步规定,申请人应放弃联邦或国家法律规定的公众责任免责。

赔偿合同

弃权

责任保险

b. 被许可人财务保证的额度及类型

(1)主要财务保证的额度应以私人资本能提供的责任保险额度为限,但不包括委员会可能设定的较低额度财务保证。该等财务保证以书面标准为基础,参考下列因素不定期做出修订:(A)私人保险的费用及期限,

(B)被许可活动的类型、规模、位置以及与危险相关的其他因素,(C)被许可活动的性质及目的,但是,对于设计目的为大规模发电且额定功率在10万千瓦以上的设施,主要财务保证额度应达到私营资本以合理价格和期限可提供的最大额度(但不包括根据本条规定的行业回顾性评级计划可获得的私营责任保险额度)。该等主要财务保证额度包括私营保险、个人赔偿合同、个人保险、其他财务责任凭证,或前述几种方式的结合,并且应当符合委员会可能以法律、法规、命令等形式做出的规定。委员会除要求受补偿人安排主要财务保证(其额度应以私人资本能提供的最高责任保险额度为限)外,还要求受补偿人根据行业回顾性评级计划提供可获得的私营责任保险,在核事故引起的公众责任超过或可能超过核事故所涉受补偿人安排的法定财务保证额度时,该等保险将提供全部或大部分延迟产生的保费。这样安排的前提是,对于被许可经营前述设施的所有被许可人而言,该等保险是可以获得且必须获得的,无须考虑被许可人安排其他类型或额度的主要财务保证方式。此外另一个前提是,前述计划规定的在核事故发生后向受补偿人追加收取的延迟产生的保费标准最高不能超过9,580万美元(可根据第t款项下的通货膨胀进行调整)且每一年收取的费用不能超过1,500万美元(可根据第t款项下的通货膨胀进行调整)。对于被要求安排最高额主要财务保证的每一设施之被许可人,前提是:在核事故发生后可能被收取的费用不能超过被许可人就核事故公众责任索赔和费用分摊总额应承担的比例[不包括第o款第(1)项第(D)目下规定的法定费用,该条款未授权支付该等费用],被许可人应缴纳本法规定之延交保费国家税,但该等税费不含委员会确定的追溯保险费。

(2)(A)委员会可根据具体情况就低于第(1)项所规定之年度延交保费额标准提交年度延交保费的额度进行评估:

(i)在一个日历年度内发生两次以上核事故的核设施;或

(ii)被许可人获准营运多于两个设施的,若委员会根据本款第(1)项评估标准年度延交保费额度会导致受补偿人或其纳税人产生不确定的财政困难。

(B)委员会根据本项第(A)目评估低于年度延交保费额度的,委员会应就某一时间段内标准年度延交保费额度与低于标准提交的年度延交保费额度差异评估事宜收取费用,计算利息的利率由财政部确定,其基准是:在根据本款第(1)项进行的标准年度延交保费评估到期前一个月,在美国类似成熟度的当前市场上剩余市场债务的平均收益率。

(3)委员会应设定必要的规定以保证在合理时间到期前可用资金符合延交保费评估需要,若发生私营行业或保险可能无法及时提供该等保费情形的,委员会还可提供再保险或以其他方式保障该等保费得以缴纳。为保证支付延交保费,委员会与受补偿人或赔偿人签订的合同可以包括以下委员会认为合适的条款,借此以实施本条规定和确保受补偿人或赔偿人向委员会偿还因无法履行与财务保证相关的义务而发生的欠款。条款应包括但不限于在被许可设施上、在因经营该等设施所获利益上或在受补偿人的其他财产或收入上设置留置权,以确保偿还欠款以及同意许可证被自动撤销。

(4)(A)根据本款第(1)或(2)项规定,发生因受补偿人要求延交保费而导致每年度可用于支付有效索赔的资金不足的情形,或委员会被要求实施再保险或提供本款第(3)项规定的担保付款的,委员会为预付必要资金应当:

索赔

(i)要求国会拨付充足资金以满足该等支付;或

(ii)在拨款法案批准的范围内,以委员会和财政部都同意的方式、名义向财政部指出其附履行期限的义务,以及该等义务适用的条款及条件。

(B)除拨付本款第(3)项规定的再保险或担保付款所需资金外,根据本项第(A)目第(i)点的规定拨付的资金中因评估标准延交保费而获得的额度应当用于偿还美国财政部的普通基金。计算延交保费利息的利率由财政部长确定,其基准是:在根据本项第(A)目第(i)点拨付的资金到位前一个月,在美国类似成熟度的当前市场上剩余市场债务的平均收益率。

(C)除拨付本款第(3)项规定的再保险或担保付款所需资金外,本项第(A)目第(ii)点规定的偿债义务应由委员会在评估标准延交保费而获得的额度内承担。该等偿债义务包括偿还利息,利率由财政部长参考以下因素确定:在根据本条规定的义务发布前一个月,在美国类似成熟度的当前市场上剩余市场债务的平均收益率。财政部长应当购买已公布的债务,为实现该目的,可出售根据《美国联邦法典》第31章第31节之规定所发行的证券,并作为一种政府债务交易对其收益进行使用。同时,在该章节下规定在何种情形下可发行证券,其适用性也包含对该类债务的购买。财政部长可在任何时候出售本段所述财政部所获得的该类债务。财政部长在本段项下对该类债务的赎回、购买及出售,均视为美国政府的债务交易。

有价证券

(5)(A)在本项中,对于本项第(B)目所规定之组合设施,委员会应视其为一个额定容量为1兆瓦或以上的单个设施。

(B)上述第(A)项规定的组合设施,是指位于同一地点,单个设施额定容量1兆瓦至3兆瓦的两个或以上的设施,但总的额定容量不超过13兆瓦。

c. 对核能管理委员会被许可人的赔偿——在1954年8月30日至2025年12月31日之间所颁发的许可证,要求的财务保证不超过5.6亿美元。当核事故发生后,由此引起的公众责任大于被许可人的法定财务保证要求时,委员会应同意进行赔偿,以保护被许可人及其他可获赔偿人员的利益。对每次核事故,对所有可获赔偿人员的总赔偿限额为5亿美元,不含调查和处理索赔的费用以及就损失提起诉讼的抗辩费用,不过,倘若所要求的财务保证超过6,000万美元,则该总赔偿限额将相应减去超出部分。

此种赔偿的约定将保障因为从事经许可的活动所引起的相关公众责任。对于生产或应用设施,如其建设许可是在1954年8月30日至2025年12月31日之间颁发的,本小节项下的要求将适用于这些设施在2025年12月31日之后所进行的经许可的事项。

d. (1)(A)除了其他授权外,能源部长(在本节简称为部长)在2025年12月31日前,可以就本小节项下的赔偿与任何人签订合同,这些人基于与能源部的合同开展涉及公众责任风险以及不适用本条第b款项下财务保证要求或第c款或第k款项下赔偿合同的活动。

(B)(i)(I)自1988年《普莱斯－安德森法》修正案颁布之日起60天后,根据本项第(A)目项作出的赔偿合同应是对因实施第(A)目规定之活动而产生的公众责任的唯一赔偿方式。该等活动包括根据合同进行的活动,该等合同包含公共法85－804规定的赔偿条款,且该等合同签署的时间在1987年8月1日至1988年普莱斯－安德森法案修正案颁布日之间。

生效日

(II)秘书可将关于某事项或抗辩弃权的条款纳入本项第(A)目所述的合同中,以此作为第n款第(1)项规定的慈善或政府豁免,该等慈善或政府豁免应被纳入赔偿合同中。根据本条纳入的任何此类条款适用于进行核废物活动而产生的核事故,且该等核废物活动受本项第(A)目规定的赔偿合同约束。

(ii)受本项第(A)目所规定之赔偿合同约束的核废物活动(该等活动基金的来源是根据1982年《核废物政策法》(42 USC 10222)第302条规定所设立的核废物基金)造成的核事故引发的公众责任应由核废物基金予以赔偿,赔偿金额不得超过本条第b款规定的被许可人应当安排的最高财务保证金额。

索赔

(2)在根据第(1)款签订的赔偿合同中,秘书:

(A)可要求承包商提供和维持财务保证,财务保证的类型和额度应由秘书决定,以承担因合同而产生或与合同有关的公众责任。

(B)应向该等责任范围内的被赔偿人支付赔偿金,该等赔偿金超过法定财务保证额度且总额在100亿美元以内。支付对象为每一次核事故中与合同相关的人员,包括秘书批准的承包商法定开支。

(3)根据本款规定,可能要求能源部(或其前身机构)依本款对任何人进行赔偿的所有赔偿合同,应在2005年《普莱斯-安德森法》修正案颁布之日被视为已经经过修订,以反映公众责任的赔偿额度以及本款规定承包商应当安排的可适用的财务保证额度。

(4)本款第(2)项规定的财务保证和本款第(1)项规定的赔偿是能源部示范反应堆根据本款安排财务保证和获得赔偿的唯一方式,该等反应堆由委员会根据1974年《能源重组法》(42 USC 5842)第202条颁发许可证。

(5)如果在美国境外发生核事故,委员会根据本款提供的赔偿金额不得超过5亿美元。

(6)本款规定可适用于成本类型合同总额及委员会

全部或部分出资的合同及项目之总额。

(7)已经签署赔偿合同并从事与核爆炸装置地下爆炸有关活动的承包商,在本款规定的赔偿范围内,应对由此造成的伤害或损害承担责任,承担责任的方式和范围与作为委托人的私主体一样。该承包商或合同项下待开展工作的联邦属性、州属性或市政属性都不能成为免责或抗辩的事由,不能有效对抗该等责任。

e. 公众责任总额限制

(1)单次核事故中对受补偿人应承担的公众责任,包括根据第本款第(1)项第(D)目规定支付的法律费用,不得超过:

(A)对于设计目的为大规模发电且额定功率在10万千瓦以上的设施,法定的财务保证额度应达到本条第b款规定的额度[加上根据本条第o款第(1)项第(E)目评估得出的附加费用];

合同

(B)如果承包商与秘书根据本条第d款签订了赔偿合同,则可根据本条第d款第(2)项获得赔偿金额和财务保证金额,以及

(C)如果委员会许可的所有其他被许可人应根据本款维持财务保证:

(i)与被许可人法定安排的财务保证总计不超过5亿美元;或

(ii)如果被许可人法定的财务额度超过6000万美元,则不得超过5.6亿美元或被许可人法定的财务保护额度中较高的那项金额。

索赔

(2)如果核事故造成的损害超过责任上限,国会将彻底审查该特定事故并采取必要和适当的行动,以保护公众免受如此大规模灾难的影响。

(3)本款第(1)项的任何规定均不得解释为阻止国会针对被许可人制定收入措施,该等被许可人应根据第b

合同

款维持财务保证,从而为根据本款第(2)项采取的任何行动提供资金。

(4)关于在美国境外发生的核事故,若根据本条第d款签订的赔偿合同适用于该等核事故,则公众责任总额连同承包商法定的财务保证总额不得超过5亿美元。

f. 核能管理委员会收费——委员会或秘书有权酌情向所有根据本条签订了赔偿合同的当事人收取费用。对于依据第103条获得许可证的设施,每生产1,000千瓦热功率则每年收取30美元。
但是,和增加达到6,000万美元以上的法定财务保证相比较,委员会或秘书有权酌情减少对前述设施收取的费用。对于依据第104条获得许可证的设施以及依据第185条获得建设许可证的设施,委员会有权减少收费。委员会应当设立书面标准以确定向第104条项下设施收费的依据,设定标准时应考虑下列因素:(1)有关设施的类型、规模及位置以及与危险相关的其他因素;(2)设施的性质及目的。对于其他许可证,委员会应当适当收取象征性的费用。本条规定的费用不能低于每年100美元。

私营保险机构使用服务
41 USC 252(c)
(See 41 USC 260(b))

g. 利用私营保险机构——为实施本条规定,委员会或秘书应当尽可能利用私营保险机构的功能和服务,委员会或秘书可以通过合同就该等服务支付合理补偿费。根据本条签订合同的,只要委员会认为广告不合理且未来会支付费用,则不需依据修订条例(含修正案)第3709条规定签订合同。

处理条款

h. 委员会为实施本条规定而确定的合适条款应包含在赔偿合同中。该等合同应约定,当委员会认为,根据本条规定美国可能会被要求支付赔偿金时,委员会应会同受补偿人审议通过赔偿合同项下的赔偿金额,由大法官代表受补偿人参加庭审、处理诉讼、进行辩护等。委员会代表美国国家,为实施本法有权最终决定该等索赔案件的处理方案、审批索赔案件的赔偿额度,保证公平合理。该等处理方案不包括受补偿人为索赔而支付的合理费用。

i. 赔偿计划——(1)核事故发生后涉及的损害可能超过可用的公众责任总额[该等额度由本条第e款第(1)项第(A)目、(B)目或(C)目规定]的,秘书或委员会应酌情:

(A)对损害的原因和程度进行调查;和

报告 国防和国安

(B)迅速向国会、受影响地区的代表、受影响州的参议员以及公众(会对国防造成严重损害的信息除外)、有关各方、法院提交一份阐释调查结果的报告。

美国总统

(2)在法院作出裁定后90天内,依据本条第o款的单一核事故的公共责任可能超过适用本条第e款第(1)项第(A)目至(C)目适用金额的总和时,总统须应向国会提交如下:

(A)估算核事故引起的人身伤害和财产损失的总金额及超出本条第e款第(1)项下公共责任总额的部分;

索赔

(B)对于支付超过依本条第e款第(1)项第(A)目、(B)目或(C)目所规定的公共责任索赔总额外的其余部分资金来源的建议,该类建议应充分考虑各种潜在的资金来源(包括经济部门可能适用的财政措施,或其他类适用财政预算的部门);

索赔

(C)为所有有效索赔提供全面和迅速的一个或多个补偿计划,并包含一条或多条救济建议,包括分配或预留资金用于支付直到晚些时候才发现的潜在伤害的建议;

(D)实施该补偿计划的其他立法机关。

(3)(A)根据本款第(2)项传递给国会的补偿计划须

附有识别号码,且须在会议召开当天转交给国会两院。

(B)本款第(4)项至第(6)项的规定应结合考虑本款第(2)项中所规定的提交给参议院的赔偿计划来适用。

(4)此类补偿计划不得视为已批准本法第170条第e款第(2)项,除非在送达日期之前并且在此类行动提交国会之日后连续60个日历日的第一期内,参议院通过了第6小节所述的决议。

(5)就本款第(4)项而言,

(A)除非国会永久休会,会议不得中断;且

(B)国会两院因超过3天且至少1日在上述连续60个日历日期间以外的休会。

(6)(A)本段将按如下方式实施:

(i)作为参议院规则制定权行使的惯常做法且被视为参议院规则的一部分,但是仅适用于本项第(B)目所述决议案在参议院应遵循的程序,当本规则与其他规则之不一致时,以本规则为准;并且

(ii)充分承认宪法赋予参议院采用与修改其他规则相同的方式和范围内修订本规则的权利。

(B)就本款而言,"决议"一词仅仅意味着国会的联合决议,解决条款如下:______批准提交给国会的编号为______的补偿计划于______,19 __提交,其中第一个空格填决议机构的名称,其他空格适当填补;但不包括列出多个补偿计划的决议。

(C)包含补偿计划的决议应立即由参议长提交给委员会(并且有关同一补偿计划的所有决议应提交同一委员会)。

(D)(i)如果参议院为某赔偿计划决议指定的委员会在被指定后的20个日历日内未提交报告,参议院可另行指定审议决议或赔偿计划的委员会。

(ii)解除动议只能由支持该决议的个人提

出,且其应享有高度特权(除非它在委员会报告了关于此赔偿计划的决议后不这样做),其辩论应限于不超过一个小时,支持决议和反对决议的人应有相同辩论时间。动议的修正案不应该为了议案通过与否而重新考虑投票。

(iii)解散委员会的动议通过与否,都不能重新提动议,也不得提起解散委员会以寻求关于该补偿计划的其他决议。

(E)(i)当委员会报告后或被解散后,其应继续推进对决议的审议(即便之前的同样目的的动议被否决)。动议应该被高度重视且无可争议。动议的修正案不应该为了议案通过与否而重新考虑投票。

(ii)对本目第(i)点所述决议的辩论不得超过十小时,赞成和支持的人之间的辩论时间应平均。限制辩论的动议本身不能被争议。关于重新提交议案的修正案或动议不能是为了议案通过与否而重新考虑投票。

(F)(i)因成员退出委员会而延迟的动议、解决方案的对价,或审议其他业务的动议,应无争议地通过。

(ii)对主席关于参议院赔偿方案程序规则适用决定的上诉的裁决无须辩论环节。

拨款前的协议

j. 拨款前的协议——为实施本条的规定,被指定委员会或秘书,应在拨款及责任产生之前签订合同,无须考虑美国法典第 31 部第 15 章第二分章及第 1341 条、第 1342 条、第 1349 条、第 1350 条和第 1351 条。

教育活动

k. 任何根据第 53 条、第 63 条、第 81 条或第 104 条第 a 或 c 款颁发的,由委员会创办、用于教育活动的非营利性机构的许可证,委员会应豁免此类被许可人的根据本条第 a 款适用财务保护要求。委员会授予此类豁免的许可证颁发时间应在 1954 年 8 月 30 日至 2025 年 12 月 31 日之间:

(1)委员会应同意补偿被许可人及其他应受补偿

的人，使他们免受损失，因为他们的利益在核事故的公共责任超过25万美元时会受损。单次核事故相关所有受偿人的总受偿金额（包括被许可人经委员会批准的法律费用）不得超过5亿美元；

(2)此类赔偿协议应包括由被许可活动引起或与之相关的公共责任；并且应包括受偿人的财产损失，该财产位于事故现场且用于该核事故相关活动的除外；且

(3)此类赔偿协议在一方（被许可方）是免予承担公共责任的国家机构时，应规定委员会按被许可方以此类国家机构情形时同样的方式和范围付款。

任一被许可人都可以放弃其根据本小节获得的豁免权。对于任何建筑许可证颁发于1954年8月30日至2025年12月31日之间的生产或使用设施，本款的要求适用于在2025年2月31日之后为该设施发放的任何许可证。

l. 灾难性核事故最高委员会

(1)总统在《普莱斯－安德森法1988年修正案》生效日起90天内成立委员会（在本小节中称为研究委员会），根据联邦咨询委员会法案(5 USC App.)研究完全补偿超出本条第e款第(1)项所规定的公众责任总额的灾难性核事故受害者的方式。

(2)(A)研究委员会成员应不少于7人，不超过11人，他们：

(i)由总统任命；和

(ii)应代表广泛的意见和利益。

(B)研究委员会成员不能一半以上属于同一政党。

(C)除非因效率低下、玩忽职守或渎职而被总统解职，研究委员会每个成员的任期直至研究委员会终止。

(D)研究委员会职位的任何空缺应用最初任命时的同样方式重新任命。

报告

(3)研究委员会应全面研究完全补偿超出本条第e款第(1)项所规定的公众责任总额的灾难性核事故受害者的适当方式,并向国会提交最终报告,阐述:

(A)任何公平、迅速、有效地解决和支付所有有效的损害索赔的公众责任与民事程序方面的法律和规则变更的建议,包括通过行政调解代替司法程序解决公众责任方面索赔的可行性分析;

(B)特定时间内裁决金额超过可用资金额度时听证、决议、支付赔偿金优先顺序的标准或程序;以及

(C)对任何确定及支付核事故潜在伤害索赔的必要特定标准及程序的建议。

(4)(A)研究委员会主席可确定对辞去研究委员会职责的人员的补偿,但须遵守联邦咨询委员会法案的相关条款(5 USC App.)及美国法典第5部。

(B)在法律允许的范围内并根据研究委员会主席要求,服务部门管理者应向研究委员会提供必要的行政服务、设施和支持。

(C)司法部长、卫生及人民服务部秘书、联邦紧急事务部行政官员应在法律允许和资金可用的范围内为研究委员会提供设施、支持、资金和服务,包括研究委员会有效履行职能所必需的工作人员。

(D)研究委员会可以要求任何执行机构提供其认为履行职能所必需的信息、建议或协助。任何执行机构都应在法律允许的范围内,根据研究委员会主席的要求提供信息、建议或协助。

(E)研究委员会的每个成员都可以收到按联邦咨询委员会法(5 USC App.)规定的最高费率给予其受雇于研究委员会工作期间内的补偿。还可以获得差旅费用,包括美国法典第5部第5702条和第5703条规定的每日津贴。

(F)按联邦咨询委员会法(5 USC App.)关于主席职能的规定适用于该研究委员会的部分,由服务部门行政人员履行,但是向国会提供年度报告的职能除外。

报告

(5)本款第(3)项所要求的最终报告应自1988年普莱斯-安德森法修正案颁布之日不晚于2年期内提交至国会。

结束日期

(6)研究委员会应自本款第(3)项所要求的报告提交之日起2个月解散。

紧急协助的报酬

m. 快速理赔及紧急救助的协调程序——合适的委员会或秘书有权与其他赔偿方就迅速处理、调查、理赔公众责任案达成协调程序协议。该委员会或秘书,正当情形下的其他赔偿方在核事故发生后可以为立即提供帮助的目的向索赔人付款或为其提供协助。拨付于委员会或秘书任何资金都可用于此类支付。这种支付不必以保证放弃索赔为条件,也不构成被补偿人或受偿人对责任的任何确认,但需达到最终解决或判决应满足的程度。

放弃抗辩

n. 抗辩和司法程序的放弃

(1)关于有核事故发生时作为财务保障证明的保险单、合同或补偿协议,且,

(A)产生于或发生在建造、拥有或操作生产设施过程中;

(B)产生于或发生在原材料、副产品材料或特殊核材料进出生产利用设施的运输过程中;

(C)产生于合同期内能源承包商或设备分包商占有、操作或使用特殊核材料或副产品原料的活动;

(D)产生于或发生在依据第53条、第63条或第81条许可的建造、占有或操作设备过程中,颁发许可证的条件之一即委员会要求被许可人按本条第a款拥有及维持财务保障;

(E)产生于或发生在原材料,副产品材料或特殊

核材料进出任何根据第53条、第63条或第81条许可的设施的运输过程中,颁发许可证的条件之一即委员会要求被许可人按本条第a款拥有及维持财务保障;或

(F)产生于或发生在核废料活动过程中。

委员会或秘书可将本节有关条款内容酌情加入与被许可人和承包商签订的赔偿协议,也可以要求将条款内容纳入保单或作为财务保障证明的合同,同时放弃:

(i)对申请人的行为或受害人过失的任何起诉或抗辩;

(ii)关于慈善事业或政府豁免权的起诉或抗辩,以及;

(iii)基于法律限制的起诉或抗辩,索赔人应自知道或应该知道他的伤害或损坏原因之日起三年内提起诉讼。不论该起诉或抗辩是否被认为与管辖权或案由相关,对此类起诉或抗辩的弃权应有效。当如此纳入,这种弃权应该是基于索赔人所提的条件在法律上可执行。此类弃权并不妨碍关于未采取合理措施减轻损害的抗辩,也不适用于由索赔人故意而产生的财产损失或人身损害,或索赔人故意、过失引起的核事故索赔。本款授权的弃权应与赔偿者一样,仅适用于保险单、作为财务保障证明的合同和赔偿协议中设定的义务。此类弃权不适用,也不能有损于对索赔的起诉或抗辩,该类索赔不在如下资金支持的保护范围内①保险单、作为财务保障证明的合同和赔偿协议中设定的义务,以及②e款的责任限额条款。

42USC 2210 (2)由核事故引发的公共责任诉讼,核事故发生地的美国地方法院,或者是核事故发生在美国以外时的哥伦比亚特区法院,对案件有初始管辖权,且无论其中是否涉及公民身份或金额的争议。在被告或委员会或秘书的动议下,州法院的任何未决案件,包括1988年普莱斯－安德

森法修正案实施前未决的，应依本项酌情转移到有管辖权的联邦地方法院。该地方法院所进行的程序应在全国范围内有效。对于可以转移管辖的案件，应提交转移申请，该申请应在《美国法典》第 28 篇第 1446 条所规定期限或自 1988 年普莱斯 - 安德森法修正案颁布之日起 30 天内提交，以较晚者为准。

美国法庭

(3)(A)核事故发生后，根据第(2)项对公共责任诉讼具有管辖权的美国地方法院首席法官或核事故发生地巡回法庭的司法委员会可以指定专门的案件管理小组(在本段中称为管理小组)来协调和分配因该事故引发的案件：

(i)当法院依据第 o 款判定公共责任总额可能超过根据第 b 款提供的主要财务保护额度(或在承包商赔偿的情况下其根据第 d 款赔偿的同等额度时)；或

(ii)地方法院的首席法官(或巡回法院的司法委员会)判定因核事故而引发的案件会对法院工作产生非常影响时。

(B)(i)每个管理小组应仅由美国地区法官或巡回法庭法官组成。

(ii)管理小组成员可包括美国联邦地区法官或其他地区法院的巡回法官或上诉法院法官，只要其他地区法院的首席法官或上诉法院同意这种转让。

(C)每个管理小组的职能：

(i)合并有关或类似的聆讯或审讯申索；

(ii)确定处理不同类别的优先事项案件；

(iii)将案件转让给特定法官或特别法官；

(iv)委任特别专家聆听特定类型的个案，或案件的特定要素或程序步骤；

(v)颁布特别的法院规则，与之不一致的联邦民事诉讼规则，加快案件或允许更公平地考虑索赔；

(vi)实施符合现行法律和联邦民事诉讼规则的其他措施,鼓励公平、迅速、有效地解决由核事故引起的案件;及

(vii)汇总并向总统提交可能对估计核事故造成的损失总量有用的此类数据,并向法院提供。

基金分配

o. 资金分配计划:

(1)当美国国内核事故发生地的地区法院,或(核事故发生在美国之外时)哥伦比亚特区联邦法院断定赔偿人或其他利害关系人诉请的单次核事故公共责任可能超过第 e(1)款下第(A)目、(B)目或(C)目规定的责任限额时:

42USC 2210a

(A)因此类核事故而由赔偿人支付或支付给赔偿人的总金额在无法院批准情形下不能超过责任限额的 15%;

(B)法院不得批准超过责任限额 15% 的付款,除非法院确定这种付款已经或将会按照分配计划进行,已被法院批准的此类付款不太可能损害法院随后的调整和执行或根据(C)目分配的计划;和

(C)委员会或秘书应酌情和其他赔偿人或利害关系人向地区法院提交一项处理未决索赔和剩余可用资金分配的计划。该计划应包括一个为人身伤害索赔财产损失索赔以及到以后的时间才能发现的潜在伤害索赔的分配方案,并应包括索赔人之间的优先顺序和索赔的分级,以确保最公平的可用资金分配。该法院应具备批准,不批准或修改所提议的计划,或采纳另一项计划的权力;并确定每个索赔人可获得的比例。该委员会或秘书(如适用)、其他赔偿者,获得赔偿的人均有权获得此类命令来实施和执行本节的规定,包括限制赔偿责任人的责任的命令,批准或修改计划的命令,对索赔待付款和执行法院判决的命令,向索赔人付款比例分摊

的命令,允许在最终确定索赔总额之前部分付款的命令。该法院的命令应在整个美国有效。

(D)法院可以授权根据第(2)款仅支付第 b 小款所要求的财务保障额度内的法律费用。

(E)如果核事故公共责任索赔和法律费用的总和超过了规定的最高保护金额。被许可人需要支付标准的流动费用外,还应支付按比例分配的索赔金额和费用,但绝不超过此类所述的标准流动费用最高额的 5%。

(2)法院可授权根据第(1)款第(D)目支付法律费用,只要要求支付该款项的人:

(A)向法院提交所要求的付款金额;和

(B)向法庭证明:

(i)此类费用是合理和公平的;且

(ii)该人:

(一)善意诉讼;

(二)避免不必要的重复工作。

另一方类似地处于:

(三)未作出毫无根据的主张或抗辩;且

(四)没有试图无理拖延迅速解决或裁定此类索赔。

p. 向国会报告。委员会和秘书应在 2021 年 12 月 31 日之前向国会提交关于是否需要继续或修改本款的详细报告,该报告应考虑到核工业的状况、人员、保险和当时有关核安全知识的可用性,以及其他相关因素,还应包括关于废除或修改条款的建议。

q. 对预防性疏散费用的限制,法院不能裁决预防性疏散费用,除非此类费用构成公共责任。

r. 核出租人责任的限制——使用或生产设施(或其中的一部分或未分割的其中的利息)的任何善意租赁人不

应对设施引起的核事故负法律责任,除非核事故发生时这种设施实际上是由该人控制。

s. 对惩罚性赔偿的限制——法院不可以对有关核事故或预防措施的任何诉讼中的美国有义务根据赔款协议付款涵盖此类事件或撤离的人/主体判处惩罚性赔偿。

t. 通货膨胀调整:

(1)委员会应依据第b款第(1)项调整数额最高总额和年度标准递延溢价,在2003年8月20日以来每5年期间内不少于一次按照消费物价指数百分比变化。

(A)2003年8月20日,在第一次根据本款调整情况下;或

(B)根据本款进行的先前调整。

(2)秘书应调整赔偿金额,根据第d款的赔偿协议提供。在2003年7月1日之后的每5年期间不少于一次,根据消费者的总百分比变化价格指数,自:

(A)该日期,在第一次调整的情况下;或

(B)根据本款进行的先前调整。

(3)就本款而言,"消费者价格指数"一词是指"由劳工部长发布的所有城市消费者的消费者价格指数。

42USC 2210a
利益冲突

107A. 与合同及其他相关的利益冲突及其他安排

a. 根据规则,委员会应要求提出建议的人通过进行竞争性投标或谈判来订立合同、协议或其他安排,通过研究、开发和评估活动、技术和管理支持服务,在委员会签订此类合同、协议或安排前向其提供所有信息,包括关于该人是否可能有如下利益冲突:

(1)能够提供公正、技术上合理或客观的根据其他活动或与其他人建立的其他关系所提供的帮助或建议,或

(2)获得不公平的竞争优势。这样的人应按照委员会的规定投保,且符合分包商(除供应分包商外)或任

何超过 10,000 美元下的分包商在此项的条件。

b. 评估

(1)总则——除第(2)段另有规定或核管理委员会在评估依第 a 款提供的所有资料及其他可用信息后发现存在如下情形外,核管理委员会不得签订此类合同、协议或安排:

(A)不太可能存在利益冲突,或

(B)在适当的条件下避免了这种冲突,已包括在此类合同、协议或安排中;除非委员会确定此类冲突存在利益,并且无法避免这种利益冲突。委员会可以在其中列入适当的条件订立此类合同、协议或安排。

普莱斯－安德森法(节选)

(1957年9月2日　公众法85－256)

1957年9月2日
【H.R.7383】

法案目的:修订1954年《原子能法》(含修正案)及其他目的。

核损害
可用资金
68 Stat.921
42 USC 2012

1954年《原子能法》(含修正案)由美国国会参议院和众议院制定,现在其第2条项下增加一款如下:

“i.为保护公众及鼓励原子能工业的发展,为维护公共利益、保障共同防护安全,美国将筹措资金,用于支付公众遭受核损害的部分赔偿金,并且用于减轻承担核损害责任主体责任。”

被许可证条件
22 USC 2073

第2条　1954年《原子能法》(含修正案)第53条e款第(8)项修订如下:

“(8)除适用赔偿金及第170条规定的责任限制条款外,被许可人应保证因其使用或占有特殊核材料而造成的损害,不会影响美国国家及委员会。”

定义
68 Stat. 922; 70 Stat. 1069
42 USC 2014

第3条　1954年《原子能法》(含修正案)第11条项下增加下列各款,其他各款重新排列如下:

“j.‘财务保证’是指就核损害承担公共责任的能力,以及支付相关核损害调查费、辩护费、诉讼费的能力。”

“n.‘被许可的活动’是指根据本法被授权开展的活动,以及第170条第a款股东的活动。”

“o.‘核事故’是指在美国境内因源材料、特殊核材料或副产品的放射性、有毒性、爆炸性或其他有害特性而造成的人身伤害、疾病、死亡或造成的财产损失或财产使用价值的减损。”

"r.'受偿人'是指赔偿合同的一方当事人以及承担公众责任的其他人。"

"u.'公共责任'是指因核事故而产生或导致的法律责任,但排除根据《国家或联邦工人赔偿法》提起的员工赔偿,该等员工在核事故发生现场工作并且其工作与核活动有关,同时排除因战争引起的核事故索赔案。'公共责任'还包括对受偿人财产的赔偿:但是,该等财产应符合'财务保证'的定义,但排除位于核事故现场并且用于核活动有关工作的财产。"

68 Stat. 919.

42USC 2011 注释

第4条 1954年《原子能法》(含修正案)新增以下条款,并对目录进行了调整:

第170条 赔偿及责任限制

42USC 2033, 2134, 2235, 2073, 2093, 2111

赔偿合同

弃权

"a.根据第103条、第104条获得许可证及根据第185条获得建设许可证的前提条件是,前述被许可人应当安排符合委员会要求的类型及额度的财务保证。此外,根据第53条、第63条或第81条获得许可证的前提条件是,被许可人提供符合委员会要求的类型及额度的财务保证。前述财务保证的要求,由委员会根据第170b条所提出,目的在于确保营运人具有承担赔偿公众的能力。需要启用前述财务保证时,许可证还规定被许可人应当根据第170c条签订赔偿合同并保持合同有效。而且作为颁发许可证条件之一,委员会有权要求申请人应放弃联邦或国家法律规定的公共责任免责。"

责任保险

"b.必要的财务保证额度应以私人资本能提供的责任保险额度为限,但不包括委员会可能设定的较低额度财务保证。该等财务保证以书面标准为基础,参考下列因素不定期做出修订:(1)私人保险的费用及期限;(2)被许可活动的类型、规模、位置以及与危险相关的其他因素;(3)被许可活动的性质及目的。但是,对于设计目的为大规模发电且额定功率在10万千瓦以上的设施,必要的财务保证额度应达到私营资本可提供的最大额度。该等财务保证额度包括私营保险、个人赔偿合同、个人保险、其他财务责任凭证,或前述几种方式的结合。”

赔偿总额

“c. 关于1954年8月30日至1967年8月1日期间颁发的许可证所需要安排的财务保证,若核事故造成的损失超过被许可人安排的财务保证额度,委员会应当就超出部分承担公共责任,以保证被许可人及其他受偿人权益不会因此受损。就单次核事故向受偿人支付的赔偿总额(包括合理的调查费、辩护费、诉讼费)不得超过5亿美元。前述赔偿合同应包括被许可活动引起的公共责任。”

“d. 除委员会享有的其他权利外,至1967年8月1日止,委员会还有权为了美国国家利益,就国家参与的有公共责任风险的可能引起大规模核事故的活动,与工程承包商、生产运营商、利用设施或进行活动的承包商签订赔偿合同。在该等赔偿合同中,委员会将要求承包商等合同相对方安排财务保证,委员会将确定合适的财务保证类型及额度,以承担因合同约定的活动而产生的公共责任。受偿人索赔金额超出必要的财务保证额度的,委员会应当支付超出部分的赔偿金。委员会的赔偿总额为5亿美元,包括合理的调查费、辩护费、诉讼费,支付对象为每次核事故中与已签订赔偿合同相关的受偿人。本条适用于成本类型合同总额及委员会全部或部分出资的合同及项目之总额。”

合同

责任总额

“e. 就单次核事故向受偿人承担的责任总额,包括合理的调查费、辩护费、诉讼费,不得超过5亿美元外加被许可人或承包商安排的必要财务保证额度。当就单次核事故应承担的公共责任可能超过本条规定的责任上限时,委员会或受偿人可向适当的美国地方法院提出授权申请。前述地方法院在核事故发生地应设有破产案件审理机构。授权事宜包括:强制执行本条规定,为受偿人设置

向美国地方法院提出申请

上限,延缓支付赔偿金并执行法庭判决,向索赔人分配赔偿金,在赔偿总额最终取得前部分支付赔偿金,预留部分赔偿金以支付未来确定的潜在人身伤害。”

收费

“f. 委员会有权向所有根据本条签署了赔偿合同的当事人收取费用。收费标准为:对于依据第103条获得许可证的设施,每生产1,000千瓦热能功率则收取每年30美元。对于依据第104条获得许可证的设施以及依据第185条获得建设许可证的设施,委员会有权减少收费。委员会应当设立书面标准以确定向第104条项下设施收费的依据,设定标准时应考虑下列因素:(1)有关设施的类型、规模及位置以及与危险相关的其他因素;(2)设施的性质及目的。对于其他许可证,委员会应当适当收取象征性的费用。本条规定的费用不能低于每年100美元。”

42 USC 2133, 2134, 2235

私营保险机构

使用服务

“g. 为实施本条规定,委员会应当尽可能利用私营保险机构的功能和服务,委员会可以通过合同就该等服务支付补偿费。根据本条签订合同的,只要委员会认为广告不合理且未来会支付费用,则不需依据修订条例(含修正案)第3709条规定签订合同。”

41 USC 5

处理方案

“h. 委员会为实施本条规定而确定的相关条款应包含在赔偿合同中。该等合同应约定,当委员会认为,根据本条规定美国可能会被要求支付赔偿金时,委员会应会同受偿人审议通过赔偿合同项下的赔偿金额、由首席检察官代表赔偿人参加庭审、处理诉讼、进行辩护等。委员会代表美国国家,为实施本法有权最终决定索赔案件的处理方案、审批索赔案件的赔偿额度,保证公平合理。前述处理方案应包括受偿人为索赔而支付的合理费用。”

调查

“i. 核事故发生后可能需要美国国家根据本条支付费用的,委员会应对损害的原因及范围进行调查,调查结果应立即上报给联合委员会,除本法第12章或其他法律、行政命令有禁止性规定外,所有最终结果应向公众、相关方

68 Stat. 940

42 USC 2161

向国会报告

及法庭披露。委员会应在1958年4月1日前向联合委员会提交报告,此后每年应根据本法报告进展情况。”

拨款前拟定合同
31 USC 665

“j. 为实施本条,委员会应当在拨款及承担义务之前签订合同,不需依据修订条例(含修正案)第3679条规定操作。”

第5条 1954年《原子能法》(含修正案)新增以下条款,并对目录进行了调整:

“第29条 反应堆核安保顾问委员会——设立反应堆核安保顾问委员会,由委员会指定最多15名成员组建反应堆核安保顾问委员会,成员任期4年。反应堆核安保顾问委员会应就提交的安全研究报告及设施许可证申请进行审查及汇报,还应就拟建和现有反应堆的危险性以及拟建反应堆的安全标准的充分性向委员会提出建议,并应履行委员会要求的其他职责。委员会应任命一名成员为反应堆核安保顾问委员会主席。反应堆核安保顾问委员会成员参加会议或开展其他工作的,按日发放补贴。所有成员开展工作的必要差旅费及开支可以报销。本法第163条的规定适用于反应堆核安保顾问委员会。”

42 USC 2203

许可证申请
68 Stat. 953; 70 Stat. 1069
42 USC 2232

第6条 1954年《原子能法》(含修正案)第182条项下各款的序号调整为:b款改为c款,c款改为d款,并在a款之下增加以下条款作为b款:

“b. 反应堆核安保顾问委员会应审查根据第103条或第104b条提交的设施许可证申请、根据第104c条提交的测试设施申请、由委员会根据第104a或c款专门递交的申请。反应堆核安保顾问委员会应将前述申请文件的部分信息向公众披露,除非根据安全等级禁止披露该等信息。”

报告
42 USC 2133, 2134

42 USC 2239

第7条 1954年《原子能法》(含修正案)第189a条末尾新增以下内容:

听证
联邦公报刊登

“根据第103条或第104b条提交的设施许可证申请以及

42 USC 2133, 2134 根据第 104c 条提交的测试设施申请在联邦公报刊登 30 天后,委员会应召开听证会。”

本修正案于 1957 年 9 月 2 日审批通过。

普莱斯－安德森法1988年修正案

［1988年8月20日　PL100—408(HR1414)］

关于修订1954年《原子能法》的附件—《普莱斯－安德森法》关于核事故责任和赔偿程序条款的法律延期和改进。经美利坚合众国国会参议院和众议院颁布实施。

第1条　简称

《美国联邦法典》第42编第2011条引为《普莱斯－安德森法》1988年修订案。

第2条　财务保证

(a)大型发电设施要求的基本财务保证数额——1954年《原子能法》第170条(b)款［《美国联邦法典》第42编第2011条(b)款］修订为：

(1)在其出现的第1、2、3和6处将"基本"插在"财务保证"之前；

(2)在第一句附文结尾的"期间"前插入以下文字"不包括依本款规定的行业可追溯分摊计划可使用的个人责任保险数额"；

(3)删去第三句中"个人责任保险"前的全部内容并插入以下文字："委员会除要求此基本财务保证外，还应要求被许可人提供和维持基本财务保证，相当于商业资源提供的责任保险最高数额"。

(b)标准递延保费——1954年《原子能法》第170条(b)款［《美国联邦法典》第42编第2011条(b)款］修订为：

(1)在第三句的第二附文中删除原文中的"That"和其后直到"保护"的文字，插入下述文字"被许可人应维持基本财务保证，发生核事故后可向被许可人征收的标准递延保费的最高数额，根据这一计划应不超过63,000,000美元［应根据(t)款规定，按通货膨胀情况进行调整］，但每年保费不得超过10,000,000美元"；

(2)在第三句的第三个附文中，在"和费用"之后加上下述文字："不包括根据(o)款第(1)项下(D)目规定,未经本项批准支付的法律费用。”

(c)较低的年度递延保费——1954 年《原子能法》第 170 条(b)款[《美国联邦法典》第 42 编第 2011 条(b)款]修订为:

(1)在小节标注之后插入(1);

(2)第一句中将(1)至(3)条重新分别标注为(A)到(C)条;

(3)删去第(5)和第(6);

(4)在第 4 句的末尾增加下列内容:

(2)(A)委员会有权根据个案处理情况,分别评定年度递延保费,其数额可低于依第(1)项评定的年度标准递延保费数额:

(i)就设施而言,如果在 1 个日历年中发生 1 次以上核事故;

(ii)就被许可的核营运人而言,如果委员会确定依第(1)项评定的年度标准递延保费对该许可人或被许可人的纳税人将造成过度的财政困难。

(B)在委员会前述(A)目评定较低的年度递延保费时,委员会应要求被许可人在合理的时间内支付第(1)项规定标准递延保费和此类较低年度递延保费间的差额,其利率由财政部长按美国相应到期未偿还市场证券月平均收益计取,起算日期为第(1)项标准年度递延保费支付日前 1 个月。

(d)借款授权——1954 年《原子能法》第 170 条(b)款(《美国联邦法典》第 42 编第 2010 条 b 款)被修订为:

在倒数第二句前插入(3)并将倒数第二句和最后一句重新标注为(3);

(2)在其末尾增加以下内容:

(4)(A)由于第(1)项或第(2)项规定的被许可人在 1 年中应缴纳递延保费限制,或因委员会需安排再保险或根据第(3)项提供付款担保,使在 1 年中可供支付有效赔偿数额不足时,委员会应为此预备必要的资金,并采取以下措施：

(i)要求国会划拨充足资金以满足该项偿付需求；

(ii)在《拨款法》允许的范围内发行一定形式和面值的证券，证券的相关条款应事先获得委员会和财政部部长同意，并向财政部通知证券形式、面值和期限条款以及条件。

(B)除为安排再保险或依第(3)项提供付款担保所需的划拨资金外，依(A)目下第(i)小目规定，所划拨的任何资金应偿还给来自标准递延保费数额可供使用的美国财政部的总资金，利率由财政部长根据美国相应的到期未偿还的市场证券月平均市场收益率确定，起算时间为根据依本目划拨资金前1个月。

(C)除为安排再保险或依第(3)项规定的付款担保划拨资金外，赎回依应由委员会按标准递延保费定额，从可供使用的数额中，回购根据(A)目第(ii)小目发行的证券应由委员会按标准扣存保险费定额从可供使用的数额中给出。此证券应载明利息，其利率由财政部长考虑美国相应的到期未偿还的证券月平均收益确定，起算时间为按本目发行证券前1个月内。财政部长应购买任何已发行的证券，且为此目的，财政部长可作为公众债务交易使用通过出售根据《美国联邦法典》第31编号第31条发行的任何证券所得收益，根据本章可发行证券之目的扩大包括购买任何此类证券。财政部长可在任何时候售出他依本段所购得的任何证券。财政部长依本款对证券的全部赎回、购买和出售应被视为美国公众债务交易业务。

第3条　核管理委员会与被许可人的赔偿协议

1954年《原子能法》第170条(c)款[《美国联邦法典》第42编第2210条(c)款]，删除“1987年8月1日”，修改为“2002年8月1日”。

第 4 条　根据与能源部的合同开展活动的赔偿协议

(a)一般情况——1954 年《原子能法》第 170 条(d)款[《美国联邦法典》第 42 编第 2011 条(d)款]修订如下:

d. 能源部对签约方的赔偿:

(1)(A)除能源部部长可拥有的任何其他职权外,直到 2002 年 8 月 1 日前,能源部部长应依本款规定,与根据与能源部签订合同从事核活动的任何人签订赔偿协议,根据与能源部的合同,涉及公众责任风险部分,不受(b)款规定的财务保证或根据(c)款或(k)款规定赔偿协议的约束。

(B)(i)(Ⅰ)自《普莱斯 - 安德森法》1988 年修订案颁布日后 60 天起,依前述(A)目签订的赔偿协议,应是由本款所述活动引发的公众责任唯一赔偿手段,包括自 1987 年 8 月 1 日到《普莱斯 - 安德森法》1988 年修订案颁布日之间,签署包含公法第 85 - 804 号相关条款的合同从事的活动。

(Ⅱ)鉴于(n)款第(1)项中批准的慈善性或行政性豁免应列入赔偿协议中,部长有权根据(A)目规定,将有关放弃任何质疑或辩护的条款列入赔偿协议中。依此目列入的赔偿条款应适用于根据(A)目签订赔偿协议的核废物活动引起的核事故。

(ii)遵从根据(A)目签订赔偿协议的核废物活动,由根据 1982 年《核废物政策法》第 302 条(《美国联邦法典》第 42 编第 10222 条)设立的核废物基金来提供资金,由该核废物活动引发的公众责任应由核废物基金补偿,其数额不超过被许可人根据(b)款应提供的财务保证最高数额。

(2)在根据第(1)项签订的赔偿协议中,能源部部长有权要求签约人提供和维持一定形式的财务保证,其数额应由能源部部长决定,并应能覆盖由协议活动引发的或与之有关的公众责任赔偿,和在对于每起核事故受偿人总体公众责任的最大程度上应赔偿涉及索赔的受偿人高于所需的财务保证数额,包括能源部部长批准的签约方法律费用。

(3)(A)尽管有第(2)项规定,如果委员会提高被许可人的财务保证数额,赔偿数额加上签约人所需任何财务保证应一直维持等于或大于被许可人依(b)款应提供的最高财务保证的最高数额。

(B)当被许可人提供的财务保证数额降低时,签约方依本款偿付索赔数额在任何时候均不应降低。

(C)根据能源部(或其前任机构)要求,在《普莱斯－安德森法》1988年修订案颁布之日起,对相关赔偿协议进行修订,以反映针对公众责任和依本款签约人应提供的适当财务保证的赔偿数额。

(4)本款第(2)项规定的财务保证和第(1)项规定的赔偿委员会依1974年《能源重组法》第202条(《美国联邦法典》第42编第5842条)批准的能源部示范反应堆,应是针对本核损害赔偿责任的唯一手段。

(5)核事故发生在美国境外时,能源部部长依本款提供的赔偿额应不超过100,000,000美元。

(6)本款规定适用于固定价和单价型协议,同时适用于全部或部分由部长提供。

(7)与之已依第(1)项(A)目签订赔偿协议,从事与地下核爆炸装置的有关活动的签约人应依本款赔偿范围,对于因该爆炸造成的人身伤害或损害承担责任,其方式和程度与签约人是私营单位一样,且以联邦、州或市政性质的签约人的豁免或辩护或根据合同开展工作均不应限制其责任。

(b)定义——1954年《原子能法》第11条(《美国联邦法典》第42编)在其末尾增加以下内容:

dd.术语"高放射性废物"和"乏核燃料"指具有1982年《核废物政策法》第2条(《美国联邦法典》第42编第10101条)规定的含义。

ee."超铀废物"系指受原子序号大于92的元素具有污染性的材料,

此类元素包括镎、钚、镅和锔并且其浓度大于每克 10 毫微居里或如核管会为保护公众健康和安全可能规定的其他浓度。

ff. “核废物活动”，在第 170 条中，系指根据本条(d)款规定赔偿协议授权能源部长根据本法或任何其他法律承担的活动，包括乏核燃料、高放射性废物或超铀废物的贮存、装运、运输、处理或处置，或对其研究和发展，包括但不限于根据《美国公法》第 96－164 号规定经许可的废物隔离示范项目进行的活动。

第 5 条　预防性疏散

(a)州政府投保的费用——1954 年《原子能法》第 11 条(w)款［《美国联邦法典》第 42 编第 2014 条(w)款］在出现“核事故”的第一个位置后插入：“或预防性疏散(包括州、或州的行政划区在响应一次核事故或一次疏散过程中所承担的全部合理额外费用)”。

(b)定义——1954 年《原子能法》第 11 条(《美国联邦法典》第 42 编)，在其末尾增加以下内容：

gg. “预防性疏散”系指核设施附近特定区域内对公众进行的疏散，或在发生核事故时的运输路线，包括将源材料、特殊核材料、副产品材料、高放射性废物、乏核燃料或超铀废物从生产或使用设施中运出，如果该疏散符合以下规定：

(1)未被认定为核事故的事故，但由于源材料、特殊核材料、副产品材料、高放射性废物、乏核燃料或超铀废物的放射性将造成身体伤害或财产损害的紧急风险，因此导致的疏散；

(2)根据相关州法律规定，为保护公众健康和安全，由一个州或一个州的某一行政划区官员发动的，依州法授权启动的疏散活动。

(c)限制——对 1954 年《原子能法》第 170 条(《美国联邦法典》第 42 编 4)在其末尾增加下列内容：

q. 在裁定预防性疏散费上的限制：

任何法院均不能一次性裁定预防性疏散所需的费用，除非此费用构成公共责任。

第 6 条　单一核事故的总体公众责任限额

对 1954 年《原子能法》第 170 条(e)款［《美国联邦法典》第 42 编第

2210条(c)款]修订如下：

e. 对总体公众责任的限制：

(1)对于受偿人员单个核事故的总体公众责任包括如依本条(o)款第(1)项(D)目批准支付的法律费用,应不超过：

(A)发电设施且额定功率超过100,000千瓦或更大,应不超过根据(b)款该设施所需财务保证的最高数额[包含本条(o)款第(1)项(E)目评定的任何附加费]；

(B)根据(d)款已经签订赔偿协议的签约人,根据(b)款财务保证最高数额或依(d)款第(3)项可能要求的赔偿和财务保证最高数额合计,取二者中较多者；和

(C)委员会要求根据本条提供财务保证的被许可人的情况下：

(i)与被许可人需要的财务保证数额总计5亿美元；或

(ii)如果被许可人应提供的财务保证数额超过6,000万美元,5.6亿美元或被许可人应提供的财务保证数额,取三者中数额最多者。

(2)在发生损害的核事故超过依第(1)项规定公众责任赔偿限额时,国会应依第170条(i)款规定的程序全面审查此非常核事故并将根据这些程序,采取认为是必要的任何行动(包括核准适当的补偿计划和划拨资金),以便应对由此核事故引起的公众责任索赔并向公众提供全面和迅速的补偿。

(3)第(1)项的规定均不能解释为限制国会制定(颁布)适用于对被许可人的征税措施,为保证被许可人按委员会要求提供本条(b)款规定的财务保证,以根据第(2)项采取的任何行动募集资金。

(4)对于依本条(d)款签订的赔偿协议,如适用于发生在美国以外核事故,其总体公众责任应不超过1亿美元的赔偿数额,包括签约人应提供的财务保证额。

第7条　赔偿计划

(a)一般情况——1954年《原子能法》第170条(i)款[《美国联邦法典》第42编第2210条(i)款]修订为：

i. 赔偿计划

(1)当核事故损害赔偿数额可能超过本条(e)款第(1)项(A)目、

(B)目或(C)目规定的公众责任限额时,能源部部长或委员会应采取以下措施:

(A)对损害的原因和程度进行调查;

(B)迅速向国会、受影响地区代表、受影响州参议员和公众(除对美国防御将造成严重损害信息)等有关方面及法院提交报告,说明此次调查的结果。

(2)在法院依(o)款作出判决,由单一核事故造成的公众责任,可能超过依(e)款第(1)项(A)目、(B)目或(C)目规定的公众责任限额之日起90天内,总统应向国会提交:

(A)由该核事故引起超过依(e)款第(1)项规定的总体公众责任限额损害赔偿的估算额(美元价值);

(B)对于支付超过依(e)款第(1)项(A)、(B)或(C)目规定总体公众责任限额可使用赔偿数额之索赔的额外资金来源建议,该建议应考虑各类可能资金来源(包括经济部门可能的税收措施或其他各可采取财政收益措施可适用的部门);

(C)单独或共同一项或多项赔偿计划,单独或合并对全部有效的索赔提供全额快速赔偿,并应包含一项或多项提供援助的建议,包括资金分配或对可能到较晚才能发现的潜在伤害保留一定资金的建议;和

(D)任何其他为实施此赔偿计划或多项补偿计划所需的补充立法权限。

(3)(A)根据第(2)项提交给国会的赔偿计划,应标注一识别号码并应同时送交参议院及正在会议期间的众议院。

(B)第(4)项到第(6)项规定应适用于参议院审议根据第(2)项提交的赔偿计划。

(4)为实现第170条(e)款第(2)项之目的,赔偿计划不能认为已被审议通过,除非自赔偿计划提交参议院之日起至参议院连续会议期结束之间第一个60日历日,通过依本款第(6)项规定的决议。

(5)就本款第(4)项而言:

(A)只因国会无限期休会使连续会议中断;和

(B)计算60日历日时,连续1至3天以上的休会时间应不计入。

(6)(A)规定此段:

(i)本项规定是为了参议院的规则制定权,因此为参议院议事规则的一部分,但仅适用于有关参议院做出(B)目规定决议情况下,且只有与其他规则不一致时适用;且

(ii)如在参议院其他规则情况下同等方式和同等范围内,充分承认参议院随时修订规则的权限,其方式和范围与参议院的其他规则一样。

(B)就本款而言,"决议"仅指国会联合决议,其决议性条款后的内容如下述:"核准在19××年××月－××日××国会审议通过赔偿计划(编号______)",其中应明确具体负责审议的国会名称。在其他空白处也相应填写;但不包括明确一个以上赔偿计划的决议。

(C)一项赔偿计划的决议提交参议院后,参议院议长应立即将其分配给一个专门委员会(对于同样赔偿计划的所有决议均应提交给同一的专门委员会)。

(D)(i)如赔偿计划已提交至参议院专门委员会,该委员会自收到赔偿计划之日起20个日历日内提出报告,如未提出报告的,可以撤销该委员会进一步审议此决议的职权或撤销该委员会对赔偿计划的进一步审议权;

(ii)撤销的动议只能由支持决议的人提出,应予以优先处理(除该委员会已就赔偿计划做出决议,但未能形成动议外),对该动议的辩论应被限制不超过1小时,赞成派和反对派各占一半时间。对该动议的修订应不予列入讨论,并且也不应就赞成或反对该动议再投票;

(iii)如果对撤销的动议得出结论后,不得再次提出该动议,也不能就同一赔偿计划的其他决议提出撤销专门委员会相关权限动议。

(E)(i)当专门委员会已作出报告,或已撤销进一步审议一项决议,它应在以后任何时间(即使以前一项同等效力的动议已被撤销)退出对该决议的审议。

对该动议的修订应不予列入讨论,并且也不应就赞成或反对该动议再投票;

(ii)对本款第(1)项所述决议的辩论应不超过10小时,赞成派和反对派各占一半时间,且不得提出进一步限制辩论的动议。对决议的修订或再次提出决议的动议均不应列入讨论,并且也不应就赞成或反对该动议再投票。

(F)(i)对撤销专门委员会,或对一项决议的审议或着手审议其他事项所提出的延期动议,应不经辩论而决定;

(ii)议长就参议院规则应用到有关某一决议程序的决定,应不得再辩论。

(b)符合修订——1954年《原子能法》第170条(o)款[《美国联邦法典》第42编第2210条(o)款]修订为:

(1)在第(1)项前的内容中,删去"170条(e)款",并插入"根据(e)款第(1)项(A)目、(B)目或(C)目规定责任限制";和

(2)删去第(4)项。

第8条　豁免财务保证要求日

1954年《原子能法》第170(k)款[《美国联邦法典》第42编第2210条(k)款]修订为:

(1)在"1987年8月1日"出现的各地方将其删去并插入"2002年8月1日";和

(2)在第(1)项中删去"不包括对损害的调查、调解索赔和为诉讼辩护的费用;"并插入"包括由委员会核准的被许可人的相关法律费用"。

第9条　非常核事故的总统委员会

1954年《原子能法》第170条(《美国联邦法典》第42编第2210条)删去第1小节,并插入下述内容:

(1)非常核事故总统委员会——(1)自《普莱斯-安德森法》1988年修订案颁布之日起90天内,总统应依《联邦咨询委员会法》成立委员会(以下简称研究委员会)以研究在非常核事故中,当核损害责任超过(e)款第(1)项

规定公众责任限额时,如何赔偿受害人。

(2)(A)研究委员会应由7名至11名成员组成,他们:

(i)应由总统任命;

(ii)应是广大意见和利益的代表。

(B)研究委员会的成员应按同一政党成员不超过简单多数的方式任命。

(C)研究委员会的每名成员应任职至委员会结束,但可能因其无能、玩忽职守或渎职被总统撤换。

(D)研究委员会成员空缺时应依原任命方式补充。

(E)总统应有权指定一名研究委员会成员担任主席。

(3)研究委员会应采取各种方法,针对总赔偿超过(e)款第(1)项规定的公众责任赔偿限额的非常核事故受害人进行综合研究,并向国会呈送一份最终报告,报告应说明以下内容:

(A)为公平、迅速而有效地决定和支付全部有效的损害索赔,应修订管理责任或公民程序法律和规则的建议,包括通过行政机构而非司法系统裁定公共责任索赔是否成立。

(B)关于当裁定额可能超过特定时期内可使用的资金时,听证、决议和支付索赔款确定优先顺序所需的标准或程序的建议。和

(C)对于决定核事故造成的潜在伤害索赔,特定标准及程序方面的建议。

(4)(A)为履行研究委员会的职责,研究委员会主席可依据《联邦咨询委员会法》(5U.S.C. APP)和《美国联邦法典》第5编规定决定研究委员会成员的任命和薪酬。

(B)在法律允许范围内并应研究委员会主席要求,总务行政官应向研究委员会在预算基础上提供必要的行政服务、设备和支持。

(C)首席检察官、卫生与公共服务部长和联邦应急管理机构总干事在法律允许范围内,向研究委员会提供能使研究委员会有效运作所必需的设备、支持、资金和服务,包括职员。

(D)研究委员可要求任何执行机构向委员会提供其履行职能所必需的信息、咨询或援助。各机构依研究委员会主席的要求,应在法律允许的范围内直接提供。

(E)研究委员会每位成员根据《联邦咨询委员会法》规定,获得工作薪酬和差旅费,包括根据《美国联邦法典》第5编第5702条和第5703条的每日津贴。

(F)根据《联邦咨询委员会法》规定,适用于研究委员会的主席职责,应由总务行政官行使,但每年向国会报告的职责除外。

(5)依第(3)项规定出具的最终报告应在《普莱斯－安德森法》1988年修订案颁布之日起的2年内提交国会。

(6)研究委员会应自第(3)项规定提交最终报告日起2个月内完成。

第10条　放弃答辩

(a)限制法令——1954年《原子能法》第170条第(n)款第(1)项[《美国联邦法典》第42编第2210条(n)款第(1)项],在第一句的第(iii)条中删除下述文字:"但在任何情况下不能超过核事故发生之日起20年"。

(b)适用性。——1954年《原子能法》的第170条(n)款第(1)[《美国联邦法典》第42编第2210条(n)款]的修订如下:

(1)将(a)款、(b)款和(c)款分别重新标为分段(A)目、(B)目和(C)目;

(2)删去(A)目和(B)目末尾处的"或";及

(3)在(C)目后插入下列内容:

(D)来自、源于或发生在依第53条、第63条或第81条批准的任何设施的建设、拥有或运行过程中,作为许可证颁发条件之一,委员会有权要求被许可人须根据(a)款规定提供和维持财务保证;

(E)来自、源于或发生在源材料、副产品材料或特殊核材料运输到或运出根据第53条、第63条或第81条批准的任何设施过程中,作为许可证颁布条件之一,委员会有权要求被许可人根据(a)款提供和维持财务保证;或

(F)来自、源于或发生在核废物活动过程中。

第11条　源于核事故索赔的司法审查

(a)合并索赔——1954年《原子能法》第170条(n)款[《美国联邦法典》第42编第2210条(n)款第(2)项]修订如下:

(1)在第一句中:

(A)在“非常核事故”出现的每个地方将其删除并插入“核事故”;和

(B)在“该非常核事故”出现的每一个地方将其删除并插入“该核事故”;

(2)第二句中,在第一处出现“法院”之后插入下述文字:“(包括在《普莱斯－安德森法》1988 年修订案颁布后未决的该诉讼)”;和

(3)在其末尾增加一句“在根据本款正在移交或已移交的任何诉讼中,对于移交请求应根据《美国联邦法典》第 28 编第 1446 条规定期间内或自《普莱斯－安德森法》1988 年修订案颁布日起 30 天内完成,取二者中较迟者。”

(b)公众责任诉讼的定义——1954 年《原子能法》第 11 条(《美国联邦法典》第 42 编),在末尾增加以下内容:

hh. 术语“公共责任诉讼”当用于第 170 条时,系指主张公众责任的诉讼。公众责任应被认为是依第 170 条引起的诉讼,决定这一诉讼的实体规则应适用发生所涉核事故的州相关法律法规,除非此法律与本条规定不一致。

(c)专门案件管理小组——1954 年《原子能法》第 170 条(n)款[《美国联邦法典》第 42 编第 2210 条(n)款],在其末尾增加下述内容:

(3)(A)发生核事故以后,根据第(2)项对于公众责任诉讼具有管辖权的美国地区法院的首席法官(或在核事故发生地的司法巡回委员会)可任命一个专门案件管理小组(以下简称管理小组),以协调和分配(但不必自行听证)涉及核事故案件,如果:

(i)根据(o)款负责诉讼法院,经审判确定公众责任的总体赔偿数额可能超过(b)款规定的基本财务保证数额(或在根据(d)款赔偿的协议的签约人时与之相等的数额);

(ii)美国地区法院的首席法官(或司法巡回委员会)确定由核事故引发的案件将对法院工作产生重大影响。

(B)(i)每个管理小组应由美国地区法官或巡回法官的成员

组成；

(ii)经其他地区法院或上诉法院的首席法官同意，管理小组成员可包括任何美国地区的法官或另一地区法院或上诉法院的巡回法官，如果此类其他地区法院或上诉法院的首席法官同意此任命。

(C)每个管理小组应有如下职责：

(i)合并相关或相似的索赔；

(ii)为处理不同类型案件制定优先顺序；

(iii)为案件指定特别法官或专家；

(iv)任命专家负责听证特殊类型案件，或案件的特别因素或程序步骤；

(v)为加快案件审理或使索赔审理更加公平，制定与联邦民事程序不一致的法院专门程序，加快案件审理或使索赔的审议更为公平；

(vi)实施与现有法律《美国联邦法典》民事程序相一致的其他措施，以鼓励对涉及核事故诉讼案件公平、迅速和有效的解决；及

(vii)收集和向总统呈报可供法院使用且在估算核事故总体损害时可能有用的那些数据。

(d)法律费用

(1)付款导则——1954年《原子能法》第170条(o)款[《美国联邦法典》第42编第2210条(o)款]，修订如下：

(A)在该款之后加注："资金分配计划—(1)"；

(B)将第(1)款至第(2)款重新标注为(A)至(B)；和

(C)在其末尾增加下述的内容：

(D)根据第(2)款规定法院有权批准由本条(b)款规定的财务保证支付的法律费用。

(E)如果公众责任索赔和依第(2)款批准的涉及核事故的法律费用总计超过(b)款规定的财务保证最高数额，根据本条(b)款第(1)项规定应支付标准递延保费的被许可人，除缴纳前述保费外，还应另行交纳费用以支付超出部分索赔费

用,但在任何情况下不得超过本款所述标准递延保费最高数额的5%。

(2)根据本款第(1)项(D)目规定法院有权批准支付法律费用,只有当索赔人:

(A)向法院提出明确赔偿数额;

(B)向法院证明:

(i)此费用是合理和公平的;和

(ii)此人:

(Ⅰ)已诚信地参与诉讼;

(Ⅱ)已避免与其他有相似情况的诉讼关系人(方)不必要的重复工作;

(Ⅲ)未作无意义的索赔或辩护;和

(Ⅳ)未试图无理地拖延此索赔的迅速解决或审判。

(3)法律费用定义——1954年《原子能法》第11条(《美国联邦法典》第42编第2014条),在其末尾增加一节:

jj.法律费用

用于第170条时,术语"法律费用"系指由原告或被告在发起控告、调查、调解或为根据本条对所发生损害的索赔或起诉等诉讼事务而产生的费用。

第12条 核管理委员会和能源部提交国会的报告

对1954年《原子能法》第170条(p)款作如下修订:

(1)在各目标注后插入(1);

(2)删去"应在1983年8月1日前向国会提交一份详细报告",并插入下述文字:"和部长应在1998年8月1日前向国会提交一份详细报告";且

(3)在其末尾增加以下内容:

(2)在不迟于每年的4月1日,委员会和部长应各自向国会提交年度报告,说明在前一日历年中依本条所开展的工作。

第13条 出租人的责任

1954年《原子能法》第170条(《美国联邦法典》第42编第2210条),在其末尾增加如下内容:

(r)出租人责任的限制

根据真实的租约出租使用生产设施(或设施一部分或其中不可分割的利益)的出租人,为保护其利益,均不应承担由此设施造成的核事故所导致的法律责任,除非核事故发生时,出租人实际占有和控制此设施。

第14条　惩罚性损害(赔偿)

1954年《原子能法》第170条,在其末尾增加以下内容:

(s)惩罚性损害赔偿的限制:

任何法院均不能在涉及核事故或预防性疏散的任何诉讼中,对根据涵盖此事故和疏散的赔偿协议,代表美国支付赔偿款项的人,作出惩罚性损害赔偿判决。

第15条　通货膨胀调整

1954年《原子能法》第170条(《美国联邦法典》第42编第2210条42. U. S. C. 2210),在其末尾增加下述内容:

(t)按通货膨胀调整。(1)委员会应根据(b)款第(1)项,按照下述日期起算的消费者价格指数的总体百分比变化率,对递延保费加以调整,在《普莱斯-安德森法》1988年修订案颁布后,至少每5年调整一次;

(A)在根据本款进行第一次调整时,为颁布日;

(B)自上一次调整之日起。

(2)就本款而言,"消费者价格指数"系指劳工部长公布的针对全体城市消费者的消费者价格指数。

第16条　技术和符合性修订

(a)核管理委员会:

(1)对1954年《原子能法》第11条(q)款[《美国联邦法典》第42编第2014条(q)款],在"委员会"出现的每一处将其删除并插入"核管理委员会"。

(2)1954年《原子能法》第170条(a)款[《美国联邦法典》第42编第2210条(a)款],删去第一句中的"委员会"并插入:"核管理委员会(以下简称'委员会')"。

(b)能源部长:

(1)1954年《原子能法》第11条(j)款和(m)款(《美国联邦法典》第42编第2014条),在"委员会"出现的每处将其删除并插入:"核管理委员会或如能源部部长。”

(2)对《原子能法》第11条(t)款[《美联邦国法典》第42编第2014条第(2)项]的修订是删去“委员会”并插入“能源部部长”。

(3)1954年《原子能法》第170条(f)款[《美国联邦法典》第42编第2210条(f)款],在前两处出现的“委员会”的后面插入“或如能源部部长”。

(4)1954年《原子能法》第170条(g)款、(h)款、(j)款和(m)款《美联邦法典》第42编第2210条,在每处出现“委员会”的后面插入:“或如能源部部长”。

(5)1954年《原子能法》第170条(n)款[《美国联邦法典》第42编第2014条(n)款]的修订如下:

(A)在第(1)段中:

(i)删去(C)中的“委员会”并插入“能源部”;和

(ii)在第二个出现的“委员会”后面插入“或如能源部部长”;和

(B)在第(2)项中,在“委员会”之后插入:“或如能源部部长”。

(6)第170条(o)款第(1)项,重新标注为本法第11条(d)款(1)项的修订如下:

(A)在第一个出现的“委员会”后面插入:“或如能源部部长”;和

(B)在第二个出现的“委员会”后面插入:“或如能源部部长”。

(c)所述修订的法规:

(1)1954年《原子能法》第170条(g)款[《美国联邦法典》第42编第2210条(g)款],在法规之后插入“《美国联邦法典》第41编”。

(2)1954年《原子能法》第170条(j)款[《美国联邦法典》第42编第2210条(j)款],删去“如已修订的修订法规第3679条”并插入下述文字:

“《美国联邦法典》第31编第15章的第1341条、第1342条、第1349条、第1350条和第1351条及第Ⅱ分章”。

(d)内部相互参照:

(1)1954 年《原子能法》第 11 条(q)款[《美国联邦法典》第 42 编第 2014 条(q)款],在每个出现“项”的地方将其删除并插入“款”。

(2)1954 年《原子能法》第 11 条(t)款[《美国联邦法典》第 42 编第 2014 条(t)款],在每个出现“项”的地方将其删去并插入“款”。

(3)1954 年《原子能法》第 11 条(w)款[《美国联邦法典》第 42 编第 2014 条(w)款],删除“(a)款、(c)款和(k)款”并插入“170 条的(a)款、(c)款和(k)款”。

(4)1954 年《原子能法》第 170 条(a)款[《美国联邦法典》第 42 编第 2010 条(a)款]修订为:

(A)在第一句中,删去“如已修订的,1954 年《原子能法》的(2i)款”并插入“(2i)款”;

(B)在第一句中,删去“170 条(b)款”,并插入“(b)款”;和

(C)在第二句中,删去“170 条(c)款”,并插入“(c)款”。

(5)1954 年《原子能法》第 170 条(k)款[《美国联邦法典》第 42 编第 2210 条(k)款],在第一句中删去“170 条(a)款”并插入“(a)款”。

(6)1954 年《原子能法》第 170 条(n)款[《美国联邦法典》第 42 编第 2210 条(n)款第(1)项],在最后一句中删去“170e 小节”并插入“(e)款”。

(7)1954 年《原子能法》第 170 条(o)款[《美国联邦法典》第 42 编第 2210(o)款],其修订为在重新标注为该法 11 条(d)款第(1)项(B)目中删去“本(o)款第(3)项”并插入“分段(C)目”。

(e)款提要。

(1)1954 年《原子能法》第 170 条(a)款[《美国联邦法典》第 42 编第 2210 条(a)款],在款标注后插入:“对被许可人的财务保证要求”。

(2)1954 年《原子能法》第 170 条(b)款[《美国联邦法典》第 42 编第 2210 条(b)款],在分段标注后插入:“对被许可人财务保证的数额和形式”。

(3)1954 年《原子能法》第 170 条(c)款[《美国联邦法典》第 42 编第 2210 条(c)款],在款标注后插入:“核管理委员会许可证赔偿”。

(4)1954年《原子能法》第170条(f)款[《美国联邦法典》第42编第2210条(f)款],在款标注后插入:“核管委会收取的费用”。

(5)1954年《原子能法》第170条(g)款[《美国联邦法典》第42编第2210条(g)款],在款标注后插入:“利用个人保险服务”。

(6)1954年《原子能法》第170条(h)款节[《美国联邦法典》第42编第2210条(h)款],在款标注后插入:“赔偿协议的条件”。

(7)1954年《原子能法》第170条(j)款[《美国联邦法典》第42编第2210条(j)款],在款标注后插入:“预拨款合同”。

(8)1954年《原子能法》第170条(k)款[《美国联邦法典》第42编第2210(k)款],在款标注后插入:“对非营利教育机构豁免财务保证要求”。

(9)1954年《原子能法》第170条(m)款[《美国联邦法典》第42编第2210条(m)款],在款标注后插入:“迅速解决索赔和应急援助的协调程序”。

(10)1954年《原子能法》第170条(n)款[《美国联邦法典》第42编第2210条(n)款],在款标注后插入:“放弃答辩和司法程序”。

(11)1954年《原子能法》第170条(p)款[《美国联邦法典》第42编第2210条(p)款],在款标注后插入:“给国会的报告”。

第17条　民事处罚

对经修订的1954年《原子能法》,增加234A如下:

“234A.(《美国联邦法典》第42编第2282条)对违反能源部条例的民事处罚:

(a)根据第170条(d)款已签订赔偿协议的签约人(或任何分包者或其供应者),违反(或其雇员违反)任何适用规则、条例或能源部长依据此法规定颁布的有关核安全的规定(或部长为核安全除任何规则、条例或运输部长发布的命令外所综合表达的导则),均应受到不超过100,000美元的民事处罚。如果依本款的任何违法行为是连续性的,该违法行为按天计构成单一违法行为进行民事处罚。

(b)(1)部长有权减轻、修改或豁免该民事处罚,并且有权制定其认为对于实施本条必需的相关条例。

(2)依本款确定民事处罚的数额时,部长应考虑到违法行为或多次违法行为对自然状况、环境的影响,及违法行为的范围和严重程度,并考虑违法者的付款能力、对继续进行涉核活动的影响以及之前违法状况,犯罪程度及审判可能需要的此类其他事项。在实施本条时,部长应依程序决定非营利教育机构是否应根据自动豁免条款免受本条的任何处罚。

(c)(1)在签发依本条民事处罚的指令前,部长应向违法行为人发出建议处罚的通知。该通知应告知行为人有权在接到通知日后的30天内,以书面形式要求根据第(3)项规定进行听证[代替第(2)项的程序]。

(2)(A)除非在接到该通知后30个日历日内,已根据第(1)项程序作出决定,否则,部长将根据第(3)项规定进行听证,根据《美国联邦法典》第5编第3105条任命行政法官,并根据《美国联邦法典》第5编第554条作出听证记录,如通过听证作出违法的结论后,部长应发出处罚决定书。此处罚决定应包括行政法官的结论和对此评估的基础。

(B)任何当事人对处罚决定不满的,有权根据《美国联邦法典》第5编第7条规定,向美国上诉法院提起诉讼。该法院应具有管辖权,针对部长做出的处罚决定,法院有权就该处罚决定做出生效、修订或全部或部分驳回的判决或裁定,或要求部长就涉诉处罚决定重新审理或听证。

(3)(A)在关于已选定本款程序的任何民事处罚后,部长应在依第(1)款选定的日期之后,以指令形式迅速决定处罚。

(B)如果自依(A)目作出评估指令后60个日历日之内,违法行为人还未支付民事罚款,部长应在适合的美国地区法院就执行民事处罚指令提起诉讼。法院应具有管辖权,并有权重新审查所涉及的法律和事实,并针对处罚决定做出强制执行、修订和按修订实施或全部或部分驳回的判决。

(C)行为人根据本款做出选择均不能撤销,除非部长同意。

(4)根据第(2)项规定,民事处罚决定已成为最终和不可上诉后,或在适合的地区法院根据第(3)项已做出有利于部长的最终判决后,违法行为人没有支付罚款时,部长应向美国地区法院提起诉讼要求支付罚款。在该诉讼中，此最终处罚决定或判决的合法性和适当性不应受审查。

(d)本条款应不适用于：

芝加哥大学(和任何分包者或其供应者)与阿贡国立实验室有关的活动；

加利福尼亚大学(和任何分包者或其供应者)与拉斯·阿拉莫斯国立实验室、劳伦斯·利弗莫尔国立实验室和劳伦斯－贝克利国立实验室有关的活动；

美国电话和电报公司及其子公司(和任何分包者或其供应者)与圣地亚哥国立实验室有关的活动；

大学研究协会公司(和任何分包者或其供应者)与费米国立实验室有关的活动；

普林斯顿大学(和任何分包者或其供应者)与普林斯顿等离子体物理实验室有关的活动；

联合大学公司(和任何分包者或其供应者)与布鲁克海文国立实验室有关的活动；

巴特尔纪念研究所(和任何分包者或其供应者)与西北太平洋实验室有关的活动。

第18条　刑事处罚

1954年《原子能法》第223条(《美国联邦法典》第42编第2273条)，增加下述内容：

“(c)根据第170条(d)款规定，已签订赔偿协议的责任人的管理人员、官员或雇员(和其分包者或其供应者)因其放纵行为或失职，违反或引起违反本法的相关核安全有关的规则、条例或能源部长发布的指令(或能源部长为核安全之目的除任何规则、条例或运输部长发布的指令外明确纳入的导则)时，前述违法行为导致或尚未被发现将要导致第11条(q)款定义的核事故，根据《美国联邦法典》第18编第3571条规定，应受到不超过25,000美元的罚款，或不超过2年的监禁，或两者并罚。如果此违法行为人并非初犯，且已根据本款接受处罚的，则根据《美国联邦法典》第18编第3571条规定，应受到不超过50,000美元的罚款，或不超过5年的监禁，或两者并罚。”

第19条 “《美国联邦法典》第42章第2210条注解”就放射性药物被许可人财务保证的谈判规则制定

(a)规则制定程序：

目的——核管理委员会(本条称“委员会”)应依本条的要求启动程序，根据1954年《原子能法》第170条(《美国联邦法典》第42编第2210条)，以及委员会根据1954年《原子能法》第81条、第104条(a)款或第104条(c)款(《美国联邦法典》第42编第2210条)、第2134条(a)款和第2134条(c)款批准的人员或州按1946年《原子能法》的第274条(b)款[《美国联邦法典》第42编第2021条(b)款]批准的人员，明确是否与其就放射性同位素或为医学目的的放射性药物(本条称“放射性药物被许可人”)的制造、生产、占有或利用签订赔偿协议。

最终决定——关于是否是放射性药物被许可人或是任何类型被许可人的最终决定，如是，应根据1954年《原子能法》第170条(《美国联邦法典》第42章第2210条)给予赔偿，该赔偿条款和条件应由委员会自本法颁布之日后的18个月内提出。

(b)谈判规则制定：

行政会议细则——为作出依(a)款要求的决定，委员会应在与本款规定一致的范围内，根据美国行政会议的建议以及《推荐的谈判细则的程序》第82-84号中提供的导则进行谈判规则制定。

指定召集人——自本法颁布日起30天内，委员会应指定由美国行政会议推荐的一个或几个独立的人员担任该谈判的召集人。

召集人建议的提交——该召集人应在不迟于本法颁布日之后7个月内，针对有关委员会是否应根据1954年《原子能法》第170条(《美国联邦法典》第42编第2210条)同放射性药物被许可人签订赔偿协议，向委员会提出建议，如同意，则应提出该赔偿的条款和条件。如果召集人建议向放射性药物被许可人提供该赔偿，召集人提交的建议应说明执行与放射性药物被许可人间赔偿协议的程序。

建议公示——如果召集人建议为放射性药物被许可人提供该赔偿，委员会应将召集人依第(3)项提交的建议在30天内进行公示。

行政程序——在与本款规定相一致的范围内，委员会应完成根据《美国联邦法典》第5编第553条款(a)款所要求的程序。

第20条 “《美国联邦法典》第42编第2210条注解”生效日

(a)除(b)款规定之外,对本法所作的修订应自本法颁布日生效,并应适用于发生在当天和之后的核事故。

(b)对第(1)款的修订,应适用于本法颁布日前、当天或之后发生的核事故。

(c)1954年《原子能法》第223条(c)款,不适用于发生在本法颁布前的行为。

立法记录——H. R. 1414(S. 748)(S. 1865):

众议院报告:No. 100－104,Pt. 1(内政和岛屿事务委员会),Pt. 2(科学、空间和技术委员会)和Pt. 3(能源和商业委员会)。

参议院报告:No. 100－70附S. 748(能源和自然资源委员会)和No. 100－218附S. 1865(环境和公众工作委员会)。

国会记录:Vol. 133(1987):7月29日、30日众议院审议并通过。Vol. 134(1988)3月16～18日参议院审议并通过、修订。8月2日,在某参议院赞成修订而在其他参议院不赞成修订。8月5日,参议院收回意见和一致赞同修订。

总统文件每周汇编:Vol. 24(1988);8月22日:总统声明。

介绍

美国国会颁布的1957年《普莱斯－安德森法》最初旨在限制核工业在发生核事故时的赔偿责任。

初始法案的扩展

《普莱斯－安德森法》原本对任何单一的核事故规定有限责任,即5亿美元的政府资金,加上保险公司提供的最高责任保险额6,000万美元,总额为5.6亿美元。国会已多次作出重大改变以延长该法案的期限。

1967年修订

国会在1967年延长《普莱斯－安德森法》10年的时间。一项新的规定引入“非常核事故”的概念,它被定义为一种事故,即由于放射性污染而造成公民或工厂的财产损失,核管理委员会有权认定上述损失。诉状放弃对侵权责任的最正常的辩护。任何人索赔只需要表明:(1)人身伤害或财产损失;(2)财产损失的赔偿数额;(3)人身伤害或财产损失是由于事故引起的放射性释放造成的。实质上,这是一个无过错保险责任。迄今为止,还没有这样的诉讼。

1975 年修订

国会在 1975 年又将该法延长了 10 年,这一年建立了现在正在实施的双层制度。一级保险包括由两个私人保险公司提供的责任保险,即 1.25 亿美元。二级保险为重大事故中的每个反应堆提供500 万美元的责任保险,但每个核电厂每年最多发生两起事故。联邦政府同意弥补前两个层面提供的保护数额和5.6 亿美元的限额之间的任何差额。自 1979 年 5 月 1 日起,第一级层面达到 1.6 亿美元。当美国在 1982 年批准了第 80 个商用电力反应堆时,二级层面就达到4 亿美元。这两个层面加起来共计5.6 亿美元,达到《普莱斯 - 安德森法》规定之界限,联邦政府将逐步取消其补偿作用。

1988 年修订

国会在 1988 年将《普莱斯 - 安德森法》延长了 15 年,将二级保障从 500 万美元提高到6,620 万美元,再加上五年的通货膨胀调整。它还将第一级层面提高到2 亿美元。1988 年的修订规定每个反应堆的评估限制,但是也包括例外条款,如果达到限额,国会将决定是否给予额外的补偿以及由谁提供补偿。它还提供一个预防性疏散的保险范围,前提是事故对核电厂周围的人员或财产构成迫在眉睫的危险。1998 年 8 月,对通货膨胀的最高追溯评估再次进行调整,每个反应堆增加到 8,810 万美元。这些评估将按比例分配,每个反应堆每年不超过 1,000 万美元。

2003 年,国会拒绝继续延长该法案

国会要求核管理委员会在 2002 年届满前四年提交报告。1998 年 9 月正式提交的报告描述了《普莱斯 - 安德森法》的公共利益。它还建议将该法延长 10 年。美国能源部于 1999 年 3 月向国会提交一份报告,并建议延长该法。国会于 2003 年 2 月通过延长 10 个月的法案,但在年底前未能延续这一措施,尽管它在 2006 年 12 月 31 日前通过类似的措施,将保险范围扩大到能源部的设施。

2005 年,《能源政策法》

2005 年《能源政策法》恢复并将《普莱斯 - 安德森法》延长 20 年,这是国会授予的最长的延期,得到两党的强有力支持。该法要求个体经营者负责两层保险。第一层要求每个核电厂从私人保险公司购买3 亿美元的保险。

第二层由美国所有反应堆运营商联合提供。如果需要的话，这笔资金是通过每年分期付款1,500万美元（并根据通货膨胀率调整）收集到的每个反应堆高达9,600万美元来追回的。综合来看，电力公司支付的总额超过了100亿美元。美国能源部还为其核活动提供了100亿美元。除此之外，无论过失如何，作为最终的保险人，国会应决定如何在发生非常核事故时提供赔偿。

2015年普莱斯-安德森法补充条款

(2015年11月15日　第15版)

第1条　核损害赔偿协议(2005年10月)

(a)管理当局。依经修订的1954年《原子能法》第170条(d)款之规定,该款应纳入赔偿协议。

(b)定义

《原子能法》之规定定义适用于本条。

(c)财务保证

如(d)款第(ii)项所述,除能源部以书面形式许可或要求外,签约方提供的承担公共责任的财务保证不得以政府费用维持。但能源部有权随时书面要求签约人提供和维持一定类型和数额财务保证,其数额相当于能源部确定的公共赔偿数额,前提是该财务保证数额将由能源部补偿给签约人。

(d)赔偿

(i)如果签约人和其他责任人,在一定范围内未获得能源部许可或要求的财务保证补偿,在下列情况能源部将根据以下规定赔偿签约人和其他责任人:

1. 符合(d)款(ii)项规定的公共赔偿数额。
2. 如果能源部应承担责任,经能源部批准的签约人和其他责任人相关法律费用不得超过《原子能法》第170条(d)款规定的数额。根据《原子能法》第170条(t)款,无论与赔偿协议相关的人数多少,前述赔偿数额可能予以增加,在美国境内发生的一次核事故或预防性疏散的总和基础上,或者在美国境外发生的核事故每次按5亿美元基础上。

(ii)前述(d)款第(i)项所述的公共责任,是指《原子能法》定义的以下内容:

1. 与本协议项下的活动产生或相关的公共责任，包括运输；和
2. 由于核事故或预防性疏散而产生或因此产生，相关术语应遵循《原子能法》定义。

(e)放弃抗辩

(i)发生《原子能法》规定的由核废物引起的核事故时，签约人和其他责任人同意放弃任何关于慈善或政府豁免的质疑或抗辩。

(ii)发生非常核事故时：

1. 在建设、持有或运营相关核设施或核材料过程中发生；或
2. 源材料、副产品材料或特殊核材料运输过程中或从核设施开始运输过程中引起的或导致的；或
3. 在执行合同时，由承包商或分包商持有、操作或运营的，用于特殊核材料或副产品材料设施所引起的或导致的；或
4. 在核废物处置时引起的或导致的，签约人和其他责任人同意放弃以下权利：

   A. 关于索赔人行为的任何质疑或抗辩(包括索赔人因他人行为导致的诉讼)或受偿人过错，包括但不限于：i. 过失；ii. 共同过失；iii. 风险承担；iv. 不可预见的干扰因素，包括第三人的行为和不可抗力；

   B. 关于慈善或政府豁免的任何质疑或抗辩；且

   C. 如果索赔人自首次知道或应当知道其伤害或变化及原因之日起 3 年内提起诉讼的，关于诉讼时效的质疑或抗辩，考虑到该类质疑或抗辩将涉及管辖权或与诉讼相关其他因素，有关该类质疑或抗辩的放弃均为有效。针对其他责任人索赔，其放弃应根据本条款执行。

5. 非常核事故是指能源部根据《原子能法》规定所确定的非常核事故。是否为非常核事故，由能源部应依《美国联邦法典》第 10 章第 840 条之规定判断。
6. 判断是否为非常核事故时，依《美国联邦法典》第 10 章第 840 条之规定，“非厂址”意味着远离“合同地点”，合同地点包括签约人根据本协议在美国能源部设施、装置或场所执行合同的行为和签约人在其所有或控制的设施、装置或场所执行合

同的行为。

(iii)上述弃权应：

1. 无论该类质疑或抗辩是涉及管辖权或是与诉讼相关其他因素均为有效；
2. 当受害人索赔时，弃权应根据其条款执行；
3. 不适用于未采取合理措施减轻损害的情形；
4. 不适用索赔人故意造成相关人身或财产损害，或者故意或过错造成核事故情形；
5. 因依职员赔偿或职业病相关法律法规应赔偿或提供福利，不适用于受害人受雇佣于发生非常核事故厂址或与之相关的人身伤害索赔；
6. 不适用于在美国境外发生的核事故索赔；
7. 仅对在本条款、保单、合同或其他财务保证中规定义务范围内有效时；和
8. 依《原子能法》第170条(e)款赔偿责任限额规定，相关索赔未在前述(A)款承担范围内，不适用于损害索赔相关诉讼或抗辩。

B. 本协议的条款和保险、合同或其他财务保证条款。

(f)索赔通知和诉讼

发生签约人或依本条(d)款第(ii)项承担公共责任的责任人被提起诉讼或索赔，承包商应立即书面通知能源部。除能源部另有指令外，签约人应立即向能源部提供其收到或就该类诉讼或索赔提交的所有相关文件的副本。能源部有权与签约人和责任人合作，参与就处置措施的诉讼和索赔的抗辩，并有权：

(i)能源部如需承担赔偿责任，应事先获得能源部批准；且

(ii)由能源部承担赔偿责任的索赔或诉讼，由首席检察官代表签约人或责任人出庭，全权负责该类索赔诉讼的处置或抗辩等相关工作。由能源部负责的该类诉讼或索赔，则签约人或其他责任人应提供一切合理的协助。

(g)能源部义务的延续

能源部根据本条承担的义务不因承包商未履行本协议项下的义务

而受到影响，并且不受承包商的死亡、残疾或终止存续，或者受本协议终止、失效或权利义务执行完毕影响。

(h)其他条款的效力

本条规定不应以任何方式受赔偿协议的争议解决条款限制，但本条应受以下条款限制：在核损害赔偿协议中所规定的应急费用协议、账户记录和检查以及根据适用的联邦法律（包括法律、法规和行政命令）规定增加至赔偿协议中的任何条款。

(i)民事处罚

依《原子能法》第 234 条(a)款规定，获得赔偿的签约方及其分包方和供应方因违反适用的能源部核安全相关法律、规定或行政命令应受到民事处罚。如果承包方是《原子能法》第 234 条(a)款所定义的非营利承包方，则应承担的民事处罚不得超过根据本协议 1 年期内（由秘书长决定）支付的费用总额。

(j)刑事处罚

依《原子能法》第 223 条(c)款，在签约人、其分包方和供应方任职的个人董事、高级职员或雇员依本款之规定获得赔偿，如核事故或核事故风险是由于前述人员因故意违反 1954 年《原子能法》，以及美国能源部核安全相关法律、法规或行政命令导致的应受到刑事处罚。

(k)分包合同条款

在可能涉及公众责任风险的分包合同中，签约人应确保分包合同中包含本款，本款相关定义应适用《原子能法》之规定，以及在前述(d)款第(ii)项相关规定。但如分包方依《原子能法》第 170 条(b)款规定，提供了核管理委员会要求的财务保证或依《原子能法》第 170 条(c)款或(k)款规定签订的核管理委员会赔偿协议且根据协议开展活动，则分包合同中无须包含本条款。

第 2 条　通知布鲁克海文国家实验室

根据核损害赔偿协议补充条款和条件，当能源部要求签约人提供通知和/或信息时，签约人应在向能源部提交前述通知和/或信息的同时，向布鲁克海文国家实验室的协议代表提供。

第3条　违反核安全规定赔偿

因签约人、其分包商/供应商/代理商及其雇员、高级职员或董事的活动，由承包商承担全部责任，并确保布鲁克海文国家实验室及其成员、董事、官员和雇员免于承担1954年《原子能法》第234条(a)款[《美国联邦法典》第42章第2282条(a)款]规定下的民事责任。承包商赔偿和无害义务应包括依《原子能法》第234条(a)款或经修订的《原子能法实施条例》提起诉讼或程序所需的律师费和其他合理费用。

第4条　辐射防护计划合规

(a)适用性

承包商、其分包商、供应商、代理商及其雇员根据本协议进行的任何有可能导致个人暴露于辐射或放射性物质的活动，应适用于本条规定。

(b)签约人应：

(i)遵守本协议通用合同条款或专用条款中列明的《美国联邦法典》第10编第835条"职业辐射防护"的要求、承包商的辐射防护计划，布鲁克海文国家实验室的辐射控制手册；和

(ii)为确保签约人遵守辐射防护计划，记录和维护此类计划(如行政控制、程序和技术工作文件)。签约人的计划和相关文件应接受布鲁克海文的审查和批准。

(c)根据《美国联邦法典》第10编第835条和/或承包商的辐射防护计划，签约人应向布鲁克海文国家实验室的技术代表提交报告。

(d)分包合同可能导致个人接触辐射或放射性物质，签约人应确保所有层级的分包合同中包含本条规定。

第5条　质量保证计划要求

(a)适用性

签约人、其分包商、供应商、代理商及其雇员根据本协议进行的或影响现有布鲁克海文国家实验室的核设施(如《美国联邦法典》第10编第830.3条所定义)安全运行的活动，适用本条规定。

(b)承包商应：

(i)遵守《美国联邦法典》第10编第830条、第120条"质量保证要求"，以及生效的相关法规法令及签约人质量保证计划及其修订

版本，以及

(ii)为确保签约人遵守质量保证计划，并记录和维护此类计划(如行政控制、程序和技术工作文件)。签约人的计划和相关文件由布鲁克海文国家实验室负责审核。

(c)根据《美国联邦法典》第 10 编第 830 条、第 120 条和/或签约人的质量保证计划，签约人应向布鲁克海文国家实验室的技术代表提交报告。

(d)分包合同可能导致在核设施中执行，或涉及放射性材料的形式和数量可能对雇员或公众造成核损害或核损害风险，签约人应确保所有层级的分包合同中包含本条规定。

第 6 条　其他核安全要求

能源部将随时根据《原子能法》赋予的管理权限，制定其他核安全要求。承包商应遵守能源部在《美国联邦法典》第 10 编颁布的所有适用的核安全要求。

二、加拿大

加拿大—美国核责任规则(节选)

(2012年6月27日)

2009年6月1日生效的“立法修订和合并法”第31条第(1)项和第(3)项规定如下:

31.(1)部长依本法之规定发布的合并法律法规的纸质或电子版本,其每份副本与正本效力相等,未出版的版本与已出版的版本效力相等,除非有其他规定。

(3)部长依本法之规定出版的综合法规与原法或此后的修订案之间不一致的,则原法或修订案的效力优先。

注意

该合并至2012年6月27日,截至该日尚未生效的任何修订均载于本文件末尾并以“未生效修订”冠之。

第1240章

核责任法

加拿大—美国核责任规则

履行加拿大与美利坚合众国之间关于《核责任法》第34条(3)之规则。

简短标题

1.本规则可引称“加拿大—美国核责任规则”。

对美国的责任

2.加拿大境内发生的核事故而致美国遭受损害,任何营运人均需对此承担责任。

加拿大法院管辖权

3. 考虑到当事方、事故性质和所涉金额,核设施所在地的加拿大法院都享有管辖权。第2节所述核事故相关的核设施所在地法院,对于美国因此损害而提起的救济或补救申请,依据《核责任法》同样具有管辖权。

核责任与赔偿法

（2017 年 1 月 1 日生效　由加拿大《议会法》第 4 章第 120 节颁布）

简　　称

简称

第 1 条　本法简称为《核责任与赔偿法》。

解　　释

定义

第 2 条　本法中的有关术语定义如下：

获准的保险人：依据第 29 条获得授权的保险人。

缔约国：已经加入公约或被公约批准、接受、认可的国家。

公约：1997 年 9 月 12 日在维也纳签订的《核损害补充赔偿公约》。

设施国：缔约国境内安装有符合公约附件第 1 条第 I 款(b)项所定义之核设施的国家，或指核设施位于缔约国境外时，运行或授权运行核设施的国家。

核燃料：通过自持链式核裂变反应可产生能量的材料。

核事故：同造成核损害有同样起因的事件或一系列事件，本法规定营运人应对该等损害负责。

核设施：核反应堆，组成运输动力源的除外；核材料的生产或加工厂；核燃料的同位素分离厂；乏燃料的处理厂；除因运输而临时贮存核材料外的贮存核材料的设施。

核材料：

a. 除天然铀和贫化铀外可在核反应堆外单独或同其他某种材料一起通过自持链式核裂变反应产生能量的核燃料；及

b. 放射性产物或废物，但不包括已经达到最终制造阶段的可用于科学、医疗、农业、商业或工业用途的放射性同位素。

核反应堆:含有核燃料且其布置方式使在无额外中子源的条件下能在其中发生自持链式核裂变反应的结构。

营运人:依据本法第 7 条获得授权营运核设施的人。

公共基金:缔约国依据公约第Ⅶ条第 1 款的要求应当缴纳的费用。

放射性产物或废物:

a. 生产或使用核燃料过程中产生的放射性物质,但不包括天然铀和贫化铀;及

b. 暴露在生产或利用核燃料过程中的辐射而产生的放射性物质或因辐照而具有放射性的物质。

法庭:依据本法第 41 条第 1 款成立的专门处理核损害赔偿的法庭。

本 法 目 的

民事责任及赔偿

第 3 条 本法调整因核损害引发的民事责任及赔偿。

部 长 任 命

部长

第 4 条 总督有权发布命令任命一名王国大臣为本法规定的部长。

例 外 情 形

例外情形——战争等

第 5 条

1. 本法不适用于因战争、武装冲突、内战、暴乱造成的核事故,也不适用于《刑法典》第 83 条第 1 款第(1)项所规定的恐怖活动。

例外情形——核设施损害

2. 本法不适用于核设施本身受到的损害,也不适用于与该核设施配套使用设备的损失,包括建造中的设备。

女 王 陛 下

约束女王陛下

第 6 条 本法对加拿大或其中一省的女王具有约束力。

确定核设施及营运人

确定核设施及营运人

第7条

1. 经部长建议并与加拿大核安全委员会协商，总督可通过颁布法律确定核设施场址，经《核安全及控制法》授权并装有核材料。

2. 法律应当规定场址以及场址内的设施，该设施经批准装有核材料，还应明确本条第1款规定的许可证持有人为核设施营运人。

3. 上述法律应在许可证颁发前出台，但不必在许可证颁发前生效。

4. 经部长建议并与加拿大核安全委员会协商，总督可颁布法律确定核反应堆等核设施的运输方式，并可通过颁布法律确定依《核安全及控制法》有关运输方式条款所颁发许可证的持有人为核设施营运人。

核事故责任

营运人责任

有限责任

第8条 营运人对本法规定之外的核事故不承担赔偿责任。

责任——加拿大

第9条

1. 营运人对发生在加拿大或其专属经济区内的下列核损害承担赔偿责任：
   a. 核设施内的辐射源所释放的电离辐射损害；
   b. 运输途中的核材料所释放的电离辐射损害：
      (i) 根据书面合同约定，核材料从营运人核设施处运往其他核设施安装过程中产生的电离辐射损害，或在其他核设施营运人对该等核材料造成的损害承担责任前，承担该时间段内产生的电离辐射损害责任；
      (ii) 废除015，c. 4，s. 121；
      (iii) 从营运人的核设施处发往非缔约国境内收货人，从运输途中直至该等核材料从运输工具上卸下前产生的电离辐射损害；
      (iv) 经营运人书面同意，由非缔约国境内发货人发往营运人的核设施，从该等核材料装载到运输工具之时起产生的电离辐射损害。

(b.1) 从营运人的核设施向外运输的核材料所产生之电离辐射损害：

(i) 位于加拿大以外其他缔约国的其他核设施营运人根据书面合同约定承担责任之前产生的电离辐射损害，并且该营运人根据其所在国法律确定为核设施营运人，且符合公约附件第1条第I款(b)项所定义之核设施营运人；

(ii) 没有签订书面合同的，包括其他营运人接管核材料前产生的电离辐射损害。

(b.2) 核材料在运往营运人的核设施途中产生的电离辐射损害：

(i) 营运人根据书面合同承担责任后，由加拿大以外其他缔约国的其他核设施营运人[经其所在国法律确定为核设施营运人，且符合公约附件第1条第I款(b)项所定义之核设施营运人]发出的核材料在运输途中产生的电离辐射损害；或

(ii) 没有签订书面合同的，包括营运人接管核材料后产生的电离辐射损害；或放射性物质与本条a项下之放射源产生的有毒、有害、爆炸性质相结合产生的损害，或放射性物质与本条b至(b.2)项下之核材料产生的有毒、有害、爆炸物质相结合产生的损害。

预防措施——加拿大的责任

2. 依据第20条第1款，对加拿大以外其他缔约国或该缔约国的专属经济区内的营运人之核设施采取预防措施，或针对该营运人负责的运输采取预防措施，继而造成损害的，仅由该营运人承担赔偿责任。

额外责任——加拿大以外的其他缔约国

3. 对在加拿大以外的缔约国或其专属经济区境内的下列损害，仅由营运人承担赔偿责任：

a. 核设施内辐射源所释放的电离辐射损害；

b. 从营运人核设施向外运输核材料过程中产生的电离辐射损害。

(i) 在位于加拿大境外之缔约国的其他核设施营运人根据书面合

同约定承担责任之前产生的辐射损害,并且该营运人经其所在国法律确定为核设施营运人,且符合公约附件第1条第I款(b)项所定义之核设施营运人。

(ii)没有签订书面合同的,包括其他营运人接管核材料前产生的电离辐射损害。

c. 运输核材料过程中产生的电离辐射损害。

(i)营运人根据书面合同承担责任后,由位于加拿大境外之缔约国的其他核设施营运人[经其所在国法律确定为核设施营运人,且符合公约附第1条第I款(b)项所定义之核设施营运人]发出的核材料在运输过程中产生的电离辐射损害;

(ii)没有签订书面合同的,包括营运人接管核材料后产生的电离辐射损害。

d. 放射性物质与本款a项下之放射源产生的有毒、有害、爆炸或其他性质相结合产生的损害,或放射性性质与上本款b、c项下之核材料产生的有毒、有害、爆炸性质相结合产生的损害。

预防措施——加拿大以外其他缔约国的责任

4. 依据第21条第1款,针对加拿大以外其他缔约国或该缔约国的专属经济区境内的营运人之核设施采取预防措施,或针对该营运人负责的运输采取预防措施,继而造成损害的,仅由该营运人承担赔偿责任。

额外责任——向非缔约国运输或从非缔约国运输

5. 对于在加拿大以外之缔约国或专属经济区境内发生的下列损害,仅由营运人承担责任:

a. 核材料运输过程中发生的电离辐射损害

(i)从营运人的核设施发往非缔约国境内收货人过程中且该等核材料交付前产生的电离辐射损害;

(ii)经营运人书面同意,由非缔约国境内发货人发往营运人的核设施,从该等核材料装载到运输工具之时起产生的电离辐射损害。

b. 放射性物质与本款a项下之核材料产生的有毒、有害、爆炸物质相结合产生的损害。

严格责任

第 10 条

1. 营运人对核事故造成的损害承担严格责任。

侵权或过失

2. 为实现本条第 1 款的立法目的，索赔人无须依据《魁北克省民法典》出具侵权或过失证据。

责任——连带责任

第 11 条 本法规定由两个或两个以上营运人承担责任的，任一营运人应当对无法合理做出区分的损害承担连带赔偿责任。

核事故责任人

第 12 条 因行为人故意或重大过失（魁北克省称为重大过错）而造成的核损害，营运人不承担赔偿责任。

无追索权

第 13 条 除因行为人故意造成的核损害外，营运人对于核事故造成的损害没有追索权。

可获赔偿的损失

人身伤亡或财产损失

第 14 条 核事故造成的人身伤亡及财产损失，可以获赔偿。

精神损害

第 15 条 核事故造成的人身伤亡所引起之精神损害，亦可以获赔偿。

经济损失责任

第 16 条 核事故造成的人身伤亡或财产损失，以及人身伤亡所引起之精神损害，均可获得经济赔偿。

成本和工资

第 17 条

1. 核事故造成个人财产无法使用的损失以及该个人的薪酬损失可获赔偿。

停电

2. 用于发电的核设施发生核事故的，由此造成停电的经济损失不能依据本条第 1 款获得赔偿。

环境损害——加拿大

第 18 条 因核事故造成的环境损害,联邦或省环境保护部门为补救、减少或减缓该等损害要求采取补救措施之合理费用可获赔偿。

环境损害——加拿大以外的缔约国

第 19 条 除非损失不明显,否则加拿大以外之缔约国政府依据该国环境保护法,为补救、减少或减缓该等损害采取补救措施之合理费用,可获赔偿。

预防措施——加拿大

第 20 条

1. 政府依据联邦或省法律设置的核应急计划而建议在特定区域采取措施以防止损害发生的,生活在该区域民众为生产生活发生的下列费用可获赔偿:

a. 采取补救措施涉及的合理费用;及

b. 支付的赔偿费用——包括因财产无法使用导致的损失。

例外情形

2. 联邦、省或市政府或其为实施核应急计划而建立或设置的代理机构,不适用本条第 1 款规定的赔偿措施。

预防措施——加拿大以外的缔约国

第 21 条

1. 缔约国政府依据该国法律设置的核应急计划,且因情况紧急而建议在特定区域采取补救措施以防止损害发生的,生活在该区域的民众为生产生活发生的下列费用和损失可获赔偿:

a. 采取补救措施涉及的合理费用;及

b. 支付的赔偿费用——包括因财产无法使用导致的收入损失。

例外情形

2. 政府或其为实施核应急计划而建立或设置的代理机构,不适用本条第 1 款规定的赔偿措施。

核事故引起的其他损害

第 22 条 核事故以及同时发生的非核事故引起的损害应视为核事故损害,而不能仅认定为非核事故损害。

对运输工具、构筑物或场址的损害

第 23 条 在核材料运往或运离核设施途中发生的或在运输过程临时贮

存时发生的核事故,对运输工具、贮存核材料的构筑物或场址造成的损害,不能获得赔偿。

财务条款

营运人责任限额

第 24 条

1. 营运人依据本法规定应对核事故承担的责任限额如下:

a. 本款生效之日起一年内发生核事故的为 6.5 亿美元;

b. 本款提及年份之后一年内发生核事故的为 7.5 亿美元;

c. 本款提及年份之后一年内发生核事故的为 8.5 亿美元;

d. 本款提及年份之后一年内发生核事故的为 10 亿美元。

责任限额修改

2. 总督通过法律可以:

a. 修改本条第 1 款,提高责任限额;

b. 对核设施及其所安装的核材料进行评估后降低某一核设施营运人或某一类核设施营运人承担的责任限额。

说明

3. 本条第 1 款规定不适用于营运人支付诉讼费、律师费或赔偿利息。

责任——运输

第 25 条

核材料运输途中或因运输而临时贮存过程中发生的核事故应由数个营运人承担核事故损害责任的,该等营运人的责任应以第 24 条第 1 款所规定的单个营运人的责任限额为限。

部长审查

第 26 条

1. 部长应定期审查第 24 条第 1 款规定的责任限额,至少 5 年一次。

标准

2. 部长审查责任限额的,应参考;

a. 消费者物价指数(由加拿大统计局依据《统计法》发布)的变化;

b. 核责任相关国际公约约定的财务保证要求;

c. 部长认为相关的其他因素。

营运人义务

第 27 条

1. 营运人应对其运营的每一核设施提供财务保证,以赔偿核事故受害人的损失,该等财务保证额度应符合第 24 条第 1 款规定,若有第 24 条第 2 款 b 项规定的情形,责任限额应在修改后的法律中明确。

外国营运人的义务——在加拿大境内运输核材料

2. 对于公约附件第 1 条第 I 款(d)项所定义的(而非本法第 2 条所定义的)营运人,正在加拿大境内运输核材料的,部长可要求该营运人提供财务保证以赔偿核事故受害人的损失,该等财务保证额度应符合且不能高于第 24 条第 1 款规定的额度。

例外情形

3. 本条第 2 款不适用于:

a. 对于海运,依国际法规定,一旦遇到紧急灾难,有权进入该缔约国的港口的权利,或无害通过其领海的权利时;及

b. 对于空运,依协定或国际法规定,有飞越该缔约国领空或在该国领土上着陆的权利时。

使用财务保证

4. 本条第 1 款所规定营运人不能使用财务保证支付行政管理费用、诉讼费、律师费及利息。

保险

第 28 条

1. 财务保证采用向核准保险人投保的形式进行安排的,保单仅包括常规保单中约定的条款,此类条款应经部长批准。

其他财务保证

2. 部长可与营运人签署合同,许可部分财务保证采用其他形式。

财务保证的最高限额

3. 除非法律规定了其他比例,否则其他财务保证的额度不得超过第 24 条所规定之营运人责任的 50% 。

合同条款

4. 合同应当明确其他财务保证使用的财务工具,列明美元价值及部长认为合适的其他条件,包括要求营运人提交报告或允许部长就该等财务保

证进行财务审计,或要求营运人就许可采用其他形式财务保证而产生的费用或审计费用。

修改或撤销

5. 部长可修改合同条款或撤销合同。

核准保险人

第 29 条 部长可根据其约定的条款指定保险公司或保险组织为核准的保险人,被指定的保险公司应经部长认定为合格且能履行本法为获准保险人设定的义务。

暂停或取消

第 30 条 依第 28 条第 2 款所规定,获准的保险人或其他财务保证人可暂停或取消其向营运人提供的保险或其他财务保证,但应至少提前两个月向部长发出书面通知。但涉及核材料运输的保险或财务保证,在运输过程中不能暂停或取消。

补偿合同——原则

第 31 条

1. 部长可与营运人签订补偿合同。根据该合同,加拿大政府将就获准的营运人不承担责任部分的损失进行补偿。

补偿合同——营运人依第 24 条第 2 款 b 项制定的法律

2. 依第 24 条第 2 款 b 项规定所制定的法律约束的营运人造成的核损害超过该营运人依法所应承担的责任的,补偿合同可约定国家补足差额。

费用

3. 补偿协议可就向加拿大政府缴纳的费用进行约定。

就合同发起提案

4. 依本条规定所制定的补偿合同签订后,可由部长在议会召开会议之日起 30 日内向议会提交该合同的副本。

核责任账户

第 32 条

1. 根据《核责任与赔偿法》在加拿大政府账户中设立核责任再保险账户,该再保险账户将作为核责任账户存续,直至:

a. 加拿大政府根据补偿合同收到的所有款项被记为收益;及

b. 加拿大政府根据补偿合同应付的所有款项被记为负债。

提前动用合并税收基金账户

2. 核责任账户的存款不足以支付补偿合同项下约定的款项时，经财政部长批准，应由合并税收基金账户支付上述差额，并计入核责任账户的负债。

存续的权利义务

不受限制的权利义务

第33条 本法对下列权利义务不产生影响：

a. 保险合同项下的权利义务；

b. 健康保险计划、雇员赔偿计划或职业病赔偿计划项下的权利义务；及

c. 养老金计划中涉及生存者或残疾条款项下的权利义务。

诉讼程序

管辖法院

第34条

1. 对核损害赔偿提起的诉讼应由事故发生地法院管辖。

联邦法院管辖权

2. 核事故发生时有下列情形的，加拿大联邦法院具有管辖权：

a. 事故发生地涉及一个省以上的；

b. 事故部分发生在一个省而部分发生在加拿大专属经济区的；及

c. 事故发生在加拿大专属经济区的。

联邦法院额外管辖权

3. 核事故发生在缔约国境内或专属经济区以外但由营运人造成的，或事故发生地归属不明确的，联邦法院有管辖权。

共同管辖权

4. 加拿大以外的缔约国法院对本法项下的索赔或诉讼有共同管辖权的，加拿大应与其他缔约国协商决定哪国法院具有专有管辖权。

认可外国判决

5. 加拿大境内有合法管辖权的法院应在收到申请后，应尽快认可并执行加拿大以外缔约国法院依据公约做出的判决（符合加拿大法认可外国判决规定的）。

管辖权限制

6. 除本法规定外，对涉及加拿大或其专属经济区境外的损害，加拿大境

内法院或法庭无须考虑就加拿大或其专属经济区境外损害提出的赔偿申请或救济措施。

诉讼时效

第 35 条

1. 起诉或索赔应在下列情形发生的 3 年内提起:

a. 对死亡起诉或索赔的,自起诉人或索赔人知道或应当知道死亡及对死亡承担责任的营运人之次日起;

b. 死亡的决定性证据缺失的,自有管辖权的法院宣告死者死亡且起诉人或索赔人知道或应当知道对死亡承担责任的营运人之次日起;及

c. 发生其他财产损失的,自起诉人或索赔人知道或应当知道损害及对损害承担责任的营运人之次日起。

赔偿时效

2. 对下列情形不能起诉或索赔:

a. 发生人身伤亡的,起诉或索赔涉及的核事故发生之日超过 30 年的;

b. 发生其他财产损失的,起诉或索赔涉及的核事故发生之日超过 10 年的。

例外情形

3. 尽管有本条第 2 款规定,核材料遗失、盗窃、丢弃后,因前述核材料引发核事故的,但对该核材料所属原核设施营运人请求赔偿时,从遗失、盗窃、丢弃之日起 20 年后,不得起诉或索赔。

延期

4. 总督可通过法律延长上述第 1 款规定的诉讼时效。

核索赔法庭

总督声明

声明

第 36 条

1. 总督考虑到损害范围、预估损失及法庭处理的优势后,可从公众利益角度出发,宣布由法庭处理有关核事故的索赔。

公布

2. 声明不属于《法定文件法》,但声明应立即在加拿大公报第二部分刊登。

声明的效力

第 37 条

1. 依据第 36 条发布声明的，第 34 条不再适用于核事故，公布之前已经进行的诉讼程序应当中止。

2. 在声明发布后提起索赔的，且该索赔本应在声明发布前提起的，该索赔仅能向法庭提起。

向议会报告

第 38 条 依据第 36 条第 1 款项下的声明发布后，部长应立即向议会两院提交报告，报告应预估核事故造成的损害赔偿额。

临时经济援助

第 39 条

1. 依据第 36 条第 1 款项下的声明发布起至第 42 条第 2 款项下的通知发布这一时间段内，部长可自行决定向受到声明所涉核事故损害的人员发放经济援助。部长应通知法庭接受援助的人员名单及金额。

最高援助额度

2. 本条第 1 款规定的援助额度不能超过下述两项之差的 20%：

a. 第 24 条第 1 款规定的限额；及

b. 依据第 36 条第 1 款规定的声明发布前，营运人因核事故损害向有关人员支付的总赔偿额。

签约权利

第 40 条 部长可与个人、保险组织或省政府签订合同，授权前述人员或组织履行发放临时经济援助的职能。

成立核索赔法庭

成立法庭

第 41 条

1. 依据第 36 条第 1 款规定的声明发布后，总督应建立核损害法庭并指定其加拿大境内的主要办事机构地址。

目的

2. 法庭应在保证公平的前提下尽快对核事故造成的损害进行审理和宣判。

公平对待索赔

3. 法庭应公平审理就损害提起的索赔，不得基于国籍或居所原因区别对待当事人。

公告

第42条

1. 法庭应以其认为适当的方式公告其审判宗旨及获取索赔信息的途径。

发布公告

2. 关于法庭的审判宗旨及获取索赔信息的途径应第一时间在加拿大公报上发布。

法庭成员

第43条

1. 总督应指定组成法庭的成员，最少5人，其中1人为审判长。

成员资格

2. 法庭主要成员可从在职或退休的高等法院法官、省级10年以上从业经验的律师或魁北克省公证员协会成员中遴选。

报酬

3. 上述成员有权获得报酬及总督确定的其他费用。

任期

第44条 法庭成员在任期内尽责履职的将被留任，反之则将被解职。

免责

第45条 法庭成员为行使或拟行使权利以及为履职或拟履职而善意作为或不作为的，不得对该等作为或不作为提起民事诉讼。

法庭雇员

第46条 法庭为适当开展工作认为需要的可以雇佣工作人员，并按法律要求制定工作人员职责、任期及工作条件，在获得财务委员会批准后确定并支付报酬。

科技或专业知识

第47条 为协助其审理案件，法庭可能临时需要具有科技或专业知识的顾问服务，法庭应当设定前述顾问的任期及工作条件，在获得财务委员会批准后并支付报酬或费用。

法律冲突

第 48 条 《法官法》与本法关于在职或退休法官的规定互相冲突的，优先适用《法官法》的规定。

法庭的权利和责任

审理

第 49 条 法庭可在其认为合适的时间及地点（加拿大境内）进行审理。

参加者

第 50 条 加拿大司法部长及缔约国主管官员可参加法庭审理前的程序。

调查权——证人及证据

第 51 条

1. 法庭具有高等法院的调查权，诸如传证人出庭、宣誓、证人身份验证、证据制作及检查、为必要适当行使法庭审判权而实施法庭令等其他措施。

2. 法庭审理索赔案件不受《证据规则》约束，但法庭可依据《证据法》，拒绝接受难以辨认的证据。

外国证据

3. 从加拿大境外获取证据的，法庭可支付手续费并为取得、归还及使用证据而发布命令。

检查

第 52 条 法庭为审理案件需要，可要求索赔人接受医疗及其他检查。

不符合条件的索赔

第 53 条 法庭认为索赔不符合条件的，有权拒绝审理该索赔。

关于法院的报告

第 54 条

法庭应根据部长的要求，向他/她提交一份关于其活动的报告。在众议院会议召开前 15 天，部长须将报告提交给众议院。

规则

第 55 条 法庭为履行职责所需，可以制定规则，应包括以下内容：

a. 提起索赔的程序；

b. 提交证据的形式和方式；

c. 法定人数；

d. 索赔处理人员的工作程序；

e. 应向证人支付的费用及差旅费；

f. 食宿费用;及

g. 上诉及重审权。

索　　赔

审理人员及合议庭

第 56 条

1. 审判长可以指派一名或以上的法官组成审理小组审理索赔案件。

索赔案件审理人员

2. 为了加快索赔案件的审理,法庭可以设定无须进行听证便可由审理人员判定的索赔案件类型,并指派其认为可胜任的人员作为审理人员。

权利和职责

3. 索赔案件审理小组或审理人员在审理索赔案件时应行使法庭的权利和职能。

注意事项

第 57 条　审判长应为索赔案件指派合议庭或审理人员,并将该指派情况告知索赔人、营运人及部长。

公开审理

第 58 条　审理小组应公开审理案件。但若涉及个人隐私,审理小组可选择部分或全部不公开进行审理。

暂定赔偿

第 59 条

1. 在对某一索赔案件做出最终判定之前,法庭可就此案件做出暂定赔偿的裁定。

支付

2. 法庭应将暂定赔偿告知部长,部长应向索赔人支付相应的赔款。

注意事项——判决

第 60 条

1. 法庭应将其关于索赔案件的判决、通知索赔人及营运人。

赔偿的判决

2. 法庭判决某一索赔案件需要进行赔偿的,应将该结果通知部长,通知内容应包括以下信息:

a. 判决的金额;

b. 依据相关法规可予以扣减的金额;

c. 依据本法已预先支付的金额。

费用和利息

3. 判决的金额不包括庭审前索赔人通过其他程序获得的费用以及该判决金额可产生的利息。

再审和上诉

审判长的再审决定

第 61 条 对赔偿判决不服的索赔人或营运人,自收到判决书之日起 30 日内向法庭申请再审。

上诉

第 62 条

1. 若合议庭成员少于 3 名,则索赔人或营运人可自收到判决书之日起 30 日内,以书面形式向主审法院提出上诉请求。

上诉受理

2. 上诉应由原合议庭成员之外的 3 名成员组成的合议庭审理并裁决。

裁决

3. 上诉将根据其上诉决定的法庭记录和有关各方提交的证据进行审理。审理上诉的合议庭在特殊情况下,可以接受其他证据或证词。

司法审查

第 63 条 除第 61 条、第 62 条另有规定外,法庭的每项裁决都是终局裁决,不得就此提出质疑或审查要求,除非依据《联邦法院法》第 18 条第 1 款(4)项(a)目、(b)目或(e)目而提出上诉。

财务规定

赔偿支付

第 64 条 申请再审或提出上诉的期限结束后,部长必须向索赔人支付的款项为,其裁决金额减去第 60 条第 2 款 b 项和 c 项所述金额的总额。

超额付款的追回

第 65 条 超额付款是加拿大女王陛下合法的债权,并可依据《财务管理法》第 155 条追回。

核损害责任账户支付

第 66 条

1. 部长的所有付款都将从核损害责任账户中支出。

综合收入基金账户的支付

2. 若核损害责任账户不足以支付全部赔偿,则不足部分,经财政部长批准后从综合收入基金账户中支付,并记入核损害责任账户的负债。

营运人对女王陛下的责任

第 67 条

1. 当依据第 36 条第 1 款作出赔偿决定时,对核事故承担赔偿责任的营运人必须向女皇陛下支付相当于下列金额的款项:

a. 第 24 条第 1 款所列的款额,或营运人依据第 24 条第 2 款 b 项需承担的金额,减去营运人依据第 36 条第 1 款所承担赔偿金的总额;及

b. 部长依据第 64 条支付的所有款项总额。

支付不能

2. 若营运人不能支付任何到期的款项,则必须由下列人员支付给加拿大女王陛下:

a. 经核准的保险人,以保险形式提供的财务保证;或

b. 证券发行人,用于替代财务保证。

营运人、经批准的保险人或证券发行人支付的金额

3. 营运人、经核准的保险人或证券发行人(视情况而定)必须按照部长的要求,在加拿大女王陛下的权利范围内向其支付请求中规定的金额。

限额

4. 部长依据本条第 3 款确定的年赔偿总额不得超过第 39 条、第 59 条第 2 款和第 64 条支付的总额。

基于皇权的债务

5. 依据本条第 3 款规定未获支付的赔偿属于加拿大女王陛下的债务,并可依据《财务管理法》第 155 条由女王陛下支付。

核损害责任账户

6. 女王陛下根据本节收到的赔偿金,都将记入加拿大核损害责任账户。

付款限额

第 68 条

1. 对于核事故,法庭不得判决被告支付赔偿款项,不得超过第 24 条第 1 款规定的数额减去营运人依据第 36 条第 1 款所承担赔偿金的差额。

补充资金——公共基金

2. 尽管有本条第 1 款的规定,但若部长依据第 72 条第 1 款要求公共基金,法庭可以在缔约国支付的公共基金的额度内继续追加资金。

额外资金——议会

3. 若议会拨付额外资金赔偿核事故造成的损害,法庭可以决定如何将这些资金赔偿损失。

赔偿的减少

第 69 条

1. 为保护未获得全部赔偿的索赔人之利益,若第 80 条第 2 款的规定进行了修订,则法庭必须通知部长对裁减赔偿的进行修改。

付款

2. 部长必须向索赔人支付已经支付金额与依据经修订的条例而应支付金额之间的差额。

新的索赔权

3. 若第 80 条第 3 款的规定进行了修订,则法庭应给予因该条未获得赔偿的受害人新的索赔权。

往来协议

第 70 条 (该条已废止,删除。)

其他国际义务

补充的责任——募集公共基金

第 71 条

1. 依据第 72 条第 1 款募集公共基金时,募集的公共基金将用于赔偿已发生的损害,条件是:

a. 损害发生在缔约国境内;

b. 损害发生在缔约国专属经济区内或大陆架的上方,并涉及开采或勘探该专属经济区或大陆架的自然资源;或

c. 损害发生在缔约国领海以外的海域内,但却是发生在悬挂缔约国国旗的船舶或航空器上,或缔约国的人工岛上,或由缔约国一方的管辖的设施或构筑物上。

例外情形

2. 若损害发生在非缔约国领海内,则公共基金不得用于补偿本条第1款c项所述损害。

预防措施——责任

3. 公共基金也可以用来补偿第1款a项或b项所述的在某一领域造成的损害,即依据第20条第1款或第21条第1款就营运人的核设施或营运人负责的运输活动而采取的预防措施。

缔约国国民的含义

4. 在本条第1款中,缔约国国民包括该缔约国的分支机构以及在该国设立或组建的实体机构。

财政援助——由加拿大公共基金提供

第72条

1. 若部长认为法庭或其他拥有管辖权的法院作出的判决可能导致赔偿超过加拿大提供的数额,且可能需要公共基金来赔偿损失时,则依据公约第Ⅲ条第1款(a)项,若损害是在第71条第1款所述的某个领域中造成的,部长必须立即依据公约第Ⅵ条向其他所有缔约国发出通知,缔约国或部长认为需要公共基金来赔偿损害时,则部长必须依据公约第Ⅶ条第1款募集公共基金。

加拿大提供的公共基金

2. 部长募集公共基金时,依据法律规定,必须根据公式计算加拿大应提供的公共基金数额。

综合收入基金账户的支付

3. 为实现本条第1款之目的,若核损害责任账户不足以支付全部赔偿,则不足部分经财政部长批准后,从综合收入基金账户中支付,并记入核损害责任账户的负债。

记入核损害责任账户的公共基金

4. 基于从核损害责任账户支付的需要,部长必须拥有加拿大和其他缔约国提供的所有公共基金的支配权,并将其记入核损害账户的负债。

来自核损害责任账户的付款

5. 若有关核损害的诉讼结果是终审判决或生效判决，则由部长支付的用于补偿第 71 条第 1 款所述领域之一所造成损害的公共基金应从核损害责任账户中支付。

加拿大的财政援助——要求其他缔约国提供公共基金

第 73 条

1. 若加拿大以外的缔约国依据公约第Ⅶ条第 1 款要求提供公共基金，并且部长依据公约第Ⅲ条(a)款第 1 项之规定认为，补偿不能由设施国提供，部长必须立即按该条例规定的公式向其他缔约国提供公共基金。

综合收入基金账户的支付

2. 为本条第 1 款之目的，若核损害责任账户不足以支付全部赔偿，则不足部分经财政部长批准从综合收入基金账户中支付，并记入核损害责任账户的负债。

核损害责任账户的付款

3. 公共基金应由部长在核损害责任账户中支付。

补偿

第 74 条 依据条例规定的成员国必须以规定的方式和比例偿还加拿大政府依据第 72 条或第 73 条在财政范围内提供的公共基金。部长收到的款项将存入核损害责任账户。

确认和解协议——加拿大以外的缔约国

第 75 条 部长必须承认加拿大以外的缔约国依据该缔约国的法律确定的和解协议，即就公共基金支付公约适用的损害给予赔偿。

代位权——由加拿大提供的公共基金

1. 若加拿大依据第 72 条提供的公共基金已由部长完成支付，加拿大总检察长可根据第 13 条行使营运人的追索权。

代位权——由加拿大以外的缔约国提供的公共基金

2. 若公共基金由加拿大以外的缔约国根据公约第Ⅶ条第 2 款提供，则该缔约国可根据第 13 条行使营运人的追索权。

代位权——加拿大以外缔约国的请求

3. 加拿大司法部长可以应公约第Ⅶ条第 2 款项下提供了公共基金的其他缔约国请求代表他们行使营运人的追索权。

拒绝请求——加拿大以外的缔约国的代位求偿

4. 尽管缔约国根据本条第 3 款提出请求,加拿大司法部长在收到该项请求后 3 个月内不行使营运人根据第 13 条享有的追索权,缔约国可行使该权利。

公共基金分配

5. 部长须在合理时间内将根据第 3 款收到的公共基金按各缔约国缴交公共基金的比例分配。

违法及处罚

第 76 条　代位权——由加拿大提供的公共基金

(1)若加拿大依据第 72 条提供的公共基金已由部长支付,加拿大总检察长可根据第 13 条行使营运人的追索权。

代位权——由加拿大以外的缔约国提供的公共基金

(2)若公共基金由加拿大以外的缔约国根据公约第Ⅶ条第 2 款提供,则该缔约国可根据第 13 条行使营运人的追索权。

代位权——加拿大以外缔约国的请求

(3)加拿大司法部长可以应公约第Ⅶ条第 2 款项下提供了公共基金的其他缔约国请求代表他们行使营运人的追索权。

拒绝请求——加拿大以外的缔约国的代位求偿

(4)尽管缔约国根据本条第 3 款提出请求,加拿大司法部长在收到该项请求后 3 个月内不行使营运人根据第 13 条享有的追索权,缔约国可行使该权利。

公共基金分配

(5)部长须在合理时间内将根据第 3 款收到的公共基金按各缔约国上缴的公共基金的比例分配。

不安排财务保证

第 77 条

1. 营运人违反第 27 条第 1 款或未以第 28 条所规定的形式安排财务保证的,经简易程序判决,从违法之日起且在违法行为持续期间,承担 300,000 美元以下的罚款。

尽职调查

2. 营运人为避免承担上述责任而进行过尽职调查的,对上述违法行为不承担责任。

法律规定

一般规定

第78条 总督有权就下列情形制定法律：

1. 为实现第28条第3款的目的而另行制定条例；

2. 规定核设施的类别；

3. 为实现第72条第2款及第73条第1款的规定，制定金额计算公式；

4. 规定须按第74条要求补偿的行业成员，同时考虑按第73条第1款付款方式及计算；

5. 根据本法应当或可以制定的情形或事项。

6. 为实现本法之目的的其他规定。

法庭规则

第79条 总督有权就以下方面制定法庭审理程序等有关法律：

1. 法官的任期和条件；

2. 利益冲突问题；

3. 审判长的权利和职责；

4. 审判长或其他法官缺席或不能履行职责的情形；及

5. 索赔工作人员及法庭其他雇员的雇佣、任期和条件。

赔偿规则

第80条 总督有权就法庭判定赔偿制定法律：

1. 确定不同类型损害的受偿次序；

2. 为实现第60条第2款b项的规定，确定按比例减少赔偿额的损害类型并确定特定损害类型的最高赔偿额；及

3. 确定不予赔偿的损害类别。

三、墨西哥

核损害民事责任法

（1974 年 12 月 31 日起实施）

第一章　目的和定义

第 1 条　本法旨在规范使用核反应堆、核材料、核燃料及其废物造成损害的民事责任。

第 2 条　本法适用于墨西哥共和国境内。

第 3 条　本法定义包括：

(1) 核事故：具有相同起源并造成核损害的事件或连续事件；

(2) 核燃料：通过自持链式核裂变反应产生能量的物质；

(3) 核损害：直接或间接从放射性物质或与核燃料或产物或废物的有毒、爆炸或其他危险性质相结合，导致人员死亡、身体伤害和财产损失；

(4) 原子能：在核反应中释放的所有能量；

(5) 核设施营运人：管辖核设施的国家确认或授权的营运人；

(6) 核设施：

①核反应堆，用于运输工具的核动力除外；

②使用核燃料生产危险核材料的工厂和后处理厂，包括辐照核燃料和后处理设施；

③危险核材料贮存地，除核材料运输过程临时贮存外，一组位于同一个地方单一的设施；

(7) 放射性产物或废物：在生产或使用核燃料过程中产生的放射性物质或其放射性所固有的辐射引起的；

(8)核反应堆:含有核燃料的装置,可进行不需要额外的中子源的自持链式核裂变反应;

(9)运输品:包括陆地、空中、水路运输,以及运输时的临时贮存;

(10)危险的核材料;

①除天然铀和贫化铀外的核燃料,或与其他物质结合使用可能导致核反应堆外自持链式核裂变反应物质;

②用于医疗、科学、农业、商业或工业用途,置于核设施外的放射性产物或除经加工放射性同位素外的废物。

第二章 关于核损害民事责任

第4条 营运人承担的核损害责任系严格责任。

第5条 营运人应对所控制下核设施发生的核事故,或在该设施生产的危险核材料造成的损害承担责任,核材料运输除外。

第6条 营运人应对所造成的以下核损害承担责任:

(1)直到这些核材料在指定地点或在交货地点从相应的运输工具中卸载;

(2)直至另一个核设施营运人承诺承担该责任。

本条也适用于核动力运输工具。

第7条 如符合本法规定,承运人可承担与核材料相关的营运人责任。

第8条 当核损害赔偿责任由多个营运人承担责任时,由其共同承担连带责任。

第9条 所有营运人承担的核损害责任不超过本法规定的最高限额。

第10条 在每批核材料运输中,营运人应出具物品的名称、地址、类别、数量及法律规定民事责任的证明,包括但不限于证书、符合营运人授权的主管机关证明、保险公司或授予财务保证人的证明等。

第11条 核事故直接由战争、入侵、暴动、其他冲突或自然灾害造成的,营运人豁免赔偿责任。

第12条 因核事故和其他各种事故造成全部或部分人身伤害且无法确定哪一部分引起时,所有伤害均归因于核事故。

第13条 如果营运人证明因受害人不可原谅的过失或故意的行为或不作为而造成核损害,法院应豁免营运人对该受害人的赔偿义务。

第三章 责任限额

第14条 营运人对第三方的赔偿责任的最高限额总计1亿比索。同一核设施中12个月内连续发生的核事故,责任限额合计为190万比索。上述赔偿限额包括前述期间发生的任何危险核材料或拟用于核设施的核材料运输所引起事故的营运人应承担的核损害赔偿金额。

第15条 承运人承担核事故责任时,应综合考虑其是否具备与营运人相同的形式和条件,以提供运输过程中面临的风险财务保证。

第16条 使用同一运输方式或临时贮存在同一地点,同时发生涉及两件以上运输危险核材料的事故且造成核损害的,全体参与人员或个别人员的全部责任为有限责任,个人责任不超过其货物设定的限制。

第17条 最高责任限额不包括主管法院在核损害赔偿判决中裁定的合法利息或合理费用。

第18条 核损害的受害者人身赔偿数额为:

(1)死亡的,联邦区法定最低工资乘以1,000;

(2)完全丧失工作能力的,第(1)款所示的工资乘以1,500;

(3)部分丧失工作能力的,第(1)款所示的工资乘以500。

单一核事故赔偿数额总计不得超过本法规定的最高限额,否则,将按比例分配赔偿额。对工作人员造成的损害将根据劳动法律赔偿。

第四章 时　　效

第19条 自核事故发生之日起10年内,受害人有权向营运人提出核损害索赔。

第20条 如果因核燃料、放射性物质或废物的盗窃、丢失、遗弃引起核损害,则时效期间应自盗窃、丢失、遗弃事件发生之日起算。

第21条 如因第三方引起核损害,则申请赔偿的时效不超过15年。

第22条 在终审判决前,核损害情节可因损害结果的恶化而加重。

第23条 公共机构或团体的保险和财务保证予以豁免。

第五章 细　　则

第24条 营运人对以下人员豁免责任,包括:

（1）因主观故意或过失造成核损害的个人；

（2）与营运人已有合同约定的合同当事人；

（3）未经营运人许可，擅自运输核材料的个人，除非运输行为出于挽救生命或财产之目的。

第25条 被告住所地的联邦法院将依《联邦民事诉讼法》的规定处理与本法实施相关的纠纷。

第26条 核损害赔偿的国外判决涉及以下情形的，墨西哥政府将不予承认和执行，包括：

（1）判决书是通过欺诈手段或与诉讼当事人共谋取得；

（2）被告失信；

（3）违反国家公共秩序；

（4）外国法院无司法管辖权。

第27条 如发生核事故或放射性物质、核材料的丢失或被盗，营运人应立即通知联邦当局，其他获悉前述事实人员均负有报告义务。

第28条 与本法规定相冲突的协议无效。

第29条 依本法规定，在发生核事故的地区，内政部将协调联邦、州、市公共事业单位及私营机构，协助疏散及采取安全措施。

第30条 本法旨在为核设施安全建立基础。

第31条 本法仅适用于本法明确规定的情形。

四、阿根廷

核 损 害 法

（2000 年 9 月 7 日通过　2000 年 10 月 6 日发布）

本法由参议院和众议院在布宜诺斯艾利斯州阿根廷议会厅通过：

第 1 条

依国际原子能机构在奥地利共和国维也纳 1997 年 9 月 12 日通过的《修订〈关于核损害民事责任维也纳公约〉的议定书》第 24 条和《核损害赔偿补充公约》第 27 条及附件 1 认证的文本为本法的组成部分。

第 2 条

上述文件具有法律效力。

《核损害补充赔偿公约》（内容略）

《修订〈关于核损害民事责任的维也纳公约〉的议定书》（内容略）

五、巴　西

核损害民事责任和刑事责任法

（1977 年 10 月 17 日　第 6453 号法律）

巴西总统经国会授权，就核损害刑事责任和民事责任颁布法律如下：

第一章　定　　义

第 1 条　本法主要定义包括：

（1）“核设施营运人”指被授权许可经营核设施的法人；

（2）“核燃料”指可通过自持链式核裂变反应，产生能量的材料；

（3）“放射性产物或废物”指在生产或使用核燃料过程中获得的放射性物质，或其放射性是由于固有的辐射特性产生的，除已达到最后阶段用于科学、医疗、农业、商业或工业用途的放射性同位素外；

（4）“核材料”指核燃料、放射性物质或废物；

（5）“核反应堆”指含有核燃料的设备，其构成可无需额外的中子源便可发生自持链式核裂变反应；

（6）“核设施”指：

①除用于运输工具动力源以外的核反应堆；

②使用核燃料生产核材料或加工核材料的设施，包括乏燃料后处理设施；

③核材料的贮存地，运输过程中临时贮存的除外；

（7）“核损害”指直接或间接从放射性物质、核材料、核设施发出的，因核材料的毒性或其他特性组合造成的人员或财产损失；

（8）“核事故”指造成核损害的事实；

(9)“电离辐射”指可引起人体组织中电离反应的α、β、中子、加速离子、γ或X射线颗粒的照射。

第2条 位于同一厂址、属同一个核设施营运人的数个核设施，国家核能委员会可将其视为单一核设施。

第3条 无法区分与其他原因相结合的造成损害结果也应视为核损害。

第二章 核损害民事责任

第4条 依本法之规定，核设施营运人不得以核设施运营为由抗辩，应对因以下情形造成核损害承担民事责任，包括：

(1)核设施建造期间；

(2)由核设施内的核材料发生事故，当事故发生时：

①核设施营运人拟以书面协议方式承担由该材料引起的核事故责任之前；

②在没有协议的情况下，在另一个核设施营运人实际地承担损害结果之前；

(3)核材料运输到核设施，事故发生时：

①核材料造成的事故责任由书面协议转移给其他核设施营运人；

②在没有协议的情况下，在核设施营运人实际承担核材料的责任之后。

第5条 如果不能确定可归因于某个人的部分损害赔偿责任，则推定核设施营运人承担赔偿责任。

第6条 一旦证明是受害人个人故意造成的损害后果，则豁免核设施营运人对该受害人的赔偿义务。

第7条 营运人应依法行使权利。

第8条 由于武装冲突、敌对行动、内战、暴动或特殊事故直接造成的核事故，核设施营运人或承运人不承担赔偿责任。

第9条 核设施营运人对于每起事故中的损害赔偿责任不得超过500万美元。本条规定的限额并不包括逾期付款利息、律师费和诉讼费。

第10条 如果核损害赔偿超过前条规定的限额，则赔偿金应按损害比例分配给受害人。

第11条 对核事故造成的赔偿责任或损害行为，应归同一联邦法院依

《民事诉讼法》规定审理和判决。

第 12 条 依本法之规定,受害者应在核事故发生之日起 10 年内提起诉讼。

第 13 条 核设施营运人需要为其核损害赔偿责任提供保险或财务保证,具体规定如下:

(1)由国家核能委员会在颁发建设许可或运营许可时确定财务保证的性质和限额;

(2)发生设施变更,可修订财务保证的性质和限额;

(3)在确定财务保证的性质和限额时,应考虑其类型、能力、目的、各设施的位置及其他预测因素;

(4)核设施营运人应取得许可,否则不能免于遵守本条规定的义务;

(5)受核设施的不利影响,可适当减轻核设施营运人在本条规定的义务。

第 14 条 赔偿达到第 9 条所规定的限额,超出限额部分应由核设施营运人承担赔偿责任。

第 15 条 因非法占有核材料或非法使用造成的非营运人责任的核事故,则核事故损失应由联邦承担,赔偿数额以第 9 条规定为限,但并不因此豁免非法占有或使用核材料并造成核事故当事人的责任。

第 16 条 本法不适用于电离辐射造成损害的情形。

第 17 条 对从事核材料或核设施工作人员所造成的损害赔偿,由工伤事故专项法规规定。

第 18 条 本法之规定不适用于以下情形的核损害赔偿:

(1)对核设施自身造成的损害;

(2)在核设施区域内使用的财产损失;

(3)对核运输工具所造成的损害。

第三章 刑事责任

第 19 条 除在国家安全立法和其他法律中规定的情形外,本章规定核相关的刑事犯罪行为。

第 20 条 未经法定许可,禁止生产、加工、供应或使用核材料,违者处 4 至 10 年监禁。

第 21 条　禁止厂房负责人员在没有授权的情况下进行操作，违者处 2 年至 6 年监禁。

第 22 条　禁止未经授权，拥有、获取、转让、运输、贮存或运送核材料，违者处 2 年至 6 年监禁。

第 23 条　禁止非法传播关于核能的机密信息，违者罚款并处 4 年至 8 年监禁。

第 24 条　禁止非法开采或交易核矿石，违者处 2 年至 6 年监禁。

第 25 条　禁止非法出口或进口核材料、核矿石和含有核元素的精矿石，违者处 2 年至 8 年监禁。

第 26 条　未遵守关于核设施或使用、运输、拥有和贮存核材料的安全或保障标准，导致危害他人的生命、身体健康或损害财产的，违者处 2 年至 8 年监禁。

第 27 条　禁止阻碍核设施运行或运输核材料，违者处 4 年至 10 年监禁。

第 28 条　本法自颁布之日起实施。

第 29 条　与本法有冲突之法规现予废止。

第五部分　欧洲主要国家核损害责任法律法规

一、法 国

1968年10月30日关于核能领域第三者责任之68－943号法

（1968年10月30日制定
1990年6月16日第90－488号法修订）

第1条 根据《1960年7月29日关于核能领域中第三方责任的巴黎公约》，1963年1月31日在布鲁塞尔签订的《补充公约》及在1964年1月28日和1982年11月16日分别在巴黎签订的《议定书》，制定本法。

第2条 本法适用于经营民用或军用核设施的公民、公共组织或私人机构，该等机构的运行同时适用于《巴黎公约》，并且受1961年8月2日制定的《第61－842号空气污染法》第8条项下的补充规定及其1971年12月19日的修订案约束。

在实施本法时，多个核设施由同一营运人运营，或一个核设施与其他存放核材料的场所位于同一厂址且由同一营运人运营的，则上述核设施应视为单一核设施。

对符合第7条规定且符合核设施营运人要求的承运人，应制定要求其承担第4条项下的营运人责任。

第3条 （已废止）

第4条 营运人对每次核事故的责任上限为6亿法郎。

但如果在某一地点仅运行风险较低的核设施，则每起核事故的上述责任上限可减至1.5亿法郎。此类核设施的界定标准应根据大型核设施部际委员会的意见，通过法令颁布。

第5条 超过营运人责任上限的赔偿额应由国家根据《布鲁塞尔补充公约》规定的条件在限额内进行支付。

非和平利用核设施的受害人符合《布鲁塞尔补充公约》规定的,与和平利用核设施的受害人一样有权获得国家赔偿,但赔偿额以每次核事故25亿法郎为限。

第6条 营运人应将其所有索赔案通知财政部的法律代理人。

第7条 每个营运人应根据其对每一起核事故的责任限额安排保险或提供财务保证。所有财务保证应经经济事务和财政部部长的批准。

根据原子能部长的提议,经济事务和财政部部长可为核设施营运人提供国家保证,这种保证应以安排保险或其他财务保证为前提。

保险人或其他提供财务保证的人员,在暂停或取消保险或财务保证前,应提前至少两个月向原子能部长发出书面通知。

第8条 如果核事故的受害人无法从保险人、财务保证人或营运人处获得赔偿,则应由国家依第4条规定的限额提供最后的救济,但不影响第5条的适用。

第9条 根据第9.2款之规定,营运人对每起核材料运输中的核损害责任上限为每次1.5亿法郎。

9.1 在法国领土与《布鲁塞尔补充公约》未生效的国家之间运输核材料的,法国境内的发送或接收上述核材料的核设施营运人应依本法之规定,对在法国境内运输过程中发生的核损害承担责任。

9.2 在法国境内运输核材料的前提条件是,如果运输符合《巴黎公约》规定,承运人能证明已安排保险或提供相当的财务保证,保险或财务保证的额度足以覆盖运输过程中每一起核事故可能造成的损失,赔偿限额不超过第9条规定,其他情况下赔偿限额则为15亿法郎。

9.3 对于《巴黎公约》管辖范围以外的国际运输,承运人应从保险人或其他提供保证的保证人处获取文书并告知保险人或保证人的名称、地址、保证额度、类型及时限,以证明已安排财务保证。文书还应明确涉及的核材料和运输路线。

涉及《巴黎公约》管辖的国际运输,有关文书应依《巴黎公约》第4条(c)项规定出具。

原子能部长和运输部长应联合发布文书模板。

第10条 关于人身伤害,在原子能部长和社会事务部长提交报告后发布的法律,应考虑放射和受污染的情况及观察到疾病暴发前所经过的时间,并设定一个开放的疾病清单,在没有相反证据的情况下该等疾病应被推定为核事故所致。

第11条 由于存在上述第4条、第5条规定的责任限额和财务保证限额,实际支付给受害人的临时或最终赔偿不得追索。

第12条 (已废止)

第13条 核事故发生后本法规定的最高赔偿额可能不足以弥补受害人所遭受的全部损失的,部长理事会应在核事故发生6个月内制定法律,确认这种特殊情况,并明确上述第4条和第5条涉及之诉的支付方式。

上述法律,可为居民制定特别管制措施,以便发现可能的受害人,并考虑到上述赔偿额度不足和以下优先顺序的情况下,计算受害人的人身伤害或财产损失赔偿金时应考虑在上述赔偿额度不足的情况下,按以下优先顺序进行赔偿:

有上述情形的,依本法之规定可获赔偿,应按如下规则分配:

(1)应优先赔偿人身伤害,赔偿方式可比照工业事故的法律规定;

(2)在支付上述赔偿金后,对剩余的任何诉讼的赔付应依普通法原则评估,赔偿应按比例分配给受到人身伤害和受到财产损失的受害人。

第14条 任何受害人均有权对需承担责任营运人的保险人或提供财务保证的他保证人直接提起诉讼。

对受害人承担赔偿责任的人有追偿权,营运人根据第1条所提公约也享有该等权利。有上述情形的,国家对已支付的额度首先承担偿付义务。

第15条 受害人索赔应在其遭受损害并知道损害发生之日起或从其应该知道损害发生和承担责任营运人之日起3年内行使其权利,但事故发生超过10年的不得提起诉讼。

如果事故发生在法国境内并符合《巴黎公约》规定由法国法院管辖。对于事故发生10年后才出现的损失,不得再进行索赔,应由国家依据本法规定的金额予以赔偿。有上述情形的,赔偿总额不得超过本法规定的最高限额。要求获得国家赔偿的,应在上述10年诉讼时效届满后5年内提起诉讼。

第16条 本法并不影响关于社会保险和工伤、职业病赔偿的一般规定及特别规定等相关法律的效力,特别是涉及诉讼时。

除非受害人在核事故发生时受雇于营运人并已获得适当的工伤赔偿或职业病赔偿，其他受害人的索赔诉讼应向营运人、营运人的保险人或提供财务保证的人提起。

如果在核事故发生时受害人受雇于营运人并获得适当的工伤赔偿或职业病赔偿的，对于营运人、营运人的代理人或雇员以外的自然人造成的事故，受害人及向其支付保险利益的机构应有权向该自然人行使索赔权，并有权起诉营运人。

索赔可能会受到上述第 4 条、第 5 条规定的条件限制。

第 17 条 执行本法过程中，核事故发生在法国境内的，或法国法院依据《巴黎公约》享有管辖权的，应由巴黎高等法院行使管辖权。

但检察机关和核事故发生地有管辖权法院的预审法官有权采取必要的紧急措施。诉讼记录随后转交巴黎高等法院。

在任何情况下，刑事法庭不能审理民事索赔案件。

第 18 条

1. 营运人或承运人不履行上述第 7 条和第 9. 2 款规定的安排保险或提供其他财务保证义务的，应处 2 个月以上 5 年以下监禁，并处或单处 10 万以上 100 万以下法郎的罚款。

承运人不遵守上述第 9. 3 款规定的提供证明之义务的，应处 2 个月以上 1 年以下监禁，并处或单处 1 万以上 10 万以下法郎的罚款。

2. 营运人或承运人正式报告不能提交上述第 7 条、第 9 条第 2 项至第 3 项规定的已安排保险或提供财务保证的证明文件的，行政主管机关可暂停该设施的运营或运输直到营运人或承运人提供证明文件。

行政主管机关暂停核设施的运营或运输的，应采取一切措施确保人员和财产安全，费用由营运人或承运人承担。

第 19 条 不得依据本法之规定擅自处理对国家、部门、地方行政人员和公共机构的索赔。法律在关于国家、政府部门、地方政府及公共机构索赔有特殊规定的，本法的效力优先于特殊规定。

第 20 条 本法适用于海外领土和马约特岛的“地方当局”。

第 21 条 （已废止）

第 22 条 1982 年 11 月 16 日，《布鲁塞尔公约议定书》在巴黎完成修订。至法国政府公报刊登议定书之日起，或公约届满后，或政府终止公约后,应适用前述第5条第1款所述之国家补充赔偿。国家最高赔偿额为25亿法郎,仅适用于法国境内发生的核损害。

第23条 本法的全部条款随《巴黎公约》的失效而失效,不论《巴黎公约》是撤销或终止。

第24条 (已废止)

关于核能领域透明度及安全之2006－686号法(节选)

(2006年6月13日)

第五章　其他规定

第55条

1.对1968年10月30日签订的《关于核能领域第三方责任的第68－943号法》的内容修订如下：

(1)第1条规定如下：

本条依据1960年7月29日签订的《关于核能领域中第三方责任的巴黎公约》,1963年1月31日签订的《布鲁塞尔补充公约》以及1964年1月28日、1982年11月16日和2004年2月12日在巴黎签订的《附加议定书》,规定了可由各缔约国主动采取的措施。

(2)删除第2条最后一款。

(3)第3条恢复如下：

本法适用于上述《巴黎公约》第1条第7款第1项所定义的核损害。

(4)第4条修改如下：

(a)第1款,“同一次核事故造成的核损失赔偿额91,469,410.34欧元”修改为“每次核事故造成的核损失赔偿额为7亿欧元”;

(b)第2款第1项,“22,867,352.59欧元”修改为“7,000万欧元”;

(c)新增加1款：

“根据《巴黎公约》第2条第2款和第4款第1项的规定,《巴黎公约》在适用于非缔约国的情况下,只要该国没有授予同等金额达到并且超过后者的金额,这一数额也会有所减少。”

(5)第5条第2款,“381,122,543.09欧元”修改为“15亿欧元”。

(6)第9条,“22,867,352.59欧元”修改为“8,000万欧元”。

(7)第9－2条,“228,673,525.86欧元”修改为“12亿欧元”。

(8)第9－3条第8款,参考“第4C条”修改为参考“第4条第4项”。

(9)第13条最后一段(b段),“遭受的物质损害”修改为“遭受的其他核损害”。

(10)第13条后面增加第13－1条:

如果被许可人证明核损害完全或部分是由于受害人的严重过失造成的,或是该受害人故意或试图故意造成损害,则法官可根据该受害人过错的严重程度或该人的过失以及赔偿该人遭受损害的义务程度进行自由裁量,是否豁免被许可人。

(11)第15条修改如下:

(a)在第1款中,“他们不能在事故发生十年之后被强制”修改为“他们不能在上述《巴黎公约》第8条第1款规定的生效日期和失效日期之后被强制”。

(b)第2款第1项,“损害赔偿”修改为“除人身以外的核损害赔偿”。

(c)最后一段第三句末尾,“前款规定”修改为“上述规定”。

(12)第17条规定如下:

“遭受核损害的人可以不必根据资金来源不同而采用不同的程序行使赔偿请求权。”

(13)第22段规定如下:

“如果《布鲁塞尔补充公约》期满或者受到法国保留,第5条第1款规定的8亿欧元的国家补充赔偿金额,仅适用于在法国境内所遭受的损害,且该损害同样限于《巴黎公约》《布鲁塞尔补充公约》议定书生效和修正议定书生效之间的这段时间内。”

2. 一旦2004年2月12日在巴黎签署的《巴黎公约修正案》生效后,因上述第1部分而制定的《1968年10月30日关于核能第三方责任的第68－943号法》修正案即可适用。

3. 第2部分中所述修正案生效三个月后,任何被许可人或承运人需能够证明其责任满足根据本法修订的《1968年10月30日第68－943号法》的第4条、第7条、第9条至第9－2条规定的条件,否则,根据该法第 7 条第 2 段的规定,国家不承担相应的责任份额。

在此之前:

根据本法修正的上述《1968 年 10 月 30 日第 68 – 943 号法》第 7 条,每个被许可人有义务取得并保持保险单或保持其财务保证水平符合上述法案生效前其草案第 4 条的规定:

上述《1968 年 10 月 30 日第 68 – 943 号法》第 9 条在本法生效后其前述文本仍然可适用。

第 56 条

《公共健康法》第一部分第三卷第三部分修改如下:

1. 第 L. 1333 – 3 条,“行政机关”修改为“核安全局和各省代表”。

2. 第 L. 1333 – 4 条修改如下:

(1) 第 1 款最后增加:“核安全局”;

(2) 在第 3 款,“《1961 年 8 月 2 日第 61 – 842 号关于控制大气污染法》第 L. 214 – 1 至《环境法》L. 214 – 6 号”修改为“《2006 年 6 月 13 日关于核领域透明度和安全性的第 2006 – 686 号法》”。

3. 第 L. 1333 – 5 条修改如下:

(1) 在第 2 款中,在“通过合理的决定”后增加“核安全局”;

(2) 最后一款由“核安全局”结束。

4. 第 L. 1333 – 14 条的第二段以“根据核安全局的建议授予”结束。

5. 第 L. 1333 – 17 条修改如下:

(1) 在第一段中,删除“除第 L. 1421 – 1 条提及的代理人”;

(2) 第 2 段规定如下:

负责辐射防护领域的核安全局代理人;

(3) 第 4 段规定如下:

本法第 L. 1421 – 1 条提及的代理人;

(4) 删除最后一段。

6. 第 L. 1333 – 20 条第一段,在“国务院法令”之后插入“根据核安全局的建议”。

二、英　国

1965 年核设施法(节选)

(1965 年 12 月 1 日生效)

被许可人责任

第 7 条　核设施厂址被许可人责任

1. 除本条第 4 款另有规定外,在获得核设施厂址许可后,被许可人有义务确保:
   (1)不发生本条第 2 款所述核事故,即不得由于核材料放射性或与有毒、易爆或其他有害性质相结合,而引起人身伤害或被许可人以外的财产损失;和
   (2)被许可人在责任期间不发生以下原因引起的电离辐射事故:
      a. 被许可人造成或导致的任何事故,尚未达到核事故性质的;或
      b. 从厂址排放的任何废物(无论何种形式),导致人身伤害或被许可人以外的财产损失。
2. 本条第 1 款第(1)项所述的核事故是指:
   (1)在被许可人责任期间,在经审批的核设施厂址内发生的核事故;
   (2)在批准的核设施厂址发生的下列事故(非例外事故),且发生时:
      a. 被许可人委托的核材料运输过程中;或
      b. 经被许可人同意,从境外向该厂址运输;和
      c. 与联合王国境内核设施无关。
   (3)在批准的核设施厂址外发生的核事故不属于例外事项,且下述核事故:
      a. 曾发生于被许可人责任期间且在被许可核设施厂址内;或

b. 曾发生于被许可人委托的核材料运输过程中。

但之后因其他原因,核事故发生时不在前述厂址或在运输过程中,或(在相关运输过程中的除外)未在相关领土范围内。

3. 依本条第 1 款确定核设施厂址被许可人法律责任时,发生核事故时位于该厂址的财产,应符合以下规定:

(1)核设施本身;或

(2)该厂址内其他财产:

a. 为核设施运营或停止运营所需,在该厂址使用的或已使用的与核设施相关的任何财产;或

b. 因核设施建设或施工需要,正存放于该厂址的财产。

尽管相关财产是他人的财产,但应被视为被许可人的财产。

4. 本法第 8 条适用于主管当局负责的核设施。

第 8 条　主管当局的责任

本法第 7 条在以下情况应适用于主管当局:

1. 主管当局所占用的厂址已经或将获得核设施厂址许可证;

2. 主管当局在占用相关厂址时的责任应适用被许可人责任的相关规定;且无论其是否取得核设施厂址许可,第 7 条规定都应适用。

第 9 条　政府对相关厂址的责任

若某一政府部门为任何目的而使用相关厂址,如本法第 1 条规定适用于政府,应要求核设施厂址许可的主管部门考虑厂址问题,符合下列情况时,参照适用本法第 7 条:

1. 政府是某核设施厂址的被许可人;和

2. 政府部门占用核设施期间应承担的责任与被许可人在被许可期间应承担的责任相同。

第 10 条　外国核设施营运人的责任

1. 如核事故不属于例外情形,且相关核事故发生时

(1)包括:

a. 在为有关的外国核设施营运人运输过程中;或

b. 经外国营运人同意,从境外向其相关厂址运输过程中。

且暂时不在任何联合王国境内的相关厂址;或

(2)已经在外国核设施营运人相关厂址或在向该核设施营运人运输

的过程中,但不在前述相关厂址或在运输过程中,或(在相关运输过程中的除外)未在相关领土范围内,

外国核设施营运人有义务确保未发生本条第 2 款所述的因放射性物质或其与有毒、有害、爆炸性等其他危险物质结合共同造成人身伤亡或核设施营运人以外的财产损失的核事故。

2. 本条第 1 款所述的核事故指:

(1)全部或部分发生在联合王国领土范围内;或

(2)虽发生在联合王国领土以外,但依本法第 7 条至第 9 条规定应由特定人承担责任。

第 11 条　侵权人的责任

当属于特定人(在本书中被称为责任方)的核材料(不属于例外事项)在联合王国领土范围内运输的过程中,以及

1. 非相关运输;和

2. 核事故暂时未发生在任何相关的厂址,

责任人应保证不会发生放射性物质或其与有毒、有害、爆炸性等其他危险物质结合共同造成核设施营运人以外的人身伤亡或责任人以外的财产损失的核事故。

赔偿请求权

第 12 条　依本法第 7 条至第 10 条获得赔偿的权利

1. 违反本法第 7 条至第 10 条规定而造成的损害:

(1)符合本法第 13 条第 1 款、第 3 款和第 4 款,第 15 条和第 17 条第 1 款之规定,无论损害发生何地,受害人均有权依本法第 16 条获得赔偿;

(2)除本条第 3 款、第 4 款及本法第 21 条第 2 款另有规定外,其他任何人不就该损害承担责任。

2. 除本条第 3 款另有规定外,是否非因违反前述义务导致损失或损害难以界定时,为保证本条第 1 款目的实现,应视其违反上述义务。

3. 如果任何损失或损害是部分由于违反上述义务、部分由于过失大意的电离辐射排放造成的,本条第 2 款不得影响责任人对电离辐射部分的责任,但受害人不得依本法和其他法律之规定就同一损害获得多次赔偿。除本条第 4 款另有规定外,若财产损失非因违反本法第 7 条

至第9条或第10条规定的义务而造成的，而是因违反其他义务造成的，且就第7条第1款第(1)项、第(2)项的“被许可人以外”或第10条第1款规定的“核设施营运人以外”未制定其他法律法规进行规范，考虑到相关核损害可通过以下方式予以赔偿，任何人不应就该损失承担责任：

(1)损害发生前以书面形式约定损害赔偿责任；

(2)人身伤害或财产损失是由于受害人本人的作为或不作为造成的。

4. 除本法第13条第5款另有规定外，本条第1款第(1)项不得与下列内容相冲突：

(1)《1971年海上货物运输法》第12条第4款第(1)项规定；

(2)1932年《航空运输法》之规定、1961年《航空运输法》或1962年《航空运输法(附则)》对运用本法所述的国际运输相关规定；或

(3)1956年5月19日在日内瓦签署的《国际货物运输合同公约》所衍生的其他法律规定。

第13条　豁免、增加或减少赔偿之规定

1. 除本条第2款、第5款另有规定外，如因违反本法第7条至第10条规定造成的损害，下列情况不予赔偿：

(1)由本法第7条第2款第(2)项、第(3)项或第10条第2款第(2)项所述事实而引起，该事故全部发生在英国以外的任一国家的领土内；或

(2)发生在非缔约国领土范围。

2. 在违反本法第7条至第9条的情况下，在注册地为英国的船舶或飞行器上的发生人身伤害或财产损失，不适用本条第1款第(2)项。

3. 违反本法第10条规定造成的损害或损失，如是因本条第1款第(2)项所述运输造成的，相关损失或损害不予赔偿，除非书面形式另有约定。

4. 本法第7条至第11条规定的赔偿责任不适用于：

(1)因国际或国内武装冲突而引发的核损害事故，包括英国国内的武装冲突；

(2)自然灾害引起的核损害事故，即使自然灾害具有无法预见性。

5. 违反本法第7条至第10条规定义务的核事故，除法定应承担责任人

以外的他人符合以下情况的,应承担赔偿责任:

(1)本法第 12 条第 4 款中所列举的相关法律中所述的国际公约规定的赔偿;或

(2)核事故导致的损失或损害发生在有关国家的领土范围内,根据该国法律应予以赔偿,且责任人主营业地在相关国家领土内或是其代理人。

符合以下情况,承担赔偿责任的责任人有权依本法追偿,要求赔偿其已支付赔偿金(如有)(不论本条第 5A 款规定):

a. 其本人所受到的人身损害或受损失的财产;和

b. 本条第 1 款尚未通过。

5A. 根据本条第 5 款赔偿数额不得超过实际付款额,根据第 5 款第(2)项赔偿数额不得超过适用于本法第 16 条第 1 款或第 2 款规定的责任限额。

6. 因违反本法第 7 条至第 10 条规定义务,造成的任何核损失或损害,因受害人的过错可适当降低赔偿数额,受害人过错指核损害是因受害人过失、故意造成损害的行为或因其他忽视行为所造成的。

第 14 条　船舶和飞行器

1. 因违反本法第 7 条至第 11 条规定所发生的核事故,依本法第 7 条第 2 款第(2)项或第(3)项、第 10 条或第 11 条索赔时,不得对船舶或飞行器行使留置权或其他权利;也不得违反 1956 年《司法行政法》(涉及在英格兰和威尔斯,苏格兰和北爱尔兰分别对船舶或飞行器提起的诉讼)的以下规定,包括:

(1)第 3 条第 3 款和第 4 条;

(2)第 47 条;和

(3)附表 1 第 I 部分第 3 条第 3 款及第 4 款;

1979 年《商船法》修订后的部分,也不适用该类索赔。

2. 尽管本法第 16 条对赔偿责任有不同规定,本条第 1 款仍具有普遍的约束力。

赔偿时效与责任

第 15 条　索赔时效(根据第 7 条至第 11 条)

1. 除本条第 2 款、第 16 条第 3 款另有规定外,无论其他成文法有何规定,依本法第 7 条至第 11 条索赔要求的时效为 30 年,时效从受害人知道或应当知道核损害事故发生之日起计算。若核损害事故是持续发生的,在某一特定厂址持续发生事故导致损害,则起算时间为受害人知道该持续性的核事故中最后一起核事故之日起算。

2. 尽管有本条第 1 款之规定,但违反第 7 条至第 10 条规定的义务,因被盗、丢失、丢弃核材料造成损害赔偿,应在有关核材料被盗、丢失、抛弃或遗弃之后的 20 年内索赔。

第 16 条　赔偿

1. 依本法第 7 条至第 9 条规定,责任人应承担的核损害赔偿限额为 1.4 亿英镑,不包含利息和费用;或涉及相关核厂址的被许可人,其赔偿上限为 1,000 万英镑。

1A. 经财政部批准,国务卿有权通过指令增加或以其他方式促进增加本条第 1 款规定的赔偿金,但依本款作出的指令不影响此前确定的赔偿责任效力。

2. 不得依本法第 10 条规定要求外国核设施营运人对下列核损害事故承担赔偿责任:

(1)发生在其领土范围内的核事故,如根据该国法律规定其外国核设施营运人不承担赔偿责任,且该国法律关于核损害索赔规定的立法目的与本法第 7 条至第 9 条规定类似;或

(2)外国核设施营运人所承担的赔偿责任超过相关前述外国法律规定责任上限的,前述外国法律规定的立法目的与本法第 19 条第 1 款规定类似,且不符合本法第 18 条规定,无法以其他方式补偿或通过相关国家份额补偿。

3. 依本法第 7 条至第 10 条规定提起核损害索赔:

(1)虽在本条第 1 款或第 2 款规定的责任限额内,但不应赔偿的;或

(2)在有关期限届满后提出的;或

(3)本法第 15 条第 2 款所述的索赔,在 20 年索赔时效届满后提出的;或

(4)依本法第 21 条第 1 款规定,索赔不能由公共基金补偿,应向主管当局通报,即:

a. 涉及本法第 8 条规定的索赔,通报科技部部长;

b. 涉及本法第 9 条规定的索赔(除索赔与北爱尔兰政府部门使用的厂址相关),向相关事务的主管部门部长通报(或苏格兰政府管辖的相关部门);

c. 在任何其他情况下,首相应:

如依本法第 18 条规定,核损害赔偿不能由公共基金或通过外国份额方式补偿,经议会决定可由公共基金补偿。

4. 根据本条第 3 款向有关主管当局提交的索赔,索赔是否成立或是否足额赔偿问题,如果主管机构认为有必要,可提交至有管辖权法院,如高等法院、民事法院、北爱尔兰高等裁判法院,法院有权依本法第 17 条第 1 款和第 2 款规定对索赔要求做出裁定;同时索赔人有权就主管当局在上述问题的决定提起上诉,相关上诉:

(1) 主管当局有权出席并参与听证;和

(2) 尽管有其他法律规定,法院的裁定是终局性的。

5. 本条所述的"有关期间"系 10 年期限,其起算日期依本法第 15 条第 1 款规定计。

第 17 条　管辖权、共同责任和外国判决

1. 根据相关国际协议,经英国首相确认相关索赔或问题应由其他国家法院管辖的,联合王国及其组成部分的法院均具有管辖权。如相关索赔案件部分涉及联合王国,如在联合王国的法院提出申请要求执行该类索赔的由其他有关领土,涉及英国法院的部分应延迟。

2. 英国首相依第 1 款规定,最后确认应由英国相关法院就索赔或争议做出裁定,应保证该法院具有绝对的法院管辖权。

3. 依本法第 7 条至第 10 条以及与该等条款立法目的类似相关前述外国法律规定,同一损害或损失由两个或以上致害人导致的,在符合英国有关该损失或损害相关法律的立法目的,包括《1933 年外国判决执行法(相互执行)》规定的申请执行相关裁定或判决程序:

(1) 共同致害人应就损失或损害承担连带责任;和

(2) 受害人有权向一个或所有共同致害索赔,直至其索赔获得全额赔付:

a. 涉及被许可人、主管当局或政府时,最高赔偿限额应适用于本法第 16 条第 1 款规定的赔偿数额;或

b. 涉及外国核设施营运人时，其最高赔偿限额应依本法第 19 条第 1 款类似的相关前述外国法律规定决定。

任何超出本款 a 项规定的赔偿数额，不得依本法第 18 条规定对相关损失或损害赔偿不足部分进行赔付。

4. 前法第一部分适用于经首相确认应由外国法院管辖案件的外国判决，无论该外国判决是否提出执行申请，相关规定均对其适用，但不包含本法第 17 条(a)款第(3)项、第 2 款和第 3 款。

5. 除本条第 5A 款另有规定外，在外国法院作出的判决在英国法院申请执行和支付赔偿金时，应在该英国法院进行必要的辩护举证，以表明

(1)根据有关国际条约规定获得的相关损失或损害赔偿；和

(2)该国家不属于相关领土范围内；和

(3)本法第 12 条第 4 款所述的相关法律所述的国际条约，无权获得赔偿。

5A. 根据国际条约规定，相关判决应在联合王国执行时，本条第 5 款不适用。

6. 依本法第 10 条规定索赔，相关国外核设施营运人所在国政府在相关领土范围内，为实现执行该项索赔目的，在联合王国法院提起申请强制执行索赔法律程序。该程序即应视为该国政府授权英国法院有权根据其规则对该案件进行立案和后续审判；但本款规定不涉及实际执行问题，或在苏格兰对该外国判决有执行尽职义务。

补偿费用

第 18 条　依本法第 7 条至第 10 条的一般赔偿

1. 依本法第 7 条至第 10 条规定或前述外国相关法律规定(立法目的与上述条款一致)，一名或多名法人应承担核损害责任，但根据本条第 2 款至 4B 款、第 17 条第 3 款第(2)项和第 21 条第 1 款规定，符合以下情况的，核损害赔偿不足部分由议会提供款项赔付：

(1)根据相关基金要求、前述外国法律规定和本法第 19 条第 1 款规定，应对被许可人或有关外国核设施营运人相关核事故赔偿的补偿；

(2)根据前述外国法律提出的核损害索赔，通过外国份额方式补偿；和

(3) 主管当局承担责任的核事故及其索赔,应根据保险合同或其他保证合同负责赔付,同时应保证索赔要求应在相关时效内提出和索赔依法成立,且不包括利息和费用,其最高赔偿额合计不得超过本条第 1A 款规定的限额。

1A. 本条第 1 款所述的限额等于 3 亿特别提款权,且其提款权日期为:

(1) 核事故发生日(或第一天);

(2) 根据国际条约规定核事故应为另一日期,经国务大臣确认核事故发生日修订的另一日期。

1B. 经财政部批准,国务大臣有权通过命令增加或其他方式促进增加本条第 1A 款所述的特别提款权数额,但根据本款作出的命令,对于在该命令生效前(或前)发生的核事故不具效力。

2. 根据前述外国法律规定索赔、核事故造成的损失或损害发生地不在相关国家领土范围内或第 15 条第 2 款所述的索赔、未能在 20 年的索赔时效内索赔,本条第 1 款不适用。

3. 本条第 1 款所述的索赔,完全或部分由议会提供的款项赔付的,上述索赔相关的利息和费用也应通过议会款项方式予以补偿。

4. 根据前述外国法律应承担核损害赔偿责任的,索赔时间超过该前述外国法律规定(经相关国际条约批准)索赔时效的,本条第 1 款之规定不适用于该类索赔。

4A. 当:

(1) 前述外国法律根据有关的国际条约规定提供资金,该项资金应作为本条第 1 款第(1)项规定本应由公共基金补偿部分;但

(2) 根据上款国际条约可提供的最高赔偿数额少于本条第 1A 款规定的最高赔偿限额。

前述外国法律规定了核损害责任,本条第 1 款规定的限额应被前述外国法律规定的最高限额替代。

4B. 如前述外国法律没有规定本条第 4A 款第(1)项相关内容,根据该国法律规定的相关核损害责任:

(1) 本条第 1 款不具有效力,除非核损害责任人(或其中一人)为被许可人、主管当局或政府;和

(2) 如被许可人、主管当局或政府为核损害责任人的,如发生的核事

故违反本法第 7 条至第 9 条规定的义务,本条第 1 款所述的限额应被本法第 16 条第 1 款规定的该责任人应承担的最高限额替代(此类责任人超过一名的,也适用其总责任上限)。

5. 违反本法第 7 条至第 10 条规定义务发生的核事故,其赔偿数额不足部分由外国份额补偿,首相应将相关份额提交至国库。

6. 本条所所述的“有关期间”的含义与本法第 16 条相同。

第 19 条　被许可人责任的特别补偿规定

1. 除本法第 3 条第 5 款、本条第 3 款另有规定外,被许可人在取得相关核厂址许可后,经财政部同意和首相批准,被许可人应安排保险或其他方式准备金以应对依本法第 7 条或任何与本法第 10 条立法目的类似的相关前述外国法律规定(不包含核损害相关的利息或费用)的索赔,准备金根据所处阶段不同,即:

(1)目前保证期(如有);

(2)索赔前,保证期结束时少于 10 年;

(3)索赔要求仍有待处理前的保证期,且索赔:

a. 在本法第 16 条规定的期限内提起;和

b. 就本法第 15 条第 2 款所述的索赔,在 20 年的索赔时效内提起,为本条之目的,应视已索赔都在相关保证期内。

1A. 本条所规定的“法定额度”,在考虑到被许可人强制保证期的情况下,指依本法第 16 条第 1 款规定的被许可人应承担的核损害赔偿限额,且核事故应发生在相关保证期内。

2. 本条所规定的“保证期”指,符合本条下款规定情况下被许可人应承担核损害责任的期限。但依本法第 7 条第 2 款第(2)项或第(3)项规定,或其他与本法第 10 条立法目的类似的前述外国法律规定,即使超过相关责任期限,被许可人也应承担核损害责任。

2A. 发生以下情况时,本法第 16 条第 1 款规定的被许可人应承担的责任限额应做调整:

(1)根据第 16 条第 1A 款制定的命令生效或根据第 16 条第 1 款制定的实施条例生效;

(2)根据上款所述的实施条例之规定,扩大或减小厂址范围;

被许可人的现行保证期结束,并重新开始计算新保证期。

2B. 同一被许可人取得新的核设施厂址许可,该许可包含原核设施厂址或原核设施厂址许可仍有效,现有保证期应持续(或无新的保证期开始计算)。

3. 根据本条第 1 款规定,除通过保险方式外,被许可人应以其他方式对其相关核设施厂址准备充足资金以应对可能的核损害索赔。除本款另有规定外,如两个或两个以上的核设施厂址由同一法人持有的,其准备资金应足以支付其所有厂址相关的核损害索赔,且准备资金暂时足以支付相关规定下两个厂址所应承担的最高责任限额,在特殊情况下,考虑到相关厂址是独立的,首相将直接发布本款不适用的指令,或要求上述准备资金应高于本款前述规定的限额,但低于本条第 1 款的限额。

4. 因严重核事故导致或可能导致本条第 1 款所述的针对某核设施厂址被许可人的索赔,考虑到之前发生的核事故已导致或可能导致对被许可人的索赔,如首相认可,为保证实现本条第 1 款之目的,首相有权就特殊情况向被许可人发出书面通知,要求相关厂址应开始计算新的保证期,新的保证期最迟应在通知要求日期后两个月内开始。

5. 如被许可人不依本条第 1 款规定为某个厂址准备资金,则被许可人将被认定为违法,并应承担以下责任:

(1)经简易程序,处不超过 100 英镑罚款和或不超过 3 个月监禁;

(2)经公诉程序,处不超过 500 英镑的罚款和或不超过 2 年的监禁。

第 20 条　资料提供

1. 针对各被许可厂址,依本法第 19 条第 1 款规定提起的核损害赔偿数额(在被许可人的保证期内)合计超过第 19 条规定相关限额的五分之三时,被许可人应书面通报首相;通报后,除非事先与首相协商,且符合首相书面批准特殊索赔处理指令要求,被许可人不得与索赔人就相关索赔达成协议并支付赔偿数额。

2. 被许可人责任期限的保护期届满,被许可人最迟应在每年 1 月 31 日前,以书面形式通报主管部门,并应在通知中载明该期限结束日期和上一年度在保证期内的索赔详细清单,即:

(1)已收到的索赔总额;

(2)成立的索赔总额;和

(3)已支付的索赔总额。

3. 首相应尽快向议会两院提供根据本条第1款接到相关通知副本和根据本条第2款接到的书面报告副本(考虑到本法第16条,首相认为是适当的)。

4. 本法第19条第1款规定应提供相关资金的法人,如需停止相关资金支持,至少应提前2个月书面通知首相,但如相关资金支持涉及正在运输中的核材料,在运输完成前不得停止。

第21条　运输中的补充赔偿责任

1. 在运输核材料过程中发生核事故时,根据以下规定,受害人有权提起核损害索赔(包含运输工具的损害):

(1)依本法第7条至第10条向他人索赔;或

(2)根据与上述第10条立法目的类似的前述外国法律规定,向被许可人、主管当局和政府索赔,

在不损害上述索赔人的索赔权利情况下,如能通过与本法第19条第1款立法目的类似的前述外国法律规定、本法第18条规定或相关外国份额方式补偿赔偿不足部分的,不得先使用公共基金提供补偿,以避免受害人向某一责任人索赔(不包含对交通工具损害索赔),其不足部分由上述资金提供补偿部分总额超过500万特别提款权(自核事故发生日期或第一天计)上限。

1A. 经财政部批准,国务大臣有权发布命令增加或通过其他方式增加本条第1款规定的特别提款权。但根据本款作出的命令,对于该命令生效前(或之前)发生的核事故不具有追溯力。

2. 在核材料运输过程中的核事故,依本法第10条规定应由外国核设施营运人承担核损害(含运输工具的核损害)责任的,但根据第16条第2款第(1)项规定,外国核设施营运人无须支付赔偿,本法第12条第1款第(2)项不适用于该外国核设施营运人除本法外的相关核损害责任。

3. 运输中的核材料,由被许可人、主管当局、政府部门或外国核设施营运人委托运输或签订了相关运输协议,依本法第7条至第9条或第10条以及与本法第10条立法目的类似相关前述外国法律规定,上述各方(在本节以及下一节被称为责任方)应对运输中的核材料承担相

应的核损害责任。责任人应在开始运输前,向核材料承运人提供由下一款规定的相关人(本款简称保证人)出具的保证文件,其中应载有关于法定核损害责任人、运输、核材料和依本法第 18 条或第 19 条第 1 款立法目的类似的前述外国法律规定的相关资金准备情况。保证人不能就文件中载明事项在法院提出抗辩或否定意见;如责任人(责任人为官方的除外)故意不遵守本款规定,且其承运人知道或应该知道前述情况仍执行运输的,责任人和承运人经简易程序审定,在标准范围内可处不超过 3 级的罚款。

4. 本条第 3 款所述的负责提供保证文件的相关人为:

(1)责任人为被许可人,相关人指依本法第 19 条第 1 款规定,提供赔付运输核损害索赔方;

(2)责任人为主管当局,指科技部部长;

(3)责任人为政府,指负责政府部门的部长;涉及苏格兰部分的指苏格兰部长;

(4)责任人为外国核设施营运人的,指由本法第 18 条或第 19 条第 1 款立法目的类似的前述外国法律规定,负责提供资金用以赔付相关运输的核损害索赔方。

4A. 有关运输完全在联合王国境内,则本条第 3 款不适用。

5. 依本法第 7 条至第 10 条规定,涉及核损害责任时,1960 年《道路交通法》(涉及强制性保险或与汽车用户的第三方风险有关的安全)第六部分之规定不适用于相关人身损害或财产损失。

三、德　国

原子能法(节选)

(2002 年 4 月 22 日最新修订)

第四章　责　　任

第 25 条　核设施责任　2001 年 3 月 5 日通过

1. 核设施引起的核损害的,除《巴黎公约》之规定外,本法规定也适用于核设施营运人责任。尽管《巴黎公约》和《关于适用〈维也纳公约〉和〈巴黎公约〉的联合议定书》具有国际法约束力,但均应作为国内法适用于德意志联邦共和国境内,除非公约规定的生效取决于互惠。

2. 运输核材料的,包括与该运输有关的货物,则签订合同的承运人,承担本法范围内的核设施营运人责任,该承运人应自承担责任之时起,被视为核设施营运人。前述合同应为书面形式。在开始运载核材料或其附带的任何贮存物之前,承担赔偿责任仅在经承运人申请后,由负责运输许可的机构批准后才有效。如果承运人在本法领土范围内获得营业许可,或如果承运人在本法领土范围内作为转运代理人的主要营业地和核设施营运人,并且核设施营运人已经认可该机构,则可授予此类许可。

3. 不适用《巴黎公约》第 9 条关于排除因武装冲突、敌对行动、内战、暴动或特殊性质的严重自然灾害引起的核损害责任的规定。如果在另一个国家发生损害,则第 1 款只适用于在核事故发生时,该国规定了与德意志联邦共和国有关的性质、条件和赔偿数额相等的赔偿制度。

4. 无论核损害发生在何处,核设施营运人均应承担责任。《巴黎公约》第 2 条不适用。

5. 核设施营运人在《巴黎公约》下就由于本附录2所述的核材料发生核损害不承担责任。

第25a条　核船舶责任　1985年7月15日通过

1. 本章规定适用于核船舶营运人的责任,包括以下修订:

(1)《巴黎公约》之规定应由布鲁塞尔《核动力船舶营运人责任公约》的相关条款取代(BGB1. 1975 Ⅱ,第977页)。尽管具有国际法约束力,但后者应作为国内法适用于德意志联邦共和国境内,除非规定的生效取决于互惠条款。

(2)如果在其他国家发生的核损害,赔偿数额超过布鲁塞尔《核动力船舶营运人责任公约》规定的最高限额,则应适用本法第31条第1款,并且在核事故发生时,该国的法律从性质、条款、赔偿数额方面规定了解决与德意志联邦共和国有关的核船舶营运人的责任。本法第31条第2款、第36条、第38条第1款和第40条不适用。

(3)第34条仅适用于悬挂德意志联邦共和国国旗航行的核船舶。如果在本法域范围内,核动力船舶为其他国家所有且装备了反应堆,则应适用第34条,直到核动力船舶在另一国家注册或获得以另一个国家的旗帜航行权利。根据第34条赔偿的75%由联邦承担,剩余部分由核船舶许可机关承担。

(4)考虑到未授权以德意志联邦共和国国旗航行的核动力船舶,本章仅适用于核船舶造成的核损害是在本国领域范围内发生的情形。

(5)船旗国法院有权处理该赔偿请求,在本款第(4)项所述的情况下,发生核损害的本法域范围内的法院也有司法管辖权。

2. 国际条约规定的核动力船舶责任的强制性规定与本法规定相悖的,国际条约规定优于本法规定。

第26条　其他情形下的责任　2001年12月13日通过

1. 除《巴黎公约》以及本法第25条第1款、第4款规定的情形外,如果相关人员死亡、人身伤害、健康恶化或财产损失是由核裂变反应的影响或放射性物质的辐射,或由用于产生电离辐射设施发出的电离辐射影响引起的,核裂变物质、放射性物质或产生电离辐射的设施持有人应根据第27条至30条第31条第2款,第32条第1款、第4款、第5款和第33条承担责任。如果损害是意外事故引起,持有人或代理持有人通过采取一切合理的预防措施均无法避免，并且保护设施的状态和功能也不存在失效的情况下，不应承担赔偿责任。

1a. 本条第 1 段第 2 句不适用于《巴黎公约》、布鲁塞尔《核动力船舶营运人责任公约》或《维也纳公约》和《关于适用〈维也纳公约〉和〈巴黎公约〉联合议定书》定义下核燃料、放射性产物和废物等放射性物质造成的损害。

2. 如果本条第 1 款所述类型的损害是由核聚变的影响引起的，则本条第 1 款应适用。

3. 营运人未将核材料运输至本法或是权力机关要求的持有人时而丢失该核材料的，应承担责任。

4. 本条第 1 款至第 3 款之规定不适用于：

(1) 在医疗过程中，由医生或牙医或在医生或牙医的监督下使用电离辐射的放射性物质或设施导致人员受伤，但产生电离的材料或设施所使用的辐射及必要的检测设备已经符合《医疗产品法》的要求，或在没有此类规定的情况下，具备相应的科学技术水平，且这种伤害非由于产生电离辐射或检测设备的材料或设备没有维护或没有充分维护所造成的。

(2) 在受害人已同意接受与产生电离辐射的材料或设施相关风险的情况下，持有人和受害人之间存在法律关系。

5. 本条第 1 款第(2)项和第 4 款第(2)项不适用于在医学研究过程中对放射性物质或电离辐射的应用。如果放射性物质的持有人或产生电离辐射的设施非放射性物质或电离辐射的应用与所发生核损害之间有因果关系，则该持有人应提供证据证明根据医药领域的现有技术没有足够的可能性存在这种因果关系。

6. 代理第三方运输核材料人员不得因以上第 1 条至第 3 条之规定承担损害赔偿责任。但收货人拥有该核材料时，则无论发货人是否为该核材料的持有人，发货人应承担损害赔偿责任。

7. 根据第 1 款所述的持有人和根据第 3 款被认定是持有人，与根据本规定应承担损害赔偿责任的第三方责任人相比，其所承担的责任程度更大。

第 27 条　受害人过错　1985 年 7 月 15 日通过

因受害人的过错造成伤害的，应适用《民法典》第 254 条；在财产损失的情况下，实际控制人的过错应视为与受害人过错同等情形。

第 28 条　死亡赔偿金 1985 年 7 月 15 日通过

1. 发生人员死亡的,赔偿金应包含以下几个方面:因救治不成功而产生的补偿、由于死亡而导致损失或减少收入能力的赔偿,以及在生病期间事业停滞或需求增加所产生的费用。另外,赔偿责任人应向无义务承担费用的人员赔偿殡葬费用。

2. 死者受伤前已经或本应对第三方承担法定赡养或抚养义务的,现由于死者死亡,该法定义务无法履行,赔偿责任人应代替死者向该第三方在其预期寿命期间承担相应程度的抚养或赡养义务。第三方为未出生的胚胎的,也应存在该责任。

第 29 条　人身伤害赔偿　1990 年 3 月 14 日通过

1. 在人身伤害或健康状况恶化的情况下,应以赔偿治疗费用、因临时或永久性损失而遭受的金钱损失、因收入能力降低而造成的损失,以及在生病期间事业停滞或需求增加所产生的费用。

2. 在人身伤害或身体健康恶化的情况下,如果受害人在受伤期间因故意或过失而受到折磨,受害人可就受到的身体或精神伤害要求足额赔偿。

第 30 条　年金　1985 年 7 月 15 日通过

1. 根据第 28 条第 2 款规定,损失或减少收入能力的损失和在生病期间事业停滞或需求增加所产生的费用,应以年金形式支付赔偿。

2.《民法典》第 843 条第 2 款至第 4 款之规定应分别适用。

3. 尽管颁发年金的法院可能不需要由责任人提供担保,但如果责任人的财务状况严重恶化,有权享有该年金的一方可要求担保;同样在这种情况下,有权获得年金的一方也可要求法院下令增加担保数额。

第 31 条　最高赔偿数额　2001 年 12 月 13 日通过

1.《巴黎公约》和《关于适用〈维也纳公约〉和〈巴黎公约〉的联合议定书》所定义的核设施经营人,出现本法第 25 条第 1 款、第 2 款和第 4 款情形时应承担无限责任。在本法第 25 条第 3 款规定的情况下,经营人的赔偿责任应限于政府赔偿的最高数额。

2. 如果核损害发生在其他国家,则本条第 1 款仅适用于在核事故发生时,其他国家根据本条第 1 款制定了与德意志联邦共和国相同性质、条件和赔偿数额的法律规定。否则,如果核损害发生在其他国家,则核设施营运人对核损害赔偿(包括根据国际公约提供的任何补偿)的赔偿责任应限于该国规定的发生在德意志联邦共和国的核事故的赔偿数额。关于主权领土范围内没有任何核设施的国家,核设施营运人的责任限于《布鲁塞尔补充公约》规定的最高限额。

本条第2款适用于第26条第1款第(1)项所述情况下放射性物质持有人的责任。

3.(1)在财产损失的情况下,依据《巴黎公约》《关于适用〈维也纳公约〉和〈巴黎公约〉的联合议定书》的定义并结合本法第25条第1款、第2款和第4款规定,或者根据第26条规定,承担的赔偿金额仅限于损害财产的公平市场价值的金额和保护该财产的免受辐射危害的费用。

(2)在《巴黎公约》定义下,根据本法第25条第1款、第2款和第4款的赔偿责任,在运送核物质时发生的事故对运输工具造成损害的赔偿只有满足下述条件时才支付:在本条第1款所述情况下其他赔偿均已从最高限额的政府赔偿中或本条第2款规定的最高限额中获得。

第32条　索赔时效 1985年7月15日通过

1.受害人应自知道或应当知道该事故或应负赔偿责任之日起3年或是自核损害事故发生之日起30年内,依本规定提起赔偿申请的,超过时效的将丧失获得赔偿的权利。

2.符合《巴黎公约》第8条b款情形的,在本条第1款规定的30年限期,从被盗窃、丢失、弃用或放弃之日起算,但此期限不得超过被盗、丢失、弃用或放弃之日起算的20年。

3.根据《巴黎公约》提起的死亡或人身伤害索赔,在核事故发生10年内提交法院对核设施营运人索赔要求应优先于此类期限届满后的索赔要求。

4.如果赔偿责任人与受害人之间就有关赔偿进行协商,则暂停时效计算,直到任何一方拒绝继续进行协商为止。

5.其他情形,适用《民法典》关于诉讼时效相关之规定。

第33条　多方责任人　1985年7月15日通过

1.因核损害或放射性物质发射的核裂变或放射线辐射影响或加速器发射的电离辐射影响,应承担核损害责任人为两个以上时,除非《巴黎公约》第5条d款另有规定,否则应对受害人分别承担责任。

2.在上述第1款的情况下,应按情节、比例分配赔偿责任人应支付的赔偿数额,特别是在损害主要由一方造成的情况下,但《巴黎公约》第5条d款另有规定的除外。根据第31条第1款和第2款规定,核设施营运人无须承担超过最高责任额的赔偿责任。

第34条　财务保证　2002年4月22日通过

1.由于核事故的影响,根据《巴黎公约》的定义,结合本法第25条第1款至第4款和《关于适用〈维也纳公约〉和〈巴黎公约〉的联合议定书》的定义,结合本法第25条第1款、第2款和第4款或是应适用外国法的情形下或是本法第26条第1a款规定的情形下,如果位于该法领土范围内的核设施营运人已经在法律上承担赔偿责任,核设施营运人或放射性物质的所有人应赔偿财务保证不能覆盖的范围内的损害赔偿责任。最高赔偿额为25亿欧元。核设施营运人的赔偿责任应限于此最高赔偿数额减去财务保证所涵盖并可支付的赔偿数额。

2.发生核事故后,如果有可能向其他方索赔,核设施营运人或放射性物质的持有人有此义务:

(1)及时通知联邦政府指定的联邦部门和各州指定的各州政府;

(2)在索赔要求已经过初步调查,所有与案件有关的信息和背景均已确定后,应及时将索赔告知负责的联邦事务部和各州当局;

(3)遵守有管辖权限的各州当局就有关赔偿请求提出的谈判、进出庭的指令;

(4)不得未经有管辖权的州政府同意的情况下承认或认可任何索赔要求,除非在没有显失公平的情形下不能拒绝承认或认可。

3.《保险合同法》第62条和第67条及第6章第2条,除第152条外,均应分别适用于上述赔偿。

第35条　分配　1985年7月15日通过

1.对于核损害赔偿的法律责任赔偿数额预计超过可用来抵偿该责任限额时,相关赔偿分配和程序应受到法令监管,或在此类法令未颁布前,由法定条例进行监管。

2.本条第1款所述的法定条例只能用于分配可用于为避免困难,弥补损害赔偿的款项。此类法定条例应确保对受害人整体索赔要求的满足,不得因个人索赔的不满而受到不适当的损害。

第36条　联邦和州之间的赔偿分担　2002年4月22日通过

联邦根据第34条承担赔偿责任低于5亿欧元,且仅承担总体赔偿责任的75%。剩余部分应由核设施所在州即核事故发生的地点或为核设施营运人颁发许可证的地方政府承担。

第 37 条　索赔权　2001 年 3 月 5 日通过

1. 如果核设施营运人或放射性物质的所有人已经根据第 34 条承担了损害赔偿,在下列情况下则可对核设施营运人或对这种放射性物质的所有人进行索赔:

(1) 营运人违反了第 34 条第 2 款或第 3 款的义务;但如果这种违法行为没有影响损害的确定,也没有影响赔偿金的确定或程度,该营运人不承担责任;

(2) 营运人或其法定代表人在履行其职责时,因故意或重大过失造成损害的;

(3) 由于财务保证数额不满足主管机关确定的赔偿数额,不足部分的赔偿金已经支付。

2. 如果所述个人非德国公民,并且其居住地或永久居住地国家既非《欧洲共同体条约》缔约国,也非《联合议定书》的《巴黎公约》缔约国,也非与德意志联邦共和国缔结生效的与核损害赔偿责任相关的其他公约的国家,则无须满足本条第 1 款所述的要求,可对核设施营运人或放射性物质的所有人索赔。

第 38 条　联邦的补偿　2001 年 3 月 5 日通过

1. 如果在下述情形下,在本法域范围内受到核事故影响的一方不能依《巴黎公约》或《维也纳公约》的《联合议定书》之规定向《联合议定书》的另一方提出赔偿:

(1) 核事故发生在非《巴黎公约》缔约国领土范围内的事故;

(2) 由于武装冲突、敌对行动、内战、暴动或特殊种类的严重自然灾害直接造成的核损害;

(3) 适用的法律没有规定在核事故造成核材料运输工具损害的责任;

(4) 适用的法律没有规定损害是由位于核设施中另一个辐射源发射的电离辐射引起情况下的操作人员责任;

(5) 适用的法律规定了比本法更短的时效期限;

(6) 赔偿总额低于政府赔偿的最高限额。

联邦应给予最高赔偿数额的政府赔偿。

2. 针对依本法应适用外国法或国际条约的核损害,若受害人依该外国法或国际条约对赔偿数额、性质及条件之规定获得的赔偿远低于适用本法所获得的赔偿时,或如果在其领土内提起核损害诉讼没有成功的可能性时,联邦应进一步赔偿超过政府的最高赔偿数额。

3. 本条第1款和第2款不适用于基本法第116条第1款所界定的非德国公民受害人及在本法适用范围内没有固定居住地的人,除非他们的国籍国在核事故发生时就赔偿数额、性质、条件等安排与德意志联邦共和国相关法律规定相同。

4. 根据本条第1款和第2款索赔应提交给联邦行政管理局。此类索赔经外国或国际法作出的不可上诉的赔偿裁决之日起3年,或根据本条第2款的起诉没有成功的前景。

第39条 豁免由联邦和各州支付的赔偿 1985年7月15日通过

1. 根据第34条及第38条索赔,在未先根据第15条第1款和第2款进行索赔的情况,不应被考虑。

2. 根据第29条第2款的索赔,如果考虑到受伤的特殊严重程度,赔偿是避免极度不公正的必要手段,则该索赔只能包含在根据第34条及第38条的赔偿申请之内。

第40条 针对位于另一缔约国的核设施营运人采取的行动 1985年7月15日通过

1. 根据《巴黎公约》之规定,本法令领土范围内的法院对位于《巴黎公约》另一缔约国的核设施营运人提出赔偿诉讼具有管辖权,则该核设施营运人将受本法管辖。

2. 有影响本条第1款适用情形的,以下方面由核设施所在缔约国法律管辖:

(1)营运人;

(2)营运人的责任是否还将涵盖非《巴黎公约》缔约国遭受的核损害;

(3)营运人的责任是否涵盖由核设施中另一个辐射源的辐射所造成的核损害;

(4)在核事故发生时,营运人的责任是否及将在何种程度上涵盖核材料运输工具的损害;

(5)营运人承担责任的最高限额;

(6)决定针对营运人的索赔期限;

(7)《巴黎公约》第9条提到的情况是否及在多大程度上适用核损害赔偿。

附件1　第2条第4款的相关定义　1998年4月6日通过

1. 下列条款具有以下含义：

(1)“核事故”，具有相同起因的事故发生或持续发生造成损害的，只要发生或持续发生的任何事故或造成的任何损害是由于放射性物质或由放射性物质产生，或是由于放射性物质与核燃料或放射性产物或有毒废物、爆炸或其他危险性质或核设施内任何辐射源发射的电离辐射的组合；

(2)“核设施”，除运输工具外的核反应堆；制造或加工核材料的工厂、核燃料同位素分离工厂、辐照核燃料后处理厂；最终处置核材料的设施；除运输而贮存核材料仓库以外的任何贮存核材料设施；位于同一地点的多个核设施，若由一个营运人负责的，两个或多个核设施应与贮存核材料所在场所的任何其他仓库一起作为单一核设施；

(3)“核燃料”，铀金属、合金或化合物(包括天然铀)形式的可裂变材料，钚金属、合金或化合物；

(4)“放射性产物或废物”，通过暴露在生产或利用核燃料过程中的辐射而产生的放射性物质或因辐照而具有放射性的任何物质，但不包括：

a. 核燃料；

b. 已达到制成阶段，可用于任何工业、商业、农业、医疗、科学或教育目的的核设施外的同位素；

(5)“核材料”，核燃料(除天然铀和贫化铀外)、放射性产物和废物；

(6)“核设施营运人”，主管机关指定或认可为管理该核设施的人。

2. 本法使用的“特别提款权”一词系指其为其自身经营和交易使用的国际货币基金组织(BGBI. 178 Ⅱ，第13页)的特别提款权。

附件2　法定责任和财务保证数额　1985年7月15日通过

第4条　第3款、第4b条第2款和第25条第5款适用于核燃料或核材

料活动或数量:

1. 在单一的货物或包装;

2. 在单一业务或独立分支机构,或在不从事营业的人,根据申请人的实践,不超过该数额的105倍,而在浓缩铀的情况下,不含超过350克的铀-235。该数额应为处理此类或本法项下核燃料或物料不需要许可证或告知的活动或数量的标准。

四、比利时

1985 年 7 月 22 日
核能领域第三方责任法

（1985 年 8 月 31 日）

第一部分　《巴黎公约》和《布鲁塞尔补充公约》在核能领域第三方责任的适用

第一章　一 般 规 定

第 1 条　立法目的

1.《巴黎公约》指在巴黎签订的《1960 年 7 月 29 日关于核能领域中第三者责任巴黎公约》及其 1964 年 1 月 28 日在巴黎签订的由 1966 年 8 月 1 日法案通过的《附加议定书》，以及 1982 年 11 月 16 日在巴黎签订的修订该公约的《议定书》；

2.《补充公约》指于 1963 年 1 月 31 日在布鲁塞尔签订的《巴黎公约的补充公约》，1964 年 1 月 28 日在巴黎签订的经 1966 年 8 月 1 日法令批准的《附加议定书》，以及 1982 年 11 月 16 日签订的修订该公约的议定书；

3.“部长”，指负责核安全事务的部长；

4.“核事故”“核设施”“核燃料”“放射性产物或废物”和“核材料”应具有《巴黎公约》第 1 条所规定的含义；

5.“核设施”应具有《巴黎公约》第 1 条所规定的含义。每个机组，包括在预关闭阶段处置核材料的任何设施，应理解为构成本法所指的一个核设施。

第 2 条

1. 在核损害事故发生在缔约国或非缔约国境内或公海上及公海上空

时,第一部分之规定应适用于位于比利时境内核设施营运人承担的核损害责任。在缔约国一方境内或在缔约国一方境内登记的船舶或飞机上,公海或公海上空遭受损失的,由缔约国一方依《补充公约》第 2 条 a 款第(11)项第(3)目之规定赔偿。

2. 依部长理事会的命令,国王可指令本法第一部分适用于本条第 1 款所指的缔约国国民在非缔约国境内核损害。

3. 为实现本条之目的,领水应视为国家领土的一部分。

第二章　核设施及营运人

第 3 条

依本法之规定,营运人应为在核设施中拥有或使用核燃料、放射性产物或废物,或负责其设施核材料的人。

营运人应承担责任直至最终关闭核设施。

国王可根据部长会议命令确定的标准,决定各核设施被视为关闭的日期。

第 4 条

为本法之目的,国王可将下列情形视为单一核设施:

1. 由一个营运人运营并位于同一地点的两个或两个以上的核设施,以及放射性物质贮存在该地点或任何其他处所。但在这种情况下,营运人应承担的保险数额应是单个核设施的赔偿数额的总和。

2. 与位于同一地点的核设施共同运行的一个或多个核设施。

在这种情况下,需要确定营运人要满足的特殊条件,特别是在保险或其他财务保证方面。

第三章　第三方责任

第 5 条

依《巴黎公约》《补充公约》和本法之规定,核设施营运人应对核损害承担责任。

核设施营运人应对核事故造成的损失承担责任,即使该事故是由于特殊性质的严重自然灾害直接造成的。

若该事故是由武装冲突行为如敌对行动、内战或起义等直接造成的,则营运人不对核损害承担责任。

第6条

核设施营运人：

1. 对核设施本身或位于厂址的任何其他核设施的损坏不承担责任，包括正在建造中的建筑物，或正在或将会用上述设施有关的厂址任何财产的损毁；

2. 如果营运人在《巴黎公约》第4条规定的情况下对运输过程中造成的损害负责，则应对核事故发生时核材料的运输工具的损害承担责任。

赔偿损失不得减少营运人的其他损害赔偿责任，以致其低于本法第7条第1款规定的赔偿数额。

第7条

营运人因单次核事故造成的损失，最高赔偿责任为40亿比利时法郎。

依部长会议的命令，或考虑到核设施的能力和性质，被运输物质的数量，或任何其他情况可能对其价值的影响，国王可增加或减少该额度，以维持其价值不变，但不得低于《巴黎公约》第7条b款规定的最低赔偿数额。

第四章　第三方责任保险和营运人的认可

第8条

依《巴黎公约》第10条a款和b款之规定，核设施营运人应依本法第7条之规定缴纳并维持部长认为适当的保险或其他财务保证。在事故发生后的60天内，营运人应被要求重新提交保险或其他财务保证。

部长有权接受《巴黎公约》第10条b款规定的书面通知公共当局。

作为保险、再保险或其他财务保证而提供的款项，只能用于赔偿核损害。

第9条

在未获得保护公众和工作人员免受电离辐射危害法律法规许可的情况下，核设施营运人不得保存或使用任何核燃料、放射性产物或废物，或负责用于此类核设施的核材料，除非其事先依本法规定得到国王的许可。

第10条

营运人应由国王许可，并依第8条之规定提供保险或财务保证，以证明其承担责任的能力。

授予许可的法令应规定许可期限。

如果营运人不再履行第 8 条规定的条件,或停止经营活动,则可撤回许可。

任何拒绝或撤销许可的决定都应说明理由。

任何授予、拒绝或撤销许可的法令都应由部长或其代表通知营运人。通知应在 3 个月内通过比利时官方公报颁布。

在许可撤销的情况下,若营运人责任仍然存续,则营运人仍应遵守第 8 条之规定。

第 11 条

部长可随时要求营运人提供证据证明其符合第 8 条的要求。

第 12 条

依本法之规定,国家对其经营的核设施承担责任。

第 8 条规定的保险义务不适用于国家作为营运人的情形。

国家关于运行核设施的决定应在比利时官方公报颁布。

第 13 条

部长应建立登记册,列出依第 10 条给予的许可。登记册应特别包括布置图,显示各核设施场址的位置和边界,以及在适当的情况下,标明若干核设施所在位置的边界。

各营运人都应向部长通报任何影响设施或其场地的变更。

除非上述登记册中出现上述界线,否则不得被视为有核设施界线的通知。该登记册应在部长指定的地点及核设施所在地的社区管理部门向公众开放。

经许可的营运人名单每年由比利时官方公报颁布。

本条对国家运营的核设施同样适用。

第五章 核材料的运输

第 14 条

在违背保护公众和工作人员免受电离辐射危害的法律法规的情况下:

1. 核设施营运人应依《巴黎公约》第 4 条对运输过程中的核材料(包括贮存)承担责任;

2. 经营运人和部长同意的情况下,如果满足第 8 条中的条件,对在设施外发生的核损害责任由承运人承担。

由此,在核材料运输过程中发生的核事故,应将其承运人视为位于比利时境内的核设施营运人。

第 15 条

任何核材料的承运人应持有由保险人、其他财务保证人或其代表签发的证明,证明其符合第 8 条的要求。证书应符合《巴黎公约》第 4 条(c)款规定。

国王应制定执行本条的细则。

第 16 条

依《巴黎公约》第 7 条 e 款之规定,在不影响第 7 条 f 款的适用情况下,核材料在比利时领土过境,应由外国营运人承担与核设施位于比利时境内同等的责任。

第六章 赔偿损失

第 17 条

依《巴黎公约》第 7 条 a 款,营运人因核损害赔偿总额不超过本法第 7 条规定的最高限额。

第 18 条

依本法之规定,一个以上营运人造成核损害的,由多个营运人承担连带责任。

如果由于在核材料运输过程中,发生核事故造成运输工具损害,或在运输过程中附带存放在同一个核设施内造成损害的,依本法第 7 条之规定,营运人应承担的最高赔偿数额应是其中任何一方所确定的最高赔偿数额。

就核事故而言,任何一个营运人不得要求营运人支付超过依本法第 7 条或本条确定的赔偿数额。

第 19 条

依《补充公约》,如果核损害超过第 7 条规定的赔偿数额,依《补充公约》第 3 条 b 款第(ii)目和第(iii)目以及第 3 条 f 款之规定,超过该赔偿数额应用于支付营运人责任。

如果适用本法第 18 条,并且依《补充公约》第 4 条 b 款,依第 1 款提供的公共基金总额不得超过第 3 条 b 款第(iii)目之规定的最高赔偿数额,以及就需承担责任的营运人所确定的赔偿数额总和。

这些额度可依皇家法令换算成本国货币。

第 20 条

依《巴黎公约》《补充公约》和本法第 17 条、第 19 条之规定,赔偿总额不超过可用于此目的资金的,依普通法所规定的赔偿额。

赔偿总额超过或超过上款规定的 5 倍的,国王应确定公平分配的赔偿标准。

第 21 条

即使在发生核事故的情况下,受疾病和伤残保险计划或工业事故和职业病补偿计划的受益人仍须遵守上述计划相关的法律。

如果核损害依前款所述的方案未得到赔偿,若受益人有权依普通法律起诉赔偿责任人的,则也可依本法索赔。

依本条第 1 款所述方案的个人或组织,已经向核事故的受害人或受害人权利的索赔人支付赔偿的,应在第 17 条和第 19 条规定的限制范围内有权向营运人、保险人及其他财务保证人或国家索赔。

第 22 条

在不影响第 19 条规定的情况下,国家应赔偿保险或财务保证范围以外的损害,直至营运人责任的最高限额。

在此情况下,国家根据其所支付的赔偿数额,代位取得受害人的一切权利和义务。

第 23 条

1. 依本法之规定,对营运人的索赔应自事故发生之日起 10 年内进行。

由发生核事故、放射性产物或事故发生时被盗、丢失、遗弃或遗弃的废弃物造成的损害,自知道之日起 10 年内索赔,超过 10 年之内未进行索赔的,其索赔权即告丧失。

2. 如果核事故在比利时境内造成损害,依本法第 5 条,营运人应承担损失赔偿,并且只有依本条第 1 款向营运人行使索赔权利,自核事故发生之日起 30 年内,由国家赔偿损失。

3. 受害人自知道或应当知道营运人的侵害行为和身份之日起 3 年内行使索赔权,但最长不得超过本条规定的 10 年、20 年和 30 年的期限。

4. 因核损害在本条规定期限内提起赔偿诉讼的,在作出判决确定赔偿数额前,可对赔偿请求进行修订。

第 24 条

当核事故或损害是由受害人故意造成的,则受害人无权获得赔偿。

第七章 索 赔 权

第 25 条

1. 保险人或财务保证人有权依《巴黎公约》第 6 条 f 款行使索赔权。依第 22 条,比利时国家有权行使同等权利,代替营运人索赔损害赔偿金。

2. 依第 19 条之规定,由比利时和其他缔约国分配的公共基金应依《补充公约》第 5 条 a 款支付。依《巴黎公约》第 6 条 f 款之规定,代位求偿权可通过以自己的名义起诉向对方索赔。

比利时有权代表其他缔约国、代表其自身、代表公共基金的其他缔约国索赔。

3. 如果依本法第 19 条支付赔偿,则由比利时或其他缔约方分配的公共基金支付。依《补充公约》第 10 条 c 款之规定,比利时和其他缔约国应在这些资金范围内依《补充公约》第 5 条 b 款之规定支付。如果因营运人的重大过失而造成的核损害,有权追索营运人分配的公共基金。

重大过失可能引起对营运人的诉讼,由国王在根据有关法律或管理规定中关于核设施的安全性和技术操作条件的条文予以确定。

第八章 依《巴黎公约》和《补充公约》诉讼的程序规则

第 26 条

以《巴黎公约》《补充公约》和本法为基础的法律程序,应首先提交布鲁塞尔初审法院民事法庭。

第 27 条

核损害的受害人应对保险人或其他财务保证人有直接的权利,对于第 22 条所指的情况,对国家有直接的诉讼权。

第 28 条

1. 依《巴黎公约》《补充公约》和本法之规定,国家可进行任何诉讼。

如果国家没有进行干预,申请人应在听证结束前传唤申请人参加。

2. 就核损害赔偿案件的判决,营运人、受害人或受害人的权利请求人、保险人或其他财务保证人不得上诉,除非已经出庭或被传唤。

但如果确定保险人或财务保证人事实上控制了诉讼程序,则受害人与营运人之间作出的判决应可对保险人或其他财务保证人强制执行。

保险公司或其他财务保证人有权责成受害人对营运人提起诉讼。

第 29 条

国王将监督保险公司或其他财务保证人的赔偿,他还应确保依《巴黎公约》《补充公约》或本法有权获得赔偿的人可获得关于保单或财务保证合同的信息。

第 30 条

为依第 19 条或第 22 条支付赔偿金,国王可设立行政或司法调解程序,该程序应在法院进行审理前进行。

第二部分　其他措施

第 31 条

若核材料在比利时过境,包括贮存在内,承运人应对因涉及此类材料的任何核事故导致比利时境内的任何损失承担责任,不适用于《巴黎公约》中关于补偿的规定。

国王可作出适应性规定,使第一部分之规定部分或全部适用于前款所述的承运人。

第 32 条

如果《巴黎公约》未涵盖的电离辐射源在国王指定为核设施的设施中存放或使用,营运人应对因放射性物质本身或其他电离辐射源的有毒性或有害性在比利时造成的损害承担责任。

国王可作出适当之规定,使第一部分之规定部分或全部适用于前款所指的营运人。

第 33 条

对于比利时遭受的损害,国王决定国家应承担超过第 7 条规定的最高赔偿数额的部分,在适用本法第 31 条或第 32 条的情况下,即使依第一部分和《巴黎公约》确定了赔偿责任,《补充公约》中的赔偿也不适用。

第 34 条

国王可根据其决定的规则,决定对因核设施在非缔约国境内核设施营运人承担的核事故造成比利时领土上的损害负责，受害人不能在该国得到所受损害赔偿。

第三部分　刑事和最终规定和裁决

第 35 条

违反本法第 8 条、第 9 条、第 13 条第 2 款和第 15 条以及执行第 31 条和第 32 条的，应判处 3 个月至 5 年监禁，罚款为 1,000～50,000 比利时法郎或择其一种处罚。

《刑法典》第一编，包括第 7 章和第 85 条，适用于该罪行。

在不影响刑侦部门人员权力行使的前提下，根据部长负责保险、保护公众和工作人员免受电离辐射危害或核安全的建议，国王应指定有权进行调查的政府公务人员和代理人调查。在没有相反证据的情况下，若对违法人员调查是正确的，则应视为本条第 1 款所述的犯罪行为。

第 36 条

《1966 年 7 月 18 日关于核能领域第三方责任法》中载有关于立即适用《巴黎公约》及其《附加议定书》的若干规定，特此废止。

第 37 条

依《1966 年 7 月 18 日关于核能领域第三方责任法》获得许可的营运人，如果在其生效之日起 60 天内调整保险或其他财务保证而承担本法规定的责任，则许可继续有效。

五、意大利

和平利用核能法(节选)

(1962年12月31日颁布)

第15条

依本法之规定,营运人对核设施或其附属设施发生的核损害承担赔偿责任,包括核材料因贮存、废弃或放射性物质丢失而造成的核损害。

营运人的责任不包括:

1. 核设施自身遭受的核损害;

2. 在第16条的情况下,即运输过程中发生的核损害事故,但事故由本法第16条以外的核材料或核设施内的放射性废物造成的除外。

当损害是由核事故、核事故以外的其他原因共同造成时,若不能区别损害是因何造成,则由引起核事故的责任人承担赔偿责任。当损害是由核事故和本法控制的电离辐射共同造成时,则依法可减免释放电离辐射人的赔偿责任。

核设施营运人对核材料所释放电离辐射造成的核损害承担赔偿责任。

核设施营运人不对武装冲突、敌对行为、内战、暴动及重大自然灾害直接造成的核损害承担赔偿责任。

第16条

依本法之规定,营运人对核材料运输过程中(包括临时贮存)发生的核损害承担赔偿责任。若营运人可证明核损害发生在核设施外或核设施外的运输过程中,且符合下列条件,则营运人不承担赔偿责任:

1. 已通过书面协议方式将核损害责任转移给另一营运人,或另一营运人已经接收了核材料;

2. 若上述核设施是运输工具动力源，且在营运人授权启动反应堆前已经开始运营；

3. 若核材料已经送达《巴黎公约》缔约国境内，在核材料被卸载前，已经转由该国运输工具承运。

依本法之规定，下列情况下，营运人对核材料发生在核设施以外的核损害不承担赔偿责任：

1. 由核材料造成的核损害责任可在收货人没有接管核材料的情况下通过签订书面协议的方式转移给另一营运人；

2. 作为运输工具动力源的核材料已被接收；

3. 已经获得收货人的同意且核材料已经被装载到缔约国运输工具上，无论该材料是否已经送达到《巴黎公约》缔约国领土内。

依本法之规定，营运人应向承运人交付由保险人或他人承保的证书，以证明其依本法第 19 条购买了保险。该证书应符合工商部长与交通运输部长根据法律规定，并在每一页应注明营运人的名称、地址、财务保证数额及保险的性质和期限。证明内容不得存在保险或财务保证责任的任何瑕疵，即使损害已经被其他保险或财务保证担保。证书还应注明对核材料运输路线的保证，并提供工商部长出具的确认营运人合法身份的证明。

为核材料运输所提供的保险或财务保证应可覆盖核损害赔偿的全部责任，并证明营运人对其他核损害的赔偿责任不低于 3，150 万里拉。

承运人在获得营运人的同意后，可经工商部授权，承担本法下的核损害责任。该情况下，由承运人承担所有核材料运输过程中造成的核损害责任，并被视为意大利境内的营运人。

第 17 条

若发生核损害事故的核材料、放射性废物经过多次转让，则在损害发生前持有核材料的营运人均不承担赔偿责任。

但在核设施中发生的核损害事故只涉及不发生所有权转让的核材料，则营运人不代替责任人承担本法第 16 条规定的赔偿责任。

若核材料和放射性废物在多个非核损害事故发生地的核设施之间进行转让，则核损害赔偿责任由最后一个核设施营运人或接收人承担。

若核损害责任由多个营运人承担，各营运人均需承担赔偿责任。但如果核损害是由一个承运人造成的，则承运人需以本法第 19 条规定的最高额赔偿责任为限承担赔偿责任。在任何情况下,核设施运营人所承担的赔偿责任均不得超过本法第 19 条规定的限额。

第 18 条

核损害赔偿权可依本法第 21 条之规定向营运人、保险人或其他财务保证人提出。

本法范围之外的核损害不产生赔偿责任。

前款规定不包括下列情况:

1. 故意造成营运人不承担本法第 15 条第 3 款赔偿责任的人。

2. 经授权承运已经在运输过程中发生了核损害的承运人,当营运人依本法第 16 条第 1 款第 2 项、第 16 条第 2 款第 2 项不承担赔偿责任时。营运人仅在下列情况下承担赔偿责任:

(1)放弃对故意造成核损害人的赔偿权;

(2)无法根据前款规定单独或共同对核损害承担保险责任的核设施营运人。

第 19 条

1. 核损害赔偿最高限额为 75 亿里拉。

2. 若针对核损害责任的保险减损,则营运人应根据工商部长的要求补充相应的保险数额和期限,否则核设施许可授权可能会被撤销。

3. 若核损害事故导致的赔偿责任实际发生且超过了财务保证数额,则超过部分由政府以 437.5 亿里拉为限承担赔偿责任。

4. 若核损害事故导致的赔偿责任实际发生且超过了财务保证数额及政府所需赔偿数额,则超过部分由 1974 年 12 月 12 日生效的《巴黎公约》缔约国依上述条件以 750 亿里拉为限承担赔偿责任。

第 20 条

1. 诉讼费用及利息不属于赔偿金的组成部分,即使赔偿责任超过了本法规定的限额,诉讼费用及利息仍应支付。

2. 若损害是由供应商提供的假冒伪劣产品而故意造成,则政府有权依本法就其已经支付的赔偿金向供应商索赔。

3. 在支付赔偿金时,政府的信用优于保险人或其他财务保证人的信用。

第 21 条

若核材料需在意大利过境运输,承运人需提供不少于本法第 19 条的财务保证数额,否则不予授权。

第 22 条

1. 核设施营运人需保证持续获得本法第 19 条规定的保险或等额的其他财务保证。

2. 保单应经工商部长认可,若为财务保证,还应经工商部长与财政部长达成一致且经律师见证后确认。

3. 承包核材料运输的保险或财务保证在运输已经完成且核损害责任转移给另一营运人之前不得暂停或终止。

4. 承包核设施的保险或财务保证未经三个以上司法官员共同向工商部长申请并获得书面批准前不得以任何方式暂停或终止。

本法规定的核损害赔偿金不得扣留或没收。

第 23 条

1. 依本法提出的核损害赔偿请求应在受害人知道或应当知道发生核损害事故及责任人身份之日起 3 年内提出,最长不超过核损害发生后的 10 年。

2. 若由盗窃、丢失或遗弃核材料而引起核损害赔偿,则诉讼时效从核事故发生之日起计算,但最长不超过核材料被盗窃、丢失、遗弃后的 20 年。

第 24 条

意大利司法当局负责公布发生在意大利境内的核损害事故所适用的法律,同样也负责公布发生在《巴黎公约》缔约国境外或事故地点无法确定的核损害所适用的法律。

第 25 条

1. 针对核武器造成的核损害赔偿应由核武器所在地的法院管辖。

2. 案件适用的法律也应通知在诉讼程序中负责调停的财政部长。

3. 在多个赔偿请求同时存在且赔偿金总额超过本法第 19 条、第 20 条规定的财务保证情况下,法庭庭长应对各赔偿请求进行调解,并指定法官负责赔偿工作。

4. 若财务保证不足以赔偿全部请求,原审法庭应根据受害人的数量按比例减少每人的赔偿额。

六、奥地利

关于辐射损害的民事责任联邦法

（1998 年 10 月 7 日通过）

第一章　适用范围和定义

适用范围

第 1 条

本法规定了因核设施、核材料和放射性核素产生的电离辐射对人身或财产造成损害的民事责任。

定义

第 2 条

本法术语定义如下：

1.“核材料”，是指特殊可裂变材料和源材料；

2.“放射性物质”，是指由于自然核反应而产生电离辐射的其他放射性物质，包括其内部含有放射性核素的物质或其表面附着放射性核素的物质；

3.“核设施”，是指处理核材料的设施，设施内会产生链式反应或这种反应的可能，特别是核反应堆装置的制造、加工、使用、生产、贮存、处理和使核材料无害化及对裂变材料同位素分离设施；

4.“营运人”，是指获授权营运核设施，并能持续或即时获益的人，营运许可证持有人通常被视为营运人；

5.“持有人”，是指获授权持有放射性核素的人，并可基于自身目的使用；

6.“承运人”，是指无论是否依据运输合同而通过公路、铁路、水路和航空运输核材料的人。

第二章　核设施和材料的责任

第3条　营运人的责任：

1. 核设施营运人对核设施运行造成的人身或财产损害承担责任，核设施的营运包括拆除设施，直至移除放射性材料存放为止。

2. 核设施营运人也承担因核设施对外部造成的损害责任：

(1)如因核设施内核材料造成的损害，和在另一个核设施营运人控制该核材料前发生的损害；或

(2)核材料运输后经营运人接收或营运人认为控制的核设施。

第4条　承运人责任

核材料承运人对运输事故造成的人员或财产损害承担责任，但能证明不知道也不可能知道所涉材料是核材料的除外。

第5条　责任范围和排除

1. 第3条、第4条所指营运人或承运人的责任也包括核材料与其他有毒、爆炸或其他危险性质物质发生事故造成的损害。

2. 第3条、第4条的损害责任不包括：

(1)对核设施本身及厂址的其他核设施，包括正在建造的核设施；

(2)在核设施厂址使用或已经使用，并与核设施营运有关的财产；和

(3)用于运输核材料的运输工具。

第6条　保证条款

1. 位于奥地利的核设施营运人应购买保险以支付其赔偿责任，该保单应在核设施营运已停止后10年内仍有效。保单应覆盖期间造成的所有损害，索赔提起时间不得迟于损害发生后10年。保证条款不适用于因战争、武装冲突、内战、暴乱或叛乱造成的损害。

2. 保单对一次事故提供至少4.06亿欧元的保额，另加至少4060万欧元的利息和费用；实验和研究反应堆的一次事故保额为4060万欧元，另加406万欧元的利息和费用。

3. 联邦政府或国家本身没有义务承担核设施营运人不低于本条第1款、第2款所列赔偿数额的责任。但核损害赔偿额度超出保险和营运人财政能力的情况下，联邦政府财政部长有权基于公共利益之目的承担这种责任。

第 7 条

1. 只有在未投保其他险别的情况下,核材料承运人才需要购买第三方责任保险。保单应适用于奥地利境内核材料运输所造成的一切损害赔偿。保证条款不适用于因战争、武装冲突、内战、暴乱或叛乱造成的损害。

2. 保单应提供一起事故至少 4,060 万欧元的费用,加上 406 万欧元的利息和费用;源材料事故保额应为一起事故 406 万欧元,另加 40.6 万欧元的利息和费用。

3. 核材料承运人任何时候应持有相应保单,具体由负有监管责任的当局依适用于该类运输法律和安全规定制定。

4. 第 6 条第 3 款关于营运人的保险豁免条款同样适用于核材料承运人。

第 8 条

1. 第 6 条、第 7 条规定的保险应取得在奥地利保险公司的保单,保单应适用奥地利法律。保险人在购买保险前应将保单条款通报金融市场管理机构。

2. 金融市场管理机构依《1958 年保险法》第 2 条第 158c 款接受保险通知,该法规定了核设施建设许可和核材料运输责任。

第三章　与放射性核素有关的责任

持有人的责任

第 9 条

1. 放射性核素的持有人,对因同位素或同位素与其他危险物质结合产生电离辐射造成的人员或财产损害承担责任。

2. 持有人如能证明已采取一切必要措施防止损害,则持有人无须承担责任。如该放射性核素用于医疗,需证明所用材料和设备符合科学技术标准,损害非因设备故障造成。

保险范围

第 10 条

1. 放射性核素持有人应诚实采取针对材料性质和影响范围的预防措施,包括购买保险或提供其他财务保证,以确保覆盖本法范围责任。

2. 放射性核素剂量超过 3,700 亿贝克尔时应为一起事故购买至少 406 万欧元的责任保险。保单应在有奥地利保险许可证的保险公司购买,并遵守奥地利法律。保险人在购买保险前应将保单条款通知联邦财政部长。

3. 当局当依《1958 年保险法》第 158c 条第 2 款部分规定接受保险通知，并依辐射防护规定给予授权。

4. 放射性核素持有人是联邦政府（联盟）、州（土地）、县或一个拥有超过 5 万居民的地方社区的地方没有义务投保。

第四章 损害赔偿、因果关系推定和信息提供的责任

损害赔偿

第 11 条

1. 应依《民法典》条款规定对人员或财产的赔偿责任。财产损害的赔偿责任也应包括消除财产中的辐射危险所产生的费用。

2. 如果实物财产损害也造成严重的环境损害，如果责任人不能或不愿意使它恢复到以前的状态，受害人有权因其恢复费用获得赔偿，即使这样的费用超过受损财产的价值。

3. 受害人可提前请求费用赔偿，但如果其没有在合理时间内将受损财产恢复原状，则应返还超出部分费用。

4. 赔偿责任包括：为避免核设施、核材料或放射性核素引起的辐射造成威胁而采取合理预防措施所需的费用（修复费用）。这些费用应返还给实际采取行动的人员。

5. 赔偿责任应包括：其收入受损，并采取了预防措施，或因其行为阻止了核辐射造成的危险的人员。赔偿责任也包括特殊的合理补偿，每人索赔限额为 40, 600 欧元。

因果关系

第 12 条

1. 如果受害人表明其极有可能因身体接触来自核设施、核材料、核元素的辐射，则在核损害类型范围内，应推定受害人的主张成立，除非被告人证明受害人的损害极有可能由非核辐射引起。

2. 患者在治疗过程中因使用放射性核素受到伤害不适用第 12 条第 1 款之规定。

信息提供的义务

第 13 条

1. 如有情况表明损害系由核辐射引起，则受害人有权请求核设施营运人、核材料承运人或放射性核素所有人及其他基于核辐射性质和所处位置可造成核损害的人员提供用于评估损害原因和程度的相关信息。

2. 依本法承担赔偿责任的核设施营运人、核材料承运人或放射性核素所有人有权依前述第 13 条第 1 款规定要求其他核设施营运人、核材料承运人或放射性核素所有人提供用于评估损害原因和程度的相关信息。

3. 如果核设施营运人、核材料承运人或放射性核素所有人因提供相关信息而需承担超出合理范畴的责任，特别当其因此承担不合理费用、招致刑事检控、迫使披露商业秘密等实质上已远不止于受害人所受损害的程度，则可不予提供相关信息。

4. 核设施营运人、核材料承运人或放射性核素的所有人，因遇判定是否发生损害、损害程度、损害发生是否因受害人自身引起或其他因素引起等必要情形，并涉及相关各方利益，可要求信息需求者提供资料，但不能因此造成受害人负担过度。

5. 如因提供信息引起案外诉讼，或信息提供诉求引起司法诉讼，则本法规定的诉讼时效中断。

第 14 条

1. 第 13 条信息仅用于本法的索赔。

2. 当司法程序中已讨论或承认第 13 条规定的商业秘密，如一方当事人提出申请，则应公开审理。

第五章　其 他 规 定

共同过失

第 15 条

《民法典》第 1304 条适用于受害人或其他行为过错人的住所地。

杂项索赔

第 16 条

1. 除本法规定外，依《民法典》和其他法律规定，当事人的权责范围不受本法限制，受害人可直接向法院提起诉讼。

2. 受害人也可直接对承运人或提供服务人向法院提起诉讼，除非被告可证明：

(1) 预计在合理时间内，对核设施营运人提起的诉讼作出判决；

(2) 判决对执行机构是可执行的；

(3) 如果营运人承担责任，可获得足够的赔偿。

雇主的责任

第 17 条

依本法之规定，如果雇主承担雇用他人的责任，损害是由雇员行为造成，依《民法典》规定，该雇主也应承担赔偿责任。

共同责任

第 18 条

依本法或其他法律规定，个人责任不能确定的情况下造成的损害，均视为共同责任。尽管如此，每种情形的责任仅适用于该情形适用条款规定的赔偿数额。

索赔权

第 19 条

1. 依本法或其他法律之规定，多人对第三方造成核损害的，将一并承担赔偿义务，赔偿数额依损害程度决定，特别需结合过错程度和原因来合理确定。责任分摊将影响各责任人之间的索赔诉求。

2. 尽管如此，各责任人担责的理由及赔偿数额应遵循各案件适用的法律规定。

3. 如果损害系由于受害人故意或过失造成，或由特定合同约定赔偿责任，核设施营运人享有索赔权。

时效

第 20 条

依本法索赔，如未能在受害人知道或应当知道损害发生之日起 3 年内提出，则丧失索赔权。然而，如损害是由被告一项或多项故意刑事犯罪行为造成的，且应是超过一年的刑罚，则索赔时效为自发生损害之日起 30 年。关于受害人采用预防措施所发生的费用赔偿，时效为自受害人遭受该费用损失的最早时间开始起计算，或遵循《民法典》的时效规定。

非限制性规定

第21条

本法针对人身伤害设定的责任不得预先予以限制或排除。

第22条

1. 依本法或其他法律文书之规定,由电离辐射损害所导致的临时禁令而发起的索赔和申请,由第一审法院审理。这项规定应同样适用于关于预防措施费用赔偿所导致的临时禁令而发生的索赔和诉讼。

2. 关于本条第1款所指的索赔和诉讼,第一审法院在核损害发生地、发生损害、持续遭受损害或采取预防措施的地区也有管辖权。

适用法律

第23条

1. 在奥地利,由电离辐射引起的非合同损害索赔,应由奥地利法院根据受害人的诉求判定赔偿数额。

2. 当损害是由其他国家的电离辐射引起的,且受奥地利法律管辖时,损害赔偿数额应当根据受害人所在国法律确定。

第24条

1. 受害人也可根据第6条、第7条和第10条规定的保单直接向保险公司索赔,保险公司同其他责任人一并负有连带责任。如果风险是由多家保险公司投保,这些保险公司承担连带责任。

2. 本条第1款不适用于联邦或州政府的第6条第3款和第7条第4款所规定的赔偿责任条款。

刑事处罚

第25条

1. 如核设施营运人或核材料承运人未取得或维持第三方责任保险、强制保险或第6条、第7条的替代性财务保证,应受到行政处罚,处罚金额最高为3.6万欧元。如该行为构成法院管辖范围内的刑事犯罪,可对其行为人进行审判。

2. 任何人:

(1)放射性核素持有人没有提交第10条规定的保单;或

(2)核材料承运人没有提交保单,则判定他们有行政违法行为,处罚金额最高为3,600欧元,如该行为构成法院管辖范围内的刑事犯罪,可对其行为人进行审判。

第六章　最后条款

引用

第 26 条

1. 本法被其他联邦法引用时,应视为引用至这些法律的现行版本。

2. 引用本法后,其他被修订或被废止的联邦法,应根据本法条款作相应的解释。

社会保障条款

第 27 条

其他适用于社会保障的法律不受本法的影响。

生效

第 28 条

授权下列人员实施本法:

1. 依本法第 6 条至第 8 条第 1 款及第 10 条第 1 款和第 4 款,财政部长和司法部长依授权共同实施。

2. 依本法第 8 条第 2 款、第 10 条第 2 款及第 25 条,科技部长依授权实施。

3. 依本法第 30 条,联邦政府依授权实施。

4. 依本法其余条款,司法部长依授权实施。

生效

第 29 条

1. 本法于 1999 年 1 月 1 日生效,适用于此日期后发生的辐射损害。

2. 依第 16 条第 1 款规定之责任,仅适用于本法生效后发生的损害。

3. 根据联邦 98/2001 号修订的本法的第 6 条、第 7 条、第 10 条、第 11 条和第 29 条,于 2002 年 1 月 1 日生效。

4. 第三段被修订的第 11 条适用于 2001 年 12 月 31 日后发生的损害。第 3 段被修订的第 25 条适用于 2001 年 12 月 31 日后发生的刑事罪行。

第 30 条

不迟于 2001 年 12 月 31 日,及此后每隔 3 年,联邦政府应就核损害责任,特别是关于核损害补偿数额等国际通行的措施发展情况,向国会提交报告。

废止

第 31 条

本法生效后,依联邦法第 140/1997 号进行修订的《关于核损害责任的 1964 年 4 月 29 日联邦法律 117/1964 号原子能责任法》废止,但该法仍适用于在本法生效日前发生的核损害。

其余条款,司法部长依授权实施。

七、西班牙

核与放射性物质损害的民事责任法

（2011 年 5 月 27 日　9279 第 12 号法律）

第 1 条　目的

1. 本法旨在明确核损害的民事责任，但不妨碍《1960 年 7 月 29 日关于核能领域中第三方责任的巴黎公约》[该公约经 1964 年 1 月 28 日、1982 年 11 月 16 日和 2004 年 1 月 12 日议定书修订（以下简称《巴黎公约》）]，及 1963 年 1 月 31 日《巴黎公约的补充公约》[该补充公约经 1964 年 1 月 28 日、1982 年 11 月 16 日和 2004 年 1 月 12 日议定书的修订（以下简称《布鲁塞尔公约》）]的适用。这些公约应直接适用于核设施及核材料运输。

2. 本法第二部分规定了在非核材料的放射性物质处理、贮存和运输中可能发生的导致电离辐射事故损害的特殊赔偿责任制度。

第 2 条　适用范围

1. 本法适用于根据国际法确立的海域或海域贮存、处理、加工、使用何种形式或运输核材料时发生的核损害，但不适用于非《巴黎公约》缔约国，或不符合本条第 2 款至第 4 款规定要求的船舶或下列国家注册的飞行器或船舶：

（1）《巴黎公约》缔约国。

（2）非《巴黎公约》缔约国但核事故发生时是 1963 年 5 月 21 日《关于核损害民事责任的维也纳公约》及该公约的任何修订案的缔约国，或是 1988 年 9 月 21 日《关于适用〈维也纳公约〉和〈巴黎公约〉的联合议定书》（以下简称《联合议定书》）的缔约国，应承担核事故责任营运人的核设施位于《巴黎公约》和《联合议定书》中的缔约国。

(3)不属于《巴黎公约》缔约国,核事故发生时在其领土上或根据国际法确定的海域没有核设施的国家。

(4)不属于《巴黎公约》缔约国的,在核事故发生时,有效的核责任立法规定了同等互惠条款,并以与《巴黎公约》同等原则为基础,明确了包括营运人严格责任、绝对责任或具有同等效力之规定,并规定了主管法院专属管辖权、对所有核事故受害人平等待遇、判决的承认和执行、利息和费用。

2. 本法第二部分同时也适用于在全境任何形式的非核放射性物质的运输、贮存、处理、加工、使用过程中造成的损害。

第3条 定义

1. 为明确核损害民事责任之目的,定义如下:

(1)核事故:导致核损害发生的所有事件或继发事件。

(2)核设施:

a. 核反应堆,构成运输动力一部分除外;

b. 核材料准备厂或核材料处理厂;

c. 核燃料同位素分离设施;

d. 乏燃料的处理厂;

e. 贮存核材料的设施,不包括运输过程中这些材料的临时贮存;

f. 最终贮存核材料的设施;

g. 正在拆除的上述反应堆、工厂和设施。

(3)放射性物质:指含有发射电离辐射物质的物质。

(4)核燃料:指易裂变材料,包括金属、合金或化合物(包括天然铀)和钚的金属、合金或化合物形式。

(5)放射性产物或废物:指因生产或使用除核燃料和放射性同位素以外的核燃料而暴露于辐射所产生或转化为放射性物质的废物,一般核燃料和放射性同位素已达到最终制造阶段并可用于工业、商业、农业、医疗、科学或教育目的。

(6)核材料:核燃料,不包括天然铀和贫化铀,以及放射性产物或废物。

(7)营运人:获得授权进行相关活动的自然人或法人。

(8)核损害：

a. 人身伤亡。

b. 财产损失。

c. 本项 a 目和 b 目所引起的损失，或虽未包含在上述两款规定中，但法律上已确定当事人需就上述损失进行的赔偿。

d. 针对环境退化采取恢复措施的费用，除非这种退化微乎其微，否则实际上已经或应采取这些措施且本条第 2 款未列入的此类费用。

e. 重大环境退化导致利用或享有环境带来的直接收益损失且本条第 2 款未列入的此类费用。

f. 预防措施及采取此类措施引起的损失。

就本项第 a 目至 f 目而言，如果以下物质之一所产生的电离辐射造成的损失或损害应视为核损害：

i)核设施内的辐射源；

ii)在核设施中发现的核燃料或放射性废物；

iii)源自、送出或送往核设施的核材料。

在所有情况下，应考虑核损害是否由这些物质的放射性引起，或是否由这些物质的毒性、爆炸性或危险性的组合引起。

(9)恢复措施：主管机关有权下令采取恢复生态平衡的措施。该措施需为在现行环境保护法律中被主管部门批准的合理措施，并且有可能恢复受损或毁坏的环境要素，或在合理的情况下将同等要素引入环境中的合理措施。

(10)预防措施：在核事故发生后或严重且迫在眉睫的核损害事故可能发生时，经主管部门批准，任何人都可采取现行环境保护法律规定的合理措施，以防止或尽量减少本条第 1 款至第 5 款所述的核损害。

(11)合理措施：考虑到所有情况，主管机关认为适当和采取的所有措施，例如：

a. 遭受核损害的性质和程度，或在预防措施的情况下，这种损害的风险和严重程度；

b. 采取这些措施可能有效；

c. 相关科学技术知识。

2. 为明确涉及核材料以外的放射性物质造成事故损害的民事责任之目的:

(1)事故:指相同原因事故或继发事故造成伤害。

(2)放射性设施是指:

a. 包含电离辐射源的设备;

b. 产生电位差大于 5 千伏的电离辐射设施;

c. 生产、使用、拥有、加工、处理或贮存除核材料以外的放射性物质的场所、实验室、工厂和设施,不包括运输过程中的临时贮存。

(3)伤害是指:

a. 人身伤亡;

b. 财产损失;

c. 上述 a 目和 b 目所引起的损失,或并未涵盖在上述规定中,且在法律上已确定当事人需就上述损失进行赔偿;

d. 依环境保护法律规定的对环境造成损害。

(4)放射性物质:指含有发射电离辐射的任何物质。

(5)营运人:获得授权进行相关活动的自然人或法人。

第一部分　核损害的民事责任

第一章　核损害引起的民事责任

第 4 条　营运人的责任

1. 在核材料的贮存、加工、处理、使用或运输过程中,核设施营运人应对本法规定的核损害承担赔偿责任。该责任与动机或过错无关,责任应以本法规定限额为限。

2. 在放射性废物的贮存、加工、处理、使用或运输过程中,核设施营运人应对本法规定之核损害负责。该责任与动机或过错无关,责任应以本法规定限额为限。

3. 如果核损害责任由多名营运人承担,则相关营运人在规定限额范围内对损害承担连带责任。

4. 核设施营运人对每次核事故造成的所有核损害责任如下：

(1) 对同为《巴黎公约》和《布鲁塞尔公约》缔约国造成的损失为12亿欧元；

(2) 对《巴黎公约》缔约国而非《布鲁塞尔公约》缔约国或其领土上没有核设施国家造成的损失为7亿欧元；

(3) 对于本法第2条第1款和第1款第(4)项所述国家造成的损失，如果这些国家未给予相当赔偿数额的互惠利益，则应减少为7亿欧元。

5. 在下列情况下，将减少本条前款所述营运人的责任：

(1) 根据核安全委员会的报告，由工业、旅游和贸易部决定的核设施，考虑到核事故性质和可预见的后果，该责任应至少为7,000万欧元；

(2) 根据核安全委员会的报告，由工业、旅游和贸易部确定的核材料运输，考虑到核事故性质和可预见的后果，该责任应至少为8,000万欧元。

6. 为切实履行国际承诺，或随时间推移或消费者物价指数的变化而需维持同等覆盖水平时，本条款规定的赔偿数额将由政府根据工业、旅游和贸易部的建议进行调整。

第5条　公共基金的运用

1. 本法第4条第4款、第5款规定的核设施营运人责任不足以弥补核损害赔偿时，政府应按有关的制度或程序进行仲裁，由国家支付最多7亿欧元或12亿欧元的核损害赔偿。

2. 对西班牙或1963年1月31日《布鲁塞尔公约》缔约国所造成的损害赔偿超过12亿欧元且不到15亿欧元时，该赔偿将通过上述《布鲁塞尔公约》第3条(b)款第(iii)项所述的公共基金提供。

第6条　责任豁免

1. 在不影响依其他法规对核设施营运人责任规定下，以下核损害赔偿金不得依本法第12条规定的财务保证予以赔偿：

(1) 核设施本身和任何其他核设施，即使在建设中，对位于该设施的同一场址所造成的损害；

(2) 对同一场址财产造成的损害，并且与一个或其他被使用的核设施有关；

(3)依社会保障法规，核设施或运输核材料公司的工作人员所受到的伤害视为职业病。

2. 如果营运人证明核损害原因全部或部分是由于受害人故意或重大过失的行为或不作为造成的，主管法院可全部或部分地豁免该营运人对该受害人的责任。

第7条　运输事故

1. 核运输过程中发生核事故时，依《巴黎公约》之规定。

2. 对于在西班牙领土与非《巴黎公约》缔约国领土之间进行的核材料运输，对于始发地或目的地位于西班牙境内的核设施营运人，应依本法规定对在西班牙领土发生的核损害承担责任。

3. 在本条前款所述情况下，为适用本法规定的所有物质造成的核损害，核材料承运人可代替营运人承担核损害责任，但须经主管机关授权，并与营运人达成协议。另外，承运人应证明有财务保证，使其可承担与本法规定同等或更大的民事责任。

第8条　设施外的核材料

1. 营运人对因被丢弃、遗失、被盗或残存核材料造成的核损害应承担赔偿责任，除非是因受害人自身的原因导致人身或财产损害。本规定不影响依本法或任何其他法律之规定可能向营运人行使索赔权。

2. 为前条之目的，赔偿责任将从提请主管当局的日期起算，为期3年。

第9条　营运人的豁免权

当存在以下情形之一时，营运人将有豁免权：

1. 因受害人故意或过失造成的损害；

2. 合同中明确规定营运人不承担赔偿责任的情况。

第10条　过境运输核材料过程中，民事责任担保的形式和赔偿数额应与始发地或目的地国领土内的运输工具财务保证数额相同，否则禁止过境。

第11条　优先赔偿

1. 应优先考虑核事故赔偿金：

(1)自事故发生之日起3年内向索赔人支付死亡和人身伤害赔偿。这些损害赔偿金可量化情况下，在无其他具体标准时，依“交通事故人员赔偿制度评估制度”的标准和2004年10月29日皇家法令第8号通过的《机动车辆民事责任和保险法》附件规定综合确定；

(2)赔偿在事故发生之日起3年内提出的环境退化恢复措施和预防措施费用及由于采取此类措施引起的任何损失或损害，不得区别对待；

(3)财产损失赔偿，人身伤害、财产损坏造成的经济损失赔偿，直接与使用或享有环境带来的收益损失的赔偿，在重大事故发生之日起3年内作出，不得区别对待；

(4)在事故发生之日起3年内提供赔偿金，这些损害赔偿金将不受本法第4条规定的最高责任限额的限制。

2. 如果本法第4条规定责任范围不足以满足对西班牙境内人员造成死亡和身体伤害的赔偿，国家将做出法定补偿的裁定。

3. 在不影响本法规定的索赔措施费用的情况下，政府认为当受损环境可能影响地区或财产所有者损害达到必要程度时，政府可通过国家预算采取补救或预防措施。

第二章 财务保证

第12条 核损害责任的财务保证

1. 核设施的各营运人应建立与本法第4条规定相等的财务保证数额，以承担核损害赔偿。

2. 该保证应通过以下程序确定：

(1)购买涵盖所需财务保证范围的保单；

(2)通过经济和财政部授权的实体，在其具体规定的条件下达成另一项财务保证；

(3)两者的组合，涵盖整个所需保证；

(4)冻结大于或等于应承担责任的自有资金。

3. 为本条第2款之目的，针对保险公司不能承保的核损害应另行提供保证，通过收取电力输出附加费并纳入为上述目的系统中，还应考虑电力输出方为提供上述保证而需支付的保费。

第13条 公有核设施

当核设施营运人是1997年4月14日第6号法规定的国家机关组织和

职能部门的公有实体时,则无须设立财务保证以满足本法及国际公约的保证规定。

第三章　核损害索赔

第 14 条　索赔程序

1. 核损害索赔及其行使程序依 2000 年 1 月 7 日《民事诉讼法》第 1 号法律规定。

2. 尽管如此,因被保险人的不当行为造成第三方人身伤害或财产受损的情况下,在不影响保险人对被保险人的索赔权的前提下,受害人或其继承人可对被保险人直接提起诉讼索赔。该诉讼不受保险人与被保险人免责约定的影响。然而,被保险人可以主张受害人的故意重大过失行为及针对其诉讼的免责事由。为直接提起诉讼,被保险人有义务向第三方受害人或其继承人披露保险合同内容。

第 15 条　索赔期限及诉讼时效

1. 核设施营运人将对受害人作出响应:

(1)因核事故造成人身伤亡的情况下,索赔期限为 30 年;

(2)其他核损害情况下,索赔期限为 10 年,自核事故发生之日起计算。

2. 对核损害诉讼时效,应自受害人及营运人知道或应当知道到核损害之日起 3 年,但不超过上一款确定的期限。

3. 在法定期限内提起诉讼的,可对上述期限之后发生的损害提出补充索赔请求,前提是主管法院尚未作出终审判决。

第二部分　涉及核材料以外放射性物质事故损害的民事责任

第 16 条　放射性设施营运人的责任

位于国家领土内放射性设施的营运人,除核材料以外放射性物质的处理、贮存、操作或处理,应依本法规定对国家领土内造成的损害赔偿。如本法第 3 条第 2 款第(3)项所述,如果这种损害是由于电离辐射所造成的,无论这种事故是否发生在设施内,或在运输、贮存或处理这些材料之外的地方,该责任将不适用欺诈或犯罪之规定,其赔偿数额也将受到现行法律规定的限制。

第 17 条　例外

1. 在不影响其他标准下的放射性设施营运人责任的情况下，以下损害不得依本法第 21 条和第 23 条规定的财务保证予以赔偿：

(1) 营运人设施及其所属的其他设施受到的损害，即使在建设中，位于相同或相邻地方造成的损害；

(2) 对营运人或其所属的相同或相邻地方的其他设施操作造成的财产损失；

(3) 依社会保障制度之规定，属于放射性设施工作人员职业事故或职业病伤害；

(4) 人员在医疗或诊断过程中受到电离辐射损害。

2. 如果营运人证明损害全部或部分是由于受害人故意或重大过失的作为或不作为造成的，主管法院可全部或部分地豁免营运人责任。

3. 由于武装冲突、敌对行动、内战、暴动或自然灾害的直接后果，营运人对事故造成的损害不承担责任。

4. 电离辐射和其他性质事故造成的损害是由于第二次事故导致的，无法对事故责任进行区分，适用本法第 16 条之规定，也应视为营运人的损害责任赔偿范围。

第 18 条　运输

1. 运输除核材料以外的放射性物质，包括运输过程中的临时贮存，其始发地和目的地均在国家领土内的设施：

(1) 依本法之规定，如果事实证明事故引起的电离辐射发生在源于其源材料的始发地外，且事故发生在运抵另一个核设施之前的情况下，根据书面合同条款，由上述物质引起的事故责任，应由始发地核设施营运人承担赔偿责任；

(2) 依本法之规定，如果事实证明事故引起的电离辐射发生在始发地营运人设施之外，在该设施的材料的运输过程中，在由前述材料引起的事故责任已转交给目的地营运人的情况下，根据书面合同条款，由目的地核设施营运人依本法规定承担赔偿责任。

2. 在本国领土之外的原产地或目的地运输非核放射性物质时，其设施位于本国内的始发地或目的地的营运人将对在西班牙领土内造成的损害承担赔偿责任。涉及材料事故的，适用本法的第 20 条规定，由多名营运人共同承担赔偿责任。

3. 除非核放射性物质的运输与本国范围的始发地或目的地的运输有同等义务。为本法之目的，托运人对涉及此类在国家领土内的材料事故造成的损害承担赔偿责任。本法第20条规定如果发生涉及多名托运人材料的事故也应适用。

4. 核设施营运人或托运人在运输过程中，依本法规定，应对除非核放射性物质的事故在国内造成的损害，或在过境的情况下的国内运输承担赔偿责任。运输开始前，托运人应向承运人提供信息，证明其可在包括临时贮存运输过程的整个期间内为所运输的材料提供财务保证，可承担与本法规定的民事责任相同或更大的责任，直到责任转移给第三方。

5. 为本法之目的，当主管当局同意并且与始发地或目的地核设施营运人达成一致的情况下，除核材料以外的放射性物质的承运人可替代营运人就所述材料造成的损害承担责任。

第19条　设施外物质的责任

1. 现行法律规定，核设施营运人对国内发生的非核放射性物质电离辐射造成的损害承担赔偿责任，即使这些材料的处理、贮存、运输或操纵行为是在上述设施外进行的，除非该责任已通过书面协议转让给第三方，且该书面协议明确约定了责任转移的日期。

2. 依现行法律之规定，核设施营运人或托运人对发生的电离辐射事故造成的损害承担赔偿责任，其中核材料以外的材料被遗弃、丢失或被盗仍需承担责任。除非是对工作人员造成的自身伤害或物质损失，并且依本法或任何其他适用法律之规定不影响营运人的请求权。该赔偿应自提请主管当局审理之日起3年内作出。

第20条　多名营运人或托运人的责任

若核损害事故由多名营运人共同造成，或在运输过程中涉及多个托运人，依本法之规定的托运人或承运人应对因电离辐射造成的损害承担赔偿责任，在无法区分哪些材料造成损害的情况下：

(1)与本法第21条规定的关于对人身伤害和财产损失，及由此造成经济损失的最低限度强制性保证成比例；及

(2)与依本法第23条就环境损害确定的最低保证成比例。

第 21 条　保障人身伤害、财产损失

1. 为满足本法第 3 条第 2 款第(3)项 a 目至 c 目规定的损害赔偿责任，在这种情况下，营运人或托运人应提供财务保证，以支付与根据附件所规定的最高保险范围的非核放射性物质类型同等或更高的民事责任。

2. 本保证由以下程序确定：

(1)购买涵盖所需担保范围的保单；

(2)在经济和财政部授权的实体下，在规定具体担保的条件下，另行设立财务保证；

(3)两者的结合，投保了所有要求保证的范围。

第 22 条　人身伤害、财产损失的索赔

1. 本法第 21 条所称的损害赔偿程序，应符合本法第 14 条、第 15 条规定的核材料造成损害赔偿规定，除本法第 15 条第 1 款规定的时效外，在任何情况下均为事故发生之日起 10 年。

2. 由于事故造成的本法第 21 条所述损害赔偿将受以下优先事项约束：

(1)自事故发生之日起 3 年内向索赔人支付死亡和身体伤害赔偿金。这些损害赔偿金在可能的情况下进行量化，在没有其他具体参照情况下，依载于《民事责任和保险法》附件中的《交通事故人员赔偿制度评估制度》标准和规定，及在 2004 年 10 月 29 日颁布的皇家法令第 8 号批准的《机动车辆保险法》来确定；

(2)对因财产损害或损失而造成的财产损失和经济损失，自事故发生之日起 3 年内索赔的，依法予以赔偿，不得区别对待；

(3)自事故发生之日起 3 年后索赔的，依法予以赔偿，不得区别对待。

第 23 条　对环境损害的责任

由涉及放射性物质的电离辐射释放引起的事故所造成本法第 3 条第 2 款 c 项和第 4 条第 2 款第 3 项 d 目所述环境损害赔偿责任应由现行的环境保护法律规定。为此，工业、旅游和贸易部将参考环境、农村和海洋事务部和核安全委员会以前的报告进行决定，其决定取决于此类材料引起的事故可能导致的环境损害强度或严重程度，营运人应保证对此类损害承担责任的最低赔偿数额。

第 24 条　公有放射性设施

放射性设施营运人为公有实体时，无义务确定任何财务保证以符合本法规定的赔偿责任要求。

附加条款【略】

在此，

我谨代表西班牙个人和行政当局遵守和执行这项法律。

2011 年 5 月 27 日于马德里

JUAN CARLOS R.

政府首相

八、罗马尼亚

2001年12月3日关于核损害民事责任的第703号法案

(2001年12月19日发布　官方公报818号)

本法经罗马尼亚议会通过。

第一章　总　　则

第1条

本法旨在规范因和平利用核能活动所造成损害的民事赔偿责任。

第2条

本法之规定对遭受核损害当事人无论国籍、户籍或居住地无歧视地适用。

第3条

本法所指:

1. 核事故,指造成核损害来源相同的任何事件或一系列事件,包括应对这种严重和迫切损害威胁的预防措施。

2. 国家主管部门,指全国核活动管理委员会。

3. 核燃料,指为通过核反应堆中的核裂变连锁反应产生能量而专门设计的任何材料或任何机械装置,包含源材料或可裂变材料。

4. 核损害,指:

(1)人身伤亡;

(2)财产损失;

(3)索赔权人遭受损害,由第(1)项和第(2)项所述损害导致的经济损失不在本规定的范围内；

(4)恢复受损环境导致环境修复措施费的显著增加，不含在第(2)项中；

(5)因环境损害而造成环境经济利益的损失，不含在第(2)项中；

修订：本法第3条第4款第(5)项中，是“利益”而非“死亡”。(2002年2月12日，由2002年修订案第一章第3条d款修订)

(6)预防措施费用及采取这些措施造成的任何损失或损害；

(7)其他经济损失，如环境恶化造成的损失等，可通过主管法院做出民事赔偿责任裁定。

本款第(1)项至第(5)项和第(7)项所述损失和损害视为核损害程度。

因核设施中辐射源辐射产生的电离辐射，或源自核设施的放射性物质，或放射性废物，或源自运输到核设施核材料的辐射所产生的电离辐射；

是由这种材料的放射性物质，或放射性物质与这种物质的有毒、爆炸或其他危险性质组合产生的。

5. 放射性废物，指核活动产生的物质，含有或被浓度高于豁免限度的放射性核素污染的物质。

6. 特别提款权，指由国际货币基金组织界定的会计单位，用于组织自身的交易和业务。

7. 核设施，指：

(1)核反应堆，除装备用于海运或航运动力源的运输手段，无论是用于推进还是用于其他目的；

(2)使用核燃料生产核材料和核材料加工的设施，包括乏燃料后处理设施；

(3)核材料的贮存设施，临时贮存设施除外。

位于同一地点，且属于单一营运人的核设施视为同一核设施。

8. 有管辖权法院，指核设施营运人所在地有管辖权的法院。

9. 核材料，指：

(1)除天然铀或贫化铀外，可通过核反应堆链式核裂变反应或与其他材料结合产生能量的任何核燃料；

（2）国际原子能机构理事会规定的产品或放射性废物。

10. 合理的措施，指为减轻核事故后果而采取的适当措施和与损害程度相称的措施。

11. 预防措施，指任何人在核事故发生后依国家主管当局决定采取的合理行动，防止或尽量减少本条第 4 款第（1）项至第（5）项和第（7）项所述的损害。

12. 恢复措施，指国家主管当局批准的恢复或修复受损或毁坏环境要素的合理措施，或在可能的情况下引入这种环境要素的等效物。

13. 营运人，指依第 111/1996 号法令签发的许可证持有人。

14. 人，指自然人或法人，或依法律和任何国家或任何国家组成的具有法人资格的国际组织。

15. 放射性物质，指在生产或使用核燃料或通过暴露在该过程中的辐射而变成具有放射性的放射性物质，且已经达到最终制备阶段。

16. 核反应堆，指任何含有核燃料且其布置方式使其可在没有其他中子源的条件下产生链式核裂变反应的结构。

第二章　核损害民事责任制度

第 4 条

1. 如果证明核损害是由核设施造成，则核设施营运人对核损害承担唯一的严格责任：

（1）发生在该核设施中；

（2）涉及的核材料来自该核设施：

a. 根据书面合同，在另一营运人承担本材料的核损害赔偿责任之前；

b. 在本条第 1 款所指的这种合同没有明确规定的情况下，在另一名营运人接管该材料之前；

c. 如果将核材料送到另一国领土内，已从抵达该国境内交通工具上卸载。

（3）涉及运输到该核设施的核材料：

a. 由该核材料造成的核损害责任由另一核设施营运人根据书面合同转让给该营运人；

b. 无书面合同明确约定情况下，该营运人接管了核材料；

c. 如果核材料从装载到离开该国领土的运输工具之后,已经由该营运人书面同意,由另一国领土上的人运输。

2. 如果核损害是由核设施发生的核事故造成的,并涉及为运输目的而贮存的核材料,则适用本条第 1 款第(2)项 a 目之规定,如果另一营运人或他人承担全部责任,则不适用第 1 款第(2)项 b 目、c 目之规定。

3. 在核材料运输过程发生的核事故,核损害民事责任由营运人完全承担,承运人根据约定并经同意视为营运人。

4. 如果核损害由多名营运人共同造成,如不能确定各营运人的责任份额,则他们应承担连带责任。各营运人的责任不得高于第 8 条规定的对应赔偿数额。

5. 在符合本条第 3 款规定的情况下,若属于同一营运人的几个核设施涉及核事故,则该运营人对涉及核事故的各核设施的赔偿数额适用本法第 8 条规定。

第 4 条①

1. 国家核损害责任:

(1) 因核恐怖主义行为直接和间接导致的;

(2) 在本法第 4 条规定的情形中,因核事故直接和间接导致,前提是核设施营运人无法从国家和/或国际获得核损害民事责任的保险或其他适当的财务保证。

2. 本条第 1 款第(2)项所述情况下,核设施营运人应向国家主管部门证明不能从专门承保核损害民事责任险的保险公司获得该保险。

3. 依法律规定确定本条第 1 款规定的损害赔偿金由国家公共基金承担。

第 5 条

1. 如果营运人证明核损害全部或部分地由于受害人的严重过失而导致,或因该受害人故意作为或不作为的行为而造成损害,主管法院可全部或部分豁免营运人赔偿该受害人所遭受损害的责任。

2. 如果核损害是武装冲突、内战、叛乱或敌对行为的直接后果,营运人不承担责任。

3. 当核损害和非核损害是由一个或多个不同事件的核事故造成的,且

---

① 2007 年 5 月 7 日法经第 115/2007 号法律第 1 条第 1 款修订的第二章第 4 条第 1 款。

非核损害在不能确认与核事故无关的情况下,为本法之目的,应视同核事故造成的核损害。

4. 营运人对核设施本身及现场的其他核设施,包括正在建造的核设施及位于现场的资产不承担赔偿责任。

5. 对于因自然人故意作为或不作为造成的核损害,营运人不承担本条第1款所规定的核损害赔偿责任。

第6条

1. 核损害赔偿的性质、形式、数额由核事故发生地的罗马尼亚法院依公平的原则确定。

2. 如果核损害赔偿数额超过营运人依本法第8条规定的最高赔偿数额,则优先赔偿因核事故造成的人身伤亡。

第7条

如果依国际核损害民事责任公约,核事故已被处理,则任何人都无权再次主张赔偿。

第三章　核损害赔偿制度

第8条

1. 每个核事故营运人的责任限额应至少相当于3亿特别提款权。

2. 经国家主管部门批准,每次核事故责任限额可小于3亿特别提款权,但不得低于1.5亿特别提款权,至少与国家依现行法律由公共基金分配的3亿列伊的最低等值。

3. 自本法生效之日起10年内,经国家主管部门批准,本期间发生的每次核事故责任限额可相当于但不超过7,500万特别提款权的同等水平,但相对于目前法律规定的国家从公共基金中分配到涉及核损害赔偿数额相当于1.5亿特别提款权。

4. 研究堆、放射性废物和核燃料贮存库核事故,营运人依以下标准执行。本条第1款和第2款应至少达到3,000万特别提款权,经国家主管部门批准,可减至1,000万特别提款权,相当于现法律规定的核损害赔偿额最低差额。

5. 在运输核材料的情况下,依本法第4条第3款的营运人的责任仅限于500万特别提款权;在核反应堆中使用的核燃料运输的情况下,本法第4条第 3 款所指的营运人责任限于 2,500 万特别提款权。

6. 本条第 1 款至第 5 款之规定的赔偿数额不包括利息和法律费用。

7. 本条第 1 款至第 6 款之规定依第 11/1996 号法令修订。

第 9 条

核损害索赔诉讼的利息和法律费用由有管辖权的法院设立的法律基金支付。

第 10 条

核损害受害人有权在一次诉讼中主张全部赔偿,而无须为赔偿资金来源另行提起诉讼。

第四章　索　赔　权

第 11 条

1. 营运人无索赔权,但:

(1) 除非有书面合同明确约定;

(2) 如果核损害是由于自然人故意的作为或不作为造成的,营运人有权向该自然人索赔。

2. 依现行法律,索赔权应延伸至依本法提供公共基金的国家主体。

第五章　诉讼权利的灭失

第 12 条

1. 如果在以下情况下没有行使向营运人索赔权,则丧失索赔权灭失:

(1) 发生本法第 3 条第 4 款第(1)项规定的人身伤亡,自核事故发生之日起 30 年;

(2) 发生本法第 3 条第 4 款第(2)项至第(5)项和第(7)项,自核事故发生之日起 10 年。

2. 如果自受害人知道或应当知道损害,并且确定了营运人的责任之日起 3 年内没有索赔,则本条第 1 款不适用。

3. 受到核损害并在本条第 1 款规定的时效内索赔的人,当主管法院尚未作出最后判决,可在本条规定的诉权期限届满后,修订索赔范围,包括任何加重的损害赔偿。

第六章　保险和财务保证

第 13 条

1. 营运人有义务订立保险合同或财务保证,以覆盖自己的核损害赔偿责任,并向国家主管部门提交证明,以获得许可(第 111/1996 号法令修订)。

2. 本条第 1 款规定也适用于核材料营运人。

3. 保险人或其他财务保证人应至少提前两个月通知国家主管当局对本条第 1 款规定的保险或财务保证的中止或取消。

第七章　附　　则

第 14 条

医疗保险、社会保险、社会保障、工伤事故保险、职业病险等规定,与本法同时适用。

第 15 条

本法未规定的,适用《民法典》和《民事诉讼法》之规定。

第 16 条

1. 自《罗马尼亚政府公报》第一部分颁布该法之后 9 个月内,国家主管当局会同公共财政部颁布本法的适用办法,并经政府决定批准。

2. 本法自《罗马尼亚政府公报》第一部分颁布后 12 个月生效。

本法依《罗马尼亚宪法》第 74 条第 2 款之规定,于 2001 年 9 月 10 日会议通过。

九、波　兰

原子能法(节选)

(2000年11月29日议会法案)

第一章　一般规定

第1条　本法规定了以下内容:

核损害责任的原则

第3条　为本法之目的,所用术语应指以下含义:

核材料—矿石、源材料或特种可裂变材料,如《建立欧洲原子能共同体条约》第197条所述;

核设施—核电厂、反应堆、同位素浓缩设施、核燃料生产设施、乏燃料后处理设施、乏燃料贮存设施及与其直接相关的或位于该厂址内的任何放射性废物贮存设施。

第十二章　核损害民事责任

第100条　为本章之目的,下列术语具有以下含义:

1. 核设施:

(1)除安装在海上或空中运输工具中的反应堆外,作为动力源、用于推进或用于其他目的的核反应堆;

(2)使用核燃料进行核材料制造或核材料加工的设施,包括乏燃料后处理设施;

(3)核材料的贮存或处理设施,临时贮存设施除外。

2. 核反应堆

包含核燃料的设施，使自持链式核裂变反应在没有额外中子源的情况下可继续进行。

3. 可通过自持链式核裂变反应产生能量的核燃料。

4. 核材料：

(1)除天然铀或贫化铀之外的核燃料，本身或与其他材料结合使用可通过核反应堆之外的自持链式核裂变反应产生能量；

(2)放射性物质或废物、核燃料制造或使用过程中产生的放射性物质，或在这些过程中照射后变得具有放射性的物质，但不包括已经达到其制造最后阶段并可用于研究、医药、农业、贸易或工业领域的放射性同位素。

5. 核损害：

(1)人身伤害；

(2)财产损失；

(3)损害作为共同财产的环境，为使被视为共同财产的环境恢复至未受损状态所需的费用，损害显著轻微；除非损害是由或与核设施内的辐射源发射或从核燃料、放射性物质、放射性废物或源自或引入的核材料中发射的电离辐射引起的或有关，当这种物质的放射性或毒性、爆炸或其他危险性质的放射性物质的组合造成的这种损害时。

6. 恢复措施（承诺将环境恢复到未受损状态）：所有适当的措施，以恢复或修复所有受损或毁坏的环境要素，或为引入等效的替代要素。

7. 预防措施：在核事故发生后进行的所有措施，以防止或减轻本条第5款所述的核损害。

8. 核事故：有相同起因的任何事件或一系列事件，导致核损害或造成此类损害的严重和迫在眉睫的威胁。

9. 营运人：经营核设施的实体。

10. 特别提款权：国际货币基金组织设立的计算单位。

第100a条

1. 核损害依《民法典》规定的原则予以赔偿，但本法规定的例外情况除外。

2. 对被视为共同财产的环境造成核损害，应以偿还适当授权机构或其他实体依这些适当授权机构作出决定实施的恢复措施所需费用的形式予以补偿。

3. 核损害赔偿还包括采取预防措施的费用。

4. 如果实施的预防措施造成人身伤害、财产或被视为共同财产的环境损害,则将该损害视为本法第100条第5款所述的核损害。

第101条

1. 核设施核事故造成的或与核设施有关的核损害由营运人承担排他责任,但直接因战争或武装冲突造成的损害除外。

2. 在运输核材料期间,除与收货人的合同中另有规定外,责任将由核材料营运人承担。

3. 如果受害人因故意行为造成或加重了这种损害,则法院可全部或部分豁免营运人对该受害人的赔偿义务。

第102条

1. 营运人对核损害的赔偿责任限于3亿特别提款权。

2. 如果核损害索赔超过本条第1款所述赔偿数额,营运人应设立有限责任基金。本基金的设立和分配程序应依《海商法》适用关于海上索赔有限责任第3条至第5条之规定。

3. 与设立基金有关的事项及其分配的管辖权归属华沙区域法院。

4. 提起启动、设立和分配基金有关诉讼,应符合法律诉讼请求的一般条件,另外还应包括:

(1)核设施名称;

(2)确定构成索赔依据的核事故及旨在确定事故情景的活动信息;

(3)描述要解决的索赔类型和需从基金中予以赔偿的债权人及根据申请人所知已经提交法院的索赔资料;

(4)建立基金意向的声明,其价值的正当性及其设立方法的描述。

5. 包含于基金价值相关的数据文件应与起诉申请一并提交。

第103条

1. 营运人有义务缔结一项关于核损害民事责任的保险合同。

2. 如果核材料从核设施运输,尽管有本法第1条所述的义务,营运人仍有义务在交通运输过程中缔结一项关于核损害民事责任的保险合同。

3. 签订本条第1款所述保险合同的义务应不迟于核设施投产前一天及对于非投产核设施,不得迟于核设施开始运营之日。

4. 签订本条第 2 款所述保险合同的义务不迟于在核设施运输核材料前一天。

5. 本条第 1 款、第 2 款所述的民事责任保险应涵盖整个保险期间发生的损失。保险公司无权限制保险范围。

6. 依本条第 7 款,本条第 1 款、第 2 款所述的与保险合同涵盖的单一事故相关的最低保险数额相当于 3 亿特别提款权。

7. (1) 本条第 1 款所述保险的最低担保数额——用于研究保留或贮存核材料的反应堆或核设施;

(2) 本条第 2 款所述保险的最低担保数额——用于本条第 1 款所述的将核材料运出核设施的运输过程——关于保险合同涵盖的单一事故——不低于相当于 40 万特别提款权兹罗提,不高于相当于 500 万特别提款权兹罗提。

8. 如果:

(1) 源自本法第 7 条第 1 款所述设施以外的不同核设施但贮存在本法第 7 条第 1 款所述设施的任何核材料;

(2) 来自不同核设施的任何核材料与本法第 7 条第 1 款所述设施的核材料共同运输;

保险合同涉及单一事故的本条第 1 款和第 2 款所述的强制性保险的最低价值应等同于本条第 6 款所述的赔偿数额。

9. 本条第 6 款和第 7 款所述的兹罗提中的等价物应根据保险合同签订之年引用的波兰国家银行的第一个平均汇率计算。

10. 金融机构事务主管部门与经济事务主管部门合作,应通过规章确定最低保险数额的价值:

(1) 针对本法第 7 条第 1 款所述的核设施;

(2) 针对本法第 7 条第 2 款所指的运输;

关于由保险合同承保的单一事故,考虑本法第 7 条所述不同类型的核设施、该核设施预期用途类型、该核设施使用的风险规模及营运人的社会地位及经济地位。

第 103a 条

1. 运输核材料的核设施营运人应向负责运输的组织机构提交保险人保单,确认该保险合同已符合本法第 103 条第 2 款的要求。

2. 第1款所述的保单应包括:

(1)保险人的姓名和地址;

(2)营运人的名称和地址;

(3)指令:

(a)保险期;

(b)保证数额;

(4)保险所涵盖的运输核材料类型;

(5)文件签发人的签名、姓名和职务。

3. 本条第1款所述的保单应连同核管理机构的声明一并提交,确认本法第2条第2款所述的人员是本法第100条第9款所指的营运人。

第103b条

1. 核管理机构有权控制和核实本法第103条所述保险合同义务的履行情况。

2. 应通过由保险人为营运人起草的保单核实本法第103条所述保险合同义务的履行情况,以确认该保险合同已签订。

3. 不遵守本法第103条所述保险合同义务的营运人,应向国家预算支付最低担保数额的20%。该付款不得豁免营运人订立保险合同的义务。

4. 如果营运人未能提交确认本法第103条所述保险合同的文件或保险证明,则核管理机构应责令营运人在30天内:

(1)出具确认保险合同已签订的文件:

(a)本法第103条第1款所指的截止日期在第103条第3款规定的期限内;

(b)本法第103条第2款所指的截止日期在第103条第4款规定的期限内。

(2)如果缺乏确认保险合同结论的文件,应依本条第3款支付相关款项,并在以后出具确认保险合同结论的文件。

5. 本条第3款所述的付款应依管理执行程序之规定收取。

第103c条

1. 除对财产或环境造成的损害外,如果核事故同时造成人身伤害,则保险费用的10%将被指定用于解决涉及人身伤害的核损害索赔。

2. 如果核事故发生之日起5年内,涉及对造成人身伤害事故核损害的营运人索赔额不超过专门用于解决索赔的担保数额，则本担保余额将用于解决涉及财产或环境损害的索赔，人身伤害索赔应自核事故发生之日起10年内提起。

3. 国家财政应保证核损害赔偿：

(1) 达到本法第102条第1款所述的赔偿数额；及

(2) 依本法第103条的保险合同及本法第98条第2款的强制保险及2003年5月22日“保险担保基金”和《波兰汽车保险公司法》（《法律杂志》第124卷，第1152页，及随后的修订案）无法涵盖损失，保险人和保险担保基金未能赔偿损害赔偿。

第104条

1. 对核损害的索赔可直接向保险人提出。

2. 在本条第1款所述的情况下，保险人可受益于营运人享有的责任限制和其他保护措施。

第105条

1. 造成人身伤害的核损害索赔请求不受《时效法》限制。

2. 对财产或环境造成的核损害索赔应受法律规定的时效限制，自当事人知道或应当知道损害赔偿责任当事人之日起3年。但这种索赔的时效自核事故发生之日起10年后失效。

3. 对环境造成的核损害索赔权应由环境事务主管部门授予。

第106条

1. 在波兰共和国境内发生核事故造成的核损害，损害索赔的管辖权应属地方法院。

2. 与核损害索赔程序有关的案件应受《民事诉讼法》规定的限制。

3. 在波兰共和国领土以外发生核事故造成的核损害，法院对损害索赔的管辖权应由维也纳1963年5月21日通过的《关于核损害民事责任的维也纳公约》确定（《1990法律公报》第63卷，第370～371页）。

第107条

1. 关于本章未涉事项，应受有关核设施的相关规定规制。

2. 本章未涉及的损害赔偿请求应受《民法典》之规定规制。

第108条

本章规定不得与职业伤害和职业病津贴之规定冲突。

核设施营运人强制第三方责任保险细则

（2004 年 4 月 23 日财政部法规[①]　法律目录第 94 号第 909 项）

依第 103 号法令之规定，2000 年 11 月 29 日颁布的《原子能法》第 4 条（2001 年第 3 号法律，第 18 号，经修订[②]），规定如下：

第 1 条

本细则明确与核设施营运有关的强制核损害第三方责任保险（以下简称核第三方责任险）的范围，核设施营运人的保险义务时限要求和最低保险数额要求。

第 2 条

1. 核第三方责任险应涵盖核设施营运期间，因核设施营运人运营或停堆导致的核责任风险。

2. 核第三方责任险不包括因军事活动、戒严、暴乱、社会动乱或恐怖主义行为而造成的损失。

3. 核第三方责任险应符合本条第 2 款之规定，涵盖本条第 1 款所述范围内的所有损失，但保险合同不得约定赔偿金支付条件。

第 3 条

核第三方责任险合同最迟应在核设施运行日前一日生效。

第 4 条

1. 核第三方责任险单一保险事故的最低投保额，应遵守以下规定：

(1) 核反应堆，不包括海运或空运设施的核动力源；

(a) 最高功率不超过 30 兆瓦，用于研究试验核反应堆为 40 万特别提款权等值的波兰兹罗提；

---

① 财政部长根据 2002 年 3 月 29 日颁布的《财政部部长作为内阁成员的责任范围总统令》的第 1 条第 2 款的第 3 点的规定（《法律目录》第 32 号第 301 项，第 43 页第 378 项，第 93 页第 834 项）。

② 法律修正案已经在 2001 年《法律目录》第 100 号第 1085 项；2002 年第 154 号第 1800 项、第 74 号第 676 项；2003 年第 135 号第 1145 项、第 80 号第 717 项；2004 年第 124 号第 1152 项、第 70 号第 632 项。

(b)其他核反应堆为1.5亿特别提款权等值的波兰兹罗提。

(2)使用核燃料生产核材料工厂或处理核材料工厂,包括处理核废料工厂为1.5亿特别提款权等值的波兰兹罗提。

(3)关于核材料贮存或使用设施,不包括在运输中贮存核材料的设施:

(a)放射性废物处置库为4.5万特别提款权等值的波兰兹罗提;

(b)贮存核材料的放射性废物处置库和填埋场为2万特别提款权等值的波兰兹罗提。

2. 本条第1款所述的赔偿数额,按核第三方责任险合同订立当年波兰国家银行提供的特别提款权平均汇率计算。

第5条

1. 本条规定适用于自2004年5月1日起订立的核第三方责任险合同。

2. 如果核第三方责任险合同在本条例生效之日前订立,保险合同在上述日期之后到期,则新核第三方责任险合同应在上轮保险合同到期后另行订立。

第6条

本规定自2004年5月1日起实施。

十、瑞　典

放射性事故赔偿责任法

(2010 年 7 月 1 日颁布　2010:950)

经议会决定,规定如下:

第 1 条　本法规定了放射性事故的赔偿责任,及国家财政资金在放射性事故中应承担的补偿责任。

定义

第 2 条　本法中的核材料指:

1. 适用于或产生于核电厂的铀、钚或其他材料(核燃料);

2. 含有本条第 1 款中所述元素的化合物;及

3. 尚未被放置在最终贮存库中的乏燃料。

本法所称的核材料不包括运输或临时贮存的天然铀和贫化铀。

第 3 条　本法中的核废物指:

1. 已被放置在最终贮存库中的乏燃料;

2. 已在核设施中形成但未被制造或提取,而用于教育、科研或用于医疗、农业、工业或商业目的的放射性材料;

3. 在核设施中被放射性污染且不能在该设施中继续使用的材料;及

4. 退役核设施的放射性材料。

第 4 条　本法中的核反应堆是指,任何含有核燃料且其布置方式使得在无额外的中子源的条件下能在其中发生自持链式核裂变反应的结构。

第 5 条　本法中的核设施指:

1. 已用作船舶或其他运输工具动力源的核反应设施;

2. 用于提取、生产、处理或加工核材料的工厂;

3. 处理或处置核废物的设施；

4. 贮存核废物的设施；

5. 核材料或核废物的贮存工具，但是运输过程中的临时贮存工具除外；

6. 退役的核反应堆或其他核设施。

第6条 放射性事故是指造成放射性损害的事件或有同样起因的一系列事件，包括：

1. 来自核设施辐射源的电离辐射；

2. 核材料或核废物的放射性事故；或

3. 核材料或核废物中有毒、有害、爆炸等危险物质的泄漏。

第7条 放射性损害是由放射性事故引起或造成的损害，包括：

1. 人身伤害或财产损失；

2. 造成财产损失的直接结果；

3. 本条第1款或第2款中不包括，但由事故引起的环境严重恶化而造成的经济损失，这种损失是由与环境直接相关的经济损害而造成的；

4. 恢复环境或补偿环境损失而支出的必要费用，如果该损失较小，则需经政府认定。

放射性损害也包括损害结果未发生时，为避免上述第1款至第4款损失的发生或扩大而采取的必要预防措施。

第8条 在本法中，下列定义分别是指：

1.《巴黎公约》：1960年7月29日订于巴黎，1968年4月1日生效的《1960年7月29日关于核能领域中第三方责任的巴黎公约》及缔结本公约的议定书。

2.《巴黎公约的补充公约》：1963年1月31日订于布鲁塞尔，1974年12月4日生效的《关于核能领域中第三方责任公约的补充公约》及1982年11月16日和2004年2月12日修订上述公约的议定书。

3.《维也纳公约》：1963年5月21日订于维也纳，1977年11月12日生效的《关于核损害民事责任的维也纳公约》及1997年9月12日签订的《修订〈关于核损害民事责任的维也纳公约〉的议定书》。

4.《联合议定书》：1988年9月21日订于维也纳，1992年4月27日生效的《关于适用〈维也纳公约〉和〈巴黎公约〉的联合议定书》。

5. 缔约国：已加入《巴黎公约》的国家。

6. 补充公约国：已加入《巴黎公约的补充公约》的国家。

7. 核设施国：在其领土上设有核设施的缔约国，及已经或将要批准建设核设施的缔约国。

8. 瑞典核设施营运人：在瑞典经营或持有核设施许可证的法人。

9. 外国核设施营运人：在瑞典以外运营核设施的情况下，依设施国法律视为核设施营运人。

10. 控股：核设施的实际控制人。

11. 担保：履行放射性事故赔偿责任的财务保证或其他财产保证。

12. 担保人：依本法规定，履行放射性事故赔偿责任的人，或对前述事故责任人履行担保责任而提供担保物的人。

适用

第 9 条 本法适用于以下地区发生的放射性损害：

1. 瑞典和瑞典经济区；或

2. 由国家依国际法建立法律关系的另一个缔约国、经济区或海域；

(1) 已加入《维也纳公约》和《联合议定书》，营运人所在地位于加入《联合议定书》的缔约国境内；

(2) 放射性事故发生时，在其境内、经济区或建立法律关系的另一个海域没有核设施；或

(3) 依《巴黎公约》和《巴黎公约的补充公约》规定的原则，在辐射情况紧急时已经立法，并提供类似的补偿。

本法也适用于在瑞典、其他缔约国或本条第 2 款第(1)项所述国家注册的船舶或飞行器上发生的放射性损害，除非船舶或飞行器不属于本条第 2 款第(2)项提到的地区。

第 10 条 若放射性事故同时造成另一起非放射性伤害事件，则本法同样适用于不能与放射性损害相区别的损害事故。但这并不适用于除营运人以外的可能符合有关电离辐射损害具体规定的其他责任。

第 11 条 本法不适用于在武装冲突、内战或叛乱期间由于战争行为或类似行为直接导致放射性事故造成的损害。

第 12 条 为本法之目的，若两个或两个以上瑞典核设施具有相同营运人并且关系密切，则该两者应视为关联设施。该关联设施应包括核材料或核废物的设施，但不包括核设备，除非这些设备与核设施相同，并且与它们关系紧密。

第 13 条 政府或议会可发布规章或在个别情况下有权决定本法的进一步适用,并在没有核设施、核材料和核废物的情况下,确定有关的风险。

第 14 条 政府可发布规章,确定他国是否属于适用本法的缔约国。

辐射事故责任原则

第 15 条 若核设施、核材料或核废物发生放射性事故,营运人应承担事故造成的放射性赔偿责任。

上述条款不适用下列情况:

(1)附属的设施或核设施附件的损坏;

(2)对本条第 1 款所用设施场地内的其他财产损害,该设施用于或拟用于与设施有关的用途;或

(3)除本法第 16 条至第 25 条另有规定外。

运输责任

第 16 条 在核设施使用相关核材料或核废物的运输或临时贮存过程中发生放射性事故时,承运人应承担事故造成的放射性赔偿责任。但本法第 17 条至第 25 条另有规定的除外。

第 17 条 在瑞典或其他公约国家的运输工具之间,发货人依本法第 16 条的责任不适用于依据发货人与收货人之间书面协议向收货人转移责任之日所发生的事故,在没有这种协议的情况下,当收货人接管核材料或核废物时,该责任转移给收货人。

运输责任只有在核材料或核废物与营运人具有直接的经济利益时,才能通过前款的协议转让给另一个营运人。

第 18 条 从瑞典或另一缔约国运往非缔约国时,依本法第 16 条之规定,发货人的责任不适用于核材料或核废物运输期间发生的事故。

第 19 条 从非缔约国一方向瑞典或另一缔约国运输时,承运人应承担事故造成的放射性赔偿责任,前提是:

(1)收件人已书面同意该交通运输;

(2)事故发生在核材料或核废物已装载到运输工具之后。

运输过程中的赔偿责任

第 20 条 在往返于瑞典或另一缔约国核设施运输期间发生的放射性事故,承运人应承担赔偿责任。

但下列情形除外:

(1)放射性事故发生在核材料或核废物被送达或接管之后;或

(2)事故是核材料或核废物在托运人交付给承运人之前发生的。

非缔约国之间的运输

第 21 条 在涉及非缔约国之间的核材料或核废物的运输或临时贮存过程中发生放射性事故的情况下,依《核技术法》(1984 年 3 月)授权运输的人员应采取行动,以降低事故造成的损害。本法对营运人的责任同样适用于实际控制人。

事故发生在设施外的其他情况

第 22 条 若在本法第 16 条至第 21 条未涉及的情况下,核材料或不在核设施中的核废物发生放射性事故,则在发生事故或占有废物时的承运人承担事故造成的放射性赔偿责任。但这仅适用于核材料或核废物:

(1)来自瑞典或另一缔约国的核设施;或

(2)从非缔约国运到瑞典。

若另一位营运人以书面协议方式承担责任,则承运人不适用前款规定的责任。

在设施中发生事故的其他情况

第 23 条 若在本法第 16 条至第 22 条未涉及的情况下,核材料或核废物在运往另一核设施的运输期间发生了放射性事故,事故造成的放射性损害只有在责任附带书面协议的情况下,对营运人有约束力。

承运人的责任

第 24 条 议会授权的政府机关可决定承运人而非一名或多名营运人对运输过程中的放射性事故承担赔偿责任,前提是:

(1)承运人已申请了这样的决定,并提交满足本法所需的财务保证;

(2)营运人同意。

在本决定所涉运输的情况下,由承运人承担上述责任。

第 25 条 若依本法第 24 条作出的决定已在另一缔约国发布,该决定应适用于与本法第 24 条同等的要求。

核电厂营运人的责任

第 26 条 若依本法规定需核电厂营运人承担责任,则依法律或其他国家相应条款索赔请求,应仅依法律或瑞典的国际承诺向营运人提出。

第 27 条 若依本法规定需营运人承担责任,即使营运人没有造成损害,也应承担责任。

赔偿责任是无限的,但须符合本法第 28 条或第 29 条之规定。

第 28 条 若外国设施营运人承担赔偿责任,并依该国规定而限制责任的,则该限制适用于本法规定的赔偿。

第 29 条 若在瑞典以外的国家发生损害赔偿,则本法规定的责任将受到限制,以使赔偿额不超过瑞典对损害之规定赔偿数额。

前款不适用于 1974 年 2 月 19 日丹麦、芬兰、挪威和瑞典之间签订的《无核设施的国家多边协议》(1974 年第 268 号)所规定的对 1974 年 2 月 19 日《环境保护公约》的损害。

担保责任

第 30 条 瑞典核设施营运人应购买责任保险或确保其他抵押物随时能涵盖了本法规定的赔偿责任:

(1)不少于 7 亿欧元;或

(2)若这个工厂是提供核电的反应堆,则不少于 12 亿欧元。

第 31 条 在个别情况下,议会可决定第 30 条的要求不包括下列情况:

(1)若事故不涉及提供电力的核反应堆,则根据事故类型及损害程度,可决定每个事故不超过 7,000 万欧元;或

(2)若事故涉及核材料或核废物的运输,则根据核材料或核废物的性质,可决定每个事故不超过 8,000 万欧元。

第 32 条 运输过程中发生放射性事故赔偿责任可从财务保证金中支付。

第 33 条 索赔人依本法有权直接从担保人处获得赔偿金。

为避免责任的免除,除非担保人是受害人,否则担保人不得成为索赔人。

第 34 条 即使依本法作出的担保已到期或以其他方式终止,担保人在下列情况仍然应承担担保责任:

(1)议会指定的当局未被告知该抵押已到期或以其他方式终止;

(2)在担保到期或以其他方式终止前已开始运输。

第 35 条 若抵押人没有提出保留条款,则担保责任的适用应依本法或其他缔约国法律有关意思自治之规定。

第 36 条 由议会决定的政府机关,应核查本法第 30 条至第 32 条规定

的抵押物是否足够。

第 37 条 若本法规定的责任由一项或多项财务保证和其他抵押物担保,则只有在财务保证不足以支付全部赔偿的情况下,其他抵押物才能用于履行赔偿责任。

第 38 条 议会可发布政府依本法需接受的担保规定。

国家再保险

第 39 条 在发生放射性事故的情况下,政府可向议会作出财务保证。通过购买再保险的形式实现国家担保。

对于政府承诺,营运人应对国家可能承担的赔偿责任支付费用。

政府可发布有关赔偿数额和支付的具体规定。

担保证书

第 40 条 依本法第 15 条至第 23 条承担赔偿责任的营运人应向承运人提供适用于运输工具的担保证书。证书应由担保人出具,并附有如下信息:

(1)营运人的姓名和地址;

(2)数额、持续时间和担保期限;及

(3)核材料或核废物的类别及运输担保内容。

担保证书应附有证明,证明核设施营运人在《巴黎公约》中拥有核设施,证书由政府批准颁发。

连带责任

第 41 条 若两个以上的人对同一放射性事故均承担责任,则其对该放射性事故承担连带赔偿责任。但每一责任人承担的赔偿数额以其在事故中的责任份额为限。

若责任是依本法第 16 条至第 25 条中关于运输或临时贮存之规定确定的,并且运输或贮存涉及同一贮存设施中的几批核材料或核废物,则最高赔偿数额责任适用于所有核设施营运人。

责任的大小由不同核电厂对损害发生的责任份额和其他情况来确定。

国家补偿

第 42 条 若受害人不能从责任人处获得足额赔偿,则国家应对受害人未获得赔偿的部分给予补偿。

前款规定国家补偿总额限 12 亿欧元内,包括每个放射性事故的债务利息。即使营运人的责任依本法第 30 条第 1 款或第 31 条之规定系有限责任,国家所承担的责任仍然适用于此赔偿数额。

第 43 条 若受害人无权依本法第 30 条至第 32 条予以赔偿或依本法第 42 条获得补偿，则应由其他国家依《巴黎公约的补充公约》之规定支付损害所需的额外补偿。

前款规定其他国家补偿责任总额限 3 亿欧元内，包括每一次赔偿事故应承担的利息。

第 44 条 依本法第 43 条提出补偿的要求：

1. 营运人的核设施仅用于和平目的，且位于瑞典或另一个补充公约国境内；

2. 瑞典法院有权依本法第 58 条审查提出补偿的条件。

第 45 条 依本法第 43 条获得补偿的条件：

1. 在瑞典或其他补充公约国境内；

2. 在瑞典领土外的海域或其他缔约国境内：

(1) 在悬挂补充缔约国旗帜的船舶或注册的飞行器上；

(2) 在另一缔约国管辖的人造岛屿、设施或建筑物上；或

(3) 影响瑞典公民的另一个国家境内；或

3. 在属于瑞典或其他缔约国的经济区或大陆架上，用于开采或研究自然资源。

本条第 2 款第(3)项适用于自然人，也适用于在瑞典境内或其他缔约国境内的法人、协会、基金会或其他机构。若经常居住在另一缔约国的人依该国法律视为自然人的，同样也适用本条。

更换金和付款

第 46 条 除非法律另有规定，否则使用本法下所规定的更换金应附加禁止性条件。

赔偿数额及付款

第 47 条 若受害人故意或重大过失造成伤害，本法下的赔偿可被合理调整。

第 48 条 若依本法支付赔偿金不足以赔偿所有受害人，则应按比例分配付款，以使所有受害人获得的赔偿数额与实际损失之间的比例关系相同。

第 49 条 若在放射性事故发生后，赔偿金不足以支付所有受害人的损失，将分期付款，并且依本法第 48 条的方式分配。

前款条件下，赔偿人不能因事故的严重程度和其他情况而延迟支付。

第 50 条 瑞典货币的换算应根据放射性事故当天适用的汇率计算。

赔偿时效

第 51 条 受害人应自知道或应当知道放射性事故损害赔偿责任人的 3 年内提出或放弃赔偿,否则将丧失获得赔偿的权利,且提出赔偿的要求不得晚于放射性事故发生后的 10 年。若索赔涉及人身伤害,则不得晚于放射性事故发生后的 30 年。

第 52 条 议会可就本法第 51 条的个别情况审查管辖权争议并决定后续的行动。

赔偿回转

第 53 条 依本法向受害人支付的赔偿金不得以本法第 54 条之规定从受害人处收回。

第 54 条 依本法规定已支付赔偿金或已对放射性损害作出赔偿的,仅有权从以下人员处收回:

(1)核电厂的营运人;

(2)故意造成损害的施害人;

(3)与责任人签订书面协议承诺赔偿的人;或

(4)另一核电厂的营运人。

第 55 条 在受害人的损失已得到责任人赔偿的情况下,如果受损的情况导致受害人有权申请国家赔偿,则需满足下列条件:

(1)1997 年 10 月 9 日《关于航空承运人乘客及其行李的航空承运人责任的理事会条例(EC)》(第 2027/97 号);

(2)《航空运输法》(2010:510);

(3)《关于保护事故的法》(2003:778);

(4)国际条约;或

(5)瑞典境外的立法。

故意造成损害应承担责任的责任人或签订书面协议承诺承担赔偿的责任人,只适用了本条第 1 款而没有适用第 2 款或第 3 款支付相应费用。

监督

第 56 条 对本法相关规定的监督由议会行使。

处罚

第 57 条 任何人故意或过失违反本法第 30 条、第 31 条之规定,并且导致的财务保证或其他抵押物发生赔偿事故的，处不超过6个月的监禁或相应数额的罚款。

主管法院

第58条 依本法可提出赔偿请求的放射性事故应满足下列条件：

1. 放射性事故全部或部分发生在瑞典或瑞典经济区内；或

2. 事故虽发生在缔约国外或不确定的其他地方，但核设施营运人位于瑞典境内。

赔偿请求应向国家上诉法院（环境法院）提起。

本条规定的赔偿标准，应依《环境法》关于故意损害之规定处理利息和本金。

第59条 由于法院不当适用本法而作出的恶意判决所产生的补偿金，不视为肇事者依据法律规定支付的赔偿金，肇事者仍应承担支付义务。

执行判决

第60条 另一缔约国主管法院转递的放射性损害赔偿判决，在该转递国执行时，也在瑞典境内生效，不作为新的案件受理。

第61条

1. 依本法第60条的执行申请应向国家上诉法院提出，并应提供：

（1）已获得当局认证的判决书的原件或副本；

（2）获得国家主管当局出具的关于该判决涉及《巴黎公约》规定并已获得法律效力可在该国执行的通知。

2. 文件应附有发行人管辖权证明。该证明书由瑞典特派团、领事馆或由作出判决的国家司法行政部门负责人出具。

3. 丹麦语或挪威语等其他语言的文件应翻译成瑞典语。翻译件应经外交、领事官员或瑞典公证人员公证。

第62条 在国家上诉法院的诉讼活动中，《行为导则》之规定适用于对地区法院决定提出的上诉。若被上诉人对上诉申请的真实性提出质疑，则上诉法院可不接受质疑。

上诉人需要获得许可才能向最高法院提出上诉。在最高法院的诉讼活动中，初审法院援引之规定在上诉程序中仍然适用。

第63条 经国家上诉法院核准申请，已获得瑞典法律效力的判决应被执行。但最高法院在上诉后另有判决的除外。

第 64 条 本法自颁布之日起生效,《核责任法》(1968:45)废止。

本法生效前发生的放射性事故仍适用于前法。

附:

关于修订《放射性事故赔偿责任法》的法案

(2012 年 1 月 19 日颁布)

依议会 1 号决定之法令(2010:950),《放射性事故赔偿责任法》第 56 条由以下条文代替:

第 56 条 议会负责监督本法及相关规定的执行情况,经议会同意,政府或有关机关依本法和相关规定,制定审查和监督活动的收费标准。

十一、丹　麦

核损害赔偿合并法（节选）

（2014 年第 993 号法令）

第三章　赔偿和保险

总则

第 10 条

本章规定不适用在船舶或其他运输工具中使用的核反应堆，但本法第 9 条除外。

第 11 条

11.1　核损害受害人不得依本章规定就非缔约国发生的核损害主张赔偿责任，除非核损害发生在丹麦，且核设施营运人对损害的发生承担责任。若其他缔约国的核设施营运人承担赔偿责任，则该国制定的法律适用于其领土范围的赔偿责任。

11.2　如果非缔约国对发生在丹麦的核损害赔偿责任有相应法律规定，且该规定的赔偿数额不少于丹麦法律规定，则丹麦皇家法令可确定发生在该非缔约国的核损害赔偿等效适用本章之规定。

第 12 条

根据丹麦皇家法令决定，非缔约国适用本章时可完全或部分等同于缔约国。

营运人责任

第 13 条

13.1　如果核损害发生在本国或另一缔约国，核设施营运人应承担赔偿责任。

13.2 核材料运输过程中发生的核损害应依本法第14条、第15条予以赔偿。

13.3 如果核损害的发生是不可预见的,且核材料在损害发生时不属于核设施营运人但却来自于丹麦或另一缔约国,则应由营运人承担赔偿责任。但若该物质完全归属其他营运人,则赔偿责任由该营运人承担。

运输过程中的特别规定

第14条

14.1 若丹麦或其他缔约国的核材料在运输过程中发生了核损害,由本法第11条规定的核设施营运人承担赔偿责任。若损害发生在核材料被丹麦或其他缔约国的另一营运人接收后,则赔偿责任由该营运人承担。

14.2 若承运人根据营运人的请求将核材料从非缔约国运往丹麦或其他缔约国,则营运人应依本法第11条之规定就运输过程中发生的核损害承担赔偿责任。

14.3 除核材料的实际运输过程外,本条规定的赔偿责任还包括在运输过程中的临时贮存期间。

第15条

依本法第14条所述承运人的申请,司法部长可在取得丹麦核设施营运人的同意且承运人提供了依本法第25条、第28条之规定购买了保险或财务保证相关证据的情况下,许可承运人替代营运人对运输过程中可能发生的核损害承担赔偿责任。若申请获得授权,则营运人的义务由承运人承担。若其他缔约国的法律也允许营运人将运输过程中的赔偿责任转移给他人,同样适用上述规定。

责任基础

第16条

16.1 营运人对本章规定的核损害承担赔偿责任,即使损害的发生是不可预见的。

16.2 武装冲突、入侵、内战或叛乱造成的核损害除外。

赔偿的例外

第17条

17.1 本章规定的赔偿不得用于核设施本身遭受的损害或营运人自身

财物的损失。

17.2　本法第 14 条情况下遭受的核损害同样受前款约束,即营运人在运输过程中自身遭受的核损害也不能予以赔偿。但其他缔约国营运人的核损害责任则受该国相应法律约束。

责任的减免

第 18 条

18.1　若受害人故意或过失造成损失的扩大,除非他能对故意或过失进行合理的解释,否则可减免责任人的赔偿责任。

18.2　若受害人非法占有或处理有害物质,也可减免。责任人赔偿责任。

其他责任人的豁免

第 19 条

19.1　若核设施营运人依本章或其他缔约国法律规定需承担赔偿责任,则受害人可不对营运人外的他人提出赔偿请求。若因责任人死亡或法人资格注销而不能执行其财产,则受害人可要求强制执行保险人或提供其他财务保证人的财产。该请求不受营运人其他债权人的干预。

19.2　前款规定不排除依《1960 年 7 月 29 日关于核能领域中第三方责任的巴黎公约》(以下简称《巴黎公约》)赋予的赔偿权利。

营运人责任的例外规定

第 20 条

20.1　依本法第 19.2 款或非缔约国的法律对核损害承担赔偿责任的义务人,可在本法第 21 条规定的限额内要求对核损害承担责任的营运人进行补偿。

20.2　若依本法第 11 条之规定营运人不承担受害人在本章规定情况下遭受的核损害,则注册地或主要营业地在缔约国的营运人将依据与前款规定等效的法律承担赔偿责任。对于向非缔约国营运人运输核材料的情况,若核损害发生在核材料已送达该国并交付给营运人之后,则不需要赔偿。对于由非缔约国承运人运输核材料的情况,若核损害发生在核材料在该国被装运到运输工具之前,则同样不需要赔偿。

20.3　当权利人依本法第 23 条规定需承担赔偿责任时,其依本条第 1 款和第 2 款对营运人的请求权将丧失。

营运人责任的限制

第 21 条

21. 1　同一核损害造成的赔偿责任总额最高不超过 7, 000 万丹麦克朗。但特殊情况下,司法部长可在考虑核设施的规模、性质、责任范围内、运输量及其他情况后确定更大的责任限额,但增加的赔偿最高不得超过 3, 500 万丹麦克朗。对于其他缔约国的核设施,则适用该国法律中的责任限制。

21. 2　前款限定的赔偿数额不包括诉讼费用及利息。

第 22 条

22. 1　若两个以上核设施营运人依本法或其他缔约国法律对同一核损害承担赔偿责任,则营运人应对受害人承担连带赔偿责任,但每人承担的责任都不超过本法第 21 条规定的最高限额。然而,若在核材料运输期间发生事故,营运人的总赔偿数额不得超过依本法第 21 条规定的最高责任限额。

22. 2　在营运人之间,赔偿责任应根据各营运人的损害份额及整体情况进行划分。

限制责任的例外规定

第 23 条

23. 1　核设施营运人依本法或其他缔约国的等效规定而承诺承担赔偿责任,业主有权通过协议主张或放弃索赔权。

23. 2　如果承运人未经营运人同意,而运送核材料通过缔约国领土,则营运人的责任限额比本法第 21 条规定更高,即除本法第 21 条所述限额外,营运人还需承担应由承运人承担的赔偿责任。但如果通过有关国家是为拯救生命或财产损失,或由承运人无法控制的原因造成的,则不适用。

23. 3　除本法第 22 条第 2 款外,营运人无权收回已依本条第 1 款、第 2 款向第三方支付的赔偿金。

诉讼时效

第 24 条

24. 1　依本章规定,核设施营运人享有的赔偿权利将依 1908 年 12 月 22 日第 274 号法律规定而丧失。

24. 2　若本规则的限制尚未生效,除非营运人或受害人已主张权利,否则诉讼时效将在损害发生后 10 年届满。由核材料非法转移、废弃、丢失而导致的核损害,诉讼时效从核材料被非法转移、丢失、废弃之日起计算。

24.3 若案件是由国际法院依《巴黎公约》第17条判决,无论该案是否在丹麦依本法第33.3款审理,本条第1款、第2款均不具有约束力。但若案件既可由国家法院管辖,也可由缔约国之一的法院管辖,则国际法院在案件正式受理前可选择终止案件的受理或要求该国主管当局出台由国家法院管辖的适用规则,在这种情况下,案件应在确定由国际法院管辖之前提交。

保险和担保

第25条

丹麦核设施营运人应提取和维持核损害保险,以向司法部长证明其有能力满足本法第21条规定的最高额赔偿责任,营运人可依本法或其他缔约国法律,对运输过程中发生的核损害事故购买特殊保险。

第26条

若前款保险合同终止,在没有新的保险合同生效前,保险人仍应对保险合同终止后的两个月内发生的核损害承担保险责任。若保险标的是运输过程,则保险人的责任将持续到运输完成。

第27条

司法部长应对本法第25条所述保险合同作出更进一步之规定。

第28条

28.1 保险义务不适用第三人造成的核损害。

28.2 若营运人提供了满足司法部长要求的其他财务保证,则司法部长可豁免营运人的保险义务。

28.3 若营运人以外的他人对核损害的责任是明确的,则本法规定的保险义务参照适用。

国家赔偿责任

第29条

国家应对营运人依本法或其他缔约国等效法律需承担的超出本法第21条最高额赔偿的部分作出赔偿。

第30条

若依本法第24.2款或缔约国等效法律规定,受害人向丹麦核设施营运人提出的核损害赔偿请求已过诉讼时效,则受害人可申请国家赔偿。申请的条件是受害人不能从营运人处获得赔偿的原因是合理的,且需符合1908年12月22日第274号法律规定,并应在第24.2款规定的30年内提出。若其他受害人的赔偿请求因本法第21条的责任限制而没有得到完全满足,则国家赔偿金应依第31.2款之规定相应减少。本条第1款之规定赔偿根据互惠原则也适用于在其他缔约国造成的核损害,丹麦皇家法令也可规定国家赔偿适用于缔约国领土外地区发生的核损害。

国家补偿责任

第31条

31.1　若丹麦境内的核设施营运人承担的赔偿责任将超过本法第21条限定的最高额赔偿,营运人应立即书面通知司法部长。可使营运人在6个月的赔偿期限内只需支付赔偿数额的小部分。此外,如有必要,司法部长有义务就应采取的赔偿措施起草相应议案,以确保索赔请求尽可能按比例地满足,同时,国家将对未获得赔偿的损害给予补偿。

31.2　若非丹麦境内的核设施营运人依本法第33条规定需承担赔偿责任,则前款规定同样适用。

国家追偿

第32条

32.1　若核损害是他人故意造成且国家依本法第29条至第31条已支付赔偿金,则国家可向责任人追偿。

32.2　依本法第29条支付的赔偿金也可在下列情况下进行必要调整:

(1)保险人、担保人或以其他方式承担损害责任的人依本法第23.1款、第23.2款须承担的保险责任;

(2)营运人依本法第22.1款规定承担第22.2款份额内的赔偿责任;

(3)因未购买保险、其他财务保证或保险不可用而导致的营运人自身遭受的损害。

丹麦法院的管辖权

第33条

33.1　向营运人或依本法第19条向保险人或担保人主张损害赔偿的诉讼案件,在下列条件下由丹麦法院管辖:

(1)被告是丹麦境内的核设施营运人;或

(2)运输过程中的核损害完全发生在丹麦境内。

33.2　但运输过程中的核损害完全发生在其他缔约国领土内,则前款不适用。

33.3　若被告既包括丹麦境内营运人，也包括另一缔约国营运人，丹麦法院同样具有管辖权且在下列情况下，案件只能由丹麦法院管辖：

(1)在运输过程中，若核损害发生时的运输工具在丹麦注册登记，或《巴黎公约》第 17 条所述的国际法院确定案件应在丹麦管辖；

(2)确定本款第(1)项中法院管辖的其他情况。

33.4　若赔偿请求仅针对丹麦境内的营运人，在受害人能够证明赔偿请求也针对另一缔约国营运人的情况下，可要求适用前款规定。

33.5　依《巴黎公约》第 17 条向国际法院提出的管辖权异议请求应通过司法部长提交。

执行外国判决

第 34 条

34.1　其他缔约国依《巴黎公约》第 13 条对核损害赔偿进行了判决，则该判决内容可在本法第 21 条的范围内在丹麦申请强制执行，但本规定不适用于只具有临时可执行性的判决。

34.2　申请强制执行前款判决时，申请人应提供经公证后的判决书副本及该国当局的书面声明，即判决是依《巴黎公约》之规定作出，并可在其转交国获得强制执行效力，司法部长还可要求申请人提供经认证的上述证明文件翻译件。

34.3　由法院出具的生效调解书同样适用前款规定。

许可证书

第 35 条

35.1　核材料在丹麦境内的核设施往返运输期间，营运人对运输过程中造成的核损害承担赔偿责任，营运人应向承运人提交由保险人或其他财务保证人依本法第28 条发放的许可证书，在承运人收到许可证书前不得开始运输。

35.2　证书应包含营运人名称和住所、运输物质的信息以及保险的数量、性质和期限。此外，应提供核能委员会的证书，证明持有人是替代公约意义上的核设施营运人。

35.3　证书签发人或代签人负责证书有关营运人名称和住所的信息核对及证件的数量、性质和持续时间的确定。

十二、芬　兰

核责任法

（1972年7月8日第448号令颁布　1977年1月7日第128号令修订　1986年5月23日第388号令修订　1989年9月15日第820号令修订　1994年6月28日第588号令修订　1999年1月29日第89号令修订　2002年5月24日第416号令修订）

总则

第1条　目的

1. 核燃料，是指以单质或化合物形式存在的铀、钚等的可裂变材料，或政府部门确定的其他可裂变材料。

2. 放射性产物，是指核燃料生产或利用过程中产生的放射性物质或受该过程有关的辐照而具有放射性的物质。

3. 核材料，是指除天然铀或贫化铀以外的核燃料，及除放射性同位素以外的放射性物质，其使用或制造已经进入最后阶段，并已用于工业、商业、农业、医学、科学或教育目的。

4. 核反应堆，是指含有核燃料且布置方式使在无额外中子源的条件下能在其中发生自持链式核裂变反应的结构。

5. 核设施，是指除用作动力堆以外的任何反应堆；核材料制造或加工工厂；核燃料的同位素分离工厂；令核燃料后处理工厂；除因运输而贮存核材料的仓库以外的贮存核材料设施；及政府确定的核燃料或放射性产物或废物的其他设施。

6. 设施国，是指就一核设施而言，该设施设在领土内的缔约方，或如果该设施未设在任何国家领土内,是指运营或在其授权下运营该核设施的缔约国。

7. 核设施营运人,是指就位于芬兰的核设施而言,运营或管理核设施的授权人;就芬兰以外的核设施而言,指依设施国法律确认具有资格运营核设施的人。

8. 核损害,是指:

(1)由于核燃料或放射性产物或废料的放射性,或由于核燃料或放射性产物或废料的放射性与有毒、易爆或其他有害性相结合,而引起的任何损害;

(2)由于核设施内的核燃料或放射性产物以外辐射源的电离辐射引起的损害。

9. 核事故,是指造成核损害的任何事件或有同样起因的一系列事件。

10.《巴黎公约》,是指《1960 年 7 月 29 日关于核能领域中第三方责任的巴黎公约》;经 1964 年 1 月 28 日签订的《附加议定书》或 1982 年 11 月 16 日在巴黎签订的《议定书》。

11.《补充公约》,是指 1963 年 1 月 31 日在布鲁塞尔签署的《〈巴黎公约〉的补充公约》,该《补充公约》于 1964 年 11 月 28 日、1982 年 11 月 16 日在巴黎签订《附加议定书》进行修订。

12.《维也纳公约》,是指 1963 年 5 月 21 日在维也纳签订的《关于核损害的民事责任公约》。

13. 缔约国,是指《巴黎公约》《维也纳公约》及 1988 年 9 月 21 日在维也纳签订的《关于适用〈维也纳公约〉和〈巴黎公约〉的联合议定书》缔约国。

14. 特别提款权,是指国际货币基金组织规定的特别提款权。

第一条确定赔偿金时,特别提款权应按核事故发生之日的汇率换算成芬兰货币,除非《补充公约》缔约国,依该条约第 30 ~ 32 条规定,同意涉及人身伤害的核事故赔偿改为其他日期。特别提款权转换为芬兰货币时,芬兰货币价值应根据上述日期前的国际货币基金相关交易和转换计算方法确定。

第 2 条 如果所涉风险可控,政府可排除特定核设施、核燃料或放射性产物适用本法。

第 3 条 政府或政府授权机关有权决定由同一核设施营运人负责运行

在同一地址的两个或两个以上核设施,为确保本法目的实现,应视为单一核设施,包括上述核设施营运人在同一地址上的其他建筑物及建筑物内存放的放射性材料。

第 4 条 除本法第 15 条第 3 款和第 15a 条第 1 款规定外,本法不适用于非缔约国领土内发生的核损害。

如果由芬兰核设施营运人承担责任,只有当核事故发生在芬兰时,本法能适用于非缔约国领土内的核损害。如果由芬兰领土外的核设施营运人承担责任,则适用设施国法律。

通过法令可决定,在非缔约国受到的核损害,只有依该国法律规定在芬兰受到的核损害赔偿应予以赔付的情况下,才能依本法之规定获得赔付。但该法令不得影响本法第 15 条第 2 款所述的此类国际条约下芬兰应承担的义务。

尽管有本条规定,对核损害进行赔偿的实际赔偿人有权依本法第 16 条规定,向核设施营运人行使索赔权。

第 5 条 依法令确认,芬兰为履行作为《巴黎公约》缔约国义务,非缔约国在为确保本法目的实现情况下应视为缔约国。

补偿

第 6 条 核设施营运人应对其负责营运核设施造成的核损害进行赔偿,书面合同另有约定的除外。核设施营运人对非由核燃料或其他放射性物质引发的核事故不承担赔偿责任,但不包括因本法第 7 条、第 8 条所述的运输原因。偶发的核材料贮存于该核设施所引起的核事故,由此造成的核损害责任,依本法第 9 条规定,核设施营运人应视为核材料的承运人并承担核损害责任。

第 7 条 核设施营运人应对芬兰或缔约国核设施间的核材料运输过程中发生的核事故承担赔偿责任,除非本条第 2 款、第 3 款另有规定。

在芬兰或另一缔约国领土内的核设施间运输核材料时,在运输过程中发生核事故的责任应由作为收货人的核设施营运人承担,但是托运人与收货人有书面合同约定的除外。无书面合同约定的,自核材料交付至收货人起,核损害赔偿责任由其承担。

在将核材料运输至核动力船舶或其他运输工具情况下,且核材料将作为动力源使用时,作为发货人的核设施营运人的核损害赔偿责任自核材料交付给授权人或该反应堆营运人起转移。

第 8 条 经核设施营运人书面同意后,核材料从非缔约国运输至芬兰或另一缔约国领土的核设施,收货人应对运输过程中发生核事故造成的核损害承担赔偿责任,本条第 2 款另有规定除外。

当作为动力源的核材料,从核动力船舶或其他运输工具上转运至芬兰或另一缔约国境内的核设施时,核设施营运人自收到核材料之时起承担核损害赔偿责任。

核材料在芬兰境内运输过程中发生核事故所造成的核损害赔偿责任由承运人承担,但在芬兰或另一缔约国间的核设施运输除外。本法关于芬兰核设施营运人的相关规定,在此情况下适用于上述承运人。

第 9 条 本法第 7 条、第 8 条关于在核材料运输中发生核事故造成核损害的赔偿责任之规定,同样适用于核材料运输过程中的临时贮存。除非核材料贮存于相关核设施时,依本法第 6 条所述合同的约定应由核设施营运人承担责任。

第 10 条 除本法第 6 条至第 9 条规定的情况以外,由于源于芬兰或另一缔约国的核设施,或因本法第 8 条规定运输原因造成的核损害,应由拥有该核材料的核设施营运人承担核损害赔偿责任。如果在核事故发生时,无核设施营运人拥有该核材料,则由最后持有该核材料的核设施营运人承担。

尽管本条第 1 款规定了核设施营运人因书面合同约定应对相关核损害承担赔偿责任,但如核事故发生前,核材料在运输过程中无核设施营运人实际占有该核材料,在运输终止后,应由运输终止时依本法第 7 条或第 8 条规定的核设施营运人对运输过程中发生的核损害承担责任。

第 11 条 经相关核设施营运人同意,并且承运人有证据表明其依本法第 23 条至第 27 条已购买保险或依第 28 条第 2 款提供了其他财务保证时,依本法第 7 条或第 8 条所述的承运人要求,政府部门或政府授权机构,有权决定对核材料在运输过程中发生或与之相关的核事故造成的核损害由承运人而非由芬兰的核设施营运人承担赔偿责任。由承运人承担核损害赔偿责任的,本法与核设施营运人在运输过程或与之相关的核事故相关规定同时适用于承运人。

依另一缔约国法律做出的由该国核设施营运人承担核损害责任决定,则依本条第 1 款规定,该决定在芬兰具有相同效力。

第 12 条 核设施营运人应依本法之规定支付赔偿金,即使其或其工作人员没有过错或过失。

但依本法之规定，芬兰的核设施营运人对于直接因战争、武装冲突、内战或暴动而引起核事故或由于有特殊性质的严重自然灾害造成的核事故不承担责任。在这种情况下，设施国法律适用于另一缔约国内的核设施营运人。

本条第 2 款所述的情形，仅在符合本法第 15 条第 2 款规定情形时，适用本法之外相关侵权责任规定。

第 13 条 依本法之规定，核设施营运人对自身核设施损失或在同一厂址的已完工或在建的另一核设施的损失或核事故发生时置于上述设施厂区，用于或将用于该核设施的财产损失，不承担责任。

另一缔约国核设施营运人如对核材料运输过程中发生的核损害承担责任的，则对运输工具损失是否予以赔偿依设施国法律处理。

在本条第 1 款或第 2 款所述情形，仅具有符合在本法第 15 条第 2 款规定情形时，适用本法之外的侵权责任规定。

第 14 条 除本法另有规定外，本法所规定的赔偿金应依《侵权法》的一般规定予以确定。

受害人有过错的，应视其过错行为或过失大意对于核损害的影响适当减少赔偿数额。

第 15 条 基于本法规定或另一缔约国法律规定，所提起的相关核损害索赔，只能向核设施营运人或为其提供保险服务的保险公司提出，本法第 15 条第 1 款或第 17 条第 2 款另有规定除外。

针对核设施营运人的核损害赔偿索赔，依本法第 12 条或第 13 条或另一缔约国法律规定，核设施营运人对此不承担责任，只能向故意作为或不作为导致核损害的个人索赔。但核设施营运人应对本法第 13 条第 2 款所述的运输工具损失，承担侵权责任。

对于不属于本法或另一缔约国立法法律范围的核损害，不能在芬兰进行核损害索赔。如核事故是因使用船舶运输核材料或核动力船舶运行引起的，同时一国为《维也纳公约》缔约国，依该国法律规定应由核设施营运人承担核损害赔偿责任，或相关核损害赔偿责任的法律同时适用于其他国家，且依《维也纳公约》该立法之目的对受害人是最为有利的。

如果在这种情况下，由核设施营运人承担核损害责任，则本法关于个人故意造成的核损害赔偿责任之规定,及本法第 12 条和第 13 条第 1 款及造成的运输工具损失之规定同样适用。本款相关规定应适用,即使依《维也纳公约》的特别规定或本条所述的其他国家颁布的相应法律规定,核设施营运人不应承担核损害责任。

公共基金赔偿规定,详见本法第 29 条至第 36 条。

第 15a 条 如与芬兰签署的国际条约项下义务相冲突,本法第 15 条之规定不适用。

核材料运输过程中发生的核事故或因核动力船舶或其他运输工具运行造成的核损害,适用本法第 15 条第 1 款和第 2 款之规定,不应影响《航空运输法》(387/86)的适用。经相关法令确认,如相关条款与 1960 年 7 月生效或开放供签署、批准或加入的公约之规定一致,本款之规定也适用于缔约国法律的相关条款。

第 16 条 依《航空运输法》或依国外法律或依公约或依本法第 15 条第 2 款所述规定,履行核损害赔偿责任的人,有权向本法规定应承担责任的核设施营运人行使代位求偿权。依本法第 4 条第 3 款履行损害赔偿责任的,赔偿人有权向本应承担核损害赔偿责任的核设施营运人索赔。任何以芬兰或另一缔约国为主要营业地的法人或其雇员,依本法第 4 条规定承担了核损害赔偿责任的,且依本法之规定无权获得赔偿的,参照适用本条第 1 款之规定,该法人或其雇员有权向本法第 4 条规定应对核损害承担责任的核设施营运人索赔;但如果在向非缔约国运输核材料的过程中发生核事故造成的核损害的,当核材料运抵非缔约国,并从运输工具卸货的,作为核材料发货方的核设施营运人不承担核损害责任;如果从非缔约国运输核材料的过程中发生核事故造成的核损害,当核材料在非缔约国被装载至运输工具后,该核设施营运人不承担核损害责任。

依本法第 21 条规定承担核损害责任的,不得享有本条规定的代位求偿权或索赔权。

第 17 条 如果受害人同时受到本法有权获得赔偿的核损害和其他损害的,如其他损害无法合理与核损害分离,则本法关于核损害赔偿责任之规定应平等地适用于其他损害。

本条第 1 款之规定不应限制或以其他方式影响除本法规定的核设施营运人以外的其他他方,承担本法未规定的电离辐射排放造成的损害责任。

第18条 就单个核事故造成的核损害,芬兰核设施营运人依本法之规定所承担的责任不超过1.5亿特别提款权。政府在考虑到核设施的规模、性质、运输或任何相关因素的情况下,有权确定较低的赔偿数额,但最低不得少于500万特别提款权。除运输工具损失以外,核运输过程中发生核事故的赔偿责任,核设施营运人依本法之规定承担的责任不低于500万特别提款权。

本条第1款所述赔偿额不包括法院认定的利息或诉讼费用。

本条第1款规定的核设施营运人的最高赔偿责任可通过法令提高,但最高不得超过依《补充公约》第3条(b)项规定的国家应付的最高赔偿额。提高最高责任限额的,本法第23条所述的保险可用于支付提高部分责任额。

第19条 核损害由两个以上核设施营运人造成的,应共同承担赔偿责任。各核设施营运人的赔偿责任应限于本法第18条第1款规定的赔偿数额。但如果通过同一运输工具在一次或一次以上运输核材料过程中产生损害,或在同一个核设施中贮存多件托运核材料的,核设施营运人所承担的总赔偿责任不得超过一方确定的最高额。

核设施营运人之间的赔偿责任分担,应适当考虑到每个核设施造成的损害结果及其他有关因素。

第20条 依本法第18条第1款或第19条第1款之规定的最高责任额不足以支付依法有权获得赔偿的索赔总额,应按比例降低受害人的赔偿金及利息。

在核事故发生后,如有理由相信本条第1款所述的降低比例是必要的,除另有通知外,保险监督管理局有权决定赔偿额降低比例。

第21条 关于核设施营运人依本法或另一缔约国法律之规定承担损害赔偿责任的,核设施营运人有权向故意导致核损害发生的个人,或向根据合同规定应对损害承担责任的人索赔。除本法第17条第2款和第19条第2款另有规定外,核设施营运人依本法或另一缔约国法律之规定承担核损害赔偿责任的,不得再向他人索赔。

第22条 依本法第6条至第10条或第16条之规定,自核损害受害人在知道或应当知道核损害事实之日起3年内,向核损害营运人索赔,否则受害人向核设施营运人或保险公司索赔将得不到支持;在本法第16条第1款和第2款所述的情况,自索赔请求的日期起算。

因遵守《巴黎公约》之规定,核损害的受害人未能在法定期限内向芬兰法院提起诉讼,政府有权裁定受害人在一定范围内享有受偿权。

第 33 条规定了在某些情况下核设施营运人不再承担责任,由公共基金承担之规定。

保险

第 23 条 依本法或其他缔约国法律之规定,芬兰的核设施营运人应购买核损害责任保险并保证合同有效,保额应符合本法第 18 条的法定限额。保险合同的签订应报保监会批准。

保险合同应符合以下条件:

(1)确保覆盖可能发生的单一核事故责任;或

(2)相关核设施的保额符合本法第 24 条规定的数额。

运输核材料过程中造成的核损害责任,可签订单独的保险合同。

第 24 条 本法第 23 条第 2 款第(1)项所所述的保险合同,其保额不得低于依本法第 18 条第 1 款规定的核设施营运人承担的赔偿责任。本法第 23 条第 2 款第(2)项所述的保险合同,保额最低应高过上述最高赔偿数额的五分之一。保单约定的保额不包括法院判决的利息或诉讼费用。

依本法第 23 条第 2 款第(2)项规定签订的保险合同,单一保险事故或之前发生的一个或多个保险事故叠加,将导致保额减少至低于核设施营运人的法定责任额,核设施营运人应及时提高保额至超过上述责任额的五分之一。

第 25 条 核损害受害人有权直接向保险人提起诉讼以获得赔付。除非保单另有规定,依本法或其他缔约国法律之规定,核设施营运人不承担核损害赔偿责任。

第 26 条 如果保单被终止或以其他方式失效,自商务工业部部长同意保单取消之日起两个月内,保险公司应对期间发生核损害承担赔偿责任。如果保单足以覆盖核材料运输过程中引发的核损害责任,且运输工作在上述期限届满前开始,则保险人在运输结束前,都应对由此引发的核损害承担责任。

本条第 1 款之规定不适用于新保险合同生效之日后发生的核事故。

除本条第 1 款和第 2 款另有规定外,保险人不得就受害人无法控制环境的原因,对受害人索赔请求提出抗辩。

第 27 条 在芬兰依本法之规定提出的核损害赔偿诉讼,可适用本法第 25 条和第 26 条,尽管其他国家可能用于承保人和核设施营运人关系的法律或涉事核设施位于芬兰境外。

第 28 条 豁免国家承担本法规定的保险义务。

如果依本法或其他缔约国法律之规定,核设施营运人为核损害责任提供足够的财务保证,同时其提供合理措施确保其能妥善应对任何索赔要求,则芬兰政府有权减少核设施营运人的保险义务。

本法有关保险之规定,参照适用于本条前款规定的财务保证或其他缔约国立法的相应规定。

公共基金赔偿

第 29 条 依本法或其他缔约国法律之规定,有权获得芬兰核设施营运人核损害赔偿的人,如果不能从承保核设施营运人的保险公司处获得全额赔偿的,由国家承担赔偿责任。

依本条第 1 款应付的赔偿总额不得超过本法第 18 条第 1 款规定的核设施营运人应承担最高核损害赔偿额。

第 30 条 为和平之目的,位于芬兰或《补充公约》缔约国境内的核设施营运人应承担核损害责任的,且核事故发生时为《补充公约》第 13 条所列的表单内容,且依本法第 37 条规定应由芬兰法院管辖,且依本法第 18 条和第 19 条规定的固定赔偿额不足以满足索赔要求的,或符合本法第 20 条第 2 款情形,应将赔偿额减免相应的百分比,公共基金应对以下核损害提供赔偿:

(1)在芬兰或《补充公约》缔约国的领土内;或

(2)位于公海的以芬兰为注册国的船舶或飞行器上或在《补充公约》缔约国领土;或

(3)其他情况下位于公海,因《补充公约》缔约国或该国国民的行为,只有当核事故发生时,该船舶或飞行器以《补充公约》缔约国注册时,应对船舶或飞行器进行赔偿。

本条第 1 款所述的术语"《补充公约》缔约国的公民"应包括缔约国或其一部分、该国境内设立的公司法人、社团法人或其他组织、基金会或其他类似机构,无论基于公法或私法规定,无论合伙与否。任何人依《补充公约》缔约国法律,在该国有经常住所,并依《补充公约》获得赔偿权而言,相当于缔约国公民的权利,则依本法之规定被视为《补充公约》缔约国的公民。

第 31 条 本法第 30 条规定的公共基金赔偿,在适用时应比照本法第 12 条第 1 款、第 13 条、第 14 条和第 18 条第 2 款规定的相应原则。

本法第 16 条第 1 款和第 3 款所述的对核设施营运人的索赔权,参照适用本法第 30 条规定,由国家基金承担核损害赔偿索赔的相关规定。

第 32 条 依本法第 6 条至第 22 条、第 30 条和第 31 条规定、《补充公约》第 15 条相关核损害赔偿协议规定,由一个或多个核设施营运人和国家导致核事故所造成的核损害赔偿上限不得超过 3 亿特别提款权。赔偿金不包括法院判决的利息或费用。

第 33 条 由芬兰核设施营运人承担赔偿责任的核事故,该核事故造成的人身伤害,在本法第 22 条第 2 款或另一缔约国法律规定对核设施营运人的索赔权灭失前都未曾显现的,自核事故发生之日起 30 年内,国家应承担赔偿责任。对于受害人未能在法定时效内对核设施营运人提起诉讼或采取其他适当措施保护其权利,如核损害受害人具有正当理由的,则国家应承担赔偿责任。

如果依本法第 20 条第 1 款、第 32 条第 2 款或另一缔约国的法律规定减少了赔偿数额,本条所规定的公共基金赔偿数额也应按相应比例减少。在其他方面考虑,支付赔偿金的决定即视为认定核设施营运人对核损害承担责任。如果在本法第 22 条第 1 款规定的期限内没有向保险监督管理机构索赔请求,则其索赔权自行灭失。

政府有权决定,对发生在芬兰境外但应由芬兰核设施营运人承担责任的核损害,在符合相应条件下,依本条规定支付赔偿金。

第 34 条 如果本法第 18 条第 1 款、第 19 款第 1 款或另一缔约国法律规定的赔偿数额不足以赔付所有发生在芬兰的核损害赔偿索赔,并且依本法第 30 条或《补充公约》规定,该不足部分的赔偿不得从公共基金中支付,经芬兰国会同意,不足部分可由公共基金赔付。如依本法第 33 条第 2 款规定减少了核损害赔偿数额,则前述赔偿是对本法第 33 条第 2 款所述的发生在芬兰核损害赔偿的补充。

依本法第 20 条第 2 款规定,核损害赔偿数额按固定比例降低,且依《补充公约》不应由公共基金承担的,本条所述的赔偿也应获得赔付。

第 35 条 本法第 29 条或第 30 条所述的赔偿,不适用于本法第 12 条第 2 款规定的核事故造成的核损害。

第 36 条 依本法第 29 条由公共基金支付任何款项，国家有权对核设施营运人、保险人和依本法第 21 条有权索赔的当事人行使索赔权。

关于依本法第 30 条或第 34 条由公共基金支付的款项，国家应以代位方式获得向核设施营运人赔偿权。考虑到核事故依其他缔约国法律应由芬兰的核设施营运人承担责任，依本法第 30 条至第 32 条或依《补充公约》规定由国家支付的款项，国家有权对故意或过失行为导致核损害的个人索赔。对于国家依本法第 33 条所支付赔偿款，比照适用本条规定。

主管法院和执法

第 37 条 符合以下条件的，依本法第 6 条至第 10 条或第 16 条对核设施营运人或其保险人的赔偿诉讼应提交芬兰法院：

1. 核事故全部或部分发生在芬兰；或

2. 发生核事故的核设施位于芬兰，同时核事故完全发生在任何缔约国领土之外，或核事故地点无法确定。

第 38 条 依本法第 37 条规定向芬兰法院提起的核损害赔偿诉讼，及依本法第 29 条、第 30 条、第 33 条或第 34 条规定提起的国家赔偿诉讼，由赫尔辛基市法院管辖。

第 39 条 符合《巴黎公约》或《维也纳公约》关于对其他缔约国法院对核损害赔偿诉讼的管辖权规定的诉讼，法院所作的判决，无须进一步证明索赔是否成立，依该国的法律可立即执行；经承认后也可在芬兰强制执行。但是适用本条时超过核设施营运人应承担最高责任限额的部分不在强制执行范围内。

执行申请应向赫尔辛基上诉法院提起。申请文件应包含以下内容：

（1）经主管机关认证的判决文书原件或复印件；

（2）由作出判决的主管机关作出声明，表明依《巴黎公约》判决有效并可在该国执行；和

（3）如果相关文件采用非芬兰语或瑞典语，应附上官方认证芬兰语或瑞典语的翻译文件。

本条第 2 款第（1）项和第（2）项所述的文件，应同时提供授权人证明文件。该证明文件由芬兰使领馆或有关国家司法部部长签发。

除非被告有权就申请提交意见，否则申请不得执行。

执行申请获得批准后，判决书应依芬兰法院判决同等方式执行，除非最

高法院另有决定。

杂项条款

第 40 条 当核材料从芬兰或其他国家核设施运输至另一国核设施,且依本法第 7 条或第 8 条规定,上述核设施营运人对运输过程中发生核事故承担责任的,核设施营运人应向承运人提供由保险人或本法第 28 条第 2 款所述的财务保证人签发的证明,考虑其保险数额、类型和有效期,证明中应说明核设施营运人名称和地址、核材料的运输情况。证明中还应包括工业贸易部或该部指定机构的声明,前述核设施营运人符合《巴黎公约》相关定义。出具证明人应对核设施营运人名称、地址、保险数额,类型和有效期等内容的正确性负责。

本条第 1 款所述的证明由工业贸易部负责制定文件格式。

第 41 条 《刑法典》第 44 章第 10 节第 2 条(39/1889)中规定了不履行本法第 28 条第 2 款规定的保险或提供财务保证义务的刑罚。

第 42 条 执行和适用本法相关细则将制定法令颁布。

第 43 条 本法符合《巴黎公约》相关生效要件时实施,同时本法第 30 条至第 32 条之规定也应符合《补充公约》相关生效要件。

十三、瑞　士

核能责任法

（1983 年 3 月 18 日颁布）

依《联邦宪法》第 24 条第 5 款之规定，[①][②]瑞士联邦议会于 1979 年 12 月 10 日与联邦委员会商议后[③]，订立本法：

第一章　范围和定义

第 1 条　范围

1. 本法明确核设施及核材料在运输、贮存、使用、后处理过程中造成核损害的责任。

2. 本法不适用因工业、农业、商业、医疗或科研目的而在核设施外使用核材料造成的损害。

3. 联邦议会可排除本法对低辐射核材料损害的适用。

第 2 条　定义

1. 核损害是指：

（1）有毒、有害、爆炸等危险物质泄漏造成的损害；

（2）核设施内不同辐射源造成的损害；[④]

---

① 该条符合 1999 年 4 月 18 日《联邦宪法》第 90 条和第 118（2）（c）条（SR 101）的规定。

② 根据 2000 年 10 月 6 日《联邦法》和 2003 年 1 月 1 日《社会保险法总则》（AS 2002 3371；BBl 1991 Ⅱ 185 910, 1994 V 921, 1999 4523）。

③ BBl 1980 I 164。

④ 由 1993 年 6 月 18 日《关于产品责任的联邦法》第 12 条引入（AS 1993 3122；BBl 1993 I 805）。

(3)为避免或减少核损害的发生或扩大而采取的必要预防措施(利润除外)。[①]

2. 核材料是指核燃料、放射性物质或废物。

3. 核燃料是指铀或钚作为单质、化合物、混合物或联邦议会指定的其他易裂变形式存在的可裂变材料。

4. 放射性物质和废物是指在核燃料的生产、使用、贮存、后处理或运输过程中释放电离辐射的物质或废物。

5. 核设施是指产生核能或生产、使用、贮存或后处理核材料的设施。

6. 核能是指在核裂变反应中释放的所有能量。

7. 营运人是指经联邦政府授权营运或管理核设施的人。

第二章　赔偿责任

第3条　原则

1. 核设施营运人对核材料安装中造成的核损害承担全部赔偿责任。

2. 核设施营运人对在核设施场地内因设施内核材料造成的核损害承担赔偿责任,即使损害发生时核材料尚未被营运人正式接管。

3. 若营运人从瑞士境外购买核材料,对这些材料运输期间在瑞士造成的核损害承担赔偿责任。

4. 若营运人与业主非同一人,则二者对核损害承担连带责任。

5. 承运人对核材料在瑞士境内运输期间发生的核损害承担赔偿责任。若承运人非瑞士公民或不在瑞士居住,则应提交受瑞士管辖的书面声明,在瑞士指定一个住所,并可依本法之规定被诉。

第4条　损失控制措施

联邦政府为避免或减少核损害的发生或扩大而采取必要预防措施产生的费用,可由营运人或承运人承担。

第5条　免责条款

1. 若营运人或承运人有证据证明核损害是受害人故意造成的,则对该受害人免于承担责任。

---

① 由1993年6月18日《关于产品责任的联邦法》第12条引入(AS 1993 3122; BBl 1993 I 805)。

2. 若受害人对事故的发生具有重大过错,则可视情况全部或部分豁免营运人或承运人的责任。

第 6 条　索赔权

依本法第 3 条承担责任的人有权向下列人员索赔:

1. 故意造成损害的人;

2. 造成核材料损害的人;

3. 为核损害事故的发生提供必要条件的人。

第 7 条　赔偿范围

1. 赔偿的性质和范围受《瑞士违约交易准则》[①]的约束,《瑞士义务法》第 44(2)条第 2 款不适用。

2. 若受害人获赔数额异常高,则法官可考虑该情形后酌情减少赔偿数额。

第 8 条　协议

1. 依本法之规定,当事人之间达成的有关限制责任协议无效。

2. 补偿明显不足的协议在其终止后 3 年内仍然可被起诉。

第 9 条　意外伤害保险

1. 依 1981 年 3 月 20 日《联邦意外保险法》[②]之规定,本法规定的核损害应足额赔偿。

被保险人有权依 2000 年 10 月 6 日《社会保险法的[③]一般部分——联邦法[④]》第 72 条至第 75 条提起诉讼。

2. 对于营运人或承运人全部或部分投保的非强制性意外保险损害赔偿,应根据保险合同约定的义务向其保额内的损害提供补偿。

第 10 条　诉讼时效和追诉时效

1. 本法规定的赔偿请求应在受害人知道或应当知道核损害之日起 3 年内提起。若事故发生后 30 年内没有提起诉讼的,则赔偿请求不予支持(本法第 13 条情况下除外)。若核损害事故是持续发生的,则诉讼时效和追诉

---

① SR 220.

② SR 832. 20.

③ 根据 2000 年 10 月 6 日《联邦法》和 2003 年 1 月 1 日《社会保险法总则》(AS 2002 3371; BBl 1991 II 185 910, 1994 V 921, 1999 4523)。

④ SR 830. 1.

时效自持续发生的事故最后停止之日起计算。

2. 3 年诉讼时效自受害人被告知其赔偿数额之日起计算。

3. 判决或和解协议生效后,若受害人的健康状况恶化,或出现了新的事实或证据,在受害人知道或应当知道上述事实之日起 3 年内,仍可对已生效的判决或和解协议提起上诉请求。

4. 若责任人、保险人或联邦政府中断时效,则中断对所有人有效。

第三章 全面赔偿

第一部分 保 险 人

第 11 条

1. 依本法确定的保险人,为各核设施至少提供 3 亿瑞士法郎及 3,000 万瑞士法郎利息和诉讼费用对应的特别提款权。为在瑞士境内运输的核材料至少提供 5,000 万瑞士法郎及 500 万瑞士法郎利息和诉讼费用对应的特别提款权。

2. 若保险市场上的合理条款高于前款特别提款权数额,则联邦议会应相应地提高特别提款权数额。

3. 私营保险公司在保险合同中不得排除、限制受害人的权利。

第二部分 联 邦 政 府

第 12 条 保险责任的豁免

联邦政府应确保保险人免于承担 10 亿以上瑞士法郎的核损害赔偿,及 1 亿以上瑞士法郎利息和诉讼费用的赔偿,因为这些核损害赔偿超过了保险额或被排除在本法第 11 条第 3 款外。

第 13 条 政府责任

联邦政府应承担本法第 12 条的赔偿责任,且不能因 30 年追诉期限届满而向责任人索赔。

第 14 条 责任人的义务

1. 为履行本法第 12 条、第 13 条规定的义务,联邦政府应根据成本收益原则向核设施营运人和承运人收取相关费用。

2. 联邦议会应公布具体的收费标准。

3. 联邦议会指定的权力机构负责评估和征收费用[①]。

第15条　核损害基金会

联邦议会设立本法第14条所述缴款和利息收入的基金会。

第16条　特殊情况

1. 除非受害人故意造成损害,否则联邦政府除承担本法第12条所述保险责任外,还应承担下列核损害的赔偿责任:

(1)责任人无法确定的核损害;

(2)由未投保的核设施营运人或承运人造成的核损害;

(3)由不受本法管辖的地质深层沉积原因造成的核损害;[②]

(4)保险人因破产清算而无法赔偿的核损害;[③]

(5)在瑞士境外发生的核损害,而受害人又不能依本法在该国获得赔偿的。[④]

2. 若受害人故意或过失造成损失的扩大,联邦政府可减少或豁免相应的赔偿。

3. 若联邦政府依本条第1款履行了赔偿责任,可向责任人索赔。

第三部分　保险补充规定

第17条　保险义务的例外

1. 若被保险人能够以其他方式提供与受害人损失相当的财务保证,则联邦议会可豁免其投保私营保险公司的义务。

2. 若核设施营运人为联邦政府,则保险不承保联邦政府。

第18条　保额的减损与恢复

1. 若保险人或联邦政府因紧急处理核损害事故而遭受损失,则总保额相应减少。若损失达到保额的十分之一,保险人应立即书面通知被保险人和联邦政府。

2. 上款情况下,被保险人应另行签订补充保险合同以提高保额,但后生效的保险合同只适用于生效后引起的核损害赔偿。对于生效前的保险差

① 根据2007年1月1日《行政诉讼法》第71条(AS 2006 2197; BBl 2001 4202)。
② 由2003年3月21日《核能法》第2.3条引入(AS 2004 4719; BBl 2001 2665)。
③ 由2003年3月21日《核能法》第2.3条引入(AS 2004 4719; BBl 2001 2665)。
④ 由2003年3月21日《核能法》第2.3条引入(AS 2004 4719; BBl 2001 2665)。

额，主管机关应要求被保险人提供其他财务保证方式以弥补保额的不足。

3. 在补充保险生效前，损害赔偿保险金以外的其他数额，不因补充保险生效而减损。

第 19 条　索赔权

1. 受害人对保险人和联邦政府范围内的保险责任拥有索赔权。

2. 1908 年 4 月 2 日《保险合同法》[①]的异议程序不适用核损害的受害人。

第 20 条　保险人的索赔权

1. 保险人和联邦政府有权根据保险合同或 1908 年 4 月 2 日《保险合同法》[②]拒绝或减少对被保险人的索赔权，并只能就受害人不能获得赔偿的部分向责任人索赔。

2. 就保险人而言，受害人不受保险人性质和行业准入资格的影响。

第 21 条　保险到期和终止

保险合同到期和终止应由保险人向主管机关报告。若保险未变更，则保险合同将自接到通知 6 个月后生效。

第四章　程　　序

第 22 条　损害报告

1. 发生重大核损害事故后，联邦议会应对事实进行调查，发布公告，告知所有可能的受害人自公告发布之日起 3 个月内向特定机构报告受损害情况，并说明受损害的日期和地点。

2. 公告应载明，不遵守申请截止日期的要求并不丧失索赔权，但可能难以确定核损害与核事故之间的法律关系。

第 23 条[③]

第 24 条[④]

第 25 条[⑤]

---

① SR 221. 229. 1.

② SR 221. 229. 1 Art. 23.

③ 同 2008 年 12 月 29 日《民事诉讼法》第 29 条。

④ 同 2000 年 3 月 24 日《司法管辖权法》第 16 条（AS 2000 2355，BBl 1999 2829）。

⑤ 同 2008 年 12 月 29 日《民事诉讼法》第 29 条。

第 26 条　程序原则

1. 法院应独立审理案件,不受任何一方的干预。[①]

2. 对营运人、保险人或联邦政府提起的诉讼,法院还应给予各方平等的诉讼权利。

第 27 条　诉讼费用

在确定法院和当事人的诉讼费用时,法官可适当考虑败诉方的财务状况。

第 28 条　先予执行

若诉讼程序无限期延长,则法院基于公平原则,可裁定责任人提前支付赔偿金。

第五章　超 额 索 赔

第 29 条　原则

1. 若保险人和联邦政府可用的赔偿金不能赔偿全部的索赔请求(超额索赔),则联邦议会应在不受公民投票限制但具有普遍约束力的联邦法令中确立补偿计划,在符合本法第 20 条规定的条件下,将所有保险机构和医疗保险基金的索赔权转移给受害人。如有必要,联邦政府可对未赔偿的损害进行额外补偿。

2. 补偿计划可确定与本法不一致的向受害人公平分配所有可用资源的一般原则。

3. 联邦议会可设立独立机构,专门从事补偿工作,且该机构的所有决定应向联邦最高法院报告。

4. 联邦议会可采取预防措施。

第 30 条　变更责任、征收会费

1. 若发生紧急事故,联邦议会有权在私营保险领域发布以下规定:

(1)改变保险人的责任内容;

(2)向保险人收取转让费并转移给投保人;

(3)从保险服务费中直接扣除上述转让费。

2. 前款不包括本法第 11 条、第 12 条和第 18 条所涵盖的保险责任。联

---

① 同 2008 年 12 月 29 日《民事诉讼法》第 29 条。

邦议会也可在社会保险和公共保险领域发布适当的命令。

第六章　刑法规定[①]

第31条　未满足保险要求的处罚

1. 故意不投保或不履行保险责任,处监禁或10万瑞士法郎以下的罚款。

2. 过失犯前款罪者,处1年以下监禁或2万瑞士法郎以下罚款。

第32条　其他违法行为

故意或过失违反本法或依本法发布的其他条例,应处监禁或2万瑞士法郎以下罚款。

第33条　管辖权

依1974年3月22日《行政法》[②]之规定,本法规定的违法行为由瑞士联邦能源厅[③]管辖。

第七章　互惠协议

第34条

依瑞士与其他国家签订的双边或多边协议,瑞士核设施营运人或承运人对瑞士境外发生的核损害承担对等的赔偿责任。若核损害发生地国家规定了责任限额,则最高赔偿额不低于5,000万瑞士法郎。

第八章　最后条款

第35条　监督机构

联邦议会监督本法的执行。

第36条　修订和废止[④]

第37条　过渡性条文

1. 核损害事故虽在本法生效前发生,但在本法生效之后才确认的,仍适

---

① 截至2007年1月1日,处罚罚金和监禁限期按照经2002年12月13日《联邦法》修订的《刑法典》第2条至第6条(SR 311.0)(AS 2006 3459)解释或转换。

② SR 313.0.

③ 根据2004年11月17日《行政条例》(SR 170.512.1)第16(3)条,对行政管辖单位进行了修订。

④ 本法的修订和废止受1983年《联邦宪法》约束。

用本法。

2. 核损害基金的资产依1959年12月23日《关于和平利用原子能和辐射防护的联邦法》[1]第19条规定转入本法第15条设立的核损害基金会。

第38条　公民投票和生效

1. 本法经公投后方可生效。

2. 联邦议会决定本法的生效日期。

本法自1984年1月1日[2]起生效。

---

① （AS 1960 541, 1987 544, 1993 901 Anhang Ziff. 9, 1994 1933 Art. 48 Ziff. 1, 1995 4954, 2002 3673 Art. 17 Ziff. 3, 2004 3503 Anhang Ziff. 4. AS 2004 4719 Anhang Ziff. I 1）.

② BRB vom 5. Dez. 1983.

放射性事故补偿条例

（关于核损害附加事故未清偿费用的补偿，联邦国防、人口保护与体育部1998年8月18日颁布　自1998年9月1日起实施）

依据1994年6月22日《辐射防护条例》第124条第2款，特制定本条例。

第1条　一般规定

1. 本条例规定了营运人对核损害附加事故的补偿责任。

2. 本条例不适用设备、培训和管理费用。

第2条　补偿资格

在核损害附加事故发生后，为保护公共安全而采取各种补救措施的受害人，有权依1991年3月22日《辐射防护法》第20条第2款(b)项和1994年6月22日《辐射防护条例》第120条索赔。

第3条　未结成本

1. 营运人因核损害附加事故而承担的补偿责任不包括《辐射防护条例》第124条第1款规定的保险责任及其他机构责任。

2. 若政府当局因处理核损害附加事故产生费用且未能从受益人处获得补偿的，则政府当局人员的报酬可被认定为未结成本。

3. 对于政府当局的本职工作而言，其人员的报酬无论何种情况下均非未结成本。

第4条　补偿费用

补偿费用还包括材料和设备的运输、贮存、维护费用及闲置期间的预期收益。

第5条　补偿范围

1. 营运人在核设施正常运营期间应获得的预期收益。

2. 若补救措施未能有效挽回核损害附加事故的损失，则补偿可适当减少。

第 6 条　补偿申请

1. 受害人应以书面形式向联邦政府当局提出补偿申请。

2. 在核损害附加事故处理完成后,依本条例第 3 条请求补偿的费用,应立即提交给联邦国防、人口保护与体育部总长处。

3. 申请应有足够的理由。

第 7 条　责任索赔

受害人获得的补偿金应以生效的判决书为依据。

第 8 条　索赔权

联邦国防、人口保护与体育部可要求营运人向联邦政府支付依本条例的补偿。

第 9 条　生效

本条例自 1998 年 9 月 1 日起实施。

十四、匈牙利

1996年第116号法案之原子能法(节选)*

(2017年修订版)

第五章　核损害的法律责任和赔偿

第48条

1. 核设施的许可持有人应依据本法规定,对核损害承担赔偿责任(以下简称核损害赔偿)。除本法明示豁免外,不得免除许可持有人的法律责任。

2. 对于国际原子能船舶,须在合同内约定责任发生转移的地点。

3. 2015年第7号法令规定的投资人以及相关核设施运营者应当被认定为本法的许可持有人。

第48/A条

1. 如果核损害赔偿的标的物并非财产损失,而是人的生命或人身伤害,则无须证明损害存在,只需证明存在违法事实即可认定为本法第48条所指的法律责任。

2. 赔偿的价值、方法和截止日期应依照以下方法确定:

(1)对于非财产损失(此处指人的生命或人身伤害),适用《民法典》中

---

* 关于《1996年第116号法案之原子能法》:该法作为匈牙利政府规制核能安全利用和监管的根本大法,于1996年12月10日经议会通过。该法历经多次修订,近期修订包括《2013年关于与能源相关特定行为的修正》(2013年第101号)、《2015年关于投资波克什核电站维护成本和更改特定相关行为的修正》(2015年第7号)等。现翻译版本依据2017年6月24日法律文本的英文翻译本转译。

该法由七部分组成,分别为:第一章基本规则;第二章利用原子能的一般规则;第三章法律监督;第四章防止异常事件发生和消除后果的措施;第五章核损害的法律责任和赔偿;第六章中央核能基金;第七章其他规定。

关于矫正损害的规定;

(2)对于本款第(1)项以外的其他核损害,适用《民法典》中合同法相关的损害赔偿规定。

第 49 条

1. 只有在核事故是由于核设施活动范围以外的不可避免的外因(包括武装冲突、战争、内战、武装暴乱或毁灭性的严重自然灾害)直接造成时,方可豁免本法第 48 条规定的法律责任。

2. 当许可持有人可以证明部分或全部的核损害是由于受害者本人的重大过失造成,或证明核损失是由于受害人本人出于制造核损害的故意和不可避免的作为或不作为导致时,其可豁免本法第 48 条规定的部分或全部法律责任。

第 50 条

对于以下情形,许可持有人应按《民法典》承担责任,而非按核损害进行追究:

(1)对核设施或任何与核设施相关的(已使用或将使用)财产造成的损害;

(2)核事故发生时对置放核材料的运输工具造成的损害。

第 51 条

除本法所列豁免情形,任何对核损害法律责任的限制或豁免都是无效的。

第 52 条

1. 持有核电厂、核区域供热厂、核燃料贮存或加工许可的人,对于由自身核设施引起的单个核事故的绝对法律责任,承担不超过等值于 1 亿特别提款权的赔偿金额;对于由其他核设施引起或由运输或贮存核燃料引起的单个核事故,承担不超过等值于 500 万特别提款权的赔偿金额。

2. 超出本条第 1 款规定金额的部分由匈牙利政府承担;然而,核损害赔偿的总数额不得超过等值于 3 亿特别提款权的金额。

3. 核损害赔偿应在本条第 1 款、第 2 款中提到的特别提款权金额限制范围内,根据官方货币兑换以匈牙利货币计算。

第 53 条

1. 如果财产损失、非财产损失(人的生命或人身伤害)是由本法所定义的核事故和其他事件共同造成的,且其他事件造成的上述损失明显无法从核损害中分离出来,则该损失应视为核损害。然而,如果核损害是由于核事故和本条规定范围外的电离辐射共同造成的,则对该电离辐射的释放承担责任的人应当根据《民法典》关于造成扩大危害活动的相关规定进行赔偿。

2. 如果两个或两个以上许可持有人需对核损害承担连带责任,则每个许可持有人的绝对责任上限不得超过本法第 52 条所规定的范围。

3. 如果异常事件是在运输核材料的过程中发生的(无论发生在运输工具上或运输中的储存设施中),且存在一个以上许可持有人需对相关核损害负责,则绝对责任的上限不可超过本法第 52 条规定的由一个许可持有人承担的最高上限。

4. 在适用本法关于核损害和其他赔偿的规则时,由同一个许可持有人在同一地址运行的两个或两个以上核设施应当被认定为一个核设施。

第 54 条

1. 许可持有人有义务购买保险或采取其他保证方式,其保证数额应当与本法第 52 条第 1 款关于核损害赔偿的额度相当。对政府预算机构,所需资金应当由中央预算保证。

2. 保险机构或保证人停止或取消保险的,必须提前两个月以书面形式向核能监督机关发出停止或取消保险的通知。

3. 如果保险或保证是针对核材料的运输作出的,则在运输过程中不得取消或停止该保险或保证。

4. 获得等值于本法第 52 条第 1 款所规定金额的责任险合同或银行保证,是获取试运行许可的一项前提条件。

第 55 条

1. 针对核损害的索赔只能向许可持有人或提供许可持有人责任保证的人作出。

2. 对于核损害,许可持有人在以下情形中具有追偿权:

(1)书面合同中对追索权有明确约定;

(2)核损害由故意破坏行为或过失造成时,可以对此动机下作为或不作为的自然人追偿。

第 56 条

1. 本法第 52 条规定的绝对责任赔偿额不包括法院在作出核损害赔偿裁

决定时计算的利息和费用。

2. 如果核事故造成的核损害超出本法第 52 条所规定的赔偿数额,则政府可以决定直到采取进一步行动为止,仅对有权获赔的人赔偿部分核损害赔偿金。

3. 如果可用于赔偿的金额不足以完全赔偿所有受害人,则每人的实际赔偿额应当按比例削减。

第 57 条

1. 有权获得核损害赔偿的人应在 3 年内行使索赔权。该法定时效自有权获得核损害赔偿的权利人知道或应当知道核损害发生及承担责任的许可持有人身份之日起计算。

2. 许可持有人承担本法所指核损害法律责任的时效为 10 年,自核事故发生之日起计算。

3. 如果核损害是由被偷窃、丢失、丢弃、弃置的核物质导致的异常事件造成的,则本条第 2 款的时效自该异常事件发生之日起计算,但最长不得超过 20 年。

4. 在本条第 2 款或第 3 款规定的时效截止日期后,当事人的核损害赔偿之诉不再具有效力。

第 58 条

出现以下情形时,不得影响根据《民法典》追究法律责任:

1. 自然人在制造损害的主观意图下,以作为或不作为的方式造成核损害,且根据本法第 49 条第 2 款和第 50 条规定许可持有人不承担责任的情形;

2. 许可持有人在本法规定范围之外,即根据本法第 50 条该持有人不承担责任的情形。

第 59 条

任何人就相同核损害、损害矫正之诉或其他诉讼获得全额赔偿金的事实,不得作为主张本法规定核损害赔偿的理由。

第 60 条

1. 本法关于核损害法律责任和赔偿的规则适用于匈牙利境内运营的核设施相关的核事故,在匈牙利境内引起的核损害案件,或在外国或其他地区引起的且根据国际公约许可持有人有义务赔偿核损害的案件。

2. 本法不排除在本条第 1 款外的其他情形中,基于对等原则适用本法规定。

第 61 条

本法应当不加歧视地适用于所有人。

核损害责任保险条例

(1997 年颁布　本条例自颁布 30 日后正式实施)

匈牙利政府已于 1996 年加入了 1963 年 5 月 21 日订于维也纳的《关于核损害民事责任的维也纳公约》。为履行公约义务,特制定本条例。

第 1 条

1. 核设施营运人依本条例或其他保险条款对给第三方造成的核损害承担赔偿责任。

2. 本条第 1 款规定的赔偿责任包括运输过程中发生的核损害。

3. 本条第 2 款规定的赔偿责任除适用本条例外,还应考虑运输合同的约定及《保险法》第 48 条第 2 款中责任转移之规定。

4. 营运人雇员受到的核损害不适用本条例。

5. 信贷机构适用本条例第 7 条第 2 款、第 3 款之规定。

第 2 条

1. 核损害的责任保险由保险人承担,保险人应在合同约定情况下,豁免营运人(被保险人)依法律或承诺应承担的赔偿责任。

2. 营运人有权与若干保险人订立合同,依《保险法》第 52 条第 1 款规定,生效保险合同的总金额应始终涵盖营运人可能承担的全部赔偿。

3. 营运人也有权加入保险协会与其他保险人共同经营保险业务,并应向信贷机构提供保险抵押。

第 3 条

1. 营运人财务保证义务:

(1) 为核材料的生产、贮存、加工期间发生的核事故提供 1 亿特别提款权或等额的财务保证;

(2) 为核材料运输或临时贮存期间发生的核事故提供 500 万特别提款权或等额的财务保证。

2. 保险人、信贷机构根据保险合同需承担的保险责任,应包括本条例第

2 条规定的所有核损害,但不包括本条例第 5 条的例外情况。

3. 前款保险合同的暂停、变更或终止,应在暂停、变更或终止生效后的 8 个工作日内通知国家原子能机构。

第 4 条

1. 为涵盖责任保险的范围或取得信贷机构的财务保证,保险人有权缔结提供其他财务保证的合同。

2. 为涵盖责任保险的范围,保险人有权以国家或国际核保险协会成员的名义缔结共同保险协议。

3. 根据前款缔结的共同保险协议,需遵守 1996 年颁布的《反不正当竞争法》第 96 条之规定。

第 5 条

保险金和财务保证金只能用于核损害赔偿,赔偿应以有效的保险合同为依据,并受《保险法》第 57 条的约束。

第 6 条

1. 因实现责任保险或其他财务保证所产生的费用由被保险人承担。

2. 若核设施属于政府所有,则中央预算机构应履行《保险法》第 54 条第 1 款的义务,使赔偿请求在该法第 52 条第 1 款、第 2 款范围内得到最大化满足。

3. 若核设施仅在本条例第 1 条第 2 款、第 3 款运输过程中属于政府所有,则本条例第 1 条第 1 款的赔偿义务应由承运人承担。

第 7 条

1. 承担责任保险或其他财务保证的机构不得暂停或终止合同,除非暂停或终止发生在核设施营运前两个月,并书面通知了被保险人和国家原子能机构。

2. 若保险或其他财务保证承保了核材料运输险,则保险或其他财务保证合同在运输期间不得暂停或终止。

3. 在发生实际损害的情况下,保险人或其他财务保证人应确保有充足的保险资金。若合同约定的承保内容不能涵盖所有的核损害责任,或保险资金低于保额的,该保险人或其他财务保证人应立即向营运人和国家原子能机构提交书面报告。

4. 即使营运人丧失营运资格,承保财务保证的保险人或其他信贷机构仍有义务与营运人在《保险法》第 54 条第 2 款规定的期限内维持保险合同关系。

第 8 条

1. 责任保险或其他财务保证的生效情况及保险或保证内容，由国家原子能机构向营运人核实。

2. 若无法核实，则国家原子能机构有权依其他法律对营运人实施处罚，并暂停其核设施的营运资格。

第 9 条

从事本条例第 1 条第 2 款运输核材料的活动应获得运输许可证。

第 10 条

1. 核损害发生后，保险人或其他财务保证人应以责任保险或财务保证额为限向受害人支付赔偿金。

2. 若被保险人与两个以上保险人或信贷机构签订保险合同，则保险人或信贷机构之间应另行签订关于履行保险责任的多边协议，以确定各自的保险比例和赔付期限。

3. 若《保险法》第 52 条第 2 款规定的最高赔偿数额不能赔偿所有受害人的损失，则政府应根据财政部长和国家原子能机构总长的建议按比例分配，以使所有受害人获得的赔偿数额与实际损失之间的比例关系相同。

4. 依本条第 2 款之规定，承担赔偿责任的保险人或其他财务保证人应根据索赔时间的先后顺序满足各受害人的请求，赔偿应优先考虑人身损失。

5. 若可用的资金总额不足以赔偿所有受害人，则各受害人获得的赔偿金额均应按比例减少。

6. 与赔偿金额有关的利息和其他费用应依《保险法》第 56 条第 1 款之规定执行。

第 11 条

政府根据国家原子能机构总长和财政部长的建议作出决定，使超出本条例的赔偿请求在《保险法》第 52 条第 2 款范围内得到最大化满足，并交由财政部长执行。

第 12 条

1. 特别提款权数额以匈牙利官方货币为基准货币，换算时应由匈牙利国家银行根据核事故发生当日的汇率计算。

2. 外国公民有权以其居住国的流通货币索赔。

第 13 条

本条例自颁布 30 日后正式实施。

十五、保加利亚

豁免少量核材料适用《关于核损害民事责任的维也纳公约》的条件和程序条例

（2004年8月17日颁布）

第一章　总　　则

第1条

1. 本条例规定少量核材料豁免适用《关于核损害民事责任的维也纳公约》（以下简称《维也纳公约》）的条件和程序。

2. 以下核材料不适用本条例：

（1）存放于核设施或贮存库中的核废物；

（2）由于遗失、丢弃、盗窃、抢劫或其他非法行为而存在于核设施外的核材料。

第2条

1. 核材料应仅在核设施外的运输或使用期间豁免适用《维也纳公约》。

2. 核材料在运输过程中应符合《安全利用核能法》第26条第4款规定的安全运输技术规定。

第二章　豁免条件

第一部分　一般要求

第3条

1. 同一组核材料中单个或多个放射性核素的总放射活度不得超过本条

例附件一的限制范围。

2. 不属于附件一中 A2 活度的放射性核素应被视为附件一的第 1 组。

第 4 条

以特殊形式存在于核材料中的放射性核素总放射活度不得超过 1.85×10^{13} 贝克。

第 5 条

1. 当货物含有特殊形式的核材料和非特殊形式的放射性核素，包括不同组的放射性核素时，是否将其单独或归组计算，应取决于各放射性核素单独的极值及放射活性之间的比例，并依本条例第 3 条和第 4 条确定各组的活度限制范围。

2. 前款所有放射性核素的总放射活度不得超过附件一。

3. 若本条第 1 款货物中某些放射性核素的放射活度是未知的，则应在附件一限制范围之间按比例进行确定。

4. 若本条第 1 款货物中所有放射性核素的放射活度是未知的，则货物的总放射活度不得超过附件一所有组别中最小的限制范围。

第二部分　对特殊核材料的补充要求

第 6 条

1. 包含特殊核材料的货物应符合本章第一部分的要求和《安全利用核能法》第 26 条第 4 款有关安全运输之规定。

2. 前款货物包含单一放射性核素的特殊核材料数量不得超过本条例附件二的范围。

3. 若本条第 1 款的货物含有多个放射性核素，则应确定各放射性核素的极值，并显示放射性核素数量与附件二限制范围之间的比例关系。

4. 前款各放射性核素的总放射活度不得超过附件一的限制范围。

第三章　豁免程序

第 7 条

1. 少量核材料豁免适用《维也纳公约》，应由申请人提起书面申请。

2. 提起前款申请，应将核材料运输许可证一并提交给核监管局主席。

第 8 条

1. 当豁免条件满足时,核监管局主席根据申请所提交的文件及《安全利用核能法》的程序,决定豁免少量核材料的适用。

2. 少量核材料豁免适用《维也纳公约》后,仍受核材料运输许可证约束。

最后规定

1. 核监管局主席有权就本条例的适用做出提示,并可就本条例的实施发布指导、方法和其他内部适用条款。

2. 本条例依《安全利用核能法》第 135 条之规定获得通过。

附件一　各种放射性核素的活度限制

组别	放射性核素	活度限制(Bq)
1	A2 值小于或等于 3.7×10^{8}Bq 的放射性核素	7.4×10^{10}Bq
2	A2 值小于或等于 3.7×10^{10}Bq,同时大于 3.7×10^{8}Bq 的放射性核素	7.4×10^{11}Bq
3	A2 值小于或等于 3.7×10^{12}Bq,同时大于 3.7×10^{10}Bq 的放射性核素	7.4×10^{12}Bq
4	A2 值小于或等于 3.7×10^{13}Bq,同时大于 3.7×10^{12} Bq 的放射性核素	1.85×10^{14}Bq
5	A2 值大于或等于 3.7×10^{13}Bq 的放射性核素	1.85×10^{15}Bq

附件二　限制特殊核材料的数量

放射性核素	限制数量(克)
钚 - 239	375
钚 - 241	375
铀 - 233	375
铀 - 235	600

十六、俄罗斯

原子能利用法(节选)

(国家杜马于1995年10月20日通过　经1997年2月10日、2001年7月10日、2001年12月30日、2002年3月28日、2003年11月11日、2004年8月22日六次修订)

第三部分　组织(包括社会组织或团体)与公民在原子能利用领域的权利

第15条　公民享有因在原子能利用放射活动造成的损失与损害获得赔偿的权利

因在原子能利用时受放射活动造成损失与损害的公民,有权依本法第53条至第60条和俄罗斯联邦其他法律性文件,获得全部前述损失与损害的赔偿。

第十二部分　对放射活动给法人与自然人和公民健康造成损失与损害的责任

第53条　对放射活动给法人与自然人和公民健康造成损失与损害的责任

对在从事原子能利用领域工作时因放射活动给法人与自然人造成损失与损害的民事法律责任,由使用组织依俄罗斯联邦法律规定的程序承担。

对公民生命与健康造成的损失与损害以及因放射活动引起的或放射活动与有毒、爆炸或其他危险活动共同引起的损失与损害应予以赔偿。

如果在放射活动造成损失与损害的同时,造成的其他损失与损害不能与放射活动造成的损失与损害有根据地分开,这些损失与损害依本法赔偿。

第54条　放射活动造成损失与损害民事法律责任的依据

使用组织对放射活动造成损失与损害的责任依本法实行,不论使用组织是否具有过错。

因不可抗力、战争行为、武装冲突和受害人自身故意引起的放射活动造成的损失与损害,使用组织可以免责。

如果使用组织能够证明,前述损失与损害全部或部分因受害人放弃导致与行为,那么前述使用组织可就赔偿该人的全部或部分损失与损害免责。豁免赔偿损失与损害的责任依司法程序进行。

第55条　放射活动造成损失与损害的责任形式与范围

使用组织因放射活动造成损失与损害的责任形式与范围,取决于原子能利用设施的类型,并由俄罗斯联邦法律规定。

在任何一起事件中,放射活动造成损失与损害的最高责任限额不得超过俄罗斯联邦加入的国际条约规定的限额。

第56条　放射活动产生损失与损害的民事法律责任的财务保证

使用组织应具有本法第55条规定责任范围的财务保证。使用组织在赔偿放射活动造成的损失与损害时的财务保证由国家保证或其他保证、本组织财政资金和保单(保险合同)构成。

前述财务保证的证明文件是使用组织取得有关国家核安全监督机关颁发的使用核设施、放射源或贮存地许可证的必要条件。

放射活动造成损失与损害的民事法律责任保险的条件与程序、保险基金的程序与来源,以及支付社会保险的程序由俄罗斯联邦法律规定。

无论保险人还是依本条提供前述责任财务保证的他人,如果没有在暂停或终止保险或其他财务保证前3个月内以书面形式通知国家核安全监督机关,不得暂停或终止保险或其他财务保证。当该保险或其他财务保证涉及核材料与放射性物质运输时,如果没有在运输核材料与放射性物质期限内以书面形式通知国家核安全监督机关,无论保险人还是依本条提供前述责任财务保证的他人,均不得暂停或终止保险或其他财务保证。

第57条　赔偿放射活动造成损失与损害的国家参与

在俄罗斯联邦法律规定的情形下,俄罗斯联邦政府保障支付由放射活动造成并由使用组织承担责任的损失与损害的赔偿数额,但该赔偿数额仅限于超过本法第55条为该使用组织规定的责任限额，提供必要数额以达全部赔偿造成的损失与损害。

第58条　赔偿放射活动造成损失与损害的诉讼时效

诉讼时效不适用于放射活动给公民生命与健康造成损失与损害的赔偿请求。放射活动给财产或环境造成损失与损害的赔偿请求诉讼时效期限自自然人或法人知道或应当知道其权利受到侵犯之日起3年。

第59条　赔偿放射活动对环境造成损失与损害

使用组织依本法、《俄罗斯联邦保护自然环境法》、俄罗斯联邦法律或其他法律文件以及俄罗斯联邦主体法律与其他规范性法律文件承担放射活动对环境造成损害的责任。

对使用组织的赔偿诉讼由国家权力机关、有关自治地方机关以及专门授权的国家环境保护机关提起。

第60条　赔偿因履行其劳动义务由放射活动对核设施、放射源与贮存地工作人员造成的损失与损害

因履行其劳动义务，放射活动对核设施、放射源和贮存地工作人员（包括领导人员）的生命或健康，以及对从事核材料或放射性物质其他工作的工作人员生命或健康造成的损失与损害依俄罗斯联邦法律赔偿。

受到切尔诺贝利核电厂
事故辐射影响公民的社会保护法

（1992年6月18日俄罗斯联邦法律文本 NO. 3061－1
2017年10月30日修订 2018年1月1日生效）

第一章 总 则
（第1条至第6条）

第1条 立法目的

为消除1986年4月26日切尔诺贝利核事故的影响，通过制定本法保护受核辐射影响的俄罗斯联邦公民权益，并制定社会公共福利措施以尽量消除核事故的影响。（本条由2005年1月1日联邦法律第122—FZ修改）

第2条 俄罗斯联邦关于切尔诺贝利核事故法律

与切尔诺贝利核事故有关的法律关系受本法和其他不违反本法规定的俄罗斯联邦法律法规调整。

第3条 受切尔诺贝利核事故辐射的俄罗斯联邦公民的权利：损害赔偿权和社会公共福利措施

因切尔诺贝利核事故造成放射性污染超过法定标准，对于在相关区域生活和工作的公民造成了健康和财产方面损害，应对受害者进行赔偿并提供其他社会公共福利措施。

根据本法有权获得损害赔偿和享有社会公共福利措施的俄罗斯联邦公民，其有权获得所有本法规定的各类损害赔偿和享受各类社会公共福利措施。与此同时，对于同一损害，俄罗斯联邦公民应在各种社会公共福利措施中选择一种适用。

若俄罗斯联邦公民根据本法规定有权获得损害赔偿和社会公共福利措施，同时根据其他法律规定，其有权获得其他方面损害赔偿和社会公共福利措施，如俄罗斯联邦法律对此无其他规定，公民有权选择适用何种法律保护权益。

第 4 条　为受切尔诺贝利核事故辐射的俄罗斯联邦公民提供社会公共福利措施原则

对于受切尔诺贝利核事故辐射的俄罗斯联邦公民所提供社会公共福利措施是一套综合性配套体系,由本法和其他联邦法律规定。

本法第 18 条第(6)项、第(8)项至第(10)项、第(13)项,第 19 条第(5)项至第(7)项以及第 20 条第(2)项所述的在强制疏散区域、自愿疏散区域和享受社会保障和经济优惠政策区域(不包含上述区域的儿童和青年)。本法第 25 条第(1)项、第(2)项和第(3)项款规定的,经常居住地在强制疏散区域、自愿疏散区域和享受社会保障和经济优惠政策区域的儿童和 18 岁以下青少年应享有的公共福利措施[根据本法第 13 条第(1)项至第(3)项规定,如其父母一方受到切尔诺贝利核事故辐射后,在上述区域地区出生的儿童以及第一代和后代除外],应遵循以下规定:

(1)强制疏散区域:不得低于 1 年;

(2)自愿疏散区域:不得低于 3 年;

(3)享受社会保障和经济优惠政策区域:不得低于 4 年。

根据本法第 27 条第(1)项的规定,每月向本法第 13 条第(1)项、第(7)项至第(9)项规定的公民和经常居住地位于强制疏散区域、自愿疏散区域和享受社会保障区域的儿童和 18 岁以下青少年提供货币补助[根据本法第 13 条第(1)项至第(3)项规定,如其父母一方受到切尔诺贝利核事故辐射后,在上述区域地区出生的儿童以及第一代和后代除外],应遵守以下规定:

(1)强制疏散区域:不得低于 1 年;

(2)自愿疏散区域:不得低于 3 年;

(3)享受社会保障和经济优惠政策区域:不得低于 4 年。

本法第 18 条第(7)项规定的月度补贴或补助等,获得该补助条件为在儿童出生之前,其父母一方的经常居住地为该区域。

(1)强制疏散区域:不得低于 1 年;

(2)自愿疏散区域:不得低于 3 年;

(3)享受社会保障和经济优惠政策区域:不得低于 4 年。

若根据本法第 7 条规定,对切尔诺贝利核事故造成的放射性污染区域进行审查和调整,导致区域定性发生变化的,原经常居住地在该区域的公民或其工作的法人组织，其所处区域发生变化，提供本条第(2)项、第(3)项和第(4)项所规定的社会公共福利措施，应考虑到公民在相关区域居住或工作的时间，并遵守以下规定：

(1)在享受社会保障和经济优惠政策区域居住(工作)每满1年，视为在强制疏散区域居住(工作)3个月；

(2)在自愿疏散区域居住(工作)每满一年，视为在强制疏散区域居住(工作)4个月；

(3)在享受社会保障和经济优惠政策区域居住(工作)每满1年，视为在自愿疏散区域居住(工作)9个月。

本法规定的社会公共福利措施，应按照俄罗斯联邦政府确定的方式开展。如必要，为确保本法和俄罗斯联邦其他有关社会公共福利措施法律法规的一致性，由俄罗斯联邦中央行政机构负责解释和协调与人力资源和社会保障措施、保护人口和领土免受自然和人为紧急情况的影响以及国家预算执行和监管。

(根据2016年12月28日联邦法律第509—FZ，本款内容2017年1月9日生效)

(根据2015年12月29日联邦法律第388—FZ，本款内容于2016年7月1日生效)

第5条　预算管理

赔偿切尔诺贝利核事故造成的损害和提供社会公共福利措施的所有费用，由俄罗斯联邦政府的预算承担。具体程序由俄罗斯联邦负责制定。(根据2004年8月22日联邦法第122—FZ，本款于2005年1月1日起生效)

为支付本法所规定的赔偿和其他社会公共福利措施所涉及费用，应由联邦预算承担，前述所有费用不包含1.5%的增值税。(根据2004年8月22日联邦法律第122—FZ，本款于2005年1月1日起生效)

本法确定的赔偿数额，应当按照上一年度居民消费价格增长指数，自2月1日起每年更新一次。居民消费价格增长指数由俄罗斯联邦政府确定。

本条第3款的效力暂停至2018年1月1日。

第5.1条　关于社会公共福利措施的授权

本法第14条第(12)项、第(13)项(部分内容为儿童每月膳食补贴)，第15条第(3)项、第(4)项，第16条第(3)项(以平均数收入)，第17条第(4)

项至第(6)项、第(13)项,第 18 条第(1)项至第(5)项、第(7)项至第(10)项(暂时失去劳动能力情况下,根据与其相关强制性社会保险、临时残疾补助和生育保险政策等,每月向公民提供双倍照顾儿童津贴的情况除外,直到儿童达到一岁半时),第 20 条第(4)项,第 25 条第(3)项,第 39 条第(1)项、第(2)项,第 40 条和第 50 条规定,俄罗斯联邦应向俄罗斯公民支付的损害赔偿,包括向俄罗斯公民(除向军事人员提供赔偿和其他付款外)、内部事务机构的雇员、监狱系统的雇员、国家消防局的工作人员和俄罗斯联邦海关工作人员、联邦税务警察局工作人员、控制麻醉药品和精神药物流通机构的工作人员以及上述机构的退休人员和上述人员的抚恤金领取人员支付赔偿,由俄罗斯联邦授权各联邦主体负责。

本条第 1 款所提及的赔偿,由俄罗斯联邦预算承担。

联邦预算中的资金额度,由俄罗斯联邦政府根据本条第 1 款规定的损害赔偿以及有权获得此类赔偿的公民的数量确定。

联邦预算额度不包括公民在暂时失去劳动能力情况下,根据与其相关强制性社会保险、临时残疾补助和生育保险政策等,每月向公民提供双倍照顾儿童津贴的情况,直到儿童达到一岁半时。

本条第 1 款规定的资金应当专款专用,不得挪作他用。

俄罗斯联邦政府负责制定补助和赔偿确认程序。

俄罗斯各联邦主体的相关权力机构应当每季度向联邦中央机构提交其执行国家在劳动和社会保护方面的政策和监管情况的报告;关于联邦预算使用情况的报告,报告应按联邦中央要求的时间和形式提交。

在授权范围内,未能按预定目的使用联邦预算时,联邦中央预算机构根据联邦法律有权回收该款项。

各联邦主体执行机构在授权范围内,应在以下方面行使在劳动和社会保险领域方面管理职能和接受监管:

(1)根据本条第 1 款的规定,发布关于损害赔偿的规范性文件;

(2)根据本条第 1 款的规定,发布俄罗斯各联邦主体执行机构的具体执行程序;

(3)根据本条第 1 款的规定,制定有关授权事项实施情况书面报告内容和程序要求;

(4)若本条第 1 款的赔偿未履行或不当履行,监管部门有权准备并向俄罗斯联邦政府提交建议,要求暂停俄罗斯联邦中央向该联合主体授权。

联邦执行机构在劳动和社会保护领域行使控制和监督职能,对本条第 1 款所规定的联邦中央授予权力的完整性和质量进行控制和监督。

俄罗斯各联邦主体的最高官员(俄罗斯各联邦主体的最高执行机构长官),应行使下列职权:

(1)根据联邦法律和其他法规及本条第 9 款规定的其他文件,组织实施本条第 1 款授权范围内的活动;

(2)确保向联邦中央及时提交季度报告,每季度向联邦中央执行机构提交其执行国家在劳动和社会保护方面的政策和监管情况的报告;关于联邦预算使用情况、资金安全和预算执行情况的报告;提交为执行社会公共福利措施所制定的相关规范性文件副本,以及其他联邦中央监督俄罗斯各联邦主体授权执行情况的信息和文件。

预算资金的使用包括本条第 1 款所规定的向俄罗斯公民支付赔偿款项,由俄罗斯联邦会计厅负责控制和监督。

根据本条第 1 款的规定,联邦中央向联邦各主体授权,根据联邦各主体的法律规定可转授权至地方自治机构、政府。(根据 2014 年 12 月 22 日联邦法律第 428—FZ,本款于 2015 年 1 月 1 日生效)

第 6 条　切尔诺贝利核事故污染区域及当地居民安置原则

切尔诺贝利核事故放射性污染区域内的当地居民的安置,应根据以下规定进行:

根据切尔诺贝利核事故造成的辐射剂量水平,决定是否需采取防护保护措施以及赔偿损害。

由于切尔诺贝利核事故对部分地区造成的个人较低辐射剂量(超过某一地区的自然和人为辐射背景水平)是允许的,并且不需要任何干预,但自 1991 年起,每年的辐射剂量不得超过 1 毫希弗(0.1 雷姆)。

但自 1991 年起,每年个人辐射剂量超过 1 毫希弗(0.1 雷姆)的区域,应采取防护保护措施(反措施)(超过特定地区的自然和人为辐射背景水平)。

系列核防护措施的目标应是不断降低辐射剂量(包括减少食物污染),同时尽量减少对原生活方式的限制。自 1991 年起,通过防护措施将个人受辐射剂量控制在 1 毫希弗(0.1 雷姆)至 5 毫希弗(0.5 雷姆)范围内是相对合理科学的。(本款内容详见 1995 年 11 月 24 日联邦法律第 179—FZ)

《保护俄罗斯联邦公民免受切尔诺贝利核事故影响的意见》中所规定的公民,应进行强制性疏散撤离,安置期间自1993年起至2000年止。

居住在禁区以外受放射性物质污染区域内的公民和按照本法第9条的规定被强制疏散安置的公民,有权获得其居住地区的辐射状况、辐射剂量及其对健康可能产生影响的信息,并自行决定是否在原区域居住或重新安置到另一区域。(本款内容详见1995年11月24日联邦法律第179—FZ)

第二章　切尔诺贝利核事故

造成放射性污染和生态恢复(第7条至第12条)

第7条　放射性污染区域

本法适用于因切尔诺贝利核事故而遭受放射性污染的所有区域,包括:

(1)自1986年及之后,公民疏散和重新安置的区域(1995年11月24日联邦法律179—FZ);

(2)自1991年起,平均个人辐照剂量超过1毫希弗/年的区域;

(3)自1991年起,放射性污染土地含有铯-137超过1居里/平方公里区域。

指定区域分为以下类型:

(1)禁区;

(2)强制疏散区域;

(3)自愿疏散区域;

(4)享受社会保障和经济优惠政策区域。

上述区域界限取决于辐射状况变化情况并考虑其他因素,俄罗斯联邦政府至少每5年更新一次。(详见于1995年11月24日联邦法律第179—FZ)

切尔诺贝利核事故对土地的放射性污染标准由联邦中央负责主管监测国家环境污染的职能执行机构确定。(根据2016年11月28日联邦法律第509—FZ规定,本款自2017年1月9日起生效)

第8条　禁区

禁区(自1986年至1987年称为30公里区,从1988年到1991年5月15日称为安置区)是切尔诺贝利核电站周围地区,同时包括俄罗斯联邦境内受到核辐射污染的其他地区,根据1986年和1987年《辐射安全规范》规定,在该区域的居民应被强制疏散。

禁区内禁止永久居住,在该区域的经济活动、农业活动受到限制。俄罗斯联邦政府负责制定禁区内开展经济活动、组织和使用自然资源的程序清单。(详见1995年11月24日联邦法律第179—FZ)

第9条　强制疏散区域

强制疏散区域指位于俄罗斯联邦领土范围内但在禁区外的区域,在该区域的土地受到铯-137污染超过15居里/平方公里,或锶-90超过3居里/平方公里,或钚-239及钚-240超过0.1居里/平方公里。

在强制疏散区域内,土地受铯-137污染超过40居里/平方公里,同时在该区域内因放射性物质污染,每年人均受到的有效辐射剂量可能超过5.0毫希弗(0.5雷姆),对居住于该区域人员应进行强制性疏散,并安置到指定区域,以将核辐射损害风险降低到既定的个人可接受水平。疏散人员在指定地区以外安置的,其仍有权获得本法规定的损害赔偿和享受社会公共福利措施。(根据2004年8月22日联邦法律第122—FZ规定,本款自2005年1月1日起生效)

切尔诺贝利核事故对土地放射性污染,因土地的物理特征和化学特征各有差异,如在植被覆盖率低的区域,放射性污染指数会较高等。

对强制疏散并进行安置的人员,应对其采取强制性医疗措施,并采取保护措施降低辐射水平,通过大众媒体向社会公开通报相关情况。

相关安置制度和程序等,由俄罗斯联邦政府负责确定实施意见或细则。

第10条　自愿疏散区域

自愿疏散区域指禁区和强制疏散区之外的区域,其土地受到铯-137污染指数达到5~15居里/平方公里。该区域的居民,每年受到的个人辐射剂量超过1毫希弗(0.1雷姆)。当地居民有权自行决定是否离开,并不影响其获得本法规定的损害赔偿和享受社会公共福利措施。(根据2005年1月1日联邦法律第122—FZ,本款于2004年8月22日生效)

切尔诺贝利核事故对土地放射性污染,因土地的物理特征和化学特征各有差异,如在植被覆盖率的区域,放射性污染指数会较高等。

其他确定自愿疏散区域界限的标准,取决于在该区域长期存在的放射性物质情况(除铯-137),该标准由俄罗斯联邦政府负责制定。

在自愿疏散区域内的人员,应对其采取强制性医疗措施,并采取保护措施降低辐射水平,通过大众媒体向社会公开通报相关情况。

由俄罗斯联邦政府负责制定该区域居民自愿疏散至其他安置区的程序、实施保护健康措施和降低人口患病风险的措施、在该区域开展经济活动限制。

第 11 条　享受社会保障和经济优惠政策区域

享受社会保障和经济优惠政策区域指禁区、强制疏散区和自愿疏散区之外的区域。在该区域其土地受到铯－137 污染指数达到 1～5C 居里/平方公里,每年受到的个人辐射剂量不超过 1 毫希弗(0.1 雷姆)。

其他确定享受社会保障和经济优惠政策区域的标准,取决于在该区域长期存在的放射性物质情况(除铯－137),该标准由俄罗斯联邦政府负责制定。

除提供核辐射医疗和防护等系列措施外,在该区域建立特殊经济和社保制度,确保提高其生活水平至超过平均值,从而对因切尔诺贝利核事故导致的精神伤害和心理提供一定程度的补偿。

第 12 条　切尔诺贝利核事故放射性污染的生态恢复措施

为改善因切尔诺贝利核事故而遭受放射性污染的土地,开展经济、法律和其他措施:科学研究、国家环境监测、各州对经济活动和其他活动进行环境检查、减少和修复对自然造成的损害,包括消除对环境造成的影响、在保护环境前提下合理开展经济活动、采用生态恢复措施使放射性污染地区恢复原状。(根据 2012 年 6 月 22 日联邦法律第 93—FZ,本款于 2012 年 6 月 25 日生效)

俄罗斯联邦中央政府授权俄罗斯各联邦主体,负责制定关于放射性污染土地上的环境监控以及规划和实施环境改善措施。(根据 2012 年 6 月 25 日联邦法律第 93—FZ,本款于 2012 年 6 月 25 日生效)

切尔诺贝利核事故受害公民

第 13 条　切尔诺贝利核事故受到核辐射公民类型

本法适用于切尔诺贝利核事故受到核辐射的公民,分为以下类型:

(1)因切尔诺贝利核事故导致放射病和其他与辐射照射有关的疾病的公民或参与清理切尔诺贝利核事故工作的公民。(详见 1995 年 11 月 24 日联邦法律第 179—FZ)

(2)由于切尔诺贝利核事故造成残疾的公民。

公民(包括临时派遣或派遣人员),参与清理禁区内核事故后果或在切尔诺贝利核电厂或与其相关法人组织的雇员;

参与执行与清理切尔诺贝利核事故后果有关工作的军人和服役人员,不论工作所在地和工作类型,还包括在禁区工作的内政部门、国家消防局工作人员和指挥官;(根据2002年7月30日联邦法律第116—FZ,本款于2002年7月30日增加)

禁区和强制疏散区疏散并安置的公民,包括在安置后自愿离开安置区的人员;(本款由1995年11月24日联邦法律第179—FZ补充)

为受切尔诺贝利核事故影响的人提供骨髓移植的提供人无论骨髓捐献时间以及是否造成残疾。

(3)1986年至1987年参与清理禁区内切尔诺贝利核事故后果的公民(包括临时派遣或派遣人员)或从事与疏散当地居民、财产、动物的人员;在切尔诺贝利核电厂从事运营或其他工作的人员;负责清理禁区内切尔诺贝利核事故后果的军人和服役人员,无论其工作所在地,包括民用航空、工程和技术工作人员,1986年至1987年担任禁区的内政工作指挥官和工作人员,为军队提供后勤服务的人员,参与了1988年至1990年期间名为"避难所"工作,在1986年4月26日至6月30日期间,为救治和护理受切尔诺贝利核事故影响并成为电离辐射源的人员;接受过量辐射的医生护士和医疗机构的其他工作人员(其工作所在地和工作涉及与相关种类电离辐射源的人员)。(由1995年11月24日联邦法律第179—FZ修改)

(4)1988年至1990年参加消除切尔诺贝利核事故后果的公民(包括临时派遣或派出人员);以及在此期间在切尔诺贝利核电厂从事开发或其他工作的人员;负责清理禁区内切尔诺贝利核事故后果的军人和服役人员,无论其工作所在地和工作类型,包括1988年至1990年期间担任禁区内政工作的指挥官和工作人员。

(5)在禁区工作的公民。(1995年11月24日联邦法律第179—FZ)

(6)自1986年起,从禁区疏散(包括自愿撤离疏散人员)或从强制疏散区撤离人员的子女包括在疏散撤离期间在处于宫内发育状态的子女。

(7)经常居住地在自愿疏散区的公民。(根据1995年11月24日联邦法律第179—FZ补充)

(8)经常居住地(或工作)在享受社会保障和经济优惠政策区域。(根据

1995 年 11 月 24 日联邦法律第 179—FZ)

(9)在安置至其他地区前,经常居住地在强制疏散区的公民。(根据 1995 年 11 月 24 日联邦法律第 179—FZ)

(10)在强制疏散区工作的公民。(不在该地区居住)

(11)自 1986 年起,从自愿疏散区撤离至其他地区的公民。(根据 1995 年 11 月 24 日联邦法律第 179—FZ 修改)

(12)在禁区、强制疏散区、自愿疏散区和享受社会保障和经济优惠政策区域工作的内政部门指挥官和工作人员、国家消防局工作人员。(根据 2002 年 7 月 25 日的联邦法律第 116—FZ,本款 2002 年 7 月 26 日生效)

军队服役的人员包括:在武装部队、国家安全机构、内务部、国家消防部门等军事组织参加军事活动的技术军官、尉官、军官、士兵、民兵等。(根据 2006 年 2 月 26 日联邦法律第 20—FZ,本款于 2002 年 7 月 25 日生效)

如果辐射损害或受核辐射损害的风险是由受害者自身导致的,在受害者应当注意并控制损害的范围内,受害者无权获得相应的损害赔偿和享受社会公共福利措施。(根据 2004 年 8 月 22 日联邦法律第 122—FZ,本款于 2005 年 1 月 1 日生效)

第 14 条　切尔诺贝利核事故所致辐射病、其他疾病以及致残公民的伤害赔偿和社会公共福利措施

本法第 13 条第(1)项和第(2)项中所提及公民,应保证其享有以下权利:

(1)本款自 2010 年 1 月 1 日起失效。(根据 2009 年 7 月 24 日联邦法律第 213—FZ)

(2)对于有必要改善住房条件的,提供一次性改善措施,由俄罗斯联邦政府负责制定相关标准和程序。(根据 2011 年 6 月 4 日联邦法律第 130—FZ,于 2011 年 6 月 17 日修改)

(3)住宅房屋和公用设施费用的补偿金额按 50% 比例偿付。(根据 2015 年 6 月 30 日联邦法律第 176—FZ,于 2015 年 6 月 30 日生效)

维修住房的费用(包括服务费)、房屋物业管理费、房屋公寓公用设施维护和修理费,(或)维修住房的费用,国家根据居住面积和房屋公寓的公用设施维护费用的市场行情确定前述费用(由俄罗斯联邦法律进行规定)。(根据 2015 年 6 月 29 日联邦法律第 176—FZ,自 2015 年 6 月 30 日起生效)

修护房屋建筑物中的公用设施费用的分摊,应分摊份额不得超过该维护费的50%,该维护费应根据房屋建筑物每平方最低维修费和公用设施占房屋公寓总面积的比例(由俄罗斯联邦法律进行规定)进行计算,包括共同居住的其他家庭成员。(根据2015年6月29日联邦法律第176—FZ,自2015年6月30日起该款增加)

不论房产公寓类型,在维持房产公寓公用设施部分时所需的冷水、热水、电等费用,包括用于维持公寓楼公用设施的废水处理费用。(根据2015年6月29日联邦法律第176—FZ,该法2017年10月10日为联邦法律第307—FZ修正,修正条款自2017年10月30日生效,本款自2015年6月30日起生效)

公共设施相关费用应根据相关仪表记录计算,但不超过俄罗斯联邦相关法律法规所核定的消费标准。如无上述仪表记录用量,相关公用设施费用应根据俄罗斯联邦相关法律法规规定的公用设施服务消费标准计算。(根据2015年6月29日联邦法律第176—FZ,自2015年6月30日起生效)

如居住于无集中供热的房屋,则燃料费用应按向公共销售的前述燃料的价格和运输费用内计算。(根据2015年6月29日联邦法律第176—FZ,自2015年6月30日起生效)

不论房产公寓类型,向居民的公用设施费用提供相关社会公共福利措施,且俄罗斯联邦政府规定的社会公共服务的增量系数限制在此不适用。(根据2015年6月29日联邦法律第176—FZ,自2015年6月30日起生效)

(截至2015年6月30日,上一版的第2段和第4段分别被视为本版第8段至10段,即2015年6月29日联邦法律第176—FZ)

俄罗斯联邦中央授权俄罗斯各联邦主体,由其负责制定本款提及的相关房屋公共设施维护费用等社会公共福利措施。

上述相关的社会公共福利措施所需资金由联邦预算中以补助金的形式提供。

(根据2013年5月7日的俄罗斯联邦法律第104—FZ,本款于2013年5月8日起生效)

从联邦预算拨款到俄罗斯联邦各主体的补助金额按照获得社会公共福利措施的人数予以确定;相关标准如下:由俄罗斯联邦标准为每月为每平方米房屋提供房屋公共设施维护和公共服务的成本、人均每月住房面积标准以及房屋公寓等最低维修成本费用。（根据 2014 年 10 月 4 日联邦法律第 291—FZ，本款于 2014 年 10 月 6 日生效，并具有追溯力，可适用于自 2014 年 6 月 30 日起发生的法律关系）

（截至 2015 年 6 月 30 日，2015 年 6 月 29 日联邦法律第 176—FZ 的第 5 段被视为本版的第 11 段。）

本款列入 2015 年 6 月 29 日联邦法律第 176—FZ，自 2015 年 6 月 30 日起生效。

（截至 2015 年 6 月 30 日，2015 年 6 月 29 日联邦法律第 176—FZ 的上一版本的第 6 段至第 12 段应分别视为本版本的第 12 段至第 18 段。）

俄罗斯联邦政府制定了相关程序，以规范联邦预算提供补助金的支出和记录。

提供前述社会公共福利措施的形式将由俄罗斯联邦中央相关监管机构负责。

俄罗斯各联邦主体相关政府机构负责制定和执行国家在劳动和社会保护方面的政策和监管的法律规定，并应每季度向联邦中央执行机构提交书面报告，报告其在授权范围内提供的社会公共福利措施，包括俄罗斯联邦预算为房屋及社会公共服务所提供的补助金金额、确认享受相关社会公共服务人员、社会公共福利措施类别及所涉及房屋公寓等面积等。如俄罗斯联邦中央需要，则应按指定形式提供其他报告和信息。

（根据 2016 年 12 月 19 日的俄罗斯联邦法律第 461—FZ，本款于 2017 年 1 月 1 日起生效）

前述俄罗斯联邦中央预算下拨的补助金应专款专用，不得挪作他用。

如前述资金未用于预定目的，俄罗斯联邦中央政府有权根据俄罗斯联邦法律规定收回下拨资金。

由俄罗斯联邦中央负责财政预算控制监督职能，执行机构负责分配前述资金。由俄罗斯联邦会计厅负责控制和监督人力资源、劳动和社会保护。（根据 2008 年 12 月 30 日联邦法律第 281—FZ，该法于 2008 年 12 月 19 日由联邦法律第 461—FZ 修订，本款规定自 2008 年 12 月 30 日起生效）

俄罗斯各联邦主体的相关权力机构有权根据俄罗斯联邦法律授权，规定当地定居点和各级政府提供社会公共福利措施。（该款自 2008 年 12 月 30 日起纳入 2008 年 12 月 25 日联邦法律第 281—FZ）

(4)公民因医疗原因转换为薪水较低工作时,应补偿其与之前收入的差额。该费用在恢复工作能力之前或直至被认定为残疾前,由雇主支付。

(5)每年应在合适时间提供法定带薪假期,并且应获得14个日历日的额外带薪假。

(6)在暂时丧失工作能力时,应按平均收入的100%向其支付临时残疾津贴,并享有俄罗斯联邦社会保险相关生育保险待遇,不管保险期的长短,都可以在其他地点进行医疗和相关医疗咨询。(本款于2010年1月1日根据2009年7月24日联邦法律第213—FZ生效)

(7)无论其工作时间、裁员或离职人员数量等,在相关企业、机构的清算或重组过程中,前述人员享有优先就业权。

(8)享有房屋建设特惠政策、个人住房建设优先提供土地(以承认需要改善住房条件为前提),享有车库建设特惠政策、购买花园式建筑或者建筑材料享有特惠政策、企业存续期限特惠政策以及车辆维修保养、住房公共服务、公共交通通信和长途运输方面特惠政策。

(9)医疗和疾病预防方面享有特惠政策。

(10)在退休前享有其所属的综合诊所服务。

(根据2013年7月2日联邦法律第185—FZ,本款自2013年9月1日起失效)

(11)在学前教育机构和儿童医疗疗养机构提供特殊儿童补助,按每月90卢布支付儿童营养补偿。(根据2013年7月2日联邦法律第185—FZ,本款于2013年9月1日起生效)

考虑消费价格指数等原因,向学前教育机构和儿童医疗疗养机构提供的儿童营养补助月额度为:

从2012年1月1日起——164.28卢布。

——根据2011年12月8日俄罗斯联邦政府决议第1019号。

从2013年1月1日起——173.32卢布。

——根据2012年12月4日俄罗斯联邦政府决议第1255号。

从2014年1月1日起——181.99卢布。

——根据2013年12月19日俄罗斯联邦政府法令第1189号。

(12)对公民以及与其同住的未满14岁的儿童,每月提供膳食补助300卢布;考虑到消费价格指数等原因,膳食补助金额调整为:

从2012年1月1日起——668.62卢布。

——根据2011年12月8日俄罗斯联邦政府决议第1019号。

从2013年1月1日起——705.39卢布。

——根据2012年12月4日俄罗斯联邦政府决议第1255号。

从2014年1月1日起——740.66卢布。

——根据2013年12月19日俄罗斯联邦政府法令第1189号。

(13)向从事特定形式服务的社会服务机构提供优惠条件。(根据2015年11月28日联邦法律第358—FZ,本项于2015年12月9日生效)

(14)为补偿因切尔诺贝利核事故或为执行消除核事故所致的辐射影响的居民,按月向其支付赔偿金,赔偿金额如下:

Ⅰ型残疾人——5,000卢布;

Ⅱ型残疾人——2,500卢布;

Ⅲ型残疾人——1,000卢布。

考虑到通货膨胀消费价格指数等原因,自2012年1月1日起,为补偿因切尔诺贝利核事故或为执行消除核事故所致的辐射影响的居民,按月向其支付赔偿金调整为:

Ⅰ型残疾人——1,398,012卢布;

Ⅱ型残疾人——699,007卢布;

Ⅲ型残疾人——279,602卢布。

——根据2011年12月8日俄罗斯联邦政府决议第1019号。

自2013年1月1日起,考虑到消费价格指数等原因,为补偿因切尔诺贝利核事故或为执行消除核事故所致的辐射影响的居民,按月向其支付赔偿金调整为:

Ⅰ型残疾人——1,474,903卢布;

Ⅱ型残疾人——737,452卢布;

Ⅲ型残疾人——29,498卢布。

——根据2012年12月4日俄罗斯联邦政府决议第1255号。

自2014年1月1日起,考虑到消费价格指数等原因,为补偿因切尔诺贝利核事故或为执行消除核事故所致的辐射影响的居民,按月向其支付赔偿金调整为:

Ⅰ型残疾人——1,548,648卢布;

Ⅱ型残疾人——774,325 卢布;

Ⅲ型残疾人——309,729 卢布。

——根据 2013 年 12 月 19 日俄罗斯联邦政府法令第 1189 号。

(15)因切尔诺贝利核事故致残疾的公民死亡时,本条第(14)项规定的每月残疾赔偿金适用于依靠该公民抚养的家庭成员。受扶养人可获得金额为受抚养人每月可获得的现金补助与受抚养人可获得残疾赔偿金之间的差额。每位受抚养人可按人均获得残疾补偿金。

本条第(14)项规定的每月货币偿付,应由社会保障机构或俄罗斯联邦政府确定的其他机构负责支付。

受切尔诺贝利核事故辐射以及其他相关疾病死亡的公民,该公民为家庭收入主要来源的,本条第一部分第(2)项、第(3)项、第(7)项、第(8)项、第(12)~(15)项规定的社会公共福利措施适用于其家庭成员。

第 15 条　参与清理切尔诺贝利核事故公民的伤害赔偿和社会公共福利措施

本法第 13 条第(3)款规定的公民,应享有本法第 14 条第(3)项至第(12)项、第(14)项规定的社会公共福利措施。另外,应保证其享有:

(1)如需要改善其住房条件的,根据俄罗斯联邦政府规定的金额和程序,提供住房。(2011 年 6 月 17 日,本款根据联邦法律第 130—FZ 修改)

(2)在暂时丧失工作能力时,应按平均收入的 100% 支付临时残疾津贴,在俄罗斯联邦的社会保险范围内,不管保险期的长短,都可以在其他地点进行医疗和相关医疗咨询。

(3)每月提供 200 卢布膳食补助金。

考虑消费价格指数等原因,月度膳食补偿金调整为:

从 2012 年 1 月 1 日起——445.72 卢布。

——根据 2011 年 12 月 8 日俄罗斯联邦政府决议第 1019 号。

从 2013 年 1 月 1 日起——470.23 卢布。

——根据 2012 年 12 月 4 日俄罗斯联邦政府决议第 1255 号。

从 2014 年 1 月 1 日起——493.74 卢布。

——根据 2013 年 12 月 19 日俄罗斯联邦政府法令第 1189 号。

(4)为补偿因切尔诺贝利核事故辐射对健康造成的影响或伤害乃至丧失工作能力,无论残疾程度(没有确定残疾),每月提供补助 250 卢布。

考虑到消费价格指数等原因,为补偿因切尔诺贝利核事故辐射对健康造成的影响或伤害(没有造成残疾),每月补偿金额为:

从 2012 年 1 月 1 日起——699.02 卢布。

——根据 2011 年 12 月 8 日俄罗斯联邦政府决议第 1019 号。

从 2013 年 1 月 1 日起——737.47 卢布。

——根据 2012 年 12 月 4 日俄罗斯联邦政府决议第 1255 号。

从 2014 年 1 月 1 日起——774.34 卢布。

——根据 2013 年 12 月 19 日俄罗斯联邦政府法令第 1189 号。

本法第 14 条第(3)项和第(14)项以及本条第(1)项规定的社会公共福利措施适用于家属,包括已故参与者的寡妇。

本法第 13 条第(4)项规定的公民,应当享有本法第 14 条第(4)项、第(6)项、第(7)项、第(9)项至第(12)项、第(14)项规定的社会公共福利措施。另外应保证其享有:

a. 每年应在合适时间提供法定带薪假期;

b. 享有车库建设特惠政策;

c. 根据俄罗斯联邦法律,登记为需要改善住房条件的公民。

本法第 13 条第(1)项和第(2)项提及的公民应具有残疾人特殊证明,本法第 13 条第(2)项和第(4)项提及的公民应持有参与清理切尔诺贝利核事故受到伤害的证明文件。根据该证明文件,公民有权享受本法规定的相关社会公共福利措施。

具体条件和出具证明文件的程序由俄罗斯联邦政府授权的机构确定。(根据 2004 年 8 月 22 日联邦法律第 122—FZ,于 2004 年 12 月 29 日为联邦法律第 199—FZ 修正,本款于 2005 年 1 月 1 日起生效)

第 16 条　关于禁区工作公民的损害赔偿和社会公共福利措施

(根据 2005 年 1 月 1 日联邦法律第 122—FZ,本条于 2004 年 8 月 22 日起生效)

本法第 13 条第(5)项规定的公民(包括临时工或借调人员),应有权享受提高工资、减少工作时间和增加带薪休假待遇。

内政部门、国家消防部门的工作人员、技术军官以及军人,已认定为其因在禁区工作受核辐射引起职业病的,根据本法第 14 条和第 27 条规定,其应获得伤害赔偿和享受社会公共福利措施。(该部分内容补充至 1995 年 11

月 24 日联邦法律第 179—FZ,2002 年 7 月 30 日以联邦法第 116—FZ 补充,根据 2004 年 8 月 22 日的联邦法律第 122—FZ 规定,本部分内容于 2005 年 1 月 1 日起生效)

俄罗斯联邦政府负责制定禁区区域工作的公民应享有的劳动保障和社会公共福利措施。(部分纳入 1995 年 11 月 24 日联邦法律第 179—FZ,并于 2004 年 8 月 22 日联邦法律第 122—FZ 修订)

第 17 条　从禁区疏散公民和强制疏散区撤离的公民的损害赔偿和社会公共福利措施

本法第 13 条第(6)项中所提及的公民,根据本法第 14 条第(3)项至第(12)项和本法第 15 条第(2)项、第(3)项规定,从禁区疏散的公民;根据本法第 14 条第(4)项、第(5)项、第(7)项、第(9)项、第(11)项、第(12)项规定和 15 条第(2)项规定,从强制疏散区撤离的公民。应当享有社会公共福利措施;另外,应保证其享有以下权利:

(1)根据俄罗斯联邦的劳动法,如需前往新地点进行安置,疏散人员有权终止其劳动合同。

(2)根据公民原职业和资格享有就业优惠政策。如无法就业,可根据疏散人员意愿或培训新职业方向(专业)的可能性,安排其参加培训,从而为其提供其他工作,培训期间应提供保证其可在平均收入生活水平的补贴。

(3)根据平均收入和公民工作经历,在安置地安置后到重新就业期间为公民提供补贴,最长时间不超过 4 个月。

(4)就相关财产损失提供一次性货币赔偿,包括以下项目:

自 1994 年 1 月 1 日,使用中的房屋建筑物(含住宅、花园式别墅、别墅、车库及附属建筑物);

因受辐射污染程度不允许将其转移到新安置地的家庭财产;

所有强制屠宰的动物、处理的农作物,包括花园、浆果种植园的植物。

自 1994 年 1 月 1 日起,应从原居住地疏散并在其他地点重新安置的公民,其所有的房屋建筑物(花园房屋、别墅、花园和浆果种植园),以及通过继承方式获得前述财产的公民,无论是否为其常用居住地,根据本款均可获得一次性货币补偿。

根据本款规定,就相关财产只能获得一次性货币补偿的,不重复进行货币补偿。

俄罗斯联邦政府负责制定一次性货币赔偿标准及支付的程序。相关财产价值由俄罗斯联邦政府授权的联邦执行机构按联邦评估标准确定。同时,房屋住宅损失,一次性货币赔偿不得超过当地房屋平均市场价值。(据2013年7月2日的联邦法律第154—FZ,本项自2013年7月2日起生效)

(5)异地重新安置家庭,每位成员可获得一次性500卢布补助。

考虑到消费价格指数因素,异地重新安置家庭的每位成员获得的补贴调整为:

从2012年1月1日起——1,114.37卢布。

——根据2011年12月8日俄罗斯联邦政府决议第1019号。

从2013年1月1日起——1,175.66卢布。

——根据2012年12月4日俄罗斯联邦政府决议第1255号。

从2014年1月1日起——1,234.44卢布。

——根据2013年12月19日俄罗斯联邦政府法令第1189号。

(6)运输费用包括铁路、水路、公路和空运(如果没有其他人)等,提供运输费用赔偿,除非免费提供车辆。其中,残疾人、大家庭、单亲母亲和单身女性,可额外获得装卸服务费用补偿。

(7)按俄罗斯联邦政府规定的金额和程序,提供住房条件改善措施和政策。(根据2013年12月21日联邦法律第373—FZ,本项于2014年1月3日起生效)

(8)异地重新安置的家庭有残疾公民的,应为其提供必要的生活便利条件,根据俄罗斯联邦法律,为其提供住房改善措施。

(9)为建造房屋所需土地和建筑材料购买的优惠政策。

(10)为房屋建设提供优惠政策,并享有车库、停车(包括用水)的优先政策。

(11)在其他提供社会服务机构中享受优惠条件和政策。(根据2015年11月28日联邦法律第358—FZ,本项于2015年12月9日起生效)

(12)在学前教育机构和儿童医疗疗养机构提供特殊儿童补助。(根据2013年7月2日联邦法律第185—FZ,本项于2013年9月1日起生效)

(13)每年提供100卢布健康补贴。

考虑到消费价格指数因素,年度健康补贴应调整为:

从2012年1月1日起——222.88卢布。

——根据 2011 年 12 月 8 日俄罗斯联邦政府决议第 1019 号。

从 2013 年 1 月 1 日起——235.14 卢布。

——根据 2012 年 12 月 4 日俄罗斯联邦政府决议第 1255 号。

从 2014 年 1 月 1 日起——246.9 卢布。

——根据 2013 年 12 月 19 日俄罗斯联邦政府法令第 1189 号。

(根据 2004 年 8 月 22 日联邦法律第 122—FZ,本项内容于 2005 年 1 月 1 日起生效)

第 18 条　经常居住地在自愿疏散区公民的损害赔偿和社会公共福利措施

本法第 13 条第(1)项、第(7)项所提及的公民,应保证其享有以下权利:

(1)根据居住时间,提供每月货币补偿:

从 1986 年 4 月 26 日起——40 卢布;

从 1995 年 12 月 2 日起——20 卢布。

考虑到消费价格指数因素和居住时间,自 2012 年 1 月 1 日起,每月的货币补偿调整为:

从 1986 年 4 月 26 日起——89.16 卢布;

从 1995 年 12 月 2 日起——44.58 卢布。

——根据 2011 年 12 月 8 日俄罗斯联邦政府决议第 1019 号。

考虑到消费价格指数因素和居住时间,自 2013 年 1 月 1 日起,每月的货币补偿调整为:

从 1986 年 4 月 26 日起——94.06 卢布;

从 1995 年 12 月 2 日起——47.03 卢布。

——根据 2012 年 12 月 4 日俄罗斯联邦政府决议第 1255 号。

考虑到消费价格指数因素和居住时间,自 2014 年 1 月 1 日起,每月货币补偿调整为:

从 1986 年 4 月 26 日起——98.76 卢布;

从 1995 年 12 月 2 日起——49.38 卢布。

——根据 2013 年 12 月 19 日俄罗斯联邦政府法令第 1189 号。

在 1987 年 4 月 1 日之前出生和正在孕育状态下的儿童,有权获得 40 卢布的每月货币补助。

考虑到消费价格指数因素,在自愿疏散区居住的,1987 年 4 月 1 日之前

出生和正在孕育状态下的儿童,其每月货币补偿金调整为:

从 2012 年 1 月 1 日起——89. 16 卢布。

——根据 12 月 8 日俄罗斯联邦政府第 1019 号决议。

从 2013 年 1 月 1 日起——94. 06 卢布。

——根据 2012 年 12 月 4 日俄罗斯联邦政府决议第 1255 号。

从 2014 年 1 月 1 日起——98. 76 卢布。

——根据 2013 年 12 月 19 日俄罗斯联邦政府法令第 1189 号。

(2)根据本法第 3 条规定,除在有害环境工作应获得的法定假期外,在该区域工作的公民应享有额外的带薪假期,根据其居住(工作)时间,假期如下:

从 1986 年 4 月 26 日起——14 个日历日;

从 1995 年 12 月 2 日起——7 个日历日。

(3)根据俄罗斯联邦的相关法律规定,在该区域工作的公民,不考虑其受雇企业类型和股权形式,按照居住时间和消费价格指数因素,每月应获得货币补贴,具体数额如下:

从 1986 年 4 月 26 日起——200 卢布;

从 1995 年 12 月 2 日起——50 卢布。

从 2012 年 1 月 1 日起,按照居住时间,同时考虑到消费价格指数,每月应获得货币补贴应调整为:

从 1986 年 4 月 26 日起——445. 72 卢布;

从 1995 年 12 月 2 日起——111. 43 卢布。

——根据 2011 年 12 月 8 日俄罗斯联邦政府决议第 1019 号。

自 2013 年 1 月 1 日起,按照居住时间,同时考虑到消费价格指数,每月应获得货币补贴应调整为:

从 1986 年 4 月 26 日起——470. 23 卢布;

从 1995 年 12 月 2 日起——117. 56 卢布。

——根据 2012 年 12 月 4 日俄罗斯联邦政府决议第 1255 号。

从 2014 年 1 月 1 日起,按照居住时间,同时考虑到消费价格指数,每月应获得货币补贴调整为:

从 1986 年 4 月 26 日起——493. 74 卢布;

从 1995 年 12 月 2 日起——123. 44 卢布。

——根据 2013 年 12 月 19 日俄罗斯联邦政府法令第 1189 号。

(4)根据居住时间,同时考虑到消费价格指数,应额外向退休人员、残疾和残疾儿童支付养老金和福利金,具体数额如下:

从 1986 年 4 月 26 日起——277.98 卢布;

从 1995 年 12 月 2 日起——92.66 卢布。

自 2012 年 1 月 1 日起,根据居住时间,额外向退休人员、残疾和残疾儿童支付的养老金和福利金调整为:

从 1986 年 4 月 26 日起——619.55 卢布;

从 1995 年 12 月 2 日起——206.51 卢布。

——根据 2011 年 12 月 8 日俄罗斯联邦政府决议第 1019 号。

自 2013 年 1 月 1 日起,根据居住时间,额外向退休人员、残疾和残疾儿童支付的养老金和福利金调整为:

从 1986 年 4 月 26 日起——653.63 卢布;

从 1995 年 12 月 2 日起——217.87 卢布。

——根据 2012 年 12 月 4 日俄罗斯联邦政府决议第 1255 号。

自 2014 年 1 月 1 日起,根据居住时间,额外向退休人员、残疾和残疾儿童支付的养老金和福利金调整为:

从 1986 年 4 月 26 日起——686.31 卢布;

从 1995 年 12 月 2 日起——228.76 卢布。

——根据 2013 年 12 月 19 日俄罗斯联邦政府法令第 1189 号。

按照法定程序登记为失业的公民,每月提供额外 100 卢布补贴。(根据 2013 年 8 月 2 日联邦法律第 185—FZ,本项于 2013 年 9 月 1 日起生效)

在自愿疏散区按照法定程序登记为失业的公民,其每月提供额外补贴为:

从 2012 年 1 月 1 日起——222.88 卢布。

——根据 2011 年 12 月 8 日俄罗斯联邦政府决议第 1019 号。

从 2013 年 1 月 1 日起——235.14 卢布。

——根据 2012 年 12 月 4 日俄罗斯联邦政府决议第 1255 号。

从 2014 年 1 月 1 日起——246.9 卢布。

——根据 2013 年 12 月 19 日俄罗斯联邦政府法令第 1189 号。

(5)根据在特定区域的工作时间和放射性污染的程度,提供额外辐射补助费。

(6)为孕妇提供为期90个日历日的前往放射性污染区以外地区进行放松疗养假期。

妊娠早期(最多12周)在产前诊所登记的孕妇,除产妇津贴外,一次性提供50卢布额外补助金;

考虑到消费价格指数因素,在妊娠早期(最多12周)在产前门诊登记的孕妇一次性补贴金额调整为:

从2012年1月1日起——111.43卢布。

——根据2011年12月8日俄罗斯联邦政府决议第1019号。

从2013年1月1日起——117.56卢布。

——根据2012年12月4日俄罗斯联邦政府决议第1255号。

从2014年1月1日起——123.44卢布。

——根据2013年12月19日俄罗斯联邦政府法令第1189号。

(7)儿童每月应享受的补助金为:

一岁半前——3,000卢布;

一岁半到三岁——6,000卢布。

(根据联邦法律第388—FZ,本项于2016年7月1日起生效)

(8)三岁以下儿童提供乳制品等膳食补贴金额为:

一岁及一岁以下的儿童——230卢布;

二岁至三岁的儿童——200卢布;

考虑到消费价格指数等因素,从2012年1月1日起,三岁以下儿童乳制品等膳食补贴金额调整为:

一岁及一岁以下的儿童——419.82卢布;

二岁至三岁的儿童——365.06卢布。

——根据2011年12月8日俄罗斯联邦政府决议第1019号。

考虑到消费价格指数等因素,自2013年1月1日起,三岁以下儿童乳制品等膳食补贴金额调整为:

一岁及一岁以下的儿童——442.91卢布;

二岁至三岁的儿童——385.14卢布。

——根据2012年12月4日俄罗斯联邦政府决议第1255号。

自2014年1月1日起,自2014年1月1日起,三岁以下儿童乳制品等膳食补贴金额为：

一岁及一岁以下的儿童——465.06 卢布；

二岁至三岁的儿童——404.04 卢布。

——根据 2013 年 12 月 19 日俄罗斯联邦政府法令第 1189 号。

(9)根据俄罗斯联邦认证的技工和雇员培训计划，在州和市级组织的教育培训机构中参与就业培训的，以及根据 2012 年 12 月 29 日联邦法律第 273—FZ《关于俄罗斯联邦教育》，参与联邦预算付费的培训教育计划或中等职业培训计划的人员，每月可享受 70 卢布膳食费补贴。(根据 2013 年 7 月 2 日联邦法律第 185—FZ，本项于 2013 年 9 月 1 日起生效)

国家、市级普通教育机构和中小学职业教育机构的学生，每月膳食补贴金额为：

从 2012 年 1 月 1 日起——127.77 卢布。

——根据 2011 年 12 月 8 日俄罗斯联邦政府决议第 1019 号。

从 2013 年 1 月 1 日起——134.8 卢布。

——根据 2012 年 12 月 4 日俄罗斯联邦政府决议第 1255 号。

根据俄罗斯联邦认证的技工和雇员培训计划，在州和市级组织的教育培训机构中参与就业培训的，以及根据 2012 年 12 月 29 日联邦法律第 273—FZ《关于俄罗斯联邦教育》，参与联邦预算付费的培训教育计划或中等职业培训计划的人员，每月可享受 70 卢布膳食费补贴。考虑到消费价格指数，补贴方案调整如下：

从 2014 年 1 月 1 日起——141.54 卢布。

——根据 2013 年 12 月 19 日俄罗斯联邦政府法令第 1189 号。

(10)提供清洁食品，其中包含必要的增加营养成分。

清洁食品是指放射性物质含量不超过既定国际标准，并被俄罗斯联邦政府授权的机构认定为适合销售和消费的食品。

(根据 2013 年 7 月 2 日的联邦法律第 185—FZ，本项从 2013 年 9 月 1 日起失效)

(11)关于暂时丧失工作能力人员(不考虑保险期限)，应按平均收入的 100% 向其支付临时残疾津贴，并享有俄罗斯联邦社会保险相关生育保险待遇。(根据 2009 年 7 月 24 日俄罗斯联邦第 213—FZ，本项于 2010 年 1 月 1 日起生效)

第19条　享受社会保障和经济优惠政策区域公民的损害赔偿和社会公共福利措施

本法第13条第(8)项提及的公民,应当享有本法第18条第(7)项、第(10)项、第(11)项规定的社会公共福利措施。

另外,应保证其享有如下权利:

(1)直至1995年12月2日——每月20卢布补偿。

1995年12月2日之前,经常居住地享受社会保障和经济优惠政策区域的公民,其每月货币补偿金额,考虑到消费价格指数因素应调整为:

从2012年1月1日起——44.58卢布。

——根据2011年12月8日俄罗斯联邦政府决议第1019号。

从2013年1月1日起——47.03卢布。

——根据2012年12月4日俄罗斯联邦政府决议第1255号。

从2014年1月1日起——49.38卢布。

——根据2013年12月19日俄罗斯联邦政府法令第1189号。

根据本条第(1)项、第(2)项和第(4)项的规定,向1991年前离开享受社会保障和经济优惠政策区域,但于1995年2月12日返回该区域居住或工作的公民提供月度补贴金和每年额外带薪假期的,不适用《俄罗斯联邦宪法》第19条(第2部分)、第42条和第55条(第2部分)的规定。(详见俄罗斯联邦宪法法院2012年10月24日第23—P号决定)

(2)根据俄罗斯联邦法律的规定,直至1995年2月12日在该区域居留或在该区域内相关法人或组织(不限法律以及所有制形式)中工作的公民,每月应获得补贴金80卢布。

考虑到消费价格指数因素,直至1995年2月12日在该区域居留或在该区域内相关法人或组织(不限法律以及所有制形式)中工作的公民,每月应获得补贴金调整为:

从2012年1月1日起——178.3卢布。

——根据2011年12月8日俄罗斯联邦政府决议第1019号。

从2013年1月1日起——188.11卢布。

——根据2012年12月4日俄罗斯联邦政府决议第1255号。

从2014年1月1日起——197.52卢布。

——根据2013年12月19日俄罗斯联邦政府法令第1189号。

根据本条第(1)项、第(2)项和第(4)项的规定,向1991年前离开享受社会保障和经济优惠政策区域,但于1995年2月12日返回该区域居住或工作的公民提供月度补贴金和每年额外带薪假期的,不适用《俄罗斯联邦宪法》第19条(第2部分)、第42条和第55条(第2部分)的规定。(详见俄罗斯联邦宪法法院2012年10月24日第23—P号决定)

(3)直至1995年2月12日,经常居住地在享受社会保障和经济优惠政策区域内的退休人员、残疾人、残疾儿童,每月可享受74.13卢布额外退休金或福利金。

直至1995年2月12日,经常居住地在享受社会保障和经济优惠政策区域内的退休人员、残疾人、残疾儿童,每月可额外享受74.13卢布退休金或福利金,考虑到消费价格指数因素调整为:

从2012年1月1日起——135.3卢布。

——根据2011年12月8日俄罗斯联邦政府决议第1019号。

从2013年1月1日起——142.74卢布。

——根据2012年12月4日俄罗斯联邦政府决议第1255号。

从2014年1月1日起——149.88卢布。

——根据2013年12月19日俄罗斯联邦政府法令第1189号。

(4)在享受社会保障和经济优惠政策区域内居住至1995年12月2日的公民,除因有害工作环境应获得的法定假期外,每年还应获得7个日历日额外带薪休假。

根据本条第(1)项、第(2)项和第(4)项的规定,向1991年前离开享受社会保障和经济优惠政策区域但于1995年2月12日返回该区域居住或工作的公民,提供月度补贴金和每年额外带薪假期的,不适用《俄罗斯联邦宪法》第19条(第2部分),第42条和第55条(第2部分)的规定。(详见俄罗斯联邦宪法法院2012年10月24日第23—P号决定)

(5)关于暂时丧失工作能力人员(不考虑保险期限),应按平均收入的100%向其支付临时残疾津贴,并享有俄罗斯联邦社会保险相关生育保险待遇。(根据2009年7月24日俄罗斯联邦第213—FZ,本项于2010年1月1日起生效)

(6)三岁以下儿童有权获得每月乳制品等膳食补贴:

一岁的儿童——230卢布;

二岁至三岁的儿童——200 卢布；

考虑到消费价格指数等因素，从 2012 年 1 月 1 日起，三岁以下儿童每月乳制品等膳食补贴金额调整为：

一岁的儿童——419.82 卢布；

二岁至三岁的儿童——365.06 卢布。

——根据 2011 年 12 月 8 日俄罗斯联邦政府决议第 1019 号。

考虑到消费价格指数等因素，自 2013 年 1 月 1 日起，三岁以下儿童每月乳制品等膳食补贴金额调整为：

一岁的儿童——442.91 卢布；

二岁至三岁的儿童——385.14 卢布。

——根据 2012 年 12 月 4 日俄罗斯联邦政府决议第 1255 号。

考虑到消费价格指数等因素，自 2014 年 1 月 1 日起，三岁以下儿童每月乳制品等膳食补贴金额调整为：

一岁的儿童——465.06 卢布；

二岁至三岁的儿童——404.4 卢布。

——根据 2013 年 12 月 19 日俄罗斯联邦政府法令第 1189 号。

向学前教育机构的儿童提供每月营养补贴 180 卢布。（根据 2013 年 7 月 2 日联邦法律第 185—FZ，本项于 2013 年 9 月 1 日起生效）

考虑到消费价格指数等因素，学前机构儿童每月的营养补贴金额调整为：

从 2012 年 1 月 1 日起——328.57 卢布。

——根据 2011 年 12 月 8 日俄罗斯联邦政府决议第 1019 号。

从 2013 年 1 月 1 日起——346.64 卢布。

——根据 2012 年 12 月 4 日俄罗斯联邦政府决议第 1255 号。

从 2014 年 1 月 1 日起——363.97 卢布。

——根据 2013 年 12 月 19 日俄罗斯联邦政府第 1189 号决议。

本条第（1）项、第（4）项规定的社会公共福利措施，同样适用于 1991 年 1 月 1 日以前在享受社会保障和经济优惠政策区域居住（工作），之后离开，但于 1995 年 12 月 2 日返回该区域居住（工作）的公民。（根据 2013 年 7 月 2 日联邦法律第 151—FZ，本条生效）

第 20 条　撤离至其他其他地区前，经常居住地或工作在强制疏散区公民的损害赔偿和社会公共福利措施

本法第 13 条第(9)项所提及的公民，应当获得本法第 14 条第(11)项和第 18 条第(5)项至第(11)项、第(13)项的社会公共福利措施。

另外，应保证前述公民获得补偿：

(1)依据居住时间获得月度经济补偿：

从 1986 年 4 月 26 日起——60 卢布；

从 1995 年 12 月 2 日起——40 卢布。

自 2012 年 1 月 1 日起，根据撤离至其他地区前，在强制疏散区的居住时间，并考虑消费价格指数等因素，每月货币补偿金额调整为：

从 1986 年 4 月 26 日起——133.73 卢布；

从 1995 年 12 月 2 日起——89.16 卢布。

——根据 2011 年 12 月 8 日俄罗斯联邦政府决议第 1019 号。

自 2013 年 1 月 1 日起，根据撤离至其他地区前，在强制疏散区的居住时间，并考虑消费价格指数等因素，每月货币补偿金额调整为：

从 1986 年 4 月 26 日起——141.09 卢布；

从 1995 年 12 月 2 日起——94.06 卢布。

——根据 2012 年 12 月 4 日俄罗斯联邦政府决议第 1255 号。

自 2014 年 1 月 1 日起，根据撤离至其他地区前，在强制疏散区的居住时间，并考虑消费价格指数等因素，每月货币补偿金额调整为：

从 1986 年 4 月 26 日起——148.14 卢布；

从 1995 年 12 月 2 日起——98.76 卢布。

——根据 2013 年 12 月 19 日俄罗斯联邦政府法令第 1189 号。

居住在该区域，并于 1987 年 4 月 1 日之前出生和正在孕育状态下的儿童，每月给予 60 卢布的货币补偿。

考虑到消费价格指数等因素，居住在该区域，并于 1987 年 4 月 1 日之前出生和正在孕育状态下的儿童，每月货币补偿金额调整为：

从 2012 年 1 月 1 日起——133.73 卢布。

——根据 2011 年 12 月 8 日俄罗斯联邦政府决议第 1019 号。

从 2013 年 1 月 1 日起——141.09 卢布。

——根据 2012 年 12 月 4 日俄罗斯联邦政府决议第 1255 号。

从 2014 年 1 月 1 日起——148. 14 卢布。

——根据 2013 年 12 月 19 日俄罗斯联邦政府法令第 1189 号。

(2)在该区域工作的人员,除提供有害工作条件应获得的假期外,还应获得每年额外带薪休假,并按本部分第(3)项规定一次性支付补偿金:

从 1986 年 4 月 26 日起——21 个日历日;

从 1995 年 12 月 2 日起——7 个日历日。

(3)在该区域内相关法人或组织(不限法律以及所有制形式)中工作的公民,依据其工作时间应获得每月货币补偿金:

从 1986 年 4 月 26 日起——400 卢布;

从 1995 年 12 月 2 日起——200 卢布。

从 2012 年 1 月 1 日起,在该区域内相关法人或组织(不限法律以及所有制形式)中工作的公民,考虑到消费价格指数因素,在疏散前应获得的补偿金为:

从 1986 年 4 月 26 日起——891. 49 卢布;

从 1995 年 12 月 2 日起——445. 72 卢布。

——根据 2011 年 12 月 8 日俄罗斯联邦政府决议第 1019 号。

从 2013 年 1 月 1 日起,在该区域内相关法人或组织(不限法律以及所有制形式)中工作的公民,考虑到消费价格指数因素,在疏散前应获得的补偿金为:

从 1986 年 4 月 26 日起——940. 52 卢布;

从 1995 年 12 月 2 日起——470. 23 卢布。

——根据 2012 年 12 月 4 日俄罗斯联邦政府决议第 1255 号。

从 2014 年 1 月 1 日起,在该区域内相关法人或组织(不限法律以及所有制形式)中工作的公民,考虑到消费价格指数因素,在疏散前应获得的补偿金为:

从 1986 年 4 月 26 日起——987. 55 卢布;

从 1995 年 12 月 2 日起——493. 74 卢布。

——根据 2013 年 12 月 19 日俄罗斯联邦政府法令第 1189 号。

根据居住时间,每月向未工作的退休人员、残疾和残疾儿童支付额外的养老金和福利金:

从 1986 年 4 月 26 日起——555. 96 卢布;

从 1995 年 12 月 2 日起——185.32 卢布。

从 2012 年 1 月 1 日起，每月向未工作的退休人员、残疾和残疾儿童支付额外的养老金和福利金。根据上述人员在强制疏散区域居住时间，并考虑消费价格指数因素：

从 1986 年 4 月 26 日起——1,239.07 卢布；

从 1995 年 12 月 2 日起——413.01 卢布。

——根据 2011 年 12 月 8 日俄罗斯联邦政府决议第 1019 号；

从 2013 年 1 月 1 日起，从 2012 年 1 月 1 日起，每月向未工作的退休人员、残疾和残疾儿童支付额外的养老金和福利金，根据上述人员在强制疏散区域居住时间，并考虑消费价格指数因素：

从 1986 年 4 月 26 日起——1,307.22 卢布；

从 1995 年 12 月 2 日起——435.73 卢布；

——根据 2012 年 12 月 4 日俄罗斯联邦政府决议第 1255 号；

从 2014 年 1 月 1 日起，从 2012 年 1 月 1 日起，每月向未工作的退休人员、残疾和残疾儿童支付额外的养老金和福利金，根据上述人员在强制疏散区域居住时间，并考虑消费价格指数因素：

从 1986 年 4 月 26 日起——1,372.58 卢布；

从 1995 年 12 月 2 日起——457.52 卢布。

——根据 2013 年 12 月 19 日俄罗斯联邦政府法令第 1189 号。

按法定程序登记为失业的公民，应获得每月 200 卢布补助。（按照 2013 年 9 月 1 日联邦法律第 185—FZ，该项于 2013 年 7 月 2 日起生效）

按照法定程序登记失业的公民，在撤离至其他地区，根据其在强制疏散区域居住时间，每月应获得额外补助如下：

从 2012 年 1 月 1 日起——445.72 卢布。

——根据 2011 年 12 月 8 日俄罗斯联邦政府决议第 1019 号。

从 2013 年 1 月 1 日起——470.23 卢布。

——根据 2012 年 12 月 4 日俄罗斯联邦政府决议第 1255 号。

从 2014 年 1 月 1 日起——493.74 卢布。

——根据 2013 年 12 月 19 日俄罗斯联邦政府法令第 1189 号。

（根据 2004 年 8 月 22 日联邦法律第 122—FZ，本项于 2005 年 1 月 1 日起生效）

第 21 条　强制疏散区工作(非居住)公民的伤害补偿和社会公共福利措施

(根据联邦法律 2004 年 8 月 22 日第 122—FZ,本条于 2005 年 1 月 1 日起生效)

本法第 13 条第(10)项所提及的公民(包括临时派遣或派遣的人),根据其在强制疏散区的工作时间,应保证其获得俄罗斯联邦政府规定的补助或补贴,以及根据本法第 20 条第(1)项规定的社会公共福利措施。

第 22 条　在自愿疏散区自愿撤离至安置地公民的损害补偿和社会公共福利措施

(根据 2004 年 8 月 22 日俄罗斯联邦法律第 122—FZ,本条于 2005 年 1 月 1 日起生效)

本法第 13 条第(1)项、第(11)项所提及的公民,应保证其获得本法第 17 条规定的社会公共福利措施。(详见于 1995 年 11 月 24 日联邦法律第 179—FZ,自 1996 年 12 月 11 日联邦法律第 149—FZ 修订,2005 年 8 月 22 日联邦法律第 122—FZ 修订)

自 1986 年 6 月 30 日起,从强制疏散区和自愿疏散区撤离至新安置点的公民,应保证其获得本法第 18 条和第 20 条规定的社会公共福利措施;前述公民[本法第 13 条第(6)项所述的公民除外],如果他们自愿从这些地区迁移到新的安置地,根据切尔诺贝利核事故造成的其他放射性污染地区的居留时间,应保证其享有本法第 17 条规定的社会公共福利措施。与此同时,自愿迁往受切尔诺贝利核事故放射性污染程度较高的地区的公民,无权享有本法第 17 条规定的社会公共福利措施。

自 1994 年 1 月 1 日起,在本法第 7 条规定的放射性污染区内自愿疏散安置的公民(未与有关行政部门达成协议),不得享有本法第 17 条规定的社会公共福利措施。

参加国家认可、由俄罗斯联邦机构预算支持的工人培训、或中等职业教育和高等教育的,前述公民的教育机构组织位于强制疏散区、享受社会保障和经济优惠政策区域的,有权享有本法第 18 条第(1)项、第 19 条第(2)项和第 20 条第(2)项规定的社会公共福利措施。前述公民完成教育培训后或离开后,不享受在该区域的社会公共福利措施权利。

(根据 1995 年 11 月 24 联邦法律第 179—FZ,2013 年 7 月 2 日修订,本

款于2013年9月1日起生效)

第23条　在切尔诺贝利核事故造成放射性污染的区域从事军事服务(服役)的程序及服役人员社会保障

(根据2004年8月22日联邦法律第122—FZ,本条于2005年1月1日起生效)

禁止俄罗斯联邦公民在禁区内服役。

如有必要在疏离区域内执行任务,在该区域开展行动方向、参加人数、人员条件等应事先取得军事医疗和/或医疗咨询委员会同意,除俄罗斯联邦相关紧急状态预案法律另有规定外,相关人员为非生产性年龄(30岁及以上)。

根据其工作时间,决定在禁区内的服役期和更换(转移)程序,同时还应考虑《辐射安全规范》的要求和规则,服役(服务)时间不应超过一年半。

如在医学上无应禁止情况,可在禁区内重新服役(服务),但期限不超过1年。

在禁区内服军役(服务)的军人,无论其职级、职位、武器配备,均有权享有连续30个日历日的额外带薪休假,不包括往返时间和所需预定住宿时间。前述假期,不得迟于服役期满9个月内提供,不允许用金钱补偿假期,假期的积累和转移到服务期的结束。

在禁区内执行任务和执行军务(服务)的时间可计算到服务期内,一个月相当于3个月。(根据2006年7月18日联邦法律第112—FZ,本款于2006年7月20日起生效,溯及至自2002年1月1日的法律关系)

在强制疏散区域进行军事服役(服务),应事先获得军事医疗和(或)医疗咨询委员会认可,相关人员适合在辐射损害的风险增加的条件下工作,并配有强制性个人防辐射保险。

服军役(服务)公民包括在武装部队、国家安全机构、内务部门、铁路军队和其他军事机构中服兵役的军官、少尉、技术军官、士兵和普通工作人员等以及内务部门的军官和普通文职人员、国家消防局工作人员。

在强制疏散区服役的士兵、中士的服务年限计入到其总体服役时长,按1个月相当于2个月计。在强制疏散区的服务年限不得连续超过12个月。在12个月服务期结束后,将享有30个日历日带薪休假,居住在强制疏散区并在该地区服兵役的公民,或者之前疏散人员有权享受医疗和健康改善措施。

在强制疏散区内执行军务(服务)的官员、少尉、准尉和士兵以及超长服役人员在3年后将被替换(重新安置)。替换(变动)程序由俄罗斯联邦政府确定。(详见1995年11月24日联邦法律第179—FZ)

在自愿疏散区和享受社会保障和经济优惠政策区服军役(服务)活动,应按照现行法律进行。在这种情况下,军士和文职在自愿疏散区域服务达12个日历月,有权获得14个日历日的额外带薪假,不包括往返时间。

在上述地区服役的军人(中士和在职士兵除外)有权以规定的方式更换服役地点,并保留原服役地的住所。

在放射性污染地区生活的公民及其家庭成员应享有的其他社会公共福利措施,由俄罗斯联邦政府以及政府授权的其他组织执行。(根据2004年8月22日联邦法律第122—FZ,于2005年1月1日起生效)

第24条　切尔诺贝利核事故受害者的辐射保护和医疗组织

本法第13条所述的公民及其1986年4月26日以后出生的子女,根据《俄罗斯联邦公民免费医疗救助保障规定》和《强制特殊医疗监督》(健康检查)规定,终身享有强制健康保险。(根据2004年8月22日联邦法律第122—FZ,该部分于2005年1月1日起生效)

为受切尔诺贝利核事故影响的公民提供医疗和医疗服务的组织,根据《俄罗斯联邦公民免费医疗救助保障规定》设立为受切尔诺贝利核事故影响的公民提供医疗和医疗服务的组织。(根据2004年8月22日联邦法律第122—FZ,本款于2005年1月1日生效)

地区性强制性医疗保险计划是根据基本计划制定和批准的,其数量、质量和医疗条件不得低于基本计划确定的水平。(根据2004年8月22日联邦法律第122—FZ,自2005年1月1日起生效)

关于公民应享有的医疗条件、范围和待遇,应由联邦中央授权机构负责制定,并同时履行监管职能。

在俄罗斯联邦现行保险医疗保险体制下,此类公民还有权获得俄罗斯联邦境内基本强制医疗保险计划确定的医疗和医疗服务。(根据联邦法律2004年8月22日第122—FZ,自2005年1月1日起生效)

根据现行法律,切尔诺贝利核事故受辐射公民导致疾病和残疾,应与切尔诺贝利核事故辐射因素及其影响之间存在因果关系。(根据联邦法律

2004年8月22日第122—FZ,自2005年1月1日起生效)

已形成的疾病和残疾与切尔诺贝利核事故影响之间是否存在因果关系,由部际专家委员会和军事医疗委员会确定。(根据联邦法律2004年8月22日第122—FZ,自2005年1月1日起生效)

部际专家委员会应根据俄罗斯联邦政府授权机构制定的相关法律,确定上述之间的因果关系。(根据联邦法律2004年8月22日第122—F3,自2005年1月1日起生效)

部际专家委员会和军事医疗委员会的结论是俄罗斯联邦政府建立确定公民残疾程度、公民健康损害赔偿等问题解决方式的依据。(参见1995年11月24日联邦法律第179—FZ)

俄罗斯联邦中央政府授权的各联邦主体行政当局,负责制定由于辐射影响而产生或发生恶化的疾病清单。(部分根据2004年8月22日联邦法律第122—FZ,于2005年1月1日生效;另根据2008年7月23日联邦法第160—FZ,于2009年1月1日起生效)

第6条、第7条、第9条、第11条和第12条中规定的公民(第13条第一部分规定的在享有社会保障和经济优惠区域的公民除外)有权享受本法规定的社会公共福利措施。俄罗斯联邦政府的授权机构应颁发统一类型的特别证书,明确标识此类人员在放射性污染区的停留时间。离开享有社会保障和经济优惠区域的公民,将向其颁发新地区的居住证。

(部分经1995年11月24日联邦法律第179—FZ修订,经联邦法律2004年8月22日第122—FZ修订,于2005年1月1日起生效,部分文字制定根据2016年12月28日联邦法律第509—FZ,于2017年1月9日起生效)

在俄罗斯联邦由于切尔诺贝利核事故而遭受放射性污染的地区,根据国际要求为当地居民提供必要水平的环境保护措施。在这些区域,授权的联邦执行机构根据其能力在辐射安全领域内开展联邦国家环境监督和国家环境监测(国家环境监测),同时根据俄罗斯联邦法律控制和监测人群的内部和外部的辐射剂量。(根据2012年6月25日联邦法律第93—FZ,本款于2012年6月25日起生效)

第24.1条　国家辐射流行病学登记制度

本法第13条第(1)项至第(4)项、第(5)项至第(7)项、第(9)项至第(12)项所述的公民的健康状况和变化情况信息,以及根据第13条第(2)项、第(4)项所规定后代(第一代、第二代和第三代)应当列入国家辐射流行病学登记册。

国家辐射流行病学登记册是为了记录由于切尔诺贝利核事故或者其他辐射事故、核试验和其他辐射事故或事件导致受辐射的公民在世时的健康变化所建立的记录公民个人数据的国家信息系统。

为了对登记公民的健康状况进行强制性特殊医学监督(健康检查),为了向他们提供有针对性的医疗援助,预测医疗放射性后果,包括长期后果,应对国家辐射流行病学登记册进行必要的维护和更新。

国家辐射流行病学登记册应载有登记公民的以下信息:

(1)公民强制养老保险制度的个人账户和保险号码(如有);

(2)注册号码和注册日期;

(3)姓、名、父姓;

(4)出生日期;

(5)性别;

(6)居住地或居住地的地址;

(7)护照或其他身份证件系列、号码、签发日期以及发证机构的名称;

(8)关于确认公民为相应类别的文件信息;

(9)有关公民受到辐射影响的信息;

(10)关于公民在受到辐射之前所患疾病的信息;

(11)强制性特殊医疗监督(体检)结果;

(12)公民从他接触辐射起健康状况变化的信息(如果公民死亡,说明其死因);

(13)删除登记的日期和依据。

国家辐射流行病学登记册的建立和维护由联邦执行机构负责执行,该机构根据俄罗斯联邦政府制定的程序履行制定医疗领域的国家政策和监管以及法律规章的职能。

俄罗斯联邦对国家辐射流行病学登记册的组成和管理提供财政支持。

(本部分根据2012年12月30日联邦法律第329—FZ,自2013年1月11日起另行收录)

第25条　儿童和青少年应享有的社会公共福利措施

18岁以下的青少年和其父母或祖父母、监护人(受托人)居住在强制疏散区和自愿疏散区内，或自禁区撤离至自愿疏散区的，包括撤离时正在宫内孕育的儿童，以及本法第13条第(1)项、第(2)项、第(3)项、第(6)项所提及公民，其在切尔诺贝利核事故所致的核辐射后出生的第一代及后代子女。前述儿童和青少年的父母一方应保证：

(1)在整个治疗期间，陪伴病患儿童在(医生建议的)医疗机构进行治疗。

(2)因门诊治疗期间，需照顾15岁以下患病儿童时，应支付临时残疾津贴，或在医院治疗和预防机构中与儿童共同住院，在暂时丧失工作能力时，应按平均收入的100%支付临时残疾津贴，并享有俄罗斯联邦社会保险相关生育保险待遇。(2009年7月24日的联邦法律第213—FZ，本项自2010年1月1日起生效)

(3)根据初级教育计划、基础教育计划或普通中等教育计划，每月为学生提供35卢布的膳食补助，如果学生因健康原因无法参与教学活动，则每月为参加学前教育的学生项目提供180卢布的营养补助。(根据2013年7月2日联邦法律第185—FZ，本项于2013年9月1日生效)

从2012年1月1日起，考虑消费价格指数原因，每月的补偿金额调整为：

因医疗原因无法上学儿童，其膳食补助——63.9卢布；

因医疗原因未参加学前教育，学龄前儿童的营养补助——328.57卢布。

——根据2011年12月8日俄罗斯联邦政府决议第1019号。

从2013年1月1日起，考虑消费价格指数原因，每月补偿金额为：

因医疗原因无法上学儿童，其膳食补助——67.41卢布；

因医疗原因未参加学前教育，学龄前儿童的营养补助——346.64卢布。

——根据2012年12月4日俄罗斯联邦政府决议第1255号。

从2014年1月1日起，考虑消费价格指数因素，每月补偿金额为：

因医疗原因无法上学儿童，其膳食补助——70.78卢布；

因医疗原因未参加学前教育，学龄前儿童的营养补助——363.97卢布。

——根据2013年12月19日俄罗斯联邦政府法令第1189号。

由于切尔诺贝利核事故原因或其父母之受辐射遗传原因导致生病的儿童和青少年，应获得本法第14条规定的社会公共福利措施。前述社会公共福利措施及于该儿童的后代。(2004年8月22日联邦法律第122—FZ，本款

于2005年1月1日起生效）

第26条　非根据本法提供的社会公共福利措施

（根据2004年8月22日联邦法律第122—FZ，本条于2005年1月1日起生效）

俄罗斯联邦主体、地方自治政府、企业法人及其他组织、工会组织应在其权力范围内采取其他措施提供清洁食品、改善物质条件和生活条件，为受本法规定的公民提供医疗、贸易和运输方面便利服务。（详见1995年11月24日联邦法律第179—FZ）

第27条　在异化和重新安置区恢复人口的重要活动

包括人口回迁等恢复在禁区和强制疏散区居住，只有在上述区域放射性影响减少到不限制正常生活的水平，并为上述区域生活的公民创造必要的生活和工作条件后，才可在公民自愿基础上实现。

是否恢复上述地区的居住，包括人口回迁问题，由俄罗斯联邦政府决定。

第27.1条　切尔诺贝利核事故受到辐射公民的每月货币补助

在相关联邦法律生效之前，根据本法确定其每月应获得的货币补助时，暂不考虑家庭（独居公民）的总收入，以及基于该总收入是否可有获得住房和公用事业补贴的权利。（详见2004年8月22日联邦法律第122—FZ第154条）

符合以下情况的，有权获得每月货币补助：

（1）由于切尔诺贝利核事故造成残疾的人；

（2）本法第13条第（1）项规定的公民；

（3）本法第13条第（3）项规定的公民；

（4）本法第13条第（4）项规定的公民；

（5）根据本法第13条第（6）项规定，自1986年从禁区撤离的公民（包括自愿疏散公民）；

（6）本法第13条第（7）项规定的公民；

（7）本法第13条第（8）项规定的公民；

（8）本法第13条第（9）项规定的公民；

（9）18岁以下的青少年和其父母或祖父母、监护人（受托人）居住在强制疏散区和自愿疏散区内，或自禁区撤离至自愿疏散区的，包括撤离时正在宫内孕育状态的儿童,以及本法第13条第(1)项、第(2)项、第(3)项、第(6)项所提及公民,其在切尔诺贝利核事故所致的核辐射后出生的第一代及后代子女;

(10)经常居住地享有社会保障和经济优惠区的18岁以下的儿童和青少年。

根据本法规定,公民因若干原因有权同时获得本法规定的多种类型货币补偿,其中最高额的货币补偿。

每月货币赔偿的金额为:

(1)由于切尔诺贝利核事故造成残疾的公民——1,544卢布;

(2)本法第13条第(1)项规定的公民——1,544卢布;

(3)本法第13条第(1)项、第(4)项提及的公民和根据本法第13条第(6)项规定,自1986年起,从禁区疏散的公民(包括自愿疏散的)——1,236卢布;

(4)18岁以下的青少年和其父母或祖父母、监护人(受托人)居住在强制疏散区和自愿疏散区内,或自禁区撤离至自愿疏散区的,包括撤离时正在宫内孕育状态的儿童,以及本法第13条第(1)项、第(2)项、第(3)项、第(6)项款所提及公民,其在切尔诺贝利核事故所致的核辐射后出生的第一代及后代子女——772卢布。

本法第13条第(7)项至第(9)项所规定的公民——309卢布。

经常居住地享有社会保障和经济优惠区的18岁以下的儿童和青少年——464卢布。

(根据2009年4月28日联邦法律第72—FZ,于2009年5月5日起生效,其效力溯及至自2009年4月1日以来形成的法律关系)

(根据2016年12月19日联邦法律第444—FZ,该部分自2018年1月1日起生效)

由俄罗斯联邦社会保障机构负责每月货币补偿支付工作。

每月货币补偿方式由联邦执行机构负责,该机构负责制定和实施劳动保护和社会保险领域法律法规、行使监管职能。

(根据2016年12月19日联邦法律第461—FZ,本款于2017年1月1日生效)

第28条　关于公民国家保险(2005年1月1日失效)

(根据2004年8月22日联邦法律第122—FZ,本条自2005年1月1日

起失效）

公民从放射性污染密度较高的地区迁移到放射性污染密度较低的地区作为经常居住地，应根据其在受污染地区的居住时间，支付额外的货币补偿、养老金、福利、奖学金和额外带薪休假。（本款详见1995年11月24日的联邦法律第179—FZ）

在1986年4月26日至1991年1月1日期间，经常居住地在强制疏散区和自愿疏散区的公民，根据上述区域居住时间或在相应地区的工作情况提供社会公共福利措施，起算时间为公民从上述区域迁移之日。前提是该居民没有按照第17条第（7）项、第（8）项或根据本法第22条规定获得住所、为消除切尔诺贝利核事故后影响而拨款建设的福利性房屋。由俄罗斯联邦政府负责制定确认前述区域居住或工作时间程序。确认公民是否享有上述新居住区域住房或贷款的证明文件由俄罗斯各联邦主体有关行政当局签发。（根据1999年7月7日联邦法律第149—FZ，本款于1996年12月17日起生效）

第三章　切尔诺贝利核事故影响公民的养老金规定（第28.1条至第38条）

（序言根据2006年7月18日联邦法律第112—FZ，自2006年7月20日起生效）

第28.1条　为受切尔诺贝利核事故影响的公民提供养老金的一般条件

受切尔诺贝利核事故影响的公民的相关养老金制度，由本法和其他联邦法律负责制定。

根据2013年12月28日联邦法律第400—FZ《关于养老保险金规定》的第8条以及本法第30条至第37条规定，受切尔诺贝利核事故影响的公民，有权根据其年龄领取养老保险金。根据《关于养老保险金规定》，提出申请的俄罗斯公民有权领取至少15年的养老金。根据2001年12月15日联邦法第166—FZ《俄罗斯联邦国家养老保险法》（以下简称《联邦保险养老金法》）确定的个人养老金系数至少为30，申请人至少应具备5年工作经验。

切尔诺贝利核事故影响公民的退休年龄，男性不得低于50岁、女性不得低于45岁（比实际退休年龄最多提前10年）。

在达到《联邦保险养老金法》第30条第（1）项至第（10）项、第16条至第

18 条和第 32 条第(1)项至第(6)项规定的退休年龄之前,本法第 13 条规定的公民按照本法第 30 条至第 37 条规定的方式享有退休的权利,可立即领取养老保险金。缩短退休年龄需根据《联邦保险养老金法》关于“保险养老金”的规定、本法的规定以及当事人的申请。根据上述法定原因,需提前 10 年以上退休,则超出 10 年的部分应与俄罗斯联邦法律对因切尔诺贝利核事故影响公民所规定的有关工作类型及服务期限进行换算,时间截至 2014 年 12 月 31 日,以确定 2015 年之前个人养老金系数的值。

在达到领取养老保险养老金权利的年龄包括提前退休的公民,可以根据《联邦保险养老金法》申请设立养老保险金。同时,前述公民有权在相同的基础上领取养老金。(自 2006 年 7 月 18 日联邦法律第 112—FZ,本款于 2006 年 7 月 20 日起生效,本款适用于自 2002 年 1 月 1 日起发生的法律关系)

第 29 条　因切尔诺贝利核事故致残的公民的养老金以及因切尔诺贝利核事故死亡的公民的家属

本法第 13 条第(1)项、第(2)项规定的公民,可得到如下保证:

(1)根据《联邦保险养老金法》和其他与养老金相关的联邦法律,因切尔诺贝利核事故确定的残疾养恤金,包括本法生效前设立的残疾养恤金。按失去抚养人的抚恤金的顺序分配给因切尔诺贝利核事故死亡的公民的家属。(根据 2006 年 7 月 18 日联邦法律第 112—FZ,本项于 2006 年 7 月 20 日起生效,本项适用于自 2002 年 1 月 1 日起发生的法律关系)

(2)军人和与军人享受同等退休待遇的人员;内务部门指挥官和文职人员、国家消防局官员、国家安全机构、民防机构、特殊责任人员,根据俄罗斯联邦法律规定的程序,参与善后切尔诺贝利核事故的工作人员,因履行军人职责(工作职责)造成军事创伤,成为残疾而失去工作能力的公民。(根据 2002 年 7 月 25 日联邦法律第 112—FZ,本项于 2002 年 7 月 30 日生效)

本条第(1)项所列人员有权享受本法第一章第 14 条第(15)项规定的每月经济补偿。(根据 2004 年 8 月 22 日联邦法律第 122—FZ,本项于 2005 年 1 月 1 日生效)

(3)发放幸存者补贴——参与善后切尔诺贝利核事故的军人、服役人员以及内务部门、国家消防局、国防部门等政府部门的指挥官员、文职人员、工作人员;以及因切尔诺贝利核事故而受伤、脑震荡、丧失劳动能力的公民。

（根据 2002 年 7 月 25 日联邦法律第 116—FZ，本项于 2002 年 7 月 30 日起生效；该规定也适用于 2002 年 1 月 1 日起发生的法律关系）

无行为能力的父母，无论他们是否依赖已故的抚养人；

儿童和 18 岁以下的青少年，以及在教育组织中参与基础教育计划的全日制学生，包括在位于俄罗斯联邦境外教育机构接受教育的学生，如果受教育方向符合俄罗斯联邦已签订的国际条约，直至其完成教育课程，但不超过 25 周岁；（根据 2014 年 7 月 21 日联邦法律第 216—FZ 规定，本项于 2015 年 1 月 1 日起生效）

配偶（妻子、丈夫），无论该配偶是否工作，只要其专职负责照顾抚养人和未满 14 周岁的孩子；

配偶（妻子、丈夫），无论他们的依赖程度如何，只要在抚养人死亡时或残疾发生之前，其妻子年满 50 周岁和丈夫年满 55 周岁。

无论其他类型的养老金、补助金和收入如何，在失去抚养人的情况下，向家庭成员提供养老金。

本条中规定的完全或部分丧失工作能力人员，每 5 年内由联邦医疗和社会专业机构进行一次医学复检，直到公民达退休年龄并失去劳动能力。（本项部分规定根据 2006 年 7 月 18 日联邦法律第 112—FZ，自 2006 年 7 月 20 日起生效）

第 30 条　关于在禁区内清理切尔诺贝利核事故的公民的养老金规定

本法第 13 条第（3）项规定的公民（1986 年至 1987 年参加了消除切尔诺贝利核事故后果的工作），应享有以下权利：

（1）比根据《联邦保险养老金法》第 8 条规定的退休年龄提前 10 年退休，不论在禁区内工作时间。（根据 2006 年 7 月 18 日的联邦法律第 112—FZ，本项于 2006 年 7 月 20 日生效，适用于自 2002 年 1 月 1 日以来出现的法律关系。本项内容来源于 2014 年 7 月 21 日制定，2015 年 1 月 1 日生效的联邦法律第 216—FZ）

（2）根据 2006 年 7 月 18 日联邦法律第 112—FZ，本项于 2006 年 7 月 20 日生效，适用于自 2002 年 1 月 1 日以来出现的法律关系。

本法第 13 条第（4）项规定的公民（参与 1988 年至 1990 年消除切尔诺贝利核事故后果的工作），应享有以下权利：

（1）比根据《联邦保险养老金法》第 8 条规定的退休年龄提前 5 年，不论在禁区内工作时间长短。(根据 2006 年 7 月 18 日联邦法律第 112—FZ,本项于 2006 年 7 月 20 日起生效,适用于自 2002 年 1 月 1 日以来出现的法律关系。本项内容来源于 2014 年 7 月 21 日制定,2015 年 1 月 1 日生效的联邦法规第 216—FZ)

(2)根据联邦法律 2006 年 7 月 18 日第 112—FZ,本项于 2006 年 7 月 20 日起生效,其效力适用于自 2002 年 1 月 1 日以来出现的法律关系。

第 31 条　切尔诺贝利核电厂从事运营工作和在禁区工作的公民的养老金规定

本法第 13 条第(5)项规定的公民(包括临时派遣人员或派遣人员)有权根据《联邦保险养老金法》第一章第 30 条第 1 款规定,平等享有领取养老金的权利。根据俄罗斯联邦政府的决定,上述公民的工作(服务)符合《联邦保险养老金法》第 30 条第 1 款第(1)项至第(10)项的规定的,享有提前分配养老金的权利。(根据 2006 年 7 月 20 日联邦法律第 112—FZ,本条于 2006 年 7 月 20 日修订,适用于自 2002 年 1 月 1 日以来出现的法律关系。本条内容来源于 2014 年 7 月 21 日制定 2015 年 1 月 1 日生效的联邦法律第 216—FZ)

第 32 条　从禁区和强制疏散区撤离公民的养老金规定

本法第 13 条第(6)项规定的公民:

(1)从禁区撤离时,无论在禁区时间长短,根据《联邦保险养老金法》第 8 条规定可提前 10 年享有退休金。(根据 2006 年 7 月 18 日联邦法律第 112—FZ,本项于 2006 年 7 月 20 日生效,适用于自 2002 年 1 月 1 日以来出现的法律关系。本项内容来源于 2014 年 7 月 21 日制定 2015 年 1 月 1 日生效的联邦法律第 216—FZ)

(2)根据《联邦保险养老金法》第 8 条规定,强制疏散区撤离的公民,可提前 3 年领取养老金,而且在强制疏散区每居住或工作一年即可再提前 6 个月,但总共不超过 7 年。(根据 2006 年 7 月 18 日联邦法律第 112—FZ,本项于 2006 年 7 月 20 日生效,适用于自 2002 年 1 月 1 日以来出现的法律关系。本项内容来源于 2014 年 7 月 21 日制定 2015 年 1 月 1 日生效的联邦法律第 216—FZ)

被强制迁移的公民,在重新安置前可保留在本年度内收到的所有类型的补偿和福利。(根据 2006 年 7 月 18 日联邦法律第 112—FZ,本项于 2006 年 7 月 20 日生效,适用于自 2002 年 1 月 1 日以来出现的法律关系)

第 33 条　自愿疏散区公民的养老金规定

（详见 1995 年 11 月 24 日联邦法律第 179—FZ）

本法第一章第 13 条第（7）项规定的公民，按照《联邦保险养老金法》第 8 条规定可提前 2 年退休，另外在自愿疏散区居住或工作每满 3 年则可提前 1 年退休，但总共不超过 5 年。（根据 2006 年 7 月 18 日联邦法律第 112—FZ，本条于 2006 年 7 月 20 日生效，适用于自 2002 年 1 月 1 日以来出现的法律关系。本条内容来源于 2014 年 7 月 21 日制定 2015 年 1 月 1 日生效的联邦法律第 216—FZ）

第 34 条　经常居住地在享有社会保障和经济优惠政策区的公民的养老金规定

（详见 1995 年 11 月 24 日联邦法律第 179—FZ）

本法第一章第 13 条第（8）项规定的公民，应根据《联邦保险养老金法》第 8 条规定提前 1 年享有养老金，在享有社会保障和经济优惠政策区每居住或工作满 4 年即可再提前 1 年享有养老金，但总共不超过 3 年。（根据 2006 年 7 月 18 日的联邦法律第 112—FZ，本条于 2006 年 7 月 20 日生效，适用于自 2002 年 1 月 1 日以来出现的法律关系。本条内容来源于 2014 年 7 月 21 日制定 2015 年 1 月 1 日生效的联邦法律第 216—FZ）

第 35 条　在迁移到其他地区前，经常居住地在强制疏散区内的公民的养老金规定

（详见 1995 年 11 月 24 日联邦法律第 179—FZ）

本法第一章第 13 条第（9）项规定的公民按照《联邦保险养老金法》第 8 条规定可提前 3 年退休，另外在该区居住或工作每满 1 年则可提前 6 个月退休，但总共不超过 7 年。（根据 2006 年 7 月 18 日联邦法律第 112—FZ，本条于 2006 年 7 月 20 日起生效，适用于自 2002 年 1 月 1 日以来出现的法律关系。本条内容来源于 2014 年 7 月 21 日制定，2015 年 1 月 1 日生效的联邦法律第 216—FZ）

注：本法第 32 条至第 35 条规定的减少退休年龄，最初目的是为从切尔诺贝利核事故发生之日到 1986 年 6 月 30 日间在放射性污染的土地上居住或生活（工作）的公民提供福利措施，且不考虑公民在指定地区停留的时间，直至该公民被重新安置或至俄罗斯联邦政府决定改变 1995 年 11 月 24 日联邦法律第 179—FZ 规定的放射性污染区界限时为止。

第 36 条　在强制疏散区工作的公民(非居住)的养老金规定

本法第 13 条第(10)项规定的公民,根据本法第 35 条规定,按照在强制疏散区实际工作时间享有养老金。(根据 2006 年 7 月 18 日联邦法律第 112—FZ,本条于 2006 年 7 月 20 日起生效,适用于自 2002 年 1 月 1 日以来出现的法律关系)

第 37 条　从自愿疏散区自愿疏散至新地区安置的公民的养老金规定

本法第一章第 13 条第(11)项规定的公民,按照本法第 33 条的规定领取养老金。(根据 2006 年 7 月 18 日联邦法律第 112—FZ,本条于 2006 年 7 月 20 日起生效,适用于自 2002 年 1 月 1 日以来出现的法律关系)

第 38 条　计算养老金的平均月收入(于 2005 年 1 月 1 日失效)

根据 2004 年 8 月 22 日联邦法律第 122—FZ,本条自 2005 年 1 月 1 日起失效。

第四章　公民因切尔诺贝利核事故而对健康造成的损害赔偿
(第 39 条至第 42 条)

(本章规定在 1995 年 11 月 24 日联邦法律第 179—FZ 中)

第 39 条　因切尔诺贝利核事故受伤害或导致其他疾病的公民,因切尔诺贝利核事故而死亡、残疾的公民及其家庭成员的健康损害赔偿

(本条的标题在 1995 年 11 月 24 日联邦法律第 179—FZ 中)

本章第 13 条第(1)项、第(2)项中提及的公民,每年可获得因切尔诺贝利核事故造成的健康损害赔偿金额如下:

(详见 1995 年 11 月 24 日联邦法律第 179—FZ)

Ⅰ级和Ⅱ级的残疾人——500 卢布;

(根据 2000 年 8 月 7 日联邦法律第 122—FZ,本条于 2001 年 1 月 1 日起生效)

Ⅲ级和由于切尔诺贝利核事故导致放射病和其他疾病的健全人(包括儿童和青少年)和残疾人——400 卢布。(本款详见 1995 年 11 月 24 日联邦法律第 179—FZ,该法自 2001 年 1 月 1 日起由 2000 年 8 月 7 日联邦法律第 122—FZ 修订)

自 2012 年 1 月 1 日起,考虑到消费价格指数因素,每年对健康的伤害赔偿为:

Ⅰ级和Ⅱ级的残疾人——1,114.37 卢布；

Ⅲ级和由于切尔诺贝利核事故导致放射病和其他疾病的健全人（包括儿童和青少年）和残疾人——891.49 卢布。

——根据 2011 年 12 月 8 日俄罗斯联邦政府决议第 1019 号。

自 2013 年 1 月 1 日起，考虑到消费价格指数因素，每年对健康的伤害赔偿为：

Ⅰ级和Ⅱ级的残疾人——1,175.66 卢布；

Ⅲ级和由于切尔诺贝利核事故导致放射病和其他疾病的健全人（包括儿童和青少年）和残疾人——940.52 卢布。

——根据 2012 年 12 月 4 日俄罗斯联邦政府决议第 1255 号。

自 2014 年 1 月 1 日起，考虑到消费价格指数因素，每年对健康的伤害赔偿为：

Ⅰ级和Ⅱ级的残疾人——1,234.44 卢布；

Ⅲ级和由于切尔诺贝利核事故导致放射病和其他疾病的健全人（包括儿童和青少年）和残疾人——987.55 卢布。

——根据 2013 年 12 月 19 日俄罗斯联邦法令第 1189 号。

考虑到俄罗斯联邦强制医疗复检时发现了更多的残疾人，因本法第 13 条第（2）项规定的由切尔诺贝利核事故致残的公民，可按规定数额获得一次性健康损害赔偿金：（详见 1995 年 11 月 24 日联邦法律第 179—FZ）

Ⅰ级残疾人——10,000 卢布；（根据 2002 年 1 月 1 日联邦法律第 122—FZ，本条款于 2000 年 8 月 7 日起生效）

Ⅱ级残疾人——7,000 卢布；（根据 2002 年 1 月 1 日联邦法律第 122—FZ，本条款于 2000 年 8 月 7 日起生效）

Ⅲ级残疾人——5,000 卢布。（根据 2002 年 1 月 1 日联邦法律第 122—FZ，本条款于 2000 年 8 月 7 日起生效）

自 2012 年 1 月 1 日起，考虑到消费价格指数因素，对健康造成损害的一次性赔偿总额调整为：

Ⅰ级残疾人——22,287.16 卢布；

Ⅱ级残疾人——15,601.02 卢布；

Ⅲ级残疾人——11,143.6 卢布。

——根据 2011 年 12 月 8 日俄罗斯联邦政府决议第 1019 号。

自2013年1月1日起,考虑到消费价格指数因素,对健康造成损害的一次性赔偿总额调整为:

Ⅰ级残疾人——23,512.95卢布;

Ⅱ级残疾人——16,459,08卢布;

Ⅲ级残疾人——11,756.5卢布。

——根据2012年12月4日俄罗斯联邦政府决议第1255号。

自2014年1月1日起,考虑到消费价格指数因素,对健康造成损害的一次性赔偿总额调整为:

Ⅰ级残疾人——24,688.6卢布;

Ⅱ级残疾人——17,282.03卢布;

Ⅲ级残疾人——12,344.33卢布。

——根据2013年12月19日俄罗斯联邦法令第1189号。

如果经联邦医疗和社会专业机构复查确认残疾等级加重,则根据新认定的残疾程度支付一次性补偿金,收回先前支付的一次性补偿金。(本款部分条款来源于2006年7月8日制定,2006年7月20日生效联邦法律第112—FZ)

因切尔诺贝利核事故而失去抚养人的家庭将获得一次性赔偿10,000卢布,死者的父母为5,000卢布。(根据2006年7月8日联邦法律第112—FZ,本项于2006年7月20日起生效)

自2012年1月1日起,考虑到消费价格指数因素,一次性赔偿总额为:

因切尔诺贝利核事故而失去抚养人的家庭将获得一次性赔偿金额——22,287.16卢布;

死者的父母——11,143.6卢布。

——根据2011年12月8日俄罗斯联邦政府决议第1019号。

自2013年1月1日起,考虑到消费价格指数因素,一次性赔偿总额为:

因切尔诺贝利核事故而失去抚养人的家庭将获得一次性赔偿金额——23,512.95卢布;

死者的父母——11,756.5卢布。

——根据2012年12月4日俄罗斯联邦政府决议第1255号。

自2014年1月1日起,考虑到消费价格指数因素,一次性赔偿总额为:

因切尔诺贝利核事故而失去抚养人的家庭将获得一次性赔偿金额——

24,688.6 卢布；

死者的父母——11,756.5 卢布。

——根据 2013 年 12 月 19 日俄罗斯联邦法令第 1189 号。

第 40 条　参与切尔诺贝利核事故后果清理的公民的健康损害赔偿

(详见 1995 年 11 月 24 日联邦法律第 179—FZ)

对本法第 13 条第(3)项规定的公民每年支付 300 卢布的赔偿金。

(根据 2000 年 8 月 7 日联邦法律第 122—FZ,本项于 2001 年 1 月 1 日生效)

根据本法第 13 条第(3)项规定,每年向公民提供健康损害赔偿,考虑到消费价格指数因素,具体标准如下：

自 2012 年 1 月 1 日起——668.62 卢布；

——根据 2011 年 12 月 8 日俄罗斯联邦政府决议第 1019 号。

自 2013 年 1 月 1 日起——705.39 卢布；

——根据 2012 年 12 月 4 日俄罗斯联邦政府决议第 1255 号。

自 2014 年 1 月 1 日起——740.66 卢布；

——根据 2013 年 12 月 19 日俄罗斯联邦法令第 1189 号。

根据本法第 13 条第(4)项的规定,在 1988 年参加清理切尔诺贝利核事故的公民,每年应获得 200 卢布赔偿。(根据 2000 年 8 月 7 日联邦法律第 122—FZ,本项于 2001 年 1 月 1 日起生效)

考虑到消费价格指数因素,本法第 13 条第(4)款规定的公民,在 1988 年参加清理切尔诺贝利核事故的,每年的健康损害赔偿标准调整为：

自 2012 年 1 月 1 日起——445.72 卢布；

——根据 2011 年 12 月 8 日俄罗斯联邦政府决议第 1019 号。

自 2013 年 1 月 1 日起——470.23 卢布；

——根据 2012 年 12 月 4 日俄罗斯联邦政府决议第 1255 号。

自 2014 年 1 月 1 日起——493.74 卢布；

——根据 2013 年 12 月 19 日俄罗斯联邦法令第 1189 号。

本法第 13 条第(4)项规定的公民,在 1989 年至 1990 年间参与清理切尔诺贝利核事故的,每年可得到 100 卢布的赔偿。(根据 2000 年 8 月 7 日联邦法律第 122—FZ,本项于 2001 年 1 月 1 日起生效)

考虑到消费价格指数因素,本法第 13 条第(4)项规定,在 1989 年至

1990 年间参与清理切尔诺贝利核事故的公民,其健康损害赔偿调整为:

自 2012 年 1 月 1 日起——222.88 卢布;

——根据见 2011 年 12 月 8 日俄罗斯联邦政府决议第 1019 号。

自 2013 年 1 月 1 日起——235.14 卢布;

——根据 2012 年 12 月 4 日俄罗斯联邦政府决议第 1255 号。

自 2014 年 1 月 1 日起——246.9 卢布;

——根据 2013 年 12 月 19 日俄罗斯联邦法令第 1189 号。

第 41 条　因参与切尔诺贝利核事故污染清理失去抚养人的家庭的赔偿

因参与切尔诺贝利核事故污染清理而失去抚养人的家庭,其全部成员均有权按月取得赔偿金。在此种情况下,无论抚养人的子女是否具备独立经济能力,其均有权每月取得赔偿金。

每个家庭成员取得的赔偿金为 92.66 卢布,不包括俄罗斯联邦法律规定的公民应获得的其他补助或赔偿金。若针对同一事项存在两种赔偿,受偿者应当选择其中的一种赔偿方式。

考虑到消费价格指数因素,不考虑养老金的数额,对参与切尔诺贝利核事故污染清理而失去抚养人的家庭成员,每月赔偿金如下:

自 2012 年 1 月 1 日起——169.13 卢布;

——根据 2011 年 12 月 8 日俄罗斯联邦政府决议第 1019 号。

自 2013 年 1 月 1 日起——178.43 卢布;

——根据 2012 年 12 月 4 日俄罗斯联邦政府决议第 1255 号。

自 2014 年 1 月 1 日起——187.35 卢布;

——根据 2013 年 12 月 19 日俄罗斯联邦法令第 1189 号。

失去抚养人的儿童,每年应获得 100 卢布的补助。

考虑到消费价格指数因素,失去抚养人的儿童每年应获得的补助调整为:

自 2012 年 1 月 1 日起——222.88 卢布;

——根据 2011 年 12 月 8 日俄罗斯联邦政府决议第 1019 号。

自 2013 年 1 月 1 日起——235.14 卢布;

——根据 2012 年 12 月 4 日俄罗斯联邦政府决议第 1255 号。

自 2014 年 1 月 1 日起——246.9 卢布;

——根据 2013 年 12 月 19 日俄罗斯联邦法令第 1189 号。

第 42 条　因切尔诺贝利核事故健康受损的公民和失去抚养人家庭的赔偿

(详见于 1995 年 11 月 24 日联邦法律第 179—FZ)

因切尔诺贝利核事故健康受损的公民和失去抚养人家庭的赔偿,不受其他收入(支付)的影响。

第五章　与切尔诺贝利核事故相关的企业、机构、组织和公共协会的权利

第 43 条　与切尔诺贝利核事故相关的企业、机构、组织和公共社团的权利

(根据 2001 年 8 月 6 日联邦法律第 110—FZ,本条自 2002 年 1 月 1 日起失效)

位于相关污染区域内的企业、机构、组织,享有重新安置的权利如下(根据 2001 年 8 月 6 日的联邦法律第 110—FZ,本条自 2002 年 1 月 1 日起失效):

为了转移产品和生产环保无辐射产品,企业、机构、组织享有优先享受国家财政部门发放贷款的权利。(本款自 2002 年 1 月 1 日起失效—2001 年 8 月 6 日联邦法律的第 110—FZ)

第 44 条　公共社团的权利

受切尔诺贝利核事故影响的民间公共社团(非政党联盟和商业联盟),包括从事涉及切尔诺贝利核事故的慈善事业为法定活动目的的基金组织(非国际组织),根据俄罗斯联邦法律享受税收优惠。(详见 1995 年 11 月 24 日联邦法律第 179—FZ)

第 45 条　对公民和法人在放射性污染区实施采取的保护措施

在受核辐射污染地区生产食品和其他消费品的程序以及相应的组织,由俄罗斯联邦政府授权的机构负责制定。(本部分内容根据 2007 年 11 月 8 日的联邦法律第 258—FZ,于 2007 年 11 月 25 日起生效)

公民和法人应预先采取各种保护措施以恢复受辐射污染区生态,包括利用其所有的产品和食物将核辐射物含量降低至俄罗斯联邦政府授权机构设定的标准以下,由俄罗斯联邦政府决定以何种方式补偿公民和法人实施此述措施的全部费用。

不得生产核辐射物质含量超过俄罗斯联邦政府授权机构指定标准的产

品、食品和消费品。购买或销售上述产品或食品者,将受到当地有权机关的惩罚。

依据俄罗斯联邦法律,违反本条规定的个人将承担相应的行政和刑事责任。

第 46 条　切尔诺贝利核事故信息公开制度

俄罗斯联邦的公民和公共社团应享有获取有关切尔诺贝利核事故全部和真实信息的权利,包括其居住地的核辐射水平、食物和其他财产受核辐射水平以及核安全地区的条件等。

上述信息应由俄罗斯联邦政府授权的机构(组织)提供。

根据俄罗斯联邦法律,上述机构(组织)办公室应当承担就切尔诺贝利核事故发布错误或虚假信息的责任。

第六章　法 律 责 任
(第 47 条至第 49 条)

第 47 条　负责俄罗斯联邦政府有关切尔诺贝利核事故的法律实施机构

俄罗斯联邦政府和国家核辐射受害者保护组织,对因受核辐射影响的受害者和污染区提供法律和社会保护。

俄罗斯联邦政府负责本法的实施工作,受俄罗斯联邦政府管控下的地方自治组织、商业联盟和政公共社团是为受到切尔诺贝利核事故影响的公民和参与污染清理的公民提供服务的法定执行机构。(详见 1995 年 11 月 24 日联邦法律第 179—FZ)

第 48 条　违反俄罗斯联邦关于切尔诺贝利核事故相关法律的责任

违反本法以及俄罗斯联邦制定的其他法律的机关和政府官员,应当依据俄罗斯联邦法律承担相应的行政、刑事责任以及纪律责任,并应受到实际处罚。

在此种情形下,法院和仲裁庭的法官应当遵守以下规则。(本款于 1997 年 11 月 22 日被 1997 年 11 月 16 日的联邦法律第 144—FZ 修订,并经 2004 年 8 月 22 日联邦法律第 144—FZ 确认,于 2005 年 1 月 1 日起生效)

应当考虑执行本法律所需要的任何层级的官方法律文件。(2004 年 8 月 22 日联邦法的第 122—FZ,本款于 2005 年 1 月 1 日起生效)

第 49 条　对切尔诺贝利核事故的外籍受害者的赔偿和社会公共福利措施

切尔诺贝利核事故的受害者和参与清理切尔诺贝利核事故的人员，从乌克兰、白俄罗斯共和国或俄罗斯联邦外的其他任何国家，迁移至俄罗斯联邦并取得永久居留权，均可获得依据本法提供的社会公共福利措施。（本条经由 2004 年 8 月 22 日第 122—FZ 确认，并于 2005 年 1 月 1 日生效）

俄罗斯联邦总统叶利钦

莫斯科，俄罗斯苏维埃社会主义联邦共和国

1991 年 5 月 15 日

第 1244—1 号令

十七、乌克兰

核损害核能利用和辐射安全法(节选)

(乌克兰公报1995年第12期第81页　后经系列修订)

一般规定

第1条　基本术语和定义

本法基本术语和定义如下:

核能利用,是指一系列与核材料或核技术有关的活动,包括核材料、电离辐射源在科学、制造、医药等行业的利用,以及铀矿冶和放射性废物管理活动;

源材料,是指含铀的同位素,天然铀,贫化铀,钍,任何这些物质金属、合金、化合物或精矿的形式;任何依法律、法规和标准设定安全浓度的其他含有这些物质中的一种或多种的物质;

电离辐射源(物理现象除外),是指含有放射性物质的核设施或放射性设施在某些条件下发射电离辐射或用于发射电离辐射的相关设备;

质量保证,是指一套计划和对计划系统地实施,以达到对开展的活动有信心符合安全相关法律、法规和标准之规定;

关闭,是指核设施在指定运营时间后已完成所有操作,将放射性废物放置贮存设施中进行处置,包括完成最终工程或其他需要长时间贮存工作以保持设施处于安全状态;

[第1条第1款第(6)项经《第N1673—III号法》(1673—14)补充2000年4月20日]

处置放射性废物,是指处置无意进一步使用的放射性物质和用于放射性废物管理材料中的废物;用于放射性物质监控、建筑物、房屋或设备操作

产生的废物;加工,包括预处理、分类、运输、贮存或处置放射性废物,以及退役后核设施实现放射性废物管理设施所产生的废物;

[第 1 条第 1 款第(8)项经《第 N1673—III 号法》(1673—14)修订 2000 年 4 月 20 日]

运输,是指运送放射性物质和包装容器有关的活动,含装载、发送、运货,包括过境贮存、卸货和验收;

[第 1 条第 1 款第(9)项经《第 887—IV 号法》(887—15)修订 2003 年 5 月 22 日]

放射性废物管理,是指处置放射性废物的活动,涉及放射性废物处理设施的运营和建造,包括分类、去污、包装、运输、贮存或/和退役的所有活动;

[第 1 条第 1 款第(10)项经《第 1673—III 号法》(1673—14)修订 2000 年 4 月 2 日]

辐射安全,是指遵照安全法律、规则和标准,限制辐射对工作人员、公众和环境的影响;

辐射事故(事故),是指核事故或电离辐射源丢失,并导致对人类和环境的辐射照射超过法律、规则和标准的限值;

辐射防护,是指一套辐射卫生、设计、技术和组织措施,旨在保障辐射安全;

放射性废物,是指放射性物质中放射性核素的活性或放射性污染物超出法律规定的限度,并不预期使用这些物质;

(第 1 条经《第 684/97—BP 号法》修订 1997 年 12 月 3 日)

放射性物质,是指电离辐射源、核材料和放射性废物;

[第 1 条第 1 款第(15)项经《第 1417—IV 号法》(1417—15)补充 2004 年 2 月 3 日]

特殊可裂变材料,是指钚 -239;铀 -233;任何富含同位素 235 和 233 的铀物质中的一种或多种物质;

放射性废物处理,是指具有放射性废物处理许可证的法人,其处理、运输、贮存和(或)处置放射性废物的活动;

核安全,是指遵守法律、法规和标准以确保核设施与核材料使用安全;

核设施,是指生产核燃料的设施、核临界设施、核反应堆等,临界和亚临界研究堆,核电厂,核燃料浓缩和加工厂,以及乏燃料贮存设施;

(第1条第1款经《第4175—VI号法》修订 1997年12月3日;又经第N684/97—BP号法修订 2011年2月12日)

核设施,是指用于处理核材料并设计和技术特性使其不能出现自持链式核裂变反应;核技术应用设施包括亚临界组件,用于亚临界设施管理的中子源、电子或质子线性加速器等装置,其设计和技术特性使其不能出现自持链式核裂变反应;

[第1条第1款经《第4175—VI号法》(4175—17)补充 2011年12月20日]

核事故,是指造成核损害的任何事件或一系列相同来源事件;

(第1条第1款经《第684/97—BP号法》修订 1997年12月3日)

核材料,是指任何源材料或特殊易裂变材料;

(第1条第1款经《第N684/97—BP号法》修订 1997年12月3日)

核损害,是指生命丧失、人身健康或财产损失,或损失导致的财产或其他损失;

(第1条第1款经《第684/97—BP号法》修订 1997年12月3日)

第十三章 核损害风险

第72条 营运人核损害责任

营运人无论是否存在过错,依法承担核损害绝对责任,第73条第2款规定的情形除外。

除营运人外,任何人均不承担核损害责任,本法另有规定除外。

(第72条第2款经《第N684/97—BP号法》补充 1997年12月3日,经《第684/97—VR号法》修订 1997年12月3日)

第73条 营运人的责任转移

当核损害是发生在核设施以外并涉及向该核设施的运输过程中由核材料引起的核事故造成时,该核设施营运人根据书面合同约定,已自另一核设施营运人接收这项核材料之后发生的核损害承担的责任。

(第73条第1款经《第684/97—VR号法》修订 1997年12月3日)

营运人核损害责任豁免

核损害如果是直接因为具有特殊性质的自然灾害、武装冲突、敌对行动、内战或暴动导致的核事故造成的,营运人不承担核损害责任。

(第 73 条第 3 款经《第 N684/97—BP 号法》修订　1997 年 12 月 3 日)

如果核损害责任人为多个营运人,这些营运人应承担连带责任。

如果各营运人对核损害责任的比例分担是不合理的,这些营运人共同承担核损害责任。但无论如何,每个营运人的责任都不超过本法第 75 条规定的赔偿数额。

(第 73 条第 3 款经《第 N684/97—BP 号法》补充　1997 年 12 月 3 日)

核材料运输期间造成核损害

途径乌克兰领土的核材料运输,负责核承运人使用的是托运人或承运人的运输车辆,责任转移的时间依合同约定。如果托运人和收货人之间没有签订合同约定,则托运人责任直到将货物转交给收货人为止。

(第 73 条第 4 款经《第 N684/97—BP 号法》修订　1997 年 12 月 3 日)

如果营运人证明核损害完全或者部分是由于受害人的重大过失,或由于此人的故意作为或不作为而导致该人受到损害,营运人可通过法院的裁定,完全或部分免除对该受害人的损害赔偿义务。

(第 73 条第 5 款经《第 N684/97—BP 号法》补充　1997 年 12 月 3 日)

本条规定不适用于核损害责任是由直接造成核损害的营运人的核设施或在该厂址任何财产所受损害或损失,或运输核材料的运输工具的损害赔偿。

(第 73 条第 6 款经《第 684/97—VR 号法》补充　1997 年 12 月 3 日)

与造成核损害有关的法律关系,本法规定的部分优于乌克兰民事法律。

本法适用于切尔诺贝利核电厂核损害的赔偿。

(第 73 条第 8 款经《第 N5460—VI 号法》(5460—17)修订 2012 年 10 月 16 日)

(第 73 条经《第 684/97—VR 号法》修订　1997 年 12 月 3 日)

第 74 条　与核损害不可分离的非核损害

核损害和非核损害共同造成的核事故,非核损害如果不能从核损害合理分离,则推定为核事故造成的核损害。

第 75 条　营运人责任限额

营运人对核损害的责任限额,相当于每个核事故 5,000 万特别提款权,特别提款权指国际货币基金组织规定并用于自己经营和业务的计算单位。

法院判决核损害赔偿数额不含诉讼费用或利息。

(第75条经《第684/97—BP号法》修订　1997年12月3日)

第76条　核损害案件的索赔时效

涉及核损害对人的生命和健康造成损害的诉讼,不受以下时效影响。

(第76条第1款经《第684/97—BP号法》修订　1997年12月3日)

造成财产或环境损害,受害人核损害赔偿的诉讼权利自受损害之日起10年内。

如果核损害是由涉及被盗、丢失或遗弃未受保护核材料的核事故造成的,在这个核事故中的核材料被盗、丢失、抛弃或无人照看至根据本条第2款确定的期限,从这次核事故发生之日起扣除,但无论如何,自事故发生之日起不超过20年。

(第76条第3款经《第684/97—BP号法》补充　1997年12月3日)

人身伤害的诉讼权利,则依本条第2款、第3款之规定将受害人受到核损害之日起3年届满,从受害人知道或应该知道损害的时间起算,条件是不超过依本条第2款、第3款规定的时效。

(第76条第4款经《第684/97—BP号法》补充　1997年12月3日)

第77条　核损害赔偿保险和其他财务保证

营运人应提供保险或其他财务保证,核损害赔偿数额和条件由乌克兰内阁决定。

如果营运人的保险或其他财务保证不足以赔偿核损害,在这种情况下,国家提供补偿。

国家有权依本法第75条向未提供规定数额的保险或其他财务保证的营运人追偿。

(第77条第3款经《第684/97—BP号法》补充　1997年12月3日)

(第77条经《第684/97—VR号法》修订　1997年12月3日)

第78条　工作人员核损害赔偿

保险或报销

核损害赔偿包含社会保险基金和社会保障基金的健康保险支付,以及在核损害情况下支付参与事故处理的工作人员因事故导致的疾病赔偿。

(第78条经《第684/97—VR号法》修订　1997年12月3日)

第 79 条　营运人的追索权

营运人仅在两种情况下取得追索权：

书面协议中约定了这项权利；

因受害人过失或故意的作为或不作为而造成的损害。

（第 79 条经《第 684/97—VR 号法》修订　1997 年 12 月 3 日）

第 80 条　索赔案件审理

在乌克兰境内发生的核事故涉及核损害赔偿的索赔案件，除非另有规定，乌克兰法院依加入的核损害责任国际公约审理。

十八、白俄罗斯

原子能利用法(节选)

(2008 年 6 月 24 日议会下院通过　2008 年 6 月 28 日议会上院批准　编号 426－3)

第九章　因从事原子能利用活动发生辐射事故造成损害的责任;违反原子能利用法律的责任

第 35 条　从事原子能利用活动发生辐射事故造成损害的赔偿

组织和公民依本法和其他法律有权对从事原子能利用活动发生辐射事故造成损害的营运人索赔。

第 36 条　从事原子能利用活动发生辐射事故造成损害的责任限额和赔偿的特殊性

对从事原子能利用活动发生辐射事故造成损害的赔偿由白俄罗斯共和国总统或授权白俄罗斯共和国政府确定其责任限额。

对从事原子能利用活动发生辐射事故造成损害的责任限额不得少于白俄罗斯共和国加入的国际条约所规定的限额。

为保证对从事原子能利用活动发生辐射事故造成损害的赔偿,营运人应提供财务保证,其资金来源与限额由白俄罗斯共和国政府依据白俄罗斯参加的国际条约,经白俄罗斯共和国总统同意后确定。

第 37 条　从事原子能利用活动发生辐射事故给环境造成损害的赔偿

营运人对从事原子能利用活动发生辐射事故给环境造成的损害承担赔偿责任。

如果营运人全部或部分拒绝对从事原子能利用活动发生辐射事故给环

境造成损害的赔偿,从事环境保护监督的国家机关在其权限内或由检察长提起损害赔偿诉讼。

第38条　违反原子能利用法律的责任

国家机关公职人员,包括国家原子能利用管理机关、原子能利用国家安全监管机关、地方管理与自治机关、营运人、为从事原子能利用活动完成任务和(或)提供服务组织的工作人员,以及违反原子能利用法律的其他人员,应承担纪律责任、行政责任、刑事责任和(或)其他责任。

十九、立陶宛

核能法(节选)

(1996 年 11 月 14 日 I—1613 号　维尔纽斯)

总　　则

第 1 条　宗旨和目标

本法旨在建立源于利用核能发电、供热及其他和平目的而产生的社会关系,建立核能领域活动的法律框架,规定国家和地方政府在制定和实施核能政策、控制、管理、监督核能活动过程中的职责。

第 2 条　定义

1. 人:自然人和(或)法人。

2. 应急准备:有效减轻核事故以及因核设施或核燃料循环造成可能危及人类健康、财产安全、环境的其他事故影响的能力。

3. 应急响应区:核设施周围的区域,其范围应根据核设施的危害性评估结果确定,以制定应急措施。核设施的危害性系由该地区放射性污染风险、地理、气象和气候特征引起。

4. 核电厂:使用核燃料生产电力和热能的设施。

5. 核事故:在放射性核设施区域,系列核裂变反应的控制和管理遭受损害,在核燃料或其他核材料的装载、运输、贮存过程中形成临界,并致热传导出现问题,造成核燃料元件损坏,未经许可的放射性元素排放,且超出环境和工作人员可承受辐射剂量上限,对人类和环境产生危害风险。

6. 核能:能量的分支,通过核裂变产生能量用于发电和供热,也可用于其他和平目的。

7. 核损害:由核设施运行造成的核辐射、核事故、人身死亡或健康损害、财产损失及其他对自然环境造成的不良后果。

8. 核电机组:产生电和热的核设施及其附属设备的组合。核电厂可能包含一个或多个核电机组。

9. 核两用品:包括但不限于软件和技术,系为核材料的生产、使用、加工专门设计或准备,并可用于民用或军用的物品。

10. 核设施:包括但不限于核电厂、核动力装置、非动力核设施、核材料贮存设施、放射性废物管理设施。

11. 核设施营运人:依法律规定程序授权经营核设施的人。

12. 核场所:建造场地有明确界限的场所,该场所或处于建造、运行核设施阶段,或处于评估核设施建造可行性研究阶段,或处于核设施退役、关闭阶段。

13. 核设施、核能、核燃料循环材料的实物保护(以下简称实物保护):系列集合法性、组织性、技术性于一体的措施,旨在防止在核燃料循环运行过程中,核设施、核能、核燃料循环材料被滥用或非法控制,防止未经授权的人擅自进入核设施区域,避免人身直接或间接遭受核损害,防止核设施的正常运行遭受破坏。

14. 核设施运行:旨在实现核设施运行目标的操作,包括核燃料生产、装料、换料,核设施的启动、中止、测试、维护、维修、检查,放射性废物管理,核设施退役的相关操作。

15. 核设施退役:对核设施采取合法性、组织性、技术性的措施,使其未来不再被使用。

16. 核设施改造:核设施的结构、系统、部件、特性、软件、操作条件及被许可人的组织架构发生变化。

17. 核设施项目:一整套规范的技术文件,包括核设施的解决方案(说明部分、结构设计、设备设计、计算、图纸、安全分析报告等),用于核设施建设和运行。

18. 核设施结构:包括核电厂、非动力核设施、核材料贮存设施、放射性废物管理设施建筑工程。

19. 核燃料循环材料:在核设施中使用或处理的核材料,包括核燃料或核工业中使用的其他核材料以及放射性废物。

20. 核事故:对核设施的运行或核燃料循环材料的破坏,对人、财产或环境构成危害,但不适用辐射应急相应的标准。

21. 核燃料:专门用于核设施能源生产的核材料。

22. 核反应堆:发生或可能发生自持链式核裂变反应的反应堆。

23. 核材料贮存:包括用于贮存核材料的建筑、系统、组件。

24. 自然人:指成员国的国民或依欧盟法律赋予权利的自然人。

25. 法人实体:在成员国设立的法律实体或其他组织,依法定的程序,在立陶宛共和国、欧盟成员国或欧洲经济区的国家从事经济、商业活动。

26. 授权:政府当局颁布公文,允许相关人员依公文规定执行。

27. 许可证持有人:根据许可从事许可证中指定行为和工作的人。

28. 许可:管理局颁布文件,被许可人依文件从事符合法定要求和文件所载条件类型的活动。

29. 被许可人:依法定程序获许可证的人,负责营运许可证中规定的核设施、核材料、核燃料循环材料。

30. 非动力核设施:不以生产电力、热能为主要目的的核设施。

第 11 条　立陶宛共和国环境部或其他机构依授权

1. 依法律规定的程序监督核设施建设;

2. 制定和批准因辐射造成环境损害的补偿规定;

3. 定期向公众、国家机关通报国家环境遭受辐射情况;

4. 履行本法规定的其他职能。

第八章　核损害民事责任

第 41 条　核损害责任

许可证持有人对因获准营运核设施及相关行为引起的核损害承担责任。

第 42 条　核损害检测

1. 核损害的核定赔偿数额依立陶宛共和国 1963 年《民法典》规定。该《民法典》相关规定由立陶宛共和国依 1963 年 5 月 21 日《关于核损害民事责任的维也纳公约》(以下简称《维也纳公约》)制定。

2. 核设施营运人因在核事故期间发生核损害的赔偿数额以立陶宛共和国法律规定的赔偿数额为限,相当于《维也纳公约》第 5 条规定的下限。该赔偿数额依据核损害发生当日立陶宛共和国公布的美元汇率计算。

3. 因核损害赔偿数额或程序产生的争议应诉诸法院。

第 43 条　核设施造成的损害赔偿

如果其他损失无法判断是否由核设施造成，则依本法第 42 条规定的程序予以赔偿。

第 44 条　核损害财务保证

1. 核设施营运人应依政府规定的程序和条件，为核损害赔偿所需的资金提供财务保证。

2. 如果现有的保险和其他财务保证不足以赔偿核损害，则政府依《维也纳公约》的法定义务，支付赔偿金额。

第 45 条　参与处理核事故人员的社会保障

因参加处理核事故受到辐射的人员，依立陶宛共和国法律规定享有社会保障待遇。

第 46 条　诉讼时效

因操作核设施或在运输核材料、放射性物质过程中受到损害的，受害人应在知道或应当知道核损害之日起 10 年内提起诉讼。

兹宣布立陶宛议会通过立陶宛共和国核能法。

总统布拉藻斯卡斯

立陶宛共和国

二十、斯洛文尼亚

核损害责任法

（2010 年第 77 号）

第一章　总　　则

第 1 条　目的

1. 本法旨在规范和平利用核能有关核损害责任、保险责任和核损害诉讼程序。

2. 本法未规定的核损害责任相关事宜、保险责任及核损害赔偿数额、类型、形式和分配，由其他法律法规规定。

第 2 条　定义

本法所有术语与《1960 年 7 月 29 日关于核能领域中第三方责任的巴黎公约》、1964 年 1 月 28 日《附加议定书》和 1982 年 11 月 16 日《议定书》（以下简称《巴黎公约》）的相关术语含义相同：

1. 核设施营运人指依辐射防护和核安全相关法律法规，授权管理核设施的人或政府主管当局授权管理核设施的外国人。

2. 在同一地点的多个核设施及其他贮存核燃料、放射性物质或废物的建筑物，若由同一核设施营运人负责管理，应视为单一核设施。

3. 核损害包括经济损失或在环境利用方面的收入损失，具体赔偿数额和程度由相关法律法规规定。

4. 核损害包括由《环境保护法》规定的主管部门决定和批准恢复受损环境措施费。

5. 核损害包括斯洛文尼亚民事保护令（依相关自然保护法律法规）要求

或同意的预防措施费用。

第3条　申请

1. 本法应适用于以下范围和领域内的核损害：

(1)斯洛文尼亚国；

(2)《巴黎公约》的其他缔约国；

(3)《巴黎公约》的非缔约国，但核事故发生时，该国为1963年5月21日《关于核损害民事责任的维也纳公约》和1988年9月21日《关于适用〈维也纳公约〉和〈巴黎公约〉的联合议定书》缔约国；

(4)《巴黎公约》的非缔约国，但核事故发生时，在国际法规定的领土或海域内无核设施；

(5)《巴黎公约》的非缔约国，但核事故发生时，该国国内已制定核损害责任法律，且建立了与公约提供互惠原则、核设施营运人严格责任原则、核设施营运人唯一责任原则或具有相同效力其他条款、单一管辖法院原则、平等待遇原则、承认和执行判决、免费转让赔偿、利息和费用。

2. 本法适用于前述国家领海范围内，或在前述国家注册船舶或飞行器遭受的核损害。

第二章　核损害责任

第4条　核设施营运人责任限制

1. 核设施营运人对单一核损害赔偿最高责任额为7亿欧元。

2. 尽管有前款规定，核设施营运人应对以下核损害承担责任：

(1)7,000万欧元以内，由具有核反应堆且输出功率不低于25兆瓦的核设施，或其他无核反应堆的核设施造成的核损害；

(2)8,000万欧元以内，在斯洛文尼亚境内核材料运输引起的核损害。

3. 尽管有本条第1款和第2款规定，但核设施营运人应承担由前述第3条第3款、第5款所述的国家导致的核损害责任，如果该国法律未规定本条所述的核损害责任限额，核设施营运人的损害责任限额应降低至该国提供的责任限额。

第 5 条　核材料的进出口和运输

自欧盟成员国与斯洛文尼亚进出口的核材料，或核材料运输途经斯洛文尼亚时，承运人应持有本法第 6 条和第 7 条所述证明文件，或如为外国核设施营运人，承运人应取得本法第 6 条第 2 款所述的由核设施营运人国家主管授权部门发出的声明。

第 6 条　核材料运输的保险证明

1. 核设施营运人应向承运人提供《巴黎公约》第 4 条所述的证明文件。

2. 如涉及核设施营运人，则前款所述的证明文件包括主管部门或外国主管部门发出的核安全声明。

3. 如核材料运输仅发生在斯洛文尼亚境内，承运人无须提供本条第 1 款所述的证明文件。

第 7 条　承运人义务

1. 为核安全之目的，经主管部门或外国主管部门授权，负责运输核材料的承运人可视为核设施营运人。

2. 前款所述的授权应对外公布，如承运人能证明持有以下文件：

(1)本法第 8 条所述的保险和财务保证；

(2)第 6 条所述的支持性文件；

(3)核设施营运人的书面同意。

第 8 条　核设施营运人强制保险义务

1. 为履行本法规定的责任，核设施营运人有义务在核设施开始运营或运输核材料之前，安排保险或提供其他财务保证(以下简称保险)，并依本法第 4 条维持相应的赔偿数额。

2. 由于国内或国际保险或再保险市场的情况，保险公司或其他财务保证人(以下简称“保险公司”)的保险合同无法承担部分风险，由本法第 22 条至第 24 条之规定覆盖上述风险。

3. 在核设施开始运行前、单次核材料运输前及每次保险恢复或新的保险被取消时，核设施营运人应向有关核安全主管机关通报保险措施及其内容。此类通报应包含保险相关证明文件。

4. 未提前两个月书面通知，保险公司不得撤回或以其他方式解除保险合同。保险公司撤回保险合同应书面通知有关核安全主管机关。核材料运输过程中，如保险合同涉及运输中的核材料，保险人不得撤回或以其他方式解除保险合同。保险公司未遵守本条款的,其行为无效。

第9条　国家责任

1. 核损害赔偿金超过7亿欧元的,超过部分由斯洛文尼亚国家承担。

2. 尽管有前款规定,斯洛文尼亚国家应承担的最高赔偿为15亿欧元,其中7亿欧元至12亿欧元间差额由斯洛文尼亚预算承担(以下简称预算),剩余赔偿数额至15亿欧元间差额由斯洛维尼亚从1964年1月28日《附加议定书》(斯洛文尼亚共和国政府公报——国际条约,2001年第9号)和1982年11月16日《补充公约》(斯洛文尼亚共和国官方公报——国际条约,第4/10号)缔约国提供的资金支持中获得,赔偿数额应依《布鲁塞尔补充公约》第12条规定的缴款份额决定。

第10条　国家补充责任

依本法第11条,核设施营运人无须购买核损害责任保险,则斯洛文尼亚应对核损害赔偿承担保证责任,赔偿数额最高不得超过本法第4条第1款所述的赔偿数额。

第11条　斯洛文尼亚国家核损害责任保险

依本法,对于斯洛文尼亚和依本国公法成立的法人并不强制要求购买核损害责任保险,具体由国家政府其他法律法规规定。

第三章　索赔程序

第12条　索赔

1. 受害人应向核设施营运人或依本法规定承担赔偿责任的保险公司索赔。

2. 向斯洛文尼亚国家索赔的也应提交至前款所述的保险公司。保险公司应确定赔偿数额、资格,并代表斯洛维尼亚国家账户完成支付。

3. 本法规定的受害人可单独提起赔偿诉讼,也可按法定形式开展集体诉讼。

第13条　损害评估

1. 核损害赔偿数额的评估(以下简称评估)应在核事故发生之日起6个月内进行。在此期间不得赔付。

2. 评估由核损害评估委员会(以下简称委员会)负责,由以下成员组成:

(1)半数成员为斯洛文尼亚代表;

(2)四分之一的成员为保险公司代表;

(3)四分之一的成员是核设施营运人的代表。

3. 委员会成员应由斯洛维尼亚政府任命,并听取财政部长、国防部长、环境部长、国家检察院、保险公司和核设施营运人的意见。

4. 委员会评估时应考虑以下因素:

(1)本法第 4 条第 3 款之规定,如果核损害同时由本法第 3 条第 1 款第(3)项和第(5)项所述的国家造成(实质互惠);

(2)本法第 17 条之规定及本法第 9 条规定的有权享有预算资金支持的受益人规定。

5. 评估时委员会应对赔偿数额、方式和资金划拨情况提出建议。

6. 委员会应将其评估结果提交给财政部,由财政部提交斯洛维尼亚政府批准通过。

7. 尽管有本条第 1 款之规定,按核损害的程度及其已知的后果,本法第 4 条第 1 款所述的资源足以满足所有受害人索赔请求,则保险公司应解决并支付赔偿。

第 14 条　国家财政支持

1. 根据评估结果,本法第 4 条第 1 款所述的资金不足以向所有受害人进行全额赔付的,斯洛文尼亚国家应保证向保险人提供必要的资金支持,但不超过本法第 9 条规定的赔偿数额。

2. 财政部代表斯洛维尼亚和保险公司,应就管理和支付索赔的相关费用、提供预算资源的方式签订协议。协议应规定保险公司在确定赔偿数额、索赔资格和/或支付由国家引起的核损害责任、报告方式和其他保险服务问题时应遵循的规则。该协议应在本法第 8 条规定的核设施营运人强制保险被撤销或延长之后的两个月内终止或延长有效期。

3. 财政预算案应安排国家财政支持。在第 13 条所述的评估基础上,其他法律法规应对赔偿数额、方式和资金分配等进行规定,并考虑本法第 16 条所述补偿分配之规定。

4. 前款所述的法律还应对斯洛文尼亚政府依《布鲁塞尔补充公约》第 10 条之规定,要求缔约国依《布鲁塞尔补充公约》第 12 条规定提供财政支持方面的具体事宜进行安排。

第 15 条

1. 保险公司应履行告知受害人核损害索赔程序和执行方式义务。

2. 保险公司向受害人告知执行核损害索赔方式的同时，有义务向其提供法庭外解决争端的信息，并包括法院的管辖权。

3. 保险公司应通过外国保险公司或再保险公司（如有外国保险、再保险）、媒体、网络或其他可行方式，向其他国家的受害人提供发生核损害及其索赔程序的信息。

第 16 条　补偿分配原则

1. 如果本法第 13 条所述的评估表明，本法第 3 条所规定的核损害赔偿限额不足支付受害人依本法第 3 条索赔请求，则索赔赔付应遵守本法第 13 条第 4 款的规定。

2. 本法第 4 条规定的核设施营运人承担的核损害赔偿限额不足以赔付受害人索赔请求，或第 9 条所称的国家责任不足以赔付依本法第 17 条所述受害人索赔请求的，在赔付时应考虑以下因素：

(1) 如果索赔部分涉及因死亡或人身伤害、部分涉及其他损害，则应分配三分之二的现有资金来源，全额或按比例支付因死亡或人身伤害造成的损失，另外三分之一用于支付其他损害索赔；

(2) 如果因死亡或人身伤害而造成的损失获得全部或部分社会保险或健康保险补偿，上述赔偿人的索赔权将视为其他损害索赔。

3. 为保证对所有核损害受害人给予适当赔偿，本法第 14 条第 3 款所述的法律法规应做延期赔付之规定。

4. 保险公司应以现金支付赔偿金，但个别情况下，可提供其他形式的援助，如医疗补助、居住特定地点补助等。

第 17 条　斯洛文尼亚国家赔付

1. 核损害发生在斯洛文尼亚或《布鲁塞尔补充公约》缔约国内，依《布鲁塞尔补充公约》第 2 条规定，如核设施营运人不足以赔付受害人的全部索赔请求，受害人有权获得本法第 9 条规定的国家预算的赔偿。

2. 如核损害赔偿数额已确认并部分由核设施营运人赔偿的，前款所述受害人就未受偿数额提交新的索赔请求。

第 18 条　证据

1. 为全面有效了解已收、已付、部分支付的索赔请求和核损害诉讼概况,保险公司应保留受害人记录。依本法第 11 条规定,如无强制性核损责任保险义务的,受害人记录由核设施营运人保管。

2. 出于前款规定记录之目的,如受害人为自然人,应收集以下资料:

(1)姓名;

(2)身份证号码;

(3)地址;

(4)赔偿数额或民事索赔额;

(5)已收、已付或部分支付的赔偿数额。

3. 前款所述的资料保存期限为本法第 20 条第 2 款规定的诉讼时效期满或赔偿数额支付期限。

第四章 特殊规定

第 19 条 管辖

卢布尔雅那地区法院对涉及核事故赔偿的诉讼具有排他管辖权。

第 20 条 限制赔偿权

1. 受害人应在知道或应当知道核损害事实和应承担责任的核设施营运人之日起 3 年内提起诉讼。

2. 受害人应在期限内行使索赔权,否则权利即告丧失,但以下索赔除外:

(1)就死亡或人身伤害,自核事故发生之日起 30 年内;

(2)就其他核损害,自核事故发生之日起 10 年内。

第 21 条

1. 当《布鲁塞尔补充公约》缔约国的核设施营运人(核设施位于该缔约国)所承担的核损害责任达到 12 亿欧元时,前述缔约国主管当局依《布鲁塞尔补充公约》第 10 条规定,要求其他缔约国依《布鲁塞尔补充公约》第 12 条规定提供资金支持,斯洛文尼亚应在预算范围内提供必要的资金支持。

2. 斯洛文尼亚政府应依前款所述的缔约国主管机关要求,决定提供资金支持额度。

3. 前款所述资金支持,应在现有的核损害预算拨款框架下,从预算储备金中提供。

4. 本条第 1 款所述的缔约国主管机关在 9 月或以后提出资金支持请求

的，应按请求后的第一个财政年度的核损害预算拨款范围内，从预算储备金中支付。

第五章　斯洛文尼亚强制保险的担保

第 22 条

尽管本法规定了国家核损害赔偿责任的相关规则，如果核损害是由于非本法第 8 条第 2 款规定安排的保险合同所导致的，斯洛文尼亚应为国内核设施营运人核损害责任担保。担保不得超过本法第 4 条第 1 款和第 2 款规定的单个核事故责任限额。

第 23 条

1. 为规范第 22 条所述的斯洛文尼亚国家担保关系，财政部应与国内核设施营运人订立合同。

2. 依前款规定所述的合同，在本法规定的条件下，财政部和国内核设施营运人应在合同中明确保证范围、合同有效期和保证数额。

3. 本条第 1 款规定的合同有效期与国内核设施营运人和保险公司的保险合同期限一致，并受保险公司对核设施营运人核损害责任承保范围影响。

4. 保证数额与国内核设施营运人核损害责任保险保费部分成正比，并考虑本法第 8 条第 2 款规定的强制保险相关规定。

第 24 条　担保有效期

1. 本法第 22 条规定的国家担保，直至国内或国际保险或再保险市场发生变化前一直有效，但不得超过自适用本法第 31 条第 1 款规定之日起 4 年。

2. 前款规定的变化情况由财政部负责监管，由保险公司向财政部提供相关信息。

第六章　监 督 管 理

第 25 条

1. 由核安全部负责对本法相关规定的执行和监督管理。

2. 由斯洛文尼亚国家提供的必要资金支持，由财政部负责对本法相关规定的执行进行监督管理。

3. 本条第 1 款所述的监督管理，应核查下列规定的遵守情况：

（1）核材料运输、核材料进口和运输（第 5 条至第 7 条）；

(2)核损害责任的强制保险(第8条)。

4. 本条第2款所述的监督管理应包括对合法、合理使用预算财政支持的检查。进行上述检查时,无论本法第14条第2款所述合同条款如何约定,当本法第13条规定的评估报告表明核设施营运人无法全额赔付受害人时,主管部门可随时要求保险公司提交资料或开放本法第18条规定记录和相关文件的权限。

第26条

1. 第25条第1款所述的主管机关,在监督管理期间发现违反本法及在此基础上发布的其他法规情形时,有权责令违反者限期改正或暂停以下行为:

(1)核设施的运行,如果此类核设施不具备有效核损害赔偿责任保险;

(2)核材料运输,如果不能提供有效的核损害责任保险,或没有本法要求的证书、授权和其他文件。

2. 如暂停核设施运行或核材料运输的,主管机关应采取必要措施保证人身和财产安全,费用由核设施营运人承担。

3. 财政部在监督检查期间,发现有不当或错误使用预算资金支持行为时,有权采取以下措施:

(1)要求违法者限期改正违法行为;

(2)暂停预算资金支持的支付。

4. 就本条第1款、第3款所述的决定提起上诉的,不得延缓上述决定的执行。

第七章　处　　罚

第27条　轻罪

1. 如法人未依法安排保险或保险数额不足(第8条第1款)的,处37.5万欧元罚款,依法律规定该法人是中型或大型公司的,应处75万欧元罚款。

2. 对于前款所述的轻罪,法人的负责人应处1.5万欧元罚款。

3. 法人未向主管机关通报核保险责任及其内容(第8条第3款)的,该法人按轻罪处12.5万欧元罚款,依法律规定该法人是中型或大型公司的,应处25万欧元罚款。

4. 对于前款所述的轻罪，其法人负责人应处 5,000 欧元罚款。

第 28 条

第 27 条所称的轻罪，由核安全部决定。

第八章 过渡条款

第 29 条 政府条例

政府应在本法生效后 9 个月内，制定发布本法第 11 条所述的法规。

第 30 条 失效和有效性

1.《核损害责任法》(南斯拉夫社会主义联邦共和国官方公报，第 22/78 号和第 34/79 号)自在本法生效之日起废止，但在本法实施之日前，第 20 条持续有效。

2. 本法生效之日后，下列各项失效：

(1)《核损害责任保险法》(斯洛文尼亚社会主义共和国官方公报，第 12/80 号)；

(2)《关于核设施营运人核损害赔偿限额和核损害赔偿责任保险数额的条例》(斯洛文尼亚共和国政府公报，第 110/01 号)，但在本法实施之日前持续有效。

第 31 条 实施日期

1. 本法第 2 条第 3 款至第 5 款、第 3 条第 1 款第(4)项和第(5)项、第 4 条、第 9 条、第 20 条和第 22 条至第 24 条第 3 款至第 5 款之规定，应在《1960 年 7 月 29 日关于核能领域中第三方责任的巴黎公约》和 1964 年 1 月 28 日《附加议定书》和 1982 年 11 月 16 日《补充公约》修订案生效后 6 个月内实施(斯洛文尼亚政府公报——国际条约，第 4/10 号)。

2. 在适用前款规定的前提下，对本法规定的核损害责任与《1960 年 7 月 29 日关于核能领域中第三方责任的巴黎公约》和 1964 年 1 月 28 日《附加议定书》和 1982 年 11 月 16 日《补充公约》第 3 条规定一致(斯洛文尼亚政府公报——国际条约第 18/00 号)。

3. 本条第 1 款所述议定书生效日期，由环保部在斯洛文尼亚政府公报中发布。

第 32 条 生效

本法自斯洛文尼亚共和国政府公报发布后 6 个月生效。

核损害保险责任豁免条例

（2010年第110号　斯洛文尼亚共和国政府公报发布）

依《核损害责任法》(《官方公报》2010年第97号)第11条规定制定本条例。

第1条

1. 本条例规定无强制性购买核损害责任保险义务的核设施营运人。

2. 前款所称的核设施营运人指依斯洛文尼亚公法成立的法人。

第2条

前条中所述法人指乔斯·斯蒂芬研究所，地址为卢布尔雅那地区乔莫瓦街39号，该核设施营运人研究堆为铀氢锆Ⅱ型反应堆。

第3条

前条所述的法人变更法人组织，不再是公法上的法人，自重组之日起应依有关核损害责任法律规定承担强制保险义务，并应将此事通知国家核安全部。

第4条

本条例自斯洛文尼亚政府公报发布之日起生效。

二十一、拉脱维亚

辐射安全和核安全法(节选)

(2000 年 11 月 7 日颁布　经 2002 年 9 月 26 日、2005 年 1 月 20 日、2008 年 9 月 25 日、2009 年 6 月 12 日四次修订)

第八章　对违法行为的责任

第 29 条　补偿损失和核损害赔偿

1. 操作员违反了监管法规规定,造成了人身、环境或者财产损失,营运人进行赔偿后,有权对该操作员提出追偿。

2. 如果执行活动的电离辐射造成环境、建筑、设备或车辆污染,营运人应确保净化环境、建筑、设备和车辆的污染,使其不再对环境、员工和居民的生命、健康或财产造成危害,并应承担所有必要支出。

3. 在营运人已按照监管条例执行了相应的防护措施,如果因为受害者本人故意或者重大过失导致的损失,营运人不承担损害赔偿责任。

4. 核设施的营运人所造成的核损害赔偿,应限制在 80 万拉特的范围。在其他情况下,营运人应当赔偿因意外造成的所有损失。

第六部分　非洲主要国家核损害责任法律法规

南 非

1999年第47号国家核监管法(节选)

(1999年12月20日颁布　2000年2月24日生效)

目　录

第四章　财务保证与责任
（第29条至第35条）

第29条　核设施营运人的财务保证

（1）部长应根据董事会[①]的建议及核事故的潜在后果对南非共和国的各种核设施进行分类，并在公报中公告。

（2）部长应根据董事会决议及财政部长的建议在宪报中公告决定：

（a）各类别核设施营运人须提供的财务保证数额；和

（b）财务保证的方式，

以使核设施营运人有能力承担依第30条可能导致的损害责任。

（3）尽管有第（2）款之规定，部长在咨询董事会后，仍然可直接确定核设施营运人对核损害承担责任。并：

（a）增加或减少该营运人依第（2）款作出的财务保证数额；

（b）如果第（2）款没有要求财务保证，则可要求该营运人提供；

（c）解除该营运人提供财务保证的要求；

（d）修订该营运人提供财务保证的方式。

（4）如果：

（a）发生核损害并索赔；或

（b）部长认为这种赔偿可能不会得到满足，

部长在与董事会协商后，可要求有关的核设施营运人就这些索赔给予额外的财务保证。

（5）核设施营运人应每年向监管机构提供证明文件，以证明其可满足第30条第（2）款所规定的索赔请求。

第30条　核设施营运人对核损害的严格责任

（1）除第（2）款、第（3）款、第（5）款及第（6）款另有规定外，凡持有核设施许可证，无论该营运人是否具有过错，均对持有期间由相关核设施造成的损害承担赔偿责任，包括：

（a）以任何形式存在于核设施的核材料、放射性物质或被放射性污染物质在核设施中的泄漏；或

---

① 专指南非核能有限公司的董事会。

(b)受核设施许可证约束的放射性物质或被放射性污染物质,在核设施运输期间,由该营运人管理或控制的情况下,从核设施所在地转移到南非共和国的其他地方,或从南非共和国境内转移到境外所发生的核损害事故。

(2)核设施营运人对于每次核事故的赔偿责任以第 29(2)条确定的赔偿数额为限。

(3)第(1)(b)款所涵盖的法律责任于下列情况下终止:

(a)受核设施许可证约束的核材料转让到另一个已授予许可证的核设施上运行;或

(b)本法第 1 条所界定的第 IV 类危险物质获得依 1973 年《有害物质法令》(1973 年第 15 号法令)第 3A 条的授权。

(4)为第(1)款之目的,放射性物质或被放射性污染物质是为核设施许可证持有人利益而转让的,则视为由该许可证持有人实施或控制。

(5)本条并不排除任何人依 1993 年《职业伤害和疾病赔偿法》(1993 年第 130 号法令)之规定索赔,但该人不得因本法和《职业伤害和疾病赔偿法》(1993 年第 130 号法令)而额外受益。

(6)核设施营运人不对下列人员受到的核损害承担责任:

(a)未经该营运人的许可,在正在运营的核设施内或已授予核设施许可证的场地上,由于操作不当或其财产的不当存放而导致核损害的;或

(b)故意造成损害或为损害发生提供必要条件的。

(7)核设施营运人保留对因上款行为导致该持有人负有第(1)款核损害责任人员的索赔权。

(8)未经核设施许可证授权而执行此类许可的人,无论其是否具有过错,均承担由此造成的核损害责任。

(9)本条规定并不妨碍他人依据雇佣合同享有比本法更有利结果的法案的适用。

第 31 条　船舶造成核损害责任的特别规定

如果部长没有确定第 24 条第(1)款(a)项(i)目所规定的关于核船舶运输牌照持有人应承担核损害责任的条件,则第 30 条的适用依上下文之规定而修订。

第 32 条　核损害登记证持有人的责任

在核损害登记证持有人的责任期间内，因诉讼活动而确立核损害责任的，应视情况依以下法律确定：

(a)普通法；或

(b)1993 年《职业伤害与疾病赔偿法》(1993 年第 130 号法令)。

第 33 条　超过最高额赔偿责任的索赔

(1)如：

(a)核设施营运人的责任超过赔偿限额；或

(b)持有人的赔偿总额超过该营运人依第 29 条提供财务保证数额，持有人应立即以书面形式通知董事会和部长。

(2)通知内容须包括：

(a)收到这类索偿的总数及数量详情；和

(b)可能需要支付的其他赔偿数额。

(3)如果通知内容属实，部长应：

(a)向议会提交有关核损害问题的报告，并建议议会提供适当资金，向持有人提供财务援助，以使总的财务保证超过赔偿数额；并

(b)在宪报公告中，暂停对该核损害的赔偿活动，直到议会决定上述建议为止。

(4)依第 29 条规定提供财务保证人责任不受第(3)(b)款的影响。

(5)若议会通过决议拨付部长在报告中建议的财务援助资金，则该项决议通过后，未经部长批准或法院判决，议会不得使用上述资金支付有关核损害的索赔。

(6)依第 29(4)条，由核设施营运人给予的额外保证并不影响本条的适用。

第 34 条　追诉时效和诉讼时效

(1)尽管其他法律关于追诉时效有不同之规定，但依第 30 条、第 31 条或第 32 条所提起的赔偿请求，除第(2)款另有规定外，追诉时效为 30 年，起始时间依下列日期计算：

(a)导致索赔事故的发生日期；或

(b)如果事故是持续发生或连续发生，并且全部归因于特定事故或因特定操作而引起的，则起始时间为事故发生的最后日期。

(2)如果索赔权人知道或根据合理情况应知道;

(a)有关核设施营运人的身份;和

(b)索赔的事实出现;

则在第(1)款所述的 30 年期间内,依第 30 条、第 31 条或第 32 条所提起的赔偿诉讼时效为索赔人知道或应当知道第(2)(a)、(b)款之日起两年内。

(3)第(2)款所述的诉讼时效因索赔人与核设施营运人开展谈判而中止,中止日期自核设施营运人以书面形式接受谈判开始,直到一方通知另一方谈判终止为止。

第 35 条　监管机构雇员所受伤害的赔偿

(1)如果监管机构的人员或受雇佣代表监管机构的人员,在执行监管事务时,受到放射性物质的电离辐射或可燃、易爆、有毒物质造成的人身伤害或财产损失,而依第 30 条、第 31 条或第 32 条无法确定责任主体的情况下,监管机构须在符合第(2)款之规定下:

(a)支付该人一切合理的医疗费用,包括但不限于该伤害或疾病所必需的身体或其他器官人造部分的提供和维持;和

(b)由此造成的伤害或死亡赔偿金。

(2)本条不排除监管机构雇员依《职业伤害及疾病赔偿法》(1993 年第 130 号法令)获利,但该雇员也并不应因本法及《职业伤害与疾病赔偿法》(1993 年第 130 号法令)而额外受益。

(3)本条不妨碍他人依雇佣合同享有比本法更有利结果的法案的适用。

第七部分　世界各国/地区核损害赔偿法律制度一览表

世界各国/地区核损害赔偿法律制度一览表

（2018 年 4 月更新）

非官方文件

本表旨在收集赔偿核事故潜在受害人金额的信息，该等事故发生在拥有核电厂的国家和经济区，或该等国家和经济区至少批准了一部关于核能领域第三者责任的国际公约。

首字母缩略词

BSC：　1960 年 7 月 29 日关于核能领域中第三方责任的巴黎公约的补充公约（布鲁塞尔补充公约）

CSC：　1997 年核损害补充赔偿公约

JP：　1988 年关于《巴黎公约》和《维也纳公约》的联合议定书

PC：　1960 年 7 月 29 日关于核能领域中第三方责任的巴黎公约（巴黎公约）

RPC：　巴黎公约 2004 年议定书（巴黎公约修订版），未生效

RSBC：　布鲁塞尔补充公约 2004 年议定书（布鲁塞尔补充公约修订版），未生效

RVC：　修订《关于核损害民事责任的维也纳公约》的议定书

VC：　1963 年核损害民事责任维也纳公约（维也纳公约）

（ ）：　缩略词置于括号内，表示该国已签署公约但未批准生效

财务信息

下表中

公共基金对应于营运人责任限额以外的公共资金，该部分金额由 BSC 或 CSC 的缔约国根据该等公约提供，或由公共机构根据适用的法律法规提供。

国际基金所对应的资金，由 BSC 所有缔约国（用浅灰突出显示）提供，其依据是该公约中预先提供的公式；或由 CSC 所有缔约国（以深灰突出显示）提供，其依据是该公约中预先提供的公式。下表中显示的金额为表格更新当天计算所得的国际基金总额。对于 CSC 国际基金，可通过 https://ola.iaea.org/ola/CSCND 在线进行计算。

关于 BSC，应注意经合组织理事会在 1992 年发布了一项建议[C(92)166/FINAL]，BSC 的缔约方在下列情况下不得援引 BSC 第 3 条(b)款(i)项关于营运人的保险金额或其他财务担保金额用尽时，其有权启动 BSC 每次事故的 1.75 亿特别提款权（属于公共资金一级）的规定，只有营运人的保险金额或其他财务金额用尽时，方有权启动 1.25 亿特别提款权（国际资金等级）。

SDR 是国际货币基金组织使用的计价单位，其基础是“一篮子”具有一定权重的货币。SDR 与各币种之间的最新兑换率可在 http://www.imf.org/external/np/fin/data/rms_five.aspx 查询。

表中不包括利息和法律费用。

<table>
<tr><th rowspan="2">国家/地区</th><th rowspan="2">国际核损害责任公约</th><th rowspan="2">核设施/核活动</th><th rowspan="2">营运人责任限额</th><th colspan="3">可用基金</th><th rowspan="2">NEA最新更新</th></tr>
<tr><th>覆盖营运人责任限额的财务保证限额</th><th>公共基金</th><th>国际基金(根据BSC或CSC设立)</th></tr>
<tr><td>阿根廷</td><td>1963年核损害民事责任维也纳公约
修订《关于核损害民事责任的维也纳公约》的议定书
1997年核损害补充赔偿公约
(关于《巴黎公约》和《维也纳公约》的联合议定书)</td><td>核设施</td><td>8000万美元</td><td>8000万美元</td><td>无上限(在保险赔偿限额用尽之后)</td><td>1.08亿SDR</td><td>2017年12月</td></tr>
<tr><td>亚美尼亚</td><td>1963年核损害民事责任维也纳公约</td><td>核设施及运输活动</td><td>法律将进一步规定</td><td>无数据</td><td></td><td></td><td>2011年6月</td></tr>
<tr><td>澳大利亚</td><td>(1997年核损害补充赔偿公约)</td><td>核设施及运输活动</td><td>无上限
(无相反的立法)</td><td></td><td></td><td></td><td>2017年6月</td></tr>
<tr><td rowspan="3">奥地利</td><td rowspan="3">(1960年7月29日关于核能领域中第三方责任的巴黎公约)
(1960年7月29日关于核能领域中第三方责任的巴黎公约的补充公约)</td><td>核设施</td><td rowspan="3">无上限</td><td>4.06亿欧元</td><td rowspan="3"></td><td rowspan="3"></td><td rowspan="3">2016年11月</td></tr>
<tr><td>实验及研究用反应堆及核材料的运输活动</td><td>4060万欧元</td></tr>
<tr><td>放射性同位素超过370×10^9贝克的持有人</td><td>406万欧元</td></tr>
<tr><td>白俄罗斯</td><td>1963年核损害民事责任维也纳公约
修订《关于核损害民事责任的维也纳公约》的议定书</td><td>所有核设施(包括有关乏燃料及放射性废物处置设施)</td><td>无上限
(总统将设置不低于修订《关于核损害民事责任的维也纳公约》的议定书的限额)</td><td>强制性但未规定金额</td><td></td><td></td><td>2011年6月</td></tr>
<tr><td rowspan="3">比利时</td><td rowspan="3">1960年7月29日关于核能领域中第三方责任的巴黎公约
1960年7月29日关于核能领域中第三方责任的巴黎公约的补充公约
(巴黎公约2004年议定书)
(布鲁塞尔补充公约2004年议定书)
(关于《巴黎公约》和《维也纳公约》的联合议定书)</td><td>核设施</td><td>12亿欧元</td><td>12亿欧元</td><td rowspan="3"></td><td rowspan="3">1.25亿SDR</td><td rowspan="3">2018年4月</td></tr>
<tr><td>运输活动</td><td>2.97亿欧元</td><td>2.97亿欧元</td></tr>
<tr><td>低风险设施</td><td>7000万~2.97亿欧元</td><td>2.97亿欧元</td></tr>
</table>

续表

国家/地区	国际核损害责任公约	核设施/核活动	营运人责任限额	可用基金			NEA最新更新
				覆盖营运人责任限额的财务保证限额	公共基金	国际基金(根据BSC或CSC设立)	
玻利维亚	1963年核损害民事责任维也纳公约	核设施及运输活动	无上限 (无相反的立法)	无金额规定			2011年6月
波斯尼亚及黑赛哥维那	1963年核损害民事责任维也纳公约 修订《关于核损害民事责任的维也纳公约》的议定书	核设施及运输活动	无上限 (无相反的立法)	无金额规定			2011年6月
巴西	1963年核损害民事责任维也纳公约	核设施	(1963:500万美元)	(1963:500万美元)			2011年6月
		研究设施及运输活动		无金额规定			
		国有低风险活动		无金额规定			
保加利亚	1963年核损害民事责任维也纳公约 关于《巴黎公约》和《维也纳公约》的联合议定书	核设施及运输活动	9600万保加利亚列弗	9600万保加利亚列弗			2011年6月
喀麦隆	1963年核损害民事责任维也纳公约 关于《巴黎公约》和《维也纳公约》的联合议定书	核设施及运输活动	无上限 (无相反的立法)	无金额规定			2011年6月
加拿大	1997年核损害补充赔偿公约	商用能源反应堆及有关运输活动	以超过4年的时间分阶段:从2017年1月1日起始的6.5亿加元,然后每年增加直至达到10亿加元或法律规定的更高金额为止	以超过4年的时间分阶段:从法律生效日起始的6.5亿加元,然后每年增加直至达到10亿加元	国会拨款	1.08亿SDR	2018年4月
		低风险核设施(如研究用反应堆及乏燃料处置设施)以及有关运输活动	50万~1.8亿加元	50万~1.8亿加元			
智利	1963年核损害民事责任维也纳公约 关于《巴黎公约》和《维也纳公约》的联合议定书	研究用反应堆及低风险核设施	7500万美元	7500万美元			2014年6月

续表

国家/地区	国际核损害责任公约	核设施/核活动	营运人责任限额	可用基金			NEA 最新更新
				覆盖营运人责任限额的财务保证限额	公共基金	国际基金(根据 BSC 或 CSC 设立)	
中国		核电厂 乏燃料储存、运输活动及后处理设施	3 亿元人民币	3 亿元人民币	8 亿元人民币或经国务院批准的更高金额		2017 年 12 月
		其他核设施	1 亿元人民币	1 亿元人民币			
克罗地亚	1963 年核损害民事责任维也纳公约 关于《巴黎公约》和《维也纳公约》的联合议定书		3.2 亿克罗地亚库纳	3.2 亿克罗地亚库纳			2011 年 6 月
古巴	1963 年核损害民事责任维也纳公约		无上限 (无相反的立法)	无金额规定			2011 年 6 月
捷克	1963 年核损害民事责任维也纳公约 (修订《关于核损害民事责任的维也纳公约》的议定书) 关于《巴黎公约》和《维也纳公约》的联合议定书 (1997 年核损害补充赔偿公约)	用于能源生产、储存及乏燃料储存的核设施或利用乏燃料加工生产核材料	80 亿捷克克朗	最低 20 亿捷克克朗			2017 年 6 月
		其他核设施及运输活动	20 亿捷克克朗	最低 3 亿捷克克朗			
丹麦	1960 年 7 月 29 日关于核能领域中第三方责任的巴黎公约 1960 年 7 月 29 日关于核能领域中第三方责任的巴黎公约的补充公约 (巴黎公约 2004 年议定书) (布鲁塞尔补充公约 2004 年议定书) 关于《巴黎公约》和《维也纳公约》的联合议定书	核设施及运输活动	6000 万 SDR	6000 万 SDR	1.15 亿 SDR	1.25 亿 SDR	2014 年 6 月
埃及	1963 年核损害民事责任维也纳公约 关于《巴黎公约》和《维也纳公约》的联合议定书	核设施及运输活动	无上限 (无相反的立法)	无上限 (无相反的立法)			2011 年 6 月
爱沙尼亚	1963 年核损害民事责任维也纳公约 关于《巴黎公约》和《维也纳公约》的联合议定书	核设施及运输活动	无上限 (无相反的立法)	无上限 (无相反的立法)			2011 年 6 月

续表

国家/地区	国际核损害责任公约	核设施/核活动	营运人责任限额	可用基金			NEA最新更新
				覆盖营运人责任限额的财务保证限额	公共基金	国际基金(根据BSC或CSC设立)	
芬兰	1960年7月29日关于核能领域中第三方责任的巴黎公约 1960年7月29日关于核能领域中第三方责任的巴黎公约的补充公约 (巴黎公约2004年议定书) (布鲁塞尔补充公约2004年议定书) 关于《巴黎公约》和《维也纳公约》的联合议定书	核设施	无限责任 (对于在芬兰境内受到的损害) 6亿SDR (对于在芬兰境外受到的损害)	6亿SDR		1.25亿SDR	2016年11月
		低风险设施及运输活动	500万~6亿SDR				
前南斯拉夫马其顿共和国	1963年核损害民事责任维也纳公约	核设施及运输活动	无上限 (无相反的立法)	无金额规定			2011年6月
法国	1960年7月29日关于核能领域中第三方责任的巴黎公约 1960年7月29日关于核能领域中第三方责任的巴黎公约的补充公约 (巴黎公约2004年议定书) (布鲁塞尔补充公约2004年议定书) 关于《巴黎公约》和《维也纳公约》的联合议定书	核设施	7亿欧元	7亿欧元	营运人责任达到上限后追加到1.75亿SDR	1.25亿SDR	2017年12月
		低风险核设施	7000万欧元	7000万欧元			
		运输活动	8000万欧元	8000万欧元			
		经过法国运输	8000万欧元 (如受巴黎公约保障) 无上限 (如不受巴黎公约保障)	8000万欧元 (如受巴黎公约保障) 7亿欧元 (如不受巴黎公约保障)			
德国	1960年7月29日关于核能领域中第三方责任的巴黎公约 1960年7月29日关于核能领域中第三方责任的巴黎公约的补充公约 (巴黎公约2004年议定书) (布鲁塞尔补充公约2004年议定书) 关于《巴黎公约》和《维也纳公约》的联合议定书	核电厂	无上限	25亿欧元	最高25亿欧元	1.25亿SDR	2016年11月
		其他核设施		最高25亿欧元[最高值取决于热功率(对于反应堆)、类型、数量、功用、放射性物质的性质(对于其他设施)]			
		运输活动		最高7000万欧元(最高值取决于类型、数量、功用、放射性物质的性质			

续表

国家/地区	国际核损害责任公约	核设施/核活动	营运人责任限额	可用基金			NEA最新更新
				覆盖营运人责任限额的财务保证限额	公共基金	国际基金（根据BSC或CSC设立）	
加纳	1997年核损害补充赔偿公约		无信息	无信息		1.08亿SDR	2017年12月
希腊	1960年7月29日关于核能领域中第三方责任的巴黎公约 关于《巴黎公约》和《维也纳公约》的联合议定书 （巴黎公约2004年议定书）	核设施	1500万SDR	1500万SDR			2016年11月
		运输活动					
匈牙利	1963年核损害民事责任维也纳公约 （修订《关于核损害民事责任的维也纳公约》的议定书） 关于《巴黎公约》和《维也纳公约》的联合议定书	核设施	1亿SDR	1亿SDR	2亿SDR		2016年11月
		运输或储存核燃料	500万SDR	500万SDR	2.95亿SDR		
印度	1997年核损害补充赔偿公约	发电量大于等于10兆瓦的核反应堆	150亿印度卢比	150亿印度卢比	营运人责任达到上限后，追加到300SDR		2016年11月
		乏燃料处理厂	30亿印度卢比	150亿印度卢比			
		10兆瓦以下的研究用反应堆、其他核燃料循环装置及核材料运输	10亿印度卢比	150亿印度卢比			
印度尼西亚	（修订《关于核损害民事责任的维也纳公约》的议定书） （1997年核损害补充赔偿公约）	核设施	4万亿印尼盾	无信息			2017年12月
		核燃料胡乏燃料运输					
以色列	（修订《关于核损害民事责任的维也纳公约》的议定书）		无信息	无信息			2011年6月
意大利	1960年7月29日关于核能领域中第三方责任的巴黎公约 1960年7月29日关于核能领域中第三方责任的巴黎公约的补充公约 （巴黎公约2004年议定书） （布鲁塞尔补充公约2004年议定书） （修订《关于核损害民事责任的维也纳公约》的议定书） 关于《巴黎公约》和《维也纳公约》的联合议定书 （1997年核损害补充赔偿公约）	核设施及运输活动	1500万SDR	1500万SDR	1.6亿SDR	1.25亿SDR	2016年11月

续表

国家/地区	国际核损害责任公约	核设施/核活动	营运人责任限额	可用基金			NEA最新更新
				覆盖营运人责任限额的财务保证限额	公共基金	国际基金(根据BSC或CSC设立)	
日本	1997年核损害补充赔偿公约	1万千瓦以上的核反应堆及乏燃料的处理设施	无上限	1200亿日元	营运人责任达到上限后,由Diet确定该等援助	1.08亿SDR	2017年12月
		其他核设施及涉及较高风险的运输活动	无上限	240亿日元			
		其他核设施及涉及较低风险的运输活动	无上限	40亿日元			
约旦	1963年核损害民事责任维也纳公约 修订《关于核损害民事责任的维也纳公约》的议定书		无信息	无信息			2014年6月
哈萨克斯坦	1963年核损害民事责任维也纳公约 修订《关于核损害民事责任的维也纳公约》的议定书		无信息	无信息			2014年6月
韩国		1万千瓦以上的反应堆	3亿SDR	3亿SDR①			2015年7月
		1万千瓦以上的研究用反应堆		60亿韩元			
		1万千瓦以下的反应堆		视情况为2000万~10亿韩元			
		燃料循环设施		视情况为1000万~20亿韩元			
		运输及处理		视情况为2000万~2亿韩元			
		乏燃料临时储存		20亿韩元			

① 一项保险政策规定在同一厂址最多覆盖6台反应堆机组。

续表

国家/地区	国际核损害责任公约	核设施/核活动	营运人责任限额	可用基金			NEA最新更新
				覆盖营运人责任限额的财务保证限额	公共基金	国际基金(根据BSC或CSC设立)	
拉脱维亚	1963年核损害民事责任维也纳公约 修订《关于核损害民事责任的维也纳公约》的议定书 关于《巴黎公约》和《维也纳公约》的联合议定书	核设施	400万拉特	400万拉特	可获保险与8000万拉特之差		2011年6月
		其他实践(核设施、放射性废物处理/管理设施)	80万拉特	80万拉特			
		高剂量辐射源实践	40万拉特	40万拉特			
		中剂量辐射源实践	8万拉特	8万拉特			
		其他需要特殊许可的实践	1千拉特	1千拉特			
黎巴嫩	1963年核损害民事责任维也纳公约 (修订《关于核损害民事责任的维也纳公约》的议定书) (1997年核损害补充赔偿公约)	核设施及运输活动	无上限 (无相反的立法)	无金额规定			2011年6月
立陶宛	1963年核损害民事责任维也纳公约 (修订《关于核损害民事责任的维也纳公约》的议定书) 关于《巴黎公约》和《维也纳公约》的联合议定书 (1997年核损害补充赔偿公约)	核设施及运输	相当于(1963:500万美元)立特	相当于(1963:500万美元)立特			2011年6月
卢森堡	(1960年7月29日关于核能领域中第三方责任的巴黎公约) (1960年7月29日关于核能领域中第三方责任的巴黎公约的补充公约)	核设施及运输活动	无上限	无金额规定			2014年6月
毛里求斯	1963年核损害民事责任维也纳公约 (1997年核损害补充赔偿公约)	核设施及运输活动	无上限	无金额规定			2014年6月
墨西哥	1963年核损害民事责任维也纳公约	核设施及运输	每次核事故1亿比索 同一核设施在连续12个月内连续发生核事故的，1.95亿比索	无金额规定，但间接规定为1亿比索			2017年6月

续表

国家/地区	国际核损害责任公约	核设施/核活动	营运人责任限额	可用基金			NEA最新更新
				覆盖营运人责任限额的财务保证限额	公共基金	国际基金(根据BSC或CSC设立)	
摩尔多瓦	1963年核损害民事责任维也纳公约	核设施及运输活动	无上限 (无相反的立法)	无金额规定			2011年6月
黑山共和国	1963年核损害民事责任维也纳公约 修订《关于核损害民事责任的维也纳公约》的议定书 1997年核损害补充赔偿公约		无信息	无信息		1.08亿SDR	2017年12月
摩洛哥	(1963年核损害民事责任维也纳公约) 修订《关于核损害民事责任的维也纳公约》的议定书 1997年核损害补充赔偿公约 (关于《巴黎公约》和《维也纳公约》的联合议定书)	核设施及运输活动	1亿SDR	无金额规定	500万SDR	1.08亿SDR	2017年12月
荷兰	1960年7月29日关于核能领域中第三方责任的巴黎公约 1960年7月29日关于核能领域中第三方责任的巴黎公约的补充公约 (巴黎公约2004年议定书) (布鲁塞尔补充公约2004年议定书) 关于《巴黎公约》和《维也纳公约》的联合议定书	核电厂	12亿欧元	12亿欧元	营运人责任达到上限后,追加到23亿SDR	1.25亿SDR	2016年11月
		浓缩设施、研究用反应堆、储存设施及退役核电厂	2270万~1亿欧元	2270万~1亿欧元	营运人责任达到上限后,追加到15亿SDR		
		运输活动	800万~2270万欧元	800万~2270万欧元			
尼日尔	1963年核损害民事责任维也纳公约 修订《关于核损害民事责任的维也纳公约》的议定书	核设施及运输活动	无上限 (无相反的立法)	无金额规定			2011年6月
尼日利亚	1963年核损害民事责任维也纳公约	核设施及运输活动	无上限 (无相反的立法)	无金额规定			2011年6月
挪威	1960年7月29日关于核能领域中第三方责任的巴黎公约 1960年7月29日关于核能领域中第三方责任的巴黎公约的补充公约 巴黎公约2004年议定书 布鲁塞尔补充公约2004年议定书 关于《巴黎公约》和《维也纳公约》的联合议定书	核设施及运输活动	6000万SDR	6000万SDR	1.15亿SDR	1.25亿SDR	2014年6月
		特殊情况、低风险核设施及运输活动	至少500SDR	至少500万SDR	1.7亿SDR		

续表

<table>
<tr><th rowspan="2">国家/地区</th><th rowspan="2">国际核损害责任公约</th><th rowspan="2">核设施/核活动</th><th rowspan="2">营运人责任限额</th><th colspan="3">可用基金</th><th rowspan="2">NEA 最新更新</th></tr>
<tr><th>覆盖营运人责任限额的财务保证限额</th><th>公共基金</th><th>国际基金(根据 BSC 或 CSC 设立)</th></tr>
<tr><td>巴基斯坦</td><td></td><td></td><td>无信息</td><td>无信息</td><td></td><td></td><td>2014 年 6 月</td></tr>
<tr><td>秘鲁</td><td>1963 年核损害民事责任维也纳公约
(修订《关于核损害民事责任的维也纳公约》的议定书)
(1997 年核损害补充赔偿公约)</td><td>核设施及运输活动</td><td>无上限
(无相反的立法)</td><td>无金额规定</td><td></td><td></td><td>2011 年 6 月</td></tr>
<tr><td>菲律宾</td><td>1963 年核损害民事责任维也纳公约
(修订《关于核损害民事责任的维也纳公约》的议定书)
(关于《巴黎公约》和《维也纳公约》的联合议定书)
(1997 年核损害补充赔偿公约)</td><td>核设施及运输活动</td><td>500 万美元</td><td>视情况确定为 500 万美元</td><td>营运人责任达到上限后,由国会确定该等援助</td><td></td><td>2017 年 12 月</td></tr>
<tr><td rowspan="4">波兰</td><td rowspan="4">1963 年核损害民事责任维也纳公约
修订《关于核损害民事责任的维也纳公约》的议定书
关于《巴黎公约》和《维也纳公约》的联合议定书</td><td>核设施</td><td rowspan="4">3 亿 SDR</td><td>3 亿 SDR</td><td>3 亿 SDR</td><td rowspan="4"></td><td rowspan="4">2014 年 6 月</td></tr>
<tr><td>研究用反应堆或核设施所产生之核材料的储存设施及从该设施向外运输核材料的活动</td><td>40 万 ~500 万 SDR</td><td>40 万 ~500 万 SDR</td></tr>
<tr><td>用于上述核设施以外的设施所产生核材料及乏燃料的储存及处理设施</td><td rowspan="2">3 亿 SDR</td><td rowspan="2">3 亿 SDR</td></tr>
<tr><td>放射性废物储存</td></tr>
<tr><td rowspan="3">葡萄牙</td><td rowspan="3">1960 年 7 月 29 日关于核能领域中第三方责任的巴黎公约
(巴黎公约 2004 年议定书)
(关于《巴黎公约》和《维也纳公约》的联合议定书)</td><td>核设施</td><td rowspan="3">1500 万 SDR</td><td rowspan="3">无金额规定</td><td rowspan="3"></td><td rowspan="3"></td><td rowspan="3">2016 年 11 月</td></tr>
<tr><td>运输活动</td></tr>
<tr><td>低风险设施</td></tr>
</table>

续表

国家/地区	国际核损害责任公约	核设施/核活动	营运人责任限额	可用基金			NEA最新更新
				覆盖营运人责任限额的财务保证限额	公共基金	国际基金(根据BSC或CSC设立)	
罗马尼亚	1963年核损害民事责任维也纳公约 修订《关于核损害民事责任的维也纳公约》的议定书 关于《巴黎公约》和《维也纳公约》的联合议定书 1997年核损害补充赔偿公约	核设施	3亿SDR(可减少至1.5亿,如果国家提供1.5亿至3亿之间的差额)	3亿SDR(可减少至1.5亿,如果国家提供1.5亿至3亿之间的差额)	营运人责任达到上限后,追加到3亿SDR		2017年12月
		研究用反应堆、放射性废物及乏燃料储存设施	3000万SDR(可减少至1000万,如果国家提供1000万至3000万之间的差额)	3000万SDR(可减少至1000万,如果国家提供1000万至3000万之间的差额)	营运人责任达到上限后,追加到3000万SDR		
		核反应堆已用核燃料运输	2500万SDR	2500万SDR			
		核材料运输	500万SDR	500万SDR			
俄罗斯	1963年核损害民事责任维也纳公约	核设施	无上限	无金额规定,但建议额度为(1963:500万美元)	财务保证用尽后		2014年6月
圣文森特和格林纳丁斯	1963年核损害民事责任维也纳公约 关于《巴黎公约》和《维也纳公约》的联合议定书	核设施	无上限 (无相反的立法)	无金额规定			2011年6月
沙特阿拉伯	1963年核损害民事责任维也纳公约 修订《关于核损害民事责任的维也纳公约》的议定书	核设施	无上限 (无相反的立法)	无金额规定			2014年6月
塞内加尔	1963年核损害民事责任维也纳公约 1997年核损害补充赔偿公约	核设施	无信息	无信息			2014年6月
塞尔维亚	1963年核损害民事责任维也纳公约		无上限 (无相反的立法)	无金额规定			2011年6月

续表

国家/地区	国际核损害责任公约	核设施/核活动	营运人责任限额	可用基金			NEA最新更新
				覆盖营运人责任限额的财务保证限额	公共基金	国际基金(根据BSC或CSC设立)	
斯洛伐克	1963年核损害民事责任维也纳公约 关于《巴黎公约》和《维也纳公约》的联合议定书	有核反应堆的核设施或运营期间用于能源生产的核反应堆	3亿欧元	3亿欧元			
		有核反应堆的核设施或运营期间专门用于科学、教育或研究的核反应堆,放射性材料和核材料运输,乏燃料处理、储存、加工以及核设施退役	1.85亿欧元	1.85亿欧元			
斯洛文尼亚	1960年7月29日关于核能领域中第三方责任的巴黎公约 1960年7月29日关于核能领域中第三方责任的巴黎公约的补充公约 关于《巴黎公约》和《维也纳公约》的联合议定书 (巴黎公约2004年议定书) (布鲁塞尔补充公约2004年议定书)	核设施	1.5亿SDR	1.5亿SDR	2500万SDR	1.25亿SDR	2016年11月
		研究用反应堆		500万SDR	1.7亿SDR		
		运输活动		2000万SDR	1.55亿SDR		
南非		科贝赫核电厂(2台机组)	24亿兰特	24亿兰特	营运人责任达到上限后,由国会确定该等援助		2014年6月
		萨法里-1研究用反应堆	1.2亿兰特	1.2亿兰特			
		其他核设施	100万兰特	100万兰特			
西班牙	1960年7月29日关于核能领域中第三方责任的巴黎公约 1960年7月29日关于核能领域中第三方责任的巴黎公约的补充公约 (巴黎公约2004年议定书) 布鲁塞尔补充公约2004年议定书 (1963年核损害民事责任维也纳公约) (关于《巴黎公约》和《维也纳公约》的联合议定书)	核设施	7亿欧元	7亿欧元	营运人责任达到上限后,追加到1.75亿SDR	1.25亿SDR	2017年12月
		低风险核设施	至少3000万欧元	至少3000万欧元			
		运输活动					

续表

国家/地区	国际核损害责任公约	核设施/核活动	营运人责任限额	可用基金			NEA最新更新
				覆盖营运人责任限额的财务保证限额	公共基金	国际基金（根据BSC或CSC设立）	
瑞典	1960年7月29日关于核能领域中第三方责任的巴黎公约 1960年7月29日关于核能领域中第三方责任的巴黎公约的补充公约 关于《巴黎公约》和《维也纳公约》的联合议定书 （巴黎公约2004年议定书） （布鲁塞尔补充公约2004年议定书）	核设施及运输活动	3亿SDR	3.6亿SDR	9亿克朗	1.25亿SDR	2017年6月
		生产、储存未辐射铀的设施及运输活动	1000万SDR	1200万SDR			
瑞士①	1960年7月29日关于核能领域中第三方责任的巴黎公约的补充公约 1960年7月29日关于核能领域中第三方责任的巴黎公约 巴黎公约2004年议定书 布鲁塞尔补充公约2004年议定书 （关于《巴黎公约》和《维也纳公约》的联合议定书）	核设施及运输活动	无上限	10亿瑞士法郎	营运人责任达到上限后，由联邦议会确定该等援助		2016年11月
		经过瑞士的运输		5000万瑞士法郎			
中国台湾地区		核设施	42亿新台币	42亿新台币			2017年12月
特立尼达和多巴哥	1963年核损害民事责任维也纳公约	核设施及运输活动	无上限 （无相反的立法）	无金额规定			2011年6月
土耳其	1960年7月29日关于核能领域中第三方责任的巴黎公约 关于《巴黎公约》和《维也纳公约》的联合议定书 （巴黎公约2004年议定书）	核设施	1500万SDR	1500万SDR			2016年11月
		运输活动	最少500万SDR	最少500万SDR			
乌克兰	1963年核损害民事责任维也纳公约 （修订《关于核损害民事责任的维也纳公约》的议定书） 关于《巴黎公约》和《维也纳公约》的联合议定书 （1997年核损害补充赔偿公约）	核设施	1.5亿SDR	1.5亿SDR			2011年6月
		研究用反应堆（基辅NRI及塞巴斯托波反应堆）	500万SDR				

① 2009年3月9日，瑞士批准加入1960年巴黎公约，该公约曾被1964年议定书、1982年议定书及2004年议定书修订。2009年3月11日，瑞士批准加入1963年布鲁塞尔补充公约，该公约曾被1964年议定书、1982年议定书及2004年议定书修订。但是只有所有修订公约的议定书都生效后批准才能生效，因此瑞士关于加入巴黎公约2004年议定书和布鲁塞尔补充公约2004年议定书的批准应在2004年议定书生效后才能生效。

续表

国家/地区	国际核损害责任公约	核设施/核活动	营运人责任限额	可用基金			NEA最新更新
				覆盖营运人责任限额的财务保证限额	公共基金	国际基金(根据BSC或CSC设立)	
阿拉伯联合酋长国	修订《关于核损害民事责任的维也纳公约》的议定书 关于《巴黎公约》和《维也纳公约》的联合议定书 1997年核损害补充赔偿公约	核设施	4.5亿SDR	4.5亿SDR		1.08亿SDR	2017年12月
		研究用反应堆，低能反应堆及处理、储存核材料的设施	最少500万SDR	最少500万SDR			
英国	1960年7月29日关于核能领域中第三方责任的巴黎公约 1960年7月29日关于核能领域中第三方责任的巴黎公约的补充公约 （巴黎公约2004年议定书） （布鲁塞尔补充公约2004年议定书） （1963年核损害民事责任维也纳公约） （关于《巴黎公约》和《维也纳公约》的联合议定书）	核设施及营运人运输活动	1.4亿英镑	1.4亿英镑	营运人责任达到上限后，追加到1.75亿SDR	1.25亿SDR	2017年12月
		低风险设施（如研究用反应堆及核处理设施）	1000万英镑	1000万英镑			
美国	1997年核损害补充赔偿公约	额定功率为10万千瓦及以上的商运发电反应堆	128.1亿美元	4.5亿美元+不超过约123.6亿美元的追加保费 共计:128.1亿美元 追加保费的计算是基于在核事故发生时每个反应堆需缴纳1.21255亿美元的评估（截至2017年6月共102个反应堆） 金额由美国核管理委员会根据其发布的81号联邦纪事96347(2016年12月30日)的规则来确定	当初始的基金用尽后，由国会来决定追加的金额	1.08亿SDR	2017年12月
		额定功率在10万千瓦以下的商运发电反应堆及运输活动	5.6亿美元	5.6亿美元(6000万美元由保险业提供，5亿美元由联邦赔款支付)			

续表

国家/地区	国际核损害责任公约	核设施/核活动	营运人责任限额	可用基金			NEA 最新更新
				覆盖营运人责任限额的财务保证限额	公共基金	国际基金(根据 BSC 或 CSC 设立)	
乌拉圭	1963 年核损害民事责任维也纳公约 关于《巴黎公约》和《维也纳公约》的联合议定书	核设施及运输活动	无上限 (无相反的立法)	无金额规定			2011 年 6 月
越南		核设施	1.5 亿 SDR	1.5 亿 SDR			2017 年 6 月

图书在版编目(CIP)数据

核损害责任法律法规汇编 / 陈刚主编. -- 北京 :
法律出版社, 2018
ISBN 978-7-5197-2516-7

Ⅰ. ①核… Ⅱ. ①陈… Ⅲ. ①放射伤害-民事责任-
法规-汇编-中国 Ⅳ. ①D923.89

中国版本图书馆CIP数据核字(2018)第172859号

核损害责任法律法规汇编
HESUNHAI ZEREN FALÜ FAGUI HUIBIAN

陈 刚 主编

策划编辑 刘秀丽
责任编辑 刘秀丽
装帧设计 汪奇峰

出版 法律出版社
总发行 中国法律图书有限公司
经销 新华书店
印刷 三河市兴达印务有限公司
责任校对 晁明慧
责任印制 张建伟

编辑统筹 独立项目策划部
开本 720毫米×960毫米 1/16
印张 45.5
字数 720千
版本 2018年9月第1版
印次 2018年9月第1次印刷

法律出版社/北京市丰台区莲花池西里7号(100073)
网址/www.lawpress.com.cn
投稿邮箱/info@lawpress.com.cn
举报维权邮箱/jbwq@lawpress.com.cn
销售热线/010-63939792
咨询电话/010-63939796

中国法律图书有限公司/北京市丰台区莲花池西里7号(100073)
全国各地中法图分、子公司销售电话:
统一销售客服/400-660-6393
第一法律书店/010-63939781/9782 西安分公司/029-85330678 重庆分公司/023-67453036
上海分公司/021-62071639/1636 深圳分公司/0755-83072995

书号:ISBN 978-7-5197-2516-7 **定价**:168.00元
(如有缺页或倒装,中国法律图书有限公司负责退换)